西方经济学

疑难解析

牛勇平 著

经济管理出版社

ECONOMY & MANAGEMENT PUBLISHING HOUSE

图书在版编目（CIP）数据

西方经济学疑难解析/牛勇平著. —北京：经济管理出版社，2015.5
ISBN 978-7-5096-3776-0

Ⅰ. ①西…　Ⅱ. ①牛…　Ⅲ. ①西方经济学—教材　Ⅳ. ①F091.3

中国版本图书馆 CIP 数据核字（2015）第 096850 号

组稿编辑：申桂萍
责任编辑：申桂萍　丁慧敏
责任印制：司东翔
责任校对：车立佳

出版发行：经济管理出版社
　　　　　（北京市海淀区北蜂窝 8 号中雅大厦 A 座 11 层　100038）
网　　址：www. E-mp. com. cn
电　　话：(010) 51915602
印　　刷：三河市延风印装厂
经　　销：新华书店
开　　本：720mm×1000mm/16
印　　张：19.25
字　　数：377 千字
版　　次：2015 年 5 月第 1 版　　2015 年 5 月第 1 次印刷
书　　号：ISBN 978-7-5096-3776-0
定　　价：58.00 元

前　言

可以相信，今后若干年，甚至更长一段时间，我国的改革开放进程都不会结束——当然随着改革的深入，新的问题总会出现。但无论遇到多大的阻碍、经历多少曲折，建立有中国特色社会主义市场经济体制的改革目标不会改变，也就是说，市场经济的概念、特征、运行规律乃至缺陷等将会被越来越多的人所认识。而《西方经济学》作为介绍西方发达国家市场经济特征的一门主要课程，在一段时期内仍然是高等学校经济类学生的必修课程。

《西方经济学》在我国流传甚广，其教材形式分为这样几类：第一类是原版教材（或其中译本），由萨缪尔森、曼昆、斯蒂格利茨、范里安等名家所著；第二类是由国内名家所著，典型的如高鸿业、吴易风、尹伯成等老一辈经济学家所编著的教材；第三类为国内各高校自编的教材，这些教材风格各异，但仍然以老一辈经济学家所编著的教材为模板。西方经济学家所著教材的风格、内容甚至逻辑都略有区别，在此不予讨论。本书主要针对国内学者所编著的西方经济学教材。

笔者从事《西方经济学》教学十余年，积累了一些经验，也遇到了一些难以解释的问题，例如，学生经常会问：经济学为什么会出现在西方？微观经济学和宏观经济学究竟是什么关系？马克思主义政治经济学和西方经济学究竟是什么关系？人是理性的吗？需求曲线真的存在吗？还有一些细节问题，如边际产量最大值为什么在平均产量最大值之前？长期平均成本为什么不和所有短期平均成本曲线最低点相切？为什么会出现乘数？乘数真的存在吗？凯恩斯主义和古典主义究竟有什么区别？如此等等，很多教材上并没有给出明确的解释。针对这些问题，有的可以给出明确的答案，有的则不容易解释，笔者常常与从事西方经济学教学的同仁们交流，以期求得一个合理的解释。本书也就是这些解释的汇总。

本书的体例与国内西方经济学教材类似，一共包括21章，涵盖微观经济学和宏观经济学。每一章提出若干个较难理解的问题（这些难点也是教学中常见的），围绕这些问题展开分析，每一章后面附加本章总结以及习题，以方便阅读者掌握知识之间的联系。其中，微观经济学部分体系比较固定，一共有12章内容。而诸多教材关于宏观经济学的安排则不尽一致，本书将宏观经济政策分析与宏观经济政策的实践设为1章，失业与通货膨胀设为1章，经济增长与经济周期也设为 1 章，这样宏观经济学一共有 9 章，内容虽略嫌少，结构却大为简洁。总体来讲，本书适合经管类高校本科生阅读，有志于进一步深造的学生也可以将其作为参考资料。

需要解释的是，本书在学术上没有多大的创新，作者也无力对微观经济学、宏观经济学做出颠覆性的改变。能力所限，仅仅是将流行教材中一些模糊不清的部分清晰化而已。此外，虽然多数内容都是与同事、同仁交流的结果，但错误之责由笔者一人承担。

本书在写作过程中参考了大量的研究文献、著作和教材，在这里对这些作者表示衷心感谢，并力争做到规范引用，如出现引用遗漏，望请谅解。同时，限于作者的能力，书中难免出现这样那样的问题。欢迎读者批评指正。

是为前言。

牛勇平

2015 年夏于山东烟台

目　录

第一章 导 论

第一节 关于西方经济学的假设

一、为什么假设人是利己的、理性的

几乎所有的西方经济学教材中都有类似的假设：人是理性的，或者说人是经济人、理性人，即每一个从事经济活动的人都是利己的，其唯一目标都是追求经济利益的最大化。为什么要做这种假设？为什么不假设人是利他的？进一步来讲，人们是完全理性的吗？

第一，利己性假设并没有道德上的贬义。在这里要明确"利己"与"损人利己"的区别。

"利己"是指在不损害他人利益的基础上而做出的对自己有利的行为。例如，经营一个商店，出售货物赚取利润，这并没有损害他人的利益，反而给顾客购物带来方便，这就是经济学上所讲的"看不见的手"。当然，有人会说，这个商店或许会损害隔壁商店的利益，这说不通。因为隔壁商店同样可以采取更好的服务来招揽顾客，出售商品获得的利润不是一块固定大小的"蛋糕"，而是可变的。

"损人利己"是指不顾或损害别人的利益而去追逐自身利益，这样的行为在一个完善的市场经济体制下不可能长期存在，没有人愿意与这样的人交易，这样的人最终会被淘汰。换个角度，假设每个人都是损人利己的，那么市场最终会演化为暴力冲突，而不是公平竞争。

第二，为什么不假设人是利他的？我们可能会想：如果人们都是利他的，那整个世界将是一幅美好的图景。可惜，这只是一种乌托邦式的幻想。

西方经济学之所以假设人是自利的或利己的，有其深刻的道理。如果假设人都是自利的，经济中可以形成某种均衡。而假设人都是利他的却无法形成均衡。经济学中的均衡是指这样一种状态：这种状态是稳定的，即使遭到破坏，也会自动恢复。我们可以设想：如果人们都是自利的，即使少数人转为利他，也不会影

响整个经济体的均衡。但如果人们都是利他的，其中少数人转为自利，则将破坏整个均衡（少数人将拥有全部商品）。

从人性上讲，我们希望大家都是"毫不利己、专门利人"，如同传说中的"君子国"，那样无疑可以减少一些冲突。但根据西方经济学理论，自利性假设恰好可以促进人与人、企业与企业之间的竞争，从而提高效率，加快技术进步。如果我们不切实际地无限拔高人性，只会带来"表面上利他、背地里利己"的结果，这没有任何实际意义。

第三，人是完全理性的吗？这已经不是经济学问题，而是哲学问题。当然，人们不可能完全理性，否则就不会犯错误。人充其量是有限理性的，因为他不可能掌握所有的知识。西方经济学之所以说人是完全理性的，只不过是一种方便分析的假设。如果人是有限理性的，那么这个限度是多少？无法确定。

实际上，诺贝尔经济学奖获得者赫伯特·西蒙早已指出，人是有限理性的。面对各种决策，人们无法获得最优解，只能获得满意解或次优解。[①]

二、关于完全信息假设

完全信息（Complete Information）是指参与者拥有关于某种经济环境状态的全部知识。这种假设当然也不符合现实，即使参与者只有两人，其中的信息也可以达到无穷多。例如，厂商 A 要降价以增加收益，根据完全信息假设，厂商 B 知道厂商 A 要降价，厂商 A 知道厂商 B 知道厂商 A 要降价，厂商 B 知道厂商 A 知道厂商 B 知道厂商 A 要降价……无穷匮也。因此，完全信息是一个非常强的假设。

实际上，市场经济中的参与者不可能拥有完全信息，但是有很多方法可以了解那些缺失的信息。例如，消费者到市场上购买一只手表，他根本不知道关于手表内部结构的信息。那么，如何保证手表的质量呢？手表销售者会提供质量证书或者保修证书来保证其质量，这就是向市场发送信号（Market Signaling），信号本身会包含消费者所不了解的信息。当然，信号机制也不是万能的，信息拥有者仍然处于优势。

随着经济学的发展，研究者已经对在不完全信息状态下参与者的行为做了细致的研究。成果最为丰富的就是博弈论（Game Theory），该理论描述了众多参与人面对不完全信息时的决策以及可能的结果。[②]

---

① 有兴趣者可进一步阅读 ［美］赫伯特·西蒙著，詹正茂译的《管理行为》，机械工业出版社 2004 年版。

② 张维迎：《博弈论与信息经济学》，上海人民出版社 1996 年版。

第二节 为什么会有西方经济学

西方经济学认为：与人的欲望相比，经济物品总是稀缺的。为了最大限度地满足人的欲望，就产生了经济学——以相对有限的资源生产出最多的物品。

稀缺一定会导致经济学的诞生吗？实际上，解决稀缺问题有两种方案：一种是西方思想，即生产尽可能多的物品以满足欲望；另一种是东方思想，即尽量压低人的欲望以解决稀缺问题。

佛教和道教都是出世的宗教，都是教人清心寡欲、清静无为，以"修炼"为手段使自己摆脱欲海，成仙成佛。儒家虽然是入世的，但也有压制欲望的思想，程朱理学就认为，人的欲望是一切罪恶的根源，应该"存天理，灭人欲"。总的来讲，东方思想中压制欲望的成分较多。

而基督教则不同。马克斯·韦伯在《新教伦理与资本主义精神》中说：在以苦修来世、禁欲主义、宗教虔诚为一方，以身体力行资本主义的获取为另一方的所谓冲突中，最终将表明，双方实际上具有极其密切的关系。换言之，教徒们努力赚钱、扩充资本并享受其好处与禁欲主义之间并不矛盾——这一切都是上帝的旨意。

也就是说，以佛教为代表的东方思想中缺乏产生经济学的土壤，而以基督教为代表的西方思想则诞生了西方经济学。

以上都是历史。

那么我们为什么要消费商品呢？仅仅是为了获得满足感（效用）？或者，我们活着是为了什么？仅仅是为了活着？大多数人会同意，我们活着也许是为了快乐地活着。简单一点，就是为了快乐（幸福）。

诺贝尔经济学奖获得者萨缪尔森给出了幸福方程式：幸福程度 $= \dfrac{效用}{欲望}$。

也就是说，欲望越大，幸福程度越低；欲望越小，幸福程度越高。那么关于欲望，合理的"度"在哪里？因人而异，没有固定的答案。

天下熙熙，皆为利来；天下攘攘，皆为利往。这并不完全是贬义——合理合法地赚钱并实现自己的欲望，并不应该因此受到批判；而为了实现自己无限膨胀的欲望而去损害别人（团体）的利益，则是错误的。

从个人生活哲学角度来讲，我们似乎应该向圣人学习——降低欲望、远离世俗、追求内心的宁静，但我们不能以圣人的标准要求每一个人都是圣人。大多数人都是世俗的——这是一个事实。

我们有时会听别人说：我已经很知足了，对现状很满意。这多数不是真的，人们很少停下来，即使已经达到了"满意"，还会寻求更"满意"。即使是有宗教信仰的人也是如此，他们期望更加接近佛祖或上帝。

于是，经济学就应运而生了。古典经济学尝试勾勒出经济生活的构架，想看清楚这看似一团糟的东西背后到底是怎么回事，而现代西方经济学在本质上并没有走得更远，它只是用数学公式代替了以往的语言描述。现代西方经济学从形式上推导出了有效率生产的条件，但这种推导意义不大。

从实用角度出发，西方经济学最大的贡献也许在于对市场结构的描述：垄断程度越高，价格越高，产量越小。这对于那些尚未形成市场经济体系的经济体有重要意义。

第三节　微观经济学与宏观经济学的关系

要明确的是，微观经济学和宏观经济学这两门学科是完全不同的，没有学术上完整的传承关系。很多西方经济学教材认为，微观经济学是宏观经济学的基础，这种说法在一定程度上是错误的。

宏观经济学的宗旨和前提是政府干预，而微观经济学的宗旨则是自由竞争，反对政府干预。当然，如果自由竞争最后导致了垄断，也需要政府的反垄断干预，但这种干预与宏观经济政策的干预是两回事。反垄断干预的目的是恢复自由竞争状态，而宏观经济政策干预则是为了实现经济增长、价格稳定、扩大就业或诸如此类。

微观经济学历史悠久，从17世纪的亚当·斯密延续至今。300年间其中心思想一直是鼓吹反干预的竞争机制。但是20世纪30年代的大萧条让信奉不干预思想的经济学家束手无策。虽然大萧条的原因仍然没有定论，但主张政府干预经济从而挽救危机的凯恩斯主义应运而生，宏观经济学也开始崭露头角。究竟是不是凯恩斯主义挽救了资本主义世界已经不重要了，运用宏观经济政策调节经济已经成为多数国家政府的第一选择。

可以说，微观经济学是一种无政府主义（也许叫超国家主义更为顺耳），但现实是世界已经被各个国家所瓜分。而主张政府干预的宏观经济学无疑会获得重视，因为这样必然会扩大政府的权限。另外，宏观经济学本来是为了治理经济危机而出现的，也就是说，当出现经济危机时才应该运用宏观经济政策，但目前，宏观经济政策的运用已经成为常态。

总之，这两种经济学的思想完全不同，在一些地方甚至是对立的。例如，微观经济学强调人是理性的，而宏观经济学却认为工人有"货币幻觉"，即工人只能看到货币工资的变化，却看不到实际工资（即货币工资除以价格）的变化。这无疑与理性人假设相矛盾。

第四节 马克思主义政治经济学与西方经济学

一、为什么说西方经济学是庸俗的

西方经济学是一个不规范的名称，它是我们对西方世界流行的主流经济学的一种含糊称呼。经济学有很多流派，分类方法也不同。如果从是否承认剥削角度来分，可以分为马克思主义政治经济学和非马克思主义政治经济学（简称西方经济学）两派。

为什么都叫政治经济学？《国富论》上卷探讨经济学一般原理，下卷则主要研究政治经济学。而李嘉图的名著就叫《政治经济学及赋税原理》，也就是说，当时并不存在经济学一词，只有政治经济学。政治经济学即 Political Economy，其中的"政治"（Politics）意指"社会的"、"国家的"、"城市的"，或者说其研究对象不限于微观领域，而更多地关注公共部门（这个"政治"与我们了解的"政治"不同）。19 世纪，经济学逐渐代替了政治经济学，分析方法也从侧重概念推演的定性分析转向侧重数学模型的定量分析，方法虽然改变了，内容并没有质的变化。从这个意义上讲，经济学与政治经济学是同义的。目前，政治经济学成为经济学的一个分支，这在一定程度上是一种误解。

19 世纪末的经济学，已经从分析经济学一般原理进入为资本家辩护的阶段，其现实原因是工人贫困所导致的资本家与工人之间的矛盾。在他们看来，资本家雇佣工人，给了工人工资，一切就结束了。而马克思认为这种分析流于表面，看不到事物的本质。资本家拿走的不是资本的价格，而是剩余价值。因此这种流于表面的分析方法被马克思斥为"庸俗的"（Vulgar）。

马克思主义政治经济学主要的研究对象是生产关系，通过分析各阶级（阶层）在生产、分配、交换、消费过程中各自的地位，得出资本家剥削工人的结论。而非马克思主义的研究对象则是生产力，其目标是得到全部市场的一般均衡——资本家和工人按照各自的边际产量各取所需，不存在剥削。这是主要分歧。

马克思主义政治经济学是一种"批判的"或者说是"革命的"经济学，而庸俗经济学则是一种"解释的"经济学。例如，西方经济学认为需求和供给决定价格，而马克思主义政治经济学认为价值决定价格，需求和供给只是导致价格波动的次要因素。西方经济学根据需求函数和供给函数得到均衡价格，实际上是用"浅薄的"代数分析代替了"深刻的"哲学分析。

二、马克思主义政治经济学的逻辑

马克思主义政治经济学的核心思想（见图1-1）如下：

（1）价值决定价格，价格受需求和供给影响围绕价值上下波动。

（2）劳动创造价值，劳动创造剩余价值（绝对剩余价值和相对剩余价值）。

（3）劳动者只得到微薄的工资，剩余价值被资本家攫取。

（4）资本家获得剩余价值后，并不是用于消费，而是大部分用于扩大再生产。

（5）资本家不断扩大再生产就意味着大量使用机器设备，导致资本有机构成提高（不变资本/可变资本，即 C/V）。

（6）大量产品被生产出来，工人无力消费，资本家有消费能力却不消费，导致供过于求，这就是经济危机。经济危机是内生的，最终导致资本主义生产方式的灭亡。马克思说生产的社会化与生产资料私人占有之间的矛盾实际上就是指生产的无序性导致经济危机。

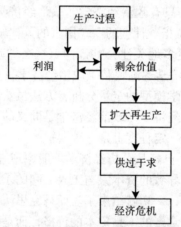

图1-1 马克思主义政治经济学逻辑

那些攻击马克思主义政治经济学的人通常会问这样三个问题。

第一个问题：价值在哪里？为什么看不见？

第二个问题：只有劳动才能创造剩余价值吗？没有资本，什么也生产不出来。

第三个问题：如果说经济危机是内生的，为什么资本主义生产方式并没有被经济危机摧毁呢？

关于第一个问题，实际上根本无法回答。因为现实一旦转化为抽象的概念，就无法看见。马克思主义经济学家认为，需求函数中价格是自变量，也就是价格决定需求量；供给函数中价格同样也是自变量，也就是价格决定供给量。但是，不能说需求和供给决定价格，这无疑构成了循环决定。马克思主义经济学家认为，既然价格决定了需求和供给，那么就一定有另外一个东西决定价格，这就是价值。西方经济学家也会追问：什么决定价值呢？答案是——社会必要劳动时间。什么决定社会必要劳动时间呢？答案是——历史和现实。

可以发现，马克思主义政治经济学和西方经济学在哲学传统上存在区别。前者运用的是德国古典哲学（黑格尔）的思维，注重因果关系，也可以称为决定论；而后者运用的是英美哲学（康德和休谟）的思维，注重现象，忽视本质（也许不存在本质），也可以称为现象论。哲学思想不同，也就无法争论。

关于第二个问题，可以明确回答，只有劳动可以创造剩余价值。因为即使商品是劳动和资本共同生产出来的，劳动的作用仍然是决定性的。不要忘记，资本也是劳动生产出来的，资本不过是物化的劳动。正是因为资本是物化的活动，资本家才可以参与分配。经济学家研究了柯布—道格拉斯对美国经济所做的贡献，发现劳动贡献占 3/4，而资本贡献占 1/4，劳动的重要性可见一斑。

问题实际上变成了这样：到底如何分割剩余价值呢？在马克思所处的时代，劳动力相对较多（供给弹性较小），因此工人的谈判能力有限，工人难以获得较大份额的剩余价值。但随着资本主义的发展、经济危机的屡次打击，资本家阶层也在改变策略，工人的谈判能力也在增强。目前，资本主义世界的工人已经可以分割一定比例的剩余价值。这并不意味着马克思主义是错误的，正是他的反剥削理论在一定程度上导致了资本主义的变化。[①] 马克思本人也不是神仙，时代的变化导致了问题的变化，马克思主义同样也在与时俱进。

关于第三个问题。资本主义的经济危机是内生的，这是个真理。无论是马克思、凯恩斯，还是诺贝尔经济学奖获得者萨缪尔森，都做过类似的证明。凯恩斯与马克思的观点类似，都是基于分配不公导致的消费不足从而推导出总需求不足、再进一步推出产品过剩（经济危机）。萨缪尔森的乘数—加速数模型也从另外一个角度揭示出了经济波动的内生性。当然，随着时代的变化，单一国家的产品过剩已经不足以导致全球性的经济危机，经济危机已经拥有了新的形式——金融危机。

---

① 有时候就是这样，当一个哲人做出伟大的预测时（例如资本主义必然灭亡），为了避免这个结果，人们就会改变原本的各种选择，这样就避免了哲人所预测的结果。这个结果没有出现，却成了一些人攻击哲人的口实，这显然是不公平的。

第五节 西方经济学研究方法

国内流行的西方经济学教材上都有关于西方经济学各种研究方法的描述，例如规范分析和实证分析。

面对经济问题，实证分析主要的目的是解决"是什么"，而规范分析要解决"应该是什么"，即前者是客观描述，后者是价值判断。这种解释没有错。需要说明的是，真的存在完全客观的实证分析吗？

对于社会科学来讲，所有的研究都是为了增加人类的福利（这种福利也许不仅仅是经济上的），实际上自然科学也一样，我们研究天体运行，难道不是为了人类的未来吗？也就是说，所有的研究都是有目的的（也许不包括基础数学的某些研究），而对于当前的经济学来讲，"从数据到数据——得出一个结论——就此结束"似乎成为一种时髦，以为这就是符合国际潮流的客观分析，这是一种本末倒置。读者想看到的是你想表达什么？而不仅仅是你的推演过程。

实际上，表达一个经济学思想有多种方式：可以用强有力的文字，也可以用严密的逻辑推理；可以用函数，也可以用曲线。从专业化角度讲，严密的推理加上数学论证是很必要的，但最终目的是表达思想，一篇没有思想的经济学研究论文，即使拥有再多数学模型，也仅仅是一张废纸。

第二章　需求与供给

第一节　需求曲线

一、需求的定义

西方经济学教材一般都这样定义需求：需求是指在一定时期内对应于商品各种可能的价格水平，消费者愿意而且能够购买的商品数量。实际上，需求不是指对应各种价格的各种商品数量，而是指各个价格和商品需求数量之间的关系，用数学语言来说，需求是各个价格和商品数量之间的一个映射或函数。

需求曲线真的存在吗？当然不存在，这只是一种抽象，它反映的是人们的心理结构。我们在购买商品时也许没有经过长时间的思索，但我们心中也许隐藏着这样的想法：如果很贵，就少买一些；如果便宜，就多买一些。这样的想法通过多次购买行为逐渐体现出来，也就构成了需求曲线。

二、需求曲线的形状

需求曲线一般都是向右下倾斜的，不过也有例外，例如炫耀性商品以及吉芬商品，这两种商品的需求曲线是向右上倾斜的。此外还有一种需求，其曲线也向右上倾斜，即投机性需求。

很多领域都存在投机性需求，主要表现为股票、房产等可增值性资产。当股票价格持续上涨时，人们不是减少需求，而是增加购买，这叫"追涨"；当股票价格持续下降时，人们不是增加需求，而是抛售手中股票，这叫"杀跌"。这种行为是非理性的吗？不是。购买股票的目的是投机，而不是消费。价格越高，带来越高的预期，因此股民增加购买；价格越低，带来越低的预期，因此股民抛售股票。

房产也是这样。近些年我国房产价格一直上升，这就加强了房产价格进一步上升的预期，于是人们增加购买，这样可以在价格更高时卖掉获利。实际上就是因为人们增加购买，房产价格才不断上升。因此其需求曲线也是向右上倾斜的，如图2-1所示。

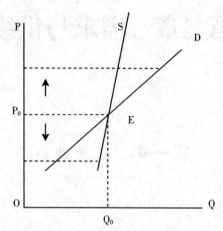

图 2-1 投机性商品的需求和供给

投机性产品的供给一般都是相对不足的，因此图 2-1 中供给曲线比较陡峭。而需求曲线相对平坦。当需求曲线与供给曲线相交于 E 点，价格为 P_0，数量为 Q_0，但这个价格和数量并不是均衡价格和均衡数量，因为这根本不是均衡。当价格高于 P_0 时，需求大于供给，价格将进一步上升；当价格低于 P_0 时，需求小于供给，价格将进一步下降。也就是说，价格一旦离开 P_0，就无法回来，因此 E 点不是均衡点。

三、需求的变动与需求量的变动

需求的变动是指在某商品价格不变的条件下，由于其他因素变动所引起的该商品的需求数量的变动。在几何图形中，需求的变动表现为整个需求曲线的平移。而需求量的变动是指在其他条件不变时，由商品价格变动所引起的商品的需求数量的变动。在几何图形中，需求量的变动表现为商品的价格——需求数量组合点沿着一条既定的需求曲线的运动。

实际上，需求的变动与需求量的变动之间的不同，是由分析方法导致的。我们知道需求的影响因素有很多，可以表示为：

$$Q_d = f(P, I, P_r, T, P_e) \tag{2.1}$$

在式（2.1）中，P 表示商品的价格，I 表示消费者的收入，P_r 表示其他商品的价格，T 表示消费者的偏好，P_e 表示消费者对未来价格的预期。

如果根据式（2.1）绘制需求曲线，那么无论任何因素变化，都只能导致需求量的变化，而不会导致需求的变化，因为这个需求函数已经包括了所有的影响因素。

把式（2.1）简化为：

$$Q_d = f(P) \tag{2.2}$$

也就是假设其他因素不变，这才有了需求变动与需求量变动之间的区别。价格变化引起需求量的变动，其他因素则引起需求的变动。

也就是说，之所以有需求变动与需求量变动之间的不同，是由西方经济学研究方法决定的。如果考虑到所有的影响因素，那么就只有需求量的变动而没有需求的变动。同理也可以解释供给变动与供给量之间的不同，不再赘述。

第二节　供给曲线

与需求相同，供给也不是对应于商品各种可能的价格水平，厂商愿意而且能够生产的商品数量，而是指各个价格和商品供给数量之间的关系，用数学语言来说，供给是各个价格和商品供给数量之间的一个映射或函数。

另外需要注意的是，供给曲线一般只与纵轴相交，如图 2-2 所示。

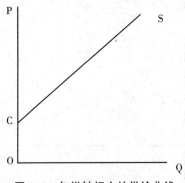

图 2-2　与纵轴相交的供给曲线

图 2-2 中供给曲线与纵轴相交于 C 点，其含义是价格下降到 C 点时，供给量为 0。OC 就是厂商所能接受的最低价格或者厂商的平均成本。由于平均成本大于 0，因此供给曲线一般不会与原点相交，更不会与横轴相交。

我们知道，与纵轴相交的供给曲线上的点弹性都大于 1，即富有弹性，这如何解释呢？

由于供给曲线与纵轴相交，所以其函数可以写为：

$$Q_s = -A + BP \tag{2.3}$$

其弹性为：

$$e = \frac{dQ}{dP} \cdot \frac{P}{Q} = \frac{BP}{BP - A} > 1 \qquad (2.4)$$

在现实中，需求价格弹性之所以有大有小，是由商品的性质决定的（必需品和奢侈品），而供给价格弹性则不同。在厂商眼里，没有什么必需品和奢侈品之分，价格提高，就增加供给。按理说应该是：价格增加 1%，供给量就增加 1%。但由于价格的起点大于 0，而供给量的起点为 0，因此供给量的变化率总是大于价格变化率，即弹性大于 1。当价格越高，供给量越大时，弹性越接近 1。

第三节 弹性

一、完全弹性

什么是完全弹性呢？完全弹性即 $E_d = \infty$，表示在既定的价格水平上，需求量是无限的；只要价格有一个微小的上升，就会使无穷大的需求量一下子减小为 0，这说明商品的需求量对于价格的变化极其敏感，如图 2-3 所示，需求曲线是一条平行于横轴的水平线。

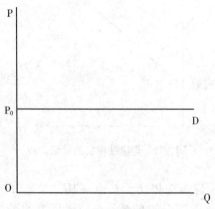

图 2-3 水平的需求曲线

哪些商品拥有水平的需求曲线？现实中没有这样的商品，只有单一厂商进入市场时面临的需求曲线才是这样的。例如，一个农民（也是厂商）背着一袋粮食进入一个巨大的粮食交易市场，由于他的粮食仅占总交易量微不足道的一部分，他无法改变价格，只能接受价格。原则上，他可以以当前价格卖掉他想卖的数量，但不会影响市场价格。如果他把价格提高，则一斤粮食也无法卖掉。于是，他面临的需求曲线就是水平的，弹性无限大。

我们会奇怪，粮食不是缺乏弹性的商品吗？为什么在这里弹性会无限大呢？这并不矛盾，只不过考察问题的角度不同。如果单纯考虑某种商品如大米，它的需求价格弹性是较小的。如果考察单个厂商，一般而言，单个厂商所面临的需求曲线都是水平的（弹性无限大），与所卖的商品种类无关（不管他是卖粮食还是卖衣服）。

二、弹性与斜率

通常我们会说，一条较为平坦的需求曲线弹性较大，一条较为陡峭的需求曲线弹性较小，但这是一种粗略或概括的说法。

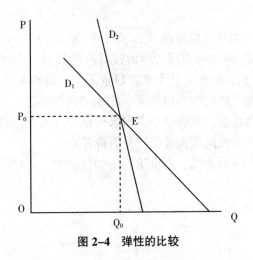

图 2-4　弹性的比较

如图 2-4 所示，两条需求曲线相交于 E 点。在 E 点，我们可以说 D_1 的弹性大于 D_2 的弹性，但如果两条需求曲线都与横轴相交，则弹性都等于 0。可以说，平坦需求曲线上也可以有弹性较小的点（如和横轴的交点处弹性为 0），陡峭需求曲线上也有弹性较大的点（和纵轴的交点处弹性为无穷大）。

三、弹性大小与税收负担

我们知道，税收负担由消费者和生产者共同承担，但各自承担的部分并不一定相同。弹性越小，对价格提高越不敏感，承担比例越大；反之亦然。

（1）如果需求曲线为垂线，则需求价格弹性为 0。此时消费者承担全部税收负担（如食盐），如图 2-5 所示。

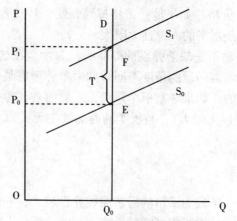

图 2-5　需求曲线为垂线时的税收负担弹性的比较

初始阶段，需求曲线与供给曲线 S_0 交于 E 点，价格为 P_0，数量为 Q_0。消费者的总支付为 OP_0EQ_0 围成的矩形。政府针对厂商收税，每单位产品征收税额为 T，供给曲线上升为 S_1，价格上升为 P_1，数量不变。消费者的总支付为 OP_1FQ_0 围成的矩形。可以发现，总税负 P_0EFP_1 都为消费者所负担。

实际上不仅仅是食盐，政府对很多需求价格弹性较小的商品如烟草、白酒等都课以重税，而这些税收的承担者往往是消费者。

（2）如果供给曲线为垂线，则供给价格弹性为 0，此时厂商承担全部税收负担，如图 2-6 所示。

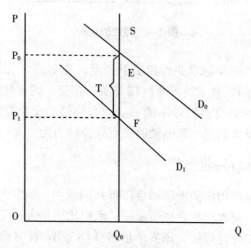

图 2-6　需求曲线为垂线时的税收负担弹性的比较

初始阶段，需求曲线 D_0 与供给曲线 S 交于 E 点，价格为 P_0，数量为 Q_0。厂商的总收益为 OP_0EQ_0 围成的矩形。政府针对消费者收税，每单位产品征收的税额为 T，需求曲线下降为 D_1，价格下降为 P_1，数量不变。厂商的总收益为 OP_1FQ_0 围成的矩形，减少了 P_0EFP_1。可以发现，总税负 P_0EFP_1 都为厂商所负担。消费者虽然名义上支付了税收，但收税后价格的下降抵消了税收，状况没有改变。

第四节　供求模型的一个应用

下面我们讨论一下房地产市场。

房地产市场的需求分为两种，即刚性需求与投机需求。前者为什么叫刚性需求？因为其需求价格弹性较小，即使价格提高，也要购买。主要原因是"丈母娘经济"与传统"成家立业"思想的结合。结婚要买方，不买房就不能结婚；成家要买房，不买房就不能结婚。房价再高也要买，这就是刚性需求。后者为什么叫投机需求呢？很多人买房是为了投机，在一定限度内，价格越高，价格上涨的预期就越强，投机需求就越大。

而供给曲线较为陡峭，鉴于我国耕地管理政策较为严格，土地供给增加较缓慢，因此房地产市场供给弹性较小，价格提高但供给量增加得并不多。

刚性需求曲线虽向下倾斜，但斜率（绝对值）很大；投机需求曲线则向上倾斜，两条需求曲线水平相加的结果是不确定的，如图 2-7 所示。

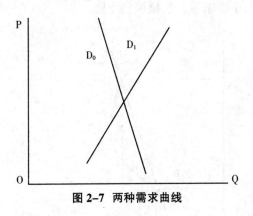

图 2-7　两种需求曲线

这里有三种可能性：

（1）在一些超级大都市，投机需求更为强势，同时刚性需求曲线也更为陡峭，两条曲线相加后总需求曲线向右上倾斜，而且需求曲线的斜率要小于供给曲线，这样就不存在均衡价格，价格一旦上涨，就一直上涨。如图 2-8 所示，一旦价格离开均衡价格，需求量将大于供给量，价格仍将进一步上涨。

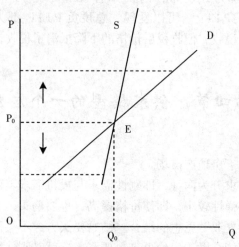

图 2-8 不存在均衡价格的需求和供给

（2）在大部分二三线城市，存在这样一个价格临界值，价格一旦超过临界值，需求曲线就变为正常形状，向下倾斜。为方便起见，我们将这样的需求曲线画成弯折形状（当然，这要求投机需求曲线也是弯折的，不再赘述）。如图 2-9 所示，当价格为 P_0 时，需求曲线与供给曲线相交于 E 点，此时价格较低，一旦价格上涨，将一直上涨。而当价格增加到 P_1 时，价格就不会再增加，一旦价格高于 P_1，供给量将大于需求量，价格就将下降。

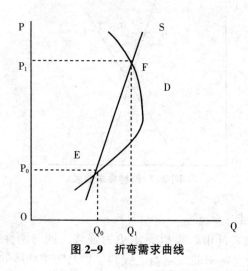

图 2-9 折弯需求曲线

（3）在一些小城市，投机需求不强，总需求曲线仍然是正常的需求曲线，即需求曲线仍然向右下倾斜，虽然比较陡峭。如图 2-10 所示，需求曲线 D_0 与供给曲线相交，得到均衡价格 P_0，随着需求增加，均衡价格增加到 P_1。

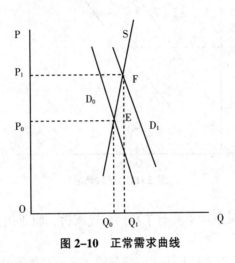

图 2-10　正常需求曲线

第五节　经典问题

一、如何解释谷贱伤农？有什么较好的对策

关于谷贱伤农的解释没有什么特别之处。

如图 2-11 所示，由于农产品缺乏弹性，需求曲线较为陡峭，这就导致供给增加后价格下降很多。丰收之前的价格是 P_0，数量是 Q_0，丰收后的价格是 P_1，数量是 Q_1。丰收前的总收益是 OP_0EQ_0，丰收后的收益是 OP_1EQ_1。很明显，OP_0EQ_0 要大于 OP_1EQ_1。这就是对谷贱伤农和增产不增收的解释。

问题来了，如何解决谷贱伤农或增产不增收？

经济学家们可以在瞬间提出很多办法来，如政府收购丰收的粮食、将丰收的粮食用于出口、改善农产物种植种类、农产品深加工等。但这些都不能从根本上解决问题，我们依次论之。

（1）政府收购？历史已经证明这可能带来大量的粮食浪费和贪污腐败。

（2）用于出口？很多国家的粮食质量又好价格还低，我国的农产品没有竞争力。

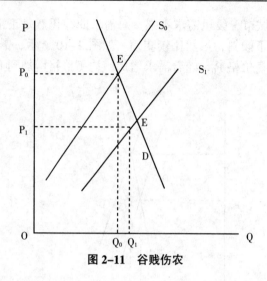

图 2-11 谷贱伤农

（3）改善农产物种植种类？对于我国农民来讲，职业化程度太低，农业技术根本跟不上。

（4）农产品深加工？农民几乎无法赚到钱，只是农产品深加工企业赚钱而已。那怎么办？

发达国家的办法倒是有，就是给予农民大量的农业补贴，农民无论是否丰收，都不会吃亏。如果我国也可以这样做，就可以从根本上解决谷贱伤农问题。可我们没有钱，或者说很多人认为我们没有多少钱给农民。

也就是说，在农作物种植技术没有重大突破的前提下，即农业基本上还是"靠天吃饭"的背景下，在农业仍然是一家一户"细碎化经营"模式的限制下，在农民仍然占总人口一半以上的约束下，谷贱伤农问题短期内将得不到解决。这不是经济学的无能，也不是经济学家的悲哀，这是积重难返的现实。

二、政府收购与补贴的比较

政府有两个农业援助计划，如图 2-12 所示。第一个计划是制定保护价 P_2（高于均衡价格 P_1），并收购多余的粮食供给；第二个计划是让农民以均衡价格 P_1 出售，但对农民给予补贴，每单位粮食给予（$P_2 - P_1$）的补贴。哪一个计划政府花费更大？

对于农户而言，两个计划收入是相同的。在第一个计划中，农户总收入为 $P_2 \times OA$；在第二个计划中，农户总收入为 $P_1 \times OA + (P_2 - P_1) \times OA = P_2 \times OA$。

但政府花费有可能不同。有两种方法可以比较政府花费的大小。

第一种，比较消费者支出。由于农户的总收入不变，消费者支出大的计划则政府支出较少。第一个计划中，消费者支付为 $P_2 \times OB$，第二个计划中，消费者

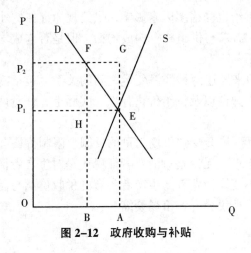

图2-12　政府收购与补贴

支付为 $P_1 \times OA$。哪一个大？这要看 EF 之间的弹性大小，如果弹性小于 1，则 $P_2 \times OB$ 大于 $P_1 \times OA$，即第一个计划的消费者支出更大，政府花费较少；如果弹性大于 1，则 $P_2 \times OB$ 小于 $P_1 \times OA$，第一个计划政府花费较多；如果弹性等于 1，则两者无差异。

第二种，直接比较政府支出。第一个计划中，政府支付为 $P_2 \times AB$，第二个计划中，政府支付为 $(P_2 - P_1) \times OA$。两者相减等于 BHEA - P_1P_2FH。

结果是一样的，如果弹性小于 1，则 BHEA - P_1P_2FH 小于 0，第一个计划的政府花费较少；如果弹性大于 1，第一个计划的政府花费较多；如果弹性等于 1，则两者无差异。

由于农产品通常是缺乏弹性的，因此政府制定保护价收购粮食的花费要少于粮食补贴。但这并不意味着保护价的效率要高于粮食补贴，因为前者的代价是扭曲市场价格以及消费者的更多花费，而后者并不改变市场价格。这也是为什么市场经济国家通常使用粮食补贴，因为尽管这样做政府花费更多，但可以获得消费者的支持。

第六节　本章总结

（1）需求描述价格与需求量之间的关系，它有多种表达方式，例如函数、图表以及曲线等。需求受诸多因素影响，需求规律存在例外，如炫耀性水平、吉芬物品和投机性商品。

（2）供给描述价格与供给量之间的关系，它也有多种表达方式，例如函数、图表以及曲线等。供给也受诸多因素影响，供给规律存在例外，如劳动、土地。

（3）一般而言，需求与供给相等构成均衡，但是否构成均衡，也要看需求和供给曲线的斜率。

（4）弹性可以用来描述两种经济变量之间的关系，包括需求价格弹性、需求交叉弹性、需求收入弹性以及供给价格弹性。实际上，任意两个变量之间都可以存在弹性关系。

（5）对价格的干预将会受到市场力量的反制。限制价格会导致供不应求，支持价格会导致供大于求。无论是对消费者征税还是对生产者征税，消费者与生产者各自的税收负担不变。消费者与生产者各自的税收份额与需求曲线的斜率和供给曲线的斜率有关。征税会导致市场萎缩。

每章一题

问：消费者对消费品 X 的需求函数为 $P = 100 - \sqrt{Q}$，分别计算价格 $P = 60$ 和产量 $Q = 900$ 时的需求价格弹性系数。

答：由 $P = 100 - \sqrt{Q}$，得 $Q = (100 - P)^2$

故需求价格弹性系数可一般地表述为：

$$E_d = \frac{dQ}{dP} \cdot \frac{P}{Q} = 2(100 - P) \times (-1) \times \frac{P}{(100 - P)^2} = \frac{2P}{P - 100}$$

当 $P = 60$ 时，需求价格弹性系数为：

$$E_d = \frac{2P}{P - 100} = \frac{2 \times 60}{60 - 100} = -3$$

当 $Q = 900$ 时，$P = 100 - \sqrt{Q} = 100 - \sqrt{900} = 100 - 30 = 70$，故此时需求价格弹性系数为：

$$E_d = \frac{2P}{P - 100} = \frac{2 \times 70}{70 - 100} = -\frac{14}{3}$$

第三章　效用论

第一节　如何推导与理解基数效用论消费者均衡条件

一、基数效用论消费者均衡条件的推导

（一）拉格朗日条件极值法

我们都知道基数效用论消费者均衡条件是边际效用之比等于价格比，这个条件是如何推导得出的？

设消费者消费两种商品 X 和 Y，价格分别为 P_X 和 P_Y，收入为 I。效用函数为 U（X，Y）。这显然是个条件极值问题，即给定 $P_X + P_Y = I$ 条件下求效用函数 U(X，Y) 的最大值。

我们很容易想到拉格朗日条件极值方法。设：

$$K(X，Y，\lambda) = U(X，Y) + \lambda(I - P_X X - P_Y Y) \tag{3.1}$$

然后用 K 对 X 和 Y 求偏导数，得到：

$$\frac{\partial K}{\partial X} = \frac{\partial U}{\partial X} - \lambda P_X = 0 \Rightarrow \frac{MU_X}{P_X} = \lambda \tag{3.2}$$

$$\frac{\partial K}{\partial Y} = \frac{\partial U}{\partial Y} - \lambda P_Y = 0 \Rightarrow \frac{MU_Y}{P_Y} = \lambda \tag{3.3}$$

因此有：

$$\frac{MU_X}{P_X} = \frac{MU_Y}{P_Y} = \lambda \tag{3.4}$$

或：

$$\frac{MU_X}{MU_Y} = \frac{P_X}{P_Y} \tag{3.5}$$

联立预算线方程 $P_X X + P_Y Y = I$，即可求出均衡解。

看起来可以结束了，但我们要弄明白其中的经济学含义。实际上，式（3.1）有着自身的经济学含义，K(X，Y，λ) 意味着一个总效用函数，它等于消费者花

钱购买商品 X 和 Y 得到的效用［即 U(X，Y)］加上剩下的钱带来的效用［即 $\lambda(I - P_XX - P_YY)$］。λ 不仅仅是拉格朗日乘子，它的经济学含义是货币的边际效用。由于我们假设货币的边际效用不变，因此 $\lambda(I - P_XX - P_YY)$ 就意味着剩下的钱带来的效用。而通过对总效用 K 求导数，就可以得到均衡条件。这说明拉格朗日条件极值方法可以有经济学解释。

（二）成本收益法

我们还可以用成本收益法来解决这个问题。

假设消费者仍然消费两种商品 X 和 Y，价格分别为 P_X 和 P_Y，收入为 I。效用函数为 U(X，Y)。货币的边际效用为 λ，且保持不变。那么，消费者消费商品带来的收益是什么？

显然是消费商品获得的效用，用 U(X，Y) 表示。

而消费者消费商品的成本是什么？应该是由于花费货币而导致的货币效用的损失，例如消费者花费了 $P_XX + P_YY$，则丧失了 $\lambda(P_XX + P_YY)$ 的效用，这就是消费商品的成本。

于是我们得到消费者的"利润"函数：

$$\pi(X，Y) = U(X，Y) - \lambda(P_XX + P_YY) \tag{3.6}$$

求导，令导数等于 0，可得：

$$\frac{\partial \pi}{\partial X} = \frac{\partial U}{\partial X} - \lambda P_X = 0 \Rightarrow \frac{MU_X}{P_X} = \lambda \tag{3.7}$$

$$\frac{\partial \pi}{\partial Y} = \frac{\partial U}{\partial Y} - \lambda P_Y = 0 \Rightarrow \frac{MU_Y}{P_Y} = \lambda \tag{3.8}$$

整理后可以得到均衡条件：

$$\frac{MU_X}{P_X} = \frac{MU_Y}{P_Y} = \lambda \tag{3.9}$$

二、如何理解消费者均衡条件

如何理解消费者均衡条件呢？

（1）既然消费者准备花费 I，也就意味着在把 I 花完之前，用一元钱购买物品带来的边际效用总是大于货币的边际效用。因此消费者在 $\frac{MU}{P} > \lambda$ 时一定会增加购买商品，而这会导致 MU 下降，最终 $\frac{MU}{P} = \lambda$。

（2）式（3.6）可以改写为：

$$\frac{MU_X}{P_X} = \frac{MU_Y}{P_Y} = \frac{\lambda}{1} \tag{3.10}$$

式（3.10）中的 λ 是货币的边际效用，而 1 是货币的价格，也就是说，把货币也当作一种商品，则消费者在均衡时应该满足这样的条件：最后一单位货币购买任何商品带来的边际效用都是相等的。

（3）考察式（3.11），这个条件意味着什么？

$$\frac{MU_X}{MU_Y} = \frac{P_X}{P_Y} \qquad\qquad (3.11)$$

式（3.11）左边是商品的边际效用之比，右边是价格比。显然，等式左边是消费者对两种商品的主观评价，右边是市场对两种商品的客观评价。作为单个消费者，主观一定要符合客观，也就是说，消费者要逐渐调整商品的购买量，使得自己的主观评价与市场客观评价相吻合。

第二节　无差异曲线

一、偏好

偏好有三个特征：完全性、传递性和非饱和性。对于第二个特征，经济学家认为，个人偏好所具有的传递性不能顺利推出集体偏好（或社会偏好）的传递性。这称为"阿罗不可能定理"。

假设社会中有甲乙丙三个人，每个人对于三种商品组合 X、Y、Z 的偏好都不一样，假设排序如表 3–1 所示。

表 3–1　个人偏好排序表

甲的偏好排序	乙的偏好排序	丙的偏好排序
X	Z	Y
Y	X	Z
Z	Y	X

现在我们的任务就是从个人偏好推出社会偏好，或者说，整个社会对 X、Y、Z 如何排序呢？答案是不确定的。

如果我们采取民主投票的方法，即哪一种商品组合得到的票数多，就排在前面，X、Y、Z 的排序则取决于投票的方法。

（1）先对 X、Y 投票，投出优胜商品组合后再和 Z 进行投票比较。显然，甲和乙认为 X 比 Y 好，因此 X 胜出，再对 X 和 Z 投票，乙和丙认为 Z 比 X 好，则 Z 胜出，因此社会偏好顺序就是 Z、X、Y。

（2）先对 Y、Z 投票，投出优胜商品组合后再和 X 进行投票比较。显然，甲和丙认为 Y 比 Z 好，因此 Y 胜出，再对 Y 和 X 投票，甲和乙认为 X 比 Y 好，则 X 胜出，因此社会偏好顺序就是 X、Y、Z。

（3）先对 X、Z 投票，投出优胜商品组合后再和 Y 进行投票比较。显然，乙和丙认为 Z 比 X 好，因此 Z 胜出，再对 Z 和 Y 投票，甲和丙认为 Y 比 Z 好，则 Y 胜出，因此社会偏好顺序就是 Y、Z、X。

这个结论非常重要，它不仅意味着不能从稳定的个人偏好推出稳定的社会偏好，还直接动摇了"民主制度"的根基：被封为圭臬的民主制度有时候是靠不住的，民主选举的结果可能因投票程序的改变而改变。

二、无差异曲线的"凸"性

无差异曲线是凸向原点的，或者说边际替代率递减，或者说斜率递减，都是一回事，那么如何理解这个"凸"性呢？

图 3-1 中有一条无差异曲线，上有 A 和 B 两点，连接 AB。无差异曲线的"凸"意味着线段 AB 上任一点的效用水平要高于 A 点或 B 点的效用水平，或者说两组商品组合的加权平均要好于任意单独一组。举例说明，假如两组组合分别为（4 个面包，0 杯牛奶）和（0 个面包，4 杯牛奶），那么消费者更喜欢（2 个面包，2 杯牛奶）。

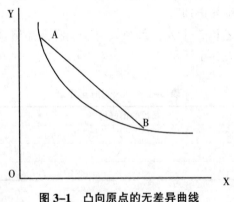

图 3-1 凸向原点的无差异曲线

也可以用效用函数来解释。设效用函数为 $U(X, Y)$，有两种商品组合 (X_1, Y_1) 和 (X_2, Y_2)，对于任意的 $0 \leq \alpha \leq 1$，都有：
$$U[\alpha X_1 + (1-\alpha)X_2, \ \alpha Y_1 + (1-\alpha)Y_2] \geq U(X_1, Y_1)$$
或：
$$U[\alpha X_1 + (1-\alpha)X_2, \ \alpha Y_1 + (1-\alpha)Y_2] \geq U(X_2, Y_2)$$
我们知道无差异曲线是凸向原点的，斜率绝对值递减，又知道无差异曲线的斜率是边际替代率，而边际替代率可以表示为边际效用之比。因此以下四种说法是一致的。

（1）无差异曲线是凸向原点的。

（2）无差异曲线斜率绝对值递减。

（3）边际替代率递减。

（4）边际效用递减。

三、特殊无差异曲线

当两种商品之间完全替代时，无差异曲线为斜率不变的直线；当两种商品完全互补时，无差异曲线为折线。此外，还有两种特殊的无差异曲线。

（一）无法获得效用增加的商品

某些人爱吃素，或者说食用肉类根本无法增加效用（但他并不厌恶肉类，也就是说吃肉类不会带来效用下降），此时他的无差异曲线为直线，如图3-2所示。

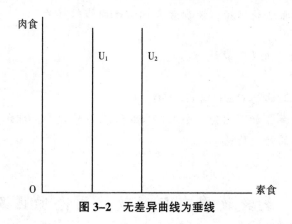

图3-2 无差异曲线为垂线

图3-2中，消费者的效用水平只取决于素食的量，而与肉食的量无关，因此给定素食的量，效用水平就可以确定，此时无论增加多少肉类，效用也不会提高。

（二）消费者厌恶某种商品

当消费者厌恶某种商品时，此种商品消费得越多，效用水平越低，如果另外一种商品是正常的，则其无差异曲线的斜率为正值，如图3-3所示。

图3-2中，我们假设消费者厌恶肉食，则给定素食的数量，肉食越多，效用水平越低；给定肉食的数量，素食越多，效用水平越高。因此无差异曲线向右上方倾斜。

四、怎样从个人需求曲线得到市场需求曲线

西方经济学教材说可以将个人需求曲线在水平方向上相加得到市场需求曲线，可到底怎样"相加"呢？

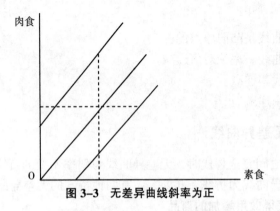

图 3-3 无差异曲线斜率为正

例 3-1：市场上有 A 和 B 两个消费者，各自的需求曲线分别为：$P = 10 - Q_A$ 和 $P = 10 - 0.5Q_B$。怎样得到市场需求曲线？

先对需求函数进行转换，消费者 A 的需求曲线转换为：

$Q_A = 10 - P$

消费者 B 的需求曲线转换为：

$Q_B = 20 - 2P$

则市场需求曲线为 $Q = Q_A + Q_B = 30 - 3P$。

为什么是产量相加？因为"个人需求曲线在水平方向上相加"就是指产量相加；否则，加总的就是价格。

第三节 基数效用论与序数效用论的区别和联系

一、两者的区别

（1）假设不同。基数效用论认为，效用和自然数一样，可以加减乘除。实际上，效用是一种消费者的主观感受，难以数字化。而序数效用论认为，人们对商品组合（包括单个商品）只有偏好程度的区别，可以排序，但不能用数字衡量。

（2）基数效用论中存在总效用递减的阶段，即边际效用小于 0 的阶段；而序数效用论则认为，人们的偏好具有非饱和性，也就是说总效用不会递减。这是序数效用论的一大进步，因为如果一个人是理性的，就不会无节制地消费商品直到总效益递减。

二、两者的共同点

（1）结论相同。基数效用论的结论是边际效用之比等于价格比，序数效用论的结论是无差异曲线斜率（边际替代率）等于价格比，而边际替代率又等于边际效用之比。因此两者的结论没有差别。

（2）本质相同。序数效用论在推导无差异曲线时，同样用到了基数效用论，如图 3-4 所示。

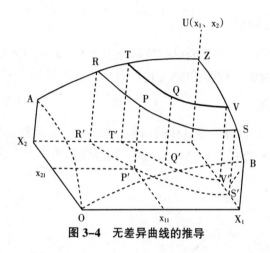

图 3-4 无差异曲线的推导

图 3-4 中，下面的两个轴是商品轴，构成一个坐标平面。垂直的轴是效用轴。当两种商品都为 0 时，效用为 0。当两种商品分别为 X_1 和 X_2 时，效用 U 达到最大。注意，效用曲面是个上凸的曲面。上凸的含义是什么？举例说明：R 点的效用与 S 点的效用的平均值要小于 R 点与 S 点所代表商品组合平均值的效用，这一点不好理解。我们可以想象，做一条直线连接 R 点和 S 点，那么可以找到一个包含这条直线的平面，该平面垂直于下面的坐标平面。这个平面一定与效用曲面相交，相交处表现为一条曲线，这条曲线必定位于连接 R 点和 S 点的直线之上。

我们用一个平行于坐标平面且高度为 TT′ 的平面去切这个效应曲面，得到一条曲线 TQV，这条曲线上所有点的效用水平都是一样的（偏好程度相同）；再用一个平行于坐标平面且高度为 RR′ 的平面去切这个效应曲面，得到一条曲线 RPS。依次类推，可以得到无数条位于效用空间的曲线。再将这些曲线投影到下面的坐标平面，则可以得到一系列无差异曲线。

但是，我们要问：效用曲面是如何得到的？效用曲面无疑是通过效用函数 $U = U(X_1, X_2)$ 得到的，既然有效用函数，那么就必然牵涉到基数效用论，因为只有基数效用论才有效用函数。不管效用函数采取什么形式，它总是"数"。

因此，序数效用论本质上仍然是基数效用论，只是表述方式不同罢了。

第四节 替代效应与收入效应

替代效应有两种分析方法：希克斯替代效应和斯勒茨基替代效应。我们先分析预算线的变化，再比较两种替代效应的不同。

一、预算线的转动

设消费者消费 X、Y 两种商品，价格分别为 P_X 和 P_Y，收入为 I（可以称为名义收入），则预算线的方程为：$P_X X + P_Y Y = I$，进一步可以改写为：

$$Y = \frac{I}{P_Y} - \frac{P_X}{P_Y} X \tag{3.12}$$

为方便起见，可以设一个具体的函数，如设 X、Y 两种商品价格分别为 2 和 1，收入为 30，预算方程为：$2X + Y = 30$，预算线如图 3-5 中的 AB 所示。

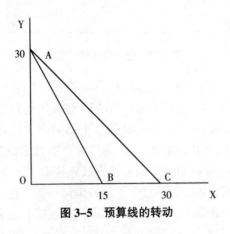

图 3-5 预算线的转动

如果商品 X 价格下降为 1，预算线会怎样变化？显然，预算方程变为 $X + Y = 30$，预算线会以 A 点为轴逆时针转动为 AC。

考察预算线 AC，名义收入仍为 30，X、Y 两种商品价格都是 1。如果拿走消费者 10 单位的收入，名义收入变为 20，则预算线会平行向左侧移动 10 单位，如图 3-6 所示。

比较 AB 与 EF，方程分别为 $2X + Y = 30$ 和 $X + Y = 20$，X 商品价格下降，Y 商品价格不变，名义收入下降了 10 单位。从图形上看，EF 的斜率更小，且纵轴截距更小。那么我们是否可以说：如果 Y 商品价格不变，对于预算线 AB，任何纵坐

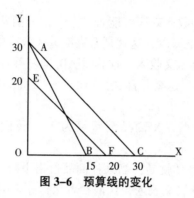

图 3-6　预算线的变化

标低于 AB 且与 AB 相交的预算线都意味着 X 商品价格下降且名义收入下降呢?

确实是这样。考察式 (3.12),其中 $\dfrac{I}{P_Y}$ 意味着纵截距,$\dfrac{P_X}{P_Y}$ 意味着斜率。如果某一条预算线与 AB 相交且纵轴截距更小,那么斜率 $\dfrac{P_X}{P_Y}$ 一定更小,而由于 Y 商品价格不变,X 商品价格一定下降,另外,纵轴截距更小表示 $\dfrac{I}{P_Y}$ 下降,而 P_Y 不变,则名义收入 I 必然下降。

二、希克斯替代效应

商品 X 和 Y 的价格分别为 P_X 和 P_Y,收入为 I,预算线为 AB。AB 与 U_1 相切于 E 点,X 商品消费量为 X_1。

令 Y 商品价格及收入不变,X 商品价格下降,则预算线变为 AB_1。注意,此时名义收入不变,但实际收入增加,因为消费者能购买的商品增多了。AB_1 与 U_2 相切于 E_2 点,X 商品消费量为 X_3。

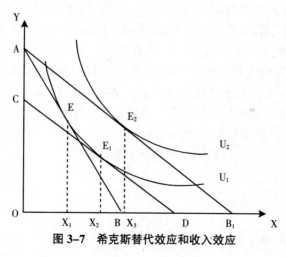

图 3-7　希克斯替代效应和收入效应

怎么显示替代效应和收入效应？能否拿走一部分消费者的名义收入，让补偿预算线和 U_1 相切？答案是可以，这就是希克斯替代效应的思想。

拿走了消费者一部分名义收入，预算线 AB_1 向左移动到 CD。注意，CD 纵截距比 AB 小，斜率也较小。这就是前文探讨的——Y 商品价格不变，X 价格下降，名义收入下降。

CD 与 U_1 相切于 E_1 点，X 商品消费量为 X_2，我们说，X_1X_2 是替代效应，X_2X_3 是收入效应。

希克斯替代效应的含义就是：当某种商品价格下降，消费者实际收入提高。这时，拿走消费者一部分名义收入，让消费者保持原来的效用水平（即补偿预算线与原无差异曲线相切）。此时由于 X 价格下降，消费者会增加 X 的购买，减少 Y 的购买，这就是替代效应。

反之，当某种商品价格上升，消费者实际收入下降时，给予消费者一部分名义收入，让消费者保持原来的效用水平（即补偿预算线与原无差异曲线相切）。此时由于 X 价格上升，消费者会减少 X 的购买，增加 Y 的购买。

看起来很完美，但这里有一个缺陷，即我们不知道究竟应该拿走（或给予）消费者多少收入。以价格下降为例，拿走消费者一部分名义收入，让补偿预算线与原无差异曲线相切，如果要确定拿走的收入量，就必须知道原无差异曲线的形状（即效用函数的具体形式）。在现实经济中，消费者效用函数是很难估计的，因此希克斯替代效应虽然很完美，但不够实用。

三、斯勒茨基替代效应

假设不变，不同的是补偿预算线。斯勒茨基的思想是：拿走消费者一部分名义收入，使得补偿预算线与原来的预算线相交于原来的均衡点。这意味着，即使拿走了一部分收入，消费者还买得起 E 点代表的原来的商品组合。当然，在新的价格下，消费者不会停留在 E 点，他会增加 X 的购买，减少 Y 的购买，这样做会使消费者状况变好，也就是说，此时消费者位于更高的无差异曲线上（U_3），注意 U_3 要高于原来的无差异曲线 U_1。消费者此时的均衡点是 E_1 点，X 商品消费量为 X_2，X_1X_2 就是斯勒茨基替代效应，X_2X_3 是收入效应，如图 3-8 所示。

能否计算出拿走的收入量？设 X 商品价格下降为 P_X'，补偿预算线 CD 代表的收入为 I'，则 CD 的方程写为：$P_X'X + P_YY = I'$

CD 与 AB 相交，则可以将两条预算线方程联立：

$$P_XX = P_YY = I \tag{3.13}$$

$$P_X'X + P_YY = I' \tag{3.14}$$

可以得到：

$$I - I' = (P_X - P_X')X \tag{3.15}$$

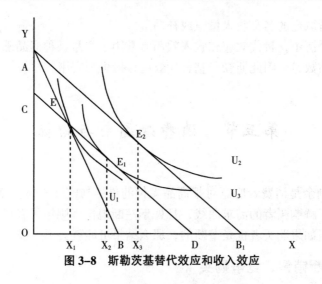

图 3-8　斯勒茨基替代效应和收入效应

即拿走的收入量等于原来 X 的购买数量乘以价格差。

我们可以设一个具体的函数,设 X、Y 两种商品价格分别为 2 和 1,收入为30,预算方程为:$2X + Y = 30$。设 X 和 Y 原来的购买量分别为 10 和 10。

让 X 价格下降为 1,则预算方程变为:$X + Y = 30$。再设消费者在新均衡点的购买量分别为 15 和 15。

要得到补偿预算线,则要拿走消费者一部分收入,拿走多少呢?由于价格差为 1,原来 X 购买量为 10,则要拿走消费者 10 单位的收入。补偿预算线方程为:$X + Y = 20$。由于此时 X 较为便宜,消费者一定会增加购买,减少 Y 的数量。假设 X 的数量为 12,Y 的数量为 8。

于是我们可以得到斯勒茨基替代效应为:$12 - 10 = 2$,收入效应为:$15 - 12 = 3$。

四、两种替代效应的比较

希克斯替代效应的含义是取走消费者一部分名义收入(或给予消费者一部分收入,也可以叫补贴),使消费仍然处于原来的效用水平。而斯勒茨基替代效应则是让消费者还能买得起原来的商品组合。相比较而言,希克斯替代效应更加符合替代效应的真实含义,因为消费者实际上并不关心所消费的商品组合,他关心的是效用水平。毕竟,消费者消费商品的目的是获得效用的,或者说,对于消费者而言,效用水平比商品本身更重要。

但希克斯替代效应有一定的缺陷,即如果不能确知消费者的效用函数,就无法确知消费者在补偿预算线上的均衡点,也就不知道应该取走消费者多少名义收入(或给予消费者多少补贴)。

而斯勒茨基替代效应则方便得多,只要知道原来消费者的消费组合和价格,就可以明确所取走的名义收入量（或补贴量）。

在现实经济中，替代效应和收入效用常常用于衡量某种商品涨价以后政府应该给予的补贴数量，因此斯勒茨基替代效应显得更为实用。

第五节　消费者剩余与招标

消费者剩余是消费者愿意对某商品支付的价格与实际支付价格之间的差额。假如销售者了解购买者的需求曲线，且处于垄断地位，则销售者可以剥夺全部消费者剩余。但如果购买者也是垄断的，那么结果可能就会不一样。

一、垄断销售，竞争购买

假设一家电视台要销售三个广告时段，假设其"黄金"程度有所不同，分为三个等级。有三个潜在的厂商 A、B、C 准备各自购买一个时段，这三个厂商的需求曲线都一样，而且电视台明白他们的需求曲线。如图 3-7 所示，对于第一个（如天气预报前的时段）最高愿意出 300 万元，第二个（如"新闻 30 分"时段）200 万元，第三个（如凌晨时段）则是 100 万元。

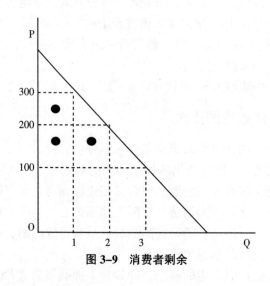

图 3-9　消费者剩余

如果电视台正常销售三个广告时段，价格都为 100 万元，无论这三个时段在三个厂商中怎样分配，电视台获得的总价格都为 300 万元。

但电视台可能采取招标的办法。我们可以想象招标现场的图景，拍卖师拿着小槌问：第一个时段底价 100 万元，有没有加价的？C 出价 100 万元，B 肯定要加价，如加到 200 万元，A 出价 300 万元，此时无人会出更高的价格，则成交。由于此前我们假设每个厂商只想获得一个时段，A 得到一个时段后退出竞争。

第二个时段呢？如果 C 出价 100 万元，B 肯定要加价，但最多不会超过 200 万元，因为天气预报前的时段已经被买走了，于是 B 获得第二个时段。

第三个时段，C 出价 100 万元成交。

电视台获得的总收入是 600 万元。图 3-9 中小黑圆圈所示的就是消费者剩余，被电视台全部拿走了。当然，这也叫一级价格歧视。

二、垄断销售，垄断购买

购买者对以上结果显然不太满意，于是就想：我们为什么不联合起来呢？如果购买者联合起来一致行动，则变成了垄断购买。垄断销售对垄断购买，结果是不确定的。

第一阶段：假如购买者联合起来，找一个代理代表全部购买者去电视台投标。我们还是可以想象招标现场的图景。拍卖师拿着小槌问：第一个时段底价 100 万元，有没有加价的？虽然现场坐满了人，但大家都不出价，只有代理商出价，出价 100 万元。拍卖师再问：还有没有加价的？没有。于是 100 万元成交。依次类推，所有时段都以 100 万元买下，这就是垄断购买的好处。[①]

第二阶段：电视台显然很不满意，但它难以破坏购买者的联盟，唯一能做的就是调高底价。但调到多少呢？这要看电视台是否完全明白购买者的需求曲线。如果他完全明白，则会把第一个时段底价调到 300 万元，以 300 万元卖出；第二个时段底价调到 200 万元，以 200 万元卖出；第三个时段依然是 100 万元卖出。这样仍然可以获得全部消费者剩余。

但现实中，电视台并不是完全明白购买者的需求曲线，因此每年的招标结果都不一样。

对于厂商们而言，同样面临难题——要保证所有人都参加联盟，一旦有额外的搅局者进入拍卖，或者有临阵脱逃者，联盟就将崩溃。

所以，现实永远要比书本复杂。

[①] 想一想，为什么会出现团购？

第六节 关于风险

一、期望效用

设某人可能获得两种收入，5 万元和 15 万元，概率都是 0.5。其效用函数为 U(X)。则得到 5 万元的效用是 U(5)；得到 15 万元的效用是 U(15)。两种效用的加权平均值为 $0.5 \times U(5) + 0.5 \times U(15)$。

期望效用（实际上叫效用期望可能更好）就是指各种可能收益的效用的加权平均值。

进一步抽象化：消费者有两种可能的收入 Y 和 Z，概率分别为 p 和 1 - p。两种可能的效用分别为 U(Y) 和 U(Z)。期望效用为 $EU = pU(Y) + (1 - p)U(Z)$。

二、期望收入的效用

期望收入的效用即各种可能收入加权平均值的效用。

某人，可能获得两种收入，5 万元和 15 万元，概率都是 0.5，效用函数为 U(X)，则其期望收入为 $0.5 \times 5 + 0.5 \times 15 = 10$ 万元。则其期望收入的效用为 U(10)。

抽象一点。消费者有两种可能的收入 Y 和 Z，概率分别为 p 和 1 - p。则其期望收入为 $PY + (1 - p)Z$，期望收入的效用为 $U[PY + (1-p)Z]$。

三、对待风险的态度

我们可以根据期望效用（效用期望）和期望收入的效用之间的比较来判断消费者的类别。

假如消费者面临两种选择：0.5 的概率获得 5 万元，0.5 的概率获得 15 万元；获得 10 万元固定收入。消费者会选择哪一个？

消费者一般分为三类：风险厌恶者、风险偏好者和风险中性者。如果选择 B，则表示消费者更喜欢稳定的收入，属于风险厌恶者。对风险厌恶者来说，期望收入的效用大于期望效用（效用期望）。如果选择 A，则表示消费者更喜欢有风险的收入，属于风险偏好者。对风险偏好者来说，期望收入的效用小于期望效用（效用期望）。如果消费者认为 A 和 B 无差别，则属于风险中性者。对风险中性者来说，期望收入的效用等于期望效用（效用期望）。

我们可以用图形来描述这三类消费者。如图 3-10 所示，横轴为收入，纵轴为效用。A 点代表收入为 10 时的效用，也就是期望收入的效用。B 点代表收入为 5 时的效用与收入为 15 时的效用的平均值（实际上通过 B 点的直线上所有点都代表某种加权平均值），也就是期望效用（效用期望）。显然，根据图 3-10，消费者更喜欢 A 点，因为该点效用更高。也就是说，固定收入 10 万元带来的效用要大于 5 万元收入及 15 万元收入各自效用的加权平均值，消费者是风险厌恶者。如图 3-11 所示，横轴为收入，纵轴为效用。A 点代表收入为 10 时的效用，也就是期望收入的效用。B 点代表期望效用（效用期望）。显然，根据图 3-11，消费者更喜欢 B 点，因为该点效用更高。也就是说，固定收入 10 万元带来的效用要小于 5 万元收入及 15 万元收入各自效用的加权平均值，消费者是风险偏好者。

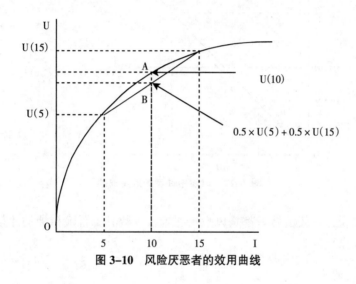

图 3-10 风险厌恶者的效用曲线

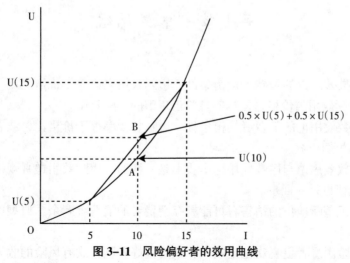

图 3-11 风险偏好者的效用曲线

如图 3-12 所示，横轴为收入，纵轴为效用。A 点代表收入为 10 时的效用，也就是期望收入的效用。同时也代表收入为 5 的效用与收入为 15 的效用的平均值，也就是期望效用（效用期望）。显然，根据图 3-12，消费者对于固定收入 10 万元带来的效用和 5 万元收入及 15 万元收入各自效用的加权平均值之间是无所谓的，消费者是风险中性者。

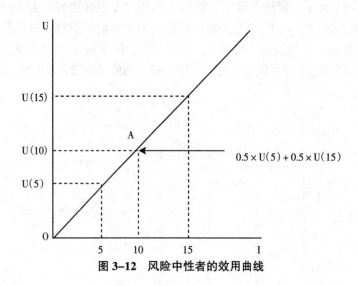

图 3-12　风险中性者的效用曲线

总的来说，一般消费者都是风险厌恶者，少数具备冒险精神的才是风险偏好者（如企业家）。

第七节　本章总结

（1）基数效用论的消费者均衡条件：边际效用之比等于价格之比，或者说各种商品的边际效用与价格之比相等且等于货币的边际效用。

（2）序数效用论的消费者均衡条件：边际替代率等于价格比，或者无差异曲线与预算线相切。

（3）基数效用论与序数效用论本质上是一样的，边际效用递减规律与边际替代率递减规律也是一回事。

（4）处于垄断地位的销售者可能剥夺消费者的消费者剩余，典型的例子是广告招标。

（5）风险厌恶者更喜欢稳定收入，风险偏好者则喜欢有风险的收入，风险中性者则认为期望收入的效用等于期望效用（效用期望）。

每章一题

问：假定某消费者的效用函数为 $U = XY^4$，他会把收入的多少用于商品 Y 上？

答：设商品 X 的价格为 P_X，商品 Y 的价格为 P_Y，收入为 M。

由效用函数 $U = XY^4$，得：$\dfrac{\partial U}{\partial X} = Y^4$，$\dfrac{\partial U}{\partial Y} = 4XY^3$。

他对 X 和 Y 的最佳购买的条件是：$\dfrac{MU_X}{P_X} = \dfrac{MU_Y}{P_Y}$，即 $\dfrac{Y^4}{P_X} = \dfrac{4XY^3}{P_Y}$。

变形得：$P_X X = \dfrac{1}{4} P_Y Y$。

把 $P_X X = \dfrac{1}{4} P_Y Y$ 代入预算方程 $P_X \cdot X + P_Y \cdot Y = M$，有：

$$\frac{1}{4} P_Y \cdot X + P_Y \cdot Y = M$$

$$P_Y \cdot Y = \frac{4}{5} M$$

这就是说，他收入的 4/5 用于购买商品 Y。

第四章 生产论

第一节 为什么会有企业

很多教材都认为可以从两个方面回答这个问题。如古典经济学认为，企业可以通过专业化与分工来提高效率、加快技术进步，而新制度经济学却认为，企业可以降低交易成本。

实际上，古典经济学的回答是值得推敲的，企业固然可以通过分工来提高效率，但并没有解释这几个问题：为什么不是所有的交易都通过市场进行，为什么不是一个超级庞大的企业来代替所有市场？企业的规模是怎样确定的？

例如，如果想生产汽车，那么可以自己办一个汽车厂，生产从发动机到方向盘的全部零件；也可以到市场上购买所有的零件，再把它们组装起来。究竟应该怎么做？如果自己生产从发动机到方向盘的全部零件，那同样符合古典经济学的观点，可以将企业分成无数个车间：有的专门生产发动机，有的专门生产方向盘，有的专门生产减速器等，这也是专业化与分工，但事实上存在这样的超级大企业吗？

不存在。现实中的汽车是怎样生产出来的？核心部件一定是自己生产的，其他通用部件可以从市场上购买。本田汽车可以使用固特异轮胎，却不可能使用福特的发动机，那这如何解释呢？这就要详细分析市场和企业各自的优势和劣势。

一、市场的优势

假设你生产汽车外壳，那么你需要一些机床，你是选择购买机床还是去生产机床？答案很简单，你肯定去买而不是去生产。生产机床的企业是专业化的公司，了解市场需求量很大，因此机床产量很大，也存在规模经济，从而机床的成本相对较低，供给也相对稳定。假如你自己生产，那么生产机床所需要的设备在生产完毕后怎么办？毕竟你要办汽车厂而不是办机床厂。另外，生产机床的企业不只一家，你可以货比三家，挑选到性能价格比最为合适的机器，这是市场竞争带来的好处。

二、企业的优势

仍然是汽车。假设你生产本田汽车，而且你想让别人知道你的汽车和别的品牌不一样，那么就要实施差别化战略。例如：本田车省油。而省油的关键是发动机效率。好了，是自己生产发动机呢？还是去市场上选购？如果你仅仅生产一辆汽车，当然不用自己生产，那样成本太高。但是如果要生产几百万辆呢？显然应该自己生产。另外，市场上的发动机也许难以满足要求，自己生产可以保证发动机的质量。

另外，你要生产一种高效率的省油发动机，同样需要生产设备，这些生产设备有的可以从市场买到，有的却买不到。因为市场上的通用设备无法生产高效率的省油发动机，怎么办？你可以自己生产，或买来设备加以改造。这种在市场上难以买到的设备称为专用性资产。市场为什么不生产这些专用性资产呢？很简单，因为买家太少了。

当然，企业还有另外的优势，就是节约交易成本，这是科斯的贡献。

三、企业和市场各自的劣势

企业的优势就是市场的劣势，市场的优势就是企业的劣势，两者的比较如表4-1所示。

表4-1　市场与企业的比较

市场的优势	规模经济、低成本	竞争导致的效率	稳定的供给
企业的优势	保证质量	拥有专用性资产	降低交易成本

四、企业的规模

既然办企业有好处，那么企业是不是越大越好？我们设想这样的一个极端：社会中所有交易都被一个企业所囊括，没有市场，实际上整个经济是一个大企业（类似于以前的计划经济），所有产品的生产都属于一个企业，如果这个经济体比较大，那么这种方式注定要失败，也已经证明是失败的。因为你根本不可能了解所有产品需求的细节从而安排生产，另外，过于庞大的企业会导致几何数量级增长的协调成本。

那么企业是不是越小越好？我们可以想象另一个极端：所有生产都由一个个人来完成，此时，市场呈现细碎化，每一笔交易都要签订、监督、执行契约，交易成本会太高而不可接受。

那么，企业的规模应该多大？根据科斯的理论，企业是对市场的替代，企业的规模应该扩张到这样一点，即在这一点上再多增加一次内部交易所花费的成本与通过市场进行交易的成本相等。

当然科斯的理论只是一种抽象，没有人可以仅仅根据这几句话就能够确定企业的规模，企业的规模大小可以通过详细的探讨在理论上确定，但仍然是理论而已，现实中确定企业规模的途径只有经验和试错。

第二节　关于公司

一、为什么会有公司

与非公司相比，公司最大的秘密在于"公"字。无论是个人独资企业还是合伙制企业，本质上都是"私"的。当然这个"私"主要体现在无限责任上。

公司的"公"当然也不意味着它是国有企业或公有制企业，而是说它是与公司创办人个人资产脱离关系的独立存在。公司创立时，若干投资人每人投入若干股份，成立了公司。如果公司赚钱，这些人可以得到分红，如果公司赔钱，最多把公司赔光，与投资者个人资产无关。①

于是，大家就会有疑问：我成立一个公司，然后骗来银行的钱，或者四处借债，最后公司倒闭了，自己的财产却不受损失，这岂不是很美妙的事？

实际上，在改革开放之初，很多人就是这么想的。当时很多人成立了公司，不过仅仅是"皮包"公司——名字起得很大，什么环球公司、全球经贸等，其实就是一个人夹着个皮包，到处行骗。一开始是骗钱，说自己有某种紧俏物资，对方付完定金就携款逃跑了。后来骗钱这一招行不通了，就开始骗货，谎称要买对方的货物，货到付款，收到货物后直接消失。后来政府加大了惩罚力度，也提高了注册公司的门槛，骗子才大大减少。

我国尚未建立起完善的市场经济体制。而一个完善的市场经济体制包括完善的信用体系。有了这样的信用体系，一个人欺骗了别人而被发现，就会被整个社会所遗弃。无法考驾照、无法贷款、无法再注册公司、难以再得到工作机会等。

---

① 当然，公司要合法经营。如果有两个人合伙经营公司，其中一人通过某些非法渠道偷偷将公司资产转移到自己手中，一经发现，要追回其非法转移的资产，并加以惩罚。这就是说，即使在私营公司，也同样存在"贪污"的罪名。而个人独资企业就不存在"贪污"，因为贪来贪去都是自己的钱。同样，合伙制企业（非公司）也存在贪污。

这个代价是非常沉重的，因此，不是发达国家的人讲信用，而是不讲信用就无法活下去。

西方国家为什么会发明"公司"这个东西？发明公司不是为了行骗，而是为了保护自己。地中海沿岸的商人最早从事国际贸易，用帆船运输货物通过地中海运送到各个国家。但一旦遇到风浪，就损失巨大，有时甚至要赔上自己的家产。于是他们就发明了"公司"这个东西，即使船翻了，也不会影响自己的财产。当然，他们也发明了"保险"。

在一个成熟的市场经济体系中，靠欺骗是无法生存的，这也适合任何一个经济体中的所有人。凯恩斯说：你可以长期内永远欺骗一部分人，也可以短期内欺骗所有人，但你无法在长期内欺骗所有人。

二、公司法人

公司法人是指依照公司法设立的，有独立的财产，能够以自己的名义享有民事权利和承担民事义务，并以自己的全部财产对公司的债务承担民事责任的企业组织。

这个定义非常严谨，实际上它在说公司是一个法律上虚拟的"人"，可以承担民事权利和义务，如果负债了要归还，但如果把公司资产都还完了还不够就到此为止。

民事权利和义务是什么意思？这已经不再是经济学，而是法学理论。民事权利就是说它拥有不被别的民事主体侵犯的权利，如果被侵犯，则可以要求法律保护。民事义务就是说你有让拥有民事权利的主体执行权利的义务。简单地说，如果你借给别人钱，你就是债权人，有讨债的权利，借钱的人就是债务人，有还钱的义务。

公司在民事上跟自然人类似。公司借钱给别的公司，公司就是债权人，有讨债的权利，借钱的公司就是债务人，有还钱的义务。同样，公司借了银行（或别的主体）的钱，银行（也是法人）有讨债的权利，公司有还钱的义务。

公司像人一样，但不是人，人可以承担刑事责任，公司无法承担刑事责任，因为你不能判公司有期徒刑。

公司法人就是公司的人格化存在。

公司是虚拟人，而消费者是自然人，是肉体人。虽然公司和自然人在法律上的民事地位是一样的，但实际上不一样。肉体人怎么能拼得过虚拟人呢？假如你在百货公司买到假货，你去百货公司理论，百货公司可以让你在各个部门之间跑来跑去，当你非常疲惫时，百货公司仍然不会有任何变化，因为它不是人，不会疲惫。所以，一定要保护消费者权益。我国的《消费者权益保护法》，就是为了保护消费者权益。

当然，真正的好公司不会慢待消费者，以前说消费者是上帝，仅仅是上帝而已。如今，消费者是会上网的上帝。在自媒体流行的时代，惹怒了消费者，后果很严重。

不过，如果消费者遇到的不是普通的公司，而是一个垄断者，结果就很难说了，垄断者经营的是独家买卖，就像一些著名的旅游景点一样，就是要收高价，就是服务差，你能怎么样？去的人还是络绎不绝。破除这种垄断很难。①

三、公司治理结构

公司治理结构曾经是个很时髦的词，似乎是个新鲜事物，实际上不是。公司治理结构的意思是说这个公司是以何种方式、模式或架构来治理的，或者是指公司内部权力的分配。

现代流行的公司治理结构一般为：股东（大）会由全体股东组成，是公司的最高权力机构和最高决策机构。公司内部机构包括董事会、监事会和总经理，分别履行公司的战略决策职能、纪律监督职能和经营管理职能。

公司的最高权力虽然名义上掌握在股东大会手中，但股东大会不可能频繁召开。因此真正的权力掌握在董事会手中，但董事会只负责战略决策，日常的经济管理事务由职业经理负责。为保证董事会、经理的行为不损害公司和其他人的利益，另设监事会（由股东大会产生）。监事的功能是独立的，只对股东大会负责，监事不能兼任董事或高级经理。

实际上，现代公司治理结构的目的就在于制约权力的过于集中。试想，如果权力全部集中在一个人手中，那很有可能出现种种意想不到的后果。这也是一种民主形式，民主就是这样，它也许会阻止最好的决策产生，但它更会阻止更坏的决策。权力高度集中也许会带来最好的决策，但也可能产生最坏的决策。

我国有的国有企业也建立了自己的治理结构，但常常是党委书记、董事长、总经理集于一身，权力过于集中。监事（即使是外派的）也形同虚设，起不到多大的监督作用。这样就导致了很多"国有资产流失"悲剧。

公司治理结构像什么？它的原则与西方国家的三权分立很像。议会拥有立法权（战略决策权），总统拥有行政权（经营权），而法院拥有司法权（监督权），三权分立，相互制衡。实际上，任何一个组织都可以建立类似的权力分配结构。这也是人类管理自身的一个重要原则。

---

① 旅游产业被誉为"无烟工业"，很多地方将其视为朝阳产业。但对于消费者来说，需要提高旅游意识或旅游观念，很多人旅游是为了炫耀，可以对别人说：我去过某某地方了，于是乎自身地位似乎可以获得某种提高。这是"虚荣旅游"，非常浅薄。旅游的根本目的或许是认识自然、了解自然从而更加敬畏自然，从自身角度看，则是为了在另外一个地方重新认识自我进而完善自我。

公司这种所有权与经营权的分离有其优势，也有其弊端。例如，没人能保证总经理以及高级经理们真的为全体股东服务？这就是委托—代理问题：委托人不能事无巨细地时时刻刻地监督代理人，那样成本太高了。于是，就必须设计出激励相容的薪酬机制，以保证代理人的目标与委托人一致。例如可以给经理们发放股票期权，股票期权指当前不能兑现，要等一段时间（如几年后）才可以兑现。在此期间，经理们一定会努力工作，使公司股票价值上升，这样就可以获得更好的回报。于是经理个人利益与公司利益就变得协调一致了。[①]

四、家族制企业

既然公司有很多好处，是不是所有的企业都应该转变为具有现代治理结构的公司？这个问题没有明确的答案。目前，中国现有的300多万家私营企业中90%以上是家族企业，在这些家族企业中，绝大部分实行家族式管理，既有单一业主制，也有合伙制的企业、共有制企业，也有家族成员保持临界控制权的企业集团。

家族企业的发展是一个不断成长壮大的过程，从家庭/纯家族企业到泛家族企业、泛家族企业向掌握临界控制权的演变直至公众上市公司，是我国家族企业成长发展的主要路径。

在家族企业发展初期，家族式的集权管理有效地回避了来自内部的管理风险，降低了管理成本，易于建立共同利益和目标，保证领导的权威，形成强大的凝聚力，对家族企业的发展起了很大作用。但是，随着市场经济逐步发展和经济全球化，在企业向现代化、国际化和集团化发展的过程中，家长制管理模式局限性和不足就会逐渐显现。

随着家族企业的壮大，企业主要面临的是产权问题、治理结构问题和权力继任问题。一是产权是否清晰，有些家族企业在成立之初没有厘清股权，每个股东所出股份是一笔糊涂账，等企业做大了就开始出现争议，严重影响企业的发展；二是治理结构问题，大企业和小企业是完全不同的，没有现代公司治理结构的保证，仅靠集权管理很容易为企业带来危机；三是权力继任问题。企业将来留给谁？这里面既有所有权的继任，也有经营权的继任。即便企业第一代领导人具备超强能力，可以既当董事长又当总经理，也不能保证第二代也是如此。

一个国家有没有生命力，就看其企业有没有生命力。时代的变化会带来更多

---

① 当集体利益和个人利益发生冲突时，我们应该优先选择哪一个？我们会异口同声地回答：集体利益。等我们长大后真的遇到这个问题，很多人却优先选择个人利益。不是我们错了，也不是我们变坏了，应该质疑的是——为什么总会有集体利益和个人利益的冲突？为什么不设计一种体制，让集体利益和个人利益尽量保持一致？这就是激励相容机制。不依靠这个机制，而去依靠人们的道德水平或"觉悟"，显然是事倍功半。

问题，企业经营与管理也没有一定之规，也许我们只能说一句：适合自己的就是最好的。

第三节 关于生产要素

一、劳动力

在西方经济学的范畴里，劳动力都是同质的，没有区别。但在现实中，每个人都希望体现出自己所提供劳动与他人的差别，以获得更多报酬。这告诉我们，劳动力之间的差异实际上是必然的，其中既有先天的差别（例如体力），也有后天训练的因素。目前的劳动力市场对劳动力的评价主要考察劳动力的贡献，而不是考察劳动者的努力程度，这似乎是一种缺陷，但短期内无法逆转。以计件工资制为例，一个残疾人和一个正常人相比，即使前者更加努力，但他在同样时间内完成的产品数量要少于后者，于是只能得到较低的报酬。我们对此表示不满，但却无可奈何。

更为重要的是，劳动与劳动力有没有区别？我们可能认为劳动和劳动力没有区别，但在马克思那里却有重大区别。马克思认为，劳动是劳动力的实现过程或内容，劳动力是劳动者从事劳动的能力。简单一点说，劳动者拥有劳动力，但这种"力"只是一种可能性，仅仅指劳动的能力，而劳动则是劳动力的具体显现。

马克思为什么要这样区分？难道这样不麻烦吗？马克思这样做有其深意。马克思认为，资本家在要素市场上雇用的是劳动力，而且为劳动力将来所提供的劳动确定了工资。注意，此时劳动过程还没有开始，工资已经确定。资本家当时会说：每天工作 8 小时，工资 200 元，但工人上班后，却每天工作 10 个小时，或者说提供 10 个小时劳动。这多余的 2 个小时就会产生剩余价值。

显然，资本家为劳动力提供了 8 小时的工资，但劳动却是 10 个小时。劳动创造的价值（以 10 个小时来衡量）减去劳动力的价值（以 8 个小时来衡量）就是剩余价值。

也许工人会提意见，为什么要延长劳动时间？资本家吸取了教训，不再延长劳动时间，而是增加劳动强度。这种做法比较隐蔽，工人不易发现。劳动力的价值（资本家为劳动力提供的工资）对应于相对较低的劳动强度，而劳动的价值则对应于相对较高的劳动强度，两者之差就是相对剩余价值。

马克思发明这两个概念，不是为了叠床架屋，而是为了凸显资本家的剥削。资本家为劳动力提供了看似公平的工资，但这个工资小于劳动创造的价值，这就是根本所在。

二、资本

资本是一个奇特的概念。资本是用于生产物品和服务的人类创造的东西，资本分为人力资本和物质资本。物质资本由工厂、机器以及其他人类创造的产品。人力资本由提高劳动生产率所必需的知识和技能组成。

西方经济学认为，资本不是指其货币价值，而是指实物形态。

我们知道成本公式：$C = W \times L + \gamma \times K$。其中 W 指工资率，$\gamma$ 指资本物品如机器的价格吗？如果是这样，那么资本的价格将千差万别，因为资本物品本身就是千差万别的，机器、厂房、各种设备都是资本物品。于是，对于每一种资本物品，都需要建立一个成本方程，这显然没有什么意义。

既然劳动力可以同质化，资本也应该可以同质化，因此很多西方经济学教材将定义为货币资本的价格即利息率。我们可以这样理解：企业主从银行借来钱购买机器，就相当于企业主从银行借了机器。于是企业主从银行借款的价格就是企业使用机器的价格。也可以这样理解：资本价格实际上是指机器等实物资本单位时间内的租金。也就是说，一台机器有两个价格：一个是机器本身的价格（所有权价格）；另一个是机器的租金价格（使用权价格），我们所说的价格是后者。

三、土地

土地也一样，也有两个价格，一个是土地被出售的价格（所有权价格）；另一个是土地的租金价格（使用权价格），我们所说的价格是后者。

四、企业家才能

19 世纪的经济学家将要素分为三类：劳动、资本和土地，相应的价格分别为：工资、利息和地租。19 世纪末，人们发现：总收益减去总工资、总利息和总地租后还有剩余，这就是马克思所说的剩余价值（西方经济学家称为利润）。

怎样掩盖利润的存在？西方经济学家发明了另外一种要素：企业家才能。把利润作为企业家才能的报酬，于是全部收益被分割完毕，不存在超额利润，不存在剩余价值，也没有剥削。

第四节　生产函数

柯布—道格拉斯生产函数无疑是一个重要的生产函数，它有什么性质呢？

我们知道其形式为：$Q = AL^\alpha K^\beta$，通过 $\alpha + \beta$ 的值可以判断该函数的规模报酬情况：$\alpha + \beta > 1$，为规模报酬递增；$\alpha + \beta = 1$，为规模报酬不变；$\alpha + \beta < 1$，为规模报酬递减。

此外，我们还可以证明：劳动产出弹性等于劳动的指数 α，资本产出弹性等于劳动的指数 β。产出弹性是指产出的变化率与要素变化率之比，或者说是要素变化1%后产量变化的百分比。以劳动为例，劳动产出弹性的形式为：

$$e_L = \frac{dQ}{Q} / \frac{dL}{L} = \frac{dQ}{dL} \times \frac{L}{Q} \tag{4.1}$$

而资本的产出弹性为：

$$e_K = \frac{dQ}{Q} / \frac{dK}{K} = \frac{dQ}{dK} \times \frac{K}{Q} \tag{4.2}$$

据此我们可以求得柯布—道格拉斯的产出弹性：

$$e_L = \frac{dQ}{dL} \times \frac{L}{Q} = A\alpha \frac{K^\beta}{L^{1-\alpha}} \times \frac{L}{AL^\alpha K^\beta} = \alpha \tag{4.3}$$

$$e_K = \frac{dQ}{dK} \times \frac{K}{Q} = A\beta \frac{L^\alpha}{K^{1-\beta}} \times \frac{K}{AL^\alpha K^\beta} = \beta \tag{4.4}$$

这意味着什么呢？这意味着劳动投入每增加一个百分点，产量增加 α 个百分点；而资本投入每增加一个百分点，产量增加 β 个百分点。假如劳动和资本同时增加一个百分点，则产量增加 $\alpha + \beta$ 个百分点。也就是说，如果 $\alpha + \beta > 1$，则为规模报酬递增；$\alpha + \beta = 1$，为规模报酬不变；$\alpha + \beta < 1$，则为规模报酬递减。

第五节　短期生产曲线

一、短期生产函数的形式

我们知道短期生产中各种曲线的形状，如边际产量曲线是先递增后递减，总产量曲线也是先递增后递减，总的来看都是开口向下的抛物线如图 4-1 所示。

另外，由于边际产量曲线是开口向下的抛物线，如果边际产量函数采取劳动的多次函数形式，那么最高次一定是偶数次方，且最高次一定为负数。同样，总产量函数最高次一定是奇数次方，且最高次也一定为负数。例如总产量函数形式为：$Q = L^3 + 30L^2 - 2L$，则边际产量为：$MP_L = -3L^2 + 60L - 2$，平均产量为：$AP_L = -L^2 + 30L - 2$。

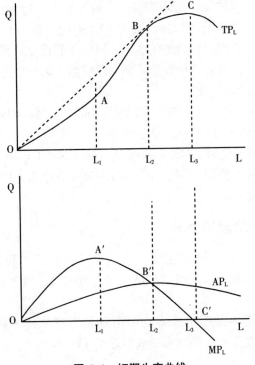

图 4-1 短期生产曲线

二、为什么与平均产量相比，边际产量曲线率先达到最大值

我们已经知道，边际产量穿过平均产量的最大值，也知道在平均产量达到最大值以前，边际产量大于平均产量；平均产量达到最大值以后，边际产量小于平均产量，即有下式：

$$\frac{dAP}{dL} = \frac{1}{L}(MP - AP) \tag{4.5}$$

问题是：为什么边际产量比平均产量率先达到最大值？

边际产量一定先达到最大值——如果平均产量先达到最大值，就意味着平均产量的最大值出现在边际产量增长的阶段，换句话说，平均产量已经达到最大值了，边际产量还在递增。

根据式（4.5），我们要求边际产量穿过平均产量的最大值，即在平均产量最大的时候，边际产量与之相等。过了这个点以后，边际产量继续增加，而平均产量就应该开始递减（因为它已经达到最大值了），则边际产量一定大于平均产量。但如果边际产量大于平均产量，平均产量应该增加。这无疑是矛盾的，因此，边际产量一定先达到最大值。

一开始，平均产量增加，边际产量比平均产量大。边际产量达到最大值时，仍然大于平均产量。例如此时边际产量为 10，平均产量为 8。过了这个点以后，边际产量开始减少，平均产量仍然在增加。但由于假设生产函数是连续的，即使一个减少，一个增加，两者要相等总需要一段时间。因此在边际产量达到最大值以后平均产量才会达到最大值。

例如生产函数为：$Q = L^3 + 30L^2 - 2L$，则边际产量为：$MP_L = -3L^2 + 60L - 2$。

平均产量为：$AP_L = -L^2 + 30L - 2$。

边际产量达到最大值时，$MP_L' = 0 \Rightarrow -6L + 60 = 0 \Rightarrow L = 10$。

平均产量达到最大值时，$AP_L' = 0 \Rightarrow -2L + 30 = 0 \Rightarrow L = 15$。显然，边际产量比平均产量先到最大值。

三、关于生产阶段的划分

如图 4-2 所示，生产者应该把生产推进到第二阶段。我们知道 C 点产量最大，B 点平均产量最大，而平均产量最大又意味着什么呢？实际上 B 点还意味着平均可变成本最小。

因为是短期，资本是固定成本，而劳动是可变成本，因此全部可变成本（TVC）等于工资乘以劳动。平均可变成本等于 TVC 除以 Q。

$$TVC = W \times L \tag{4.6}$$

$$AVC = \frac{W \times L}{Q} = W \times \frac{L}{Q} = \frac{W}{\dfrac{Q}{L}} = \frac{W}{AP_L} \tag{4.7}$$

可以发现：平均可变成本等于劳动平均产量的倒数。平均产量最大，则平均成本最小。其实这也不难理解，平均在每一单位劳动上的产量最大，也就是生产一单位产量需要的劳动最少。

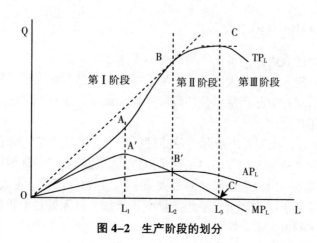

图 4-2 生产阶段的划分

第六节　长期生产

一、等产量曲线的斜率递减

我们知道等产量曲线是凸向原点的，斜率绝对值递减，又知道等产量曲线的斜率是边际技术替代率，而边际技术替代率可以表示为边际产量之比。因此以下四种说法是一致的。

（1）等产量曲线是凸向原点的。

（2）等产量曲线斜率绝对值递减。

（3）边际技术替代率递减。

（4）边际产量递减或边际报酬递减、边际收益递减。

二、等产量曲线的斜率一定为负吗

我们暂时不考虑资本和劳动完全替代以及固定比例投入的生产函数。对于一般生产函数，等产量曲线斜率一定为负吗？

如图4-3所示，图中有一条等产量曲线，在A点以前，资本和劳动有替代关系，等产量曲线斜率为负；在A点以后，劳动和资本没有替代关系，斜率为正。

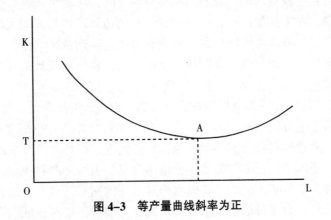

图4-3　等产量曲线斜率为正

这意味着，资本数量有一个下限T，不能无限减少。一旦资本达到这个下限，要保持原来的产量就必须增加劳动，而且仅增加劳动还不行，还要增加一些资本，这无疑是低效率的。原因何在？就是因为劳动太多资本太少，由此可见"人浮于事"有多么可怕。

三、如何理解长期生产均衡条件

长期生产的均衡条件为：

$$\frac{MP_L}{MP_K} = \frac{P_L}{P_K} \tag{4.8}$$

这个条件意味着什么？

式（4.8）左边是边际产量之比，右边是要素价格之比。其含义就是哪一种要素的边际产量大，哪一种要素就应该获得更多的报酬，这有点类似于我们所说的"按劳分配"。

从宏观角度看，式（4.8）还有更深的含义，即不存在剥削。因为劳动根据其边际产量得到了工资，资本也根据其边际产量得到了相应的报酬，各自得到应得的部分，没有剥削。

实际上，式（4.8）仅仅是形式上合理，在现实中没有任何意义。我们可以这样想：什么是资本的边际产量？就是在劳动不变时增加一单位资本所带来的产量的增量。

假设劳动为 10，保持不变。假定资本为 10 台机器，产量是 100。如果机器增加到 11，产量增加到 120，根据资本边际产量的定义，资本边际产量为 20。

但是，我们要问：资本的这个边际产量是如何得到的？若没有劳动的参与，不可能得到。而且，原来 10 单位劳动与 10 台机器配合，后来 10 单位劳动与 11 台机器配合，劳动强度没有增加吗？如果劳动强度增加，那就存在相对剩余价值；如果劳动强度没有增加，就必然增加劳动时间，那就存在绝对剩余价值。[①]

也就是说，在工业生产中，一般来讲资本的边际产量与劳动无法分割。当然劳动的边际产量与资本也无法分割。根据各自的边际产量来确定各自的报酬，实际上是不可能的。劳动与资本是两种异质的要素，强行比较其边际产量，在现实中也不容易实现。

美国篮球明星科比·布莱恩特的薪水接近每年 2500 万美元，每天平均 43 万元，当然是由于他打球比较好（边际产量高），但他也需要 NBA 这个由资本填充起来的舞台，要让他到我国的某个工地去做农民工，充其量一天 300 元。

在一个经济体中，资本与劳动的价格不仅仅是由边际产量决定的，更大程度上是由其要素丰富程度决定的。在资本相对丰富的国家，资本价格相对较低，劳动价格相对较高；而在劳动相对丰富的国家，劳动价格相对较低，资本价格相对较高。这就是为什么发达资本主义国家工资高。

---

① 绝对剩余价值是指在工人劳动强度不变时增加劳动时间后资本家获得的剩余价值；相对剩余价值是指在工人劳动时间不变时增加劳动强度后资本家获得的剩余价值。

说得高深一点：劳动和资本各自的价格取决于两种要素谈判力量的大小，说得通俗一点，就是"物以稀为贵"。

四、扩展线

当成本变化时，等产量曲线与等成本线切点的轨迹叫生产扩展线，如图 4-4 所示。扩展线意味着什么？

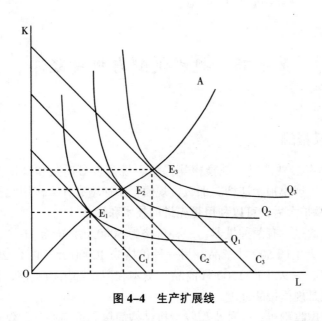

图 4-4　生产扩展线

（一）扩展线体现生产均衡时资本与劳动的关系

扩展线上的点都符合生产均衡，它是一条曲线，该曲线横轴是劳动，纵轴是资本。因此，这条线就是在均衡时资本和劳动的关系。例如，设生产函数为：$Q = L^{0.6}K^{0.4}$，劳动价格为 6，资本价格为 4。如何求扩展线？

根据 $\dfrac{MP_L}{MP_K} = \dfrac{P_L}{P_K}$，可以得到：

$$\frac{0.6L^{-0.4}K^{0.4}}{0.4L^{0.6}K^{-0.6}} = \frac{6K}{4L} = \frac{6}{4} \Rightarrow K = L$$

而 $K = L$ 就是扩展线。

（二）在扩展线上劳动与资本一定是固定比例吗

当然不是，只有生产函数采取某些特殊形式时，扩展线上劳动和资本才是固定比例，例如固定投入比例生产函数以及我们在上面举的例子。

生产均衡要求边际产量之比等于要素价格之比，而边际产量之比并不等于要素购买量之比。

但对于柯布—道格拉斯生产函数，在其扩展线上劳动与资本是成比例的。设要素价格分别为 P_L 和 P_K。

$$Q = AL^{\alpha}K^{\beta} \tag{4.9}$$

$$MP_L = A\alpha L^{\alpha-1}K^{\beta} \tag{4.10}$$

$$MP_K = A\beta L^{\alpha}K^{\beta-1} \tag{4.11}$$

$$\frac{MP_L}{MP_K} = \frac{\alpha}{\beta} \times \frac{K}{L} = \frac{P_L}{P_K} \Rightarrow \frac{K}{L} = \frac{\beta P_L}{\alpha P_K} \tag{4.12}$$

第七节　规模报酬与规模经济

一、规模报酬

规模报酬有三种情况：规模报酬递增、规模报酬递减和规模报酬不变。显然，企业都希望规模报酬递增。那么，规模报酬递增有什么作用呢？

（一）规模扩大后，可以利用更先进的技术和设备

可以这样假设，有两种机器，一种价格为 5000 元，配合 10 个工人，但生产效率较低，一天生产 500 件产品。另一种价格为 10000 元，配合 20 个工人，但生产效率较高，一天生产 1500 件商品。资本和劳动都增加 1 倍，但产量增加 1 倍以上，这就是规模报酬递增。

也可以考虑收割机，一种小型收割机结构简单，价格便宜，仅需要 1 名驾驶员，但每小时只能收割 1 亩小麦；另一种价格是前一种的两倍，需要 1 名驾驶员和 1 名副驾驶共同操作，但每小时能收割 3 亩小麦，这也是规模报酬递增。

注意，规模报酬递增中资本数量的扩大并不一定意味着资本设备数量的简单增加（原来是 1 台机器，现在是 2 台同样的机器），它同样可以指资本规模的扩大，例如原来投入价值 10000 元的资本，现在投入 20000 元的资本。20000 元的资本就可以购买比原来效率高的机器。

（二）专业化与分工

例如，原来有 1 台机器，1 个工人。那么这个工人就既要操作机器，又要负责维修，专业化程度不够。如果变成 2 台机器，2 个工人，那么 1 个工人可以专门负责操作，另 1 个专门负责维护，专业化程度提高，效率提高，产量提高更多。这就是为什么很多大型制造业企业都有专门的机修车间。

（三）规模扩大后，可以节约很多成本

（1）培训成本。可以想象，规模扩大后，集中培训的可能性增加，培训的平均成本会下降，同时，熟练工的知识外溢也会更加明显。如果有 2 个工人，1 个师傅带 1 个徒弟；如果有 4 个工人，1 个师傅则可以带 3 个徒弟，斜率明显增加。

（2）保安成本。一个车间有 10 个工人，可能需要 2 个保安；两个车间 20 个工人，也许只需要 3 个保安。

（3）管理成本。假如只有 3 个工人，1 个经理来管理显然有些浪费；工人数量增加到 6 个，1 个经理依然足够，无须再增加经理。此外，监督成本、服务成本等都会有所下降。

二、规模经济与规模不经济

规模经济又叫内在经济，规模不经济又叫内在不经济。规模经济指要素投入增加 1 倍，而产量增加 1 倍以上，规模不经济则相反。

规模经济的另一种含义就是随着产量增加，长期平均成本下降；规模不经济则相反。换句话说，在长期平均成本曲线的下降段存在规模经济；在长期平均成本曲线的上升段存在规模不经济。

厂商都喜欢规模经济，什么因素会导致规模经济？导致规模经济的原因与导致规模报酬递增的原因类似，但有所不同。

（1）专业化与分工。从亚当·斯密的著作开始，人们认识到分工可以提高效率。规模越大的企业，其分工也必然更详细，一般情况下，分工越细，生产效率越高。

（2）学习效应，随着产量的增加，工人的熟练程度增加，提高效率。

（3）可以有效分摊固定成本，如研发费用、基建投入等。当企业产量增加，规模扩大，原先高昂的研发费用、基建投入就会被分摊，导致平均在每一单位产品上的成本下降。

（4）运输、订购原材料、价格谈判等方面存在的经济性。和物流公司关于运费进行谈判时，一家规模很大的百货公司和一家规模很小的零售店的地位显然是不一样的。

三、规模报酬与规模经济的关系

规模经济是指产量增加的倍数大于成本增加的比例，规模不经济是指产量增加的倍数小于成本增加的比例。

规模经济不要求要素比例不变，而规模报酬则要求要素比例不变。规模报酬递增是规模经济的一个特例，同理，规模报酬递减也是规模不经济的一种特例。

实际上，企业在扩大规模时很少保持资本和劳动的比例不变（即规模报酬要求的情况），常出现的要么是规模经济，要么是规模不经济。

从宏观上看，随着技术的进步，资本将越来越多地实现对劳动的替代。在一些大型制造业企业车间里，几乎看不到工人。因此，规模报酬是工业革命初期的概念，现在已经有些过时。

第八节　本章总结

（1）为什么会有企业？古典经济学认为，企业可以通过专业化与分工来提高效率、加快技术进步，而新制度经济学却认为企业可以降低交易成本。

（2）柯布—道格拉斯生产函数是一个重要的生产函数，其形式为：$Q = AL^{\alpha}K^{\beta}$。$\alpha + \beta > 1$，为规模报酬递增；$\alpha + \beta = 1$，为规模报酬不变；$\alpha + \beta < 1$，则为规模报酬递减。

（3）短期内，平均产量边际产量曲线先增加后递减，总产量曲线也是先增加后递减，总的来看，都是开口向下的抛物线。

（4）长期内，生产者均衡的条件是边际技术替代率等于要素价格比，或者说等产量曲线与成本线相切。

（5）规模经济不要求要素比例不变，而规模报酬则要求要素比例不变。规模报酬递增是规模经济的一种特例，同理，规模报酬递减也是规模不经济的一种特例。

每章一题

问：设生产函数为 $q = Ax_1^{\alpha}x_2^{\beta}$，$r_1$、$r_2$ 为 x_1 和 x_2 的价格，试求该产品的扩展线。

答：由生产者均衡条件 $\dfrac{MP_{x_1}}{MP_{x_2}} = \dfrac{P_{x_1}}{P_{x_2}}$，得：

$$\frac{A\alpha x_1^{\alpha-1}x_2^{\beta}}{A\beta x_1^{\alpha}x_2^{\beta-1}} = \frac{r_1}{r_2}$$

简化得：

$$\frac{\alpha x_2}{\beta x_1} = \frac{r_1}{r_2}, \quad 即 \ \alpha r_2 x_2 = \beta r_1 x_1$$

可知，该产品扩展线为：$\alpha r_2 x_2 - \beta r_1 x_1 = 0$。

第五章 成本论

第一节 成本与利润

一、无所不在的机会成本

成本可以分为显成本与隐成本。显成本指厂商在生产要素市场上购买或租用所需的生产要素的实际支出。显成本又叫会计成本。隐成本指厂商自己提供的资源所应得的报酬。

无论是显成本还是隐成本，都可以从机会成本角度去理解。

对于显成本，厂商在要素市场上购买要素，如劳动力。劳动力为什么会被这个厂商所雇用？那是因为劳动力在其他用途上的最大收入不会超过这个厂商提供的工资，如果劳动力在其他用途上的最大收入超过这个厂商提供的工资，那么劳动力就不会被这个厂商雇用。

同样，为什么厂商自己所拥有的资源会投入生产过程？那是因为这些资源在其他用途上的最大收入不会多于自己使用带来的收入。换句话说，如果厂商使用自己的资源，如自己的房子、土地等，那么厂商应该为这些资源所支付的报酬就是在其他用途上的最大收入。

例 5-1：某厂商 A 在人才市场上雇用一名大学生 B，月薪 2000 元，这是 A 的显成本。我们可以断定，B 被 A 雇用的机会成本不会超过每月 2000 元——在同等条件下，如果 B 在别的公司可以获得 2000 元以上的工资，他显然会拒绝 A。

厂商 A 将自己家的房屋作为厂房。假如他不用自己家的房屋做厂房而是将其出租，每年最多获得 100000 元收益，那么他就应该每年给自己支付 100000 元作为房租。这就是隐成本。

此外，还有沉没成本。沉没成本又叫沉淀成本，指已经发生而且无法收回的成本。为什么会有沉没成本？

有些成本可以收回，有些则难以收回。假如你经营一家企业，如果企业破产，一些通用设备如机床等可以卖掉收回部分成本（扣除折旧和资本贬值），但一些专用性设备则无法卖掉，因为没人买。也就是说，这些专用性设备之所以称为沉没成本是因此这些专用性设备的机会成本为 0。凡是机会成本为 0 的成本都可以叫作沉没成本。

沉没成本这个概念的重要之处在于提醒我们：如果一个项目需要投入大量难以回收的成本，那么做决策时一定要慎重。

二、利润

经济利润（超额利润）等于总收益减去总成本（显成本加隐成本）。

会计利润等于总收益减去显成本。

正常利润即厂商对自用资源应付的报酬，即隐成本。不过，这里要明白，正常利润存在的前提是总收益不小于总成本。如果总收益小于总成本，则无法实现正常利润。

例 5-2：一家微型企业，某月总收益 50000 元，显成本 40000 元，隐成本（自用资源的机会成本）20000 元。

会计利润 = 50000 - 40000 = 10000 元。

经济利润（超额利润）= 50000 - 40000 - 20000 = -10000 元。

正常利润应该等于 20000 元，但我们要知道企业只收入 50000 元，显成本 40000 元必须扣除，扣除后只有 10000 元，即无法实现正常利润。

如果总收益增加到 60000 元，显成本 40000 元，隐成本还是 20000 元。则：

会计利润 = 60000 - 40000 = 20000 元；

经济利润 = 60000 - 40000 - 20000 = 0 元；

正常利润为 20000 元。

如果总收益增加到 70000 元，显成本 40000 元，隐成本还是 20000 元。则：

会计利润 = 30000 元；

经济利润 = 10000 元；

正常利润 = 20000 元。

另外，西方经济学之所以把经济利润称为超额利润，自有其用意。在第六章完全竞争市场我们将证明，所有厂商的超额利润都为 0。没有超额利润，就没有经济利润，也可以简称为没有利润，既然没有利润，也就没有剩余价值，也就没有剥削，这是西方经济学试图证明的一个结果。

第二节　短期成本曲线

一、短期可变成本曲线（TVC）与短期产量曲线

短期可变成本曲线可以由短期产量曲线推出。对于短期产量曲线有：

$$Q = f(L, \ \bar{K}) = f(L) \tag{5.1}$$

则其反函数可以写为：

$$L = \phi(Q) \tag{5.2}$$

式（5.2）两边都乘以工资，则得到：

$$W \times L = W\phi(Q) \tag{5.3}$$

而 $W \times L$ 就是短期内总可变成本。因此，可变成本曲线应该与短期产量曲线关于 45°线对称（当然还要乘一个常数 W）。

二、平均可变成本与平均产量

平均可变成本曲线（AVC）与平均产量曲线（AP_L）大致是倒数关系。

$$TVC = W \times L \tag{5.4}$$

$$AVC = \frac{W \times L}{Q} = W \times \frac{L}{Q} = \frac{W}{\dfrac{Q}{L}} = \frac{W}{AP_L} \tag{5.5}$$

当平均产量曲线上升时，平均可变成本曲线下降；反之亦然。

三、边际成本与边际产量

边际成本曲线（MC）与边际产量（MP_L）也是倒数关系。

$$MC = \frac{dTVC}{dQ} = \frac{W \times dL}{dQ} = \frac{W}{\dfrac{dQ}{dL}} = \frac{W}{MP_L} \tag{5.6}$$

有了以上三种关系，就不难绘制所有的短期成本曲线，需要注意的是，平均成本曲线（AC）和平均产量曲线之间并没有明确的"倒数"关系。

$$AC = AVC + AFC = \frac{W}{AP_L} + AFC \tag{5.7}$$

平均成本等于平均产量的倒数与工资（W）的乘积再加上平均不变成本（AFC），关系不明确，但曲线也为"U"形。

四、短期边际成本（SMC）与平均可变成本（AVC）、平均成本（AC）的关系

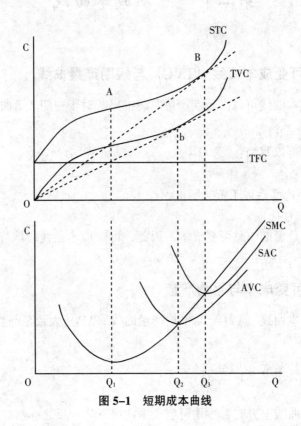

图 5-1 短期成本曲线

根据图 5-1 可以得到以下结论：

（1）STC、TVC 一直在增加，但两者斜率先递减再递增，A 点是两者共同的拐点，即二阶导数为 0。

（2）AVC、SAC 及 SMC 都是"U"形曲线，先下降再上升。

（3）SMC 是 STC、TVC 的斜率，STC、TVC 的拐点对应 SMC 曲线的最低点。

（4）SMC 穿过 AVC 曲线的最低点。在该点左边，SMC 小于 AVC；在该点右边，SMC 大于 AVC。同时，在该点有一条从原点出发的直线与 TVC 相切。

（5）SMC 穿过 SAC 曲线的最低点。在该点左边，SMC 小于 SAC；在该点右边，SMC 大于 SAC；同时，在该点有一条从原点出发的直线与 STC 相切。

现在，我们有以下几个问题要解决。

第一， 为什么 SMC 穿过 AVC 曲线的最低点以及 SAC 曲线的最低点？

对 AVC，可以得到：

$$\frac{\mathrm{d}AVC}{\mathrm{d}Q} = \frac{\mathrm{d}\left(\dfrac{TVC}{Q}\right)}{\mathrm{d}Q} = \frac{TVC'}{Q} - \frac{TVC}{Q^2} = \frac{1}{Q}(SMC - AVC) \tag{5.8}$$

如式（5.8）所示，当 SMC 大于 AVC 时，AVC 上升；

SMC 小于 AVC 时，AVC 下降；

SMC 等于 AVC 时，AVC 达到最小值。

同理，对 AC 求导数，可以得到：

$$\frac{\mathrm{d}AC}{\mathrm{d}Q} = \frac{\mathrm{d}\left(\dfrac{STC}{Q}\right)}{\mathrm{d}Q} = \frac{STC'}{Q} - \frac{STC'}{Q^2} = \frac{1}{Q}(SMC - AC) \tag{5.9}$$

如式（5.9）所示，当 SMC 大于 AC 时，AC 上升；

SMC 小于 AC 时，AC 下降；

SMC 等于 AC 时，AC 达到最小值。

第二，为什么 SMC 比 AVC 和 AC 先达到最小值？

SMC 一定先达到最小值——如果 AVC 先达到最小值，就意味着 AVC 的最小值出现在 SMC 下降的阶段。换句话说，AVC 已经达到最小值了，而 SMC 还在下降。根据式（5.9），我们要求 SMC 穿过 AVC 的最小值，即在 AVC 最小的时候，SMC 与之相等。过了这个点以后，如果 SMC 继续下降，而 AVC 开始增加，则 SMC 一定会小于 AVC。但如果 SMC 小于 AVC，AVC 应该减少。这无疑是矛盾的。因此，SMC 一定先达到最小值。

同理可以证明：SMC 比 AC 先达到最小值，不再赘述。

第三，为什么 AVC 比 AC 先达到最小值？

根据图 5-1，AVC 先到达最小值，而 AC 后到达最小值，且 AC 最小值位置高于 AVC 最小值。这是为什么呢？

对平均成本 AC 求导数：

$$AC' = (AVC + AFC)' = AVC' + AFC' \tag{5.10}$$

我们知道 AFC 一直是下降的，即其导数小于 0。于是当 AVC 达到最小值时，AVC 导数为 0，此时：

$$AC' = 0 + AFC' < 0 \tag{5.11}$$

也就是说，当 AVC 到达最小值时，AC 仍在递减，即 AVC 先达到最小值，而 AC 后达到最小值。

AC 最小值位置高于 AVC 最小值位置，这不难理解，因为 AC = AVC + AFC，AC 整体高于 AVC，因此 AC 最小值也大于 AVC 最小值。

第三节 长期成本曲线

一、为什么长期成本曲线一定与短期成本曲线相切

我们可以考察初期成本函数的概念：长期总成本是指在每一产量水平上通过选择最优的生产规模所能达到的最低成本。在长期内，企业可以在每一产量水平通过选择最优的生产规模进行生产。也就是说，长期总成本总是不大于短期成本。

从数学上说，长期成本曲线是短期成本曲线的包络线，但解释包络线很麻烦，需要高级微观经济学的知识，这里无须提及。

我们只需要明白，为什么长期总成本一定和短期成本曲线相切。

（1）根据概念，长期总成本是指在每一产量水平上通过选择最优的生产规模所能达到的最低成本。也就是说，长期总成本上对应每个产量的成本都是在全部短期成本曲线中选择出来的最低成本。如图 5-2 所示，对于 Q_1，三种短期都可以生产，但 STC_1 上的 A 点无疑是最佳的。这样，我们就知道：长期总成本曲线的每一个点都是短期成本曲线上的一个点，而且都是当前产量对应所有短期成本中的最低点。

（2）那么为什么是切点呢？如图 5-2 所示，LTC 与 STC_1 有切点 A 点。如果不是切点，那么必然是相交而不相切。也就是说，必然有部分 STC_1 位于 LTC 之下，即存在长期成本大于短期成本的情况，这显然与长期成本的定义相矛盾。因此，长期总成本曲线一定和短期成本曲线相切。

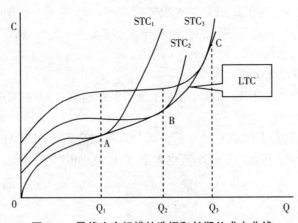

图 5-2 最优生产规模的选择和长期总成本曲线

二、长期平均成本曲线

如图 5-3 所示，长期平均成本曲线与每一个短期平均成本曲线相切，或者说长期平均成本是短期平均成本曲线的包络线。

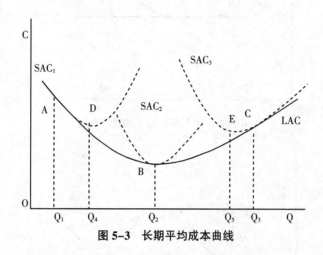

图 5-3 长期平均成本曲线

第一，为什么长期平均成本曲线不是与所有短期平均成本曲线的最低点相切？

这个问题很有迷惑性，但不难回答。例如要生产 Q_1，我们选择 A 点，为什么选择 A 点？因为在无数条短期平均成本曲线中，SAC_1 上的 A 点代表的成本最低。为什么我们不选择 SAC_1 的最低点 D 呢？因为 D 点生产的产量是 Q_4 而不是 Q_1，我们考察的是生产 Q_1 的最低成本。而且，即使是生产 Q_4，D 点也不是最优的（D 点与 LAC 之间还有距离）。

再如要生产 Q_3，我们选择 C 点，为什么选择 C 点？因为在无数条短期平均成本曲线中，SAC_3 上的 C 点代表的成本最低。为什么我们不选择 SAC_3 的最低点 E 点呢？因为 E 点生产的产量是 Q_5 而不是 Q_3，我们考察的是生产 Q_3 的最低成本。而且，即使是生产 Q_5，D 点也不是最优的（E 点与 LAC 之间还有距离）。

只有在生产 Q_2 时，长期平均成本曲线才与短期平均成本曲线的最低点相切。在这个点的左边，LAC 曲线相切于 SAC 曲线最低点的左边；在这个点的右边，LAC 曲线相切于 SAC 曲线最低点的右边。

LAC 曲线最低点也是微观经济学梦寐以求的长期均衡点。

第二，长期平均成本曲线能不能与所有短期平均成本曲线的最低点相切？

可以，但要求长期平均成本曲线是直线。只有当长期平均成本曲线是直线时，才可以和所有短期平均成本曲线的最低点相切。在现实中这种情况是存在的，例如长期平均成本曲线表现为"L"形或"锅底"形，如图 5-4、图 5-5 所示。

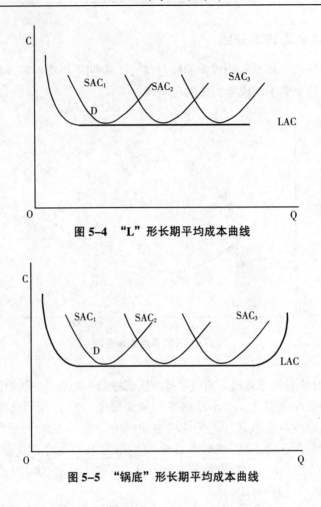

图 5-4 "L"形长期平均成本曲线

图 5-5 "锅底"形长期平均成本曲线

三、长期边际成本曲线

长期边际成本曲线为什么不是短期边际成本曲线的包络线？

长期总成本曲线和长期平均成本曲线之所以是相应短期成本曲线的包络线，是因为定义要求长期总成本一定不大于短期总成本、长期平均成本一定不大于短期平均成本。但我们不能要求长期边际成本曲线一定不大于短期边际成本。

例如，给定一个长期总成本函数 LTC，总是小于等于短期总成本 STC_n，如果有 $LTC \leqslant STC_n$，那么一定有：

$$\frac{LTC}{Q} = SAC \leqslant \frac{STC_n}{Q} = SAC_n \tag{5.12}$$

但我们无法进一步说：长期总成本的导数也小于等于短期总成本的导数。

即有 $LTC \leqslant STC_n$，并不能保证有：$LTC' \leqslant SAC_n'$ 或 $LMC \leqslant SMC_n$。这是简单

的数学问题。

再例如有两个函数，分别为：$Y = 100$ 和 $Z = 100 - \dfrac{1}{X}(X \geqslant 1)$。可以知道，Z 一定小于等于 Y，但是 Y 的导数为 0，而 Z 的导数为 $\dfrac{1}{X^2} > 0$，即 Z 的导数大于 Y。

也就是说，即便长期总成本总是小于等于短期总成本，也不能保证长期边际成本总是小于等于短期边际成本，更不能保证长期边际成本是短期边际成本的包络线。

长期边际成本只是 LTC 与 STC 的切点处（LAC 与 SAC 切点）对应短期边际成本点的连线。

另外，长期边际成本和长期平均成本之间也存在这样的关系：

（1）当长期边际成本大于长期平均成本时，长期平均成本上升；

（2）当长期边际成本小于长期平均成本时，长期平均成本下降；

（3）当长期边际成本等于长期平均成本时，长期平均成本达到最小值。

证明过程与式（4.9）、式（4.10）类似。

$$\frac{dLAC}{dQ} = \frac{d(\frac{LTC}{Q})}{dQ} = \frac{LTC'}{dQ} - \frac{LTC}{Q^2} = \frac{1}{Q}(LMC - LAC) \tag{5.13}$$

第四节　本章总结

一、短期成本

短期成本曲线有七种，其中最重要的是边际成本曲线。由边际成本曲线的形状可以推知（除不变成本和平均不变成本曲线外）其他几种曲线。

（1）边际成本与边际产量之间存在倒数关系，由于边际产量曲线呈倒"U"形，因此边际成本曲线呈"U"形。

（2）边际成本曲线是可变成本的斜率，由于边际成本先下降后上升。因此可变成本曲线先减速增加，再加速增加。

（3）边际成本曲线是短期总成本的斜率，由于边际成本先下降后上升。因此短期总成本曲线也是先减速增加，再加速增加。

（4）由可变成本曲线可以推知平均可变成本曲线，后者也是"U"形，且边际成本曲线穿过其最小值。

（5）由短期总成本曲线可以推知平均成本曲线，后者也是"U"形，且边际成本曲线穿过其最小值。

于是可知，短期平均成本（平均可变成本）曲线呈"U"形的原因是边际成本曲线呈"U"形，而边际成本曲线的形状则是由于边际产量曲线呈倒"U"形决定。边际产量的形状则是由边际产量递减规律决定。

因此，从逻辑上看，边际产量递减规律是导致这一切的根源，如图5-6所示。

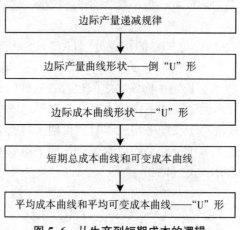

图5-6 从生产到短期成本的逻辑

二、长期成本

长期成本曲线有三种，其中最重要的是长期平均成本曲线。由长期平均成本曲线可以推知其他曲线（这仅仅是为了便于理解，并不意味着逻辑上一定是这样）。

由于存在规模经济和规模不经济，因此长期平均成本曲线呈"U"形。同时，长期平均成本曲线是短期平均成本曲线的包络线（见图5-7）。

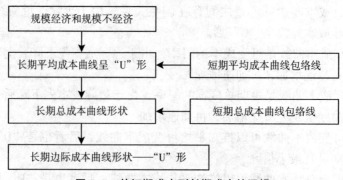

图5-7 从短期成本到长期成本的逻辑

长期平均成本曲线是长期总成本曲线向原点连线的斜率，因此长期总成本曲线先减速增加，再加速增加；同时，长期总成本曲线是短期总成本曲线的包络线。

再根据长期总成本曲线可以推知长期边际成本的形状。

每章一题

问：对于生产函数 $Q = \dfrac{10KL}{K + L}$，在短期中令 $P_L = 1$，$P_K = 4$，$K = 4$。

（1）推导出短期总成本、平均成本、平均可变成本及边际成本函数。

（2）证明：当短期平均成本最小时，短期平均成本和边际成本相等。

答：（1）由生产函数 $Q = \dfrac{10KL}{K + L}$ 以及 $K = 4$，得 $Q = \dfrac{40L}{4 + L}$。

因此 $L = \dfrac{4Q}{40 - Q}$，代入成本方程得总成本函数：

$$TC = P_L L + P_K K = L + 4 \times 4 = \frac{4Q}{40 - Q} + 16$$

从中得平均成本函数、平均可变成本函数和边际成本函数：

$$AC = \frac{TC}{Q} = \frac{4}{40 - Q} + \frac{16}{Q}$$

$$AVC = \frac{VC}{Q} = \frac{4}{40 - Q}$$

$$MC = \frac{dTC}{dQ} = \frac{d}{dQ}\left(\frac{4Q}{40 - Q} + 16 \right) = \frac{160 - 4Q + 4Q}{(40 - Q)^2} = \frac{160}{(40 - Q)^2}$$

（2）短期平均成本最小时，其一阶导数值为 0，即：

$$\left(\frac{4}{40 - Q} + \frac{16}{Q} \right) = 0$$

化简得：$\dfrac{4}{(40 - Q)^2} = \dfrac{-16}{Q^2}$，解之得：$Q = 80$。

当 $Q = 80$ 时，$AC = \dfrac{4}{40 - 80} + \dfrac{16}{80} = 0.1$。

当 $Q = 80$ 时，$MC = \dfrac{160}{(-40)^2} = 0.1$。

可见，短期成本最小时，短期平均成本和边际成本相等。

第六章 完全竞争市场

第一节 利润最大化与市场结构

一、利润最大化

我们知道：无论何种厂商，在利润最大化时都要满足边际收益等于边际成本。很多人会这样理解：要是每一单位产品的收益都等于成本，那么利润就是0，这还有什么意义？

这是一种误解，不是"每一单位产品的收益都等于成本"，如果"每一单位产品的收益都等于成本"，其实是平均收益等于平均成本，而我们说的是边际收益等于边际成本，也就是均衡时的临界条件。

只要边际收益大于边际成本，那么企业就有动力继续生产（销售），因为这样可以增加利润；而当边际收益小于边际成本，利润开始减少，企业应该减少生产；只有边际收益等于边际成本时，厂商利润不会再增加，于是实现了均衡。

有人会问：为什么利润最大就会停下来？只要有利润就有利可图，就应该继续生产。实际上，在完全竞争市场中，即使利润最大化也只是经济利润为0，利润一旦减少就意味着利润小于0（即亏损），因此企业的唯一目标就是追求利润最大化。

有人会问：那些搞房地产的人为什么不停止生产呢？难道没有均衡吗？那是因为房地产市场不是完全竞争市场，利润最大化意味着巨额利润，即使利润有所减少仍然值得追求。例如，开发一片土地获得1亿元利润，这是利润最大化；再开发一片获得9000万元利润，利润是减少了，但仍十分丰厚，他会停下来吗？

看来，利润的大小与市场结构有关，接下来我们看一看市场结构。

二、市场结构

经济学家一般把市场分为四种类型：完全竞争、完全垄断、垄断竞争和寡头垄断市场，如表 6-1 所示。市场结构的变化反映了什么？

表 6-1 市场类型的划分和特征

市场结构类型	厂商数目	产品差别程度	厂商控制价格程度	厂商进入行业难易	现实中接近的行业
完全竞争	很多	无差别	没有	完全自由	农业
垄断竞争	很多	有些差别	有一些	比较自由	零售业
寡头垄断	几个	有或没有差别	相当有	有限	汽车制造业
完全垄断	一个	唯一产品无替代品	很大，但常受政府管制	不能	公用事业

我们观察表 6-1，可以发现，随着市场结构的变化，厂商数目逐渐减少，价格控制程度逐渐加强，进入壁垒逐渐加强，而这些变化的背后是什么呢？

显然，市场结构由竞争走向垄断与资本数量的变化是密不可分的。

（1）完全竞争市场中的厂商生产规模小，需要的资本也较少，如前现代的农业。可以说，单个农户没有任何垄断力量。

（2）垄断竞争厂商生产规模也较小，需要的资本不多，但也有一些价格控制能力，如零售业、日用品行业、轻工业等，垄断力量开始出现。

（3）寡头垄断需要较多资本，厂商数量很少，如重工业等行业，垄断力较强。

（4）完全垄断需要很多资本，垄断力最强。多为网络型行业（不是指互联网，而是指那种服务对象为千家万户的行业，如自来水、有线电视等），前期投入要求非常高。

可见，资本数量越多、资本在生产中所占比例越大，垄断力量就越强；反之越弱。某个行业需要大量资本投入，就把那些想进入该行业却没有足够资本的厂商排除在外了，行业内厂商数量不会很多，垄断力就会很大。

由竞争走向垄断，也反映了资本主义发展过程中资本力量与市场结构的变化。资本主义的最初形态是商业资本，从事贸易，经过长期的资本积累，逐渐转向轻工业，然后转向重化工业，最后是金融业。其过程是商业资本—轻工业资本—重工业资本—金融资本。金融资本是目前发达资本主义国家的主要资本形态。

回到我国的现实：为什么我国会有"三农"问题？农业为什么利润率低？农村为什么经济不发达？农民为什么穷？

原因之一就是农业投入资本少，对市场几乎没有任何垄断力量。这也是当前我国中央政府提出新型城镇化要与农业现代化结合的原因。

第二节　完全竞争市场的假设

完全竞争市场假设有四个：买者和卖者数量极多、产品无差异、无进入和退出成本、信息完全。对于我国的改革进程来讲，产品无差异并不是必须的，因为那样无法满足消费者的产品多样性的需求；另外，信息完全假设在现实中无法实现。而第一个假设和第三个假设对我们有重要的启示。

一、关于第一个假设

第一个假设的重要意义在于：如果要破除垄断，就必须引入竞争。国内很多行业，都因为仅仅存在数量很少的国有企业而形成了垄断或寡头垄断的局面，其代价就是这些行业发展缓慢、消费者则付出了沉重代价，例如石油、铁路、电信、有线电视等。

经常有人说：石油、铁路、电信、有线电视行业等是国民经济的命脉，必须由国家掌握。这个理由听起来冠冕堂皇，实际上根本站不住脚。试问一下：哪一个行业不是命脉？农业是不是命脉？那是绝对的命脉，没有粮食就得饿死；服装制造业是不是命脉？没有衣服穿显然是不行的。实际上，就连卫生纸行业都是命脉。既然这么多行业都是命脉，那干脆都由国家包办，我们还搞什么改革开放呢？

即便石油、铁路、电信、有线电视这些行业很重要，是所谓的"命脉"，也没有必要由国家经营。这些行业由国家经营的目的是什么？是不是害怕一旦这些行业由私人经营，效率就会下降？当然不是，私人经营的效率会更高。那为什么不能引入竞争呢？害怕被外资控股吗？即便是外资控股，也要遵守中国的法律法规，不遵守就可以惩罚它、让它关门。事实证明，在发达国家，这些行业由私人经营也没有什么问题。"命脉"掌握在老百姓手里并不可怕，而掌握在抽象的"国家"手里则让人担心。归根结底，就是那些已经从国有垄断中获得巨大好处的利益集团在阻碍改革。

二、关于第三个假设

第三个假设更重要。要素的自由流动是市场经济的要求，只有要素能够自由流动，要素才能较为容易地找到能够发挥自身全部潜能（获取最大报酬）的机会。俗话说"物尽其用、人尽其才"就是这个意思。而导致我国市场经济体制的两大主要问题就是人和土地的流动性不够。

（一）迁徙自由

在所有要素中，人（劳动力）无疑是最重要的，但目前有多种因素限制人的流动。其一就是户籍制度。诚然，农村人变为城市人的难度在减弱，但要想变为大城市人则还有极大难度。这是户籍问题吗？不是，它是围绕着户籍产生的福利差别问题。北京人和非北京人在买房、买车、就业等很多方面有重要区别，这令人啼笑皆非。市场经济与非市场经济的重要区别就是前者立足于契约而后者立足于身份，户籍存在的目的就是牢牢地把人固定在某种"身份"上，这无疑是不公平的。同一个国家的人不能仅仅因为出生地不同而得到不同的待遇。

或许有人会说（实际上很多人这样认为）：这是理想主义者的梦呓，如果没有了户籍，大家都会跑到北京、上海、广州去。这种说法经不起推敲：

第一，这种说法低估了人们的理性。大都市固然机会较多，但成本也较高，人们会估算成本收益以决定自己是不是去那里。纽约、伦敦、巴黎是大都市，难道全部美国人、英国人和法国人都在那里？

第二，现在有户籍限制，人们就不去了吗？人们之所以要去大都市，是因为我们之前的政策问题，我们把北京建设成为政治、经济、文化中心，人们自然要去啊。说句不客气的话，谁让你是中心呢？决策失误的代价让老百姓承担，这是不公平的。

户籍制度有多种弊端，可我国现行宪法并没有给予公民迁徙自由，这是一个极大的遗憾。1954 年通过的《中华人民共和国宪法》第 90 条规定：中华人民共和国公民有居住和迁徙的自由。

其二是社会保障问题。人的劳动需要完善的社会保障体系做基础，而我国的社会保障机制存在很多问题。公务员、事业单位、国有企业、私营企业、农民各有一套独立的保障制度（农民的社会保障水平最低），互不接轨，这就为人的自由流动制造了樊篱。为什么大学生都喜欢考公务员？因为考上公务员就可以吃"公家饭"，就可以获得较为完善的保障。再如医疗保障，在信息技术已经完全可以提供支撑的前提下，异地医疗保障居然无法实现，还要搞什么试点，这让人难以接受。反观那些资本主义国家，一张身份证、一个社保号码就可以走遍天下，我们社会主义国家难道不应该给自己的人们提供更多、更完善的保障吗？

"国情派"（就是那些动不动以国情为借口的人）开始发言：我们国家还不够富裕，国情如此，保障不健全也情有可原。这完全不符合逻辑。即便国家不够富裕，有限的保障能力应该先给予那些最需要保护的人，这是社会保障的根本目的。谁最需要保护呢？显然是社会底层——农民、失业者、失独者、无劳动能力的人，而不是公务员。

目前，脆弱的社会保障体制居然可以支撑下去看起来是个奇迹，实际上是政府将一部分社会保障的机能甩给了"家庭"，是千千万万个家庭在弥补社会保障的千疮百孔。

近几年来，我国宏观经济增长乏力，其中有国际环境、扭转经济增长方式、调整结构等方面的原因，也有劳动力供给相对减少、人口红利消失等因素。如何给经济以新的长期而持久的推动力？加强社会保障以盘活劳动力存量是一个可能的办法。让那些本科生、研究生、博士离开其无所事事的岗位去新的领域实现创造能力，前提就是完善的社会保障。

(二) 土地制度

(1) 父爱主义。现行宪法第十条规定：城市的土地属于国家所有。农村和城市郊区的土地，除由法律规定属于国家所有的以外，属于集体所有；宅基地和自留地、自留山，也属于集体所有。国家为了公共利益的需要，可以依照法律规定对土地实行征收或者征用并给予补偿。

这个规定明显带有计划经济的色彩：土地是重要的生产要素，这种要素不属于个人，而属于国家或集体。但是谁代表国家或集体呢？

有人可能会说，国家或集体掌握土地是为了避免个人对土地的滥用。这无疑低估了个人的理性，同时这是一种"父爱主义"的规定，似乎个人都是小孩子，无法进行正常的思考，因此作为"父亲"的国家和集体就代孩子做各种决定。这同样意味着国家和集体比个人更加聪明。难道国家和集体就一定能保证土地的合理利用吗？

土地国有还会带来"公地的悲剧"，例如大量土地因过度放牧而导致土地荒漠化。这应该引起我们的思考。我们对于土地私有不敢进行研究和宣传，似乎"土地私有"和社会主义是相违背的。实际上，社会主义的根本目的仍然在于增进全体人民的福利，如果与土地公有相比，土地私有更能增进人民的福利，那又何乐而不为呢？

经济学理论和实践证明，市场经济体制实施的前提是产权清晰，而土地公有导致土地产权模糊，根本无法与市场经济体制相适应。而土地私有则更能保护土地所有者的利益。

(2) 耕地保护。《土地法》第四条规定：国家实行土地用途管制制度。国家编制土地利用总体规划，规定土地用途，将土地分为农用地、建设用地和未利用地。严格限制农用地转为建设用地，控制建设用地总量，对耕地实行特殊保护。

为什么一定要保护耕地？初衷是为了粮食安全。几乎每年的中央农村工作会议都会强调 18 亿亩耕地红线。实际上这是不科学的，耕地面积的多少应该由市场决定。如果粮食价格上升，自然会有人愿意种地，耕地面积就会增加；如果粮食价格下降，耕地就会减少。再说，在国际贸易如此发达的今天，保持一个极高的粮食自给率是没有意义的。① 有些经济学家甚至认为，保持 18 亿亩红线的目的在于维持高房价，从而为地方政府出让土地获得高额出让金铺平道路。

（3）土地国有（集体所有）的后果。《土地法》第四十七条规定：征用土地的，按照被征用土地的原用途给予补偿。征用耕地的补偿费用包括土地补偿费、安置补助费以及地上附着物和青苗的补偿费……土地补偿费和安置补助费的总和不得超过土地被征用前三年平均年产值的 30 倍。

例如在城市郊区，一亩耕地被征用，原先年均产值 2000 元，则土地补偿费和安置补助费的总和不会超过 60000 元，合每平方米 45 元。而政府拿走这 1 亩土地后再进行拍卖，其价格何止 60000 元？开发商利用这 1 亩土地可以盖起一栋商品楼，即使按照 6 层 24 户（每户 100 平方米）来设计，每平方米 2000 元，总价格也为 480 万元，扣除掉一半的成本还剩余 240 万元。6 万~240 万元之间的巨大利润值得我们思考。

第三节　完全竞争厂商的短期均衡与长期均衡

一、完全竞争厂商所面对的需求曲线

注意，这里并非研究完全竞争厂商的需求曲线，完全竞争厂商作为厂商，没有需求曲线，这里研究的是完全竞争厂商所面对的需求曲线（实际上这种说法不好，容易引起混乱，不如说是完全竞争厂商所面对的价格曲线或平均收益曲线）。

完全竞争厂商所面对的需求曲线是一条水平线，这意味着它只能接受当前的产品价格，但这并不意味着这个价格不可改变，当市场总需求和总供给改变时，价格从 P_1 增加到 P_2，但仍然是水平线（见图 6-1）。

但是，这里有个问题：为什么单个厂商面对的需求曲线是水平的，而整个市场的需求曲线是向右下倾斜的？

（1）整个市场的需求曲线由单个消费者的需求曲线加总而得到，由于单个消费者的需求曲线向右下倾斜，因此整个市场的需求曲线也向右下倾斜。

（2）完全竞争市场单个厂商的供给曲线向右上倾斜（即短期边际成本 SMC 曲线的一部分），完全竞争行业的短期供给曲线也向右上倾斜。

以上两点都很清楚，但从什么地方冒出来"完全竞争厂商所面对的需求曲线"？需求曲线是面对消费者的，怎么会面对厂商呢？

---

① 2013 年我国粮食自给率为 89%，进口率为 11%。

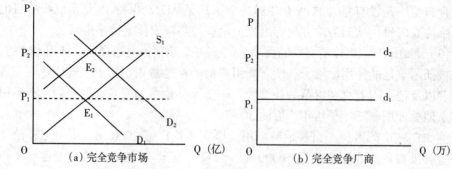

图6-1　完全竞争市场价格变化与厂商面对的需求曲线

为了避免混淆，应该将"完全竞争厂商所面对的需求曲线"改为"完全竞争厂商的平均收益曲线"。我们知道平均收益总等于价格。同样，在讨论垄断市场和垄断竞争市场时，都可以用平均收益曲线来代替"厂商所面对的需求曲线"。

二、利润最大化条件

如图6-2所示，利润最大化均衡点为E点，即SMC与价格线的交点，满足MR = SMC，但是，F点是不是利润最大化均衡点？

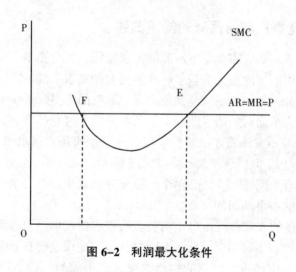

图6-2　利润最大化条件

F点不但不能实现利润最大化，反而是利润最小化。

在E点，MR − MC等于0，再对MR − MC求导数，由于MR不变，导数为0，而MC导数为正，因此，MR − MC的导数小于0。而MR − MC的导数就是利润函数的二阶导数，一阶导数等于0且二阶导数小于0，函数达到最大值即利润最大。

在 F 点，MR－MC 等于 0，再对 MR－MC 求导数，由于 MR 不变，导数为 0，而 MC 导数为负，因此，MR－MC 的导数大于 0。一阶导数等于 0 且二阶导数小于 0，函数达到最小值即利润最小或亏损最大。

三、短期供给曲线与生产者剩余

我们知道完全竞争市场单个厂商的供给曲线是短期边际成本 SMC 曲线的一部分（高于 AVC 最小值那部分）。

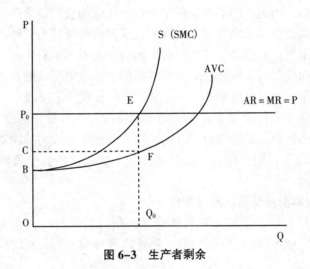

图 6-3　生产者剩余

图 6-3 中，供给曲线（边际成本 SMC）以上、价格线以上的部分即为生产者剩余，即是不规则图形 P_0EB 围成的面积。

注意图 6-3 中的 SMC 曲线，由于供给曲线仅仅是 SMC 曲线高于 AVC 最小值那部分，所以这一段 SMC 曲线必定是向上倾斜的，在有些教材中将其画为"U"形，不够精确。

另外，生产者剩余也可以写为：

$$CS = P_0Q_0 - \int_0^{Q_0} SMCdQ \tag{6.1}$$

$\int_0^{Q_0} SMCdQ$ 也就是可变成本，等于 $AVC(Q_0) \times Q_0$，即矩形 $OCFQ_0$。

而 P_0Q_0 减去矩形 $OCFQ_0$ 等于矩形 P_0EFC，即矩形 P_0EFC 也可以代表生产者剩余。于是得到如下结论：

（1）生产者剩余等于供给曲线以上、价格线以下的部分，即 P_0EB 围成的面积。

（2）生产者剩余还等于总收益减去总可变成本，即矩形 P_0EFC 围成的面积。

四、短期均衡与长期均衡

(一) 为什么没有推导完全竞争厂商的长期供给曲线

在通行的西方经济学教材中一般都是这样安排的：介绍完全竞争厂商的短期均衡，推导完全竞争厂商的短期供给曲线，再得到行业的短期供给曲线。介绍完全竞争厂商的长期均衡，直接推导行业的长期供给曲线。为什么没有推导完全竞争厂商的长期供给曲线？

原因很简单，因为我们不能根据完全竞争厂商的长期供给曲线而得到完全竞争行业的长期供给曲线。完全竞争行业的长期供给曲线分为三种：成本递增、成本递减和成本不变。其形状分别是向右上倾斜、向右下倾斜和水平。完全竞争行业的长期供给曲线与行业性质有关，不能根据完全竞争厂商的长期供给曲线累加得到，因此，很多教材就忽略了完全竞争厂商的长期供给曲线。

那么，完全竞争厂商是否存在长期供给曲线？答案是肯定的，与短期类似，完全竞争厂商的长期供给曲线也可以用长期边际成本曲线的一段来表示，即长期边际成本曲线高于长期平均成本最低那部分。如果价格低于长期平均成本最低点，厂商将退出。

(二) 短期均衡和长期均衡的奥秘

完全竞争厂商的短期均衡有五种情况：获得超额利润、收支相抵（正常利润）、勉强生产（生产要比不生产强）、停业点和亏损。而长期均衡则是超额利润为0。

也就是说，微观经济学得到了这样一个结果：如果厂商有利润，那也仅仅是短期，长期内利润是0。可长期有多长呢？没有人知道。

另外，长期内利润为0，为什么厂商还会经营呢？正统的答案是虽然超额利润为0，但厂商获得了正常利润，但正常利润是多少？还是没人知道。

例6-1：一个资本家（或者企业主）经营一个企业A，雇用10名工人，每名工人的工资是每年5万元，可变成本就是50万元。固定成本假设为10万元，则这两项之和为60万元。企业每年收益为100万元，则该企业主获得的利润为每年40万元。

这是不是很不公平？

西方经济学认为，这没有什么不公平。因为例6-1说的利润是正常利润，经济利润（超额利润）是0。40万元是企业主发给自己的报酬，收益100万元减去可变成本50万元再减去固定成本10万元再减去企业主发给自己的报酬40万元后，利润为0。

那么企业主为什么给自己 40 万元呢？西方经济学说，这是机会成本：如果这个企业主给别的企业做总经理，也可以获得 40 万元。换句话说，如果整个市场有很多类似 A 的企业，每个企业主每年都给自己 40 万元，则这 40 万元就是正常利润。我们还可以假设，如果每个企业主每年都给自己 1000 万元，仍然是正常利润，超额利润仍然是 0。

也就是说，只要企业主们的报酬都一样，无论多少，都不存在超额利润。这无疑是荒谬的。工人每人每年挣 5 万元，企业主每人每年挣 40 万元或者更多，却没有利润。西方经济学用文字游戏掩盖了工人和企业主之间收入分配的不公平。

当然，世界上没有一个绝对精确的标准用以确定企业主和工人之间的收入分配。粗略地说，工人能否获得更多份额主要依赖三种因素：一是劳动力的总体供求状况；二是自身的谈判能力；三是组织的力量（即工会）是否强大。

五、再论需求曲线和供给曲线

首先，我们回顾一下需求曲线的推导过程。

基数效用论思想：先给出效用和边际效用的概念，然后提出边际效用递减规律，再得到消费者均衡条件 $\frac{MU}{P} = \lambda$，最后推导出需求曲线。

序数效用论思想：先给出偏好概念，再得到无差异曲线，让无差异曲线和预算线相切得到一个均衡点 $MRS_{12} = \frac{P_1}{P_2}$，改变价格得到价格消费线，最后得到需求曲线。

其中的核心是什么？是边际效用递减规律。

其次，我们回顾一下供给曲线的推导过程。给出边际产量概念，提出边际产量递减规律即边际产量为倒 "U" 形，然后导出 "U" 形的边际成本曲线。而边际成本曲线的一部分即为供给曲线。

其中的核心是什么？是边际产量递减规律。

因此，是边际效用递减规律决定了需求曲线向右下倾斜，边际产量递减规律决定了供给曲线向右上倾斜；同时，需求曲线上的点都满足效用最大化，供给曲线上的点都满足利润最大化。需求曲线和供给曲线相交，就同时满足效用最大化和利润最大化（见图 6-4）。

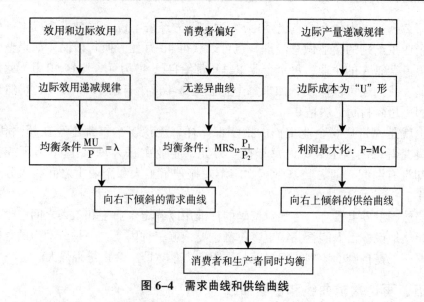

图 6-4 需求曲线和供给曲线

六、完全竞争市场为什么是有效率的

一种市场结构是否有效率，主要从价格、产量、成本、利润等方面评价。

（1）价格最低，而且等于边际成本。价格是否等于边际成本，是衡量市场效率的重要标志。完全竞争市场价格等于边际成本，而垄断竞争、垄断、寡头等市场的价格都高于边际成本（垄断市场中一级价格歧视例外）。

（2）产量达到最优。我们不能要求企业的产量无限大，只能要求企业按照最优的方式进行生产。在完全竞争市场，长期均衡时厂商在长期平均成本最低点进行生产，既符合长期最优，又是短期最优。

（3）成本最低。这是关键的一点，长期均衡时厂商在长期平均成本最低点进行生产，这是最低成本，无法更低。

（4）利润为 0。完全竞争厂商虽然在短期内可以获得超额利润，但在长期内利润为 0（其他市场结构中只有垄断竞争才能实现这一点）。

第四节 本章总结

（1）理论上，厂商要达到利润最大化，都必须实现 MR = MC 这个条件。注意，这个条件的意思是边际收益等于边际成本，而不是收益等于成本。

（2）对于完全竞争市场，由于价格曲线与边际收益曲线重合，因此利润最大化条件就是 P = MC。短期内完全竞争厂商可能获利，也可能亏损，但长期内利润为 0。

（3）完全竞争厂商的短期供给曲线是其短期边际成本曲线的一部分，由此可以推知行业短期供给曲线。

（4）完全竞争行业长期供给曲线分为三类：成本递增、成本递减和成本不变。

（5）从价格、成本、利润、产量等方面看，完全竞争市场是有效率的。

每章一题

问：完全竞争厂商短期成本供给函数为 $STC = 0.1Q^3 - 2Q^2 + 15Q + 10$，试求厂商的短期供给曲线。

答：完全竞争厂商的短期供给函数是指厂商在不同价格水平上愿意提供的产量，它可以由厂商的边际成本曲线位于平均可变成本曲线以上的一段来表示。

由题意可知，$AVC = \dfrac{VC}{Q} 0.1Q^2 - 2Q + 15$。

欲求 AVC 的最小值，只要令 $\dfrac{dAVC}{dQ} = 0$。

即 $0.2Q - 2 = 0$，得 $Q = 10$。

当 $Q \geqslant 10$ 时，$MC \geqslant AVC$。

故厂商的短期供给曲线为：$P = MC = 0.3Q - 4Q + 15(Q \geqslant 10)$。

第七章　垄断市场

第一节　如何评价垄断

一、垄断的形式

垄断不仅出现在生产领域，也出现在销售领域，如改革开放前的供销社就是销售垄断。

垄断可以出现在多种产业领域，如农业。如果在一个相对偏远的村庄，有很多奶牛养殖户，但只有一家收购牛奶的企业，那么这种收购就是垄断，而且是需求方垄断；工业领域食盐加工和销售；服务业也存在大量的垄断，如有线电视就是典型的垄断，还有旅游业，一些著名的景点凭借其"独一无二"而制定较高的门票价格。

我们所说的垄断主要指供给方垄断，也有需求方垄断，如前文的牛奶收购企业。

此外，在要素市场中也可能存在垄断，例如城市中的土地就被国家垄断。

例7-1：山东省某市于2008年推出有线电视数字化整体转换计划，即将模拟有线电视系统整体转换为数字电视系统。这种转换究竟是企业行为还是政府行为？

一份文件告诉我们答案，这份文件是《××市人民政府办公室关于印发××市区有线电视数字化整体转换实施意见的通知》，发布日期2008年11月3日。[①]

这份文件的第一节是"充分认识整体转换工作的重要意义"，这种意义让读者摸不着头脑，以为这个工作是政府的事情，自己不用掏钱，实际上并非如此。

这份文件最重要的一句话是：家庭用户有线数字电视基本收视维护费第1终端为26元/月。注意，转换之前是每月13元。请问：为什么是每月26元？

---

① 文件内容参见 http://www.yantai.gov.cn/cn/html/text/gggs/2008-11-07/401061.html.

这份文件还有一句话：在整体转换区域内不愿意收看数字电视节目的老用户，可免费收看 6 套模拟电视节目（中央 1 套、山东卫视、××市 1~4 套）。为什么是这样？我还想看原来的节目，每月还是 13 元，为什么不可以？

如果是企业行为，那么用户有权选择转换或者拒绝，如果用户不满意，就可以选择其他有线电视服务商。但现实是什么呢？用户没有其他选择，因为没有其他有线电视服务商。用户要么接受，要么就只能关掉电视。

我们只能说：面对政府支持的垄断，单个消费者几乎是无能为力的。

二、垄断的原因

我们知道有多种原因可以导致垄断。资源独占、专利、政府特许以及自然垄断。

（一）资源独占

这里的资源包罗广泛，既指埋藏在土地里的资源（包括土地本身），也包括水域、空域等。我们仅以土地为例，真正的资源被私人（私营企业）独占会发生在哪里？这种资源独占只能发生在土地私有的国家，而在土地公有的国家，哪一个企业能够不在政府支持下获得资源的独占权呢？

也许有人会说，某个企业购买了一块土地，不就获得了资源独占权吗？问题是，这个企业是哪一家企业呢？政府为什么不把土地卖给国有企业（或中央企业，简称央企）而卖给私营企业呢？央企财大气粗，获得土地的可能性更大。再退一步，即使某个企业购买了一块土地，也仅仅是获得使用权而不是所有权。

（二）专利

专利带来的垄断似乎可以理解，关键是保护的时限。如果时限太短，则难以保护专利拥有者的利益；时限太长，则影响专利的推广利用。我国专利法规定：发明专利权的期限为 20 年，实用新型专利权和外观设计专利权的期限为 10 年，均自申请日起计算。而美国对于发明专利权的保护期限为 17 年。

著作权保护也有时限，我国规定：保护期为作者有生之年及死亡后 50 年，截止于作者死亡后第 50 年的 12 月 31 日。影视作品、摄影作品等也有相应期限。

（三）政府特许

政府特许某些企业在某些领域内垄断经营，例如我国食盐的经营就由中国盐业总公司垄断。打开该公司网站，可以发现如下介绍：中国盐业总公司现为国务院国资委监管的国有大型企业。主要承担两大任务：一是做强做大，实现国有资产保值增值；二是承担全国食盐专营的生产经营任务，确保全国合格碘盐的供应。

例 7-2：关于食盐垄断。①

中国盐业总公司在盐采购数量和价格上的绝对控制权，是造成中国盐业上游利润低廉，下游暴利垄断的主因。在其实际掌控的食盐专营等 8 项行政管理职能中，食盐生产许可证的发放和年度计划的编制决定着食盐定点生产企业的命脉。每年年初盐业公司都会制定本年度盐采购计划：多少钱、买多少完全由盐业公司说了算。产盐企业只能将盐卖给盐业公司，其余流通手段出售的都算非法私盐。

垄断导致的结果可想而知，资料显示，自 1996 年以来，食盐的出厂价基本没变，每吨三四百元，而盐业公司转手以每吨 2000 元以上的价格向零售商销售。中国盐资源比较丰富，每年原盐生产能力约为 4100 万吨，其中食盐 1700 万吨。每年食盐计划指标约 700 万吨，在产大于销的格局下，盐业公司的计划成了食盐生产企业的"命根子"。

1994 年中国开始推广"全民补碘"，碘盐比非碘盐售价高很多，因此，原本不需要碘盐的高碘地区，也被盐业部门强行推广碘盐。以加碘的名义来进行垄断，加碘本身为垄断带来一个正当化的理由。

加碘环节是"升值"的关键环节，这也是盐业公司的"专利"。一般情况下，盐业公司委托盐厂加碘，然后从盐厂采购大包装的加碘食盐，随后将采购来的大包装加碘食盐改换为小包装，再批发给本地的转（代）批发点。据调查，目前盐业公司从生产商手中购买大包装加碘盐的平均价格为每吨 450 元，改头换面后，小包装加碘食盐的平均批发价约为每吨 2000 元。也就是说，在加碘盐的流通过程中，利润高达 4~5 倍。

更有甚者，甚至直接让企业加工小包装加碘食盐。也就是说，根本无须自己加碘和改换包装，然而加碘费用和小包装费用却依然计入盐业公司的销售成本。

（四）自然垄断

这种垄断具有一定的经济学意义。如图 7-1 所示，某企业的长期平均成本曲线，由于规模经济阶段很长，因此 LAC 始终下降。如果整个市场需要的产量为 Q_0，则由该企业来单独生产的成本为 LAC_0，而如果市场中有两个企业共同生产，则每个企业生产的产量为 $Q_0/2$，对应的平均成本就是 LAC_1，显然 LAC_1 大于 LAC_0。也就是说，企业越多，平均成本越高，这是不符合效率的。这也是为什么这种垄断被称为"自然垄断"。

不过，需要注意的是，由以上推论并不能得出该企业垄断市场的结论。虽然由一个企业经营时平均成本更低，但该企业可以根据其垄断地位而收取较高价格以获取高额利润。因此，如果允许自然垄断，就必须实行价格管制。

---

① 资料来源：http://news.163.com/special/00012Q9L/yanye100112.html，有所改动。

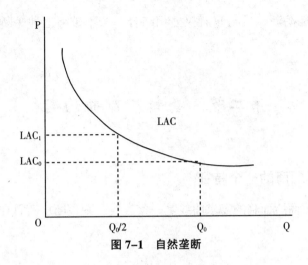

图 7-1　自然垄断

哪些企业构成自然垄断？就是那些固定成本极大的企业。当固定成本极大时，可变成本可忽略不计，平均成本就一直处于下降阶段。

$$AC = \frac{TC}{Q} = \frac{FC+VC}{Q} \approx \frac{FC}{Q} = AFC \tag{7.1}$$

三、我们反对哪一种垄断

由专利带来的垄断是可以接受的，毕竟专利的发明要花费发明人的大量心血，如果无法获得回报，则将大大挫伤发明创造的积极性。

由资源独占形成的垄断却值得商榷。资源独占背后的根本原因仍然是政府特许，一旦形成资源独占，垄断企业就会利用这种独占性获得高额利润，而消费者必将付出高额代价；同时，这种资源独占企业的效率也值得怀疑：既然随随便便就可以获得利润，为什么还要进行技术创新呢？

政府特许的垄断是改革的主要对象。这些垄断企业名义上要将利润上缴国家财政，但实际上却以种种手段截留利润，要么增加管理费用，要么以利润进行寻租（以保证其垄断地位不被削弱）。以中国盐业总公司为例，2010 年，其管理费用为 18.84 亿元，其中业务招待费用为 7557 万元。到 2011 年，管理费用提高到 23.27 亿元，业务招待费也增加到 8703 万元。这些费用数额之大令人咋舌。相比这些费用，利润却不多。截至 2013 年 9 月底，中盐总营业收入达 204 亿元，比 2012 年同期增加 9.79 亿元，但母公司净利润为-4.28 亿元，而 2012 年同期亏损额为 1.51 亿元，另外，中国盐业总公司还获得了 2.36 亿元的巨额财政补贴。中国盐业总公司在产生巨额亏损的同时却花去高额招待费，显然难以服众。

那些市场经济体制比较健全的国家也存在垄断，但这些垄断多数是经自由竞争而形成的垄断，例如操作系统领域的微软公司。而我国则不同，国有大型企业一出手就是垄断，且与政府权力相结合。若不破除这种垄断，则将极大地阻碍改革进程。

第二节 垄断厂商的均衡

一、垄断厂商的一个特征

如果垄断厂商所面临的需求曲线是一条直线，则垄断厂商总在需求弹性大于1处进行生产。

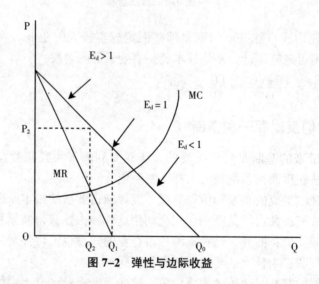

图 7-2 弹性与边际收益

图 7-2 中，直线形需求曲线的中点处弹性等于 1，对应边际收益则等于 0，对应的产量为 Q_1，Q_1 等于 Q_0 的一半。

在均衡时，垄断厂商要实现利润最大化，就要满足边际收益等于边际成本，即 MR = MC。而由于边际成本总是大于 0，于是要求边际收益也总是大于 0，因此可以判断 MC 与 MR 交点所决定的产量必然小于 Q_1。也就是说，垄断厂商总在需求弹性大于 1 处进行生产。

二、为什么垄断厂商的边际收益总是不大于平均收益

如图 7-2 所示。仅在纵轴交点处，边际收益等于平均收益，在其他地方，边际收益总是小于平均收益。这是为什么？

对平均收益求导，得到：

$$\frac{dAR}{dQ} = \frac{d\frac{TR}{Q}}{dQ} = \frac{TR'}{Q} - \frac{TR}{Q^2} = \frac{1}{Q}(MR - AR) \tag{7.2}$$

由于垄断厂商的平均收益与需求曲线重合，因此平均收益总是递减的，即平均收益的导数小于 0，所以，边际收益总是小于平均收益（端点除外）。只有边际收益小于平均收益，平均收益才会递减，即边际收益将平均收益拉下。

从逻辑上看，由于需求曲线向下倾斜，垄断厂商每多销售一单位产品，就需要降低价格。这不仅意味着当前这一单位产品价格要降低，而且之前的产品价格也要降低。例如，垄断厂商想出售两单位产品，价格为 10 元。如果垄断厂商想增加一单位产品销售，即出售 3 单位产品，则价格必须降低，如降为 8 元，这 3 单位产品价格都是 8 元，即前两单位产品的收益之和会减少 4 元。

边际收益的定义就是增加一单位产品所获得的收益，但并不是当前价格。根据上面的例子，边际收益等于当前价格减去由于价格降低而导致的收益损失。当前价格为 8 元，收益损失为 4 元，因此边际收益为 4 元，低于当前价格（即平均收益）。

垄断厂商出售 2 单位产品，价格为 10 元，则平均收益也为 10 元，总收益为 20 元。如果垄断厂商想出售 3 单位产品，则价格必须降低，例如价格为 8 元，则平均收益也是 8 元，总收益为 24 元。边际收益为 4 元。可见，边际收益小于平均收益。

三、垄断势力

垄断势力（Monopoly Power）或者叫垄断力量，指垄断厂商对价格控制的程度，该指标越大，则垄断力量越大，对价格的控制力就越强。可以用价格与边际成本的差或价格与边际成本的商来表示。

（一）价格与边际成本的差即 P – MC

在均衡时，由于 $MC = MR$。而 $MR = P(1 - \frac{1}{|E_d|})$，因此有：

$$P - MC = P - MR = P - P(1 - \frac{1}{|E_d|}) = \frac{P}{|E_d|} \tag{7.3}$$

垄断势力等于价格与弹性的比，需求价格弹性越小，则垄断势力越大。在完全竞争市场，需求价格弹性无穷大，则垄断势力为 0。

（二）价格与边际成本的比即 P/MC

$$\frac{P}{MC} = \frac{P}{MR} = \frac{P}{P(1 - \frac{1}{|E_d|})} = \frac{|E_d|}{|E_d| - 1} \tag{7.4}$$

四、自然垄断的政府管制

当存在自然垄断时，政府应该对其实行价格管制，以减少其超额利润，但应该如何管制呢？

如图 7-3 所示，由于是自然垄断，故平均成本始终处于下降阶段，边际成本 MC 始终小于平均成本 AC。

如果政府不加以管制，垄断厂商将根据边际收益等于边际成本来定价，MR 与 MC 相交于 B 点，产量为 Q_1，价格为 P_1。此时价格较高，产量较低。获得超额利润，利润额为 P_1EAG。

如果政府实行管制，让价格等于边际成本（类似于完全竞争厂商），则垄断厂商应该在 D 点生产，价格为 P_3，产量为 Q_3。这时产量虽大，但价格低于平均成本，垄断厂商陷入亏损，政府必须提供补贴。

如果政府实行平均成本管制，即让价格等于平均成本，则垄断厂商应该在 F 点生产，价格为 P_2，产量为 Q_2。此时产量略有减少，价格有所提高，但利润为 0。

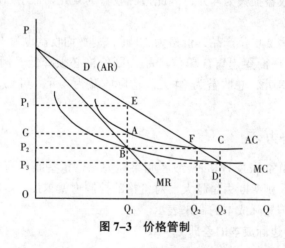

图 7-3 价格管制

看来，采取价格等于平均成本的管制方法最好，但其难点是确定垄断厂商的平均成本。为防止垄断企业刻意增加某些费用以增加成本，政府必须运用会计和审计手段，但一样要付出成本。

更为严重的是"管制俘虏"，如果政府相关人员被垄断企业所贿赂，则管制就会成为镜中之月。

五、为什么垄断厂商没有有规律的供给曲线

如图 7-4 所示，垄断厂商最初面对的需求曲线为 D_1，对应的边际收益曲线为 MR_1。MR_1 与 MC 相交，对应的产量为 Q_1，价格为需求曲线上 E 点对应的 P_1。

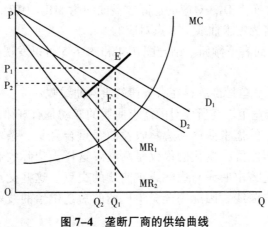

图 7-4　垄断厂商的供给曲线

使需求减少，需求曲线平行向里移动，曲线为 D_2，对应的边际收益曲线为 MR_2。MR_2 与 MC 相交，对应的产量为 Q_2，价格为需求曲线上 F 点对应的 P_2。

连接 EF，得到垄断厂商的供给曲线：向右上倾斜。这是否意味着垄断厂商具有有规律的供给曲线？

答案是否。在前文的推演中之所以可以得到有规律的向右上倾斜的供给曲线，其原因在于需求曲线平行的移动，如果需求曲线的移动没有规律（纵截距和斜率同时变化），则 MR 的移动也将失去规律，也不会存在有规律的供给曲线。或者说，供给曲线可能会以任意形状出现。

如图 7-5 所示，垄断厂商最初面对的需求曲线为 D_1，对应的边际收益曲线为 MR_1。MR_1 与 MC 相交，对应的产量为 Q_1，价格为需求曲线上 E 点对应的 P_1。

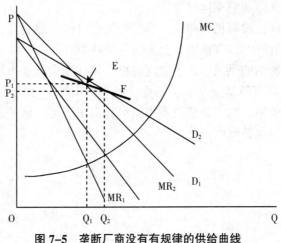

图 7-5　垄断厂商没有有规律的供给曲线

使需求曲线改变为 D_2，对应的边际收益曲线为 MR_2。MR_2 与 MC 相交，对应的产量为 Q_2，价格为需求曲线上 F 点对应的 P_2。

连接 EF，EF 向右下倾斜。结合图 7-4 和图 7-5 可以发现：垄断厂商没有有规律的供给曲线。

那为什么完全竞争厂商就存在有规律的供给曲线呢？

那是因为完全竞争厂商所面对的需求曲线的变动是有规律的。我们知道，完全竞争厂商所面对的需求曲线和边际收益曲线重合且是一条水平线，无论它怎样变化，斜率是不变的，变化的仅仅是高度。这样，边际收益曲线与边际成本曲线的交点也就是需求曲线与边际成本曲线的交点。这些交点无论如何变化也不会离开边际成本曲线，因此完全竞争厂商的短期供给曲线就与边际成本曲线的一段重合。

而对于垄断厂商，需求曲线的变化则没有规律可循，既可以包括纵截距的变化，也可以包括斜率的变化，于是边际收益曲线也随之变化。况且，价格与产量组合点的位置也不在边际成本曲线上，而在需求曲线上。这样，价格与产量组合点的位置就不存在任何规律。

一般教材上（如高鸿业的《西方经济学》）通常都是这样证明垄断厂商没有有规律的供给曲线：证明一个产量对应两个价格，或者一个价格对应两个产量，然后得出结论，垄断厂商的价格与产量之间没有一一对应的关系，因此垄断厂商没有有规律的供给曲线。

但这种证明是有缺陷的，即使自变量和因变量不是一一对应关系，也可以是有规律的函数关系，例如垂直线、水平线或者折线都不是一一对应关系，但仍然是有规律的。

归根结底，垄断厂商之所以没有有规律的供给曲线，是因为需求曲线可以无规律变化——纵截距和斜率同时变化。

也许有人会问：没有供给曲线，哪来的均衡价格？或者说，价格不是由需求和供给共同决定的吗？没有供给，会有均衡价格吗？

严格来讲，所谓的供给和需求决定价格，只在完全竞争市场上才有意义，而在不完全竞争市场（包括垄断、垄断竞争和寡头市场），由于厂商可以控制或在一定程度上控制价格，均衡价格就不由供给和需求决定，而是由厂商的利润最大化决策决定。这是很关键的一点。

第三节 价格歧视

一、价格歧视与差别定价

价格歧视与差别定价不同，前者主要是指对不同的购买者相同的产品收取不同的价格。后若则有不同的解释。根据高鸿业《西方经济学》的解释，差别定价指同一种产品因成本不同而以不同的价格出售。例如，同样一双鞋，产地不同价格也不一样，因为人力成本存在差异。

差别定价在营销学中的概念则有所不同，它是指按照不同的价格销售产品，而这种价格的差异不反映成本的差异。例如，同样的饮料在酒吧里的价格要高于在商场中的价格，中秋节前的月饼价格要高于中秋节后的价格，老客户可能会得到比新客户更低的价格等。

二、一级价格歧视是有效率的

我们知道有三种价格歧视：一级价格歧视、二级价格歧视和三级价格歧视。其中，一级价格歧视又叫完全价格歧视，是指垄断厂商对每一单位产品都按照消费者所愿意支付的最高价格来出售。这种价格歧视剥夺了全部的消费者剩余，但居然是有效率的。

如图 7-6 所示，在没有实行价格歧视之前，垄断厂商会根据边际收益等于边际成本来安排生产。MR 与 MC 相交于 F 点，产量为 Q_1，价格为 E 点对应的 P_1。

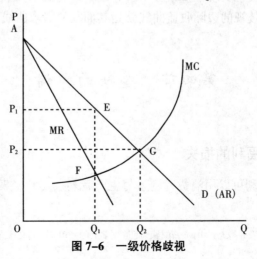

图 7-6 一级价格歧视

如果垄断厂商实行一级价格歧视，Q_1 就不再是其均衡产量。为什么？

在 Q_1 处，如果垄断厂商增加一单位产品销售，则价格为 P_1，边际成本为 F。[①] 价格大于边际成本，显然是有利可图的，因此垄断厂商会增加销售，最后在 G 点重新实现均衡，此时价格等于边际成本。

价格是否等于边际成本，是衡量斜率的主要标志。从这个意义上讲，一级价格歧视是有效率的。

我们知道：需求曲线以下，价格线以上的面积是消费者剩余，但垄断厂商实施一级价格歧视后，其总收益为矩形 $OAGQ_2$，消费者剩余被全部掠夺。

一切似乎都可以结束了，但我们依然有个问题：不是说所有厂商都要满足边际收益等于边际成本的利润最大化原则吗？实行一级价格歧视的垄断厂商怎能例外？

原因很简单，这是因为图 7–6 中的 MR 已经不再是实行一级价格歧视的垄断厂商的边际收益曲线了。

边际收益的概念是增加一单位产品销售所带来的收益增加量。而此时的垄断厂商在增加销售每一单位产品时都按照消费者所愿意支付的最高价格来出售，因此，增加一单位产品销售所带来的收益增加量就是该产品的价格，这个价格无疑在需求曲线上，所以，此时边际收益曲线与需求曲线重合。

以 E 点为例，在 E 点，额外增加一单位产品销售的价格为 P_1，边际收益同样也是 P_1，所以，E 点就是边际收益曲线上的一个点。依此类推，需求曲线与边际收益曲线重合。

在 G 点，边际收益等于边际成本，利润最大化条件依然满足。

总结一下，如果垄断厂商实现一级价格歧视，则有：

（1）一级价格歧视剥夺了全部消费者剩余。

（2）一级价格歧视实现了价格等于边际成本，有效率。

（3）一级价格歧视的边际收益曲线就是其面临的需求曲线。

第四节　垄断的弊端

一、社会总福利的损失

本来社会总福利可以用消费者剩余与生产者剩余之和来表示，但由于垄断厂

---

① 这里的"一单位"不是现实中的一单位，而是数学上的一单位，可以无限小，因此在 E 点增加一单位产品销售时价格近似不变，下同。

商不存在供给曲线，我们用消费者剩余与厂商利润之和来表示总福利。而怎样得到垄断的效率损失呢？先得到垄断市场的总福利，再假设垄断者像完全竞争厂商那样决策，得到社会总福利。比较两者大小，就可以知道垄断的效率损失。

如图 7-7 所示，在垄断市场，MC 与 MR 交于 F 点，价格为 P_1，产量为 Q_1。消费者剩余为三角形 AEP_1，垄断厂商总收益为 OP_1EQ_1，总成本可以利用 MC 的积分得到，即不规则图形 $OBFQ_1$，利润为不规则图形 P_1EFB。因此，垄断市场的社会总福利为不规则图形 AEFB。

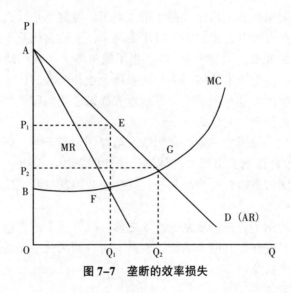

图 7-7 垄断的效率损失

如果垄断者像完全竞争厂商那样决策，则应该满足 P = MC，均衡点为 G 点，价格为 P_2，产量为 Q_2，消费者剩余为三角形 AGP_2，厂商总收益为 OP_2EQ_2，总成本可以利用 MC 的积分得到，即不规则图形 $OBGQ_2$，利润为不规则图形 P_2GB。因此，社会总福利为不规则图形 AGB。

比较不规则图形 AEFB 和不规则图形 AGB，可以发现不规则图形 AGB 减去不规则图形 AEFB 为不规则图形 EGF，这就是垄断带来的纯社会效率损失或者叫社会总福利损失。

二、管理松懈

对于垄断企业来讲，管理松懈是极容易出现的。如果能够轻易获得超额利润，还有什么动力去严格管理呢？如果市场不是垄断的，则竞争压力将逼迫厂商们竞相压低成本，则垄断市场不存在竞争压力，资源利用不足或浪费现象就会出现。

某企业曾经几乎垄断了彩色显像管玻壳的国内市场。鉴于企业性质以及外部压力不足，其管理漏洞之多令人吃惊：跑冒滴漏严重，消耗材料常常不翼而飞，涉及上百万元、上千万元甚至上亿元资金的决策都很少经过科学、严密的论证。

可能有人会说，应该换一个懂管理的领导，这样可以降低成本。这种观点不对，因为管理松懈与领导无关，而与压力有关。没有竞争压力，管理松懈就会成为必然。

三、创新动力不足

我国与发达国家如美国相比，存在很大差距，但究竟是什么原因导致了这些差距？从生产要素方面讲，我们的人口比美国多；土地面积差不多；资本呢？我国人均储蓄率达到40%，美国只有3%，也不缺资本。那我们缺什么？大家都知道，我们缺技术。但是技术从何而来？它来自企业和个人的技术创新。我们国家技术创新不足，那怎么办？上至中央下至地方都知道我们应该加快技术创新，但技术创新速度依然很慢，为什么？

原因很多。主要原因之一就是我们缺乏培育创新的土壤，而这个土壤的含义就是"体制"：教育体制、市场经济体制、法律体制均不健全。其中，控制国民经济命脉的众多国营垄断企业难辞其咎，这些企业因其垄断地位稳固而缺乏创新动力。

举一个简单的例子，在邮政系统改革之前，邮寄一个跨省包裹要四五天甚至一个星期才能到，现在呢？网上购物，就是一台空调两天也能送到家。这就是竞争的力量，创新来自竞争。

四、寻租费用

垄断企业有时并不能永远保证其地位。在一些领域，尽管垄断企业拥有垄断地位，但仍然面临一些私营企业的竞争。再加上这些垄断企业失去了创新动力，又无法压低成本，就必然在其他方面寻找出路，例如通过贿赂以达到削弱竞争的目的，这种行为就是寻租。之所以叫寻租，乃是因为垄断利润又叫垄断租金，而寻求垄断租金的行为就是寻租，这种行为的花费就是寻租费用。

例如，国内汽车厂商可以通过寻租使得政府对进口汽车征收高额关税，进口汽车的价格就不得不提高。当然，这种寻租还有一个冠冕堂皇的理由，名曰"幼稚产业保护"，但代价就是幼稚产业永远幼稚，消费者却要面对高价格。

再如，某省的香烟厂商可以通过寻租使得本地政府不允许外地香烟销售以获得垄断势力，这种分割市场的行为也被称为"地方保护主义"。可惜，所有的保护只会令弱者更弱。

第五节　本章总结

（1）多种原因可能导致垄断，如资源独占、专利、政府特许以及自然垄断，其中，自然垄断具有经济学意义。

（2）在短期，垄断厂商可能亏损，也可能获利；但在长期，垄断厂商一般都会获得超额利润，否则这个行业就不存在了。

（3）垄断厂商面临的需求曲线是整个市场的需求曲线，垄断厂商没有有规律的供给曲线。不仅垄断厂商，所有不完全竞争厂商都没有有规律的供给曲线。

（4）与完全竞争相比，垄断厂商产量很低、价格很高、成本很高，效率很低。

（5）价格歧视分为三种：一级价格歧视、二级价格歧视和三级价格歧视。其中，一级价格歧视是有效率的，但垄断厂商剥夺了全部消费者剩余。

（6）垄断会带来社会福利损失、管理松懈、创新不足、"寻租"等问题。

每章一题

问：假定一个垄断者的产品需求曲线为 $P = 50 - 3Q$，成本函数为 $TC = 2Q$，求该垄断企业利润最大化时的产量、价格和利润。

答：由题设 $P = 50 - 3Q$，得 $TR = PQ = 50Q - 3Q^2$，$MR = 50 - 6Q$。

又由 $TC = 2Q$，得 $MC = 2$。

利润极大时要求 $MR = MC$，即 $50 - 6Q = 2$，得均衡产量 $Q = 8$。

于是，价格 $P = 50 - 3Q = 50 - 3 \times 8 = 26$。

利润 $\pi = TR - TC = 26 \times 8 - 2 \times 8 = 192$。

第八章　垄断竞争市场

第一节　如何理解垄断竞争

一、概念

很多人都会误解垄断竞争，以为垄断竞争就是既有垄断又有竞争，似乎垄断与竞争并重，实际不然，垄断竞争这个词的英译为 Monopolistic Competition，其中 Monopolistic 是修饰 Competition 的。也就是说，在垄断竞争这个词中，"垄断"修饰"竞争"，竞争是主要的，垄断是次要的。

垄断竞争类似于完全竞争。我们知道完全竞争在现实中是不存在的，大量存在的是垄断竞争。

二、特征

垄断竞争有这样几个特征：厂商个数很多、产品存在差异、无进入障碍。其中产品差异是最重要的一个特征，也是最符合实际的一个特征。先看厂商个数特征，多少个厂商才算多？没有什么标准。再看无进入障碍特征，垄断竞争市场真的没有进入障碍吗？无论是零售业还是轻工业等，都需要一定的固定成本（也包括一些沉没成本），进入障碍一定存在，不过是障碍较小而已。

产品差别包括真实的产品差别和心理上的产品差别。前者是指实物上的差异，后者指感觉上的差异。实物差异很好理解，就是产品不一样。而感觉差异通常来自广告或者消费环境、服务等方面的差异。垄断竞争厂商通常都热衷于做广告，就是为了制造产品差异。门口的鸡蛋灌饼摊贩挂出一条横幅，上书：河南正宗鸡蛋灌饼。真的存在"河南正宗"吗？不存在，但是消费者觉得就是正宗，别家的鸡蛋灌饼都是野路子。同样，两家饭店，食物味道一样，但一家饭店的服务员更漂亮，你愿意去哪家？

第二节　垄断竞争厂商的均衡

一、如何理解垄断竞争厂商面临的需求曲线

很多西方经济学教材为了分析垄断竞争，提出了 d 需求曲线和 D 需求曲线。前者又叫自需求曲线，后者又叫比例需求曲线。前者是当一个垄断竞争厂商改变价格时，其他厂商价格不变时该厂商面临的需求曲线；后者是当一个垄断竞争厂商改变价格时，其他厂商也改变价格时该厂商面临的需求曲线。本书认为，这种分法有值得商榷之处。

我们知道厂商也是理性的，当它改变价格时，难道不知道其他厂商会改变价格吗？因此 d 需求曲线只是厂商的幻想，现实中并不会长期存在，最多只存在于短期。

我们的分析方法是：在短期，厂商面临的需求曲线是 d 需求曲线，即厂商降低价格时其他厂商还来不及反应，因此该曲线略微平坦一些，即价格下降会使销售量增加较多。当然，也可能在短期存在超额利润。而在长期，厂商面临的需求曲线是 D 需求曲线，即厂商降低价格时其他厂商也降价，因此降价后销售量增加较少，因此该曲线略微陡峭一些。另外，如果短期内存在利润，则由于长期内厂商会进入市场，因此 D 需求曲线比 d 需求曲线相比更靠近原点，这代表该厂商市场份额的缩小。

二、短期均衡

如图 8-1 所示，d 需求曲线较为平坦，边际收益曲线与短期边际成本曲线相交，对应的产量为 Q_0，价格为 P_0。此时，平均成本为 OA，垄断竞争厂商总收益为 OP_0EQ_0，总成本为 $OAFQ_0$，利润为 P_0EFA。

或许有人会问，既然图 8-1 已经展示了垄断竞争厂商的短期均衡，即垄断竞争厂商已经实现了利润最大化，为什么要降价呢？降价是否与利润最大化相矛盾？

答案是不矛盾，一方面，垄断竞争厂商要做大做强，就必须扩大市场份额，至于在扩大市场份额时能否实现利润最大化并不重要；另一方面，垄断竞争厂商所出售的商品很多都是需求价格弹性略大的商品（当然也有例外），降价后收益增加更多，因此垄断竞争厂商有降价的冲动。

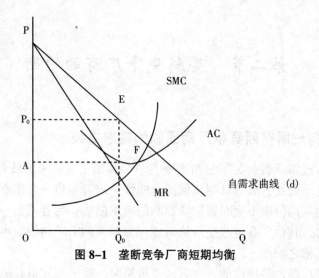

图 8-1 垄断竞争厂商短期均衡

三、长期均衡

短期利润只能在短期内存在。因为只要存在利润，就会有厂商进入。长期内该厂商面对的需求曲线为 D 曲线。如图 8-2 所示，比例需求曲线 D 更为陡峭一些，且更靠近原点。MR 与 LMC 相交，产量为 Q_1，价格为 P_1。D 曲线与 AC 相切，利润为 0。

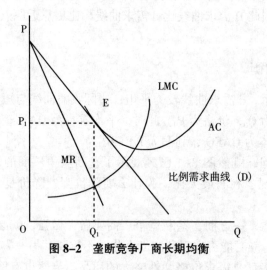

图 8-2 垄断竞争厂商长期均衡

第一，如果短期内有利润，则其他厂商会进入该市场，使得供给增加，价格下降，利润减少。

第二，即使其他厂商不进入该市场，原有厂商也会通过降价来分割原厂商的市场份额。因此，原垄断竞争厂商所面临的需求曲线必然会向里移动。

第三，由于其他厂商也可以采取降价措施，因此原厂商降价的效果会减弱，即需求曲线更为陡峭。最后，厂商进入会使利润最终消失，即 D 需求曲线会与平均成本 AC 相切。[①]

四、垄断竞争与完全竞争的比较

如图 8-3 所示，完全竞争厂商的长期均衡点位于 F 点，而垄断竞争厂商的均衡点位于 E 点。Q_1 和 Q_2 之间的差距被称为垄断竞争厂商的多余生产能力。也就是说，垄断竞争厂商有这样的生产能力但没有使用，这无疑是一种浪费。

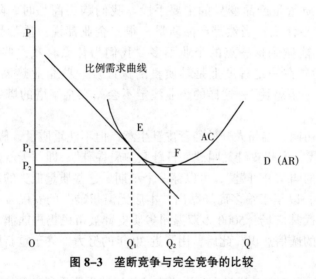

图 8-3　垄断竞争与完全竞争的比较

两者相比，有以下四个结论：

(1) 长期内，完全竞争厂商和垄断竞争厂商的超额利润都为 0。

(2) 长期内，垄断竞争厂商的均衡价格高于完全竞争厂商。

(3) 长期内，垄断竞争厂商的均衡产量低于完全竞争厂商。

(4) 长期均衡时，垄断竞争厂商的平均成本要高于完全竞争厂商。

综上，垄断竞争市场的效率低于完全竞争市场。

与完全竞争市场相比，垄断竞争市场也有一些好处。最重要的就是垄断竞争

[①] D 需求曲线与平均成本曲线相切只是一种简便的说法，即使不相切而仅仅是相交也可以满足利润为 0 的假设。

市场提供了存在差异的产品，这可以满足消费者不同的偏好。此外，由于垄断竞争市场存在激烈竞争，厂商们也有动力去进行技术创新以降低成本。

第三节　其他竞争手段

除价格竞争外，垄断竞争厂商还有其他非价格竞争手段，如产品变异（提高产品质量、服务质量等）以及推销活动等。

一、产品变异

提高产品质量是产品变异的主要手段。我们购买商品时，除了关心商品价格外，还关心什么？当然是产品质量。很多企业都说：质量是企业的生命线。实际上，能做到这一点的企业不多。我们为什么喜欢一些老字号企业？因为这些老字号在一定程度上是其质量的保证。一些企业热衷于"短、平、快"或者"捞一笔就跑"，这样的企业注定不会站在金字塔的塔尖，也不会成为老字号企业。

改革开放初期，温州人开始经营皮鞋生意，但不注重质量，假冒伪劣横行。20世纪80年代，温州皮鞋又叫"一日鞋"、"晨昏鞋"，即一天就破、早上穿晚上破，好一点的叫"礼拜鞋"，可以穿一个星期。这些质量低劣的产品引起全国消费者的公愤，以至于很多商场贴出"本店无温州鞋"的安民告示。1987年8月8日在杭州武林广场，5000多双温州劣质皮鞋被市民扔进熊熊大火。这把火烧醒了温州人的诚信意识。此后，用了近20年的努力，终于重新树立起自己的形象。

除了产品质量，服务质量也是形成产品差异的重要手段。我国很多企业重视生产、重视销售、也重视产品开发，但就是不重视售后服务，认为东西卖出去了就和企业不再有关系，这种观点极端错误。商品卖出去不是结束，而是刚刚开始，企业要把某个消费者变成它的永久客户，就必须重视售后服务。另外，也不要认为服务质量是产品质量的补充：我的产品质量差，但我的售后服务好。这种思想也要不得。售后服务在企业经营活动中是独立存在的一部分。

二、推销

什么是推销？就是厂商为把商品出售出去而做的全部努力，换个名词就是"营销"。在大街上发卡片、请顾客免费品尝、为消费者购物提供各种便利、拉条幅、挂个大牌子、在报纸电视网络上做广告都是推销活动。当然，最重要的推销方式就是广告。

为什么会有广告？微观经济学有一个信息完全的假设，但现实中信息必定是不完全的，消费者的时间也是有限的，购物前不可能精确了解所有的信息。而广告就起到了一个信息传递的作用。①诺贝尔经济学奖获得者斯蒂格利茨曾经把消费者了解商品信息的成本称为菜单成本，从另外一个意义上讲，这种成本也叫"磨鞋底成本"，因为逛街也是有成本的。而广告的作用就在于为消费者节约菜单成本和磨鞋底成本。

一些教材将广告分为信息性广告和劝说性广告两种。前者以传递信息为主，例如一些介绍产品属性的小册子，而后者则以劝说为主，我们在电视上看到的那些明星代言的广告均属此类。人们由于喜欢明星，就相信明星所说的一切，这是一种心理现象，俗称光环效应。什么是光环效应？就是你一旦喜欢了一个人，那么对你而言他（她）头上就像戴了一个光环，他（她）的一切都是对的，都是完美的，就连脸上的粉刺都看不见了。②

为什么会出现虚假广告？我们痛恨虚假广告。但其根本原因还在于市场经济体制的不完善，在于信用机制的不完善。在完善的市场经济体制下，一旦某个人或集体涉及了虚假广告，则这个人或集体将会被整个社会所驱逐，这个沉重的代价会让那些试图做虚假广告的人三思而后行。

我国法律对于虚假广告的惩罚力度太小，导致虚假广告的成本很小。《反不正当竞争法》第二十四条规定：经营者利用广告或者其他方法，对商品作引人误解的虚假宣传的，监督检查部门应当责令停止违法行为，消除影响，可以根据情节处以 1 万元以上 20 万元以下的罚款。也就是说，最高处罚不会超过 20 万元，这对于那些凭借虚假广告获得巨额利润的大企业来讲简直是九牛一毛。

例 8-1：广告中的利益链条。

虽然中国经济增速放缓，但 2012 年 11 月 18 日举行的"中央电视台 2013 年黄金资源广告招标竞购大会"报名企业的数量再创新高，最终的招标预售总额为 158 .81 亿元，同比增长 11.39%。被称为"中国市场风向标"的"中央电视台黄金资源广告招标会"火爆不减，饮料行业的表现仍然最为抢眼，而家电业巨头国美电器成为最大的一匹黑马，斥资 4 亿元在中央电视台投放广告，金额是往年的 4 倍。

---

① 当然，这里要排除掉那些传递虚假信息的广告，例如那些常常出现在电线杆上的"专治各种疑难杂症"的神医广告。

② 从这个意义上讲，那些崇拜明星的人都是心理不成熟的人，他们需要一个虚无的对象来膜拜，这样，他们的心灵就有了归宿，晚上就能幸福地入睡。

中央电视台赚到了钱，广告商赚到了钱，这些钱从哪里来？大家都觉得这些钱来自于加多宝、国美电器、汇源果汁、剑南春这些做广告的企业，但这些企业如何处理广告费用，当然是计入产品的销售成本。这些成本无疑要转嫁给消费者。最终，还是掏了消费者的腰包。

归根结底，中央电视台凭借其在电视媒体中的垄断地位，获得了巨大的超额利润，而加多宝、国美电器、汇源果汁、剑南春这些企业则通过广告巩固了产品在消费者心中的地位，垄断势力进一步增强，而消费者则不断奉献着自己的消费者剩余。这就是一些经济学家诟病广告作用的根本原因。

第四节　本章总结

（1）垄断竞争有这样几个特征：厂商个数很多、产品存在差异、无进入障碍。其中产品差异是最重要的一个特征，也是最符合实际的一个特征。

（2）在短期，垄断竞争厂商面临的需求曲线是 d 需求曲线，该曲线略微平坦一些，即价格下降会使销售量增加较多。而在长期，厂商面临的需求曲线是 D 需求曲线，即厂商降低价格时其他厂商也降价，因此该曲线略微陡峭一些。

（3）短期内垄断竞争厂商可能获利，也可能亏损，长期内利润为 0。

（4）与完全竞争相比，垄断竞争产量较低、价格较高、成本较高、效率较低。

（5）除价格竞争外，垄断竞争厂商还有其他非价格竞争手段，如产品差异（提高产品质量、服务质量等方面）以及推销活动等。

每章一题

问：在垄断竞争市场结构中的长期（集团）均衡价格 P^*，是代表性厂商的需求曲线与其长期平均成本（LAC）曲线的相切点。已知代表性厂商的长期成本函数和需求曲线分别为：$LTC = 0.0025Q^3 - 0.5Q^2 + 384Q$ 和 $P = A - 0.1Q$。其中，A 是集团内厂商人数的函数。求解：

（1）长期均衡条件下代表性厂商的均衡价格和产量。

（2）A 的数值。

答：由长期总成本函数 $LTC = 0.0025Q^3 - 0.5Q^2 + 384Q$，得：

$LMC = 0.0075Q^2 - Q + 384$

$LAC = 0.0025Q^2 - 0.5Q + 384$

由需求函数 $P = A - 0.1Q$，得 $MR = A - 0.2Q$。

长期均衡时，必有 $MR = LMC$，$P = LAC$，于是：

$A = 0.2Q = 0.0075Q^2 - Q + 384$ (8.1)

$A - 0.1Q = 0.0025Q^2 - 0.5Q + 384$ (8.2)

联立式（8.1）、式（8.2），解得 $Q = 80$，$A = 368$。

将上述结果代入 $P = A-0.1Q$，得 $P = 360$。

第九章 寡 头

第一节 寡头市场的特征

一、特征

寡头市场的特征至少有三个：厂商数量有限、厂商之间相互依存以及存在进入障碍。第二个特征是最重要的，它充分体现了寡头市场与其他市场的区别。

垄断市场不存在竞争，因为在完全竞争市场中，厂商们实际上感觉不到竞争，因为所有人都无法改变价格，也就不存在竞争。在垄断竞争市场中，厂商们尽管竞争激烈，但这种竞争不是面对面的。只有在寡头市场中，每个厂商的竞争行为都会引起对手的反应，而每个厂商在采取竞争行为时也都要考虑到对手的反应，这就增加了分析寡头市场的难度。

应该说，寡头理论是微观经济学一个极为重要的理论延伸。之前，微观经济学仍然是"宏观"思维，即将所有的厂商看作原子，所有的竞争都是原子之间的竞争，研究者无须关注原子本身，而只需关注原子之间竞争的总体结果即可。而寡头理论则真正将厂商个体作为研究对象，研究若干厂商竞争的过程及结果。

当然，寡头理论在某种意义上也是经济学的回归。经济学最初就是以"人"为研究对象，不过，为了研究方便，一个理性人假设就将所有人的个性全部抹杀——所有人都是一样的，没有区别。而寡头理论则不同，针对人性的不同假设可以得到不同的结论。例如，如果寡头之间选择合作，会是一个结果；如果不合作，则是另外一个结果。

寡头理论之后，博弈论就应运而生。这是自然而然的过程，寡头理论原先只是由几个孤立的模型构成，缺乏整体性和系统性。而博弈论则提供了一个相对完整（还谈不上完善）的解释框架，填补了微观经济学上的一个空白。

二、分析框架

一般而言，寡头市场理论模型可以这样进行分类：

（1）独立行动，即寡头之间相互竞争而不是相互合作。其中又分为产量竞争和价格竞争两种，前者代表为古诺模型和斯塔克伯格先动模型（同时行动和先后行动），后者代表为伯特兰模型和斯威齐模型（同时行动和先后行动）。

（2）相互合作，又分为公开合作和非公开合作两种，公开合作的代表为卡特尔模型，非公开合作的代表为价格领导模型。如图 9-1 所示。

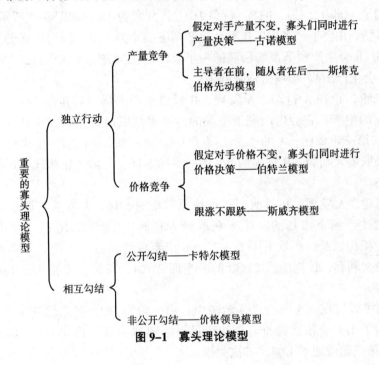

图 9-1　寡头理论模型

第二节　经典模型

一、古诺模型

例如一个行业里有 A 和 B 两家厂商，他们生产和销售相同的产品，且实力相当。假设生产成本为 0；市场的需求曲线是线性的，A、B 两家厂商都了解市场的需求曲线；都已知对方产量，且各自确定能够给自己带来最大利润的产量，即每一个产商都是消极地以自己的产量去适应对方已确定的产量。古诺模型有两种解法：代数法和微积分法。为简便起见，设最高价格和最大产量都是 1。

（一）代数法

由于边际成本等于 0，因此如果按照价格等于边际成本来生产，则价格应该为 0，此时的产量设定为 1。

第一轮，假设 A 厂商先行动，由于成本为 0，因此收益等于利润。A 会选择生产多少产量？他不会生产市场所需的全部产量，因为这样价格为 0，利润也为 0。这实际上就是在三角形中内接一个矩形使其面积最大的问题。显然，A 厂商应该在 C 点（即 1/2 处）生产，价格为 1/2，利润为 1/4，如图 9-2 所示。然后，B 进入市场，B 会生产多少？B 不会生产剩下的全部产量，因为那样的话，价格会变为 0。B 会生产剩下市场份额的一半以保证在当前情况下利润最大化，也就是说，B 会生产 1/4。市场价格降到 1/4。

第二轮，轮到 A 行动，A 发现，B 目前生产市场总容量的 1/4，A 将重新调整增加的生产，它会生产剩下市场的一半来获取最大利润，生产 3/4 的一半即 3/8。与第一轮相比，A 的产量下降了 1/8。B 也要重新调整，生产剩下市场的一半来获取最大利润，B 将生产 5/8 的一半即 5/16，与第一轮相比，B 的产量增加了 1/16。

第三轮，A 发现，B 目前生产市场总容量的 5/16，A 将重新调整增加的产量，它会生产剩下市场的一半来获取最大利润，生产 11/16 的一半即 11/32。与第二轮相比，A 的产量下降了 1/32。B 也要重新调整，生产剩下市场的一半来获取最大利润，B 将生产 21/32 的一半即 21/64，与第一轮相比，B 的产量增加了 1/64。

我们可以发现，A 的产量逐渐减少：第一轮为 1/2，第二轮减少了 1/8，第三轮减少了 1/32，依次类推。B 的产量逐渐增加：第一轮为 1/4，第二轮增加了 1/16，第三轮增加了 1/64，依次类推。

最后达到均衡时，B 的产量为：$\dfrac{1}{4} + \dfrac{1}{16} + \dfrac{1}{64} + \cdots + = \dfrac{1/4}{1 - 1/4} = \dfrac{1}{3}$

A 的产量为：$\dfrac{1}{2} - \dfrac{1}{8} - \dfrac{1}{32} - \cdots - = \dfrac{1}{2} - \dfrac{1}{2}\left(\dfrac{1}{4} + \dfrac{1}{16} + \cdots +\right) = \dfrac{1}{2} - \dfrac{1}{2} \times \dfrac{1}{3} = \dfrac{1}{3}$

以上双头模型可以推广。令寡头厂商的数目为 N，则一般结论为：

每个寡头厂商的均衡产量为市场总容量的 $\dfrac{1}{N+1}$ (9.1)

行业的均衡总产量为市场总容量的 $\dfrac{N}{N+1}$ (9.2)

N 的值越大，该市场越接近完全竞争，当 N 为无穷大时，寡头市场就变成了完全竞争市场。

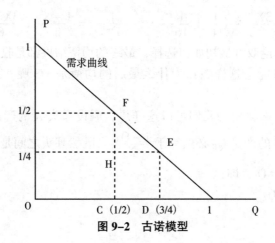

图 9-2 古诺模型

以上讨论中要注意几点：

第一，也许有人会问，在第二轮中，为什么 A 会选择生产 3/8，而不是坚守第一轮的产量即 1/2 呢？那是因为：给定 B 生产 1/4，A 生产剩下市场的一半即 3/8 能够带来利润最大化。我们可以比较一下，如果坚持生产 1/2，则总产量为 3/4，价格为 1/4，此时 A 的利润为 1/8。而如果 A 选择生产 3/8，则总产量为 5/8，价格为 3/8，则 A 的利润为 9/64，大于 1/8。这个解释适用于每一轮。

第二，在以上例子中，我们假设厂商 A 在第一轮选择生产 1/2，实际上，即使第一轮的选择是偶然的，最终双方的均衡产量也一定等于 1/3。例如，假如第一轮 A 选择生产 X，则 B 选择生产剩下市场的一半即 $\dfrac{1-X}{2}$。

第二轮，A 选择生产剩下市场的一半即 $\dfrac{1-\dfrac{1-X}{2}}{2}=\dfrac{1+X}{4}$，B 生产剩下市场的一半即 $\dfrac{3-X}{8}$。

第三轮，A 产量为 $\dfrac{5+X}{16}$，B 产量为 $\dfrac{11-X}{32}$，依此类推。

可以发现，A 在每一轮的产量可以表示为：$X-\dfrac{3X-1}{4}-\dfrac{3X-1}{16}-\dfrac{3X-1}{64}-\cdots-$

B 在每一轮的产量可以表示为：$\dfrac{1-X}{2}+\dfrac{3X-1}{8}+\dfrac{3X-1}{32}+\dfrac{3X-1}{128}+\cdots+$

先计算 A 的产量：

$$Q_A = X - (3X - 1)(\frac{1}{4} + \frac{1}{16} + \cdots + \frac{1}{4^{N-1}}) = X - \frac{(3X-1)}{3} = \frac{1}{3}$$

再计算 B 的产量：

$$Q_B = \frac{1-X}{2} + \frac{3X-1}{2}(\frac{1}{4} + \frac{1}{16} + \cdots + \frac{1}{4^{N-1}}) = \frac{1-X}{2} + \frac{3X-1}{6} = \frac{1}{3}$$

也就是说，无论双方最初如何选择，最终的均衡结果都是收敛于 1/3。

第三，有人可能会这样想：为什么最后的均衡是 1/3 呢？这里面有什么秘密吗？

这里面没有什么秘密。我们可以这样想，假设寡头 A 的产量是 Q_A，根据前面的推论，寡头 B 的产量 Q_B 必然等于 $\frac{1-Q_A}{2}$。既然寡头之间是对称的，那么均衡时，Q_A 必然等于 Q_B，即：

$$Q_A = Q_B = \frac{1-Q_A}{2}$$

$$Q_A = Q_B = \frac{1}{3}$$

（二）微积分法

假设市场需求曲线为：

P = 3000 − Q，其中，Q = Q_A + Q_B，Q_A 和 Q_B 分别代表 A 和 B 的产量。

由于成本为 0，如果是完全竞争，则均衡价格应该为 0，产量应该为 3000，即市场总容量为 3000。

对于 A 来讲，利润函数为：

$$\pi_A = P \times Q_A = (3000 - Q_A - Q_B) \times Q_A$$

用该利润函数对 A 的产量求导数，并令导数等于 0，得到：

$$\frac{d\pi_A}{dQ_A} = 3000 - 2Q_A - Q_B = 0 \Rightarrow Q_A = 1500 - \frac{Q_B}{2}$$

$Q_A = 1500 - \frac{Q_B}{2}$ 就是厂商 A 对厂商 B 选择产量的反应函数（Reaction Function），即每给定厂商 B 一个产量，厂商 A 根据此函数进行反应；同理，可以求得厂商 B 对厂商 A 选择产量的反应函数 $Q_B = 1500 - \frac{Q_A}{2}$。

将两个反应函数联立，求解得到 $Q_A = Q_B = 1000$。

可以发现：每个寡头厂商的均衡产量为市场总容量的 1/3。如果将两个反应函数绘制成曲线，则均衡点就是两条曲线的交点，如图 9-3 所示。

图中 AB 为厂商 A 的反应函数曲线，CD 为厂商 B 的反应函数曲线，两条反应函数曲线的交点 F 对应的产量值，就是两个厂商的均衡产量。

反应函数意味着什么？反应函数就是厂商进行产量决策的依据，给定对方产

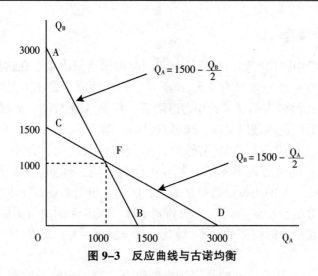

图 9-3 反应曲线与古诺均衡

量，从反应函数可以得到使自己实现利润最大化的产量。

我们观察下面的反应函数：

$$Q_A = 1500 - \frac{Q_B}{2}$$

$$Q_B = 1500 - \frac{Q_A}{2}$$

假设：不管厂商 A（或 B）第一轮选择什么产量（大于等于 0 且小于等于 1500 才有意义），最终都会实现均衡。

表 9-1 显示，A 在第一轮选择的产量为 0，经过十轮选择，双方产量均收敛于 1000。

表 9-1 产量选择

	A 的产量	B 的产量
第一轮	0.00	1500.00
第二轮	750.00	1125.00
第三轮	937.50	1031.25
第四轮	984.38	1007.81
第五轮	996.09	1001.95
第六轮	999.02	1000.49
第七轮	999.76	1000.12
第八轮	999.94	1000.03
第九轮	999.98	1000.01
第十轮	1000.00	1000.00

二、先动模型

在古诺模型中，两家实力相当的企业同时做出产量决策。在这里，我们换一种假设，例如在一个行业里有 A 和 B 两家厂商，两家厂商实力悬殊。A 的实力更强，我们将其命名为领导者，B 为追随者。厂商 A 先行动，先做出产量决策，B 在观测了 A 的产量后做出反应，选择自己的产量。

要注意，我们说，厂商 A 先行动，先做出产量决策，并不是指 A 可以随意决策，它在行动时必须事先考虑到 B 可能的反应。例如，B 厂商的反应函数是 $F_B(Q_A)$，那么，A 的决策函数就是 $F_A[F_B(Q_A)]$。也就是说，先求出 B 的反应函数，然后再将 B 的反应函数代入 A 的利润函数，求出 A 的决策函数。

我们仍然利用古诺模型的例子，假设：$P = 3000 - Q$，其中，$Q = Q_A + Q_B$，成本仍然是 0。

对于 B 来讲，其反应函数与古诺模型没有区别，仍然是给定 A 的产量，求自身的利润最大化，因此，厂商 B 的反应函数仍然是 $Q_B = 1500 - \dfrac{Q_A}{2}$。

我们将厂商 B 的反应函数代入 A 的利润函数，得到：

$$\pi_A = P \times Q_A = (3000 - Q_A - Q_B) \times Q_A = [3000 - Q_A - (1500 - \frac{Q_A}{2})]Q_A$$

$$\pi_A = 1500Q_A = \frac{Q_A^2}{2}$$

用利润函数对 A 的产量求导数，令导数等于 0，得到：

$$\frac{d\pi_A}{dQ_A} = 1500 - Q_A = 0，则 Q_A = 1500。$$

将 $Q_A = 1500$ 代入 $Q_B = 1500 - \dfrac{Q_A}{2}$，得到 $Q_B = 750$。

总产量为 $Q_A + Q_B = 2250$，价格为 750。

这里有一个疑问：假如实力较弱的厂商 B 先动，会不会获得先动优势？

实际上这个问题不存在。因为厂商 B 与厂商 A 相比实力悬殊，在竞争中始终处于弱势地位。对于 B 来讲，如果他先行动，选择一个厂商 A 不满意的产量，则厂商 A 可以通过调整产量使得价格大幅下降，以亏损为代价将厂商 B 挤出市场；反过来，如果厂商 B 选择了一个令厂商 A 满意的产量（即厂商 A 可以据此实现的利润与自己先动时所实现的利润一致），那厂商 B 也就没有什么先动优势了。

三、伯特兰模型

伯特兰模型是寡头理论中的一朵奇葩。它证明了一个简单的事实：即使只有两个实力相当的寡头，如果展开价格竞争，最终价格也会等于边际成本（即有效率）。

不过，本书要比教材中的论述丰富一些，我们假设三种可能。

第一种可能，两寡头实力相当（成本曲线相同），边际成本等于平均成本且不变。此时的伯特兰模型与教材中一致。设两个企业实力相当，产品完全替代，所以消费者的选择就是价格较低的产品；如果A、B的价格相等，则两个企业平分需求。当A的价格低于B的价格，则A将占领全部市场；反过来，当A的价格高于B的价格，则A将失去整个市场。

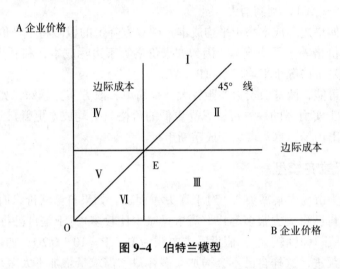

图9-4 伯特兰模型

两家企业的产品基本相同，边际成本也相同，假设都为0.5元（此时双方平均成本也等于0.5元）。起初，两家企业都以1元的价格销售产品，平均分割市场，但这个价格是不稳定的。两家企业都有降价以将对手挤出市场的动机。

假设A将价格下降为0.8元，B将完全失去市场。B不会坐以待毙，也会将价格下降为0.7元，A也就会继续降价。这就是典型的"价格战"。

那么，价格下降到何时才会稳定下来呢？由于我们边际成本等于平均成本且都等于0.5元，价格会一直下降到边际成本处即0.5元。这是双方所能承受的极限，利润为0。

观察图9-4，45°线和边际成本曲线将该空间分为六个部分：Ⅰ区，A企业的价格高于B企业的价格，A企业不能生存；Ⅱ区，B企业的价格高于A企业的价格，B企业不能生存；Ⅲ区，A企业的价格低于自身的边际成本，A企业不能忍受；Ⅳ区，B企业的价格低于自身的边际成本，B企业不能忍受；Ⅴ区，A企业的价格低于自身的边际成本，A企业不能忍受；Ⅵ区，B企业的价格低于自身的边际成本，B企业不能忍受。

综上所述，只有 45°线并在 E 点之上才是 A 和 B 都能接受的。在 E 点之上，双方都有降价从而驱逐对方的动机，因此，只有 E 点才是均衡点。

结论：只要有一个竞争对手存在，伯特兰模型中寡头垄断企业的行为就同在完全竞争的市场结构中一样，价格等于边际成本 P = MC。

第二种可能，两寡头实力相当（成本曲线相同），但他们的边际成本与平均成本不同。

第一，如果边际成本大于平均成本，意味着即使价格降低到了等于边际成本的地步，双方仍有一定利润，也就仍然存在降价的空间。最终，价格将下降到平均成本处（P = AC），利润消失。

第二，如果边际成本小于平均成本。则双方降价的极限将不是价格等于边际成本，而是价格等于平均成本。因为如果价格等于边际成本，利润将小于 0。此时降价极限是价格等于平均成本（P = AC）。

第三种可能，两寡头实力差距较大。很简单，双方实力悬殊，如果展开价格竞争，则由于实力强的一方可以忍受更低的价格（平均成本更低），会把实力较弱的一方挤出市场，寡头市场变成垄断市场。

四、斯威齐模型

考虑寡头市场中某寡头 A。对于寡头 A 而言，如果自己涨价，而其他寡头不跟进，这样自己将失去很多客户（需求量减少比较多），于是自己将面临较为平坦的需求曲线（弹性较大），假设需求曲线为 D_1：P = 10 − 0.2Q；如果自己降价，而其他寡头跟进，这样自己不会增加太多客户（需求量增加不太多），于是自己将面临较为陡峭的需求曲线（弹性较小），假设需求曲线为 D_2：P = 12 − 0.4Q（有兴趣的可以计算一下两条需求曲线各自在 E 点的弹性，分别为 4 和 2）。

由 D_1 和 D_2 的交点 10 − 0.2Q = 12 − 0.4Q 可以求出：Q = 10，P = 8。对于 D_1，其对应的边际收益曲线为 MR_1 = 10 − 0.4Q，当 Q = 10 时，边际收益为 6。对于 D_2，其对应的边际收益曲线为 MR_2 = 12 − 0.8Q，当 Q = 10 时，边际收益为 4。

在图 9−5 中，E 点是初始点。价格为 8，产量为 10。当寡头 A 提高价格时，其他厂商不跟进，对应的需求曲线是 D_1，该曲线较平坦，弹性较大。当 A 提高价格时，销售量会减少很多；当 A 降价时，其他厂商跟进，对应的需求曲线是 D_2，该曲线较陡峭，弹性较小。因此销售量增加不多。

与 D_1 对应的边际收益曲线是 MR_1，与 D_2 对应的边际收益曲线是 MR_2、MR_1 和 MR_2 不相交，而是出现一个间断 FG。

可以发现，当 MC 在 FG 之间变化时，寡头厂商 A 不会改变价格和产量，价格总为 8，产量为 10。只有当 MC 与 MR_1 或 MR_2 相交时，寡头厂商 A 才会改变价格和产量。

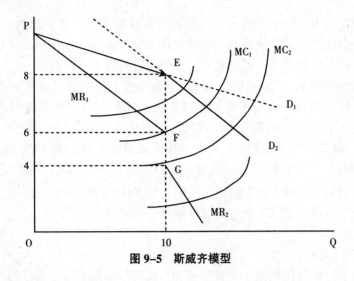

图 9-5　斯威齐模型

斯威齐模型有一个非常精致的思路，充分体现了经济学家的智慧。斯威齐模型告诉我们，当寡头的边际成本发生轻微变化时，寡头厂商并不急于调整价格：如果提价，市场份额会大量减少；降价也起不到明显作用，因此价格就常常保持不变。这也说明寡头厂商并不轻易进行价格竞争。

五、卡特尔模型

假定 A、B 的成本曲线分别如图 9-6(a)、(b) 所示，那么，卡特尔作为整体的边际成本曲线可通过将这两家厂商的边际成本曲线按水平方向加总得到。假定整个行业的需求曲线为 D，则全行业的边际收益曲线为 MR。这样，卡特尔即可根据 MR = MC 的利润最大化准则，确定其总产量为 Q_0，相应的"垄断价格"为 P_0。在此基础上，卡特尔将按照等边际成本原理来分配其总产量。

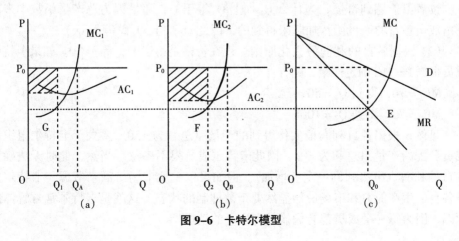

图 9-6　卡特尔模型

曲线 MR 与 MC 的交点确定了相同的边际成本水平（水平虚线），再由这条虚线与各厂商的边际成本曲线的交点确定各自的产量 Q_1、Q_2，且 $Q_1 + Q_2 = Q_0$。阴影部分为厂商各自的利润。可以看到，各厂商的利润是不同的。

卡特尔组织常常是不稳固的，问题是为什么卡特尔成员总是不满意？如图 9-6 所示，如果卡特尔成员不是根据以上边际成本相等原则来决定产量，而是根据各自的利润最大化原则来决定产量，则产量会更大（利润肯定会增加）。图 9-6(a) 中，如果厂商 A 根据 $P = MC_1$ 的原则来决定产量，则产量应该为 Q_A，而不是 Q_1。同理，厂商 B 的产量应该为 Q_B，而不是 Q_2。我们可以举例说明。

假设市场需求曲线为：$P = 100 - 0.5Q$，则 $MR = 100 - Q$。

再假设卡特尔两个成员各自的边际成本曲线分别为：

$MC_1 = 20 + Q_1$

$MC_2 = 20 + 0.5Q_2$

问题来了，如何得到整个卡特尔的 MC 曲线？根据卡特尔的原则，应该是水平方向加总。

转换厂商 1 的边际成本函数为：$Q_1 = MC_1 - 20$

转换厂商 2 的边际成本函数为：$Q_2 = 2MC_2 - 40$

将 Q_1 和 Q_2 加总，MC_1 和 MC_2 都改写为 MC（因为加总后双方将面对同一个 MC），得到：$Q = 3MC - 60$，即 $MC = 20 + Q/3$。结合边际收益 $MR = 100 - Q$，可以得到：$Q = 60$，此时的 MC 等于 40。结合需求曲线，得到价格 $P = 70$。

（1）根据卡特尔的产量确定原则。卡特尔要求成员将各自的边际成本等于总边际成本，即：

$MC_1 = 40$，得到 $Q_1 = 20$

$MC_2 = 40$，得到 $Q_2 = 40$

总产量仍然是 60。

读者可能感到奇怪，为什么 Q_1 加上 Q_2 等于 Q，那是因为总产量函数本来就是由成员各自的产量函数加起来得到的，因此 Q_1 加上 Q_2 总等于 Q。

（2）根据各自的利润最大化原则。现在价格是给定的，等于 70。如果卡特尔成员根据 $P = MC$ 确定产量，则有：

$MC_1 = 70$，得到 $Q_1 = 50$

$MC_2 = 70$，得到 $Q_2 = 100$

显然，根据各自利润最大化得到的产量（总和为 150）要大于卡特尔组织给成员分配的产量（总和为 60），因此卡特尔成员很不满意。当然，此时无法确知各自的利润（虽然利润一定会增加）。但如果仅仅从市场份额来考虑，卡特尔成员各自的生产能力和市场份额显然处于被抑制的状态。这就是卡特尔常常解体的原因，因为每一个成员都有偷偷扩大生产的动机。

既然卡特尔常常是不稳固的，那如何解释 OPEC（石油输出国组织）的长期存在呢？那是因为 OPEC 并不是一个纯经济组织。约束组织成员的不仅有基于经济方面的协议，也有共同的宗教信仰和政治诉求。

六、价格领导模型

价格领导模型分为两种，一种是"晴雨表"型价格领导，另一种是支配型价格领导。

"晴雨表"型厂商（Barometric Firm）根据市场行情先宣布其价格，其他企业按这个价格对自己的价格进行调整。这种价格领袖的地位带有"临时性"的特征，通常由最先感受或预测到市场条件变化的企业担任，可能是大企业，也可能是小企业。

如图 9-7 所示，领袖（"晴雨表"型）厂商面对的需求曲线为 D_0，对应的边际收益曲线为 MR，MR 与自己的边际成本曲线相交以实现利润最大化。产量为 Q_0，价格为 P_0。

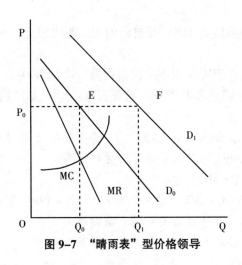

图 9-7 "晴雨表"型价格领导

其他厂商的需求曲线（即剩余需求曲线）为 D_1，根据领袖厂商确定的价格，其他厂商可以确定剩余产量为 Q_1。而 Q_0 和 Q_1 的和就是市场总容量。

支配型价格领导则不同。市场中存在实力较强的领导者以及很多实力较弱的追随者。领导者实力强，先宣布价格决策。追随者根据领导者给出的价格，令价格等于自己的 MC。领导者根据剩余的需求曲线和 MR = MC 的原则，确定价格和产量。

领导者也要考虑对手的反应。也就是说，领导者的定价是对手产量的函数。

如图 9-8 所示，市场总需求曲线为 D。追随者的供给曲线为 S_0（实际上是所有追随者供给曲线的加总，也是他们各自边际成本曲线的加总)。因此，剩余需求曲线（即领导者所面对的需求曲线）为 D_1。

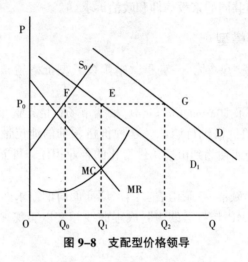

图 9-8　支配型价格领导

领导者边际收益曲线为 MR，与自己的 MC 曲线相交，对应产量为 Q_1，对应价格为 P_0。

追随者根据价格等于边际成本来决定产量，产量为 Q_0。

在价格为 P_0 时，领导者生产 Q_1，追随者生产 Q_0，总产量为 Q_2。

例 9-1：市场需求曲线为 $P = 300 - Q$，全部追随者边际成本为 $MC_2 = Q_2/49$，领导者边际成本为 $2.96Q_1$。求领导者的产量和价格。

追随者要满足：$P = MC_2 = Q_2/49$

领导者：$P = 300 - Q = 300 - Q_1 - Q_2 = 300 - Q_1 - 49P$，即：$50P = 300 - Q_1$

$P = 6 - 0.02Q_1$ 就是领导者所面对的剩余需求曲线。

领导者要实现边际收益等于边际成本，即 $MR_1 = MC$

$6 - 0.04Q_1 = 2.96Q_1$

第三节　博弈论

一、如何理解博弈论

我们已经发现，寡头之间总是存在竞争而不是合作，这是博弈论出现的原因，博弈论主要的研究对象是人们之间的竞争（在必要时才合作）。

我们举一个例子，甲和乙两个人来上课，上课是有成本的，例如5元的成本，另外不考虑上课得到的收获（可以想象老师讲课水平较低）。假设大家都不来上课，将没有人会受到惩罚；但是，如果有人来上课，其他人就要受到惩罚，如罚款10元，而来上课的人得到不来上课的人交的罚款；那么大家会不会来上课呢？

两个人都不来上课是最好的选择，为什么呢？因为假设规定：大家都不来上课，将没有人会受到惩罚。但这个结果不会出现。甲会想：如果自己不来上课，而乙来了，自己就要被罚款10元；相反，如果自己来上课，而乙不来，自己可以得到5元（10－5＝5），因此自己最好还是来上课。同样，乙也会这么想：如果自己不来上课，而甲来了，自己就要被罚款10元；相反，如果自己来上课，而甲不来，自己可以得到5元（10－5＝5），因此自己最好还是来上课。结果是什么？一定是都来上课。

把上述问题改一下，上课的成本是10元，这个问题就复杂了。如果一个同学来，那么另一个同学来不来是无所谓的：如甲来上课，那么如果乙也来上课，乙就要支付10元的成本，而如果乙不来上课，同样要被罚款10元，所以乙来不来是无所谓的。如果一个同学不来，那么另一个同学来不来仍然是无所谓的：如甲不来上课，如果乙来上课，乙要支付10元的成本，但可以得到甲支付的罚款10元，因而收益是0；如果乙不来上课，由于两人都不来上课，不会被罚款，收益也是0。所以乙来不来仍然是无所谓的。结论是：如果一个同学来，另一个同学可能来也可能不来；如果一个同学不来，另一个同学可能来也可能不来。具体结果要分析概率。

将上述问题一般化，如果学生没有沟通，学生来不来取决于老师是否惩罚和惩罚的数量，而学生是否整体行动取决于每个人的想法，每个人的想法又取决于其他人的想法。这就是博弈论要解决的问题。博弈论是解决不确定性问题的学科。

可以略显绝对地说，人生就是一个永不停歇的博弈过程，人们通过选择博弈策略以达到合意的结果。作为博弈者，最佳策略是最大限度地利用游戏规则，最大化自己的利益；作为社会最佳策略，是通过规则使社会整体福利增加。

当然，每个人都意图达到自身利益的最大化并不能保证集体利益或团体利益的最大化。再看一个例子：一只河蚌正张开壳晒太阳，不料，飞来了一只鸟张嘴去啄他的肉，河蚌连忙合起两张壳，紧紧钳住鸟的嘴巴，鸟说："今天不下雨，明天不下雨，就会有死蚌肉。"河蚌说："今天不放你，明天不放你，就会有死鸟。"谁也不肯松口，有一个渔夫看见了，便过来把他们一起捉走了。

我们能从这个故事中到什么？我们或许取笑河蚌和鸟的愚蠢，但在人类生活中，这种例子比比皆是，这也是博弈论的意义所在。

二、博弈论分类

什么是博弈论？博弈论是描述和研究行为者之间相互依存和相互作用的一种决策理论，又叫游戏理论（Game Theory）、竞赛理论和对策论。

博弈论有一个基本假设即理性人假设（Hypothesis of Rational Man），指作为经济决策的主体都是充满理智的，既不会感情用事，也不会盲从。而是精于判断和计算。其行为是理性的。在经济及其他活动中，主体所追求的唯一目标是自身利益的最优化。

博弈论严格来说并不是经济学的一个分支，而仅仅是它的一个工具，但在工具主义流行的今天，学习博弈论就成了一件时髦的事情。当一件事物成为时髦或时尚，那么它马上就被"异化"。简单地说，它就变成了一件不同的东西。

博弈论说起来有些绕嘴，但很好理解，那就是每个对弈者在决定采取哪种行动时，不但要根据自身利益和目的行事，而且要考虑到某决策行为对其他人可能产生的影响，通过选择最佳行动计划，来寻求收益或效用的最大化。

博弈基本上可以划分为合作博弈（Cooperative Game）和非合作博弈（Non-operative Game）两类。当前，我们研究的博弈一般指非合作博弈。两者之间最大的区别就是是否有一个具有约束力的协议。如果有，就是合作的；如果没有，就是非合作的。合作博弈强调的是团体理性、效率和公平；而非合作博弈强调的是个人理性和个人最优决策。

第一个划分原则是人的行动顺序，可以分为静态博弈和动态博弈。前者指参与人同时行动，或者即便不同时行动但后行动者不知道前者的行动；后者指参与人有先后顺序，后行动者知道先行动者的行动。

第二个划分原则是知识，可以分为完全信息和不完全信息：完全了解他人的特征、战略以及支付函数就是完全信息，否则就是不完全信息。

结果可以形成四类博弈，分别有不同的均衡：完全信息静态博弈，可以归结为可以纳什均衡；完全信息动态博弈，可以归结为子博弈精炼纳什均衡；不完全信息静态博弈，可以归结为贝叶斯纳什均衡；不完全信息动态博弈，可以归结为精炼贝叶斯均衡。四种博弈的特征如表9-2表示。限于篇幅，我们仅介绍完全信息静态博弈。

表9-2 四种博弈类型的区分

行动顺序和信息	静态	动态
完全信息	完全信息静态博弈 纳什均衡， 纳什（1950、1951）	完全信息动态博弈 子博弈精炼纳什均衡 泽尔腾（1965）

续表

行动顺序和信息	静态	动态
不完全信息	不完全信息静态博弈 贝叶斯纳什均衡 海萨尼（1967~1968）	不完全信息动态博弈 精炼贝叶斯纳什均衡 泽尔腾（1965） Kreps 和 Wilson（1982） Fudenberg 和 Tirole（1991）

三、完全信息静态博弈

完全信息静态博弈的概念包括两个要点：

（1）完全信息：每一个参与人对所有其他参与人（对手）的特征、战略空间及支付函数有准确的了解。

（2）参与人同时选择行动或非同时行动但后行动者并不知道前行动者采取了什么具体行动。

简言之，就是参与者对对手很了解，且双方同时行动。

完全信息静态博弈中，最简单的是占优策略均衡，依次是纳什均衡和混合战略纳什均衡。

（一）占优策略均衡

在所有的博弈均衡中，占优策略均衡是最强的均衡，也是要求最严格或出现最少的均衡。最经典的案例自然是囚犯困境（Prisoner's Dilemma）。由于各种教材上都有介绍，此处不再介绍。我们再看一个例子，寡头之间可以合作，也可以竞争，我们可以用画线法寻找均衡。支付矩阵如表 9–3 所示。

表 9–3　竞争与合作

乙

		合作	不合作
甲	合作	10, 10	6, 12
	不合作	12, 6	8, 8

如果甲合作，乙合作得到 10，不合作得到 12，因此选择不合作，在支付矩阵右上角的 12 下画线。如果甲不合作，乙合作得到 6，不合作得到 8，因此选择不合作，在支付矩阵右下角的第二个数字 8 下画线。所以说，不合作是乙的占优策略。

如果乙合作，甲合作得到 10，不合作得到 12，因此选择不合作，在支付矩阵左下角的 12 下画线。如果乙不合作，甲合作得到 6，不合作得到 8，因此选择不合作，在支付矩阵右下角的第一个数字 8 下画线。所以说，不合作同样是甲的占优策略。

于是，（不合作、不合作）就是占优策略均衡。另外，在支付矩阵右下角的两个数字下都被画线，代表博弈的均衡。

结论 1 在一个博弈里，如果所有人都有占优策略，那么占优策略均衡就是可以预测到的唯一均衡，因为大家都是理性的。

结论 2 如果一个博弈的支付矩阵中某一个支付组合下面都被画线，则该支付组合是一个均衡。

问题 是否博弈双方都具有占优策略时，才会形成占优策略均衡？答案是"否"。只要其中一个具有占优策略即可构成占优策略均衡，这可以叫单方占优策略均衡。

（二）纳什均衡

纳什均衡的定义，假设有 N 个人参与博弈，每个人选择自己的最优战略（可能依赖别人也可能不依赖别人），所有人的最优战略构成一个战略组合。纳什均衡就是这样一种均衡，在给定别人战略的情况下，没有任何个人有选择其他战略的积极性。给定别人不动，自己也不动。纳什均衡的要点在于：如果其他参与者不改变策略，那么，每一个都不会改变策略。

例 9-2：斗鸡博弈（Chicken Game）。两个人拿着火棍相对走独木桥，继续前进，两败俱伤；一方进，另一方退，前者胜利，后者丢面子；若二人都退，都丢面子。支付矩阵如表 9-4 所示。

表 9-4 斗鸡博弈

		B	
		进	退
A	进	-3, -3	2, 0
	退	0, 2	0, 0

我们可以用画线法寻找均衡。如果 A 进，则 B 退；如果 A 退，则 B 进。同样，如果 B 进，则 A 退；如果 B 退，则 A 进。可以发现：（进，退）和（退，进）都是均衡。这就是纳什均衡：你进则我退；你退则我进。我的策略依赖于你的策略。

例 9-3：夫妻博弈。很多夫妻之间存在博弈，但是我们发现：一般而言，要么夫妻两人从不吵架，就像俗话说的"没有红过脸"；要么两口子总是吵架。而一方吵架另一方沉默的情况不多。这是为什么（请考虑男女平等的因素）？我们设计一个夫妻博弈，如表 9-5 所示。

表 9-5　夫妻博弈

		妻	
		和平	战争
夫	和平	<u>10</u>, 10	3, 6
	战争	6, 3	<u>4</u>, <u>4</u>

如果丈夫选择和平，则妻子也选择和平，双方和平共处；如果丈夫选择战争，妻子也选择战争，双方针锋相对。同样，如果妻子选择和平，则丈夫也选择和平；如果妻子选择战争，丈夫也选择战争，这样就存在两个纳什均衡：（和平、和平）和（战争、战争）。

思考　你能否修改夫妻博弈支付矩阵的数值，以得到不一样的结果？

（三）混合战略纳什均衡

由于纳什均衡要求的条件比较严格：一组满足所有参与人效用最大化的战略组合，因此有些博弈不存在纳什均衡，这时，要用到混合战略纳什均衡。

例 9-4：救济博弈。参与人：政府和流浪汉。后者有两个战略：找工作或流浪，前者有两个战略：救济或不救济。政府想帮助流浪汉，前提是他必须找工作，否则，不给予帮助；而流浪汉只有在得不到救济的时候才去寻找工作，如表 9-6 所示。

表 9-6　救济博弈

		流浪汉	
		找工作	流浪
政府	救济	<u>3</u>, 2	-1, <u>3</u>
	不救济	-1, <u>1</u>	<u>0</u>, 0

这个博弈有没有纳什均衡？没有，因为给定政府救济，流浪汉会选择流浪；给定流浪汉流浪，政府不救济；给定政府不救济，流浪汉会选择寻找工作；给定流浪汉寻找工作，政府救济；给定政府救济，流浪汉会选择流浪……画线法也显示没有纳什均衡。

例9-5：爱情博弈。男人对女人有时也是这样，你爱她，前提是她珍惜你的爱，否则不如不爱；但是有些女人不会珍惜，因为这样才能显示自己不容易被追求，只有在失去追求者的爱时才去珍惜，如表9-7所示。

表9-7　爱情博弈

| | | 女人 | |
		珍惜	不珍惜
男人	爱	1, 0	0, 1
	不爱	0, 1	1, 0

如果男人选择爱，那么女人的最佳选择是不珍惜；如果女人不珍惜，男人的最佳选择是不爱；如果男人不爱，那么女人的最佳选择是珍惜；如果女人珍惜，男人的最佳选择是爱；如果男人选择爱，那么女人的最佳选择是不珍惜……

此类博弈的特征是参与人想猜透别人的战略，却又不想让别人知道自己的战略，如赌博、球赛、战争。

尽管上述博弈不存在前文所定义的纳什均衡，却存在着混合战略纳什均衡：参与人以一定的概率选择某一种战略。尽管在均衡点，每个参与人都知道其他参与人不同概率的分布，但无法猜出其实际上采用的战略。

我们可以把以前所定义的纳什均衡称为纯战略纳什均衡，而再定义一个混合战略纳什均衡：如果一个战略规定参与人在给定信息下以某种概率分布随机选择不同的行动，那么该战略为混合战略，混合战略构成的均衡叫混合战略纳什均衡。纯战略实际上是混合战略的特例。

在社会福利博弈中，假如政府有0.5的概率选择救济，0.5的概率选择不救济，对流浪汉来说，寻找工作带来的期望效用为 $0.5 \times 2 + 0.5 \times 1 = 1.5$，而流浪带来的期望效用为 $0.5 \times 3 + 0.5 \times 0 = 1.5$。也就是说，此时选择寻找工作或流浪对流浪汉而言没有差别，或者说任何战略都是最优的，特别地，流浪汉有0.2的概率选择工作，0.8的概率选择流浪，政府任何期望效用都是-0.2。因此，政府有0.5的概率选择救济，0.5的概率选择不救济，流浪汉有0.2的概率选择工作，0.8的概率选择流浪，是一个混合战略纳什均衡。

找到混合战略纳什均衡有两种方法：第一种方法是支付最大化的方法，就是求导数；第二种方法是支付等值法，两种方法是等价的。篇幅所限，我们仅介绍第一种方法。

假设政府的混合战略是 $(x, 1-x)$（政府有x的概率选择救济，有 $1-x$ 的概率选择不救济），流浪汉的混合战略是 $(y, 1-y)$（流浪汉有y的概率选择寻找工作，有 $1-y$ 的概率选择流浪）。

当政府救济时，政府的收益 = 流浪汉找工作时政府的收益乘以流浪汉找工作的概率 + 流浪汉流浪时政府的收益乘以流浪汉流浪的概率 = $3y + (-1)(1-y)$；

当政府不救济时，政府的收益 = 流浪汉找工作时政府的收益乘以流浪汉找工作的概率 + 流浪汉流浪时政府的收益乘以流浪汉流浪的概率 = $(-1)y + 0$。

而政府的全部收益 = 选择救济时的期望收益 + 选择不救济时的期望收益 = 救济的概率乘以选择救济时的收益 + 不救济的概率乘以选择不救济时的收益 = $x(3y + (-1)(1-y)) + (1-x)(-y+0) = x(5y-1) - y$。

对 x 求导数，并令导数等于 0，得到 $y = 0.2$。

同样，流浪汉的期望收益函数为：

$$y(2x + (1-x)) + (1-y)(3x + 0) = -y(2x - 1) + 3x$$

对 y 求导数，并令导数等于 0，得到 $x = 0.5$。

如果政府认为流浪汉选择寻找工作的概率严格小于 0.2，那么政府就会选择不救济；但如果政府有 1 的概率选择不救济，流浪汉的最优选择是寻找工作；如此等等；因此 $y < 0.2$ 不构成纳什均衡，同样可以证明 $y > 0.2$ 也不是纳什均衡。而 $x > 0.5$ 和 $x < 0.5$ 也不是纳什均衡。

【思考】你能否求出爱情博弈中的混合战略纳什均衡？

纳什均衡的存在性定理：在每一个有限博弈中至少存在一个纳什均衡（纯战略的或混合战略的）。有限博弈是指有限个人参与博弈，并且每个参与人都有有限个战略。

纳什均衡可能不是唯一的。但博弈论专家萨林指出，参与人可能使用被模型抽掉的信息达到一个"聚点"均衡。

在我们学过的均衡概念之间，占优均衡范围最窄，纯战略纳什均衡较宽，混合战略纳什均衡范围最宽，且后者包含前者。这些均衡之间的关系如图 9-9 所示。

图 9-9 各种均衡之间的关系

第四节 本章总结

（1）寡头市场最重要的特征是寡头之间相互依存，寡头的决策必须考虑对手的反应。寡头市场没有统一的理论模型。简单地说，寡头理论可以分为合作和不合作两种，前者包括产量竞争（古诺模型和斯塔克伯格先动模型）以及价格竞争（伯特兰模型和斯威齐模型），后者包括公开合作（卡特尔模型）和非公开合作（价格领导模型）。

（2）古诺模型属于同时行动的产量竞争，可以用产量反应函数求解。斯塔克伯格先动模型的条件是强者先动，获得先动优势。

（3）伯特兰模型属于同时行动的价格竞争，竞争结果具有效率。斯威齐模型属于先后行动的价格竞争，它解释了寡头市场的价格刚性。

（4）卡特尔模型解释了寡头厂商之间合作的不稳定性。价格领导模型则侧重于解释寡头市场中小寡头对大寡头的追随行为。

（5）博弈论是寡头市场理论的延伸，也是一门独立的学科。它可以简单分为四类：完全信息静态博弈、完全信息动态博弈、不完全信息静态博弈、不完全信息动态博弈。

（6）四种市场结构的简单比较。至此，我们学习了四种市场结构，简单总结如表9-8所示。

表9-8 市场结构总结

	需求曲线	边际收益	均衡点	利润	供给曲线	效率
完全竞争	水平线	等于价格	P=MC	长期内为0	短期内为边际成本一部分，长期内分三种情况	最高
垄断竞争	向右下倾斜（自需求和比例需求）	不大于价格（AR）	MR=MC	长期内为0	不存在有规律的供给曲线	较高
寡头	向右下倾斜	不大于价格（AR）	不确定	长期内大于0	不存在有规律的供给曲线	较低
完全垄断	向右下倾斜	不大于价格（AR）	MR=MC	长期内大于0	不存在有规律的供给曲线	最低

每章一题

问：什么是拐折的需求曲线？

答：寡头市场的（价格）竞争是非常激烈的，但是，在现实经济中，很多寡头市场的产品价格在一段时间内保持不变。这是由于寡头厂商会意识到在他们之间存在相互依赖的关系，因此，当一个寡头厂商提价时，其竞争对手并不提价，以保持市场份额；但是当一个寡头厂商降价时，其竞争对手也会降价，以避免市场份额减少，由此形成有特点的需求曲线——拐折的需求曲线。

第十章 生产要素的需求与供给

第一节 如何理解要素市场

一、它们在哪里

要素市场不像产品市场，产品市场我们每天都可以看见：超市、商场、门口卖鸡蛋灌饼的等，而要素市场在哪里？我们知道要素有这样几种：劳动力、资本、土地和企业家才能等。

劳动力市场在哪里？我国与发达国家之间存在的差距之一就是缺乏完善的劳动力市场交易机制。假如你在寻找工作，你将去哪里找工作？人才交流中心吗？那里不管找工作的事。要么去人才市场，那里也就是碰碰运气。假如你有学历、有工作经验还好些，如果没有这些东西，仅仅是一位农民工，怎么办？农民工曾经被称为"盲流"，指的就是盲目流动。很多农民工没有寻找工作的渠道，于是在一些城市的立交桥下自动形成了劳动力市场，但这样的"野"市场缺乏规范，没有合同保护，极易产生纠纷。

此外，对于那些有学历的人来讲，档案对于工作的转换也是一个不大不小的障碍。有时候我们会很奇怪，对于遵纪守法的公民，保留那一份档案究竟有什么用处？在信息技术如此发达的今天，我们竟然还需要一个神秘的牛皮纸袋，来保存自己所谓的"历史"记录。而一个年轻人在大学时代稍微头脑发热所犯下的小错误所带来的"处分"，也要永远保留下来，成为毕生的"污点"，这不是非常荒谬吗？有人说：档案对转正定级、职称申报、人事调动、社保福利、工龄计算很重要。但一个人的工作记录、社保记录等真的需要一个牛皮纸袋来保存吗？一个全国联网的中介机构完全可以胜任。

也许，档案制度的改革不仅仅是技术问题，而与既得利益有关，据2014年8月12日搜狐财经网的报道：全国200多个地级市，每个市每年收取档案管理费少则数百上千万元，大城市动辄上亿元，全国每年收取的档案托管费至少达数十亿元。[1]

资本市场和土地市场则更加隐蔽。资本市场就是指银行、证券交易所这些能够将居民的收入转换为资本的机构。有时候我们痛恨这些机构，我们辛辛苦苦通过劳动赚钱，而这些机构则是用我们的钱来赚钱，似乎有不劳而获之嫌。当然，银行这种中介机构也要承担风险，而承担风险就要获得回报。近年来，大银行的回报似乎太多了，于是出现了互联网金融。技术的发展在一定程度上打破了传统金融机构的垄断，利大于弊。

我们都是平头百姓，几乎没有什么资格进入土地市场，因为我们没有土地。如果真的出现了土地制度改革，那将是石破天惊的一刻。

二、价格决定

回到西方经济学。西方经济学认为，要素的价格也是由对要素的需求和要素的供给决定的。要素需求曲线的确定与要素市场结构有关，要素供给曲线的形状则与要素的特性相关。

对于要素需求，必须区分不同的市场结构。市场结构分为完全竞争与不完全竞争两种。此时的完全竞争指产品市场和要素市场都是完全竞争。

而不完全竞争则分为三种：

（1）卖方垄断，指产品市场是完全垄断，而要素市场是完全竞争。

（2）买方垄断，指产品市场是完全竞争，而要素市场是完全垄断。

（3）双方垄断，指产品市场和要素市场都是完全垄断。[2]

对于要素供给，则要按要素性质分别讨论。

对于劳动，其个人供给曲线向后弯曲，市场供给曲线总体上向右上倾斜。

土地供给曲线为垂直线。

资本供给曲线向右上倾斜。

第二节　要素需求原则

一、一般原理

在产品市场上，厂商要遵循边际收益等于边际成本的利润最大化原则，同

---

[1] 资料来源：http://business.sohu.com/20140812/n403362139.shtml.
[2] 事实上没有"双方垄断"这个词，是作者为了读者记忆方便而提出的概念。

样，在要素市场上，也要遵循此原则。

在产品市场上，总收益 TR、总成本 TC、边际收益 MR 和边际成本 MC 都是产量的函数，而在要素市场上，上述变量都应该是要素的函数，以劳动 L 为例。

在产品市场上，有如下推导：

$$\pi(Q) = TR(Q) - TC(Q)$$

$$\frac{d\pi}{dQ} = \frac{dTR}{dQ} - \frac{dTC}{dQ} = MR - MC = 0$$

在要素市场上，有如下推导：

$$\pi(L) = TR(L) - TC(L)$$

$$\frac{d\pi}{dL} = \frac{dTR}{dL} - \frac{dTC}{dL} = \frac{dTR}{dQ} \times \frac{dQ}{dL} - \frac{dTC}{dQ} \times \frac{dQ}{dL} = MR \times MP - MC \times MP = 0$$

其中，MR × MP 叫边际收益产品，简称 MRP；MC × MP 叫边际要素成本，简称 MFC。这两个推导过程实际上是没有本质差异的，就是自变量不同而已。或者说，MR = MC 与 MRP = MFC 是等价的。证明如下：

$$MR = MC \Leftrightarrow MR \times MP = MC \times MP \Leftrightarrow MRP = MFC$$

二、完全竞争市场

(一) 原则

在完全竞争市场（这里所说的完全竞争市场指产品市场和要素市场都是完全竞争），由于边际收益 MR 等于产品价格，于是：

$$MPR = MR \times MP = P \times MP = VMP \tag{10.1}$$

VMP 就是边际产品价值，由于产品价格是常数，MP 递减，因此 VMP 是向右下倾斜的曲线。

而在完全竞争市场，厂商增加一单位要素（劳动）使用所带来的成本是什么？显然就是工资 W。而 W 又是厂商无法决定的，即 W 是一条水平线。

于是，完全竞争厂商使用要素的原则就是：

$$MRP = MFC \Rightarrow P \times MP = W \Rightarrow VMP = W \tag{10.2}$$

如何理解这个原则？

由于我们假设只有劳动一种要素，这个原则就意味着工人应得到的工资就是他生产产品的价值（即价格乘以边际产量）。假如他生产了一个杯子，价值 10 元，则他的工资就是 10 元，或者直接将瓶子拿走即可。

将 VMP = W 变化一下，就是：$\frac{W}{P} = MP$。等式左边是实际工资，右边是劳动的边际产量。也就是说，工人的实际工资就是那个瓶子。

可能有人会问，如果工人拿走了自己生产的东西，资本家还赚钱吗？

很简单，因为我们假设只有劳动一种要素，所以，看起来是工人拿走了全部收益。如果增加一个要素——资本，那么，资本也要拿走自己所贡献的那部分。资本家还是可以获得正常利润。

（二）需求曲线

我们知道，对于单个完全竞争厂商来讲，其要素需求曲线与 VMP 曲线重合。

如图 10-1 所示，工资变化后，与 VMP 曲线相交，决定了不同的劳动雇佣量。而工资与劳动量的组合就是要素需求曲线上的点。因此，要素需求曲线与VMP 曲线重合。

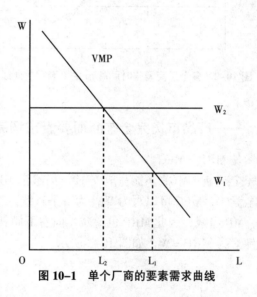

图 10-1 单个厂商的要素需求曲线

有人会问：工资的变化是由什么决定的？工资是由市场的劳动总需求和总供给变化决定的，单个完全竞争厂商无力改变。

我们知道，对于单个完全竞争厂商来讲，其要素需求曲线与 VMP 曲线重合。

此外，当我们从单个厂商得到整个市场的劳动需求曲线时，不能将所有单个厂商的劳动需求曲线直接累加，因为一旦工资变化（如增加）影响到所有厂商，则厂商生产产品的价格也会变化（增加），则单个厂商的 VMP 曲线也会变化（向上移动）。连接两个均衡点，新得到的 VMP 曲线将略陡一些，如图 10-2 所示。

图 10-2 中的 d_m 曲线是考虑到多个厂商调整时厂商 m 的要素需求曲线。当工资为 W_0 时，均衡点为 A 点；当工资为 W_1 时，由于价格从 P_0 提高到 P_1，均衡点为 B，连接 AB，得到新的要素需求曲线。可以发现，这条需求曲线比 P_0MP 以及 P_1MP 陡峭一些。如果 d_m 是行业中的一个代表性厂商，要得到整个行业的要素需求曲线只需把每一个 d_m 水平相加即可。

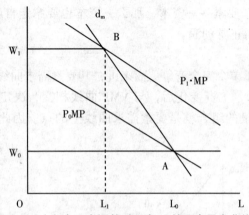

图 10-2　多个厂商调整时厂商 m 的要素需求曲线

三、卖方垄断——产品市场完全垄断而要素市场完全竞争

原则不变，仍然是 MRP = MFC。

由于产品市场完全垄断，MRP 不能写成 VMP，仍然是 MR × MP。

而要素市场完全竞争，MFC 可以写为 W，为一条直线。

由于 MR 递减，MP 递减，因此 MRP 也递减，向右下倾斜。

这样，均衡条件写为 MRP = W，如图 10-3 所示。

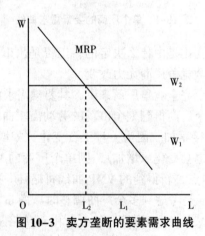

图 10-3　卖方垄断的要素需求曲线

如何得到市场要素需求曲线？如果市场上存在多个卖方垄断厂商，且他们生产的产品没有关系，那么即使工资提高，由于需求不变，边际收益曲线不变，同时由于边际产量也不变，因此 MR × MP 不变。我们只需要将单个垄断厂商的要素需求曲线直接水平相加即可。

四、买方垄断——产品市场完全竞争而要素市场完全垄断

原则不变，仍然是 MRP = MFC。

由于产品市场是完全竞争，因此，MRP 可以写为边际产品价值 VMP。

MFC 采取什么形式？由于要素市场完全垄断，工资 W 不再是一条水平线，而是一条向右上倾斜的曲线。如何理解？如果要素市场完全垄断，则该厂商在要素市场面临的就应该是整个市场的劳动供给曲线，该曲线显然是向右上倾斜的。

如果该曲线被简化为线性函数的形式：

$$W(L) = a + bL \tag{10.3}$$

则总成本为：

$$TC = L \times W(L) = aL + bL^2 \tag{10.4}$$

边际要素成本 MFC 可以表示为：

$$MFC = \frac{dTC}{dL} = a + 2bL \tag{10.5}$$

显然边际要素成本曲线的斜率是 W(L) 的 2 倍。

如何实现均衡？如图 10-4 所示，VMP 曲线与 MFC 曲线相交于 E 点，决定了均衡的劳动需求量为 L_0，相应的工资为 W_0。F 点是劳动和工资的一个组合点。

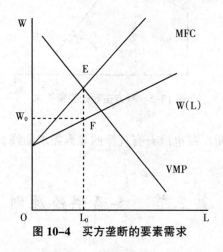

图 10-4 买方垄断的要素需求

但是，买方垄断厂商没有有规律的要素需求曲线，原因在于 W(L) 的形式是不确定的。一旦我们改变 W(L)，MFC 曲线也将改变，由此可以得到一个劳动、工资的组合点。而由于 W(L) 的变化是无规律的，故组合点的变化也是无规律的。因此，厂商没有有规律的要素需求曲线。

我们可以回想一下：在前文，垄断厂商没有有规律的供给曲线。在这里，要素市场上完全垄断的厂商也没有有规律的需求曲线，两者是类似的。试想一下，

如果你在要素市场上处于垄断买方地位，工资的高低、劳动量需求多少完全由你自己的利润最大化决定，你自己就是市场，又怎么会有自己无法控制的需求曲线呢？

五、双方垄断——产品市场和要素市场均完全垄断

原则不变，仍然是 MRP = MFC。

此时产品市场垄断，MRP 只能是 MR × MP。

要素市场垄断，MFC 向上倾斜。图 10-5 中，MRP 与 MFC 相交于 E 点，决定了均衡的劳动需求量为 L_0，相应的工资为 W_0。F 点是劳动和工资的一个组合点。

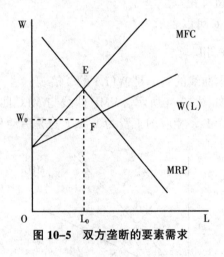

图 10-5　双方垄断的要素需求

类似地，双方垄断厂商也没有有规律的要素需求曲线。

第三节　要素供给原则

某些西方经济学教材中关于要素供给的论述有些不尽清楚，我们尝试以下做法，希望有所帮助。

一、基数效用论

消费者拥有资源（如时间），资源有两种用途，一是用于工作，二是保留自用。用于工作可以获得收入，这会带来效用；保留自用则是休息、娱乐等，

休息、娱乐也会带来效用。设消费者全部时间为 $\bar{L}$，工作的时间为 L，而保留自用的时间为 l，且有 $L + l = \bar{L}$。劳动获得的收入是 Y。则我们可以设定总效用为 $U(Y, l)$。

对于 $L + l = \bar{L}$，有 $L = \bar{L} - l$，两边同乘以 W，得到：

$$W \times L = W \times \bar{L} - W \times l \tag{10.6}$$

而 $W \times L$ 就是收入 Y。于是有：

$$Y + W \times l = W \times \bar{L} \tag{10.7}$$

利用拉格朗日极值法求极值。设 $T = U(Y, l) + \lambda(W \times \bar{L} - Y + W \times l)$，其中 λ 为拉格朗日乘子。若要求效用最大化，则应该有：

$$\frac{\partial T}{\partial Y} = \frac{\partial U}{\partial Y} - \lambda = 0 \Rightarrow \frac{\partial U}{\partial Y} = \lambda$$

$$\frac{\partial T}{\partial l} = \frac{\partial U}{\partial l} - W\lambda = 0 \Rightarrow \frac{\partial U}{\partial l} = W\lambda$$

于是有：

$$\frac{\partial U/\partial l}{\partial U/\partial Y} = W \tag{10.8}$$

令 W_Y 代表指收入的价格，其值为 1。则结合式（10.8），得到：

$$\frac{\partial U/\partial l}{\partial U/\partial L} = \frac{W}{W_Y} \tag{10.9}$$

或：

$$\frac{\partial U/\partial L}{\partial U/\partial l} = \frac{W_Y}{W} \tag{10.10}$$

考察式（10.10），我们可以说：在均衡时，消费者通过要素供给获得收入的边际效用与保留自用资源的边际效用之比等于对应的价格比。

但我们或许会有疑问：保留自用资源的价格为什么是 W？W 不是劳动的价格吗？那是因为：从机会成本角度看，消费者用于工作的资源和保留自用资源有着同一价格。例如，消费者工作每小时获得 100 元，而消费者不工作 1 小时就损失 100 元，可以说保留自用的价格也就是 100 元。两者价格相等。

二、序数效用论

先建立预算线。设消费者全部要素总量为 L（如一天 24 小时），自用资源量为 l，在初始状态，设消费者拥有 $\bar{Y}$ 单位的其他收入，工资为 W。如果消费者将全部要素用于要素供给，其总收入为 $\bar{L} \cdot W + \bar{Y}$，如果消费者将全部要素用于自用，则收入为 $\bar{Y}$。

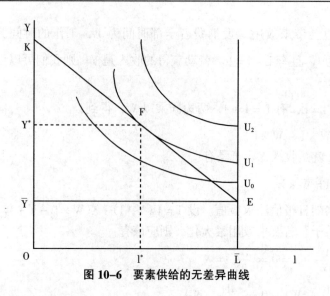

图 10-6　要素供给的无差异曲线

图 10-6 中，三条弯曲的线代表要素供给的无差异曲线。KE 为消费者的要素预算线。横轴为自用资源量，纵轴为收入量。消费者初始收入为 $\overline{Y}$，他的全部资源量为 $\overline{L}$，即 E 点所处的位置。如果消费者将全部资源用于要素供给，则可以获得的总收入为 $\overline{L}\cdot W + \overline{Y}$，即 K 点。连接 KE，则为预算线。

预算线的斜率是什么？因为 $Y = W \times (\overline{L} - 1) = W \times \overline{L} - W \times 1$，则该式就是预算线的方程，因此 $-W$ 就是预算线的斜率。

而无差异曲线的斜率是什么？显然，无差异曲线的斜率等于收入变化量除以自用资源变化量的极值即 $\dfrac{dY}{dl}$，该值也可以叫作边际替代率，为负值。

在均衡时，应该有无差异曲线的斜率等于预算线的斜率，即：

$$\frac{dY}{dl} = -W \tag{10.11}$$

值得注意的是，在进行基数效用论推导时我们得到的均衡条件为：

$$\frac{\partial U/\partial l}{\partial U/\partial Y} = W \tag{10.12}$$

式（10.11）和式（10.12）这两个条件有区别吗？实际上没有区别。因为 $\dfrac{dY}{dl}$ 可以表示为 $-\dfrac{\partial U/\partial l}{\partial U/\partial Y}$，即边际效用之比。

可以用代数法和全微分法两个方法证明。

（1）代数法。在无差异曲线上，从一个点移动微小的距离到另外一个点，若自用资源量增加 dl，则收入要减少 dY（注意，两个变化量符号相反），但总效用不变。于是有：

$$MU_l \times dl = -MU_Y \times dY \tag{10.13}$$

$$-\frac{dY}{dl} = -\frac{MU_l}{MU_Y} = \frac{\partial U/\partial l}{\partial U/\partial Y} \tag{10.14}$$

（2）全微分法。效用函数为 $U = U(Y, l)$，其全微分为：$dU = (\partial U/\partial Y) \times dY + (\partial U/\partial l) \times dl$。

在无差异曲线上，$dU = 0$，因此有：$(\partial U/\partial Y) \times dY + (\partial U/\partial l) \times dl = 0$，可以得到：$-\frac{dY}{dl} = \frac{\partial U/\partial l}{\partial U/\partial Y}$。

第四节　土地和劳动的供给曲线

一、土地的供给曲线

土地的供给曲线是一条垂线。然而，土地供给曲线为垂线的原因不是土地供给量的固定性，而是我们假设土地没有保留自用价值。图10-7中，横轴为土地资源的自用量，纵轴为收入，初始收入为 $\overline{Y}$。图中有两条预算线，分别为 K_0E、K_1E。

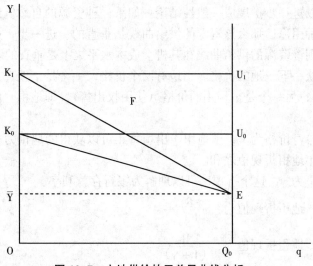

图 10-7　土地供给的无差异曲线分析

当地租为 R_0 时，如果土地拥有者将全部土地用于要素供给，则总收入为 $K_0 = Q_0 \cdot R_0 + \bar{Y}$；当然，如果土地拥有者将全部土地用于自用，则收入仍为 $\bar{Y}$（E 点所示），如图 10-7 中的预算线 K_0E 所示。

当地租增加为 R_1 时，如果消费者将全部资源用于要素供给，则收入为 $K_1 = Q_0 \cdot R_1 + \bar{Y}$；如果土地拥有者将全部土地用于自用，则收入仍为 $\bar{Y}$（E 点所示），如图 10-7 中的预算线 K_1E 所示。

真正值得研究的是土地拥有者的无差异曲线：它们为水平直线。其原因是土地自用的效用为 0，土地拥有者的效用水平只取决于出租土地获得的收入，而与土地自用量无关。

因此，对于预算线 K_0E 来说，它所能达到的最高的无差异曲线就是 U_0，交点是 K_0（注意，此时无法保证相切），对应的土地自用量为 0，这意味着土地拥有者应该将全部土地用于供给而不是自用。

对于预算线 K_1E 来说，它所能达到的最高的无差异曲线就是 U_1，交点是 K_1，对应的土地自用量为 0，这同样意味着土地拥有者应该将全部土地用于供给而不是自用。

因此，土地自用量为 0，而土地供给量将一直是 Q_0，所以，土地的供给曲线是一条垂线。

土地的供给曲线是垂直的，并非只是因为土地的自然供给是垂直的。土地的自然供给固定不变是土地供给曲线垂直的必要条件而非充分条件。与土地用途的唯一性（不具有保留自用的用途）相结合才能保证土地的供给曲线是垂直的。这个结论还可以进一步扩展成一般性结论：如果一种资源的自然供给不变，并且该资源只有一种用途，那么该资源的供给曲线是垂直的。进一步，如果一种资源有多种用途，则该资源的供给曲线在其机会成本水平之上是垂直的。

这里要谈一下土地的价格。土地有两个价格，一个是土地自身价格（所有权出售的价格），另一个是被租用的价格（使用权出售），即地租。两者之间应该存在某种联系。

设土地自身价格为 R，土地用于出租每年可以获得的地租为 R_t，则土地自身价格等于历年地租折现值之和。

设折现率为 γ，这个折现率可以理解为银行存款利率。

第一年，地租折现值为：$\dfrac{R_1}{(1+\gamma)}$。

第二年，地租折现值为：$\dfrac{R_2}{(1+\gamma)^2}$。

依此类推，第 n 年地租折现值为：$\dfrac{R_n}{(1+\gamma)^n}$。

则有 $R = \dfrac{R_1}{(1+\gamma)} + \dfrac{R_2}{(1+\gamma)^2} + \cdots + \dfrac{R_n}{(1+\gamma)^n}$。

但现实中存在问题，例如北京四环靠近地铁的一套 60 平方米的房子，价格在 200 万元左右，而年租金为 4.8 万元左右。假设 70 年产权，银行利率为 3%，而：$\dfrac{4.8}{(1+3\%)} + \dfrac{4.8}{(1+3\%)^2} + \cdots + \dfrac{4.8}{(1+3\%)^{70}} \approx 140$。

显然，与房屋价格相比，租金偏低。如果房屋价格为 200 万元，则年租金应该在 7 万元左右。如果保持年租金为 4.8 万元不变，则房价应该为 140 万元左右。

二、劳动的供给曲线

我们知道：单个劳动者的供给曲线可能是向后弯曲的，原因在于工资提高后的替代效应和收入效应。

我们要把闲暇当作一种商品，而且是奢侈品。闲暇的价格就是工资率。

一方面，当工资率上升的时候，闲暇的价格提高，闲暇商品和其他商品的相对价格变得更加昂贵，在效用总水平不变的前提下，理性的消费者理所当然地会减少闲暇商品的消费，而增加劳动供给，也就是获取更高的收入，这就是替代效应。可以看出，替代效应导致工资率与劳动供给呈同方向变化。

另一方面，由于闲暇是一种奢侈品，工资率的上升引起消费者的收入增加，收入的增加会提高消费者对闲暇商品的需求，这就是收入效应。显然收入效应导致工资率与劳动供给呈反方向变化。

如表 10-1 所示，当工资较低时，工资提高，替代效应大于收入效应，劳动供给增加；当工资较高时，工资提高，收入效应大于替代效应，劳动供给减少。

表 10-1 工资水平与供给曲线

工资水平	替代效应与收入效应	总效应	供给曲线
较低时	替代效应大于收入效应 （不重视闲暇）	工资上升，劳动供给增加	向右上倾斜
较高时	替代效应小于收入效应 （重视闲暇）	工资上升，劳动供给减少	向左上倾斜

当然，整个劳动市场的供给曲线还是向右上倾斜的。

第五节 欧拉定理

假定全社会的劳动量为 L，资本量为 K，劳动和资本各自的总报酬为 $L \cdot MP_L$ 和 $K \cdot MP_K$。那么，全部要素的总报酬是否等于社会的总产品呢？即是否存在式 (10.15)：

$$L \cdot MP_L + K \cdot MP_K = Q \qquad (10.15)$$

欧拉定理指出：如果产品市场和要素市场都是完全竞争的，而且厂商生产的规模报酬不变，那么在市场均衡的条件下，所有生产要素实际取得的报酬总量正好等于社会所生产的总产品。该定理又叫作产品分配净尽定理。

欧拉定理的证明如下：

假设生产函数为：$Q = f(L, K)$。

由于规模报酬不变，所以生产函数为一次齐次方程，因此有：

$$\frac{Q}{L} = f(\frac{L}{L}, \frac{K}{L}) = f(1, k)$$

其中，Q/L 为人均产量，$k = \dfrac{K}{L}$ 为人均资本，人均产量是人均资本 k 的函数。

于是有：

$Q = L \cdot f(1, k)$，令 $\varphi(k) = f(1, k)$，则 $Q = L \cdot \varphi(k)$。

令 Q 对劳动求偏导数：

$$\frac{\partial Q}{\partial L} = \frac{\partial[L \cdot \varphi(k)]}{\partial L} = \varphi(k) + L \cdot \frac{d\varphi(k)}{dk} \cdot \frac{dk}{dL}$$

$$= \varphi(k) + L \cdot \varphi'(k) \cdot \frac{dk}{dL} = \varphi(k) + L \cdot \varphi'(k) \cdot \left(\frac{-K}{L^2}\right)$$

$$= \varphi(k) - \varphi'(k) \cdot (\frac{K}{L}) = \varphi(k) - k \cdot \varphi'(k) \qquad (10.16)$$

$$\frac{\partial Q}{\partial K} = \frac{\partial[L \times \varphi(k)]}{\partial K} = L \times \frac{\partial \varphi(k)}{\partial K} = L \times \frac{d\varphi(k)}{dk} \times \frac{dk}{dK} = L \times \varphi'(k) \times \frac{1}{L} = \varphi'(k)$$

$$(10.17)$$

由式 (10.16)、式 (10.17)，即可证明欧拉定理：

$$L \cdot \frac{\partial Q}{\partial L} + K \cdot \frac{\partial Q}{\partial K} = L \cdot [\varphi(k) - k \cdot \varphi'(k)] + K \cdot \varphi'(k)$$

$$= L \cdot \varphi(k) - K\varphi'(k) + K \cdot \varphi'(k) = L \cdot \varphi(k) = Q$$

此外，在规模报酬递增情况下，如果按照边际生产力分配，则产品不够分配给各个生产要素，即：

$$L \cdot \frac{\partial Q}{\partial L} + K \cdot \frac{\partial Q}{\partial K} > Q \tag{10.18}$$

在规模报酬递减情况下，如果按边际生产力进行分配，则产品在分配给各个生产要素之后还有剩余，即：

$$L \cdot \frac{\partial Q}{\partial L} + K \cdot \frac{\partial Q}{\partial K} < Q \tag{10.19}$$

证明如下：

如果生产函数 $Q = f(L, K)$ 为 r 齐次，则有：$Q = L^r \cdot \varphi(k)$

因此有：

$$\frac{\partial Q}{\partial K} = L^{r-1} \varphi'(k)$$

$$\frac{\partial Q}{\partial L} = rL^{r-1}\varphi(k) - L^{r-1}k\varphi'(k)$$

$$L \cdot \frac{\partial Q}{\partial L} + K \cdot \frac{\partial Q}{\partial K} = rL^r\varphi(k) = rQ$$

显然在规模报酬递增时，$r > 1$，所以有：

$$L \cdot \frac{\partial Q}{\partial L} + K \cdot \frac{\partial Q}{\partial K} > Q$$

在规模报酬递减时，$r < 1$，所以有：

$$L \cdot \frac{\partial Q}{\partial L} + K \cdot \frac{\partial Q}{\partial K} < Q$$

那么，为什么"在规模报酬递增情况下，如果按照边际生产力分配，则产品不够分配给各个生产要素"？

可以这样理解：我们假设只有劳动 L 和资本 K 构成合成一种要素（L + K），于是规模报酬递增就变成了（L + K）的边际产量递增。（L + K）投入越多，其边际产量越大，也就是说，最后一单位（L + K）投入效率最高或最后一单位的 $MP_{(L+K)}$ 最大，当边际产量增加时，边际产量要大于平均产量，即：

$$MP_{(L+K)} > AP_{(L+K)} \tag{10.20}$$

式（10.20）两边同乘以（L + K），有（L + K）· $MP_{(L+K)} > Q$，产品不够分配给各个生产要素。

实际上，由于最后一单位（L + K）投入效率最高或最后一单位的 $MP_{(L+K)}$ 最大，（L + K）· $MP_{(L+K)}$ 意味着是按照生产力最高的要素来发放报酬的，这显然会导致产品不够分配，因为之前的要素效率较低，但也拿到了同样的报酬。

例 10-1：你雇用第一个工人，他效率很低，每天生产 1 个产品，产品价格是 10 元，劳动创造价值 10 元；雇用了第二个工人，他效率很高，每天生产 5 个产品，劳动创造价值 50 元。但工资是按照第二个工人的高效率来发放的，根据 P·MP = W 的原则，单位劳动的工资应该是 50 元，总工资是 100 元，但总收益只有 60 元，即（1 + 5）× 10，你显然吃亏了。

同样，也可以理解为什么"在规模报酬递减情况下，如果按照边际生产力分配，则产品在分配给各个生产要素之后还有剩余"。其原因在于：在这种情况下，厂商是根据生产力最低的要素来发放报酬的。

例 10-2：你雇用第一个工人，他效率很高，每天生产 5 个产品，产品价格是 10 元，劳动创造价值 50 元；雇用了第二个工人，他效率很低，每天生产 1 个产品，劳动创造价值 10 元。但工资是按照第二个工人的低效率来发放的，根据 P·MP = W 的原则，单位劳动的工资应该是 10 元，总工资是 20 元，但总收益是 60 元，你显然会获得剩余。

第六节　本章总结

我们用表 10-2 来总结本章的内容。

表 10-2　要素需求与要素供给总结

		产品市场	要素市场	要素需求（供给）均衡条件	要素需求（供给）曲线
要素需求	完全竞争	完全竞争	完全竞争	边际产品价值等于工资，即 VMP = W	VMP 曲线，向右下倾斜
	不完全竞争——卖方垄断	完全垄断	完全竞争	边际收益产品等于工资，即 MRP = W	MRP 曲线，向右下倾斜
	不完全竞争——买方垄断	完全竞争	完全垄断	边际产品价值等于边际要素成本，即 VMP = MFC	没有有规律的要素需求曲线
	不完全竞争——双方垄断	完全垄断	完全垄断	边际收益产品等于边际要素成本，即 MRP = MFC	没有有规律的要素需求曲线
要素供给	劳动			供给与自用边际效用之比等于价格比，即 $\dfrac{dU/dl}{dU/dY} = \dfrac{W}{W_y}$	向后弯曲
	土地				垂直
	资本				向右上倾斜

每章一题

问：某厂商以劳动作为唯一的可变要素，生产函数为 $Q = -0.01L^3 + 1.25L^2 + 52L$。已知产品市场与生产要素市场都是完全竞争的，且产品价格为 2 元，工资率为 4 元。试问：

（1）厂商使用的劳动量是多少？

（2）如果固定成本为 10000 元，厂商的利润是多少？

答：（1）由生产函数 $Q = -0.01L^3 + 1.25L^2 + 52L$，可推导出 $MPP = dQ/dL = -0.03L^2 + 2.5L + 52$。

由于是完全竞争市场，$MRP = VMP = MPP \times P = -0.06L^2 + 5L + 104$。

根据利润最大化原则，$MRP = MFC$，即 $-0.06L^2 + 5L + 104 = 4$。

解方程得 $L = 100$，即厂商使用的劳动量为 100 个单位。

（2）将 $L = 100$ 代入生产函数，得 $Q = 7700$，$TR = PQ = 15400$。

又因为 $TVC = 100 \times 4 = 400$，$TFC = 10000$，故利润为 5000 元。

第十一章　一般均衡与福利经济学

第一节　一般均衡

假定经济中有 k 种产品，n-k 种要素。

产品由 Q_1，$Q_2\cdots$，Q_k 表示，产品价格由 P_1，$P_2\cdots$，P_k 表示。

要素由 Q_{k+1}，$Q_{k+2}\cdots$，Q_n 表示，要素价格由 P_{k+1}，$P_{k+2}\cdots$，P_n 表示。

产品市场和要素市场都是完全竞争市场。

一、居民的商品需求和要素供给

居民的功能是对商品的需求和对要素的供给，先考虑商品需求。

由于商品价格之间以及要素价格之间存在关联，所以我们可以说，某一种产品（或要素）的需求与所有价格都相关。因此针对商品 1 的需求函数可以写为：$Q_1^d = Q_1^d(P_1, \cdots, P_k, P_{k+1}, \cdots, P_n)$，其他商品也是如此，因此有以下方程组：

$$Q_1^d = Q_1^d(P_1, \cdots, P_k, P_{k+1}, \cdots, P_n)$$
$$\vdots$$
$$Q_k^d = Q_k^d(P_1, \cdots, P_k, P_{k+1}, \cdots, P_n) \tag{11.1}$$

再考虑要素供给。要素的供给也与所有价格都相关，对要素 k+1 的供给函数可以写为：$Q_{k+1}^s = Q_{k+1}^s(P_1, \cdots, P_k, P_{k+1}, \cdots, P_n)$，其他商品也是如此，因此有以下方程组：

$$Q_{k+1}^s = Q_{k+1}^s(P_1, \cdots, P_k, P_{k+1}, \cdots, P_n)$$
$$\vdots$$
$$Q_n^s = Q_n^s(P_1, \cdots, P_k, P_{k+1}, \cdots, P_n) \tag{11.2}$$

二、厂商的商品供给和要素需求

厂商的功能是对商品的供给和对要素的需求，先考虑商品供给。

厂商对某一种商品的供给与所有商品和要素的价格相关。对商品 1 的供给函数可以写为：$Q_1^s = Q_1^s(P_1, \cdots, P_k, P_{k+1}, \cdots, P_n)$，其他商品也是如此，因此有以下方程组：

$$Q_1^s = Q_1^s(P_1, \cdots, P_k, P_{k+1}, \cdots, P_n)$$
$$\vdots$$
$$Q_k^s = Q_k^s(P_1, \cdots, P_k, P_{k+1}, \cdots, P_n) \tag{11.3}$$

类似地，可以写出厂商对要素的需求函数：

$$Q_{k+1}^d = Q_{k+1}^d(P_1, \cdots, P_k, P_{k+1}, \cdots, P_n)$$
$$\vdots$$
$$Q_n^d = Q_n^d(P_1, \cdots P_k, P_{k+1}, \cdots, P_n) \tag{11.4}$$

三、商品市场和要素市场的一般均衡

结合式（11.1）和式（11.4），得到需求方程组：

$$Q_1^d = Q_1^d(P_1, \cdots, P_k, P_{k+1}, \cdots, P_n)$$
$$\vdots$$
$$Q_k^d = Q_k^d(P_1, \cdots, P_k, P_{k+1}, \cdots, P_n)$$
$$Q_{k+1}^d = Q_{k+1}^d(P_1, \cdots, P_k, P_{k+1}, \cdots, P_n)$$
$$\vdots$$
$$Q_n^d = Q_n^d(P_1, \cdots, P_k, P_{k+1}, \cdots, P_n)$$

我们可以将商品和要素不加区别地都看成商品，于是以上方程组可简化为：

$$Q_1^d = Q_1^d(P_1, \cdots, P_n)$$
$$\vdots$$
$$Q_n^d = Q_n^d(P_1, \cdots, P_n) \tag{11.5}$$

同样，结合式（11.2）和式（11.3），得到供给方程组：

$$Q_1^s = Q_1^s(P_1, \cdots, P_k, P_{k+1}, \cdots, P_n)$$
$$\vdots$$
$$Q_k^s = Q_k^s(P_1, \cdots, P_k, P_{k+1}, \cdots, P_n)$$
$$Q_{k+1}^s = Q_{k+1}^s(P_1, \cdots, P_k, P_{k+1}, \cdots, P_n)$$
$$\vdots$$
$$Q_n^s = Q_n^s(P_1, \cdots, P_k, P_{k+1}, \cdots, P_n)$$

简化之，得到：

$$Q_1^s = Q_1^s(P_1, \cdots, P_n)$$

$$\vdots$$

$$Q_n^s = Q_n^s(P_1, \cdots, P_n) \tag{11.6}$$

一般均衡时，有：

$$Q_1^d(P_1, \cdots, P_n) = Q_1^s(P_1, \cdots, P_n)$$

$$\vdots$$

$$Q_n^d(P_1, \cdots, P_n) = Q_n^s(P_1, \cdots, P_n) \tag{11.7}$$

那么，问题就在于：式（11.7）有没有解（要求所有的 $P \geqslant 0$）？

瓦尔拉斯认为，社会总交易量是相等的，因此有瓦尔拉斯定律：

$$\sum_{i=1}^n P_i Q_i^d \equiv \sum_{i=1}^n P_i Q_i^s \tag{11.8}$$

这样就有：

$$P_1 Q_1^d + \sum_{i=2}^n P_i Q_i^d \equiv P_1 Q_1^s + \sum_{i=2}^n P_i Q_i^s \tag{11.9}$$

也就是说，只要式（11.7）中第 2 个等式到第 n 个等式成立，则第一个等式成立。

式（11.8）中，由于 $\sum_{i=2}^n P_i Q_i^d = \sum_{i=2}^n P_i Q_i^s$，于是有：

$$P_1 Q_1^d = P_1 Q_1^s \tag{11.10}$$

即：

$Q_1^d = Q_1^s$。

第一个等式成立。

于是，式（11.7）变为一个 $n-1$ 维方程组。瓦尔拉斯认为，$n-1$ 个未知数，正好有 $n-1$ 维的方程组，于是存在均衡解。

当然，这种想法是错误的。$n-1$ 维的方程组，$n-1$ 个未知数，不一定有解，不一定能保证价格都大于等于 0。更何况我们不知道方程的形式，它是否是线性方程？如果是线性方程，还比较简单，如果是非线性的，就更麻烦了。

例：$\begin{cases} P_1 + P_2 = 0 \\ P_1 + P_2 = 1 \end{cases}$，此方程组无解。

如果采用更为严格的限制条件，再使用较为高深的数学知识（不动点定理），可以证明式（11.7）有解，此处不予介绍。

第二节　福利经济学

一、如何理解帕累托最优

帕累托改进的含义是：通过社会资源重新配置，在不使其他成员境况变坏的情况下，使某一（或某些）成员的境况变得更好，例如我国的改革。改革开放之前，大家收入都很低，改革开放之后，有的人收入增加较多，有人增加较少，但重要的是都增加了。这就是一种帕累托改进。

帕累托最优（Pareto Optimality），也称帕累托效率（Pareto Efficiency），是指社会经济达到了这样一种状态，不可能在使某一成员受益的同时，不使其他成员受损。此时，社会资源得到最优配置，经济运行达到最高效率。也就是说，此时不再有帕累托改进。

蛋糕是最好的例子。用一个蛋糕机做蛋糕，最初做了一块小蛋糕，若干人分，每人分一小块。随着技术的进步，蛋糕越来越大，每个人分得的越来越多，这就是帕累托改进，但当蛋糕大到了极限时，就达到了帕累托最优。

帕累托状态唯一吗？帕累托最优是从效率出发的一种理想状态。理论上，一个社会有无穷多个帕累托最优状态，这些状态的集合就是福利边界曲线（Welfare Frontier Curve）。

仍然举蛋糕的例子（假设两个人分），如果最初的蛋糕体积为1，随着帕累托改进，蛋糕越来越大。如果蛋糕做大到最后的极限100，不能再增大，此时无论怎么分都是帕累托最优。例如（50，50）的分法无疑是最公平的，但由于人们的禀赋不同或其他原因，每人的份额并不一样，（60，40）也是可能的，甚至会出现（90，10）或（100，0）。这无疑是不公平的，但帕累托最优不关心这些，它只关心两个字——效率。而（50，50）、（60，40）、（90，10）及（100，0）等可能的结果就构成了所谓的福利边界曲线。

二、帕累托最优的条件

（1）交换最优。设有两个消费者 A、B，两种商品 X、Y，则交换均衡要求：对两个消费者来说，两种产品的边际替代率相等。即：$MRS_{XY}^A = MRS_{XY}^B$。其含义是什么？就是消费者对商品的评价是一致的。

（2）生产最优。设有两个厂商 C、D，两种要素 L、K，则生产均衡要求：对两个生产者来说，两种要素的边际技术替代率相等。即：$MRTS_{LK}^C = MRS_{LK}^D$。其含义是什么？由于边际技术替代率实际上反映了要素的使用效率，两者相等就意味着厂商对要素使用的效率相同。

（3）生产与交换最优。

由生产最优条件可以得到生产契约曲线，再将其转换为生产可能性曲线。如图 11-1 中的 PP′。

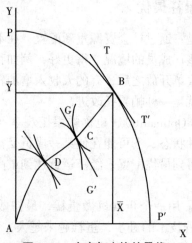

图 11-1　生产与交换的最优

在生产可能曲线上选择一点 B，经过 B 点有一条切线 TT′，该切线的斜率就是生产产品 X 和 Y 的边际转换率。

根据 B 点做埃奇沃思盒状图，X 数量为 $\overline{X}$，Y 数量为 $\overline{Y}$。盒状图内，ADCB 为交换契约曲线，该曲线上的任何一点都满足交换的帕累托最优条件，但并不能保证交换与生产都是最优。

在 D 点，有两条无差异曲线，其切点的斜率与 TT′不同，那么 D 点就不能同时满足交换与生产都最优。

在 C 点，也有两条无差异曲线，其切点的斜率（即 GG′的斜率）与 TT′相同，C 点能够同时满足交换与生产都是最优。或者说，GG′与 TT′平行。

也可以将均衡条件写为：$MRS_{XY}^{A} = MRS_{XY}^{B} = MRT_{XY}$。$MRT_{XY}$ 就是边际转换率。

问题：在图 11-1 中 B 点确定后，交换与生产的帕累托最优是唯一的吗？

这个问题在第三节可以回答。

三、完全竞争能实现帕累托最优吗

在完全竞争市场，边际转化率等于什么？

参考图 11-1 中的 B 点，从 B 点出发，沿着生产可能曲线向右下移动一个微小单位，则 X 增加 ΔX，Y 减少 ΔY。而由于 X 增加导致生产 X 的成本增加量等于由于 Y 减少导致生产 Y 的成本减少量。于是有：

$$MC_X \times \Delta X = -MC_Y \times \Delta Y \tag{11.11}$$

$$MRT_{XY} = -\frac{\Delta Y}{\Delta X} = \frac{MC_X}{MC_Y} \tag{11.12}$$

而在完全竞争市场，价格等于边际成本，于是有：

$$MRT_{XY} = \frac{MC_X}{MC_Y} = \frac{P_X}{P_Y} \tag{11.13}$$

也就是说，边际转化率等于两种产品的价格比。

而对于消费者来说，实现效用最大化的条件就是边际替代率等于价格比。因此，一定有：

$$MRS_{XY}^A = MRS_{XY}^B = \frac{P_X}{P_Y} = MRT_{XY} \tag{11.14}$$

于是，完全竞争市场能够实现生产与交换的最优。

现在我们来回答第二节的问题。

假设生产的 X 产品和 Y 产品都是 100 单位，且价格都是 1，则边际转化率等于边际成本之比，也等于价格比，其值为 1。

设 A、B 两个消费者的效用函数都是 $U = XY$。则在实现交换与生产最优时，要求两人对商品 X、Y 的边际替代率都等于价格比即等于 1。

对于两人中任意一个，在效用最大化均衡时都应该有：

$$\frac{MU_X}{MU_Y} = \frac{Y}{X} = \frac{P_X}{P_Y} = 1 \Rightarrow Y = X \tag{11.15}$$

此时，生产与交换的最优可以实现，如果有：

$$MRS_{XY}^A = MRS_{XY}^B = \frac{P_X}{P_Y} = MRT_{XY} = 1 \tag{11.16}$$

但这并不能确定具体的数值，也就是说，并不能确定这个最优出现在交换契约曲线上的哪一个点。

由于我们假设经济中只有两个消费者，两种产品。因此国民总收入就是 200（$P_X \times X + P_Y \times Y = 200$）。

帕累托最优并不关心分配情况，于是国民总收入可以在 A、B 之间任意分配。

例如，A、B 收入都是 100，则在均衡时，由于价格相等，再结合式（11.15），知道每人都购买 50 单位 X，50 单位 Y。这个结果满足交换与生产的最优。

再例如，A 收入为 40，B 收入为 160，则在均衡时 A 购买 20 单位 X、20 单位 Y，B 购买 80 单位 X、80 单位 Y，同样满足交换与生产的最优。

还可以有很多种可能，最极端的就是某人一无所有，别人拥有全部，这自然让人难以接受。这也迫使我们不得不关心福利问题（分配问题）。

四、福利问题

福利问题与对公平的定义相关。

（1）平均主义的公平观。平均主义是最容易被想到的分配方式（类似于"大锅饭"），但它有重大缺陷。一是即使将物品平均分配，也不能保证每个人都获得同样的效用；二是平均主义会大大降低人们工作的积极性，导致物品匮乏。

（2）功利主义的公平观。功利主义不关心产品的分配，它只是将所有人的效用函数相加，只要这个总效用达到了最大，就是好的。例如，对富人征税，补贴给穷人，社会总效用增加。功利主义认为这就是公平。

（3）罗尔斯主义的公平观。罗尔斯在其名著《正义论》中提出了最大最小原则：社会福利最大化标准应该是使状况最糟糕的社会成员效用最大化。[1] 换句话说，它不考虑总效用，也不考虑平均效用，而只考虑那些社会底层人群的效用是否达到最大。我们不要把罗尔斯主义当作一种对穷人的怜悯，实际上罗尔斯之所以有这样的观点，乃是出于严密的论证。

罗尔斯做了一个巧妙的假设。他假设人们在制定社会基本分配规则时，都被无知之幕（Veil of Ignorance，又叫无知面纱）所笼罩，所有人都会忘记自己的出身、种族、阶层、收入、职业等不同，在此基础上人们所制定的规则必然对于那些社会底层人群有利。这是为什么呢？例如人们忘记了自己所处的阶层，就会担心：一旦自己处于社会底层，而规则对自己不利，自己就会永远无法翻身。

罗尔斯的伟大之处不在于他对于底层人群的关注，而在于提供了一个对底层人群有利的规则制定过程。当然，现实中那些制定规则的人不可能真的会在无知之幕后面开会，无知之幕只是在提醒我们，当涉及社会基本分配规则的制定时，要有广泛的参与度，并一定要为底层人群考虑。只有这样，才能增加社会流动性，社会阶层才不会僵化。

（4）市场主义的公平观。或许可以叫市场原教旨主义，它只关注起点公平（这一点难以做到）、机会公平（过程公平），而不关注结果公平。其含义就是尽量让所有人处于同一条起跑线上，同时起跑，谁跑得快准就可以获得更多。市场主义坚持认为市场机制是实现公平的保障，反对通过再分配实现结果公平。在他们（或许可以称其为自由主义者）看来，任何再分配政策都会带来对自由制度的威胁。[2]

（5）无嫉妒主义的公平观。这是一种兼顾公平与效率的公平观，它的分配方

---

① ［美］约翰·罗尔斯：《正义论》，何怀宏等译，社会科学出版社 1988 年版。

② 可以进一步阅读《无政府、国家和乌托邦》，罗伯特·罗尔斯著，姚大志译，社会科学出版社 2008 年版。该书与《正义论》对立，为极端自由主义的代表作。

式可以称为无嫉妒分配（Envy-free Allocation）。所谓无嫉妒分配就是分配的最终结果使得社会中没有人认为自己对别人拥有产品的偏好胜过对自己拥有产品的偏好。当这样的分配实现时，可以说实现了无嫉妒公平。

假如 A 拥有的某种物品多于 B，B 表示不满，这是一种不公平；但假如 A 拥有的某种物品多于 B，但 B 没有任何怨言，那么这就是一种公平——无嫉妒公平；同样，即使 A 和 B 拥有的某种商品一样多，两人未必同样满意。因此，无嫉妒公平与无嫉妒分配和人们的偏好有关。

例如两个居民 A、B 分别是素食主义者和肉食主义者，将 20 斤猪肉和 20 斤蔬菜平均分配给 A、B 两个人，由于 A 是素食主义者，猪肉不能增加其效用，同样蔬菜不会增加 B 的效用。因此 A 会羡慕 B 的蔬菜，B 则会嫉妒 A 的猪肉。根据无嫉妒公平原则，应该在分配前设计良好的民主制度，由居民根据自身偏好选择猪肉或蔬菜，政府不应该出于"父爱主义"而代替居民决策。

那么，如何评价这些公平观念呢？平均主义关注产品的平均分配，并不要求每个人的效用相等。这样就可能会出现类似的问题：产品数量虽然相同，但每个人的效用却并不相同，如图 11-2 所示。

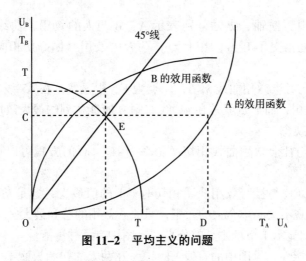

图 11-2 平均主义的问题

（1）功利主义关心的是总效用（产品总量）。

（2）罗尔斯主义关心的是底层人群的效用（产品）量。

（3）市场主义关心竞争过程，不关心产品的最终分配。

（4）无嫉妒主义并不关注产品的平均分配，它要求效用（偏好程度）的相等。

图 11-2 中，横轴和纵轴既表示消费者 A、B 各自的产品数量，也表示效用（T 代表产品，U 代表效用），TT 表示产品分配曲线，显然 A 拥有的产品较多时，B 拥有的就较少。OE 为 45°线，在 E 点，A、B 各自的产品数量相等。但是否也

有同样的效用呢?

由 E 点向右有一条虚线,与 A 的效用函数相交,对应的效用量为 D 点。

由 E 点向上有一条虚线,与 B 的效用函数相交,对应的效用量为 C 点。

显然,由于 A、B 两人的效用函数不同,即使拥有的产品一样,效用也不同。

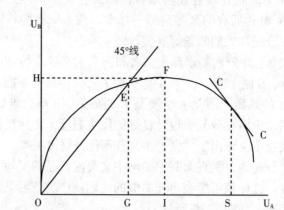

图 11-3　无嫉妒主义、罗尔斯主义与功利主义公平观的比较

图 11-3 中,横轴、纵轴分别表示 A、B 两人的效用,曲线是社会效用曲线。45°线与之相交于 E 点,在 E 点,两人的效用(偏好)相同,这是无嫉妒主义公平。

虚线 FH 与社会效用曲线相切,切点为 F。很显然,在 45°线右侧,B 的效用值低于 A 的效用,而 F 点就是在 45°线右侧 B 所能达到的最大效用,这属于罗尔斯主义的公平观念。

直线 CC 与社会效用曲线相切,斜率为 -1。CC 的方程可以写为:$U_A + U_B = T$,T 其中为常数。

显然,当 CC 与社会效用曲线相切时,T 的值最大,这是功利主义公平观。功利主义公平观不关心单个人的效用,只关心效用的总和最大。

图 11-4 则显示了市场主义的公平观,图中有三种可能性:

第一种可能性,见图中的直线 EF。A、B 两人的初始禀赋不一样,B 的禀赋较好(可以理解为出生好,也就是赢在起跑线上),即使过程绝对公平,两人对机会的把握能力也相同,但最终结果仍然有所差别。最终,EF 与社会效用曲线相交于 F 点,B 的效用为 OH,A 的效用为 OI,B 的效用较高。

第二种可能性,见图中的直线 OG。起点是一样的,过程也是公平的,两人捕捉机会的能力完全相同,结果也是公平的,最终两人效用相等。OG 也是 45°线,在 G 点,两人效用相等。

第三种可能性,见图中的直线 OT。起点是一样的,过程也是公平的,但两

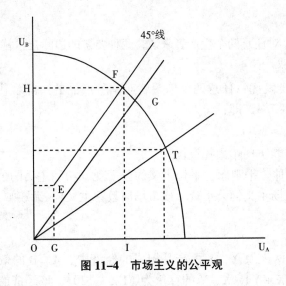

图 11-4　市场主义的公平观

人捕捉机会的能力不同，A 的能力更强，最后，A 的效用大于 B 的效用。

　　显然，如果只存在第二种可能性，市场主义公平观无疑是值得推崇的。但谁能保证人们的初始禀赋完全一样呢？同样，即使机会均等，人们的能力也存在差异，在商业竞争中，更有可能是"胜者得到全部，败者一无所有"，这种结果也许并不令人满意。

　　【思考】 你认为哪一种公平观最好？为什么？

第三节　本章总结

　　（1）西方经济学家认为，可以用一组方程来描述整个社会的需求与供给，从而通过解方程获得一般均衡解。我们可以思考一下，这样的均衡解有意义吗？即使它存在，我们也不知道是多少。它的存在只不过是证明西方经济学本身有意义而已。

　　（2）帕累托最优（Pareto Optimality），也称为帕累托效率（Pareto Efficiency），是指社会经济达到了这样一种状态，不可能在使某一成员受益的同时，不使其他成员受损。此时，社会资源得到最优配置，经济运行达到最高效率。也就是说，此时不再有帕累托改进。

　　三个条件来描述帕累托最优：交换最优、生产最优、生产与交换最优。

　　1）交换最优：对任意两个消费者来说，两种产品的边际替代率相等。即：

$$MRS_{XY}^A = MRS_{XY}^B \tag{11.17}$$

2）生产最优：对任意两个生产者来说，两种要素的边际技术替代率相等。即：

$$MRTS_{LK}^C = MRS_{LK}^D \tag{11.18}$$

3）生产与交换最优：任意两个消费者对两种产品的边际替代率相等且等于两种产品的边际转换率，即：

$$MRS_{XY}^A = MRS_{XY}^B = MRT_{XY} \tag{11.19}$$

完全竞争市场能实现帕累托最优。

（3）其他有多种公平观念：平均主义的公平观、功利主义的公平观、罗尔斯主义的公平观、市场主义的公平观（或市场原教旨主义）、无嫉妒主义的公平观。

每章一题

问：由 A、B 两人及 X、Y 两产品构成的经济中，A、B 的效用函数分别为 $U_A = XY$，$U_B = 40(X + Y)$，X、Y 的存量为（120，120），该经济的社会福利函数为 $W = U_A U_B$。求：

（1）该经济的效用边界。

（2）社会福利最大化时的资源配置。

答：（1）设配置给 A 的产品为（X，Y），则配置给 B 的量为（120 – X，120 – Y）。此时，两者的效用分别为 $U_A = XY$，$U_B = 40(240 – X – Y)$。由此解得：

$$U_A = X(240 – X – U_B/40)$$

帕累托最优状态，是指在一个人效用水平不变的条件下使另一个人的效用极大化。A 的效用 U_A 极大化（U_B 不变）的条件为：$\dfrac{dU_A}{dX} = 240 – \dfrac{U_B}{40} – 2X = 0$，解得 $X = 120 – U_B/80$。

代入 $U_A = X(240 – X – U_B/40)$，即得 $U_B = 9600 – 80U_A^{1/2}$，这就是该经济的效用边界。

（2）帕累托最优状态的社会福利函数为：

$$W = U_A U_B = U_A(9600 – 80U_A^{3/2})$$

由社会福利最大化条件：

$\dfrac{dW}{dU_A} = 9600 – 120U_A^{1/2} = 0$，解得 $U_A = 6400$，$U_B = 3200$，此时 X = 80，Y = 80。

即 A 的产品拥有量为（80，80），B 的产品拥有量为（40，40）。

第十二章　微观经济政策

我们先要明白，为什么会有所谓的微观经济政策，微观经济学本来是崇尚竞争的，认为市场无须支付干预，但市场并非万能，可能出现市场失灵（Market Failure），即无法实现资源的有效配置。导致市场失灵的原因很多，主要有垄断、外部性、信息不对称、公共产品等。当出现市场失灵时，就需要调整微观经济政策（真的是这样吗?）

第一节　垄断

在第七章我们探讨过垄断的效率损失，本章做进一步探讨。

一、垄断与低效率

如图 12-1 所示，垄断者的需求曲线向下倾斜，边际收益曲线在其下方，边际成本为常数（一条直线），因此 MC = AC。均衡时，边际收益等于边际成本，产量为 Q_1，价格为 P_1。总收益为 OP_1EQ_1，总成本为 OP_2FQ_1，利润为 P_1EFP_2。

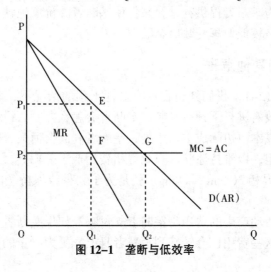

图 12-1　垄断与低效率

由于价格高于边际成本，此时显然不是帕累托最优，存在帕累托改进的空间。是否存在某种方式让消费者和垄断者状况都变好？

我们从 E 点开始讨论。此时消费者购买商品的价格要高于对应的边际成本，如果垄断者增加一单位产品销售，价格（仅仅是这一单位产品的价格）略微下降，但仍然高于边际成本。这对双方都有好处。一方面，垄断者利润增加，另一方面，消费者面对的价格下降了。

到哪里才是最优呢？G 点无疑是最优的，此时消费者支付的价格与垄断者的边际成本（平均成本）相同，再无帕累托改进的可能。

可是这里仍然有个问题。如果我们要求垄断者放弃之前的决策，就在 G 点生产和销售，这就意味着垄断者所有的产品都按照 P_2 来销售，但是之前的推导过程不是这样的，在之前的推导过程中，E 点之前的价格都是 P_1，E 点之后逐渐下降（类似于价格歧视），直到 P_2。这两种情况是完全不同的。

在 E 点生产，垄断者有利润，如果在 G 点生产，价格是 P_2，价格等于平均成本，垄断者将失去利润。垄断者会同意吗？

我们注意到，在 E 点生产时，消费者剩余是三角形 AEP_1；而在 G 点生产时，消费者剩余是三角形 AGP_2，消费者剩余的增加量为梯形 P_1EGP_2。从 E 点生产到 G 点生产，垄断者利润减少量为 P_1EFP_2。显然，消费者剩余的增加量 P_1EGP_2 大于利润减少量 P_1EFP_2，两者的差为三角形 EFG。

这就存在谈判的空间。政府、消费者协会等机构可以让垄断者把价格从 P_1 降到 P_2，全额补偿损失的利润。然后，消费者可以与垄断者谈判，分割数量为 EFG 的剩余福利。当然，在现实中较难实现这一点，但可以在一定程度上证明垄断会带来纯粹的效率损失。

道理很简单，如果不垄断，对大家都有好处，而垄断只对垄断者有好处。政府甚至可以花钱为垄断者提供补贴，来促使垄断者降价。地铁、公交车等公共行业就是这样，价格较低但享受政府补贴。

二、垄断的其他危害

仍然参考图 12-1，我们知道在没有其他干预的情况下，垄断者可以获得利润 P_1EFP_2。如果政府进行干预或管制，垄断者会怎么办？假设政府让垄断者把价格降到等于平均成本（边际成本）之处，垄断者利润会消失，因此，垄断者会拿出部分利润去寻租，以维持原状。只要寻租费用低于 P_1EFP_2，垄断者就有精力去开展寻租活动。寻租（Rent Seeking）就是为了获得或保持垄断地位而进行的非生产性寻利活动。

另外，寻租活动产生的费用是垄断者支付吗？如果垄断者通过寻租活动巩固了其地位，那么这些费用也会转嫁到消费者身上。更为严重的是，如果寻租行为常态化，会影响人们公平竞争的信心，甚至会导致整个市场经济体制的崩解。这也是我国在一些领域改革艰难的原因——垄断者总在阻挠改革。

垄断的其他危害在第七章有过一些描述。

三、对垄断的管制

（一）假如垄断者平均成本是递增的，那么政府应该如何管制

如图 12-2 所示，AC 曲线递增，MC 曲线从其最低点穿过。没有管制时，价格为 P_1，均衡产量为 Q_1，垄断者拥有超额利润，利润量为 P_1EKA。

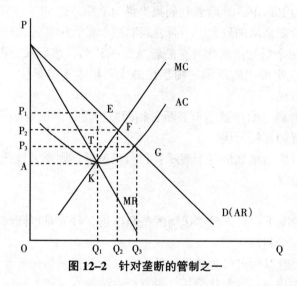

图 12-2　针对垄断的管制之一

政府想进行管制，但政府的目标是不确定的，例如有两个目标：帕累托最优和利润为 0。政府能同时实现这两个目标吗？

第一，　如果政府目标为帕累托最优，应该怎么做？如果政府目标为帕累托最优，则最容易想到的是价格应该等于边际成本，价格由 P_1 调整到 P_2，产量由 Q_1 增加到 Q_2。消费者剩余增加量为 P_1EFP_2。虽然垄断者收取的价格下降，但利润却不一定下降。这里有三种情况：

（1）如果 E 点到 F 点的需求价格弹性大于 1，则价格下降后销售量增加更多，总销售收入增加，但由于 Q_2 大于 Q_1，且 Q_2 对应的平均成本大于 Q_1 对应的平均成本，因此总成本也增加。总销售收入增加，总成本也增加，利润是否增加难以判断。

（2）如果 E 点到 F 点的需求价格弹性小于 1，[1] 则价格下降后销售量增加不多，

---

[1] 这种情况较为少见，因为垄断者通常在富有弹性阶段生产，参见第七章有关内容。

总销售收入减少。总销售收入减少，总成本增加，利润减少。为了弥补垄断者减少的利润，就需要用分割一部分价格下降带来的消费者剩余增加量来弥补。[1]

（3）如果 E 点到 F 点的需求价格弹性等于 1，则价格下降后销售收入不变。总销售收入不变，总成本增加，利润减少，弥补方法同上。

综合以上三种情况，政府如果要实现帕累托最优目标（如价格等于边际成本），必须根据需求价格弹性和垄断者的成本函数来决定补贴量。

第二，如果政府的目标是垄断者利润为 0 呢？政府可能并不满足于帕累托最优，而是希望垄断者利润消失。此时价格应该下降到 P_3，产量增加到 Q_3，消费者剩余增加量为 P_1EGP_3，垄断者利润减少量为 P_1EKA。

如果消费者剩余增加量大于垄断者利润减少量，问题还比较简单，可以拿出一部分消费者剩余增加量来弥补垄断者减少的利润，然后双方再分割剩余部分。这很重要，这说明前述的所谓"帕累托最优"根本不是最优，仅仅是帕累托改进，此时才是最优。

如果消费者剩余增加量小于垄断者利润减少量，则政府必须提供若干补贴。这已经不再符合帕累托最优。

如果消费者剩余增加量等于垄断者利润减少量，则双方境况没有改善，同样不符合帕累托最优。

结论：

（1）一般情况下，对于成本递增的垄断市场，政府难以同时实现帕累托最优和利润为 0 这两个目标。

（2）即使政府目标仅仅为帕累托最优，一般选择是价格等于边际成本，但也要结合垄断者的成本函数具体分析，没有统一结论。

（3）如果政府的目标是垄断者利润为 0，有可能实现真正的帕累托最优，也可能未达到。

（二）假如垄断者平均成本是递减的，政府应该如何管制[2]

如图 12-3 所示，平均成本始终处于下降阶段，边际成本 MC 始终小于平均成本 AC。如果政府不加以管制，则垄断厂商将根据边际收益等于边际成本来定价，MR 与 MC 相交于 B 点，产量为 Q_1，价格为 P_1。价格较高，产量较低。获得超额利润，利润额为 P_1EAG。

政府可以实行平均成本管制，让价格等于平均成本，价格为 P_2，产量为 Q_2，利润消失。此时能实现帕累托改进吗？

---

① 读者可能会奇怪：为什么要弥补垄断者减少的利润呢？因为我们要求从 E 点到 F 点是帕累托改进，垄断者的境况不能变坏，因此一定要弥补垄断者减少的利润。

② 第七章有类似描述，但讨论角度不太一样。

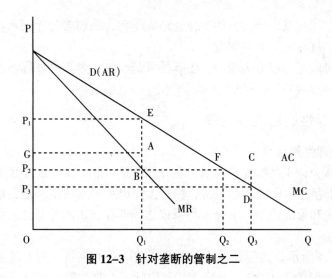

图 12-3 针对垄断的管制之二

垄断者原来的利润是 P_1EAG，管制后的利润为 0。消费者剩余增加量为 P_1EFP_2，P_1EFP_2 显然大于 P_1EAG，可以实现帕累托改进。

但政府和一些西方经济学家可能会认为，只有价格等于边际成本时才是帕累托最优。于是让价格等于边际成本，则垄断厂商应该在 D 点生产，价格为 P_3，产量为 Q_3。是否可行？

首先，价格等于边际成本后，价格将低于平均成本，利润为负。

其次，要看与平均成本管制相比，边际成本管制是不是帕累托改进。实施边际成本管制，（与平均成本管制相比）利润下降额为 P_2CDP_3，消费者剩余增加额为 P_2FDP_3，显然 P_2FDP_3 小于 P_2CDP_3，不存在帕累托改进的空间。

结论：对于成本递减的垄断市场，边际成本管制不是最佳选择，最好实行平均成本管制。

第二节　外部性

一、相关概念

外部性：很多时候，人们的经济活动会给其他人带来影响，却没有将这些影响计入成本或价格，这就是外部性。外部性产生的根源：人们都是相互影响的。

正的外部性：某个经济行为主体让他人受益，而受益者无须付出代价，又叫外部经济，如养蜂人与果园。

负的外部性：某个经济行为主体让他人受害，而前者却无须承担成本，又叫外部经济，如打呼噜的人与室友。

外部性可以进一步分为四种，生产的外部经济、生产的外部不经济、消费的外部经济、消费的外部不经济。

二、外部性的后果及治理

（一）外部性的后果

很多人认为，正外部性是好的，负外部性是坏的。这种观点并不准确。

（1）如果存在生产的外部经济，则私人产出水平通常小于社会最优的产出水平。以养蜂人和果农为例，养蜂人与果皮之间都存在正的外部性，但互相没有任何协议或补偿。

如图 12-4 所示，边际社会收益要高于边际私人收益（两者的差实际上是边际外部收益，图中未画出）。养蜂人按照边际私人收益等于边际成本的利润最大化原则安排生产，均衡点在 D 点，产量为 OB，由于养蜂人给果园带来了额外收益，边际社会收益曲线大于边际私人收益。也就是说，养蜂人应该在 E 点生产，产量为 OA。显然，养蜂人的产量与最优产量之间存在差距。

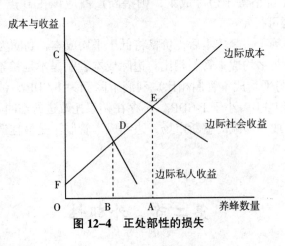

图 12-4　正处部性的损失

如何计算福利损失？在 E 点生产，由于 CE 曲线代表边际社会收益，则梯形 OCEA 就是边际社会收益的积分即社会总收益，而此时的总成本为梯形 OFEA（边际成本 EF 的积分，长期内忽略固定成本），两者的差就是净福利。梯形 OCEA 减去梯形 OFEA 等于三角形 CEF。

同理，在 D 点生产，CD 曲线代表边际私人收益，梯形 OCDB 代表私人总收益，梯形 OFDB 为此时的总成本，两者的差为净福利，梯形 OCDB 减去梯形 OFDB 为三角形 CDF。

三角形 CEF 和三角形 CDF 的差为社会福利净损失，即三角形 CDE。

（2）如果存在生产的外部不经济，则私人产出水平通常大于社会最优的产出水平。我们以排放污染物的工厂和周围的居民为例，工厂带来污染，即社会成本，但工厂并不负担该成本，工厂只考虑自身的私人成本。

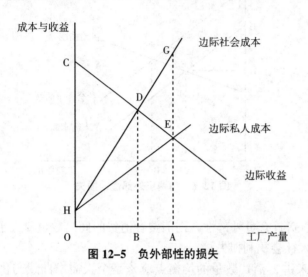

图 12-5　负外部性的损失

如图 12-5 所示，对于工厂来讲，边际私人成本等于边际收益的 E 点是均衡点，产量为 OA。而如果考虑污染，则边际社会成本更高，均衡点应该为 D，产量为 OB。显然，厂商生产得太多了。

如何计算社会福利损失？如果厂商考虑了负外部性（污染），则应该在 D 点生产，产量为 OB，此时的总收益是梯形 OCDB（边际收益的积分），成本为 O-HDB（边际社会成本 HD 的积分），净收益为三角形 CDH。

如果厂商不考虑外部性（污染），则产量为 OA。注意，此时总社会成本是多少？总社会成本为梯形 OHGA（即 OG 的积分），总收益是梯形 OCEA。净收益为 OCEA 减去 OHGA，即三角形 CDH 减三角形 DGE。

比较一下，社会福利损失等于厂商考虑污染时的净收益减去厂商不考虑污染时的净收益，即 CDH－（CDH－DGE）＝DGE，也就是三角形 DGE。

（3）如果消费具有正外部性，则消费者消费的商品数量要小于社会最优消费量，同时会带来社会福利损失。

对消费者来讲，消费数量的均衡点应该是个人需求曲线与供给曲线的交点 E，最佳消费量为 OA，但若是考虑消费的正外部性，则需求曲线应为右上方的社会需求曲线，均衡点为 F，最佳消费量为 OB。显然，消费者消费得太少了。

在 E 点，社会总福利等于消费者剩余加上生产者剩余，也就是三角形 DEG（三角形 DEH 加三角形 HEG）。而在 F 点，社会总福利为三角形 CFG，这样，社会总福利损失就是两个三角形之差，即梯形 DEFC，如图 12-6 所示。

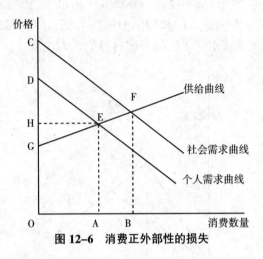

图 12-6　消费正外部性的损失

（4）如果消费具有负外部性，则消费者消费的商品数量要大于社会最优消费量，同时会带来社会福利损失。

对消费者来讲，消费数量的均衡点应该是个人需求曲线与供给曲线的交点 E，最佳消费量为 OA，但若要考虑消费的负外部性，则需求曲线应为右下方的社会需求曲线，均衡点为 F，最佳消费量为 OB。显然，消费者消费得太多了。

在 E 点，社会总福利等于消费者剩余加上生产者剩余，也就是三角形 CEG。而在 F 点，社会总福利为三角形 DFG，这样，社会总福利损失就是两个三角形之差，即梯形 CEFD，如图 12-7 所示。

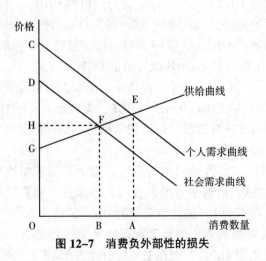

图 12-7　消费负外部性的损失

（二）外部性的治理

所有教材上都有类似的内容，当然，主要针对生产的负外部性，总共有如下几种方法：

（1）政府干预。包括两种方法。

第一种方法，政府确定企业的最优排污量。

如图 12-8 所示，降低污染的边际成本为 ZC，该曲线向下倾斜，表示在污染较多时降低一单位污染比较容易，在污染较少时降低一单位污染成本较高。而随着污染量的增加，边际社会成本则是增加的。最优污染量在哪里？应该是 E 点对应的 OB。因为在 B 点右侧，边际社会成本大于降低污染的成本，此时污染量应该降低；在 B 点左侧，降低污染的成本大于边际社会成本，此时污染量还可以增加，因此 OB 是最优污染量。

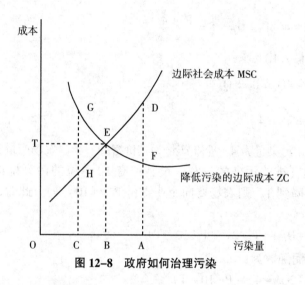

图 12-8　政府如何治理污染

第二种方法，政府通过对每一单位污染收取排污费的方法限制企业的排污量。可以证明，OT 就是政府应当收取的排污费。

由于企业对每一单位污染都要支付 OT 的费用，则当企业排污量大于 OB 时，排污费高于降低污染的边际成本，此时企业应该减少污染；当企业排污量小于 OB 时，排污费低于降低污染的边际成本，此时企业应该增加污染。只有在排污量等于 OB 时才构成均衡。于是，在信息完全的假设下，政府可以通过收费的办法将企业的排污量确定在 OB。

（2）明确所有权。科斯定理：只要法定权利可以自由交换，且交易成本为 0，则该权利的最初配置状态不会影响资源配置的效率。也就是说，不管是企业拥有污染的权利还是农场拥有不被污染的权利，只要权利是明晰的，最终的污染量都一样。

我们可以举例说明,设污染企业的产品价格为 P_1,产量为 Q_1,污染量为 T。污染企业的成本随排污量增加而下降,成本函数为:$Q_1^2 - (T-2)^2$。

如果周边农场有不被污染的权利,则该企业要向农场购买污染权,设每单位价格为 P_T,则成本函数变为 $Q_1^2 - (T-2)^2 + P_T T$,利润函数为:

$$\pi_1 = P_1 Q_1 - Q_1^2 + (T-2)^2 - P_T T \tag{12.1}$$

农场的价格为 P_2,产量为 Q_2。成本函数为 $2Q_2^2 + 4T$,利润函数为:

$$\pi_2 = P_2 Q_2 - \partial Q_2^2 - 4T + P_T T \tag{12.2}$$

企业利润最大化要求:

$$\frac{\partial \pi_1}{\partial Q_1} = P_1 - 2Q_1 = 0 \Rightarrow Q_1 = \frac{P_1}{2}$$

$$\frac{\partial \pi_1}{\partial T} = 2T - 4 - P_T = 0 \Rightarrow T = \frac{P_T + 4}{2} \tag{12.3}$$

农场利润最大化要求:

$$\frac{\partial \pi_2}{\partial Q_2} = P_2 - 4Q_2 = 0 \Rightarrow Q_2 = \frac{P_1}{4}$$

$$\frac{\partial \pi_2}{\partial T} = 0 \Rightarrow P_T = 4 \tag{12.4}$$

也就是说,污染量为4。企业产量为其价格的一半,农场产量为其价格的1/4。

如果企业有排放污染的权利,设其拥有10单位的污染排放量,而农场希望将污染量下降到 T,则农场要向企业支付 $P_T \times (10 - T)$。此时,企业的利润函数为:

$$\pi_1 = P_1 Q_1 - Q_1^2 + (T-2)^2 + P_T(10 - T) \tag{12.5}$$

农场的利润函数为:

$$\pi_2 = P_2 Q_2 - 2Q_2^2 - 4T - P_T(10 - T) \tag{12.6}$$

分别求利润最大化,得到:

$$\frac{\partial \pi_1}{\partial Q_1} = P_1 - 2Q_1 = 0 \Rightarrow Q_1 = \frac{P_1}{2}$$

$$\frac{\partial \pi_1}{\partial T} = 2T - 4 - P_T = 0 \Rightarrow T = \frac{P_T + 4}{2}$$

$$\frac{\partial \pi_2}{\partial Q_2} = P_2 - 4Q_2 = 0 \Rightarrow Q_2 = \frac{P_1}{4}$$

$$\frac{\partial \pi_2}{\partial T} = 0 \Rightarrow P_T = 4 \tag{12.7}$$

可以发现,污染量(仍然为4)、企业产量以及农场产量均不发生变化。证明了科斯定理。

（3）内部化（企业合并）。内部化也是解决生产负外部性的一种方式。假设有一家污染企业和一家农场，企业只考虑自身的利润最大化，污染量较大，而将企业与农场合并后，企业就会考虑污染给农场带来的负面影响，排污量必然会下降。

合并前，设企业的成本函数为：

$$Q_1^2 - (T^2 - 16T)$$

$$\pi_1 = P_1Q_1 - Q_1^2 - T^2 + 16T \tag{12.8}$$

则令利润对 T 的导数为 0，可以得到 $-2T + 16 = 0$，企业最佳污染量为 8。

农场利润函数为：

$$\pi_2 = P_2Q_2 - 2Q_2^2 - 4T \tag{12.9}$$

合并后，总利润函数为：

$$\pi = P_1Q_1 - Q_1^2 - T^2 + 16T + P_2Q_2 - 2Q_2^2 - 4T$$

$$\frac{\partial \pi}{\partial T} = -2T + 16 - 4 = 0 \Rightarrow T = 6 \tag{12.10}$$

（4）如何避免公地的悲剧？公地的悲剧就是指那些共有财产的滥用问题，例如一块草地是公共牧场，大家都会去放牧，草生长的速度跟不上被吃掉的速度，最终沙漠化。之所以出现"公地的悲剧"，归根结底是产权不清。

如图 12-9 所示，放牧的边际社会成本高于放牧的边际私人成本，其原因何在？如果草地是自己的，则放牧者在放牧的同时还要对草地进行培育、整理或保养，这些都要花费成本；由于草地公有，放牧者只管放牧，不管维护，因此边际私人成本要低于边际社会成本。

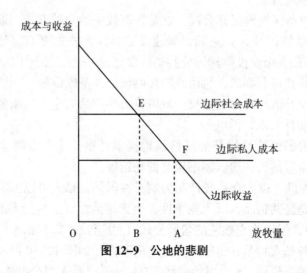

图 12-9　公地的悲剧

最佳的放牧量是 E 点对应的 OB，而放牧者从自身考虑，放牧量为 F 点对应的 OA，这就是过度放牧，公地的悲剧就此产生。要解决公地的悲剧，明晰产权（私有化）是一个解决方案。当然，如果实在无法界定产权，也可以用法律或行政手段加以控制。

第三节　公共产品（公共物品）

一、公共产品的特性

与私人物品相比，公共产品具有两个显著特点：

（1）公共产品的消费具有非排他性。一个人对于公共产品的消费或享用并不影响另外一个人的消费或享用。例如国防就是较纯粹意义上的公共物品，而面包就不具备非排他性（一个人吃掉别人就不能吃了）。

（2）公共产品的供给具有非竞争性。这是指公共物品的消费增加时，成本并不会增加；也就是说，增加一个公共物品，使用者的边际成本是 0。例如路灯就有非竞争性，增加一个人从路灯下走过，人们依然可以得到照明，而不会带来额外的成本。

公共物品提供的方式主要有如下几种：

（1）政府直接提供。这是一种较为普遍的方式，如国防（军队）、公共安全（警察）、市政道路等。

（2）政府与私营机构签订合同。这是较有效率的一种方式，通常是具有规模经济的自然垄断性产品，如基础设施建设。具体方式如 BOT（建设—经营—转让），政府允许私人企业投资建设公共基础设施，并通过若干年的特许独家经营，等到收回投资并获得利润后，再由政府接收该公共基础设施。

（3）政府授予私营机构经营权。政府将公共产品的生产、服务权利委托给私人公司经营，如自来水、供电等。

（4）政府为提供公共物品的私营机构提供补贴。主要有科学技术、基础研究、教育、卫生保健、住房、图书馆、博物馆等。

（5）私人提供。以大众传媒产品为例，在国外，私人可以拥有电视台，而电视信号实际上是公共物品，既无竞争性，也无排他性（虽然技术上可以将不交费的人排除在外），但因为它独特的盈利模式（卖广告），却有私人提供电视信号。

公共物品与私人物品在价格形成上有所不同。如图 12-10 所示，横轴为公共物品数量，纵轴为价格。S 为供给曲线，DA 为消费者 A 对公共物品的需求曲线，

DB 为消费者 B 对公共物品的需求曲线。如何才能得到总的消费曲线呢？如果是一般的非公共物品，只需将消费者的个人需求曲线水平相加即可（价格不变，数量相加）。而公共物品不是这样。

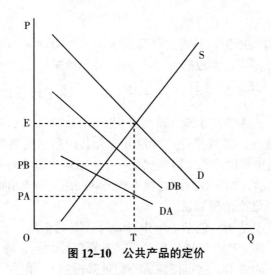

图 12-10　公共产品的定价

由于每个单独的消费者消费的公共物品数量都是一样的，因此总的需求数量不变，相加的仅仅是价格。例如，消费者 A 和消费者 B 的消费数量都是 OT，但支付意愿不一样，A 愿意支付 PA，B 愿意支付 PB，则总价格为 OE(PA + PB)。换句话说，公共物品的社会需求曲线由单个消费者需求曲线垂直相加得到。

二、关于公共产品的应用研究

（一）问题 1：哪一级政府负责安装路灯

路灯的成本可以分为三部分：材料与安装成本、电力成本、维护成本。而收益则相对简单，就是路人可以获得照明。因此，在收益一定的情况下，只要比较成本即可。我们忽略掉材料成本、电力成本，只比较安装与维护成本，这些成本显然与运输距离有关，如图 12-11 所示。整个国家被简化为 0~4 的直线，中央政府位于 2 处。两个地方政府 B、C 分别位于 1 和 3 处。假设要在整个国家安装 4K 个路灯，且这些路灯平均分布，则我们要比较由 A 安装和维护与分别由 B、C 安装和维护的运输成本。

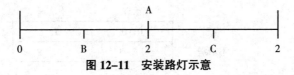

图 12-11　安装路灯示意

如果由 B、C 安装和维护，则两个政府分别安装 2K 个。也就是说，我们只需要计算出 B 政府在 0~B 点安装（维护）K 个路灯的成本再乘以 4 即可。而这个成本等于：$0+\dfrac{1}{K}+\dfrac{2}{K}+\cdots+\dfrac{K-1}{K}=\dfrac{K}{2}\left(0+\dfrac{K-1}{K}\right)=\dfrac{K-1}{2}$，则总运输成本等于 $2(K-1)$。

如果由 A 安装和维护，只需要计算出 A 政府在 0~A 点安装和维护 2K 个路灯的成本再乘以 2 即可。A 政府在 0~A 点安装（维护）2K 个路灯的成本等于：$0+\dfrac{1}{K}+\dfrac{2}{K}+\cdots+\dfrac{2K-1}{K}=\dfrac{2K}{2}\left(0+\dfrac{2K-1}{K}\right)=2K-1$，则总运输成本等于 $4(K-1)$，显然这个成本要高于地方政府分别安装的成本。

因此，结论就是，类似路灯这种地方性公共产品（更类似于俱乐部产品），应该由地方政府负责提供。如果该事权交与中央政府，成本将增加。中央政府负责全国性的公共产品，地方政府则在地方性公共产品上有支出责任。

（二）问题 2：谁来治理雾霾

假设有一个政府结构，包括一个中央政府 A 与两个地方政府 B、C，两个地方政府级别相同。两个地方地理位置接近，雾霾程度相同，均为 2。对于每一个地方，如果花费 2 的成本，就可以将雾霾程度降低到 0。但如果仅仅一个地方如 B 地治理雾霾，则另外一个地方的雾霾就会不断飘过来，于是 B 地就要花费总量 4 的成本，但雾霾程度仅仅下降一半，同时 C 地雾霾也会由于向外扩散而下降一半。我们可以将雾霾降低的程度理解为治理雾霾的收益。

（1）如果 B 地单独治理雾霾，则治理成本为 4，收益为 1，净收益为 -3。C 地雾霾下降一半，并且不用花费成本，净收益为 1。

（2）如果 C 地单独治理雾霾，则治理成本为 4，收益为 1，净收益为 -3。同样，B 地雾霾程度下降一半，同样也不用花费成本，净收益为 1。

（3）如果 B 地和 C 地同时治理雾霾，则各自治理成本为 2，各自收益为 2。净收益都是 0。

（4）如果两个地方都不治理雾霾，则不用花费成本，雾霾程度不变，净收益都是 -2。

如表 12-1 所示：

表 12-1　雾霾治理

		C	
		治理	不治理
B	治理	0, 0	-3, 1
	不治理	1, -3	-2, -2

（1）给定 B 地选择治理，C 地治理得到 0，不治理得到 1，因此，C 地选择不治理。给定 B 地不治理，C 地治理得到-3，不治理得到-2，因此选择不治理。也就是说，无论 B 地如何选择，C 地都会选择不治理。

（2）给定 C 地选择治理，B 地治理得到 0，不治理得到 1，因此 B 地选择不治理。给定 C 地不治理，B 地治理得到-3，不治理得到-2，仍然选择不治理。同样，不治理也是 B 地的占优策略。

这样就得到占优策略均衡，双方都选择不治理，最后的结果就是没有人会去治理雾霾。

结论是，如果没有中央政府的压力，而仅仅是由地方政府去选择是否治理雾霾，则结果通常是较为悲观的。

如果换一种思路来考虑治理雾霾的成本，则可以想象的是，由于治理雾霾需要投入大量设备与精力，例如立法成本、空气净化设备、产业结构调整成本（新产品研发）等，而这些成本一般都可以作为固定成本，而当固定成本很大，可变成本忽略不计时，平均成本就处于下降阶段。如果将治理区域作为自变量（Q），AC 为平均成本，FC 为固定成本，VC 为可变成本，则有：$AC = \dfrac{TC}{Q} = \dfrac{FC + VC}{Q} \approx \dfrac{FC}{Q} = AFC$。

由于 AFC 单调下降，可以说：随着治理区域的扩大，平均成本是下降的。

如图 12-12 所示，如果整个国家的治理区域为 Q_0，则成本为平均成本 AC_0。如果将整个国家分为等大的两个区域，都为 $Q_0/2$，则两个区域的平均成本均为 AC_1。显然，由中央政府集中治理雾霾的话，总成本更低，也更有效率。

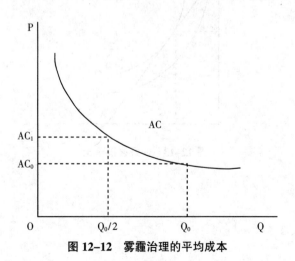

图 12-12　雾霾治理的平均成本

实际上，政府治理雾霾就是在提供一种公共产品，而这种公共产品又具有较强的正外部性，当公共产品具备较强正外部性时，由中央政府负责效率更高。

(三) 问题 3：中央政府能够了解居民的偏好吗

美国经济学家特里西于 1981 年提出了"偏好误识"理论，他认为，中央政府对居民偏好的了解不如地方政府，且其对居民边际替代率的认识具有随机性，其提供公共产品过程中的不确定性也破坏了完全知识的假定，因此中央政府提供公共产品不可能达到社会福利极大化。

特里西并不认为地方政府就一定能够正确地"发现"居民对于公共产品的偏好，但地方政府总是比中央政府更有可能实现这一点。由于信息总是不完全的，而且传递层次越多，失真的概率就越大，因此我们有足够的理由相信地方政府比中央政府更了解当地居民的偏好。这也构成了（财政）分权的一个重要理论根据。

如图 12-13 所示，居民希望获得 C 和 D 两种公共产品，他最喜欢的公共产品组合点位于 E 点，在 E 点，预算线 AB 与无差异曲线 U_1 相切。显然，如果中央政府能够准确了解居民的偏好，则应该提供数量为 OG 的产品 C，数量为 OH 的产品 D。但中央政府并不了解居民偏好，它提供的公共产品组合可能位于 F 点（产品 C 太多而产品 D 太少），此时，居民效用水平从 U_1 下降到 U_2。

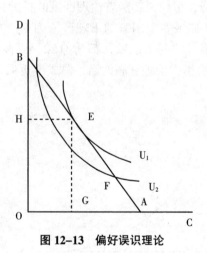

图 12-13　偏好误识理论

第四节 信息不对称

微观经济学的一个基本假设是信息完全，但现实中，信息不仅是不完全的，而且是不对称的。信息不对称（Asymmetric Information）是指在市场经济活动中，各类人员对有关信息的了解是有差异的；掌握信息比较充分的人员，往往处于比较有利的地位，而信息贫乏的人员则处于比较不利的地位。

信息不对称问题可以从两个角度进行划分：一是信息不对称发生的时间，二是信息不对称的内容。前者分为事前的信息不对称和事后的信息不对称；后者分为隐藏行动和隐藏信息两类，理论结构如表 12-2 所示。有的文献将信号模型以及信息甄别模型也包括在内，值得商榷。因为信号传递以及信息甄别是解决逆向选择的方法而不是问题。

表 12-2　信息不对称理论结构

	隐藏行动	隐藏信息
事前		①事前隐藏信息（逆向选择问题），解决办法为信号传递和信息甄别
事后	③事后隐藏行动的道德风险问题	②事后隐藏信息的道德风险问题

事前隐藏信息又被称为逆向选择问题。它主要发生在委托人与代理人之间形成契约关系之前。例如，雇主要招聘雇员时，并不能对雇员进行全面细致的考察，雇主需要在很短的时间内判断一个人是否具备适合某个岗位的能力，于是雇主只能根据应聘人员提供的少量信息进行判断（如简历），而应聘者尽量扬长避短，提供雇主认可的信息而减少提供雇主难以认可的信息。这样一种信息不对称会导致雇主仅仅按照某些硬性指标来招聘雇员，如学历、职称等，这种选择在某种程度上会导致雇主无法雇用到真正具备工作能力的员工。

事后隐藏信息的道德风险问题主要发生于多重委托代理。在签订契约时，委托人了解代理人的信息，但签约后，委托人不能充分了解代理人所掌握的全部信息，例如顾客信息。总经理可以看到部门经理的行动，但部门经理所了解的顾客信息却不被总经理所掌握，这解释了在企业界当部门经理"跳槽"后顾客经常也被带走。

事后隐藏行动的道德风险问题是指在委托人与代理人之间形成契约关系后，代理人隐藏自己的行动，使得委托人无法判断代理人是否采取了足够努力的行动去完成契约。常见的例子是雇主与雇员的关系，雇主无法观测到雇员是否努力工作，只能观测到雇员完成任务的情况，这种问题多出现于"计时制"薪酬制度下，而在"计件制"薪酬制度下则较少出现。"计时制"主要考察工作时间，这时候"磨洋工"和"偷懒"对于雇员是有利的，而"计时制"考察工作的效果，"偷懒"是不合算的。

一、旧车模型——信号传递解决逆向选择

美国经济学家阿克洛夫的旧车模型很好地解释了逆向选择现象。

假设市场上有 200 个卖车的人，每人出售一辆旧车。恰好有 200 个买者，每人准备买一辆。200 辆旧车中有一半是好车，另一半是不太好的车（次品）。

对于好车，购买者愿意支付的最高价格为 100000 元，而销售者所接收的最低价格为 80000 元。对于次品车，购买者愿意支付的最高价格为 50000 元，而销售者所接收的最低价格为 40000 元。

如果信息是对称的，即购买者和销售者都了解车辆的好坏程度，则好车的成交价格为 80000~100000 元之间，次品车的成交价格为 40000~50000 元之间。供给和需求都不会过剩，市场出清。

但由于购买者并不了解车辆的好坏程度，对于购买者而言，他只知道一辆车是好车的概率是 0.5，是次品的概率也是 0.5。于是，买者对任何一辆车的期望价格是 0.5×100000+0.5×50000=75000 元。而在这个价格下，销售者愿意出售哪种车呢？由于好车价格的下限是 80000 元，因此不会出售好车，愿意出售次品车。

问题是购买者也明白，在这个价格下只有次品车出售，而次品车得花费值 75000 元吗？既然是次品车，买者最多会支付 50000 元。于是，市场上只有 100 辆次品车出售，价格为 40000~50000 元。显然，由于信息不对称导致了市场萎缩，而且出现的只有次品。

当然，这个逆向选择问题可以解决，方法之一就是让旧车的销售者提供关于车辆质量的证明材料，例如使用年份、行驶里程等。这就是信号传递（Market Signaling），信号传递可以在一定程度上消除信息不对称。

二、财产保险——制度约束解决败德行为

道德风险又叫道德公害（Moral Hazard）或者败德行为。例如，个人在获得保险公司的保险后，缺乏必要的提防行动，而采取冒险的行为，使发生风险的概率大大增加。这种行为有时会导致市场崩溃。

家庭财产保险就是一例。在没有购买保险时，人们会采取必要的安全措施来避免被盗。假设此时被盗的概率为 0.01，而一旦购买保险后，人们会认为"即使被盗也有保险公司赔偿"，于是不再防范，从而导致被盗概率上升，比如上升到 0.1。

在败德行为发生之前，某地区有 1 万户居民参加财产保险，每户财产为 100000 元，一旦盗窃发生（100000 元被偷光），保险公司全额赔偿。设盗窃概率为 0.01，则保费的最低标准是多少？

设保费为 X，则保险公司收益为 10000 乘以 X，成本为 $10000 \times 0.01 \times 100000$，显然，保费的临界值为 1000 元。此时保险公司利润为 0。

如果发生了败德行为，被盗概率增加到 0.1，保险公司若还按照 1000 元的标准收取保费，则要陷入巨额亏损，亏损额为 90000000 元（$10000 \times 0.1 \times 100000-$10000000 元）。保险公司应该怎么办？

在被盗概率为 0.1 的假设下，保险公司只好提高保费来避免亏损，简单计算可以发现保费应该是 10000 元。

由于保费从 1000 元大幅提高到 10000 元，人们更可能疏于防范，导致被盗概率进一步提高，如到 0.2，保险公司将继续亏损。

保险公司为避免亏损，再次提高保费到 20000 元，但只要发生败德行为，保险公司都会亏损。况且保费也不能无限提高，谁会拿财产的很大一部分去买保险呢？于是，这个市场就消失了。

要避免这种情况的发生，就需要新的制度设计。例如，保险公司不再提供全额赔偿，而是由参保者与保险公司共同承担被盗的损失。此时参保者基于自身利益考虑就不会再采取败德行为。

三、委托代理问题

当委托人不能确知代理人行为时，就产生了委托代理问题，最典型的例子是经理或个人可能仅仅追求自己的目标而牺牲整个公司的利益。

制度经济学认为，人不是完全理性的，而且常常表现出机会主义行为。机会主义的定义是"不择手段地谋取私利"以及做出"不实陈述"。简言之，机会主义就是试图通过欺骗手段寻求自身利益的个人行为。通过设计良好的激励机制，可以减少组织内部机会主义的发生。

可以采取发放奖金的办法来促使经理努力工作。不过，经理是否努力的问题可能与其他不可控因素结合，使问题变得较为麻烦。例如市场需求突然增加，即使经理不努力利润也较多；如果市场需求突然减少，即使经理努力工作，利润也会较少。

假设市场需求变化的概率为 0.5。如表 12-3 所示，如果经理努力工作（努力工作的成本为 20000 元），公司的期望利润为 160000 元；如果经理偷懒，则公司的期望利润为 100000 元。那么应该如何激励经理呢？

我们可以这样设计：如果公司利润低于 120000 元，经理拿不到奖金；如果公司利润为 200000 元，则经理可以拿到 50000 元奖金。

表 12-3　发放奖金模型

	需求增加 （概率为 0.5）时的利润	需求减少 （概率为 0.5）时的利润	期望利润
努力工作	200000 元	120000 元	160000 元
不努力工作	120000 元	80000 元	100000 元

对于经理来说，自己努力工作有 50% 的可能拿到 50000 元奖金，50% 的可能什么也得不到，期望值为 25000 元，高于努力工作的成本，于是经理会努力工作。

对于公司来讲，给定经理努力工作，期望利润是 160000 元，即使经理拿走 50000 元奖金（实际上只是 25000 元），还剩 110000 元，仍然高于经理不努力工作时的公司利润期望值。显然，发奖金是合算的。

第五节　本章总结

（1）垄断会带来低效率，但其管制方法并不确定。一般情况下，对于成本递增的垄断市场，政府难以同时实现帕累托最优和利润为 0 这两个目标。对于成本递减的垄断市场，应该遵守平均成本定价原则。

（2）外部性可以分为四种情况，生产的外部经济、生产的外部不经济、消费的外部经济、消费的外部不经济。

1）如存在生产的外部经济，则私人产出水平通常小于社会最优的产出水平。

2）如存在生产的外部不经济，则私人产出水平通常大于社会最优的产出水平。

3）如存在消费的外部经济，则消费者消费的商品数量小于社会最优消费量，同时会带来社会福利损失。

4）如存在消费的外部不经济，则消费者消费的商品数量大于社会最优消费量，同时会带来社会福利损失。

通常用政府干预、明确所有权及内部化等方法治理外部性。

（3）公共产品要具备非排他性和非竞争性的特征，通常情况下，私人提供公共产品的动力不足。

（4）信息不对称可以分为事前的信息不对称和事后的信息不对称、隐藏行动和隐藏信息。典型的例子是逆向选择、败德行为和委托代理问题。

每章一题

问：设一个公共牧场的成本是 $C = 5x^2 + 2000$，x 是牧场上养牛的头数。每头牛的价格 P = 1800 元。

（1）求牧场净收益最大时养牛数。

（2）若该牧场有 5 户牧民，牧场成本由他们平均分摊，这时牧场上将会有多少头牛？若有 10 户牧民分摊成本，养牛总数是多少？

（3）从中可得出什么结论？

答：（1）牧场净收益最大的养牛数将由 P = MC 给出，即 1800 = 10x，得 x = 180。

（2）该牧场有 5 户牧民时，每户牧民分摊的成本为（$5x^2 + 2000$）÷ 5 = x^2 + 400。于是养牛数是 1800 = 2x，得 x = 900。

该牧场有 10 户牧民时，每户牧民分摊的成本为（$5x^2 + 2000$）÷ 10 = $0.5x^2$ + 200。于是养牛数是 1800 = 0.5 ×2x，得 x = 1800。

（3）显然，问题是牧场因放牧过度，数年后牧场将一片荒芜，这就是所谓公地的悲剧。

第十三章 国民收入核算

第一节 关于 GDP

一、为什么说总产出等于总收入和总支出

GDP 衡量的是什么？无非是一堆产品，从不同角度看这一堆产品，就得到几种不同的核算方法。

从产品价值的角度看，如生产了 1000 台电脑（假设没有购买任何原料），每台价值 1000 元，那么 GDP 就是 100 万元，这就是生产法。

如果厂商卖给消费者 500 台，这就是消费；卖给政府 200 台，这就是政府购买；出口 200 台；还剩下 100 台留作存货投资。这就是支出法，GDP = C + I + G + (X - M)。

厂商必须为工人支付工资，支付银行利息、地租等，其他的留作利润。设工资为 300000 元，利息为 100000 元，租金为 100000 元，利润为 500000 元，这就是收入法。

三种方法的比较如表 13-1 所示。

表 13-1 三种核算方法的比较

收入法		生产法		支出法	
工资	30	产品价值	100	消费	50
利息	20	原料	0	投资	10
租金	10			政府购买	20
利润	40			净出口	20
总收入	100	总产出	100	总支出	100

二、关于投资

投资包括厂房、住宅、机械设备和存货等。其中，资本设备为什么是最终产品而不是中间产品？

所有的中间产品都是一次性投入生产而被消耗光的，例如一个玻璃杯的生产。最初需要硅酸盐矿物，这些矿物被融化、提炼而变成玻璃，再进入模具变成玻璃杯，矿物和玻璃都消失了，只剩下玻璃杯，玻璃杯是最终产品，而矿物和玻璃就是中间产品。

但是，在生产玻璃杯时，还需要融化玻璃的熔炉以及模具。这些设备是企业购买用于生产的，但并不是一次性消耗光而是要使用很多年，因此就与中间产品有了区别。中间产品最后会消失而变成最终产品的一部分，资本设备不会在短期内消失。

三、用收入法核算 GDP

收入法就是利用要素收入（企业成本及利润）来核算国内生产总值。整个社会的收入可以分为非公司企业主收入和公司收入两部分。

公司收入要提取折旧，保证下一年的生产。然后要缴纳间接税，再扣除捐款以及呆账。发放工资，支付各种利息和租金，政府公债利息不包括在内。最后再缴纳社保税费、公司所得税，发放股东红利后剩下未分配利润。

表 13-2　收入法核算 GDP

非公司企业主收入	农民、小店铺主等个体经营户
公司收入	资本折旧
	企业间接税、捐款、呆账等
	工资、利息和租金（不含公债利息）
	社保税费、公司所得税、股东红利、未分配利润

四、从 GDP 到 DPI

严格来讲，从 GDP 无法得到国民收入，因为 GDP 是地域概念，而 NI（国民收入）是国民概念，所以正确的方式是：由 GDP 得到 GNP，从 GNP 得到 NNP（国民生产净值），再得到 NI，进一步得到 PI 和 DPI，如表 13-3 所示。我们要弄清楚以下几个问题。

（一）GDP 是否完全包括国民收入

严格来讲，不是。因为 GDP 是地域概念，而国民收入是国民概念。另外，国民收入中有些是不能计入 GDP（GNP）的。

表 13-3　从 GDP 到 DPI

国内生产总值 GDP	
	加上去本国公民在国外的收入减去外国公民在本国的收入
国民生产总值 GNP	
	减去资本消耗
国民生产净值 NNP	
	减去间接税，减去呆坏账、捐款等，加上政府给企业的补贴
国民收入 NI	
	减去社保税费，减去公司所得税和未分配利润等，加上政府和企业给个人的转移支付，加其他利息收入（利息调整）
个人收入 PI	
	减去个人所得税及其他支付
个人可支配收入 DPI	分解为消费和储蓄

（二）GNP 是否完全包括国民收入

不是。GNP 包括 NNP，但不完全包括国民收入。因为在国民收入中还有 1 项：政府给企业的补贴。我国的各种补贴包括财政贴息、研究开发补贴、政策性补贴等。政府的补贴并没有对应的劳务或产品的交换，没有产生新的价值，不算 GNP。有人可能会说，政府的补贴同样来自企业上缴的税收，政府不过做了一下重新分配，应该算 GNP。这种理解不准确，因为政府的补贴可能来自过去年度。

例如，有两家企业，A 企业新增产值 100，B 企业新增产值 50，则 GNP 为 150，不考虑折旧，则 NNP 也为 150。其中，A 企业缴纳间接税 20，剩余的 80 则分解为工资、利息、地租、利润。B 企业缴纳间接税 10，剩下的 40 也同样分解为工资、利息、地租、利润。政府收到间接税总额为 30，其中拿出 10 来补贴 B 企业。于是，国民收入 = 150 - 20 - 10 + 10 = 130。

在用收入法计算 GNP 时，各项如下：

工资、利息、地租、利润总额为 120。

间接税总额是 30。

则 GNP 等于 150（不能计算政府补贴 B 企业的那部分）。

结论：政府给予的补贴可以计入企业的收入（国民收入），但这部分补贴不计入 GNP（GDP）。

（三）GNP 是否完全包括个人收入或个人可支配收入

不是。GNP 不能完全包括国民收入，也不能完全包括个人收入。因为在个人收入中，有来自政府或企业的转移支付。政府的转移支付包括失业救济、退伍军人津贴、职工养老金、困难补助等，企业的转移支付包括各种针对个人的捐款等。这些属于个人收入，但不属于 GNP（GDP）。

举个极端的例子，你在门外的马路上捡到 100 元，这是你的个人收入，但不能计入 GDP，因为这是你白捡的。同样，DPI 也不完全属于 GNP（GDP）。但是，一般来讲 GDP（GNP）、NDP（NNP）、NI、PI、DPI 在数值上是从大到小排列的。

（四）个人收入中有没有红利和股息

红利和股息属于个人收入的一部分。但是从国民收入得到个人收入的时候，有的教材是这样写的：[①]

PI = NI − 公司利润 − 社会保险费用 + 加上政府和企业给个人的转移支付 + 利息调整 + 红利和股息　　　　　　　　　　　　　　　　　　　　　（13.1）

其中，利息调整是指并非来自银行的个人利息收入，如公债利息。

为什么要单列红利和股息？那是因为在式（13.1）中，公司利润包括了红利和股息，也就是说被减掉了，因此后面要加上。

有的教材这样写：[②]

PI = NI − 公司未分配利润 − 公司所得税 − 社会保险费用 + 加上政府和企业给个人的转移支付 + 利息调整　　　　　　　　　　　　　　　　　（13.2）

这里的未分配利润没有包括红利和股息，也就是说红利和股息没有被减掉，也就不用再加上。

五、GDP 折算数能反映价格结构变化吗

我们以 2000 年为基期，计算 2001 年的 GDP 折算数。如表 13-4 所示，2001 年的商品价格与 2000 年的商品价格有所不同，香蕉价格下跌，上衣价格上涨，但由于 2001 年的名义 GDP 与实际 GDP 一样，这样 GDP 折算数就是 1。也就说从 2000 年到 2001 年，通货膨胀率是 0。

表 13-4　名义 GDP 与实际 GDP

	2000 年 GDP	2001 年名义 GDP	2001 年实际 GDP
香蕉	10 万×5 元=50 万元	20 万×4 元=80 万元	20 万×5 元=100 万元
上衣	5 万×40 元=200 万元	4 万×45 元=180 万元	4 万×40 元=160 万元
合计	250 万元	260 万元	260 万元

但消费者感受不一样。如果消费者对食物价格的变化更敏感，他会认为价格下降了，而如果消费者对服装价格的变化更敏感，则会认为价格上升了。也就是

---

① 何忠伟：《宏观经济学》，中国农业科学技术出版社 2008 年版。

② 高鸿业：《西方经济学》，中国人民大学出版社 2004 年版。此处没有加上利息调整，但根据该页的例子，应该加上利息调整。

说，GDP 折算数不能反映价格结构的变化。

第二节　关于国民收入流量循环

一、储蓄—投资恒等式意味着什么

我们熟悉图 13-1，但有以下几个问题：

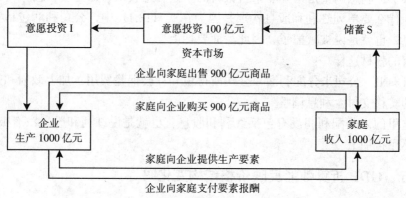

图 13-1　两部门经济国民收入流量循环

(一) 企业为什么不把所有产品都卖给家庭呢

实际上，企业除了把产品卖给家庭外，还会卖给别的企业做投资品（如机器设备），但如果我们把企业看成一个整体，则他们之间的互相买卖可以近似抵消。也就是说，企业生产的 1000 亿元商品都是消费品。

问题依然存在。企业为什么不把所有 1000 亿元产品都卖给家庭呢？因为企业要保留一部分存货，这是企业正常经营的必然要求。企业保留存货（意愿存货投资）不是因为卖不出去，而是为了应对市场需求的突然变化。在图 13-1 中，我们就可以理解为企业保留了 100 亿元的意愿存货（理解为购买别的投资品也可以）。

(二) 企业背负 100 亿元的银行债务，是不是吃亏了

如图 13-1 所示，企业从银行借到 100 亿元，再加上出售商品得到的 900 亿元，支付给家庭，似乎自己没有赚钱，只有 100 亿元的债务。

实际上不是这样，企业同样得到了利润，不过企业的利润同样被股东们分割后带回了家庭，这些股东们出现在企业就代表企业，回到家就代表家庭。

另外，企业并没有吃亏，它虽然有 100 亿元债务，但同样有 100 亿元存货（或别的投资品），价值相当，企业不吃亏。

（三）如何理解储蓄—投资恒等式

事实上，这里面包含着一个假设：即投资和储蓄都是当年的流量，而不涉及任何存量。或者说，企业没有任何前期积累，家庭之前也没有任何储蓄。在这种情况下，企业投资品的货币价值一定等于储蓄。

我们可以这样理解。如果企业的意愿投资是 100 亿元，那么就只能出售 900 亿元产品，这样家庭的剩余货币就是 1000 – 900 = 100 亿元，投资等于储蓄。

如果企业的意愿投资是 200 亿元，那么就只能出售 800 亿元，这样家庭的剩余货币就是 1000 – 800 = 200 亿元，投资仍然等于储蓄。依此类推，投资恒等于储蓄。

二、关于三部门和四部门国民收入流量循环

在三部门流量循环中，一般假设政府税收都是直接税，且不考虑折旧，这样，GDP = NDP = NI，均用 Y 表示。

从支出看，$Y = C + I + G$。

从收入看，家庭得到收入后，先交税，再消费，最后是储蓄，$Y = C + S + T$。[1]

于是有：$I = S + (T - G)$。

S 为个人储蓄，$T - G$ 为政府预算盈余，也可以叫作政府储蓄。

于是 $I = S + (T - G)$ 就可以理解为企业的投资恒等于个人储蓄和政府储蓄之和，如图 13-2 所示。

在四部门流量循环中，同样假设政府税收都是直接税，且不考虑折旧，由于有了国外部门，则有：

从支出看：$Y = C + I + G + X - M$。

从收入看，如果不考虑对国外的转移支付，[2] 则 $Y = C + S + T$。

于是有：$I = S + (T - G) + (M - X)$。

可以理解为投资等于个人储蓄加政府储蓄和国外储蓄。

但图 13-3 略有错误。企业生产了 1000 亿元产品，分别卖给家庭 810 亿元、政府 90 亿元，还有 100 亿元产品作投资，1000 亿元已经分光，哪里还有 10 亿元产品用于出口呢？同样，家庭得到 1000 亿元收入，交税 100 亿元，买消费品 810 亿元，储蓄 90 亿元，收入 1000 亿元已经花完，同样没有钱去进口 10 亿元商品。

---

① 如果有转移支付的话，这里的 T 也可以理解为政府税收减去转移支付后的余额。
② 高鸿业：《西方经济学》，中国人民大学出版社 2004 年版。

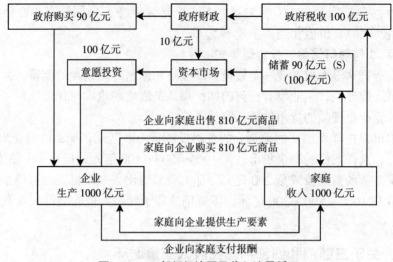

图 13-2　三部门经济国民收入流量循环

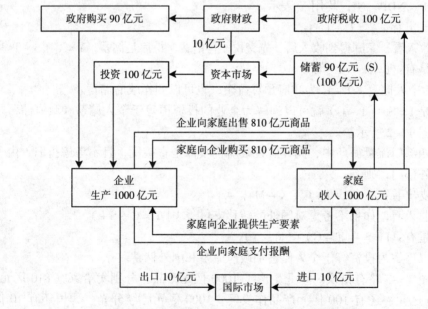

图 13-3　错误的四部门经济国民收入流量循环

有人会说，那很简单，让企业生产 1010 亿元，家庭收入就是 1010 亿元，于是就可以满足出口与进口了，如图 13-4 所示。

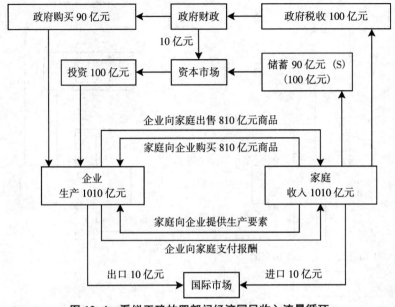

图 13-4 看似正确的四部门经济国民收入流量循环

图 13-4 看似正确，其实不然。只有在出口量等于进口量时图 13-4 看起来才正确，如果进出口不平衡，那就不对了。如果出口还是 10 亿元，进口是 20 亿元，那么国民收入就无法平衡。[①]

其实问题不在于此，问题在于图 13-4 对于 GDP 的理解。如果用支出法计算 GDP，则 GDP = C + I + G + (X − M)，而不是图 13-4 所显示的 GDP = C + I + G + X。

图 13-3 和图 13-4 都是这样理解：从支出看，Y = C + I + G + X，从收入看，Y = C + S + T + M。这无疑不符合 GDP 的概念。

如何解决这个问题？有一个简单方便的办法，就是让进出口都发生在企业部门，事实上这也比较符合实际，进出口本来就主要发生在企业部门。

如图 13-5 所示，进口等于出口，对企业总产量、家庭总收入没有影响，一切和三部门没有区别。

但也许有人会说，进口等于出口不过是个特例，如果进口不等于出口会怎么样？例如出口 10 亿元，而进口 20 亿元，如何做到平衡？

如果进口大于出口，则企业给国内市场提供的总产品应该包括两部分：一部

[①] 读者可以自己尝试一下。由于企业生产价值一定等于家庭收入，则家庭收入保持 1010 亿元不变，进口增加 10 亿元后，家庭要么减少购买消费品，要么减少税收，要么减少储蓄。如果储蓄和税收不减少，就只有减少消费，消费减少到 800 亿元，则消费加投资加政府购买加出口等于 1000 亿元，而不是 1010 亿元。

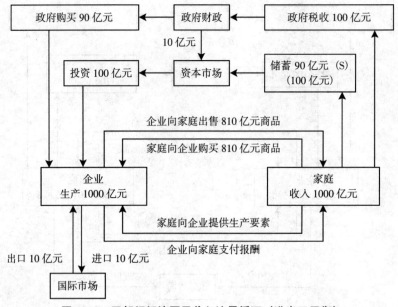

图13-5　四部门经济国民收入流量循环（进出口平衡）

分是利用本国要素生产的价值，另一部分是进口品的价值（我们可以假设进口品都是最终产品，这样比较简洁）。前者形成国民收入，后者却不是国民收入。

如果企业利用本国要素生产1000亿元，出口10亿元，进口20亿元，则总产品为1010亿元（含10亿元的净进口）。

如图13-6所示：

从支出角度看：$Y = C + I + G + (X - M) = 810 + 110 + 90 + (10 - 20) = 1000$亿元。

从收入角度看：$Y = C + S + T = 810 + 90 + 100 = 1000$亿元。

$I = S + (T - G) + (M - X)$依然成立，此时$I = 110$。

需要解释以下两点：

第一，企业产量是1000亿元，但又有10亿元的净进口，因此社会总产品为1010亿元，但出售给消费者810亿元，政府购买90亿元，剩下的110亿元只好作为投资，与进出口平衡相比，投资增加了10亿元。这意味着什么？实际上是进口的增加给国内市场带来了压力——本土企业的存货增加。

第二，企业的投资来自何方？此时，企业的投资来源包括三部分：个人储蓄90亿元、政府储蓄10亿元、国外储蓄10亿元，合计110亿元。

以上例子是进口大于出口，如果出口大于进口会怎样？在此不再赘述，有兴

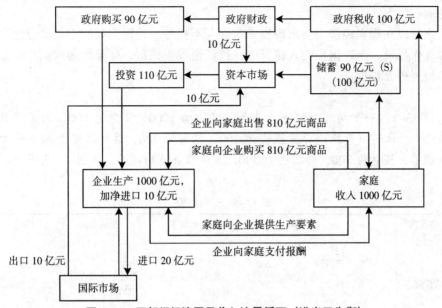

图 13-6 四部门经济国民收入流量循环（进出口失衡）

趣的读者可以自己思考。①

三、投资—储蓄恒等是否意味着总需求等于总供给

这并不是个很重要的问题，但无数宏观经济学初学者都为之头痛。

之所以有储蓄—投资恒等式，是为了描述国民收入的流量循环。根据定义，国内生产总值总等于消费加投资，国民总收入则等于消费加储蓄，国内生产总值又总等于国民总收入，这样才有了储蓄恒等于投资的关系。

而在（两部门）现实经济中，总需求由消费需求和投资需求构成，总供给（总产量）分解为消费和储蓄，但总供给和总需求却不一定相等。

如果总需求大于总供给，即消费加投资大于消费加储蓄，则投资大于储蓄（I > S），非意愿存货投资小于 0。

如果总需求小于总供给，即消费加投资小于消费加储蓄，则投资小于储蓄（I < S），非意愿存货投资大于 0。

只有总需求等于总供给时，投资才等于储蓄，也就是说，I = S 是宏观均衡的

---

① 思路：当出口大于进口时，例如出口为 20 亿元，进口为 10 亿元，则企业生产仍然可以是 1000 亿元，但要减去净出口 10 亿元，因此提供给社会的总产品为 990 亿元。家庭收入仍然是 1000 亿元，消费、储蓄、税收都不变。企业向家庭销售 810 亿元，卖给政府 90 亿元，因此投资就减少为 90 亿元。这意味着什么？意味着出口的增加会减少国内企业的存货。同时，投资=个人储蓄+政府储蓄+国外储蓄=90+10-10=90 亿元。恒等式仍然成立。

条件而非恒等。

之所以在现实经济中会出现投资与储蓄不相等，是因为我们不把非意愿存货投资算作投资，而在国民收入核算中，投资恒等于储蓄，那是因为我们将非意愿存货投资也算作投资。

例 13-1：一个两部门经济，某年总产出为 1000，消费为 700，固定资产投资为 200，计划（意愿）存货投资为 100，储蓄为 300，这时消费加投资等于消费加储蓄，投资为 300，储蓄也为 300，宏观经济是均衡的，如图 13-5 所示。

表 13-5　宏观均衡

总产出		1000	总需求	总供给	结论
消费		700			
投资	固定资产投资	200	消费加投资合计 1000	消费加储蓄合计 1000	宏观均衡 供给等于需求 I=S
	意愿存货	100			
	非计划存货	0			
储蓄		300			

例 13-2：如果总产出仍为 1000，消费为 600，固定资产投资为 200，计划存货投资为 100，同时非计划存货投资为 100。此时，总供给为 1000（因为人们生产了 1000 的物品，就要获得 1000 的报酬），包括消费 600 和储蓄 400，而总需求为 900，即消费 600 加计划投资 300。总供给大于总需求，生产过剩，产出会减少，如表 13-6 所示。

表 13-6　宏观失衡——供给大于需求

总产出		1000	总需求	总供给	结论
消费		600			
投资	固定资产投资	200	消费加投资合计 900	消费加储蓄合计 1000	宏观失衡 供给大于需求 I<S 经济会收缩
	意愿存货	100			
	非意愿存货（不计入投资）	100			
	合计	300			
储蓄		400			

但在核算中，投资依然恒等于储蓄，如表 13-7 所示。

表13-7 核算中的恒等（1）

总产出	1000	
消费	600	
投资	固定资产投资	200
	意愿存货	100
	非意愿存货（计入投资）	100
	合计	400
储蓄	400	
结论	投资恒等于储蓄	

例13-3：如果总产出仍为1000，消费为800，固定资产投资为200，计划存货投资为100，同时非计划存货投资就是-100。此时，总需求为800加200加100为1100，而总供给为1000。需求大于供给，产出要增加；同时，投资为300，储蓄为200，投资大于储蓄，如表13-8所示。

表13-8 宏观失衡——供给小于需求

总产出	1000		总需求	总供给	结论
消费	800				
投资	固定资产投资	200	消费加投资 1100	消费加储蓄合计 1000	宏观失衡 供给小于需求 I>S 经济会膨胀
	意愿存货	100			
	非意愿存货（不计入投资）	-100			
	合计	300			
储蓄	200				

但在核算中，投资依然恒等于储蓄，如表13-9所示。

表13-9 核算中的恒等（2）

总产出	1000	
消费	800	
投资	固定资产投资	200
	意愿存货	100
	非意愿存货（计入投资）	-100
	合计	200
储蓄	200	
结论	投资恒等于储蓄	

记住这句话：当我们讨论总供给和总需求时，投资中不含非计划存货投资，而在国民收入核算中，投资包含非计划存货投资。

第三节　本章总结

（1）GDP 与 GNP 之间存在区别，GDP 有名义 GDP 与实际 GDP 之分。

（2）GDP 有两种核算方法：支出法和收入法。

（3）本章逻辑关系如图 1–4 所示。

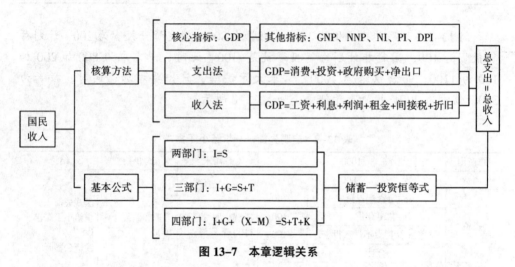

图 13–7　本章逻辑关系

每章一题

问：假定某经济有 A、B、C 三个厂商，A 厂商年产出 5000，卖给 B、C 和消费者，其中 B 买 200，C 买 2000，其余 2800 卖给消费者。B 年产 500，直接卖给消费者。C 年产 6000，其中 3000 由 A 购买，其余由消费者购买。

（1）假定投入在生产阶段都用光，计算价值增加。

（2）计算 GDP。

（3）如果只有 C 有折旧 500，计算国民收入。

答：（1）由题设，厂商 A 产出为 5000，其中向 C 买了 3000，故 A 的价值增加为 5000 – 3000 = 2000。

厂商 B 产出为 500，其中向 A 买了 200，故 B 的价值增加为 500 – 200 = 300。

厂商 C 产出为 6000，其中向 A 买了 2000，故 C 的价值增加为 6000 – 2000 = 4000。

这样，合计价值增加为 2000 + 300 + 4000 = 6300。

（2）由题设，厂商 A 卖给消费者最终产品 2800，厂商 B 卖给消费者最终产品 500，厂商 C 卖给消费者最终产品 3000，这样，由最终产品生产法可得 GDP = 2800 + 500 + 3000 = 6300。

（3）国民收入 = 6300 − 500 = 5800。

第十四章　简单国民收入决定

第一节　凯恩斯的理论体系

一、一个框架式的理解

凯恩斯的理论体系如下：

（1）如图 14-1 所示，假设不论需求量为多少，经济均可以提供相应的供给量且价格不变。这种假设的要求就是在总需求曲线正常的情况下，供给曲线必然是水平的。

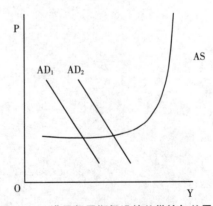

图 14-1　满足凯恩斯假设的总供给与总需求

（2）在两部门的前提下，需求等于消费加投资。如果投资不变，则需求决定于消费，于是凯恩斯提出了绝对收入消费理论，即：$Y = C + I = \alpha + \beta Y + I \Rightarrow Y = \dfrac{\alpha + I}{1 - \beta}$，其中 $\dfrac{1}{1 - \beta}$ 为消费乘数。同理，可以得到投资、政府购买、转移支付等乘数。如果假设投资是利率的减函数，则最后可以得到 IS 曲线：$Y = \dfrac{\alpha + e - dr}{1 - \beta}$。

（3）引入货币市场。货币需求函数为 $M_d = ky - hr$，货币供给为外生变量。得到 LM 曲线：$M = ky - hr$。

（4）结合 IS 曲线和 LM 曲线，可以得到均衡收入和利率。

（5）由 IS 曲线 $Y = \dfrac{\alpha + e - dr}{1 - \beta}$ 以及 LM 曲线 $\dfrac{M}{P} = ky - hr$，消去利率，得到向下倾斜的总需求曲线。

（6）引入劳动市场理论，在工人存在货币幻觉（只能看到货币的票面价值而看不到价格的变化）或工会抵制货币工资下降的情况下，货币工资具有"刚性"或"黏性"，这样，价格下降后产量下降。可以近似得到凯恩斯要求的底端水平或倾斜的短期总供给曲线，如图 14-2 所示。

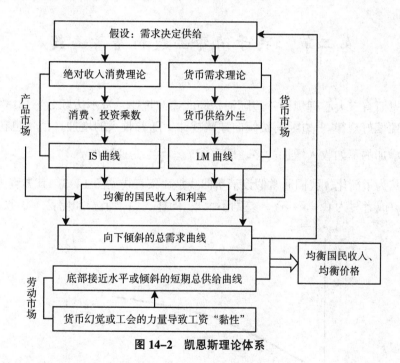

图 14-2 凯恩斯理论体系

至少有三个重要的问题需要我们思考：

（1）为什么会有乘数？

（2）总需求曲线为什么向下倾斜？

（3）什么时候总供给曲线才是水平的？是一种常态吗？

这些问题本书一一回答。

二、关于假设

我们已经知道凯恩斯关于总供给曲线的假设：底部水平，最终向上倾斜，也就意味着产量增加而价格不变。且不论什么工会、货币幻觉，什么时候才会有这样的总供给曲线呢？

显然，只有在失业或经济萧条状态下，才会有这样的总供给曲线。而只有这种总供给曲线才能满足凯恩斯提出的扩大总需求政策。我们可以想象，如果总供给曲线不是水平的，而是垂直的，那么凯恩斯扩大总需求的政策仅会带来价格水平的提高。因此，宏观经济学的学习者一定要注意，避免将凯恩斯理论进行扩大化的运用。

这充分说明一个道理：任何经济理论都有其应用的历史局限，没有放之四海而皆准的绝对真理。

第二节　关于消费函数和储蓄函数

凯恩斯有三大心理规律：边际消费倾向递减规律、资本边际效率递减规律以及流动性偏好规律。[1]边际消费倾向递减规律：随着收入的增加，消费也在增加，但消费增加的不如收入增加的多。即：$MPC = \dfrac{\Delta C}{\Delta Y}$ 是递减的。

当然为了简化，我们通常假设消费曲线是一条直线见图 14-3。其方程为：$C = \alpha + \beta Y$（或者写为 $C = a + bY$，差别不大）；同样，由于消费加储蓄等于收入，因

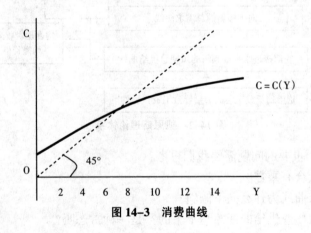

图 14-3　消费曲线

---

① 之所以是心理规律，原因在于这些规律在提出时都是未经验证的，如边际消费倾向递减规律，1942年美国经济学家西蒙·库兹涅茨的研究证明，平均消费倾向和边际消费倾向是相等的，没有递减现象。这被称为"消费函数"之谜。

此储蓄函数可以写为：$S = Y - C = -\alpha + (1 - \beta)Y$，[①] 如图 14-4 所示。

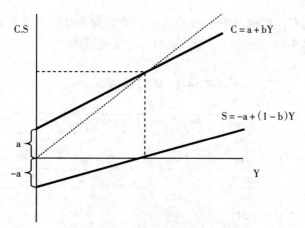

图 14-4　消费曲线和储蓄曲线

图 14-4 中，消费曲线和储蓄曲线在垂直方向上相加得到什么？显然是 45°线（图中的虚线表示等于收入）。

一、边际消费倾向与平均消费倾向之间存在什么关系

我们知道边际消费倾向总大于 0 小于 1，平均消费倾向可能大于等于或小于 1，但是否存在其他关系就需要论证。

（1）边际消费倾向递减能否推出平均消费倾向递减？能否推出平均消费倾向一定大于边际消费倾向？否。

边际消费倾向递减仅仅说明消费函数的斜率递减，或二阶导数小于 0，并不能说明平均消费倾向一定是递减的，也不能推出平均消费倾向一定大于等于边际消费倾向。

我们可以假设一个消费函数，$c(y) = -y^3 + 30y^2 - 2y(y > 10)$　　　　(14.1)

$MPC = -3y^2 + 60y - 2$

$MPC' = -6y + 60$，由于 $y > 10$，因此 $MPC' < 0$，边际消费倾向递减。

$APC = y^2 + 30y - 2$

$APC' = -2y + 30$

当 $10 < y < 15$ 时，平均消费倾向是递增的。也就是说，边际消费倾向递减不能保证平均消费倾向一定递减。

同理，$APC - MPC = 2y^2 - 30y$。

[①] 或者不太规范地写为 $S = -a + (1 - b)Y$，这并不重要。

只有在 y > 15 时上式才大于 0，而在 10 < y < 15 时，平均消费倾向小于边际消费倾向。

（2）平均消费倾向递减能否推出边际消费倾向递减？不能。表 14-1 是很多教材都有的消费表格，表示了 MPC 和 APC 都是递减的。

表 14-1　某家庭消费表

单位：元

序号	收入	消费	增加的消费	边际消费倾向（MPC）	平均消费倾向（APC）
1	9000	9110			
2	10000	10000	890	0.89	1.00
3	11000	10850	850	0.85	0.986
4	12000	11600	750	0.75	0.967
5	13000	12240	640	0.64	0.942
6	14000	12830	590	0.59	0.916
7	15000	13360	530	0.53	0.891

我们修改一下：注意第四行之后有所变化。第四行边际消费倾向从 0.75 增加到 0.86（见表 14-2），此后是 0.64、0.59、0.53。平均消费倾向也有所变化，但总的趋势仍然是递减的。也就是说，平均消费倾向递减不能推出边际消费倾向递减。

表 14-2　修改后的某家庭消费表

单位：元

序号	收入	消费	增加的消费	边际消费倾向（MPC）	平均消费倾向（APC）
1	9000	9110			
2	10000	10000	890	0.89	1.00
3	11000	10850	850	0.85	0.986
4	12000	11710	860	0.86	0.976
5	13000	12350	640	0.64	0.950
6	14000	12940	590	0.59	0.924
7	15000	13470	530	0.53	0.898

（3）平均消费倾向递减能否推出平均消费倾向大于边际消费倾向？能。我们可以对平均消费倾向求导数，得到：

$$\frac{dAPC}{dY} = \frac{d(C/Y)}{Y} = \frac{1}{Y}\frac{dC}{dY} - \frac{C}{Y^2} = \frac{1}{Y}(MPC - APC) \tag{14.2}$$

也就是说，只要平均消费倾向导数小于 0，或者说平均消费倾向递减，则平均消费倾向一定大于边际消费倾向。

当然，如果消费函数为线性，$APC = C/Y = (a + bY)/Y = a/Y + b$，b 是 MPC。因此，$APC > MPC$。随着收入增加，APC 趋近于 MPC。

二、边际储蓄倾向与平均储蓄倾向之间的关系

结合以上推导，我们可以较为容易地得出以下结论：

（1）边际储蓄倾向总是大于 0 小于 1，而平均储蓄倾向则可能小于 0。[①]

（2）只要平均储蓄倾向导数大于 0，或者说平均储蓄倾向递增，那么边际储蓄倾向总是大于平均年储蓄倾向。

$$\frac{dAPS}{dY} = \frac{d(S/Y)}{Y} = \frac{1}{Y}\frac{dS}{dY} - \frac{S}{Y^2} = \frac{1}{Y}(MPS - APS) \qquad (14.3)$$

若式（14.3）大于 0，则 MPS 一定大于 APS。

（3）由平均储蓄倾向递增不能推出边际储蓄倾向递增。

（4）由边际储蓄倾向递增不能推出平均储蓄倾向递增，也不能推出边际储蓄倾向一定大于边际储蓄倾向。

三、凯恩斯消费理论评价

凯恩斯消费理论被称为绝对收入假说。主要包括两点：①消费是现期收入的函数；②边际消费倾向随收入增加而递减。

很多人质疑第一点，认为消费并不一定完全取决于现期收入。但凯恩斯消费理论中真正有意义的是第二点，即边际消费倾向递减。也许对于某个人来讲，边际消费倾向递减并不明显，但对整个社会而言却存在明显的递减趋势。

不同收入阶层的消费倾向不一样，富有者边际消费倾向较低，穷人则较高。这意味着国民收入分配越不均等，社会总消费就越低。我们可以举例来说明：一个社会有 10 个人，总收入 10000 元，如果平均分配（每人 1000 元），消费倾向为 0.8，总消费为 8000 元。而假如 8 个人为穷人，每人收入 500 元，其消费倾向为 0.9；另外 2 人为富人，每人收入为 3000 元，消费倾向为 0.7。则穷人消费额为 3600 元，富人消费额为 4200 元，总消费为 7800 元。[②]可见，总消费在下降。

四、其他消费理论

（一）相对收入消费理论

杜森贝利认为，消费者会受到自己过去的消费习惯以及周边人群消费水准的

---

① 有人可能会问：平均储蓄倾向会不会大于 1，一般不会，除非你借钱来储蓄，但这是个愚蠢的想法。

② 实际上，在给定穷人收入和消费倾向的前提下，我们可以计算出导致社会总消费下降的富人的临界消费倾向，即$(8000 - 8 \times 500 \times 0.9)/6000 = 0.733$。也就是说，只要富人的消费倾向低于 0.733，与平均分配相比，总消费就会下降。

影响来消费，从而消费并不完全取决于当期收入，而是由相对收入决定（与过去相对、与别人相对）。在这样的假设下，长期消费函数是从原点出发的直线。

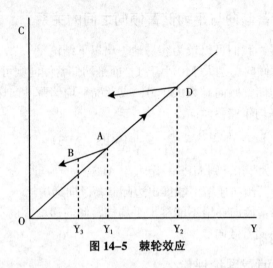

图 14-5　棘轮效应

如图 14-5 所示，当收入由 Y_1 增加到 Y_2 时，消费的增加轨迹为 AD，这是正常的增加。而当收入从 Y_1 减少到 Y_3 时，消费的减少轨迹为 AB，也就是说，收入增加时，消费增加较多，而收入减少时，消费减少较少。消费者即使收入减少，也仍然想维持以前收入高时的消费。这就是棘轮效应。

实际上，可以认为类似 AB 的消费曲线是短期消费曲线，而 OD 则代表长期消费曲线。

杜森贝利的另外一个理论就是消费的示范效应。如图 14-6 所示，我们假设在经济中有两个消费者，他们的消费曲线都是 OD。但在某一时刻，消费者甲的收

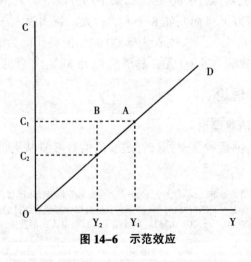

图 14-6　示范效应

入为 Y_1，乙的收入为 Y_2。如果没有示范效应，则总消费应该为 $C_1 + C_2$，但消费者乙也要像甲那样消费，消费也为 C_1，于是社会总消费为 $2C_1$。社会总消费增加。

(二) 生命周期消费理论

例 14-1：设某人 20 岁开始工作，60 岁退休，预期寿命为 80 岁。工作期间年平均工资为 10 万元。若他计划在去世前把全部财产花完，能否计算出每年的消费额（20 岁以前父母为他花费的钱财不计，储蓄也没有利息）？

工作年限为 40 年，工资总收入为 400 万元。60 年花完 400 万元，则每年应该消费 6.67 万元。

如果储蓄有利息，年利率 5%，不计复利（即银行支付的利息不再存入银行），每年消费额会增加到多少？

设每年消费 X 元，则每年的剩余收入为 $10 - X$，利息为 $(10 - X) \times 0.05$。累计 40 年后，退休时的财产为：$40(10 - X) + 40(10 - X) \times 0.05 = 42(10 - X)$。

退休后，不再有工资收入，如果不再将财产存入银行，每年仍消费 X 元，20 年后花完。则有：$42(10 - X) = 20X$，得到每年应该消费 6.77 万元。

显然，如果退休后财产仍然存入银行以产生利息，每年的消费量应该更多。我们可以设想退休第一年的财产为 $42(10 - X)$，去世前财产为 0。因此 20 年内平均每年持有的财产为 $21(10 - X)$，则总利息为 $20 \times 0.05 \times 21(10 - X)$。于是，退休时的财产加上退休后的总利息应该在 20 年内花完，$42(10 - X) + 20 \times 0.05 \times 21(10 - X) = 20X$，$X = 7.59$ 万元。当然，如果计算复利，则每年消费量应该会更多一些。

(三) 永久收入消费理论

永久收入消费理论认为，人们的收入不仅与当期收入相关，也与过去及未来的收入相关。这可以解释在我国人们为什么热衷于考公务员。

设 A 选择做公务员，年收入为 7.5 万元，可以认为这个收入是稳定的。另一人 B 选择到企业工作，设某年收入为 10 万元，而上年收入为 5 万元。我们可以想一下，消费者是否按照年收入 10 万元来安排消费呢？显然不会。当然，消费者也不一定按照年收入 5 万元来安排消费。那么消费者到企业工作的预期收入就是：$EY = \theta Y + (1 - \theta)Y_{-1}$。

我们把消费者分为两类：一类是乐观派，另一类是悲观派。前者认为在企业拿到 10 万元年薪的概率大于 0.5，后者认为小于 0.5。那么乐观派会认为自己的预期收入超过 7.5 万元，从而消费较多，而悲观派则会认为预期收入低于 7.5 万元，从而消费较少。

当然，消费者是乐观派还是悲观派并不是天生的，与经济形势有关。在经济繁荣时，企业比较容易赚到钱，人们愿意到企业工作，乐观派增多，从而社会总消费也增加；在经济萧条时，企业前景黯淡，人们更愿意做公务员，悲观派增多，从而社会总消费也减少。而人们的选择在一定程度上加剧了经济的波动。

第三节　两部门收入决定与乘数

一、两部门收入决定

(一) 对均衡条件的理解

两部门收入的均衡条件是：$Y = C + I$。如何理解这个条件？

不能简单地将这个条件理解为收入等于消费加投资，而是要明确：只有生产的产量（即供给）等于消费和投资（即需求）时，生产才是均衡的。

例14-2：设消费函数为 $C = 100 + 0.8Y$，投资为60。那么产量为多少时才会实现宏观均衡？

如果厂商产量为500，消费为500，投资为60，则总需求为560，大于总供给。非计划存货投资为-60；同时，由于消费为500，储蓄为0，所以有 $I > S$。厂商应该增加产量。

如果厂商产量为1000，消费为900，投资为60，则总需求为960，小于总供给。非计划存货投资为40；同时，由于消费为900，储蓄为100，所以有 $I < S$。厂商应该减少产量。

只有厂商产量为800时才满足宏观均衡。产量为800，消费为740，投资为60，则总需求为800，总供给等于总需求。非计划存货投资为0；同时，由于消费为740，储蓄为60，所以有 $I = S$，实现宏观均衡。

(二) 国民收入变动过程

根据以上假设，如果投资从60增加到70，则均衡国民收入增加，其值为 $(100 + 70)/(1 - 0.8) = 850$，但这个增加并不是马上能实现的。

很多教材上都这样解释，设 $Y_t = C_t + I_t$，而 $C_t = a + bY_{t-1}$，于是有：

$$Y_t = a + bY_{t-1} + I_t \tag{14.4}$$

然后再去解差分方程等，实际上不用那么麻烦。

如果式 (14.1) 是收敛的，那么均衡时 Y_t 必然等于 Y_{t-1}，又由于增加后的 I 也保持不变，于是有：

$$Y = (a + I)/(1 - b) \tag{14.5}$$

(三) 关于乘数的秘密

所有教材都是这样介绍乘数的：增加 100 元投资，第一轮增加 100 元收入；假设边际消费倾向为 0.8，则消费为 80，带来 80 元收入；再消费 64 元，带来 64 元收入；依次类推……最终收入增加量为：$\Delta Y = 100 + 100 \times 0.8 + 100 \times 0.8^2 + \cdots + 100 \times 0.8^{n-1} = 100/(1 - 0.8) = 500$。但这种描述并没有真正揭示乘数的秘密。

乘数实际上来源于国民收入的核算方式以及迅速的货币周转。我们知道，GDP 一般是以一年（季度）为单位核算的，而货币流通又比较迅速，所以一年内可以实现乘数效应。但是，如果核算时间段很短，或货币流通速度很低，则无法实现乘数。

另外，需要注意的是，乘数的实现也是以无限供给能力为基础的，如果供给能力不足，无疑会引起价格升高，收入却不会增加。

二、三部门、四部门收入决定

在三部门收入决定中，有很多假设，其中最重要的假设是政府收入都是个人所得税。也就是说，消费是可支配收入的函数。

$Y_D = Y - T$

$C = a + bY_D$ (14.6)

三部门的均衡条件是：$Y = C + I + G$，或者 $S + T = I + G$。

同样，均衡条件的含义是：产量只有在等于需求（分解为消费、投资和政府购买）时才是均衡的。

设消费函数为 $C = 100 + 0.75Y_D$，税收 $T = 40 + 0.2Y$，$I = 200$，$G = 130$。

消费函数进一步写为 $C = 100 + 0.75Y_D = 100 + 0.75(Y - T) = 70 + 0.6Y$。

产量多大时才能实现均衡呢？

如果产量为 500，则消费为 370，加上投资和政府购买，即 $C + I + G = 700$，显然总需求（700）大于总供给（500），需求大于供给，存货意外减少。或者换一种说法，此时税收为 140，可支配收入（$Y - T$）为 360，储蓄为 -10，$S + T$（130）小于 $I + G$（330）。

如果产量为 1200，则消费为 790，加上投资和政府购买，即 $C + I + G = 1120$，显然总需求（1120）小于总供给（1200），需求小于供给，存货意外增加。或者换一种说法，此时税收为 280，可支配收入（$Y - T$）为 920，储蓄为 130，$S + T$（410）大于 $I + G$（330）。

如果产量为 1000，则消费为 670，加上投资和政府购买，即 $C + I + G = 1000$，显然总需求（1000）等于总供给（1200），实现宏观均衡。或者换一种说法，此时税收为 240，可支配收入（$Y - T$）为 760，储蓄为 90，$S + T$（330）等于 $I + G$（330）。

用公式来描述：

第一，如果税收是定量税，且没有转移支付，则有：

$$Y = C + I + G$$

$$T = T_0$$

$$C = a + bY_D = a + b(Y - T_0) = a + bY - bT_0 \qquad (14.7)$$

$$Y = a + bY - bT_0 + I + G$$

$$Y = \frac{a + I + G - bT_0}{1 - b}$$

第二，如果税收是定量税，且有转移支付，则有：

$$Y = C + I + G$$

$$T = T_0$$

$$C = a + bY_D = a + b(Y - T_0 + TR) = a + bY - bT_0 + bTR \qquad (14.8)$$

$$Y = a + bY - bT_0 + bTR + I + G$$

$$Y = \frac{a + I + G + bTR - bT_0}{1 - b}$$

第三，如果税收是比例税，且可支配收入中没有转移支付，则有：

$$Y = C + I + G$$

$$T = T_0 + tY$$

$$C = a + bY_D = a + b(Y - T) = a + b(1 - t)Y - bT_0 \qquad (14.9)$$

$$Y = a + b(1 - t)Y - bT_0 + I + G$$

$$Y = \frac{a + I + G - bT_0}{1 - b(1 - t)}$$

第四，如果税收是比例税，可支配收入中包含转移支付，则有：

$$Y = C + I + G$$

$$T = T_0 + tY$$

$$C = a + bY_D = a + b(Y - T + TR) = a + b(1 - t)Y + bTR - bT_0 \qquad (14.10)$$

$$Y = a + b(1 - t)Y - bT_0 + I + G + bTR$$

$$Y = \frac{a + I + G + bTR - bT_0}{1 - b(1 - t)}$$

三、三部门各种乘数

（一）政府支出乘数

实行定量税时：

$$Y = \frac{a + I + G - bT_0}{1 - b}$$

$$K_g = \frac{dY}{dG} = \frac{1}{1-b} \tag{14.11}$$

实行比例税时：

$$Y = \frac{a + I + G - bT_0}{1 - b(1-t)}$$

$$K_g = \frac{dY}{dG} = \frac{1}{1 - b(1-t)} \tag{14.12}$$

也可以这样推导：政府购买增加 ΔG，则需求增加 ΔG，形成收入为 ΔG，这是第一轮。

得到收入的人先按比例交纳税收，再去消费，形成收入为 $b(1-t)\Delta G$，这是第二轮。

第三轮为 $b^2(1-t)^2\Delta G$，依此类推。

最后得到国民收入增加总量为：

$$\Delta Y = \Delta G + b(1-t)\Delta G + b^2(1-t)^2\Delta G + \cdots + b^{n-1}(1-t)^{n-1}\Delta G$$

$$\Delta Y = \frac{\Delta G - b^n(1-t)^n\Delta G}{1 - b(1-t)}$$

$$K_g = \frac{\Delta Y}{\Delta G} = \frac{1}{1 - b(1-t)} \tag{14.13}$$

（二）投资乘数、消费乘数

$$K_I = K_a = K_g = \frac{\Delta Y}{\Delta G} = \frac{1}{1 - b(1-t)} \tag{14.14}$$

推导过程与政府支出乘数类似，不再赘述。

（三）税收乘数[①]

求导的办法比较麻烦，而推导办法有两种不同的算法。

第一种推导方法：政府减税 ΔT，则可支配收入增加 ΔT，消费者按边际消费倾向 b 消费，形成收入的第一轮增加 $b\Delta T$。

得到收入的人按税率交税，税后可支配收入为 $b\Delta T(1-t)$，再进行消费，消费量为 $b^2\Delta T(1-t)$，这是第二轮增加。

第三轮为 $b^3\Delta T(1-t)^2$……依此类推，第 n 轮为 $b^n\Delta T(1-t)^{n-1}$。

将 n 轮收入增加累计，得到：$\Delta y = -[b\Delta T + b^2(1-t)\Delta T + b^3(1-t)^2\Delta T + \cdots + b^n\Delta T(1-t)^{n-1}] = -b\Delta T/(1 - b(1-t))$。

于是乘数为：

$$\frac{-b}{1 - b(1-t)} \tag{14.15}$$

---

① 完整的推导过程见本章附录的解释。

第二种推导方法：政府减税 ΔT，则收入增加 ΔT，消费者先交税，交税后的收入按边际消费倾向 b 消费，形成收入的第一轮增加 $b(1-t)\Delta T$。

得到收入的人按税率交税，税后可支配收入为 $b\Delta T(1-t)^2$，再进行消费，消费量为 $b^2\Delta T(1-t)^2$，形成收入，这是第二轮增加。

第三轮为 $b^3\Delta T(1-t)^3$……依此类推，第 n 轮为 $b^n\Delta T(1-t)^n$。

将 n 轮收入增加累计，得到：$\Delta y = -[b(1-t)\Delta T + b^2(1-t)^2\Delta T + b^3(1-t)^3\Delta T + \cdots + b^n\Delta T(1-t)^n] = -b(1-t)\Delta T/(1-b(1-t))$。

于是乘数为：

$$\frac{-b(1-t)}{1-b(1-t)} \tag{14.16}$$

比较式（14.15）和式（14.16），区别在哪里呢？显然，区别在于减税后的收入增加要不要先交税再消费。如果直接消费，就是第一种结果，如果先交税再消费，就是第二种结果。

考虑到平衡预算乘数等于政府购买乘数加税收乘数，我们称平衡预算乘数为 K_b，$K_b = K_g + K_T$。

根据式（14.15），$K_b = K_g + K_T = \dfrac{1}{1-b(1-t)} - \dfrac{b}{1-b(1-t)} \neq 1$。

根据式（14.16），$K_b = K_g + K_T = \dfrac{1}{1-b(1-t)} - \dfrac{b(1-t)}{1-b(1-t)} = 1$。

可以看出，只有第二种方法可以满足平衡预算乘数等于 1。

（四）转移支付乘数

同样有两种方法推导方法。

第一种推导方法：政府提供转移支付 ΔTR，则可支配收入增加 ΔTR，消费者按边际消费倾向 b 消费，形成收入的第一轮增加 $b\Delta TR$。

过程略，依次计算出来的转移政府乘数：

$$K_{TR} = \frac{b}{1-b(1-t)} \tag{14.17}$$

第二种推导方法：政府提供转移支付 ΔTR，则收入增加 ΔTR，消费者先交税，再按边际消费倾向 b 消费，形成收入的第一轮增加 $b(1-t)\Delta TR$。

过程略，依次计算出来的转移支付乘数为：

$$K_{TR} = \frac{b(1-t)}{1-b(1-t)} \tag{14.18}$$

也可以直接用求导的方法。

第一种方法的含义是，均衡收入方程可以写为：

$Y = \dfrac{a + I + G + bTR - bT_0}{1-b(1-t)}$，则：

$$K_{TR} = \frac{dY}{dTR} = \frac{b}{1 - b(1 - t)} \tag{14.19}$$

第二种方法的含义是，均衡收入方程可以写为：

$$Y = C + I + G, \quad T = T_0 + tY \tag{14.20}$$

$$C = a + bY_D = a + b(Y - T + (1 - t)TR) = a + b(1 - t)Y + b(1 - t)TR - bT_0$$

$$Y = a + b(1 - t)Y - bT_0 + I + G + b(1 - t)TR$$

$$Y = \frac{a + I + G + b(1 - t)TR - bT_0}{1 - b(1 - t)}$$

$$K_{TR} = \frac{dY}{dTR} = \frac{b}{1 - b(1 - t)}$$

式（14.20）的含义是居民在得到转移支付时要先交税。

（五）四部门收入决定和乘数

推导过程如下：

$$Y = C + I + G + X - M, \quad T = T_0 + tY$$

$$C = a + bY_D = a + b(Y - T + TR) = a + b(1 - t)Y + bTR - bT_0$$

$$X = \overline{X}$$

$$M = M_0 + mY$$

$$Y = a + b(1 - t)Y - bT_0 + I + G + bTR + \overline{X} - M_0 - mY$$

$$Y = \frac{a + I + G + bTR - bT_0 + \overline{X} - M_0}{1 - b(1 - t) + m}$$

各种乘数变小。

政府支出乘数、消费乘数、投资乘数、出口乘数都是 $\dfrac{1}{1 - b(1 - t) + m}$。出口乘数又叫对外贸易乘数。

税收乘数推导：政府减税 ΔT，则收入增加 ΔT，先交税，然后按边际消费倾向 b 消费，形成收入的第一轮增加 $b(1 - t)\Delta T$，但要拿出一部分购买进口品，于是第一轮收入增加为 $(b(1 - t) - m)\Delta T$。

第二轮增加为 $(b(1 - t) - m)^2\Delta T$。

第三轮为 $(b(1 - t) - m)^3\Delta T$……依此类推。

乘数为 $\dfrac{-b(1 - t) + m}{1 - b(1 - t) + m}$。平衡预算乘数仍然等于1。

第四节　本章总结

（1）凯恩斯理论的假设是经济萧条，在经济萧条时，收入的多少取决于总需求。

（2）凯恩斯消费理论中的核心概念是边际消费倾向 MPC 和边际储蓄倾向 MPS。在两部门经济中，投资乘数等于 1/MPS 或 1/(1 − MPC)。

（3）在三部门经济中，各种乘数依次变小，因为有了政府税收。精确计算各种乘数其实并无太大经济学意义，因为我们根本无法确知货币周转的速度，若货币周转极慢，则所有乘数都很小。当然，从学习经济学的角度看，每一个乘数的计算都必须精确。

（4）在四部门经济中，乘数进一步变小，因为有了边际进口倾向。各种乘数的值如表 14–3 所示。注意，其中税收乘数和转移支付乘数的计算方法都认为第一轮也要缴税。

表 14–3　各种乘数

	两部门	三部门	四部门
投资、自主消费	$\dfrac{1}{1-b}$	$\dfrac{1}{1-b(1-t)}$	$\dfrac{1}{1-b(1-t)+m}$
政府购买乘数		$\dfrac{1}{1-b(1-t)}$	$\dfrac{1}{1-b(1-t)+m}$
税收乘数		$\dfrac{-b(1-t)}{1-b(1-t)}$	$\dfrac{-b(1-t)+m}{1-b(1-t)+m}$
转移支付乘数		$\dfrac{b(1-t)}{1-b(1-t)}$	$\dfrac{b(1-t)+m}{1-b(1-t)+m}$
平衡预算乘数		1	1

每章一题

问：假设某经济社会的消费函数为 $C = 100 + 0.8Y_D$，意愿投资 $I = 5$，政府购买性支出 $G = 200$，政府转移支付 $TR = 62.5$（单位：10 亿美元），$t = 0.25$，试求：

（1）均衡收入。

（2）投资乘数和政府支出乘数。

答：（1）由题设，知 $Y_D = Y - T + TR = Y - 0.25Y + 62.5 = 0.75Y + 62.5$

由均衡条件 $Y = C + I + G$，有：

$$Y = 100 + 0.8Y_D + I + G = 100 + 0.8(0.75Y + 62.5) + 50 + 200$$

解得　Y = 1000（10 亿美元）。

（2）直接利用三部门经济中有关乘数公式，得到乘数值：

投资乘数 $K_I = \dfrac{1}{1 - b(1 - t)} = \dfrac{1}{1 - 0.8 \times (1 - 0.25)} = 2.5$

政府支出乘数 $K_G = \dfrac{1}{1 - b(1 - t)} = \dfrac{1}{1 - 0.8 \times (1 - 0.25)} = 2.5$

附录：关于税收乘数的完整讨论[①]

在西方经济学教学实践中，我们发现流行的西方经济学教材中关于税收乘数以及平衡预算乘数的解释不尽相同，且有互相矛盾之处。如高鸿业教授的《西方经济学》（人民大学出版社第二版）教材中对税收的分析与尹伯成教授的《西方经济学简明教程》（上海人民出版社第五版）中的分析过程不同，但最后均定义为 $\dfrac{-\beta}{1 - \beta(1 - t)}$，其中 β 为边际消费倾向，t 为税率；同样，平衡预算乘数均为1，但在课后习题中给出的答案与教材内容不符。高鸿业教授在《西方经济学》（人民大学出版社第三版）教材中做了改进，但并未彻底解决该问题。而其他学者的著作基本上都回避了该问题。

为解决税收乘数以及平衡预算乘数的问题，我们的思路是将定量税与比例税分开，并且比例税也分为税率变化与税率不变两种情况，具体过程如下。

一、定量税时的税收乘数和平衡预算乘数

均衡时的收入为：$y = c + i + g$　　　　　　　　　　　　　　　　　　（14.21）

其中消费函数为：$c = \alpha + \beta y_d = \alpha + \beta(y - T)$　　　　　　　　　　（14.22）

均衡收入为：$y = \dfrac{\alpha + i + g - \beta T}{1 - \beta}$　　　　　　　　　　　　　　（14.23）

用式（14.23）对 g 和 T 求导数，可以得到：

政府支出乘数为：$\dfrac{dy}{dg} = 1/(1 - \beta)$

税收乘数为：$\dfrac{dy}{dT} = -\beta(1 - \beta)$

[①] 作者写于 2010 年，未曾发表。

在这种情况下，平衡预算乘数 = 政府支出乘数 + 税收乘数 = $1/(1-\beta) - \beta/(1-\beta) = 1$

二、比例税情况下的税收乘数和平衡预算乘数

(一) 税率不变时

假设税收 $T = T_0 + ty$，政府支出为 g，均衡收入为 $y = \dfrac{\alpha + i + g - \beta T_0}{1 - \beta(1-t)}$，得到政府支出乘数为 $1/[1 - \beta(1-t)]$。下面计算税收乘数。

尹伯成教授提供的算法如下：

政府减税 ΔT，则可支配收入增加 ΔT，消费者按边际消费倾向 β 消费，形成收入的第一轮增加 $\beta \Delta T$。

得到收入的人按税率交税，税后可支配收入为 $\beta \Delta T(1-t)$，再进行消费，消费量为 $\beta^2 \Delta T(1-t)$，这是第二轮增加。

第三轮为 $\beta^3 \Delta T(1-t)^2$……依此类推，第 n 轮为 $\beta^n \Delta T(1-t)^{n-1}$。

将 n 轮收入增加累计，得到：$\Delta y = -[\beta \Delta T + \beta^2(1-t)\Delta T + \beta^3(1-t)^2 \Delta T + \cdots + \beta^n \Delta T(1-t)^{n-1}] = -\beta \Delta T/[1 - \beta(1-t)]$。

于是乘数为：

$$\frac{-\beta}{1 - \beta(1-t)}。 \tag{14.24}$$

但根据这个乘数的数值得不到平衡预算乘数为 1 的结果。因为平衡预算乘数 = 政府支出乘数 + 税收乘数 = $(1-\beta)/(1 - \beta(1-t))$，显然不等于 1。

(1) 用推导法解决乘数问题。上面讨论中的问题出在哪里呢？出在减税后只是形成了收入的增加，而非可支配收入的增加。也就是说，消费者要先缴税再消费（减税后增加的收入也要缴税）。于是有：政府减税 ΔT，则收入增加 ΔT，消费者先缴税，缴税后的收入按边际消费倾向 β 消费，形成收入的第一轮增加 $\beta(1-t)\Delta T$。

得到收入的人按税率交税，税后可支配收入为 $\beta \Delta T(1-t)^2$，再进行消费，消费量为 $\beta^2 \Delta T(1-t)^2$，这是第二轮增加。

第三轮为 $\beta^3 \Delta T(1-t)^3$……依此类推，第 n 轮为 $\beta^n \Delta T(1-t)^n$。

将 n 轮收入增加累计，得到：$\Delta y = -[\beta(1-t)\Delta T + \beta^2(1-t)^2 \Delta T + \beta^3(1-t)^3 \Delta T + \cdots + \beta^n \Delta T(1-t)^n] = -\beta(1-t)\Delta T/(1 - \beta(1-t))$。

于是乘数为：

$$\frac{-\beta(1-t)}{1 - \beta(1-t)}。 \tag{14.25}$$

这样得到新的税收乘数与政府支出乘数之和就为 1，平衡预算乘数 = 政府支

出乘数 + 税收乘数 = 1。平衡预算乘数不为 1 的问题就解决了。关键在于减税后增加的收入是否要缴税？实际上这是可能的，例如一个企业从事出口，得到出口退税后收入增加，仍然要多交纳企业所得税。又例如农民的农业税得到减免，收入增加，所得税也要增加。这个方法可以称为推导法。

（2）用导数法解决乘数问题。由于减少税收会引起收入的变化，即：$T = T_0 + ty$，因而有：

$dT = dT_0 + tdy$（注意，此时税率不变，而由于减税导致的收入增加量为 $dy = dT$）

$dT_0 = dT - tdT = (1 - t)dT$

$$\frac{dy}{dT_0} = \frac{-\beta}{1 - \beta(1 - t)} \Rightarrow \frac{dy}{(1 - t)dT} = \frac{-\beta}{1 - \beta(1 - t)} \Rightarrow \frac{dy}{dT} = \frac{-\beta(1 - t)}{1 - \beta(1 - t)}$$

$$(14.26)$$

可以看到式（14.25）与式（14.26）的结果是一样的。将此乘数与政府支出乘数相加可以得到平衡预算乘数为 1。这个方法称为导数法。

导数法的好处在于避免了繁琐的推导过程，但是在课堂讲授时推导法更为实用。

（二）税率改变时（假设 T_0 不变）

（1）推导法。

此时的推导法无须做出太大改变。假设税率由 t_0 变为 t_1，政府减税 ΔT，消费者先缴税，税率是 t_1，交税后的收入按边际消费倾向 β 消费，形成收入的第一轮增加 $\beta(1 - t_1)\Delta T$。

以下推导类似，可以得到乘数为：

$$\frac{-\beta(1 - t_1)}{1 - \beta(1 - t_1)}$$

$$(14.27)$$

要注意式（14.27）中税率的改变，同时政府支出乘数也变为 $\dfrac{1}{1 - \beta(1 - t_1)}$，

两者相加，平衡预算乘数 = 政府支出乘数 + 税收乘数 = 1。

（2）导数法。

根据 $y = \dfrac{\alpha + i + g - \beta T_0}{1 - \beta(1 - t)}$，可以求得：

$\dfrac{dy}{dt} = (-\beta)\left[\dfrac{\alpha + i + g - \beta t}{(1 - \beta(1 - t))^2}\right] = \dfrac{-\beta y}{1 - \beta(1 - t)}$，这是收入变化与税率变化之间

的关系。

根据 $T = T_0 + ty$，求导得到：

$dT = tdy + ydt$（由于 T_0 不变，而税率与收入都变化）

同样，由于减税导致的收入增加量为 $dy = dT$，得到：

$dT = tdy + ydt = tdT + ydt \Rightarrow ydt = dT - tdT \Rightarrow dt = (1-t)dT/y$

$$\frac{dy}{dt} = \frac{-\beta y}{1-\beta(1-t)} \Rightarrow \frac{dy}{(1-t)dT/y} = \frac{-\beta y}{1-\beta(1-t)} \Rightarrow \frac{dy}{dT} = \frac{-\beta(1-t)}{1-\beta(1-t)}$$

$$(14.28)$$

这就是税率改变时的税收乘数，与政府支出乘数相加，平衡预算乘数仍为 1。也许有人会问式（14.28）中的 t 究竟是改变前的还是改变后的，实际上导数法只适用于税率微小的改变也就是税率微分变化的情况，在税率变化很小时，t 是改变前的税率还是改变后的税率对乘数影响不大。

三、总结

从以上分析可以看出，对税收乘数以及平衡预算乘数的疑问归根结底集中在减税后形成的收入增加量要不要缴税的问题。在现实经济中，我们认为该收入是应该缴税的，如果该收入不缴税，我们只能把它理解为转移支付，但转移支付显然不包括该项内容。因此，减税后形成的收入增加量仍然要缴税。在这样的假设下，平衡预算乘数总为 1。

第十五章 货币、利率与国民收入

第一节 货币和货币供给

一、货币供给

影响世界的三大发明是什么？货币、火和轮子。不要奇怪货币是三大发明之一，因为货币很重要，它是经济的润滑剂，没有货币，我们就无法进行正常的交易。

从没有货币到有货币、从贝壳之类的等价物到金属货币、从金属货币到纸币、从纸币到虚拟货币，无一不是巨大的飞跃。当然，最大的飞跃是从金属货币到纸币，这个飞跃直接影响了人们的生活方式，人们什么也不追求，只追求一些有中央银行印戳的纸张，这值得我们思考。

在德国纳粹的集中营里，最受欢迎的硬通货是什么？不是美元、马克、法郎或英镑，而是万宝路香烟。所有物品都被折合成若干根万宝路香烟，因为人人都需要它。

目前货币供给已经成为各中央银行的专属事务，货币供给的口径有多种。

在美国：

M0 = 纸币加硬币

M1 = M0 + 活期存款

M2 = M1 + 储蓄存款 + 定期存款

M3 = M2 + 货币近似物

在中国：

M0 = 纸币加硬币

M1 = M0 + 活期存款

M2 = M1 + 定期存款

M3 = M2 + 货币近似物

在美国，80%以上的个人支付使用支票（不含超市购物）。支票账户就是活期存款，没有利息，而储蓄账户则有利息。你可以将储蓄账户中的钱转入支票账户。开支票时要写清楚支付对象、支付金额、日期，最重要的当然是签名。拿到支票的人可以去银行兑现，也可以用于自己支付。这样该支票就像货币一样流通和使用。这也是 M1 将活期存款也看作货币的原因。

二、存款创造和货币创造

（一）存款创造

假设原始存款为 100 元，法定准备率为 20%，则存款创造过程如表 15-1 所示。

表 15-1　具体的存款创造过程

单位：元

	存款	准备金（%）	贷款
第 1 轮	100	20	80
第 2 轮	80	16	64
第 3 轮	64	12.8	51.2
	…	…	…
第 n 轮	$100 \times 0.8^{n-1}$	$20 \times 0.8^{n-1}$	$80 \times 0.8^{n-1}$
合计	$100/(1-0.8)=500$	$20/(1-0.8)=100$	$80/(1-0.8)=400$

总存款为 500 元，即 100/0.2。总准备金为 100 元，总贷款为总存款减去总资本金，为 400 元。

观察表 15-1，准备金总额正好等于原始存款数量，这是偶然吗？实际上，这不是偶然。假设原始存款为 X，法定准备率为 α，则存款创造过程如表 15-2 所示。

表 15-2　抽象的存款创造过程

	存款	准备金	贷款
第 1 轮	X	αX	$(1-\alpha)X$
第 2 轮	$(1-\alpha)X$	$(1-\alpha)\alpha X$	$(1-\alpha)^2 X$
第 3 轮	$(1-\alpha)^2 X$	$(1-\alpha)^2 \alpha X$	$(1-\alpha)^3 X$
	…	…	…
第 n 轮	$(1-\alpha)^{n-1}X$	$(1-\alpha)^{n-1}\alpha X$	$(1-\alpha)^n X$
合计	$\dfrac{X}{1-(1-\alpha)}=\dfrac{X}{\alpha}$	$\dfrac{\alpha X}{1-(1-\alpha)}=X$	$\dfrac{(1-\alpha)X}{1-(1-\alpha)}=\dfrac{(1-\alpha)X}{\alpha}=\dfrac{X}{\alpha}-X$

根据表 15-2 的数据可以发现：存款总额为 $\dfrac{X}{\alpha}$，准备金总额为 $\dfrac{X\alpha}{\alpha}=X$，贷

款总额为 $\dfrac{X(1-\alpha)}{\alpha}$ ，而贷款总额无疑等于存款总额减去准备金总额。如果要考虑超额储备和现金漏出，则有些复杂。

假设原始存款为 100 元，法定准备率为 20%，超额准备率为 15%，现金漏出比（现金存款比）为 15%，则存款创造过程如表 15-3 所示。总存款为 200 元，法定准备金为 40 元，超额准备金为 30 元，现金为 30 元，贷款为 100 元。

表 15-3 包含超额准备金、现金漏出存款创造过程

单位：元

	存款	法定准备金 (20%)	超额准备金 (15%)	现金 (15%)	贷款
第1轮	100	20	15	15	50
第2轮	50	10	7.5	7.5	25
第3轮	25	5	3.75	3.75	12.5
	…		…	…	…
第n轮	$100 \times 0.5^{n-1}$	$20 \times 0.5^{n-1}$	$15 \times 0.5^{n-1}$	$15 \times 0.5^{n-1}$	$50 \times 0.5^{n-1}$
合计	100/(1−0.5) =200	20/(1−0.5) =40	15/(1−0.5) =30	15/(1−0.5) =30	50/(1−0.5) =100

我们发现，法定准备金、超额准备金及现金之和（40 + 30 + 30）仍然等于 100 元，这也不是巧合。可以这样推导：

设初始存款为 X，法定准备率为 α，超额准备率为 β，现金漏出比（现金存款比）为 γ，过程如下。

第一轮：存款、法定准备金、超额准备金、现金和贷款分别为 X、αX、βX、γX、$(1-\alpha-\beta-\gamma)X$。

第二轮：存款为 $(1-\alpha-\beta-\gamma)X$，法定准备金为 $\alpha(1-\alpha-\beta-\gamma)X$，超额准备金为 $\beta(1-\alpha-\beta-\gamma)X$，现金为 $\gamma(1-\alpha-\beta-\gamma)X$，贷款为 $(1-\alpha-\beta-\gamma)X-\alpha(1-\alpha-\beta-\gamma)X-\beta(1-\alpha-\beta-\gamma)X-\gamma(1-\alpha-\beta-\gamma)X$，化简后，贷款为 $(1-\alpha-\beta-\gamma)^2X$。

第三轮：存款为 $(1-\alpha-\beta-\gamma)^2X$，法定准备金为 $\alpha(1-\alpha-\beta-\gamma)^2X$，超额准备金为 $\beta(1-\alpha-\beta-\gamma)^2X$，现金为 $\gamma(1-\alpha-\beta-\gamma)^2X$，贷款为 $(1-\alpha-\beta-\gamma)^3X$。

依此类推。

先计算总存款：

$$X + (1-\alpha-\beta-\gamma)X + (1-\alpha-\beta-\gamma)^2X + \cdots + (1-\alpha-\beta-\gamma)^{n-1}X$$

$$= \frac{X}{1-(1-\alpha-\beta-\gamma)} = \frac{X}{\alpha+\beta+\gamma} \tag{15.1}$$

总法定准备金：

$$\alpha X + \alpha(1-\alpha-\beta-\gamma)X + \alpha(1-\alpha-\beta-\gamma)^2X + \alpha(1-\alpha-\beta-\gamma)^{n-1}X$$

$$= \frac{\alpha X}{1-(1-\alpha-\beta-\gamma)} = \frac{\alpha X}{\alpha+\beta+\gamma} \tag{15.2}$$

总超额准备金：

$$\beta X + \beta(1-\alpha-\beta-\gamma)X + \beta(1-\alpha-\beta-\gamma)^2X + \cdots + \beta(1-\alpha-\beta-\gamma)^{n-1}X$$

$$= \frac{\beta X}{1-(1-\alpha-\beta-\gamma)} = \frac{\beta X}{\alpha+\beta+\gamma} \tag{15.3}$$

总现金：

$$\gamma X + \gamma(1-\alpha-\beta-\gamma)X + \gamma(1-\alpha-\beta-\gamma)^2X + \cdots + \gamma(1-\alpha-\beta-\gamma)^{n-1}X$$

$$= \frac{\gamma X}{1-(1-\alpha-\beta-\gamma)} = \frac{\gamma X}{\alpha+\beta+\gamma} \tag{15.4}$$

总贷款：

$$(1-\alpha-\beta-\gamma)X + (1-\alpha-\beta-\gamma)^2X + \cdots + (1-\alpha-\beta-\gamma)^nX$$

$$= \frac{(1-\alpha-\beta-\gamma)X}{1-(1-\alpha-\beta-\gamma)} = \frac{(1-\alpha-\beta-\gamma)X}{\alpha+\beta+\gamma} \tag{15.5}$$

根据式（15.1）可以得到考虑了超额储备和现金漏出后的存款创造乘数为 $\frac{1}{\alpha+\beta+\gamma}$。

结合式（15.2）、式（15.3）、式（15.4），可以发现，法定准备金加超额准备金加现金等于 X（原始存款）。

而总贷款等于总存款减去（法定准备金 + 超额准备金 + 现金）即总存款减 X：

总贷款 = 总存款 – X

$$= \frac{X}{\alpha+\beta+\gamma} - X = \frac{X-(\alpha+\beta+\gamma)X}{\alpha+\beta+\gamma} = \frac{(1-\alpha-\beta-\gamma)X}{\alpha+\beta+\gamma} \tag{15.6}$$

（二）货币创造

货币创造乘数实际上是制造出来的一个概念，它认为现金和活期存款是货币供给，而这个货币供给的基础是现金和准备金（法定及超额），如表15-4所示。

表15-4　货币创造

单位：元

	存款	法定准备金（20%）	超额准备金（15%）	现金（15%）	贷款
第1轮	100	20	15	15	50
第2轮	50	10	7.5	7.5	25
第3轮	25	5	3.75	3.75	12.5
…	…	…	…	…	…
第n轮	$100 \times 0.5^{n-1}$	$20 \times 0.5^{n-1}$	$15 \times 0.5^{n-1}$	$15 \times 0.5^{n-1}$	$50 \times 0.5^{n-1}$
合计	100/(1-0.5) =200	20/(1-0.5) =40	15/(1-0.5) =30	15/(1-0.5) =30	50/(1-0.5) =100

根据表 15-4，存款为 200 元，但存款加现金为 230 元，这是货币供给 M1。
存款创造乘数为：

$$\frac{存款总额}{初始存款} = \frac{存款总额}{法定准备金 + 超额准备金 + 现金漏出}$$

$$= \frac{D}{RR + ER + CU} = \frac{1}{\alpha + \beta + \gamma} \tag{15.7}$$

在上例中，存款创造乘数 $= \frac{200}{100} = \frac{200}{40 + 30 + 30} = 2$。

而货币创造乘数为：

$$\frac{存款总额 + 现金}{初始存款} = \frac{存款总额 + 现金}{法定准备金 + 超额准备金 + 现金漏出}$$

$$= \frac{D + CU}{RR + ER + CU} = \frac{1 + \gamma}{\alpha + \beta + \gamma} \tag{15.8}$$

在上例中，货币创造乘数 $= \frac{200 + 30}{100} = \frac{230}{40 + 30 + 30} = 2.3$。货币创造乘数
略大于存款创造乘数。

第二节　货币需求

货币需求有三种，分别是交易动机、谨慎动机和投机动机，我们主要分析投
机动机，投机动机的含义是为了获得投机收益而持有货币的动机，也就是说，可
能的投机收益越大，对货币的需求越小；反之则越大。这一点常常被错误理解。[①]

一、债券与利率的反向关系

教材上关于债券的解释并不清楚。一般而言，债券可以根据不同的标准分为
很多种，对我们有意义的是根据利息率不同分为固定利息和浮动利息两种。前者
顾名思义就是利息率和利息总量都是固定的，如规定年利率 5%，则 100 元购买
的一年期债券年终就可以获得 5 元利息（本利和 105 元）。后者主要是指 5~10 年
的中长期债券，一般每年的利息率都不同，也就无法确定利息总量。

教材中所讲的利率并不是债券本身的利率，因为对于固定利息率的债券，利
率不变，这显然没有什么讨论意义。而对于浮动利息的债券，完全可以把让它当

---

① 很多人误解了投机动机，以为潜在的投机收益越大，持有货币的动机就越大。实际上是潜在的投机
收益越大，居民就越不愿意持有货币。

作一种利率略高的银行券来看待。利率高就买，利率低就不买。

对于固定利息债券，人们考虑的是其价格，而对于浮动利息债券，主要考虑其利率。

（1）教材中所讲的利率，主要指货币市场利率，在我国是银行间同业拆解市场利率，该利率略低于中央银行给商业银行的再贴现率。但该利率与一年期存款利率、贷款利率都是正相关的，所以在仅讨论变化趋势的时候，市场利率、银行间同业拆解市场利率、银行（存）贷款利率都可以混为一谈。

（2）债券价格与市场利率。对于固定利息的债券如国债，如果市场利率（主要指银行间同业拆解市场利率）提高，则人们倾向于将钱存入银行，债券市场清淡，国债价格自然应声下降。如果市场利率下降，则人们倾向于将钱从银行取出，购买国债，国债价格自然上升。这就是债券价格与市场利率的反向关系。

这种关系仅仅适用于固定利息债券，不适用浮动利息债券，因为，市场利率提高，浮动利息债券的利率也提高，购买者增加，价格也上升。

二、如何理解市场利率与投机需求的关系

如表 15-5 所示，对于固定利息的债券，市场利率很高时（此时债券价格很低），人们一方面可以将货币存入银行（或买那些浮动利息的债券），另一方面也会预期债券价格的提高，于是买进债券，总之不愿意持有货币。出于投机而持有的货币需求较低；反之，市场利率很低时，债券价格很高，人们一方面不愿意存钱（没什么利息），另一方面预期债券价格会下降，于是卖出债券持有货币以规避风险，出于投机而持有的货币需求较高。

表 15-5　市场利率与投机需求

债券种类	市场利率很高	获利机会很大，基于投机（而持有货币的）需求很低	市场利率很低	获利机会很小，基于投机（而持有货币的）需求很大
固定利息债券	固定利息债券价格很低	人们愿意存钱入银行，或买固定利息债券。不愿持有货币	固定利息债券价格很高	人们不愿存钱入银行，不愿买固定利息债券，愿意持有货币
浮动利息债券	利率也很高	人们愿意购买，不愿持有货币	利率也很低	人们不愿意购买，愿意持有货币

对于浮动利息的债券，只需要把它当作另外一种银行券就可以。总之，市场利率高，则人们倾向于存钱，出于投机而持有的货币需求较低。市场利率低，人们不愿存钱，愿意持有货币。投机需求高。

投机需求函数一般写为：$L_2 = A - hr$，如图 15-1 所示。根据其函数形式，其图形为直线，且和横轴、纵轴都有交点，和横轴的交点表示利率为 0 时的最大投

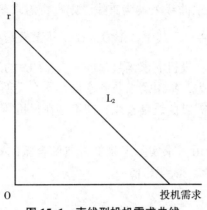

图 15-1 直线型投机需求曲线

机需求。和纵轴的交点表示当利率很高达到某一临界值时投机需求为 0。[1]

但凯恩斯提出了流动性陷阱的概念，即利率极低时，人们的投机需求无限大——无论有多少钱，也不会去存银行（因为利率极低），也不会去买债券（价格很高），这叫流动性陷阱（Liquidity Trap），于是投机需求的下端被画出水平线，如图 15-2 所示。但我们要注意，这种图形仅仅是示意图，并不代表人们的投机需求真的是无限大——人们能够拥有多少货币呢？总有个限度吧。中央银行增加货币供给，就是白给我们钱吗？当然不是，即使给也不会是无限的。这样的曲线仅仅是提醒我们：利率较低时，投机需求（或货币需求）较大而已。

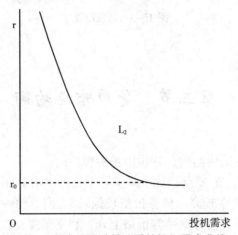

图 15-2 包含了流动性陷阱的投机需求曲线

---

[1] 2006 年前后，各地都出现了年利率在 30% 以上的民间借贷狂潮，很多人甚至卖房去放贷，此时人们当然不愿持有货币，投机需求为 0。

而且，如果投机需求曲线末端为直线，则投机需求函数也不可能是 $L_2 = A - hr$，而应该写成 $L_2 = \dfrac{A}{r - r_0}$，其中，A 为常数，其含义是利率接近 r_0 时，需求很大。但为了方便，还是将投机需求函数写成 $L_2 = A - hr$ 的形式。

此外，古典主义认为，货币需求与利率没有什么关系，也就是说，货币需求只与收入有关系，货币需求曲线是直线，即不存在投机需求，只有交易需求和谨慎需求。

一般教材上讲的货币需求实际上是新古典综合派的观点，将古典主义（L_1）与凯恩斯主义（L_2）综合，得到图 15-3。

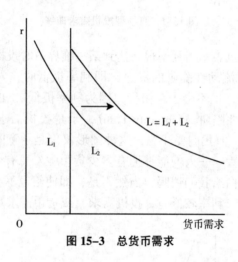

图 15-3　总货币需求

第三节　货币市场均衡

货币需求等于货币供给时，货币市场实现均衡。

如图 15-4 所示，在 E 点，货币需求等于货币供给。而在 A 点，货币需求小于货币供给，此时利率较高（债券价格较低），人们有两种选择：一是购买债券以谋求获利，这种行为会导致债券价格上升，利率下降；二是增加储蓄（因为银行利率也较高），此时银行准备金会意外增加，银行会降低利率，一方面减少对准备金的吸纳，另一方面增加对企业的贷款，最终，利率会下降到均衡利率 r_0。

在 B 点，货币需求大于货币供给，此时利率较低（债券价格较高），人们可以有两种选择：一是出售债券，这种行为会导致债券价格下降，利率上升；二是

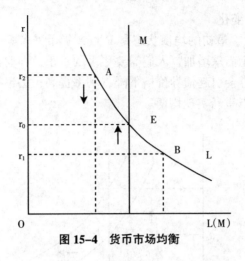

图 15-4　货币市场均衡

减少储蓄（因为银行利率也较低），此时银行准备金会意外减少，银行会提高利率，一方面增加对储蓄的吸纳，另一方面减少对企业的贷款。最终，利率会上升到均衡利率 r_0。

（一）货币供给变化

当货币供给为 M_0 时，均衡利率为 r_0，货币供给增加，M_0 向右移动到 M_1，其实际情况是：中央银行在公开市场买进债券，放出货币；中央银行买进债券本身就会导致债券价格提高，利率下降；同时，居民或企业得到货币后要存入银行，银行准备金增加，银行也会降低利率，降低居民储蓄欲望，增加对企业的贷款。最终，利率下降为 r_1，如图 15-5 所示。

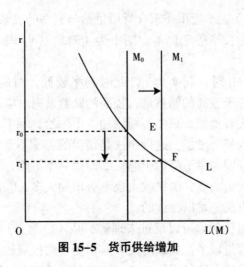

图 15-5　货币供给增加

（二）货币需求变化

如图 15-6 所示，最初的均衡状态是 E 点，货币需求等于货币供给。当货币需求曲线右移，表示需求增加，人们需要更多的货币，即要么出售债券，要么去银行取款，出售债券会引起债券价格下降，利率提高；去银行取款也会使银行提高利率，最后在 F 点重新实现均衡。

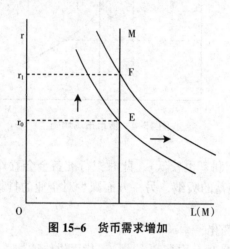

图 15-6 货币需求增加

第四节 利率、投资与国民收入

图 15-7 中，（1）表示货币需求、货币供给与利率的关系；（2）表示利率和投资的关系；（3）表示投资等于储蓄，图中为 45°线；（4）表示储蓄和国民收入的关系。

当货币供给为 M_1 时，利率为 r_1，此时利率较低，对应的投资量较大为 I_1，而较大的投资量对应于较高的储蓄量，较高的储蓄量则对应较高的国民收入。

于是有人就会天真地想，只要不断增加货币供给，利率就会下降，投资就会增加，于是国民收入就会增加。这种想法是错误的：①不断增加货币供给，有可能带来通货膨胀，削弱利率下降的影响；②即使利率下降，投资增加，如果人们不愿意用得到的收入去消费，国民收入也不会增加太多；③单纯依赖投资增加带动国民收入增加的方法是难以持续的。

实际上，上述过程倒是可以反过来理解，从（4）到（3）、（2）到（1）。当国民收入较高时，储蓄量较多，如果国民收入均衡，则投资较多，投资较多要求较低的利率，最后要求较大的货币供给量。这是实物经济决定货币经济的观点。

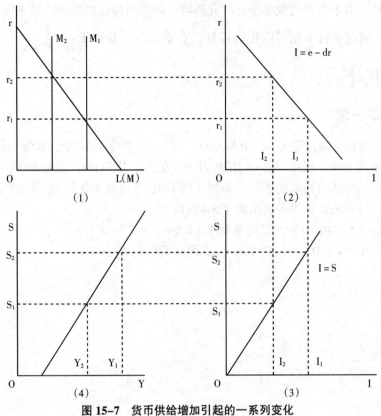

图 15-7　货币供给增加引起的一系列变化

第五节　本章总结

（1）凯恩斯认为，货币需求和货币供给决定了利率。而利率是联系产品市场和货币市场的主要变量。

（2）货币供给是外生的，计算口径有多种，如 M0、M1、M2、M3 等。

（3）货币需求有三种动机：交易动机、谨慎或预防动机、投机动机。前两个动机主要与收入正相关，投机动机则与利率负相关。投机动机是凯恩斯发明的，其原理是：利率提高，债券价格下降，人们因此有意于购买债券，不愿意持有货币。

（4）流动偏好陷阱，又叫凯恩斯陷阱或货币陷阱。指利率较低时，债券价格较高，人们愿意持有（任意数量的）货币，而不愿意购买债券。此时，即使增加货币供给，也不会导致利率变化。此陷阱仅限于（较长时期的）萧条阶段。

（5）通过银行机制可以创造存款，存款创造乘数等于 $\dfrac{1}{\alpha+\beta+\gamma}$，货币创造乘数等于 $\dfrac{1+\gamma}{\alpha+\beta+\gamma}$。

每章一题

问：货币需求函数是 $m = 0.8y - 8r$。这里，y 是实际 GDP，单位为亿元，r 是利率，单位为%。现在，实际 GDP 为 300 亿元，货币供给量为 200 亿元。试问使货币市场均衡的利率是多少？如果实际 GDP 增加到 320 亿元，利率又为多少？

答：将有关数据代入货币需求函数有：

$200 = 0.8 \times 300 - 8r$，得均衡利率 $r = 5\%$。

$200 = 0.8 \times 320 - 8r$，得实际 GDP 增加后的利率 $r = 7\%$。

第十六章　IS–LM 曲线

第一节　IS 曲线

一、关于投资的边际效率

某家企业要买一台机器，价格为 50000 元，该机器使用期为五年，我们可以这样想，该机器分为 5 个小部分，每一部分价值 10000 元，每年消耗光其中的一部分。

第一年，第一部分消耗光，同时其他四部分也工作了一年（第一部分没有了）。

第二年，第二部分工作两年后消耗光，其他部分也工作了两年（第一部分、第二部分没有了）。

第三年，第三部分工作三年后消耗光，其他部分工作了三年（第一部分、第二部分、第三部分没有了）。

第四年，第四部分工作四年后消耗光，其他部分工作了四年（前四部分没有了）。

第五年，第五部分工作五年后消耗光。

也就是说，第一部分工作了一年，第二部分工作了两年，依此类推，第五部分工作了五年。

第一部分预期收益是多少？如果预期的年收益率是 λ，则预期收益（本利和）是 $10000(1+\lambda)$。

第二部分预期收益是多少？为了便于理解，我们想象第二部分机器生产的是这样的产品，该产品在两年内完成，每年的价值增加率都是 λ。成本为 10000 元，第一年预期收益就是 $10000(1+\lambda)$。

第三部分也是这样，我们想象第三部分机器生产的是这样的产品，该产品在三年内完成，每年的价值增加率都是 λ，于是第三部分机器的预期收益就是 $10000(1+\lambda)^3$。

第四部分和第五部分分别是 $10000(1+\lambda)^4$ 和 $10000(1+\lambda)^5$。

如果预期收益率为 20%，则可以求出第一年到第五年的预期收益分别是 12000 元、14400 元、17280 元、20736 元和 24883.2 元。

反过来，如果我们知道了机器价格为 50000 元，第一年到第五年的预期收益分别是 12000 元、14400 元、17280 元、20736 元和 24883.2 元，那么预期年收益率为多少？

第一年，$10000 = \dfrac{12000}{1+\lambda}$；

第二年，$10000 = \dfrac{14400}{(1+\lambda)^2}$；

第三年，$10000 = \dfrac{17280}{(1+\lambda)^3}$；

第四年，$10000 = \dfrac{20736}{(1+\lambda)^4}$；

第五年，$10000 = \dfrac{24883.2}{(1+\lambda)^5}$。

于是有 $50000 = \dfrac{12000}{1+\lambda} + \dfrac{14400}{(1+\lambda)^2} + \dfrac{17280}{(1+\lambda)^3} + \dfrac{20736}{(1+\lambda)^4} + \dfrac{24883.2}{(1+\lambda)^5}$。

可以知道预期年收益率为 20%。

同样，知道了预期收益和预期收益率，可以求出价格。

将上面的式子抽象化，可以得到：

$$R = \frac{R_1}{(1+\lambda)} + \frac{R_2}{(1+\lambda)^2} + \frac{R_3}{(1+\lambda)^3} + \cdots + \frac{R_n}{(1+\lambda)^n} \tag{16.1}$$

其中，R 是价格，R_1、R_2、$\cdots$、R_n 是各年的预期收益，λ 是预期年收益率。

二、MEC 和 MEI

MEC 是资本的边际效率，也就是式（16.1）中的预期年收益率 λ。凯恩斯认为 MEC 是递减的，这并不是什么发明，因为微观经济学有边际产量递减规律，而资本的边际产量也是递减的，与 MEC 递减没有多大区别。

MEI 是投资的边际效率，小于 MEC。其原因在于，MEC 只考虑自己的投资，而当很多企业都投资时，资本品价格就会上升，同时由于供给增加，预期收益就会下降，于是预期年收益率 λ 就会下降，从而得到 MEI。

如何理解图 16-1？当投资量为 500 时，MEC 为 10%，而投资增加到 1000，MEC 下降到 8%，这就是资本边际效率递减。当投资量为 500 时，MEI 为 8%，而投资增加到 1000，MEI 下降到 5%，这就是投资边际效率递减。人们一定会问：为什么图 16-1 的纵轴不是利率 γ 而是 λ？

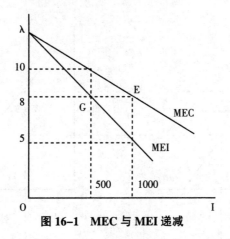

图 16-1　MEC 与 MEI 递减

　　我们可以这样理解，当 λ 给定时，例如 10%，那么企业所能接受的最高利率是多少？也是 10%。如果 λ 等于 5%，那么企业所能接受的最高利率就是 5%，于是我们可以得到图 16-2。

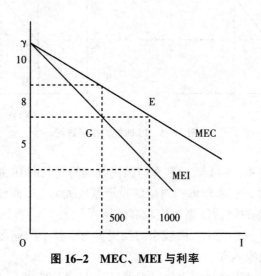

图 16-2　MEC、MEI 与利率

　　如何理解图 16-2？图中的利率就是企业所能接受的最高借钱成本（也就是企业的预期利润率），这一点就如同需求曲线，任何一个价格都是消费者所能接受的最高价格。

三、IS 曲线

（一）IS 曲线的推导

如图 16-3 所示，（1）表示投资与利率的关系；（2）表示投资等于储蓄；（3）表

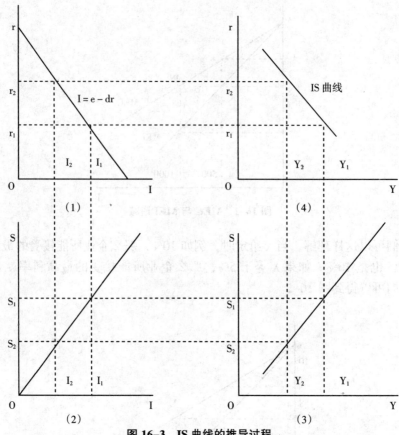

图 16-3 IS 曲线的推导过程

示储蓄与收入的关系；（4）表示利率与国民收入的关系即 IS 曲线。

当利率为 r_1 时，利率较低，对应的投资量较大为 I_1，而较大的投资量对应较高的储蓄量，较高的储蓄量则对应较高的国民收入 Y_1。当利率为 r_2 时，利率较高，对应的投资量较小为 I_2，而较小的投资量对应较小的储蓄量，较小的储蓄量则对应较低的国民收入 Y_1。

实际上，上述过程倒是可以反过来理解，从（4）到（3）、（2）到（1）。当国民收入较高时，储蓄量较多，如果国民收入均衡，则投资较多，要求较低的利率。

（二）产品市场失衡时，会如何调整

如图 16-4 所示，在 A 点，利率与 E 点对应的利率相等，因此各自的投资相等。而 A 点对应的收入大于 E 点对应的收入，因此在 A 点有投资小于储蓄（I ＜ S）。生产太多，出现非意愿存货投资，因此企业会减少生产，从 A 点自动向 E 点移动。

在 B 点，利率与 E 点对应的利率相等，因此各自的投资相等。而 B 点对应

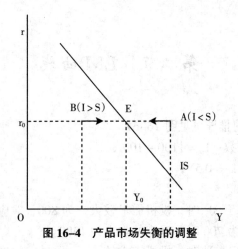

图 16-4　产品市场失衡的调整

的收入小于 E 点对应的收入，因此在 B 点有投资大于储蓄（I > S）。生产太少，存货会减少，因此企业会增加生产，从 B 点自动向 E 点移动。

总结：在 IS 曲线左侧，则必然向右移动，才能回到 IS 曲线上。同样，在 IS 曲线右侧，则必然向左移动，才能回到 IS 曲线上。

可能有人会问：在 IS 曲线左侧，为什么不向上移动呢？向上移动也可以回到 IS 曲线上啊？原因很简单，这里谈的是产品市场，只能改变产量，利率不变。

（三）IS 曲线的斜率

两部门时，IS 方程为：$Y = \dfrac{a + e}{1 - b} - \dfrac{dr}{1 - b}$，斜率为 $-\dfrac{1 - b}{d}$。

三部门时，IS 方程为：$Y = \dfrac{a + g - bT_0 + bTR + e}{1 - b(1 - t)} - \dfrac{dr}{1 - b(1 - T)}$，斜率为 $-\dfrac{1 - b(1 - t)}{d}$。

因此我们得到影响 IS 曲线斜率的因素就是边际消费倾向 b、投资的利率系数 d 以及税率 t。

（1）b 越大，则当利率下降时，投资增加，由于乘数较大（b 较大），收入增加较多，因此 IS 曲线越平坦，即斜率越小；反之则陡峭，斜率大。

（2）d 越大，则当利率下降时，投资增加较多，收入增加较多，因此 IS 曲线越平坦，即斜率越小；反之则陡峭，斜率大。

（3）t 越小，则当利率下降时，投资增加，由于乘数较大（t 较小），收入增加较多，因此 IS 曲线越平坦，即斜率越小；反之则陡峭，斜率大。

特别地，当 d 等于 0 时，IS 曲线为垂线。

第二节　LM 曲线

（一）LM 曲线的推导（见图 16-5）

假设投机需求函数：$L_2 = 1100 - 100r$；

交易需求函数：$L_1 = 0.5Y$；

货币供给为 1500。

当利率较低（等于 3）时，投机需求较大，为 800，对应的交易需求则较小，为 700。当交易需求为 700 时，对应的收入为 1400。

当利率较高（等于 5）时，投机需求较小，为 600，对应的交易需求则较大，为 900。当交易需求为 900 时，对应的收入为 1800。

看起来似乎是这样，利率从 3 提高到 5，收入从 1400 增加到 1800。这有什么暗示吗？需要明确的是：永远不要认为提高利率，收入就会提高。这只是说明：当收入较高时，例如为 1800，对应的交易需求为 900，所以投机需求只能是 600，对应的利率是 5。当收入较低时，例如为 1400，对应的交易需求为 700，所以投机需求只能是 800，对应的利率是 3。

LM 曲线的方程为 $m = ky - hr$，进一步转换为 $y = \dfrac{hr}{k} + \dfrac{m}{k}$，因此 LM 曲线的斜率为 $\dfrac{k}{h}$。

k 越大，则 LM 曲线斜率越大，即 LM 曲线越陡峭；反之越平坦。其含义是，当收入增加时，由于 k 比较大，交易需求增加较多，则投机需求下降较多，从而利率提高较多。即收入略微变化就引起利率较大变化，因此曲线陡峭。

h 越大，则 LM 曲线斜率越小，即 LM 曲线越平坦；反之则陡峭。其含义是，当收入增加时，交易需求增加，投机需求减少。但由于 h 较大，因此利率下降较少。即收入变化对应利率的很小变化，因此曲线较为平坦。

特别地，当 h 为无穷大时，LM 曲线为水平线。而当 h 为 0 时，LM 曲线为垂线。

（二）货币市场失衡时的调整

如图 16-6 所示，在 A 点，利率与 E 点的利率相等，因此投机需求相等，但 A 点对应的收入更多，即交易需求更大，因此在 A 点必然有货币需求大于货币供给（L > M），利率上升，从 A 点移动到 F 点。

或者这样理解，A 点与 F 点的交易需求相同，但 A 点的利率低于 F 点的利

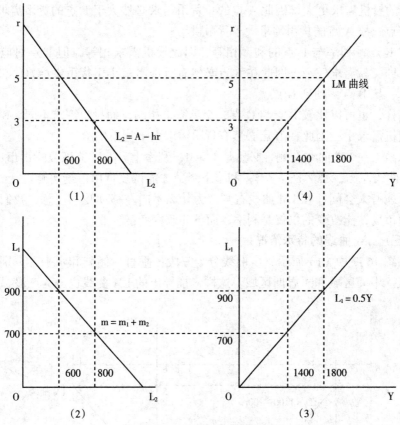

图 16–5　LM 曲线的推导过程

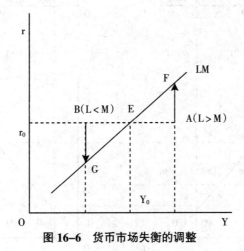

图 16–6　货币市场失衡的调整

率，A 的投机需求更大，因此 A 点的总货币需求必然大于 F 点的货币需求，F 点是均衡点，故 A 点的货币需求大于货币供给。

在 B 点，利率与 E 点的利率相等，因此投机需求相等，但 B 点对应的收入更小，即交易需求较小，因此在 B 点必然有货币需求小于货币供给（L＜M），利率下降，从 B 点移动到 G 点。

同样，也可以比较 B 点与 G 点，交易需求相同，而投机需求不同。B 点利率高，投机需求小，因此在 B 点必然有货币需求大于货币供给。

总结：在 LM 曲线右侧，必然是 L＞M，利率上升，才能恢复货币市场均衡。在 LM 曲线左侧，必然是 L＜M，利率下降，才能恢复货币市场均衡。

可能有人会问：在 LM 曲线右侧，为什么不向左移动呢？注意，我们讨论的是货币市场，能改变的仅仅是利率，而不能改变产量。

（三）LM 曲线的特殊情况

如图 16–7 中（1）所示，L_2 曲线分为三段：垂直、倾斜和水平，分别对应古典区域、中间区域和凯恩斯区域。这样，推导出的 LM 曲线也分为三段，分别对

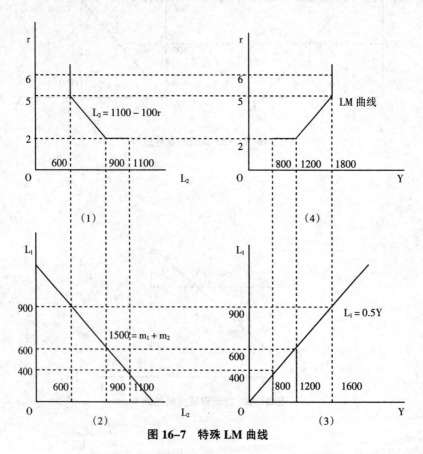

图 16–7　特殊 LM 曲线

应古典区域、中间区域和凯恩斯区域。

在倾斜段，投机需求函数为：$L_2 = 1100 - 100r$。

在垂直段，投机需求函数为 $L_2 = 600$。

在水平段，利率等于 2。

交易需求函数为 $L_1 = 0.5Y$。

货币供给为 1500。

利率等于 5 时，投机需求为 600，而利率为 6 时，投机需求仍然为 600，则对应的交易需求也不变，都是 900，对应的收入都是 1800，因此在利率大于 5 时，不同利率对应相同的收入，LM 垂直。

利率为 2 时，投机需求曲线为水平。例如，投机需求分别为 900 和 1100，则对应的交易需求分别为 600 和 400，收入分别为 1200 和 800。因此在利率为 2 时，相同的利率对应不同的收入，LM 水平。

第三节　IS-LM 模型

当 IS 曲线与 LM 曲线相交时，实现产品市场和货币市场的均衡，其均衡值可以求出。

设 IS 方程为：$Y = 3500 - 500r$，LM 方程为：$Y = 500 + 500r$，求解得到 $Y = 2000$，利率等于 3。

不均衡时会如何调整？

如图 16-8 的 I 区所示，在 IS 曲线左侧，则必然向右移动，才能回到 IS 曲线上。在 LM 曲线右侧，必然向上移动，才能回到 LM 曲线上。合力则是向右上移动。

其他几个区域可以依此类推。总之，由不均衡走向均衡，依据的是逆时针旋转的路径。

为什么是逆时针？其含义是：每给定一个利率，就可以在 IS 曲线上确定一个收入，再根据这个收入，在 LM 曲线上确定一个利率。根据这个利率在 IS 曲线上再确定一个收入，依此类推，得到的必然是逆时针旋转路径。

当然，并不是所有的不均衡经逆时针旋转都可以达到均衡，条件是 IS 曲线斜率绝对值要大于 LM 曲线斜率，具体推导过程见附录。

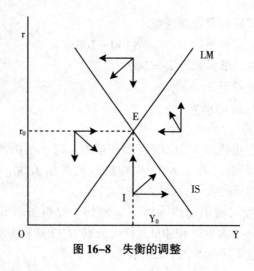

图 16-8 失衡的调整

第四节 本章总结

（1）IS-LM 模型是宏观经济学的主要分析工具之一。

（2）IS 曲线表示产品市场均衡时收入与利率之间的关系，在 IS 曲线左侧，投资大于储蓄；在 IS 曲线右侧，投资小于储蓄。

（3）LM 曲线表示货币市场均衡时收入与利率之间的关系。在 LM 曲线左侧，货币需求小于货币供给；在 LM 曲线右侧，货币需求大于货币供给。

（4）IS 与 LM 曲线相交时表示产品市场和货币市场的同时均衡。

（5）不均衡时，有自发的力量推进其向均衡移动，方向为逆时针。其原理可以粗略地理解为：给定一个利率，在 IS 曲线上确定一个收入，根据此收入在 LM 曲线上确定一个利率，依此类推，直到均衡。

当然，在现实中，产品市场和货币市场不是割裂的，而是相互影响的。西方经济学的这种二分法仅仅是为了研究方便而已。

每章一题

问：为什么政府支出增加会使利率和收入都上升，而中央银行增加货币供给会使收入增加而利率下降？

答：政府支出的增加意味着总需求（或总支出）的增加，这将使产量和收入增加，从而增加对货币的交易需求量，在货币供给量不变的条件下（或 LM 曲线不变），新增加的货币需求会使利率上升，最终引起投机动机的货币需求下降来保证货币市场均衡。这个过程在 IS-LM 模型里表现为 LM 曲线不变，IS 曲线向右移动，总需求的增加引起收入和利率同时增加。中央银行增加货币供给量，而货币需求不变的话，利率将会下降，从产品市场看，在 IS 曲线上，在投资函数既定条件下，利率的下降会导致投资和国民收入的增加，这个过程表现为在 IS 曲线不变条件下，LM 曲线向右移动，并导致利率下降和国民收入上升。

附录：关于 IS-LM 模型的动态表述

众所周知，IS-LM 模型不是凯恩斯的发明，是希克斯和汉森对凯恩斯理论的所谓修正。希克斯认为，凯恩斯的理论存在循环论证问题：[①] 总收入取决于有效需求，后者由投资和消费构成，消费倾向是稳定的，因而有效需求决定于投资，投资决定于资本边际效率和利率的比较，其中资本边际效率又是稳定的，因而投资决定于利率，利率由货币需求决定，后者包括交易动机和投机动机，交易动机取决于收入，投机动机取决于利率。因此总收入取决于利率，利率取决于收入和利率。

为此，希克斯和汉森提出了 IS-LM 模型，试图解决循环论证问题，直接得到均衡的利率和收入，但这个思想仍然是静态模型，利率与收入仍然是循环决定的，并不是有了方程组就不存在循环决定了。如方程组 $\begin{cases} y = x-2 \\ x = 2y \end{cases}$ 中第一个方程可以说 y 由 x 决定，但第二个方程 x 也由 y 决定。实际上它们是相互决定的。因此，建立方程组求解实际上是没有用的，需要引入动态模型加以处理。

类似的动态模型已经有一些，但要么过于烦琐，要么难度较大。为得到一种简便的解决方法，既能够在理论上说明问题，又方便教师在课堂教授，我们准备采用蛛网模型来处理 IS-LM 模型，即提出 IS-LM 蛛网模型，之所以采取该模型，是因为在微观经济学中对该模型已经有所介绍，学生比较容易接受。另外，在理论上，该模型也适合处理收入和利率的互动关系。同时也能解决为什么逆时针旋转的问题。

部门 IS 曲线的方程可以写为：$Y = \dfrac{a+e+g-\beta T_0+\beta TR}{1-\beta(1-t)} - \dfrac{dr}{1-\beta(1-T)}$。

根据 IS 与 LM 的方程，设 $A = \dfrac{a+e+g-\beta T_0+\beta TR}{1-\beta(1-t)}$，$B = \dfrac{d}{1-\beta(1-t)}$。其

① 高鸿业、吴易风：《现代西方经济学（上）》，经济科学出版社 1988 年版。

中 a、e、g、β、T_0、t、d、TR 分别为自发消费量、自发投资量、政府购买量、边际消费倾向、定量税、边际税率、投资的利率系数以及转移支付量。

于是 IS 方程简写为：$Y = A - Br$。

LM 曲线方程为：$Y = \dfrac{h}{k}r + \dfrac{M}{k}$，同样设 $C = \dfrac{M}{k}$，$D = \dfrac{h}{k}$，其中 M、k、h 分别为货币供给量、货币需求的收入系数以及货币需求的利率系数。

于是 LM 方程简写为：$Y = C + Dr$。

假设：由 IS 方程中的利率决定一个收入，该收入在 LM 方程里决定下一个利率，然后，这个利率在 IS 曲线方程中决定下一个收入，依此类推。如果最后的利率是稳定的，则为收敛型蛛网，否则为发散型或封闭型蛛网。

在 IS、LM 方程中分别加上时间下标，变化为：

IS 方程：$Y_t = A - Br_{t-1}$。

LM 方程：$r_t = \dfrac{Y_t}{D} - \dfrac{C}{D}$。

可以求得：$r_t = \left(-\dfrac{B}{D}\right)r_{t-1} + \dfrac{A-C}{D}$；

$$r_1 = \left(-\dfrac{B}{D}\right)r_0 + \dfrac{A-C}{D};$$

$$r_2 = \left(-\dfrac{B}{D}\right)^2 r_0 + \left(-\dfrac{B}{D}\right)\dfrac{A-C}{D} + \dfrac{A-C}{D}。$$

可以得到：$r_n = \left(-\dfrac{B}{D}\right)^n r_0 + \left(-\dfrac{B}{D}\right)^{n-1}\dfrac{A-C}{D} + \left(-\dfrac{B}{D}\right)^{n-2}\dfrac{A-C}{D} + \cdots + \left(-\dfrac{B}{D}\right)\dfrac{A-C}{D} + \dfrac{A-C}{D}。$

求和得到：

$$r_n = -\dfrac{A-C}{B+D} + \left(r_0 - \dfrac{A-C}{B+D}\right)\left(-\dfrac{B}{D}\right)^n \tag{1}$$

根据式（1）：当 D 大于 B 时，即 IS 曲线斜率（绝对值）大于 LM 曲线斜率时，模型收敛，$r = \dfrac{A-C}{B+D}$，$y = \dfrac{AD+BC}{B+D}$，如图 16-9 所示。

当 D 等于 B 时，即 IS 曲线斜率（绝对值）等于 LM 曲线斜率时，模型封闭。当 t 为奇数时，$r_t = \dfrac{2(A-C)}{B+D} - r_0$，当 t 为偶数时，$r_t = r_0$。

当 D 小于 B 时，即 IS 曲线斜率（绝对值）小于 LM 曲线斜率时，模型发散。

上述讨论的焦点是：IS 方程中的利率决定一个收入，该收入在 LM 方程里决定下一个利率，依此类推。这也是凯恩斯的思路：利率决定投资，投资决定收入（这是 IS 方程的含义），然后该收入构成的货币需求以及货币供给一同决定利率

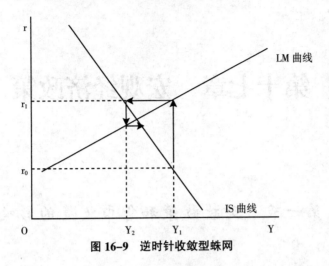

图 16-9　逆时针收敛型蛛网

（这是 LM 方程的含义），或者说产品市场更加具备决定性。这种思想也说明：只有当投资受利率影响较小时（IS 曲线较为陡峭时），模型才会收敛。考虑到凯恩斯对投资者"动物精神"（Animal's Spirit）的描述，我们可以认为投资受利率的影响不大，也就是 IS 曲线比较陡峭，此时模型收敛（也要求逆时针旋转）。如果 IS 曲线干脆为垂线，模型直接收敛。这也是对教材中逆时针旋转达到均衡的一种解释。

第十七章　宏观经济政策

第一节　财政政策和货币政策的影响

财政政策和货币政策会带来不同的影响，如表 17-1 所示。

表 17-1　财政政策和货币政策的不同影响

政策种类	对利率的影响	对消费的影响	对投资的影响	对国民收入的影响
财政政策（减税）	利率上升	增加	减少	增加
财政政策（增加政府支出：包括政府购买和转移支付）	利率上升	增加	减少	增加
财政政策（投资优惠：补贴、税收减免）	利率上升	增加	增加	增加
货币政策（货币供给增加）	利率下降	增加	增加	增加

第二节　财政政策效果和货币政策效果

一、财政政策效果

（1）当 IS 曲线斜率不变时，LM 曲线斜率越大（越陡峭），则财政政策效果越小；LM 曲线斜率越小（越平缓），则财政政策效果越大。

如图 17-1 所示，IS_1 与 LM_1（LM_2）相交，处于均衡状态。实施扩张性财政政策，IS_1 右移到 IS_2，如果利率保持不变，则收入将增加到 Y_2。但利率提高后，收入将不会增加那么多。如果与 LM_1 相交，则利率上升到 r_3，收入只能增加到 Y_3；如果与较为平坦的 LM_2 相交，则利率上升到 r_4，收入增加到 Y_4。

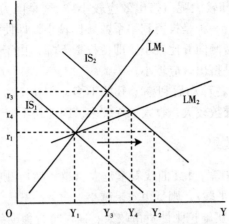

图 17-1　LM 曲线斜率影响财政政策效果

所以，LM 曲线越平坦，财政政策效果越好；反之越差。

（2）当 LM 曲线斜率一定时，IS 曲线越陡峭，则财政政策效果越大；反之越小。

如图 17-2 所示，IS_1 与 LM 相交，收入为 Y_1，这是最初的均衡。IS_1 向右移动到 IS_2，由于利率上升到 r_4，收入不能增加到 Y_2，只能增加到 Y_4。

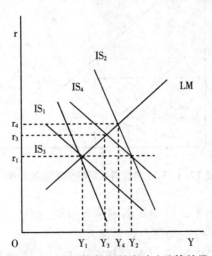

图 17-2　IS 曲线斜率影响财政政策效果

IS_3 也与 LM 相交，收入为 Y_1。IS_3 向右移动到 IS_4，移动幅度与上面一样，同样由于利率上升到 r_3，收入不能增加到 Y_2，只能增加到 Y_3。

结论：IS 曲线越平坦，财政政策效果越小；反之越大。

但这里有一个疑问，即当 IS_1 向右移动到 IS_2 时，利率上升更多（r_4 大于 r_3），为什么财政政策效果却较大呢（挤出效应较小）？这是因为 IS_1 较为陡峭，斜率大。其中有两种可能，一种是投资利率系数 d 比较小，即使利率提高，投资下降也不多；另一种是消费倾向 b 比较小，即使投资下降，由于乘数较小，收入下降也不多。总的结果就是挤出效应较小。

对于 IS_3，虽然向右移动后利率上升并不多，但由于 d 比较大或 b 比较大，导致投资下降较多或乘数较大，收入下降较多，因此挤出较多。

二、货币政策效果

（1）给定 IS 曲线斜率，LM 曲线斜率越大（越陡峭），则货币政策效果越大，LM 曲线斜率越小（越平缓），则货币效果越小。

如图 17-3 所示，实施扩张性货币政策，LM_1 向右移动到 LM_2。如果与 IS 曲线相交于较为平缓的阶段（IS_1），则由于利率下降幅度较小，货币政策效果较差。如果与 IS 曲线相交于较为平缓的阶段（IS_2），则由于利率下降幅度较大，货币政策效果较好。

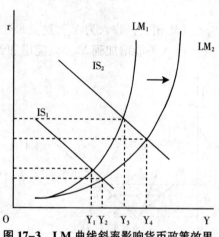

图 17-3　LM 曲线斜率影响货币政策效果

（2）给定 LM 曲线斜率，IS 曲线斜率越大（越陡峭），则货币政策效果越小。IS 曲线斜率越小（越平缓），则货币效果越大。

如图 17-4 所示，LM_1 与 IS_1（IS_2）相交于 E 点。实施扩张性货币政策，LM_1 向右移动到 LM_2，可以看出，当 IS 曲线比较陡峭时，收入增加较少；而 IS 曲线比较平坦时，收入增加较多。

注意，图 17-4 中当 IS 曲线比较陡峭时，利率虽然下降略多，但由于 IS 曲线陡峭，要么是投资利率系数 d 比较小，要么是消费倾向 b 比较小，都会导致收入增加较少；反之，当 IS 曲线比较平坦时，利率虽然下降略少，但由于 IS 曲线

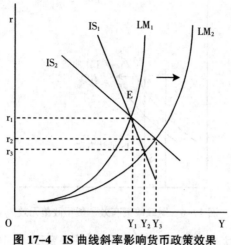

图 17-4　IS 曲线斜率影响货币政策效果

平坦，要么是投资利率系数 d 比较大，要么是消费倾向 b 比较大，都会导致收入增加较多。

三、凯恩斯主义极端

在凯恩斯主义极端情况下，LM 曲线水平，此时利率较低，国民收入也较低。很明显，此时经济处于严重的衰退之中，财政政策有很大效果，货币政策则效果不好。

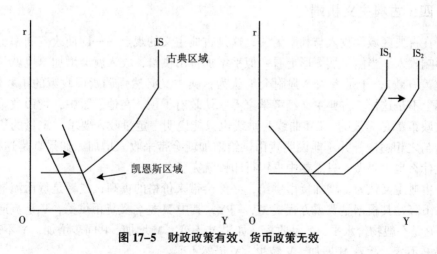

图 17-5　财政政策有效、货币政策无效

图 17-5 中左边所示的 IS 曲线不是垂线，如果 IS 曲线是垂线，则财政政策仍然效果极大，货币政策依然无效，如图 17-6 所示。

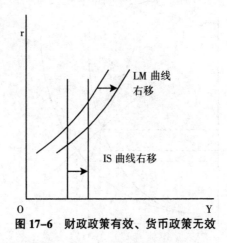

图 17-6 财政政策有效、货币政策无效

货币政策之所以无效实际上与 IS 曲线水平关系不大，也与利率无关。我们可以想象：如果出现了大量失业、工厂关门、前景暗淡等，增加货币供给、降低利率就能够提升企业的信心吗？你可以告诉企业央行的资金面很充裕，但企业会来借钱吗？不用谈"流动性陷阱"，也不用说利率，有用的仅仅是凯恩斯所说的"动物精神"——企业家没有信心时，货币政策是无效的。

财政政策则不然，居民不愿意消费、企业不愿意投资，没关系，政府可以增加支出（政府购买和转移支付），而由于此时没有达到充分就业，因此价格也不会提高，政府购买和转移支付的乘数效应会增加国民收入。

四、古典主义极端

在古典区域，收入与利率无关，这是古典主义的观点——即使改变利率也不会影响收入。当然，从图形上看，似乎增加货币供给，收入就会增加（也就是货币政策有效），于是有人牵强附会地认为古典主义必然强调货币政策的重要性，实际上不是这样。古典主义经济学家不承认政府干预，在他们眼中，货币政策和财政政策都是无效的。LM 曲线为垂线也只能说明一定量收入要求一定量的货币供给与之相适应，并不能说明货币供给增加就会带来收入增加。如果真是这样，那就什么也不要做，只需要中央银行印钞就完了。

古典主义认为，增加货币供给，必然会带来价格的提高，或者是货币流通速度的下降，其根据是费雪方程式 $MV = PY$，其中 M 是名义货币供给，V 是流通速度，P 是一般物价水平，Y 是收入。如果 V 不变，M 增加，P 同步增加，Y 不变。如果 P 不变，随着 M 增加，V 减少，Y 仍然不变。

当然，在现实经济中，M 增加会带来 V 的减少，也带来 P 的增加，总之，货币供给增加不会对收入有什么实质性的影响，也就是说，货币政策几乎无效，如图 17-7 所示。

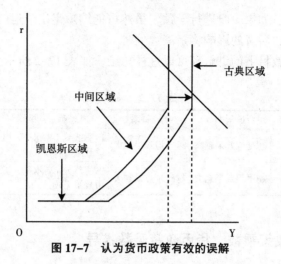
图 17-7　认为货币政策有效的误解

不过，在古典区域，财政政策确实是无效的，因为政府的任何财政政策都会带来完全的挤出效应，利率提高，而收入不变，如图 17-8 所示。

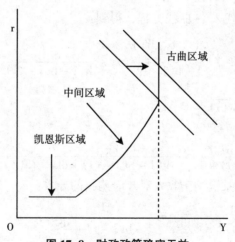
图 17-8　财政政策确实无效

实际上，古典主义认为财政政策和货币政策统统无效，其表述方式也不是 IS-LM 模型。古典主义认为，只要政府不干预，经济会自动达到充分就业状态，既然已经是充分就业，那么政府政策就是无效的。如果用刺激性的货币政策，则物价会提高，即带来通货膨胀；如果用刺激性的财政政策，就会带来挤出效应。

当然，有人会问：经济处于衰退中，也不能使用财政政策和货币政策吗？衰退时并没有实现充分就业啊？

古典主义的回答是这样的：即使经济处于衰退，也无须进行干预，因为经济会自动走出衰退。如果政府进行干预，虽然可能缩短走出衰退的时间，但会给经济结构带来扭曲，后者的影响将是深远的。

一般经济学教材上的讲解都可以这样总结，如表17-2所示。

表 17-2　总结

	曲线移动	IS 斜率	LM 斜率	凯恩斯主义极端	古典主义极端
扩张性财政政策	IS 向右	越陡峭效果越大	越平坦效果越大	IS 垂线或 LM 水平，财政政策效果极大	IS 水平或 LM 垂直。财政政策无效
扩张性货币政策	LM 向右	越平坦效果越大	越陡峭效果越大	IS 垂线或 LM 水平，货币政策无效	IS 水平或 LM 垂直。货币政策效果大

五、财政政策乘数、货币政策乘数推导

IS 曲线方程为：$y = \dfrac{a + e + g - bT_0 - dr}{1 - b(1 - t)}$。

LM 曲线方程为：$r = \dfrac{k}{h}y - \dfrac{m}{h}$。

将 LM 曲线方程代入 IS 曲线方程，得到：

$$y = \frac{a + e + g - bT_0}{1 - b(1 - t)} - \frac{d(\frac{k}{h}y - \frac{m}{h})}{1 - b(1 - t)} \Rightarrow y + \frac{dky}{h(1 - b(1 - t))} = \frac{a + e + g - bT_0}{1 - b(1 - t)}$$

$$+ \frac{dm}{h(1 - b(1 - t))}$$

整理得到：

$$y = \frac{h(a + e - bT_0)}{h(1 - b(1 - t)) + dk} + \frac{hg}{h(1 - b(1 - t)) + dk} + \frac{dm}{h(1 - b(1 - t)) + dk}$$

于是，财政政策乘数等于收入对政府购买的导数：

$$\frac{dy}{dg} = \frac{h}{h(1 - b(1 - t)) + dk} = \frac{1}{1 - b(1 - t) + \dfrac{dk}{h}}$$

同理，货币政策乘数等于收入对货币供给的导数：

$$\frac{dy}{dm} = \frac{d}{h(1 - b(1 - t)) + dk} = \frac{1}{(1 - b(1 - t))\dfrac{h}{d} + k}$$

第三节 财政政策与货币政策的配合

我们可以用表 17-3、表 17-4 来分别表示财政政策和货币政策各自的内容、工具、优缺点以及相互之间的配合。

表 17-3 财政政策和货币政策各自的内容、工具以及优缺点

	财政政策	货币政策
内容	调整政府收入或支出来控制总需求	调整货币量进而调整利率以影响总需求
手段	政府购买 转移支付 投资赋税减免（增加） 减税（增税）	法定准备率 公开市场业务 再贴现率 窗口指导
分类	自动稳定器（税收自动变化、转移支付自动变化、农产品价格维持制度） 斟酌使用（扩张或紧缩）	扩张性货币政策 紧缩性货币政策
优点	主动性强	灵活、精确地控制货币量，控制通胀较有效
缺点	时间滞后（认识问题时间、执行时间、反应时间都存在滞后） 受公众预期影响较大 受到利益集团的影响 存在挤出效应	控制通缩效果差 受货币流通速度变化的影响 受外部时滞影响 开放经济中，受国际资本流动影响 被动性政策

表 17-4 财政政策和货币政策的配合

	财政政策与货币政策的配合	收入及利率变化
严重繁荣	紧缩财政与紧缩货币	收入减少，利率不确定
严重衰退	扩张财政与扩张货币	收入增加，利率不确定
轻度繁荣	紧缩财政减缓经济增速，扩张货币防止经济陷入衰退	收入不确定，利率下降
轻度衰退	扩张财政以拉动经济走出衰退，紧缩货币防止经济进入通胀通道	收入不确定，利率上升
总结	在发展中国家（如我国）经济实践中，通常以财政政策为主，货币政策为辅。在成熟市场经济国家中，则以货币政策为主，财政政策为辅	

第四节 本章总结

（1）宏观经济政策有四个目标：充分就业、物价稳定、经济增长和国际收支平衡。

（2）宏观经济政策主要分为两类：自动稳定器和斟酌使用的经济政策。

（3）对于财政政策来讲，主要手段是政府购买、转移支付、税收和投资赋税优惠等。

（4）货币政策工具主要包括公开市场业务、法定准备率调整和再贴现率调整。

（5）财政政策和货币政策都受 IS、LM 曲线的斜率大小影响。

（6）财政政策和货币政策都有各自的局限性。

每章一题

问：假定某国政府当前预算赤字为 75 亿美元，边际消费倾向 b = 0.8，边际税率 t = 0.25，如果政府为降低通货膨胀率要减少支出 200 亿美元，试问支出的这种变化能否最终消灭赤字？

答：在三部门经济中政府购买支出乘数为：$K_G = \dfrac{1}{1 - b(1 - t)}$。

将 b = 0.8，t = 0.25 代入乘数公式，得 $K_G = \dfrac{1}{1 - 0.8 \times (1 - 0.25)} = 2.5$。

当政府支出减少 200 亿美元时，收入和税收均会减少，金额分别为：

$\Delta Y = K_G \cdot \Delta G = 2.5 \times (-200) = -500$（亿美元）

$\Delta T = t\Delta Y = 0.25 \times (-500) = -125$（亿美元）

于是预算盈余变动额为：$\Delta BS = \Delta T - \Delta G = -125 - (-200) = 75$（亿美元），这说明：当政府减少支出 200 亿美元时，政府预算盈余变动额将增加 75 亿美元，正好与当前预算赤字相抵消，故这种支出的变化最终能消灭赤字。

第十八章 总需求—总供给分析

第一节 总需求曲线

一、关于总需求曲线

(一) 总需求曲线的来源

两部门中，IS 曲线方程一般写为：

$$y = \frac{a + e - dr}{1 - b} \tag{18.1}$$

LM 曲线方程一般写为：

$$r = \frac{k}{h}y - \frac{m}{h} \tag{18.2}$$

但我们知道，m 是实际货币供给，它等于名义供给除以价格 M/P，于是式 (18.2) 改写为：

$$r = \frac{k}{h}y - \frac{M}{hP} \tag{18.3}$$

式 (18.3) 结合式 (18.1)，消除利率，就可以得到总需求曲线，过程如下：

$$y = \frac{a + e - d(\frac{k}{h}y - \frac{M}{hP})}{1 - b}$$

$$(1 - b)y = a + e - d(\frac{k}{h}y - \frac{M}{hP})$$

$$(1 - b + \frac{dk}{h})y = a + e + \frac{dM}{hP}$$

$$y = \frac{a + e + \frac{dM}{hP}}{1 - b + \frac{dk}{h}} = \frac{a + e}{1 - b + \frac{dk}{h}} + \frac{dM}{(h - bh + dk)P} \tag{18.4}$$

　　根据式（18.4）可以发现，价格提高，则收入减少；价格下降，则收入增加，于是总需求曲线向右下倾斜。另外根据式（18.5），总需求曲线应该是双曲线，但一般被简单地画为直线。

（二）总需求曲线的推导

　　事实上根据式（18.4）可以发现，给定一个价格，就有一个实际货币供给，也就会有一条 LM 曲线，此曲线与 IS 曲线相交，得到一个收入，价格与收入就是总需求曲线上的一个点。改变价格，就会有另一个实际货币供给，也就会有另一条 LM 曲线，此曲线与 IS 曲线相交（IS 曲线不会变动，因为没有什么因素引起它变动），会得到另一个收入，这个新的价格和新的收入就构成了总需求曲线上的另外一个点。于是我们明白，可以用 IS 曲线和 LM 曲线来推导总需求曲线。

　　如图 18-1 所示，当价格为 P_0 时，对应的曲线为 $LM(P_0)$，对应的收入为 Y_0。当价格下降到 P_1，则对应的曲线为 $LM(P_1)$，对应的收入为 Y_1。连接 AB，就是总需求曲线。

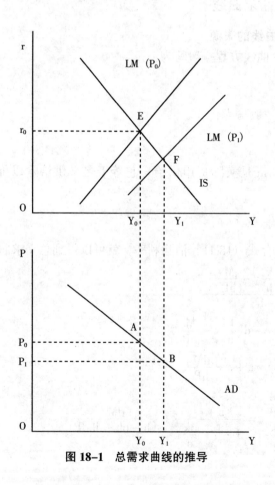

图 18-1　总需求曲线的推导

当然，教材上也有利用总支出曲线推导总需求曲线的过程，不再赘述。

二、总需求曲线的移动

一般教材上都会说：扩张性（紧缩性）财政政策和货币政策都会引起总需求曲线的移动，但通常只介绍财政政策的影响。这里做一个完整描述。

（一）财政政策

如图 18-2 所示，IS_0 与 LM 曲线相交，决定下方 AD_0 曲线上的一个点 A，我们知道，如果改变价格，可以得到另外一条 LM 曲线（图 18-2 中虚线），从而决定 AD 曲线上的另外一个点，也就可以决定 AD_0 曲线，但为简洁起见，该过程可以忽略。

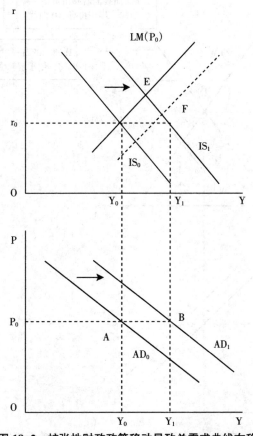

图 18-2　扩张性财政政策移动导致总需求曲线右移

如果 IS_0 向右移动到 IS_1，则可以得到 AD_1 曲线上的一个点 B，同理，如果再改变价格，就可以得到完整的 AD_1 曲线。

实际上，从式（18.4）也可以发现，如果自主消费或自主投资增加（三部门时还包括政府购买增加、转移支付增加和减税），则 IS 曲线向右移动，同时总需求曲线必然向右移动。也就是说，扩张性财政政策会导致总需求曲线右移，而紧缩性财政政策会导致总需求曲线左移。

（二）货币政策

如图 18-3 所示，LM（M_A）与 IS 曲线相交，决定下方 AD_0 曲线上的一个点 G，此时的 LM（M_A）是指当货币供给为 M_A 时的 LM 曲线，这个 M_A 代表某种规模的货币供给。我们要注意，如果价格下降，LM（M_A）就会右移到图 18-3 中虚线，得到总需求的另外一个点，从而决定总需求曲线 AD_0。

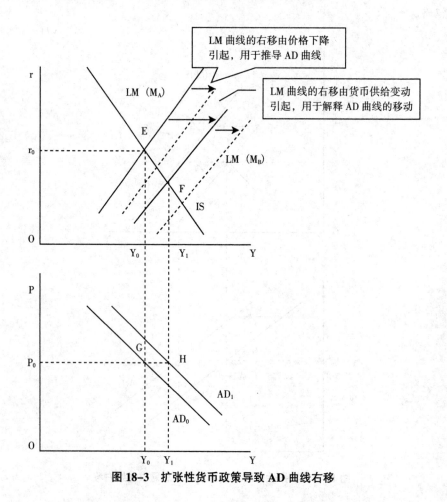

图 18-3　扩张性货币政策导致 AD 曲线右移

当货币供给从 M_A 增加到 M_B，LM（M_A）右移到 LM（M_B）。LM（M_B）与 IS 曲线相交，决定下方 AD_1 曲线上的一个点 H。我们知道，对 LM（M_B）而已，如果改变价格，也可以得到另外一条 LM 曲线（图 18-3 中最右边的虚线），得到总需求的另外一个点，从而决定总需求曲线 AD_1。

于是我们知道，当名义货币供给增加时，总需求曲线也向右移动。

要注意图 18-3 中的注解，LM（M_A）以及 LM（M_B）向其右边虚线移动是由价格下降引起的，用于推导总需求曲线，而从 LM（M_A）移动到 LM（M_B）则是由名义货币供给增加引起的，用于解释 AD 曲线的移动。

第二节　总供给曲线

一、古典主义总供给曲线

我们用三种方式表达古典总供给曲线：语言描述、逻辑展示、图形展示。

古典主义的假设是工资可以自由变化。

当价格上升时，实际工资下降。于是劳动需求量增加，劳动供给量减少，企业不得不提高名义工资，以吸引工人就业。名义工资将一直涨到与价格上升幅度一致时才停止，于是，实际工资回到原来的水平，就业量不变，总产量和总收入也不变，仅价格提高了。

当价格下降时，实际工资上升。于是劳动需求量减少，劳动供给量增加，企业降低名义工资。名义工资将一直下降到与价格下降幅度一致时才停止，于是，实际工资回到原来的水平，就业量不变，总产量和总收入也不变，仅仅价格下降了，如图 18-4 所示。

我们也可以用图 18-5 来推导古典主义总供给曲线。

当价格为 P_0 时，实际工资为 W/P_0，此时劳动市场均衡，均衡就业量为 N_0，产量为 P_0。

当价格下降到 P_1，实际工资为 W/P_1，注意，此时实际工资是上升的。劳动需求将小于劳动供给，于是名义工资将下降，实际工资回到 W/P_0 的水平。于是，N_0 保持不变，Y_0 也保持不变。

当价格上升到 P_2，实际工资为 W/P_2，注意，此时实际工资是下降的。劳动需求将大于劳动供给，于是名义工资将上升，实际工资回到 W/P_0 的水平。于是，N_0 保持不变，Y_0 也保持不变，LAS 垂直。

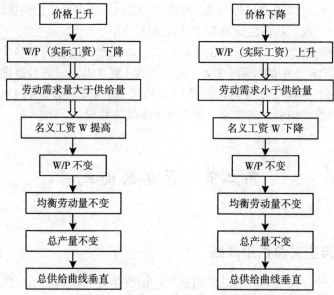

图 18-4　古典主义总供给曲线的逻辑

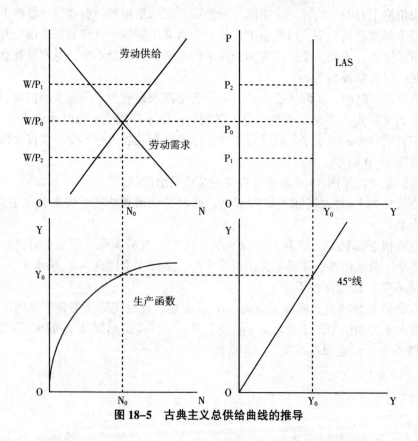

图 18-5　古典主义总供给曲线的推导

二、凯恩斯主义总供给曲线

当价格上升时，实际工资下降。在劳动市场上，劳动需求增加，劳动供给减少。名义工资会上升，对于工人和工会来讲，无疑会欢迎名义工资的上升，于是名义工资上升的比例与价格上升的比例相同，均衡劳动量不变，收入也不变，因此供给曲线在这一段垂直。

但价格下降时则不同。价格下降，实际工资上升，劳动需求减少，劳动供给增加，名义工资应该下降，但是，工人和工会会反对名义工资下降，于是名义工资保持不变。这时，由于实际工资增加，均衡劳动量会下降，收入下降。总供给曲线向右下倾斜，如图 18-6 所示。

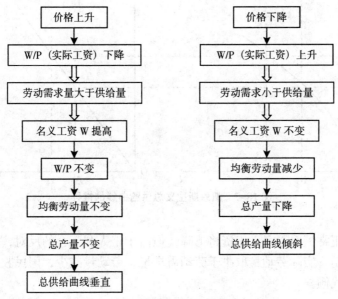

图 18-6 凯恩斯主义总供给曲线的逻辑

我们也可以用图 18-7 来推导古典主义总供给曲线。

当价格为 P_0 时，实际工资为 W/P_0，此时劳动市场均衡，均衡就业量为 N_0，产量为 P_0。

当价格上升到 P_2，实际工资为 W/P_2，注意，此时实际工资是下降的。劳动需求将大于劳动供给，于是名义工资将上升，而工人和工会不会反对工资上升，于是，实际工资将回到 W/P_0 的水平。于是，N_0 保持不变，Y_0 也保持不变。这意味着，在价格 P_0 以上供给曲线垂直。

当价格下降到 P_1，实际工资为 W/P_1，此时实际工资下降。劳动需求将小于

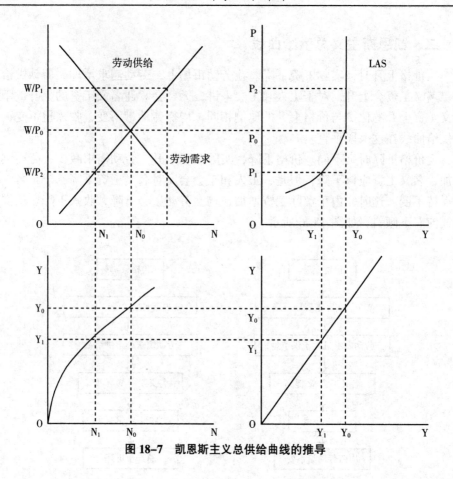

图 18-7 凯恩斯主义总供给曲线的推导

劳动供给,正常情况下名义工资将下降,但由于工人和工会的反对,名义工资不能下降。于是,实际劳动量取决于劳动需求量,劳动量减少,国民收入也相应减少,供给曲线倾斜。

第三节 本章总结

(1)总需求曲线反映产品市场和货币市场均衡时价格与总收入之间的关系。

(2)总需求曲线一般向右下方倾斜,原因包括实际余额效应(财富效应)、利率效应和国际贸易效应。

(3)总需求可以由 IS 曲线和 LM 曲线推导得到。扩张性政策、紧缩性政策都可以引起总需求曲线的移动。

（4）关于总供给曲线至少有两种理论：古典主义和凯恩斯主义。

古典主义认为，名义工资可以随价格自由变化，因此，实际工资不变。实际工资不变，则劳动量不变，产量不变。供给曲线是一条垂线。

凯恩斯主义认为，名义工资可以上升，但下降时会遭到工人、工会的阻挠，因此价格上升时，供给曲线为垂线，价格下降时，供给曲线向上倾斜。

每章一题

问：假定总需求曲线 $AD_1 = 5000 - 1000P$，总供给曲线 $AS = 2000 + 2000P$。试求：

（1）均衡价格和产量。

（2）当总需求曲线变为 $AD_2 = 5600 - 1000P$ 时，价格和产量各为多少？

（3）若充分就业量 $Y^* = 4000$，经济调整到最后，价格和产量各为多少？

答：（1）由 $AS = AD_1$，得 $2000 + 2000P = 5000 - 1000P$。

解得价格 $P = 1$。

将 $P = 1$ 代入 $AS = 2000 + 2000P$ 或 $AD_1 = 5000 - 1000P$，得产量 $Y = 4000$。

（2）同理，由 $AS = AD_2$，得 $2000 + 2000P = 5600 - 1000P$。

解得价格 $P = 1.2$。

将 $P = 1.2$ 代入 $AS = 2000 + 2000P$ 或 $AD_2 = 5600 - 1000P$，得产量 $Y = 4400$。

（3）若充分就业量 $Y^* = 4000$，而（2）中经济实际产量为 4000，表明总需求大于总供给，价格有向上调整的压力，经济会沿着总需求曲线逐渐向上调整，直到均衡为止，于是由 $Y^* = AD_2$，即 $Y^* = 5600 - 1000P$，得 $P = 1.6$，此时产量仍为 4000。

第十九章　失业与通货膨胀

第一节　通货膨胀

一、通货膨胀是一种什么现象

一种理论认为，通货膨胀纯粹是一种货币现象，简单地说，就是经济中的货币太多了，导致物价上涨，这种观点称为通货膨胀的"货币论"；另一种理论则认为，通货膨胀就是物价上涨本身，不管物价上涨的原因，这被称为"物价论"。那么，哪一种观点更合适呢？

我们认为，从通货膨胀的字面意思看，"通货"就是货币，"膨胀"就是太多了，结合起来就是说多发货币导致的一种现象。

物价上涨至少有两种原因：一种是货币过多，另一种则是货币没有增加但物品不足，例如某地因为遭受灾害而导致物品价格上涨，这与货币没有任何关系。所以，从字面上讲，通货膨胀主要是指货币多发带来的价格上升，仅仅由于物品不足带来的价格上升不在本书的研究之列。

二、通货膨胀的衡量

一般而言，通货膨胀率被定义为从一个时期到另外一个时期价格变动的百分比，可以利用式（19.1）来表示：

$$\pi = \frac{P_t - P_{t-1}}{P_{t-1}} \tag{19.1}$$

具体来说，至少有三种指数来衡量通货膨胀，分别是 CPI、PPI 和 GDP 折算数。

CPI：消费价格指数，以我国为例，包括 200 多种商品和服务零售价格的平均变化值。当然，CPI 不包括房地产价格的变化，但包括某些居住类价格，如房租等。

$$CPI = \frac{\sum P_{当期} Q_{当期}}{\sum P_{基期} Q_{当期}} \tag{19.2}$$

PPI：生产价格指数，是衡量工业企业产品出厂价格变动趋势和变动程度的指数。目前，我国生产价格指数包括 4000 多种商品。在宏观经济中，通常是 PPI 先变化，再引起 PPI 的变化。

$$PPI = \frac{\sum P_{当期} Q_{当期}}{\sum P_{基期} Q_{当期}} \tag{19.3}$$

GDP 折算数：即名义 GDP/实际 GDP。

此外，通货膨胀率可以用货币工资增长率与劳动生产率增长率的差来表示，设定工资为 W，价格为 P，劳动生产率为 MP。根据微观经济学的理论（工资等于价格与生产力的乘积）得到：

$$W = P \times MP \tag{19.4}$$

根据式（19.4）求对时间的全微分，得到：

$$\dot{W} = \dot{P} \times MP + P \times \dot{MP} \tag{19.5}$$

其中，$\dot{W}$、$\dot{P}$ 和 $\dot{MP}$ 分别代表各自对时间的导数，即 $\frac{dW}{dt}$、$\frac{dP}{dt}$ 和 $\frac{dMP}{dt}$。

式（19.5）左右两边除以 $W = P \times MP$，得到：

$$\frac{\dot{W}}{W} = \frac{\dot{P}}{P} + \frac{\dot{MP}}{MP} \tag{19.6}$$

即：

$$\frac{\dot{P}}{P} = \frac{\dot{W}}{W} - \frac{\dot{MP}}{MP} \tag{19.7}$$

通货膨胀率等于货币工资增长率减去劳动生产率增长率。

三、通货膨胀的分类

（一）按价格上涨的速度分类

1%~3% 为爬行的通货膨胀（Creeping Inflation），也有人认为此范围为 1%~5%。总体无害，不会引起通货膨胀预期。

3%~10% 为温和的通货膨胀（Mild Inflation）。也有人认为此范围为 3%~6%。被认为是经济的润滑剂，危害不大。

10%~100% 为奔腾的通货膨胀（Galloping Inflation），对经济有明显的不利影响。

100% 以上为超级通货膨胀（Hyper Inflation），扭曲货币经济体系，经济崩溃。

（二）按对价格影响的差别分类

平衡的通货膨胀，即所有物品价格上涨的幅度基本一样。

非平衡的通货膨胀，即各种商品价格上涨的幅度存在差异。

（三）按能否被预期来分类

预期的通货膨胀，假如价格年复一年地按照大致不变的幅度上涨，人们就会有针对通货膨胀的预期，而工资率、银行利率都会将这个通货膨胀率考虑在内，于是工资也会按照这个幅度上涨。即使导致通货膨胀的其他因素消失了，工资上涨也会导致通货膨胀。也就是说，这种通货膨胀具有自我维持性，或者叫惯性通货膨胀。

未预期的通货膨胀如国际油价突然上涨带来的国内价格上升。

（四）按表现形式分

公开的通货膨胀：通过一般物价水平上升而表现出来的通货膨胀，通货膨胀率等于价格上升率。

抑制的通货膨胀：经济中存在通货膨胀，但是官方公布的数据并未得到显示，例如房价上升很多，但物价指数并未包括在内。

隐蔽的通货膨胀：经济中存在通货膨胀的压力，但由于政府实行物价管制，物价并没有上升，却带来需求大于供给的缺口，商品严重短缺，这也叫潜在的通货膨胀。

四、通货膨胀的原因

（一）货币数量论的观点

货币数量论者认为，导致通货膨胀的主要原因是货币供给的快速增长。其根据是式（19.8）：

$$MV = PY \text{（费雪方程）} \tag{19.8}$$

其中，M 是货币供给，V 是货币流通速度，P 是一般物价水平，Y 是国民收入。

对式（19.8）求自然对数，得到：

$$\ln P + \ln Y = \ln M + \ln V \tag{19.9}$$

式（19.9）对时间求微分，得到：

$$\frac{\dot{P}}{P} = \frac{\dot{M}}{M} + \frac{\dot{V}}{V} - \frac{\dot{Y}}{Y} \tag{19.10}$$

其中，$\dot{P}$、$\dot{M}$、$\dot{V}$ 和 $\dot{Y}$ 分别代表 P、M、V 和 Y 对时间的导数。

于是我们得到以下结论：通货膨胀率等于货币供给增长率加货币流通速度增长率减国民收入增长率。如果货币流通速度保持不变，国民收入为充分就业国民收入（也不变），则通货膨胀率等于货币供给增长率。

（二）需求拉动型通货膨胀

如图 19-1 所示，总需求曲线 AD_0 右移到 AD_1，虽然收入也有所增加，但价格从 P_0 增加到 P_1，这就是需求拉动的通货膨胀。也就是说，所有刺激总需求的政策都有带来通货膨胀的危险。

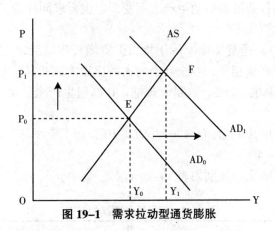

图 19-1　需求拉动型通货膨胀

（三）成本推动型通货膨胀

如图 19-2 所示，总供给曲线从 AS_0 左移到 AS_1，在引起收入下降的同时，价格也上升。这种收入减少、价格上升的现象，有一个著名的名称——滞涨，即经济停滞加通货膨胀。所有的需求管理政策对此都无可奈何。如果为了收入而扩大需求，价格会更高；如果为了降低价格而减少需求，收入将会更低，经济更加萧条。

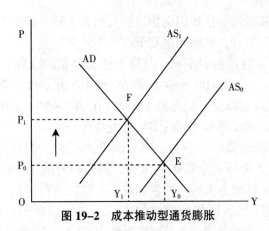

图 19-2　成本推动型通货膨胀

成本推动型通货膨胀的主要原因是要素价格上升，如果这种要素价格是外生的（如石油价格），那么需求管理政策确实无效（这也不能说明新古典综合派是无能的），除非能够完全控制这种要素的生产与销售。

（四）结构性通货膨胀

即在没有需求拉动和成本推动因素的情况下，仅仅由于经济结构因素的变动而带来的通货膨胀。通常表现为：某些行业劳动生产率提高，进而可以获得较高工资，而另外一些行业虽然劳动生产率不变，但也要求同样的工资，于是平均工资提高，带来通货膨胀。

根据式（19.7），通货膨胀率等于货币工资增长率减劳动生产率。设全社会有两个部门，两者产量相等，在全社会所占的比重大致相同。A 部门生产增长率为 6%，工资增长率也为 6%，这是合理的。B 部门生产增长率为 2%，但也要求 6% 的工资增长率。

社会平均生产增长率为：（6% + 2%）/2 = 4%，而工资平均增长率为 6%，于是通货膨胀率为 6% − 4% = 2%。

上面三种通货膨胀的区别如表 19-1 所示。

表 19-1　三种通货膨胀的区别

	价格	产量	根本原因描述
需求拉动	上升	增加	总需求增加导致
供给推动	上升	减少	要素价格上涨，通常为外生力量
结构性	上升	增加	各行业劳动生产率存在差异

五、通货膨胀的经济效应

（一）再分配效应

第一，通货膨胀对那些依赖固定货币收入的人不利，例如靠领取养老金、退休金生活的人。物价上升，这些固定货币收入无疑会贬值。

第二，通货膨胀对储蓄者不利。价格上涨，存款的实际价值就会下降。例如，银行利率为 5%，存款 100 元年终可以得到 105 元。但如果通货膨胀率也是 5%，则年终 105 元的实际价值仍然是 100 元（105/(1 + 5%) = 100）。如果通货膨胀率超过存款利率，则年终本利和的实际价值将低于本金。

第三，通货膨胀对债权人不利，而对债务人有利。例如甲向乙借款 10000 元，一年后归还。如果通货膨胀率为 50%，则归还时的 10000 元只值 5000 元。在现实中，谁是最大的债务人呢？通常是政府。政府发行国债，到期时也要支付利息，但由于通货膨胀，国债到期时的本利和往往会贬值。例如，某人购买 1000 元一年期国债，利息率为 5%，年终得到 1050 元。如果通货膨胀率为 10%，则这 1050 元只值 955 元（1050/(1 + 10%) ≈ 955）。

此外，当发生通货膨胀时，人们的货币收入也会提高，但由于税收通常是累进税，于是人们进入更高的纳税级别，将缴纳比收入增加比例更高的税。例如，当你月收入 5000 元（扣除社保等费用），按照我国现行的个税制度，税率为 3%，税额为（5000 – 3000）× 3% = 45 元。假设工资增加 1 倍，为 10000 元，则要缴纳 745 元。工资增加 1 倍，税收增加 15 倍，这叫通货膨胀税。

（二）产出效应

第一，需求拉动的通货膨胀，会在一定程度上刺激生产，主要指温和的通货膨胀和爬行的通货膨胀。其机理是：需求增加时，产品价格会在工资和资源价格上升之前上升，因此厂商利润增加，从而增加生产，收入增加。

第二，成本推动的通货膨胀会导致失业。当总需求一定时，如果成本提高，价格上升，则原来总需求所购买的产品就会减少（在物价提高时人们也会倾向减少消费），于是就会出现失业，收入也会下降。

第三，超级通货膨胀会引起经济崩溃。

第四，一般认为，短期内通货膨胀会对就业产生影响（正面或负面影响），但在长期内，通货膨胀与就业和产出之间不存在必然的联系。通货膨胀总体上是有害的，通货膨胀率越高，危害越大。

六、通货膨胀的治理

（1）紧缩性的需求管理政策。这种政策对于需求拉动的通货膨胀较为有效。包括两种方式：一是渐进式方法，逐渐减少总需求；二是休克疗法，在短时间内以较大的失业率为代价降低通货膨胀，也称为"速冻火鸡"。

（2）收入政策。在通货膨胀率较高时，政府有时进行收入管制甚至价格管制，这样可以快速降低价格，但会扭曲需求供给关系，带来短缺经济。

（3）指数化政策。将银行利率、货币工资等与货币有关的经济变量与价格挂钩，当价格提高时，利率、工资随之提高，价格下降时也随之下降。

（4）降低自然失业率。一般而言，降低通货膨胀率会增加失业率。如果自然失业率降低，则治理通货膨胀的成本就会下降。

（5）供给政策。如果供给能力提高，则产品增加，价格也会随之下降。供给政策通常包括减少政府管制、减税等。这一学派称为供给学派，其代表人物是经济学家拉弗，曾提出著名的拉弗曲线（又叫饭桌曲线）。[①]

---

① 拉弗曲线的含义是：当税率较低时，提高税率可以增加税收总额；但当税率较高时，再提高税率却可能降低税收总额。于是，在高税率情形下，应适当减税，从而降低企业负担，增加总税收。

第二节　失业

一、概念

失业指人们有劳动能力并愿意工作但得不到就业机会的状态，那些没有工作且在寻找工作的人就是失业者。根据美国的定义，失业者是指那些失去工作，而且属于以下三种情况之一者：①寻找工作达到四周的人；②暂时被解雇正在等待恢复工作的人；③在四周之内到新工作岗位报到的人。

根据以上定义，有劳动能力但不愿意工作的人就不属于失业者，如全职太太、嫌当前工资太低而不愿就业的人等。

表 19-2　从全部人口到失业

全部人口 A			
劳动适龄人口（18~60 岁）B		非适龄人口（儿童、少年和老人）C	
劳动力人口 D		非劳动力 E	非劳动力 F
就业者 G	失业者 H		

需要注意的是，并不是所有的劳动适龄人口都是劳动力人口，有些残疾人或某些因为身体原因无法工作的人不能算劳动力人口，如表 19-2 所示。

$$劳动适龄人口比例 = \frac{劳动适龄人口}{全部人口} = \frac{B}{A} \tag{19.11}$$

$$劳动力参与率 = \frac{劳动力人口}{劳动适龄人口} = \frac{D}{B} \tag{19.12}$$

$$失业率 = \frac{失业人口}{劳动力人口} = \frac{H}{D} \tag{19.13}$$

$$就业率 = \frac{就业人口}{劳动力人口} = \frac{G}{D} \tag{19.14}$$

对于一个国家来讲，失业率很重要，但重要的角度不同，长期内重要的是劳动力参与率和劳动适龄人口比例，最重要的是劳动适龄人口比例。我国改革开放之后前 20 年的快速发展在很大程度上依赖一个事实——年轻人多，也就是人口红利。

另外，充分就业并不是所有人都有工作，不同学派对充分就业的观点也不尽一致，表 19-3 是三种观点的比较。

表 19-3 如何看待充分就业

学派	观点
凯恩斯学派	如果失业仅限于摩擦失业和自愿失业，则为充分就业
货币主义学派	完全依赖劳动市场和商品市场自发供求力量作用下的自然失业率
其他学派	空缺职位总额等于寻找工作的人数就是充分就业

二、失业的类型

根据不同的标准，失业可以分为多种类型（见表 19-4），如按是否自愿来分，可以分为自愿失业和非自愿失业。另外，还有摩擦失业、技术性失业、周期性失业、季节性失业等。

表 19-4 失业的类型

分类标准	名称	解释	备注
按是否自愿分	自愿失业	现行工资水平下能找到工作但不愿工作	根据失业概念，这种失业不予统计
	非自愿失业	现行工资水平下愿意工作但不能找到工作	又叫需求不足型失业
按原因分	摩擦失业	因工作转换而引起的失业	摩擦失业与充分就业并不矛盾
	季节性失业	由工作的季节性而引起的失业	如农业、旅游业
	技术性失业	技术进步引起的失业	通常是由于资本替代劳动
	结构性失业	因经济结构变化引起的失业	失业与职位空缺并存
	周期性失业	因经济周期变化引起的失业	繁荣时减少、衰退时增加

三、失业的损失

奥肯定律：失业率每增加 1 个百分点，实际产量损失 3%（也有人说是 2%）。具体公式为：

$$\frac{Y - Y_f}{Y_f} = -\alpha(u - u^*) \tag{19.15}$$

其中，Y 是实际 GDP，Y_f 是潜在 GDP，u 是实际失业率，u^* 是自然失业率，α 为系数。

例如，自然失业率为 2%，当前失业率也是 2%，则当前实际 GDP 等于潜在 GDP。如果当前失业率是 3%，设 α 是 3，那么当前实际 GDP 与潜在 GDP 差距为 3%；反过来，如果想把失业率从 3% 降到 2%，则当前实际 GDP 必须至少增加 3%。

失业无疑会带来痛苦，不仅仅是没有工作导致的收入损失，还会带来心理上的打击以及很多社会问题。[①]

四、失业的治理

(一) 增加总需求，降低周期性失业

当经济处于经济周期的萧条阶段时，政府可以通过财政政策和货币政策增加总需求，增加就业。但这种政策只能在短期内实行，如果长期实行刺激总需求的政策，可能使经济进入通货膨胀轨道。

(二) 降低自然失业率

(1) 职业培训。对于摩擦性失业、技术性失业、结构性失业来说，加强职业培训比较有效。20 世纪 90 年代我国出现了一种独特失业类型——下岗工人，他们中大多数都是自己奋斗寻找新的工作，在职业培训方面我国有很大潜力。

(2) 变消极救济为积极救济。标准过低的失业救济制度无疑会损害失业者的福利，但过高的失业救济制度也会使人产生依赖性，失去努力寻找工作的动力，因此应该将消极救济变为积极救济，从"授人以鱼"转向"授人以渔"。我国的贫困救济制度也是如此，很多人年年救济，年年贫穷，这不是解决贫困的根本办法。

第三节　失业与通货膨胀的关系

关于菲利普斯曲线的认识有三个阶段：原始的菲利普斯曲线、附加预期的菲利普斯曲线、理性预期学派的菲利普斯曲线。第一阶段认为失业和通货膨胀之间相互替代；第二阶段提出了短期菲利普斯曲线和长期菲利普斯曲线；第三阶段则是对菲利普斯曲线的否认。

一、原始菲利普斯曲线

1958 年，新西兰经济学家菲利普斯发现货币工资增长率与失业率之间的反向关系，进一步表示为菲利普斯曲线。

如图 19-3 所示，横坐标为失业率，纵坐标为通胀率，右侧的直线为工资增长率。菲利普斯曲线原先只是描述工资增长率与失业率之间的关系，但由于工资增长率被认为是价格上升的主要因素，因此菲利普斯曲线就用于描述失业率和通胀率之间的替代关系。图 19-3 中通胀率为 4%、失业率为 4%分别代表社会可以允许的临界值，那么两者之间的空间就是政策选择空间。

---

① 一个社会的痛苦指数等于失业率加通货膨胀率。

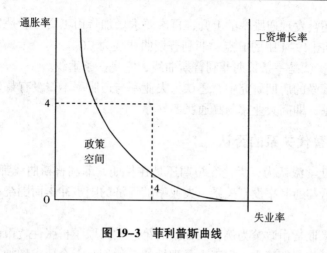

图 19-3　菲利普斯曲线

二、短期与长期菲利普斯曲线

货币主义学派反对上述菲利普斯曲线。以弗里德曼为首的该派学者认为，短期内存在失业率与通货膨胀率之间的替代关系，长期内则不存在，也就是说，长期内菲利普斯曲线是垂线。

如图 19-4 所示，在初始阶段，AA 为菲利普斯曲线。通胀率为 0，失业率为 4%。此时政府为将失业率降低到 2%，通胀率就必须增加到 2%。

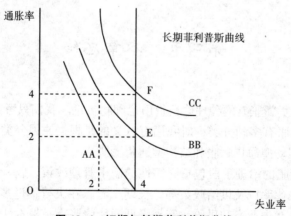

图 19-4　短期与长期菲利普斯曲线

但如果公众发现了通胀率的上升，就会要求货币工资上涨 2%，这样实际工资不会发生变化，因此企业对劳动的需求会回到原来的水平，也就是说，失业率会回到 4%，即图 19-4 中的 E 点。菲利普斯曲线变为 BB。

如果政府还想降低失业率，例如从 4%降到 2%，则通胀率必须达到 4%。

但公众还会发现通胀率的上升，再次要求增加货币工资，于是失业率仍然会回到4%，即图19-4中的F点，菲利普斯曲线变为CC。

连接EF，就是一条长期菲利普斯曲线，它是一条垂线。

在弗里德曼的后期研究中，还认为失业率与通胀率不仅没有替代关系，反而是正相关关系，即高失业率与高通胀率并存。

三、对替代关系的否认

理性预期学派认为，无论在短期还是在长期，菲利普斯曲线都是一条垂线。失业率的高低与通胀率没有关系，失业率随经济的随机冲击而围绕自然失业率上下波动。

以政府采取货币政策为例，假如政府第一次采取了扩张性货币政策，则企业得到贷款后增加雇佣工人，但工人是理性的，他们马上会要求增加工资（因此此时物价也在上涨），于是企业增加雇佣工人的愿望就会落空。失业率也不可能下降，只有物价上涨了。

于是，绝望的新古典综合派只有寄希望于工人不那么理性或者货币供给增加后物价并不是马上上涨，但工人无疑是理性的，这一点根本不现实。同时，寄希望于货币供给增加与物价上涨之间的时间差，而这已经不再具备经济学意义。

因此，继承古典学派"不干预"思想的理性预期学派在根本上从理论上推翻了新古典综合派的思想，凯恩斯主义更是被认为没有实践价值。

第四节　本章总结

（1）关于通货膨胀有两种理论：货币论和物价论。我们只考察第一种理论。

（2）通货膨胀有多种分类，对我们有意义的是根据原因分类：需求拉动型通货膨胀、成本推动型通货膨胀和结构型通货膨胀。

（3）通货膨胀的治理手段包括紧缩性的需求管理政策、收入政策、指数化政策、降低自然失业率以及供给政策等。长期来看，在央行不过多增发货币的前提下，通过降低自然失业率和供给政策来降低通货膨胀率是根本性的。

（4）失业指人们有劳动能力并愿意工作但得不到就业机会的状态，那些没有工作且在寻找工作的人就是失业者。有劳动能力但不愿工作的人不属于失业者。失业会带来很多损失，重要理论是奥肯定律。

（5）菲利普斯曲线用于衡量失业与通货膨胀率之间的替代关系。当前理论认为，短期内两者有一定程度的替代关系，长期内菲利普斯曲线是一条垂线。

每章一题

问：已知充分就业的国民收入是 12000 亿美元，实际国民收入是 11000 亿美元，边际消费倾向是 80%，在增加 300 亿美元投资后，经济会发生通货膨胀吗？如果会发生，属于需求拉动的还是成本推动的？为什么？

答：由题设，边际消费倾向为 80%，则投资乘数 $K_I = \dfrac{1}{1-0.8} = 5$，又有 $\Delta I = 300$（亿美元），则 $\Delta Y = K_I \cdot \Delta I = 5 \times 300 = 1500$（亿美元）。而原来实际国民收入是 11000 亿美元，增加投资后总需求达到 $11000 + 1500 = 12500$（亿美元），超过充分就业国民收入 12000 亿美元，因此会发生通货膨胀，且属于需求拉动的通货膨胀。

第二十章 经济周期与经济增长

第一节 经济周期

一、概念

经济周期又叫商业周期，是指总体经济活动的扩张和收缩交替反复出现的过程。

衡量经济周期有两种理论，早期的理论认为，经济周期是指 GDP 的绝对量变动；现代经济学一般认为是增长率的变动，即使出现了衰退，也是增长中的衰退。

经济周期一般分为繁荣、衰退、萧条和复苏四个阶段，也有人分为两个阶段：扩张和衰退，两个转折点分别为谷底和峰顶，如图 20–1 和图 20–2 所示。

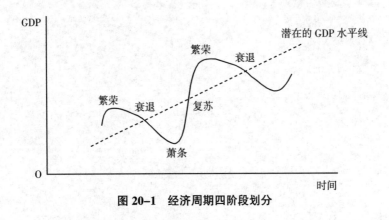

图 20–1 经济周期四阶段划分

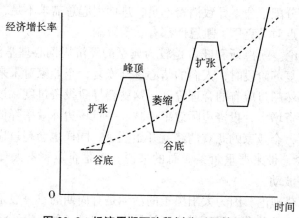

图 20-2　经济周期两阶段划分以及转折点

二、分类

（一）根据时间分类

（1）朱格拉周期。一个经济周期为 9~10 年，被称为中周期或主要经济周期。美国经济学家汉森计算出美国 1795~1937 年共 17 个这样的周期，平均长度为 8.35 年。

（2）基钦周期。一个经济周期平均为 3.5 年（40 个月），被称为短周期。两个或三个这样的短周期构成了朱格拉周期。

（3）康德拉捷夫周期。一个经济周期平均为 50 年，被称为长周期。康德拉捷夫 1925 年提出著名的"长波理论"，描述了 18 世纪 80 年代到 1920 年的经济波动。

（4）熊彼特长周期。熊彼特以三次重大的创新为标志，划分了三个长周期：第一个是以纺织机为标志的"产业革命时期"，第二个是以蒸汽机为标志的"蒸汽和钢铁时期"，第三个是以电力为标志的"电气、化学和汽车时期"。

（5）库兹涅茨周期。一个周期平均为 15~20 年，也被称为"建筑业周期"。

（二）其他理论

（1）纯货币理论。英国经济学家霍特里提出，经济周期纯粹是一种货币现象，货币因素引起了经济的周期性波动，其他因素都是辅助的。该理论对货币主义理论仍然有很大影响。

（2）投资过度论。包括两个分支，一个分支是货币因素导致的投资过多，如哈耶克等经济学家持这种观点；另一个分支是新发明、新技术导致的投资波动，瑞典经济学家卡塞尔等持这种观点。投资过度论和加速原理之间有密切联系。

（3）消费不足论。西斯蒙第、马尔萨斯及英国经济学家霍布森认为，由于人们储蓄过多或者分配不公平导致消费不足，进而引起总需求不足，最终导致了经济危机。这种观点对马克思、凯恩斯都有一定影响。

（4）心理理论。凯恩斯和庇古是较为典型的经济周期心理学派。他们认为，在经济刚刚进入复苏阶段时，人们的信心逐渐恢复，企业家对未来的乐观预期不断高涨，最终必然超过应有的合理程度，这就会导致投资过度，过度投资带来过度繁荣。随着投资增多，投资边际效率递减。一旦该边际效率降低到企业家所能承受的限度之下，企业家的悲观情绪就开始蔓延，同样也会超过应有的限度。投资开始急剧减少，带来严重萧条。总的来说，正是企业家不太理性的"动物精神"加剧了经济波动。

（5）农业收获理论。因为太阳黑子的活动是有周期的（一般是 11 年），而太阳黑子也会影响农业收获，进而带来经济波动。这是一种外生经济周期理论。

（6）创新理论。熊彼特认为，创新是社会前进的动力，创新会带来超额利润，并引起其他企业效仿，形成"创新浪潮"，银行信用扩张，投资增加，带来繁荣。随着创新的普及，超额利润消失，银行信用紧缩，投资减少，进入衰退。随着下一次创新出现，经济再度繁荣。

三、乘数—加速数模型

（一）加速原理

一般认为，生产一定的产量需要更多的资本。用 K 代表资本存量，则资本存量的变化就是新增投资 I。用 v 代表资本—产量比，v 通常大于 1。则有：

$$K = vY$$
$$K_t - K_{t-1} = v(Y_t - Y_{t-1}) \tag{20.1}$$

于是有：

$$I_t = K_t - K_{t-1} = v(Y_t - Y_{t-1}) \tag{20.2}$$

资本—产量比被称为加速数。

（二）乘数—加速数原理

当某些因素促使投资增加时，通过乘数作用，人们收入会增加，从而消费增加，购买的物品增加，这会通过加速数进一步使得投资增加，依此类推，经济会走向高峰。

由于资源有限，经济一旦达到顶峰，收入、消费就会减少，销售量也会减少，投资大幅度下降，收入进一步减少，经济走向衰退。

乘数—加速数模型的主要意义在于说明：即使靠经济本身的力量来自行调节，也会形成自发的经济周期。

（三）乘数—加速数模型

$$Y_t = C_t + I_t + G_t$$

$C_t = \beta Y_{t-1}$, $0 < \beta < 1$

$I_t = v(C_t - C_{t-1})$, $v > 0$ (20.3)

根据式（20.3），可以得到：

$$Y_t = \beta Y_{t-1} + v(C_t - C_{t-1}) + G_t \quad (20.4)$$

因为消费与收入之间也存在关系，有 $C_t = \beta Y_{t-1}$ 及 $C_{t-1} = \beta Y_{t-2}$，得到：

$$Y_t = \beta Y_{t-1} + v\beta(Y_{t-1} - Y_{t-2}) + G_t \quad (20.5)$$

化简得到：

$$Y_t = (1+v)\beta Y_{t-1} - v\beta Y_{t-2} + G_t \quad (20.6)$$

式（20.6）可以利用差分方程求解，也可以简便求解。

如果式（20.6）收敛，则有 $Y_t = Y_{t-1} = Y_{t-2}$。

于是有：$Y = \dfrac{G_t}{1-\beta}$，如果政府购买不变，则有：$Y = \dfrac{G}{1-\beta}$。

（四）示例

假定边际消费倾向为 0.5，加速数为 1，政府购买一直为 1。

第一期，消费为 0，投资为 0，政府购买为 1，收入为 1。

第二期，由于上一期收入为 1，消费为 0.5。投资 = 加速数 ×（本期消费减上期消费）= 1 ×（0.5 - 1）= 0.5。政府购买不变，收入为 1。

第三期，消费为 1，投资为 0.5，政府购买不变，收入为 2.5。

依此类推，得到表 20-1。

表 20-1 乘数加速数模型示例

时期	消费	投资	政府购买	收入
1	0	0	1	1
2	0.5	0.5	1	2
3	1	0.5	1	2.5
4	1.25	0.25	1	2.5
5	1.25	0	1	2.25
6	1.125	-0.125	1	2
7	1	-0.125	1	1.875
8	0.9375	-0.0625	1	1.875
9	0.9375	0	1	1.9375
10	0.96875	0.03125	1	2
11	1	0.03125	1	2.03125
12	1.015625	0.015625	1	2.03125
13	1.015625	0	1	2.015625
14	1.007813	-0.00781	1	2

可以发现，在表 20-1 中引起经济波动的主要是投资因素，原因在于投资是消费变化的函数，只要消费增加，投资就为正，只要消费减少，投资就为负值。即使消费在两期内保持不变，投资就为 0。将表 20-1 用图形表示，得到图 20-3。从图 20-3 中可以看到收入围绕均衡值 2 上下波动，波动幅度越来越小，直线为趋势线。

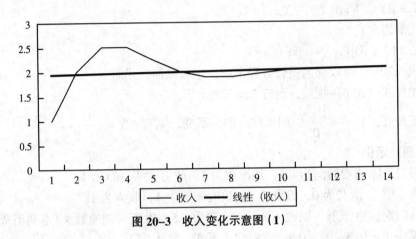

图 20-3　收入变化示意图（1）

当然，在上例中我们假设边际消费倾向为 0.5，资本产量比（加速数）为 1。那么我们是否可以假设：边际消费倾向越大，波动幅度越大？资本产量比越大，波动幅度越大？答案见参考资料。

【参考资料】

关于乘数—加速数的进一步验证。我们要验证的是：边际消费倾向、资本产量比的大小与收入波动之间的关系。仍然假设政府购买仍然不变，一直为 1。初始无消费和投资。

（1）边际消费倾向增加，资本产量比为 1。设边际消费倾向为 0.6，得到数据收入、消费、投资等如表 20-2 所示。

表 20-2　边际消费倾向增加后的收入变化

时期	消费	投资	政府购买	收入
1	0	0	1	1
2	0.6	0.6	1	2.2
3	1.32	0.72	1	3.04
4	1.824	0.504	1	3.328
5	1.9968	0.1728	1	3.1696

续表

时期	消费	投资	政府购买	收入
6	1.90176	−0.09504	1	2.80672
7	1.684032	−0.21773	1	2.466304
8	1.479782	−0.20425	1	2.275533
9	1.36532	−0.11446	1	2.250857
10	1.350514	−0.01481	1	2.335709
11	1.401425	0.050911	1	2.452336
12	1.471402	0.069977	1	2.541378
13	1.524827	0.053425	1	2.578252
14	1.546951	0.022124	1	2.569076
15	1.541445	−0.00551	1	2.535939
16	1.521564	−0.01988	1	2.501682
17	1.501009	−0.02055	1	2.480455
18	1.488273	−0.01274	1	2.475536
19	1.485322	−0.00295	1	2.482371
20	1.489423	0.004101	1	2.493523
21	1.496114	0.006691	1	2.502805
22	1.501683	0.005569	1	2.507252
23	1.504351	0.002668	1	2.50702
24	1.504212	−0.00014	1	2.504072
25	1.502443	−0.00177	1	2.500675

将表 20-2 用图形表示,得到图 20-4(图中直线为趋势线,下同)。

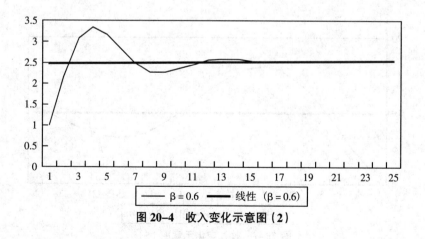

图 20-4 收入变化示意图(2)

依次增加边际消费倾向,如图 20-5、图 20-6、图 20-7 所示。

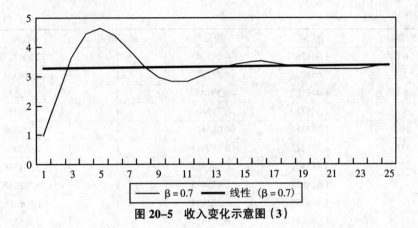

图 20-5　收入变化示意图（3）

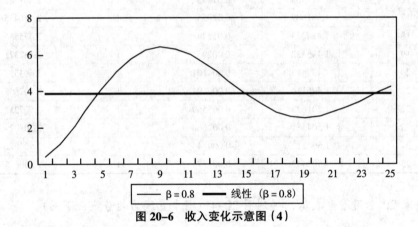

图 20-6　收入变化示意图（4）

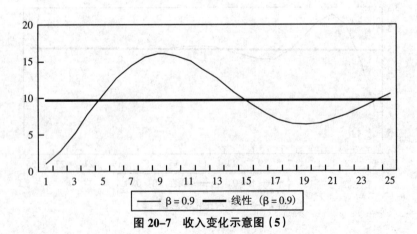

图 20-7　收入变化示意图（5）

将这些变化综合成一个图，如图 20-8 所示。

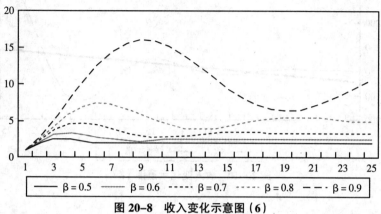

图 20-8 收入变化示意图（6）

可以发现：其他条件不变时，边际消费倾向越大，收入波动越剧烈。

（2）边际消费倾向不变，资本产量比增加。边际消费倾向为仍然为 0.5，资本产量比增加到 2，如图 20-9 所示。

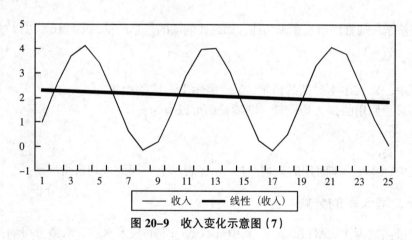

图 20-9 收入变化示意图（7）

边际消费倾向为 0.5，资本产量比（加速数）为 3，如图 20-10 所示。

结论：边际消费倾向（乘数）越大、资本产量比（加速数）越大，则经济波动越剧烈。当然，资本产量比（加速数）对经济波动的影响更大。

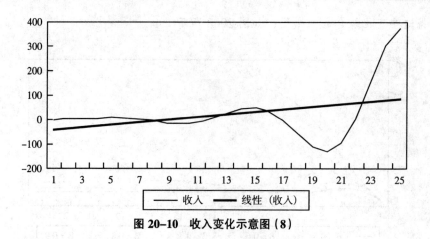

图 20-10　收入变化示意图（8）

第二节　经济增长

经济增长通常用增长率来描述，如果我们谈的是总产量，则增长率可以写为：

$$G_t = \frac{Y_t - Y_{t-1}}{Y_{t-1}} \tag{20.7}$$

其中，Y_t 表示本时期的产量，Y_{t-1} 表示上一期的产量。

如果我们用的是人均产量，则增长率可以写为：

$$g_t = \frac{y_t - y_{t-1}}{y_{t-1}} \tag{20.8}$$

其中，y_t 表示本时期的人均产量，y_{t-1} 表示上一期的人均产量。

一、增长率的分解

产量函数为 $Y = Af(L, K)$，其中 A 代表一定的技术水平，求微分得到：

$$dY = A \times df(L, K) + f(L, K) \times dA \tag{20.9}$$

而根据全微分公式，$df(L, K) = \frac{\partial f}{\partial L} \times dL + \frac{\partial f}{\partial K} \times dK$ 于是有：

$$dY = A(\frac{\partial f}{\partial L} \times dL + \frac{\partial f}{\partial K} \times dK) + f(L, K) \times dA \tag{20.10}$$

进一步写为：

$$dY = A(MP_L \times dL + MP_K \times dK) + f(L, K) \times dA \tag{20.11}$$

变化一下：

$$dY = A(MP_L \times L \times \frac{dL}{L} + MP_K \times K \times \frac{dK}{K}) + f(L，K) \times dA \qquad (20.12)$$

两边都除以 Y，得到：

$$\frac{dY}{Y} = \frac{A(MP_L \times L \times \frac{dL}{L} + MP_K \times K \times \frac{dK}{K}) + f(L，K) \times dA}{Af(L，K)} \qquad (20.13)$$

化简得到：

$$\frac{dY}{Y} = \frac{MP_L \times L}{f(L，K)} \times \frac{dL}{L} + \frac{MP_K \times K}{f(L，K)} \times \frac{dK}{K} + \frac{dA}{A} \qquad (20.14)$$

令 $\frac{MP_L \times L}{f(L，K)}$ 等于 α（即劳动贡献所占份额），$\frac{MP_K \times K}{f(L，K)}$ 等于 β（即资本贡献所占份额），则有：

$$\frac{dY}{Y} = \alpha \frac{dL}{L} + \beta \frac{dK}{K} + \frac{dA}{A} \qquad (20.15)$$

即 $G_Y = \alpha G_L + \beta G_K + G_A$。

收入增长率等于劳动增长率和资本增长率乘以各自的权数之和加技术增长率。

二、哈罗德—多马模型

（一）假设

（1）经济只生产一种产品。

（2）储蓄是国民收入的函数，$S = sY$。

（3）要素为资本 K 和劳动 L。

（4）劳动力增长率不变。

（5）不存在技术进步和折旧。

（6）规模报酬不变，资本劳动比例不变。

（二）推导

先给出资本产量比 v，$K = vY$。于是有：$\Delta K = v\Delta Y$，由于 ΔK 就等于投资，所以有：

$$I = v\Delta Y \qquad (20.16)$$

根据假设，有：

$$S = sY \qquad (20.17)$$

在宏观均衡时要满足 $I = S$，所以有：

$$v\Delta Y = sY \qquad (20.18)$$

变换得到：

$$\frac{\Delta Y}{Y} = \frac{s}{v} \qquad (20.19)$$

式（20.19）就是哈罗德模型的基本方程。其含义是：要实现均衡增长，国民收入增长率必须等于边际储蓄倾向与资本产量比之比。

（三）进一步延伸

如果式（20.19）中的资本产量比是资本实际变化量与国民收入实际变化量的比，则该增长率被称为实际增长率（Actual Rate of Growth）。

$$G_A = \frac{s}{v} \tag{20.20}$$

如果式（20.19）中的资本产量比是企业家所意愿的资本产量比 v_r，则该增长率被称为有保证的增长率。之所以有保证，是因为符合企业家的意愿，即 Warranted Rate of Growth。

$$G_W = \frac{s}{v_r} \tag{20.21}$$

理论上说，如果实际的 G_A 总能够等于 G_W，则经济就可以总是按照 G_W 增长下去。

根据 $G_A V = S = G_W v_r$，如果 $G_A = G_W$，显然要求 $v = v_r$。

（四）考虑就业问题

根据规模报酬不变的假设，应该有 $\frac{\Delta N}{N} = \frac{\Delta K}{K}$。

$$\frac{\Delta N}{N} = \frac{\Delta K}{K} = \frac{I}{K} = \frac{S}{K} = \frac{sY}{vY} = \frac{s}{v} \tag{20.22}$$

即：$\frac{s}{v} = \frac{\Delta N}{N} = n$

也就是说，要实现充分就业的增长，增长率必须等于劳动力增长率。劳动力增长率又被称为自然增长率 G_N（Natural Rate of Growth）。于是最终的增长条件写为：

$$G_A = G_W = n = G_N \tag{20.23}$$

或：

$$\frac{s}{v} = \frac{s}{v_r} = n \tag{20.24}$$

式（20.23）的含义是什么？

第一，现实的增长率要等于企业家想要的增长率，这样才能保持稳定增长。

第二，现实增长率、企业家想要的增长率都要等于人口增长率（自然增长率），这样才能长期稳定增长。

（五）评论

（1）存在性问题。哈罗德认为，如果能够满足式（20.23），则经济可以实现长期稳定增长，这种情况被称为经济增长的"黄金时代"。

（2）不稳定原理

如果 $G_A > G_W$，根据 $G_A\nu = s = G_W\nu_r$，有 $\nu < \nu_r$。那么现实的资本产量比将小于企业家想要的资本产量比，企业家将增加投资，使得产量提高，则实际增长率将进一步大于合意增长率，$G_A \gg G_W$。

如果 $G_A < G_W$，根据 $G_A\nu = s = G_W\nu_r$，有 $\nu > \nu_r$。那么现实的资本产量比将大于企业家想要的资本产量比，企业家将减少投资，使得产量减少，则实际增长率将进一步小于合意增长率，$G_A \gg G_W$。

也就是说，一旦偏离均衡，将会产生更大的偏离，这就是"不稳定原理"。其他经济学家也将该条件称为"刀锋上的增长"，寓意是条件不容易满足。

（六）进一步评价

哈罗德模型到底说明了什么？

第一，经济稳定增长的条件是储蓄等于投资，其全部理论基础都是建立在 $I = S$ 这个条件上。也就是说，本期的储蓄率能够吸收上期产量增加带来的投资，经济才能持续增长。

第二，如果资本产量比不变，经济增长率实际上就是由储蓄率决定的。

第三，如果规模报酬不变，则经济增长最终决定于人口增长率。

三、新古典增长理论——索洛模型

（一）假设

（1）经济只生产一种产品。

（2）储蓄是国民收入的函数，$S = sY$。

（3）要素为资本 K 和劳动 L。

（4）劳动力增长率不变。

（5）规模报酬不变，但资本劳动比例是可变的。

（6）技术水平不变。

（二）基本方程推导

在一个两部门简单经济中，均衡条件为：$I = S = sY$。

设资本存量为 K，折旧率为 δ。投资为 I。则有：

$$\Delta K = I - \delta K = sY - \delta K$$

上式两边都除以 N，得到：

$$\frac{\Delta K}{N} = sy - \delta K \tag{20.25}$$

而 $\frac{\Delta K}{N}$ 还可以写为：

$$\frac{\Delta K}{N} = \frac{\Delta(Nk)}{N} = \frac{k\Delta N}{N} + \frac{N\Delta k}{N} \tag{20.26}$$

结合 $k = \dfrac{K}{N}$，$n = \dfrac{\Delta N}{N}$，得到：

$$\frac{\Delta K}{N} = \frac{\Delta(Nk)}{N} = \frac{k\Delta N}{N} + \frac{N\Delta k}{N} = nk + \Delta k \tag{20.27}$$

于是有：

$$nk + \Delta k = sy - \delta k \tag{20.28}$$

即：

$$\Delta k = sy - (n + \delta)k \tag{20.29}$$

将 Δk 理解为资本深化，$(n + \delta)k$ 理解为资本广化，则有：

资本深化 = 人均储蓄 – 资本广化，或：人均储蓄 = 资本深化 + 资本广化。

与哈罗德的静态模型相比，索洛模型引入了动态因素，但其基本方程仍然是从投资等于储蓄出发，其中储蓄被分解为三部分：一部分用于装备新工人；另一部分用于弥补折旧；如果还有剩余，则用于人均资本的增加。如果人均资本不变，则储蓄仅仅用于折旧和新工人的人均资本。这也是下面要讲的稳态的含义。

（三）关于稳态

在稳态，人均资本将维持不变，也就是说，$\Delta k = 0$。根据式（20.29）有：

$$sy = (n + \delta)k \tag{20.30}$$

这意味着人均储蓄恰好等于资本的广化。

另外，根据式（20.27），当 $\Delta k = 0$ 时，有：

$$\frac{\Delta K}{N} = nk \Rightarrow \frac{\Delta K}{N} = n\frac{K}{N} \Rightarrow \frac{\Delta K}{K} = n \tag{20.31}$$

由于 $\dfrac{\Delta K}{K} = \dfrac{\Delta N}{N} = n$，即资本增长率等于人口（劳动）增长率，又因为规模报酬不变，于是收入增长率必然与这两者相等。

$$\frac{\Delta Y}{Y} = \frac{\Delta N}{N} = \frac{\Delta K}{K} = n \tag{20.32}$$

如图 20–11 所示，直线为 $(n + \delta)k$，曲线为 sy。两者相交于 E 点，表示此时的人均储蓄恰好等于资本的广化。

在 E 点右边，人均储蓄小于 $(n + \delta)k$，表示当前储蓄不足以支撑资本广化，于是人均资本下降，最终在 E 点稳定下来。

在 E 点左边，人均储蓄大于 $(n + \delta)k$，表示当前储蓄支撑资本广化后还有剩余，于是人均资本会增加，最终在 E 点稳定下来。

（四）储蓄率增加和人口增长率提高

如图 20–12 所示，由于储蓄率提高，sy 曲线上升到 $s'y$，与 $(n + \delta)k$ 相交于 F 点，显然 F 点对应的人均资本大于 E 点对应的人均资本。道理很简单，储蓄率提高，人均资本会增加。

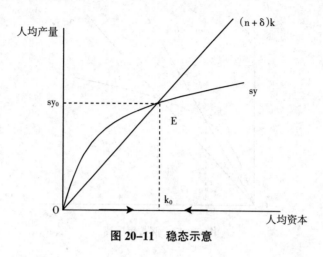

图 20-11　稳态示意

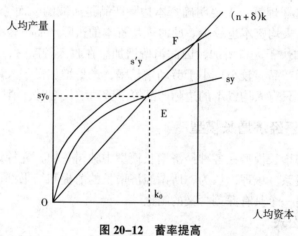

图 20-12　蓄率提高

如图 20-13 所示，由于人口增长率提高，$(n+\delta)k$ 变为 $(n'+\delta)k$，显然后者更加陡峭，$(n'+\delta)k$ 与 sy 相交于 G 点，显然 G 点对应的人均资本小于 E 点对应的人均资本。道理很简单，人口增长率提高，人均资本会减少。

（五）人均资本增加的黄金律

人均储蓄率提高会导致人均资本增加，但是如果大家都储蓄，消费就会减少，而增加消费应该是经济发展的基本目标之一。那么怎样才能在增加人均资本的同时令消费也保持最大呢？

人均收入为 $y=f(k)$，假设没有折旧，则用于储蓄的部分 $sy=nk$。消费等于 $y-sy$，问题就是如何使 $y-sy$ 最大。显然，$y-sy=f(k)-nk$，求导并令导数等于 0，得到：$f'(k)=n$。

理论上讲，就是使人均资本的边际产品等于劳动的增长率。

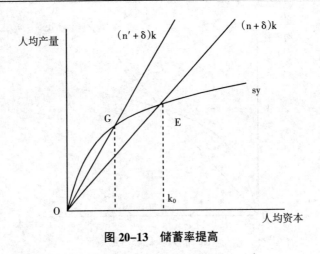

图 20-13　储蓄率提高

我们可以这样理解：先要明确资本边际产品是递减的，而劳动增长率不变。在收入较低时，人均资本也较少。此时人均资本的边际产品（较大）大于劳动增长率，产量增加快于人口增加，因此消费增加。在收入较高时，人均资本较多，人均资本的边际产品（较小）小于劳动增长率，产量增加慢于人口增加，因此消费减少。最终，只有人均资本的边际产品等于劳动增长率时，消费才最大。

四、新剑桥经济增长模型

新剑桥经济增长模型在各种经济增长模型中独树一帜，它探讨的是经济增长与收入分配的关系。该理论认为，所谓经济增长的前提和结果都体现为收入分配的不公平。这是一个具有深刻含义的结论。

（一）基本公式

社会成员分为两大阶层：利润收入者和工资收入者，实际上就是资本家和工人。两个阶层的收入之和为国民收入，各自的储蓄都占自身收入的一个比例，其中利润收入者的储蓄倾向大于工资收入者的储蓄倾向。

国民收入为 Y，利润收入者的收入为 P，工资收入者收入为 W，有：

$$Y = P + W \tag{20.33}$$

同时有：

$$\frac{P}{Y} + \frac{W}{Y} = 1 \tag{20.34}$$

利润收入者的储蓄倾向为 s_P，工资收入者的储蓄倾向为 s_w，整个社会的储蓄率为两个阶层的加权平均数，权数取各自收入在总收入中的比例，即 $\frac{P}{Y}$ 和 $\frac{W}{Y}$。

$$s = s_P \times \frac{P}{Y} + s_w \times \frac{W}{Y} \tag{20.35}$$

结合哈罗德模型的基本公式，得到：

$$G = \frac{s}{\nu} = \frac{s_P P/Y + s_w W/Y}{\nu} \tag{20.36}$$

式（20.36）中，给定资本产量比 ν 以及各自的储蓄倾向不变（要求 s_P 大于 s_w），那么经济增长率就取决于 P/Y 和 W/Y。

我们可以证明：P/Y 越大，经济增长率越高；W/Y 越大，经济增长率越低。

证明过程：

设 P/Y 为 X，则 W/Y 为 1 − X。

$$G = \frac{s_P X + s_w(1 - X)}{\nu}$$

$$G = \frac{s_w + (s_P - s_w)X}{\nu}$$

$$\frac{dG}{dX} = \frac{s_P - s_w}{\nu} > 0$$

可以看出，经济增长率与 P/Y 是正相关的。显然，经济增长率与 W/Y 是负相关的。

也就是说，利润收入者（资本家）的收入在总收入中所占份额越大，经济增长率越高；而工资收入者（工人）的收入在总收入中所占份额越大，经济增长率反而越低。反过来说，经济增长率可能意味着收入分配的进一步不公平。

当然，这也不是什么秘密，前提条件是资本家的储蓄率大于工人的储蓄率。

（二）进一步演绎

设利润收入者的储蓄量为：

$$S_P = s_P \times P \tag{20.37}$$

工资收入者的储蓄量为：

$$S_W = s_w \times W \tag{20.38}$$

则总储蓄量表示为：

$$S = s_P \times P + s_w \times W \tag{20.39}$$

由于 Y = P + W，式（20.39）变化为：

$$S = s_P \times P + s_w(Y - P) \tag{20.40}$$

进一步：

$$S = (s_P - s_w)P + s_w Y \tag{20.41}$$

由于均衡时有 I = S，因此有：

$$I = (s_P - s_w)P + s_w Y \tag{20.42}$$

两边都除以 Y，得到：

$$\frac{I}{Y} = (s_P - s_w)\frac{P}{Y} + s_w \tag{20.43}$$

或 $\dfrac{P}{Y} = \dfrac{1}{s_P - s_w} \dfrac{I}{Y} + \dfrac{s_w}{s_P - s_w}$ (20.44)

根据式（20.43）和式（20.44）可以发现：如果资本家和工人的储蓄率一定，则经济中的投资率与资本家的收入成正比。换句话说，经济增长越快，要求投资越多，则资本家占有的利润就越多。

极端地，假设工人的储蓄率为0，则有：

$$\dfrac{I}{Y} = s_P \dfrac{P}{Y}$$ (20.45)

即：

$$P = \dfrac{1}{s_P} \times I$$ (20.46)

其中，$\dfrac{1}{s_P}$ 可以理解为资本家的消费乘数（边际储蓄倾向的倒数就是乘数）。

我们得到一个惊人的结论：资本家只要进行消费，就会带来乘数，而且其收入是由其储蓄带来的投资乘以乘数，结果与原收入相同。资本家什么也不用做，只需要消费，就可以保证自己的收入不变。

例20-1：假如资本家初始收入为1，0.5用于消费，0.5用于储蓄，则储蓄倾向为0.5，乘数为2，而由储蓄转化的投资也是0.5，于是资本家的收入仍然是1。

假如资本家初始收入为1，0.6用于消费，0.4用于储蓄，则储蓄倾向为0.4，乘数为2.5，而由储蓄转化的投资也是0.4，资本家的收入还是1。

假如资本家初始收入为1，0.8用于消费，0.2用于储蓄，则储蓄倾向为0.2，乘数为5，而由储蓄转化的投资也是0.2，资本家的收入仍然是1。

波兰经济学家卡莱茨基曾经有一句名言"资本家赚到他所花掉的，工人花掉他赚到的"就是此意——资本家的储蓄转化为投资，再进一步转化为自己的收入，而工人则是获得工资后全部消费，如此而已。

总的来看，新剑桥增长理论与凯恩斯理论甚至马克思主义政治经济学都有相似之处，都认为资本家（富人）的边际消费倾向较低，而储蓄率较高。不同的是，凯恩斯根据该观点得出了政府扩大总需求的结论，而新剑桥增长理论则是着眼于增长中分配不公平程度的加剧。

第三节　本章总结

（1）经济周期又叫商业周期，指总体经济活动的扩张和收缩交替反复出现的过程。衡量经济周期有两种理论：GDP 绝对量变动和增长率变动，早期的理论认为，经济周期是指 GDP 的绝对量变动。

经济周期一般分为繁荣、衰退、萧条和复苏四个阶段，也有人分为扩张和衰退两个阶段，两个转折点分别为谷底和顶峰。

（2）乘数—加速数是模拟经济周期的一个重要模型，其重大意义在于指出经济周期可能是自发的。原因在于乘数和加速数的作用，且加速数起更大的作用。或者说，经济波动的原因在于投资。

（3）经济增长理论有多种，主流理论主要包括哈罗德—多马模型、新古典增长理论（以索洛模型为代表）、新剑桥增长理论等。

（4）哈罗德—多马模型的实质是经济增长表面上取决于储蓄率，实质上取决于资源（人口增长率）。

索洛模型的实质依然是经济增长取决于储蓄率，不过将储蓄分解为资本深化和资本广化。

新剑桥增长理论则关注分配问题，他们的逻辑是：经济增长越快，要求投资越多，则资本家占有的利润就越多。

每章一题

问：假定资本增长率为 2%，劳动增长率 0.7%，产出或收入增长率为 3.1%，资本的国民收入份额 $\alpha = 0.25$，劳动的国民收入份额 $\beta = 0.75$，在以上假定条件下，技术进步对经济增长的贡献是多少？

答：劳动和资本这两种要素供给增加取得的综合增长率为：

$$\alpha \cdot \frac{\Delta L}{L} + \beta \cdot \frac{\Delta K}{K} = 0.25 \times 2\% + 0.75 \times 0.7\% = 1.025\%$$

而实际产出增长率为 3.1%，可知，技术进步对经济增长的贡献为：

3.1% − 1.025% = 2.075%

第二十一章　国际经济知识

第一节　汇率和对外贸易

一、汇率

汇率（Exange Rate）指将一国货币折算成他国货币的比率。有两种表示方法：直接标价和间接标价。

（1）直接标价是以一单位外币作为标准，折合成一定数量的本国货币来表示汇率。例如本币是人民币，外币是美元，直接标价就是 1 美元 = 6.13 元人民币。

（2）间接标价是以一单位的本币作为标准，折合成一定数量的外国货币来表示汇率。例如本币是人民币，外币是日元，间接标价就是 1 元人民币 = 12.58 日元。

很多初学者都为这两种方法所烦恼，实际上无须烦恼。因为大多数国家都使用直接标价法。

例如上年，1 美元 = 7.13 元人民币，今年，1 美元 = 6.13 元人民币，汇率下降，说人民币升值（或说美元贬值）。

二、汇率制度

固定汇率：一国货币与他国货币之间的汇率基本固定，波动幅度很小。中央银行固定了汇率，并按这一水平进行外汇买卖。这要求该国有大量的外汇储备。

浮动汇率：包括自由浮动和管理浮动（或肮脏浮动）。自由浮动就是听任汇率由外汇市场的供求关系自发地决定，不加干涉。管理浮动（或肮脏浮动）是指实现浮动汇率的国家，对外汇市场进行一定程度的干预。

西方各国 20 世纪 70 年代以前实行的是固定汇率制度，此后逐渐实行了浮动汇率制。

1944 年 7 月，44 国代表在美国布雷顿森林通过了《布雷顿森林协定》，建立了布雷顿森林体系。该体系实行黄金—美元本位制（国际黄金汇兑本位制）。规定：美元与黄金挂钩，1 盎司黄金等于 35 美元，其他货币与美元挂钩。

1971 年 8 月，美国宣布停止美元兑换黄金，同年 12 月，西方十国集团宣布 1 盎司黄金兑换 38 美元。1973 年 2 月，美元再度贬值 10%，1 盎司黄金兑换 42.22 美元。布雷顿森林体系宣布解体。

目前，西方各国主要采用有管理的浮动汇率制。

三、实际汇率

之前所讲的汇率是没有考虑价格因素的名义汇率，如果考虑到价格因素，则需要使用实际汇率概念。

很多教材上都使用同一种货币来度量国外与国内价格水平的比率，实际汇率的理论基础是购买力平价理论。其形式如下：

$$e = \frac{E \times P_f}{P} \qquad (21.1)$$

其中，e 为实际汇率，E 为名义汇率，P_f 为国外价格，P 为国内价格。注意，式(21.1) 的写法和很多原版美国教材（如曼昆的《经济学原理》）是不一样的，因为美国教材都是用间接标价法。

例 21-1：人民币对美元的名义汇率为 1 美元兑换 6 元人民币，E 就是 6。如果我国和美国的一般物价水平都不变（都是指数 1），这意味着我们用 6 元人民币在中国购买的物品等同于 1 美元在美国购买的商品（例如都是一斤鸡蛋），实际汇率就是 1。

根据概念计算：

$$e = \frac{根据美元计算的美国鸡蛋价格}{根据美元计算的中国鸡蛋价格} = \frac{1 \text{美元}}{1/6 \text{美元} \times 6} = 1$$

或者：

$$e = \frac{根据人民币计算的美国鸡蛋价格}{根据人民币计算的中国鸡蛋价格} = \frac{6 \text{元人民币}}{6 \text{元人民币}} = 1$$

根据式 (21.1)：

$$e = \frac{6 \times (每斤鸡蛋 1 美元)}{每斤鸡蛋 6 元人民币} = 1$$

而如果美国国内鸡蛋价格上涨 1 倍，我国价格不变，则我们用 6 元人民币在中国还是买 1 斤鸡蛋，但是 1 美元在美国只能购买半斤鸡蛋。以鸡蛋论，这是美元购买力的下降（人民币购买力的上升）。

$$e = \frac{6 \times (每斤鸡蛋 2 美元)}{每斤鸡蛋 6 元人民币} = 2$$

反过来，如果我国价格上涨 1 倍，6 元人民币在中国买半斤鸡蛋，1 美元在美国则可以买 1 斤鸡蛋。这就是人民币购买力的下降（美元购买力的上升）。

$$e = \frac{6 \times (\text{每斤鸡蛋 1 美元})}{\text{每斤鸡蛋 12 元人民币}} = 0.5$$

最后，如果美国和中国的鸡蛋价格都上升 1 倍，则实际汇率还是 1。

从中国角度出发，实际汇率从 1 上升到 2，说明什么？说明美国的鸡蛋更贵了，有心的美国人在中国旅游的时候可能买些鸡蛋带回去（因为 1 美元在美国买半斤鸡蛋，而到中国换成人民币则能买 1 斤），或者中国鸡蛋会增加出口。

同样，实际汇率从 1 下降到 0.5，说明什么？说明中国的鸡蛋更贵了。那些可能跑到中国买鸡蛋带回去的人就会重新选择，中国鸡蛋的出口会增加吗？显然不会。

这也告诉我们，汇率与进出口之间存在关系。人民币实际汇率上升，则净出口增加；实际汇率下降，则净出口下降。

四、净出口函数

考虑到开放经济，净出口函数就有些复杂。影响净出口的主要因素有国民收入、汇率等。其中，国民收入增加，进口就增加，净出口减少。国民收入与净出口负相关。实际汇率上升，则意味着本国商品价格较低、国外商品价格较高，因此出口增加。净出口与实际汇率正相关。

净出口函数通常写为：

$$nx = q - \gamma y + n\frac{EP_f}{P} \tag{21.2}$$

其中，q、γ、n 都是大于 0 的常数，γ 也被称为边际进口倾向。

第二节　国际收支

表 21-1 是美国 2004 年的国际收支账户。

表 21-1　美国 2004 年国际收支平衡表

单位：10 亿美元

经常账户	分项	余额
进口产品（1）	808	
出口产品（2）	−1473	
贸易余额（3）		−666

续表

经常账户	分项	余额
进口服务（4）	344	
出口服务（5）	−296	
服务余额（6）		48
投资收益（7）	380	
投资支出（8）	−349	
投资净收益（9）		31
净转移支付（10）		−81
经常账户余额（11）		−668
金融账户		
美国持有的国外资产增加（12）	1440	
国外持有的美国资产增加（13）	−856	
金融账户余额（14）		584
资本账户余额（15）		−1
统计误差（16）		85
收支余额（17）		0

资料来源：［美］R. 格伦·哈伯德等：《经济学（宏观分册）》，机械工业出版社 2007 年版。有所修改。

一、经常账户

经常账户记录的是一国经常性的短期资金流入和流出。美国的经常账户包括产品和服务的进口与出口、投资收益、转移支付等。凡是接受的支付都记为正数，凡是支出的都记为负数。

贸易余额（3）= 进口产品（1）+ 出口产品（2）；

服务余额（6）= 进口服务（4）+ 出口服务（5）；

投资净收益（9）= 投资收益（7）+ 投资支出（8）；

经常账户余额（11）= 贸易余额（3）+ 服务余额（6）+ 投资净收益（9）+ 净转移支付（10）。

二、金融账户

金融账户记录了一国长期资金的流入和流出，或指一国在国外购买的资产和国外购买的国内资产。

要特别注意：1999 年以前，金融账户这一项不叫金融账户，而叫资本账户。现在的金融账户就是以前的资本账户。表 20-1 的资本账户余额（15）是很不重要的一个小项（一些零星的交易）。

金融账户余额（14）= 美国持有的国外资产增加（12）+ 国外持有的美国资产

增加（13）；

收支余额（17）＝经常账户余额（11）＋金融账户余额（14）＋资本账户余额（15）＋统计误差（16）＝0。

收支余额为什么是0？很简单，就像一个人的花费大于收入，他的赤字就必须通过出售资产或借款来支付。

如表20-1所示，美国的贸易赤字（6680亿美元）要通过金融资产或非金融资产流入来弥补。当然，两者在数值上有差异，这就要通过统计误差来处理。

三、BP 曲线

（一）净资本流出函数

我们将本国流向外国的资本与外国流向本国的资本差额定义为净资本流出，用 F 表示。F ＝ 资本流出 － 资本流入。

设 r_W 为国外利率，r 为国内利率，则资本流出与 $r_W - r$ 正相关，即国外利率越高，资本流出越多。本国利率越高，资本流入越多。

于是，净资本流出就可以表示为：

$$F = \sigma(r_W - r) \tag{21.3}$$

其中，σ > 0 为常数。

资本流出函数与本国利率呈反向关系，与国外利率呈正向关系。

（二）国际收支平衡（Balance of Payments）

将国际收支差额定义为净出口与净资本流出的差额，用 BP 表示。国际收支差额 ＝ 净出口 － 净资本流出，或 BP ＝ nx － F。

国际收支平衡也被称为外部均衡，其含义就是 BP ＝ 0。也就是说，当国际收支平衡时，有：nx ＝ F。

根据式（21.2）和式（21.3）得到：

$$q - \gamma y + n\frac{EP_f}{P} = \sigma(r_W - r) \tag{21.4}$$

式（2.14）为 BP 曲线方程。化简为：

$$r = \frac{\gamma}{\sigma}y + (r_W - \frac{n}{\sigma}\frac{EP_f}{P} - \frac{q}{\sigma}) \text{ 或 } y = \frac{\sigma}{\gamma}r + \frac{1}{\gamma}(n\frac{EP_f}{P} + q - \sigma r_W) \tag{21.5}$$

根据式（21.5）可以知道，BP 曲线向右上倾斜。其原理是：当国民收入增加，则净出口会下降，为保证国际收支平衡，资本流出必须减少，因此，国内利率就必须提高；反之，当国民收入减少，则净出口会增加，为保证国际收支平衡，资本流出必须增加，因此，国内利率就必须下降。

同时，如果实际汇率上升，则 BP 曲线右移；反之则左移。BP 曲线的图形如图 21-1 所示。

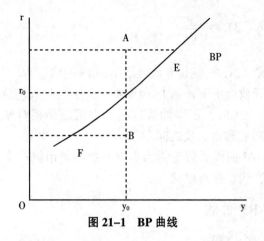

图 21-1　BP 曲线

在 E 点和 F 点，国际收支平衡。

考察 A 点，A 点与 E 点利率相同，但 A 点收入较低，净出口较大，故存在国际收支顺盈余。

考察 B 点，B 点与 F 点利率相同，但 B 点收入较高，净出口较小，故存在国际收支赤字。

结论：BP 曲线上方，国际收支盈余；BP 曲线下方，国际收支赤字。

第三节　IS-LM-BP 模型

一、开发经济中的 IS 曲线

收入恒等式为：

$$y = c + i + g + nx \tag{21.6}$$

将消费函数、投资函数和净出口函数代入式（21.6），得到：

$$y = \alpha + \beta(y - T) + (e - dr) + g + (q - \gamma y + n\frac{EP_f}{P}) \tag{21.7}$$

注意：其中的 T 为固定税。

求出以下方程：

$$y = \frac{\alpha + e + g + q - \beta T + n\dfrac{EP_f}{P}}{1 - \beta + \gamma} - \frac{dr}{1 - \beta + \gamma} \tag{21.8}$$

或：

$$r = \frac{\alpha + e + g + q - \beta T + n\dfrac{EP_f}{P}}{d} - \frac{1 - \beta + \gamma}{d}y \qquad (21.9)$$

式（21.8）或式（21.9）就是开放经济下的 IS 曲线方程。

可以发现：在开放经济下，从 IS 角度看，利率与收入仍是反向关系。

同时，根据式（21.8），汇率如果提高，本国商品相对便宜，则出口增加，收入增加，IS 曲线向右移动；反之向左移动。

最后要说一下 LM 曲线。假定货币需求函数和货币供给不变，则 LM 曲线不受开放经济条件的影响，保持原状。

二、IS-LM-BP 曲线

我们考察下面三个方程：

IS 曲线：$y = \dfrac{\alpha + e + g + q - \beta T + n\dfrac{EP_f}{P}}{1 - \beta + \gamma} - \dfrac{dr}{1 - \beta + \gamma}$

LM 曲线：$\dfrac{M}{P} = ky - hr$ 或 $y = \dfrac{hr}{k} + \dfrac{1}{k}\left(\dfrac{M}{P}\right)$

BP 曲线：$r = \dfrac{\gamma}{\sigma}y + \left(r_w - \dfrac{n}{\sigma}\dfrac{EP_f}{P} - \dfrac{q}{\sigma}\right)$

不要被这些看似繁琐的公式吓到，一般情况下我们用不到这些公式，需要做的就是理解图 21-2。

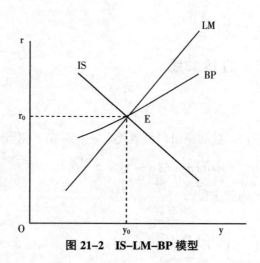

图 21-2　IS-LM-BP 模型

图 21-2 中，IS 曲线向下倾斜，LM 曲线和 BP 曲线均向上倾斜。三条曲线交于 E 点。

IS 曲线的含义：在现行汇率下产品市场均衡时收入与利率的组合。

LM 曲线的含义：货币市场均衡时收入与利率的组合。

BP 曲线的含义：在给定汇率下国际收支平衡均衡时收入与利率的组合。

IS 与 LM 曲线的交点被称为内部均衡或国内均衡。BP 曲线上的点代表国际收支平衡，也被称为外部均衡或国外均衡。E 点代表国内均衡和国外均衡的结合。

第四节　蒙代尔—弗莱明模型

蒙代尔—弗莱明模型简称为 MF 模型。马库斯·弗莱明是英国经济学家，与蒙代尔一起建立了该模型，他于 1976 年去世，错失诺贝尔经济学奖。而加拿大人罗伯特·弗莱明则于 1999 年获得诺贝尔经济学奖，并被称为"欧元之父"。

MF 模型可以分为三种情况：资本完全流动、金融隔离经济、资本不完全流动。

一、资本完全流动情况

（一）资本完全流动时的 BP 曲线

考察式（21.3），其中系数 σ 用来考察资本流动的难易程度，如果该系数很大，则表示极小的利率差就会带来巨额资本的流动，如图 21–3 所示。

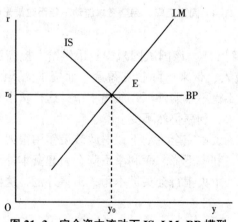

图 21–3　完全资本流动下 IS–LM–BP 模型

当我们说资本完全流动，是什么意思？这意味着资本的流动性是无限的，也就是说可以设 $\sigma = \infty$。

当 $\sigma = \infty$ 时，如果国外利率给定，国内利率稍有上升，资本就会大量流入，使得国内利率下降；国内利率稍有下降，资本就会大量流出，使得国内利率上升。国内利率必然等于国外利率。即：$r = r_w$。

式（21.5）也意味着 BP 曲线是一条水平线。[1]

（二）固定汇率下货币政策的无效性与财政政策的有效性[2]

第一，固定汇率下，如资本完全流动，则一国难以实行任何独立的货币政策。如图 21-4 所示，当 LM_0 曲线右移到 LM_1，该国试图增加货币供给，降低利率，但利率稍有下降，就会引发资本流出，带来国际收支赤字。而本币流出的同时会带来本币贬值，此时中央银行就不得不出售外汇，购回本币，这样货币量就会减少。原有的扩张政策就会失去效果，利率仍然不变。

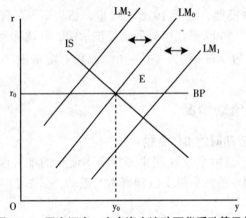

图 21-4　固定汇率、完全资本流动下货币政策无效

当 LM 曲线左移到 LM_2，该国试图减少货币供给，提高利率，但利率稍有提高，就会引发资本流入，带来国际收支盈余。而资本流入的同时会带来本币升值，此时中央银行就不得不收购外汇，放出本币，这样货币量就会增加。原有的紧缩政策就会失去效果，利率仍然不变。

第二，固定汇率、资本完全流动下，财政政策作用很大。如实行紧缩性财政政策，国民收入下降，利率下降。而利率下降会引起资本外流，存在本币贬值压力，此时为稳定汇率，中央银行会买进本币，出售外汇，这样就减少了货币供给

---

[1] 蒙代尔—弗莱明模型中假设本国是一个资本开放的小国，因此本国利率取决于外国利率。在此不加区别。

[2] 注意，资本的完全流动性是不能保证的，是一种理想的情况。在现实中，货币政策还是有一定作用的。否则，以自由开放著称的美国就不需要联邦储备委员会了。也有人质疑（如本书作者），美国联邦储备委员会更多时候都是起负面作用的，作者始终认为，就是美国联邦储备委员会的政策导致了美国金融危机。

量，经济会进一步紧缩，加强了紧缩性财政政策的作用。也就是说，此时的紧缩性财政政策可以有效地控制通货膨胀。

如实行扩张性财政政策，国民收入增加，利率提高。而利率提高会引起资本流入，存在本币升值压力，此时为稳定汇率，中央银行会卖出本币，买进外汇，这样就增加了货币供给量，经济会进一步扩张，加强了扩张性财政政策的作用。也就是说，此时的扩张性财政政策可以有效地治理经济衰退。

第三，不可能三角。蒙代尔与克鲁格曼提出了著名的"不可能三角"。他们称固定汇率、资本自由流动、独立的货币政策三个政策目标不可能同时达到，最多只能实现其中的两个，如图 21-5 所示。

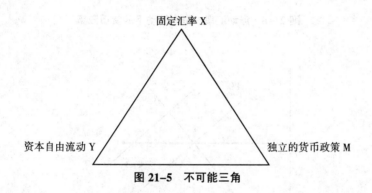

图 21-5　不可能三角

固定汇率为 X、资本自由流动为 Y、独立的货币政策为 M，则 X + Y + M = 2。也就是三个目标不可能同时实现。

例如中国，中国的两条边是汇率稳定和独立的货币政策，那么资本就不能自由流动。如果允许资本自由流动，则要么放弃汇率的管制，要么放弃独立的货币政策。

（三）浮动汇率、资本完全流动下货币政策的有效性与财政政策的无效性

第一，浮动汇率下货币政策的有效性。如图 21-6 所示，如实行扩张货币政策，LM_0 右移到 LM_1，在 A 点利率下降，资本流出，本币贬值。由于浮动汇率，央行不会干预汇市。而本币贬值会促进出口，IS 曲线也会向右移动。最终，三条曲线相交于 F 点。最终的结果是：利率不变，汇率贬值，收入增加。

如实行紧缩性货币政策，LM 左移，利率上升，资本流入，本币会升值。出口减少，IS 曲线左移。最终结果是：利率不变，汇率升值，收入减少。

第二，浮动汇率、资本完全流动下财政政策的无效性。如实行扩张性财政政策，IS 曲线右移，则利率短期内会上升，资本流入，本币存在升值压力，出口减少，IS 曲线又会退回到原来的位置。最终，三条曲线仍然相交于 E 点。收入、利率、汇率等不变，如图 21-7 所示。

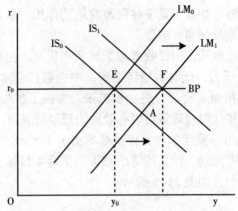

图 21-6 浮动汇率、资本流动下的货币政策

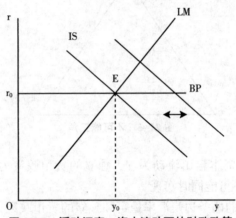

图 21-7 浮动汇率、资本流动下的财政政策

（四）小结

资本完全流动下的各种情况如表 21-2 所示。

表 21-2 资本完全流动下的各种情况

	资本完全流动	
	货币政策	财政政策
固定汇率	货币扩张，利率下降，资本流出，贬值压力，收回本币，货币紧缩。没有效果	财政扩张，收入增加，利率上升，资本流入，升值压力，放出本币，货币扩张。效果较大
浮动汇率	货币扩张，利率下降，资本流出，贬值压力，出口增加，收入增加。效果较大	财政扩张，收入增加，利率上升，资本流入，汇率上升，出口减少，收入减少。没有效果

二、金融隔离经济

金融隔离经济就是资本不能自由流动，其 BP 曲线为垂线。也分固定汇率和浮动汇率两种情况。

（一）金融隔离经济的 BP 曲线

金融隔离意味着资本不能自由流动，$\sigma = 0$。根据式（21.4）的 BP 曲线方程，有 $q - \gamma y + n\dfrac{EP_f}{P} = \sigma(r_w - r)$。

由于 $\sigma = 0$，故上升右边为 0。则有：

$$y = \frac{1}{\gamma}\left(q + n\frac{EP_f}{P}\right) \tag{21.10}$$

也就是说，BP 曲线为一条垂线。考察式（21.10），实际汇率上升（名义汇率上升）意味着本国商品竞争力增强（本币贬值），净出口增加，收入增加，BP 曲线右移；反之则左移（见图 21-8）。

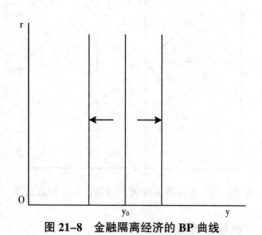

图 21-8　金融隔离经济的 BP 曲线

（二）浮动汇率下的货币政策与财政政策

（1）货币政策有效。如图 21-9 所示，LM 曲线右移，利率下降，收入增加。同时进口增加，对外汇需求增加，外汇升值，BP 曲线会右移。最终结果是：收入增加，利率下降。

当实行扩张性货币政策时，LM 曲线右移，收入增加到 y_1。

同时，BP 曲线从 E 点位置移动到 F 点位置。

（2）财政政策有效。如图 21-10 所示，IS 曲线右移，利率提高，收入增加。同时进口增加，对外汇需求增加，外汇升值。BP 曲线右移，从 E 点位置移动到 F 点位置。最终结果是：收入增加，利率上升。

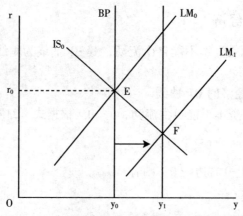

图 21-9 金融隔离经济、浮动汇率与货币政策

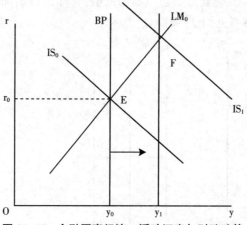

图 21-10 金融隔离经济、浮动汇率与财政政策

（三）固定汇率下的货币政策与财政政策

（1）货币政策无效。如图 21-11 所示，金融隔离、固定汇率下货币政策是无效的。LM 曲线右移，利率下降，收入增加，进口增加。对外汇的需求增加，外汇有升值压力。此时中央银行必须抛出外币，收回本币，稳定汇率。于是本币供给减少，LM 曲线左移，货币政策无效。

（2）财政政策无效。如图 21-12 所示，IS 曲线右移，利率提高，收入增加，进口增加。对外汇的需求增加，外汇有升值压力，此时中央银行必须抛出外币，收回本币，稳定汇率。于是本币供给减少，LM 曲线左移，财政政策也无效。均衡点原来为 E 点，现在为 F 点，收入不变，唯利率提高了。

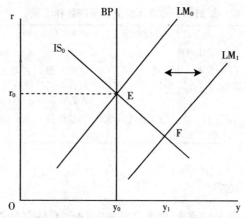

图 21–11　金融隔离经济、固定汇率与货币政策

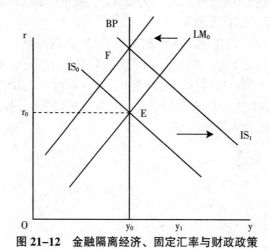

图 21–12　金融隔离经济、固定汇率与财政政策

（四）小结

我们可以回顾一下，无论是资本完全流动，还是不能流动，在固定汇率下货币政策都是无效的，不过机制不一样。

（1）在资本完全流动情形下，由于利率不能改变，扩张货币的利率下降压力会带来资本外流，从而影响了汇率，为稳定汇率，央行必须收回本币，导致政策无效。

（2）在资本不能流动情形下，扩张货币导致收入增加及进口增加会带来外币升值压力，为稳定汇率，央行必须收回本币，导致政策无效。

两者的区别是：一个是资本流动影响汇率，另一个是进出口变化影响汇率。

金融隔离经济的小结如表 21-3 所示。

表 21-3　资本不能流动下的各种情况

	金融隔离经济（资本不能流动）	
	货币政策	财政政策
固定汇率	货币扩张，利率下降，收入增加，进口增加，外汇升值压力，收回本币，货币紧缩。没有效果	财政扩张，利率上升，收入增加，进口增加，外汇升值压力，收回本币，货币紧缩。没有效果
浮动汇率	货币扩张，利率下降，收入增加，进口增加，外汇升值，BP 右移。效果较大	财政扩张，利率上升，收入增加，进口增加，外汇升值，BP 右移。效果较大

三、有限资本流动

在现实中，资本既不是完全流动，很多时候也不是完全不流动，而是有限流动，此时的 BP 曲线既不是水平线也不是垂线，而是向上倾斜的。

（一）浮动汇率下的货币政策

如图 21-13 所示，最初的均衡点在 E 点。LM 曲线右移，从 LM_0 到 LM_1。过程中，收入增加，利率下降。利率下降导致资本流出，国际收支赤字。资本流出会引发本币贬值，导致出口增加，IS 曲线从 IS_0 右移到 IS_1。同时，本币贬值（汇率上升）导致 BP 曲线从 BP_1 右移到 BP_2。在 G 点重新实现内外均衡。此时，利率变化难以确定，但收入增加较多。

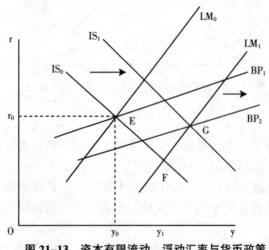

图 21-13　资本有限流动、浮动汇率与货币政策

一般而言，资本有限流动下浮动汇率时的货币政策效果要大于封闭条件下浮动汇率时的货币政策效果。

（二）浮动汇率下的财政政策

如图 21-14 所示，最初的内外均衡点在 E 点。当实施财政政策，IS 曲线右移，从 IS_0 到 IS_1，与 LM 曲线交点为 F。过程中，收入增加，利率提高。利率提高导致资本流入，国际收支盈余。资本流入会引发本币升值，导致出口减少，收入减少，IS 曲线从 IS_1 回退到 IS_2。同时，本币升值（汇率下降）导致 BP 曲线从 BP_1 左移到 BP_2。在 G 点重新实现内外均衡。

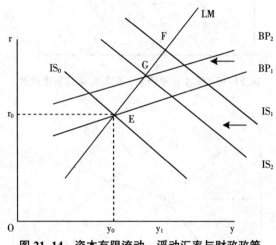

图 21-14　资本有限流动、浮动汇率与财政政策

一般而言，资本有限流动下浮动汇率时的财政政策效果不如封闭条件下浮动汇率时的财政政策效果大。

（三）固定汇率下的货币政策

由于汇率固定，BP 曲线的位置不会变化。如图 21-15 所示当央行实行扩张性的货币政策，LM 曲线从 LM_0 右移到 LM_1，利率下降，资本流出。国际收支将出现赤字，本币有贬值压力，为稳定汇率，货币当局就必须动用外汇储备购买本币。外汇储备会减少，同时由于收入增加，净出口也会减少，国际收支恶化。图 21-15 中的各条曲线不会再变动。

最终的结果是：利率下降，收入增加，国际收支恶化，汇率不变。

（四）固定汇率下的财政政策

同样，由于汇率固定，BP 曲线的位置不会变化。如图 21-16 所示，当政府实行扩张性的财政政策，IS 曲线从 IS_0 右移到 IS_1，利率上升，资本流入。国际收支将出现盈余，本币有升值压力，为稳定汇率，货币当局就必须用本币购买外币。外汇储备会增加，同时由于收入增加，净出口也会略有减少。但资本流入的数额较大，总的结果是国际收支盈余。图中的各条曲线不会再变动。

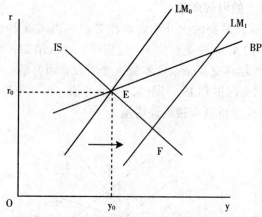

图 21–15 资本有限流动、固定汇率与货币政策

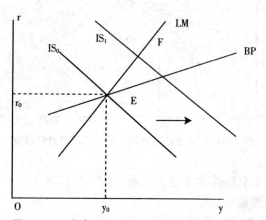

图 21–16 资本有限流动、固定汇率与财政政策

最终的结果是：利率上升，收入增加，国际收支盈余，汇率不变。

资本有限流动的小结如表 21–4 所示。

表 21–4 资本有限流动下的各种情况

	资本有限流动	
	货币政策	财政政策
固定汇率	货币扩张，利率下降，收入增加，净出口减少。资本流出，外汇升值压力，国际收支赤字。有效果	财政扩张，利率上升，收入增加，净出口减少。外汇升值压力，购买本币，国际收支盈余。有效果
浮动汇率	货币扩张，利率下降，资本流出，本币贬值。收入增加，但幅度较小	财政扩张，利率上升，资本流入，本币升值。收入增加，但幅度较小

第五节　本章总结

一、关于汇率

关于汇率要区分名义汇率和实际汇率。实际汇率 $e = \dfrac{E \times P_f}{P}$。由于采取间接标价法，本币名义汇率上升，就是本币贬值、外币升值。实际汇率上升则代表本国商品竞争力增强，净出口增加。

二、BP 曲线

BP 就是指国际收支平衡，$BP = nx - F$。净出口增加则国际收支盈余增加，资本流出增加则国际收支恶化。其方程为：

$$q - \gamma y + n\frac{EP_f}{P} = \sigma(r_w - r) \tag{21.11}$$

化简为：

$$r = \frac{\gamma}{\sigma}y + (r_w - \frac{n}{\sigma}\frac{EP_f}{P} - \frac{q}{\sigma}) \text{ 或 } y = \frac{\sigma}{\gamma}r + \frac{1}{\gamma}(n\frac{EP_f}{P} + q - \sigma r_w) \tag{21.12}$$

一般情况下，BP 曲线向右上倾斜。其原理是：

（1）国民收入增加，则净出口会下降，为保证国际收支平衡，资本流出必须减少，因此，国内利率就必须提高。

（2）反之，国民收入减少，则净出口会增加，为保证国际收支平衡，资本流出必须增加，因此，国内利率就必须下降。

BP 曲线上方表示国际收支盈余；下方则表示国际收支赤字。

同时，如果实际汇率上升，则 BP 曲线右移；反之则左移。

三、关于 IS–LM–BP 模型

开放经济中各曲线的含义如下：

（1）IS 曲线的含义为在现行汇率下产品市场均衡时收入与利率的组合。

（2）LM 曲线的含义为货币市场均衡时收入与利率的组合。

（3）BP 曲线的含义为在给定汇率下国际收支平衡均衡时收入与利率的组合。

IS 曲线与 LM 曲线相交，表示坚决的内部均衡，BP 曲线上的点表示外部均衡。三线相交，表示内外同时均衡。

四、关于 MF 模型

（一）第一种情况：资本完全流动——BP 曲线为水平线，利率不变

固定汇率下货币政策无效，引申出不可能三角。而固定汇率下财政政策有很大效果。

浮动汇率下货币政策有效，财政政策没有效果。

（二）第二种情况：资本不能流动——BP 曲线为垂线

固定汇率下货币政策与财政政策都无效。

浮动汇率下货币政策与财政政策都有效。

（三）第三种情况：资本有限流动——BP 曲线向上倾斜

固定汇率下货币政策与财政政策都有效，但要付出国际收支不平衡的代价。

浮动汇率下货币政策与财政政策都有一定效果。

从下模型的三种情况如表 21-5 所示。

表 21-5　MF 模型各种情况下政策的有效性

	固定汇率	浮动汇率
资本完全流动	货币政策无效、财政政策有效	货币政策有效、财政政策无效
资本不能流动	货币政策与财政政策都无效	货币政策与财政政策都有效
资本有限流动	货币政策与财政政策都有效，但要付出代价	货币政策与财政政策都有一定效果

每章一题

问：试分析一国资本流动、通货膨胀、利率变化对本国汇率的影响。

答：从一国资本流动看，资本流入会增加对本币的需求从而推动本币升值即汇率下降（直接标价）；反之，资本流出会增加对外币的需求从而推动外币升值或本币贬值即汇率上升（直接标价）。

再从通货膨胀看，如果本国通货膨胀率高于外国，则本币会贬值即汇率（直接标价）上升；反之，则汇率下降。

利率变化也会影响汇率。本国利率上升幅度大于外国，会吸引资本流入本国，增加对本币的需求从而推动本币升值；反之，则推动本币贬值。

参考文献

[1] 中共中央马克思、恩格斯、列宁、斯大林著作编译局：《马克思、恩格斯选集》第一卷，人民出版社 1972 年版。

[2] 中共中央马克思、恩格斯、列宁、斯大林著作编译局：《马克思、恩格斯选集》第二卷，人民出版社 1972 年版。

[3] 辛波：《宏观经济学》，经济科学出版社 2012 年版。

[4] 刘冰：《微观经济学》，经济科学出版社 2012 年版。

[5] [美] 曼昆：《经济学原理》（第五版），北京大学出版社 2009 年版。

[6] [美] 斯蒂格利茨：《经济学》（第三版），中国人民大学出版社 2005 年版。

[7] 高鸿业：《西方经济学》，中国人民大学出版社 2007 年版。

[8] 朱善利：《微观经济学》，北京大学出版社 1994 年版。

[9] 刘冰等：《经济学基础》，高等教育出版社 2011 年版。

[10] 国家统计局：《中国统计年鉴》2008~2012 年，中国统计出版社。

[11] 张维迎：《博弈论与信息经济学》，上海人民出版社 1996 年版。

[12] 何忠伟：《宏观经济学》，中国农业科学技术出版社 2008 年版。

[13] 梁小民：《宏观经济学》，中国社会科学出版社 2000 年版。

[14] 宋承先：《现代西方经济学》，复旦大学出版社 1994 年版。

[15] 司春林等：《宏观经济学——中国经济分析》，上海财经大学出版社 2002 年版。

[16] [英] 凯恩斯：《就业、利息和货币通论》，商务印书馆 1999 年版。

[17] 董长瑞：《西方经济》，经济科学出版社 2003 年版。

[18] 尹伯成：《现代西方经济学习题指南》，复旦大学出版社 2000 年版。

[19] 王志伟：《宏观经济学》，机械工业出版社 2008 年版。

[20] 厉以宁：《西方经济学》，高等教育出版社 2000 年版。

后 记

1993年7月，大学毕业后，我到河南老家一家企业的计算机部门工作。当时，国有企业改革已经拉开大幕，工作之余，不免思考自己所在的公司究竟如何改革。由于本科所学专业是计算数学，从未涉猎经济学、管理学等人文学科。于是就找了一本管理学书籍自学，读后以为得计，还写了两篇文章，也无发表之处，兀自愤愤。

期间有幸与一位大学教授聊天喝酒，教授见我尚有几分锐气，然言语幼稚，世事不通，遂劝我读研。问应该读哪一门，教授认为经济学较好。可在当时我所在的那个城市，遍寻不得一本正规的经济学教材。故委托在北京工作的亲戚为我购买了梁小民先生的《经济学》（上下册），阅后顿时感觉脑洞大开——原来经济学是这样的，还是很有意味的。

自学两年后，1999年9月，我考入中国社会科学院研究生院，所学专业为政治经济学，师从王振中先生。王先生看出我经济学功底薄弱，命令我多读书、多思考、多实践。于是读了很多书，也跟王先生奔走四方，自觉有些收获。三年后，我毕业来到山东工商学院经济学院任教，讲授《西方经济学》至今已经10多年。这些年来，学术上未有寸进，教学经验倒是积累了一些。

之所以写这本书，有两个原因：一是对这几年来自己对《西方经济学》的认识和思考做一个总结；二是在教学过程中发现了一些难点，这些难点要么难以理解，要么需要进一步解释。于是随着难点的积累，这些思考、认识以及针对难点的解释几乎可以构成一本书了。时任西方经济学教研室主任的王立成教授鼓励我把这些难点写出来，但我担心自己水平不够就拖了一段时间，直到2014年才开始动笔。初稿写出来以后，给一些经济类考研学生看了看，反应还不错，于是决定付梓。

本书得以顺利出版，要感谢的人很多。感谢中国农业大学博士生导师陈其军教授，没有他的帮助，恐怕我至今仍不明白经济学为何物。感谢山东工商学院经济学院副院长王发明教授，他在百忙中阅读了书稿，并提出了宝贵建议。同时，他作为山东工商学院重点学科产业经济学的学科带头人，为本书的出版提供了经费支持。感谢山东工商学院武海峰教授、陆晓阳教授、辛波教授、唐松林博士以及西方经济学教研室的诸位同事，他们在经济学基础理论方面给予的指导让我获益良多。

　　教学相长，感谢山东工商学院经济学院及其他院系的历届同学们。在授课过程中，他们提出了很多意见，为本书的完善做出了很大贡献。有的同学已经毕业，祝他们在以后的生活和工作中一切顺利。感谢经济管理出版社的申桂萍主任及其他编辑老师，他们在本书的结构、体例、写作风格、版面设计甚至内容等方面，给予我很大的支持和帮助。最后还要感谢我的妻子、女儿，她们的爱为我写作提供了不竭的动力。

牛勇平

2015 年夏于山东烟台

关于本丛书的几点说明

一、本丛书以银行营销人员为主要阅读对象，以可操作性和时间性为着力点，围绕"如何做营销"（营销方法）和"用什么做营销"（银行产品）两大主题组织内容，基本涵盖了银行营销人员开展业务所需的主要方面。

二、本丛书的部分内容以我曾公开出版过的著作为底本，纳入丛书时，做了相应的修改与完善。

三、本丛书参考了众多金融类和非金融类图书，并得到了众多金融同业人士的帮助与指点，在此深表谢意。不当之处，亦敬希谅解。

四、本丛书利用业余时间完成，时间较紧，加之水平有限，肯定仍有不甚完善之处，今后如有机会将再加以认真修订。

五、为广大银行营销人员提供更多、更有价值的帮助，是作者多年以来的心愿，希望本丛书的出版能达到该目标。

六、本丛书各册内容简介如下：

1.《营销方法新说》：本书基于中国历史文化传统，立足于中国当前社会现实，提出了一种用来指导银行营销人员如何开展营销工作的新框架，并分析了这一营销框架的运作基础。本书还提供了指导"个人"开展营销工作的具体策略。

2.《营销基础述要》：本书尽可能详细地介绍了银行营销人员应该掌握的基础内容，包括：客户经理制度、学习方法、素质提升方法、银行产品分类、营销工作规则、金融学及管理学等基础知识。

3.《营销能力训练》：本书对银行营销人员营销技能类别及内容、作为营销技能提升重要途径的案例整理与观摩分别进行了介绍，并附大量试题提供读者自测使用。

4.《营销流程与技巧》：尽管银行营销人员的营销工作是高度个性化的，但了解营销工作的一般流程仍非常必要。本书将客户营销流程概括为确定客户拓展战略、搜寻和确定目标客户、拜访客户、围绕目标客户调研、识别客户风险等八个依次进行的环节，并对每个环节中应该掌握的工作技巧进行了介绍。

5.《授信与融资》：本书在介绍授信知识及其操作要求的基础上，对流动资金贷款、法人账户透支、固定资产贷款、项目贷款、银团贷款、并购贷款、杠杆贷款、信贷资产转让等常见的融资产品进行了介绍。此外，本书还专门分析了房地产融资这一银行当前非常重要的业各品种，并对银行如何向政府平台公司、普通高等院校、船舶制造企业、文化创意企业和中小企业等具有一定特殊性的客户提供融资服务进行了介绍。

6.《票据融资》：本书在介绍商业汇票理论知识的基础上，对普通商业汇票贴现、买方与协议付息票据贴现、无追索权贴现、承兑后代理贴现、承兑与无追索权贴现组合、商业汇票转贴现与再贴现等票据融资具体业务品种进行了重点介绍。

7.《供应链融资》：本书首先介绍了供应链及供应链融资的基础知识，然后分权利融资、传统贸易融资和新型贸易融资三部分对特别适合于向中、小企业提供的融资品种进行了介绍。

8.《信用金融》：本书主要介绍了承兑、开征、保函、承诺与代理五大类信用金融业务。

9.《智慧金融》：智慧金融与融资、信用金融相辅相成，构成了完整的银行业各体系。本书重点介绍了财智管理、顾问咨询和同业合作三大类智慧金融业务。

前　言

　　银行营销人员面对的服务对象非常多，不仅类型不同，而且性格特征也有区别。虽不能要求银行营销人员"见人说人话，见鬼说鬼话"，但起码要"在哪山就要唱哪歌"，要针对客户的不同情况采取不同的工作方式。

　　看过现代京剧《沙家浜》的人，大都记得阿庆嫂的一段经典唱腔："相逢开口笑，过后不思量，来的都是客，全凭嘴一张"。从这段唱腔中我们可以看出阿庆嫂做生意的精明。如果我们把这段话略微改编成"相逢开口笑，过后常总结，来去全是客，要凭能力强"，并把它用在我们银行营销人员身上，那么，则有很强的指导意义：之所以第一句没改，是因为"笑"在大多数情况下总比"哭"好，没有客户喜欢老哭丧着脸的银行营销人员，何况中国人还有"抬手不打笑面人"的古训；把"过后不思量"改为"过后常总结"，是因为银行营销人员面对的客户与乡村小店面对的客户不同，银行营销人员面对的客户往往具有精明、专业、老到、知识层次高等特点，特别是随着社会的进步，整个社会的人员素质、水准也在不断提升，如果银行营销人员老停留在"微笑服务"阶段，则恐怕就无法适应客户的需要了，因此需要不断总结，吸取教训，发扬经验；把"来的全是客"改为"来去都是客"，是因为现在银行已不是"坐商"而是"行商"了，银行面对的市场早已由"卖方市场"发展成"买方市场"了，银行营销人员要想营销到优质客户，就不能再坐等客户上门，而是要主动走出去开展营销活动；"全凭嘴一张"改为"要凭能力强"，原因有二：一是现在的营销活动不光需要营销人员能动听地讲解银行业务，动听地与客户进行交流，更需要踏踏实实的产品提供和勤快热情的周到服务，即不仅要凭借"嘴"，而且要凭借"手"、"脚"、"关系"等诸多因素；二是现在的营销活动不仅要求银行营销人员具有渊博的知识，更要具有让客户满意的工作技能，即综合服务能力要强。

引用阿庆嫂的一段唱腔，目的是说明银行营销人员只有具备了高素质、高水平与高能力，才能适应这一工作职位的需要，才能在这一职位上做出较好的业绩。而要达到如此的从业要求，最基本的一点是银行营销人员要具有渊博的学识，起码能与客户"平等"地对话，而不能当客户谈论某个话题时，银行营销人员根本不懂，只有洗耳恭听。

本书尽可能地收集了银行营销人员需要掌握的一些知识要点，但难免挂一漏万。再说，一本书不可能穷尽银行营销人员所需要的全部知识，哪怕是基础知识。因此，大量需要掌握的知识，还要靠银行营销人员找来相关图书进行阅读。当然，获得营销所需的知识，并不只是读书一条途径。借用《红楼梦》上的一句话："世事洞明皆学问，人情练达即文章"，知识无处不在，无时不在，关键看你用不用心，尽不尽力。只要我们抓住一切可以学习的机会，向一切值得学习的人学习，我们的知识就不愁不丰富。

目　录

第一章
了解自己

　　作为商业银行从事市场营销工作的主力队伍，客户经理首先要对自己所从事的这个职业有所了解。"知己知彼，百战不殆"，客户经理首先把自己及自己所从事的职业琢磨透了，做好客户营销工作就有了 50% 的把握。

第一节　工作性质

一、客户经理制度

客户经理制度是我国银行业在向市场经济转轨过程中通过向西方先进国家银行业学习后而着力推行的一种制度，旨在通过引入此种制度，培育一支专门的客户经理队伍，提升竞争实力，以适应日益激烈化的外部环境。推行客户经理制度，是一项复杂的系统工程，绝不是简单成立一个公司业务部或私人业务部就能解决问题的，它需要的是银行整个业务流程的再造和职责权限的重新划分。本章没有详尽介绍客户经理制度的来龙去脉，而是围绕客户经理队伍的建立，着重介绍了客户经理的管理及客户经理应该掌握的一些知识与技能。

客户经理制度不应被理解成一个客户经理管理办法，而应理解为银行内部关于客户拓展的一整套规范，甚至包括理念上的东西。银行制定并印发"《客户经理管理办法》"后，下一步的关键是贯彻落实，真正建立起以客户营销部门为核心的银行经营体系。另外需要说明的是，客户经理制不可能在银行内部孤立地推行，推行客户经理制需要银行全面地改革，需要计划财务、会计核算、人事管理等多方面的配合。在一定意义上讲，推行客户经理制是银行的一次再造。

二、客户经理的工作特点

现代商业银行以客户为中心、以市场为导向的经营管理体系，是由前台营销层、中间业务审批和风险控制层、后台产品层三个层次组成的。前台营销层则由广大客户经理人员组成。银行的中间业务审批和风险控制层由信用管理部和信贷审批委员会构成。后台产品层由支行营业部、营业结算部以及国际业务部等部门构成。银行经营管理体系的如此构成，避免了从前各业务部门与客户的单线联系，在客户和银行产品部门之间形成了一个独立的作业面，由这个独立的作业面全面负责银行与客户的各种业务往来。

客户经理是银行内部一个特殊的工作群体，是银行深入市场的触角，在银行的市场化经营中占据着异常重要的地位。它在整个银行经营体系中处于最前沿部位，是直接接触客户的人员，也是银行产品进入市场的销售平台。同时，客户经理又是银行与客户之间的桥梁和纽带。银行和客户的所有业务关系都应该经由客户经理，或者说都应让客户经理知情，客户的信息和需求要通过客户经理传达给银行内部有关部门，银行的各种信息也通过客户经理传达给客户，客户经理必须能有效地连接客户和银行内部各个业务部门，使客户感觉到面对客户经理就如同面对整个银行一样。

客户经理是传统银行体制中所没有的。客户经理的产生适应了金融产品越来越多样化及优质客户相对稀缺的现实。金融产品的多样化是随着金融市场的发展和银行创新能力的提高而出现的。在这种情况下，客户既面临更多的选择，又面临更多的困惑，因为能根据自己的经营特点和发展要求进行金融产品组合的客户毕竟是少数，这就需要客户经理这样的专家进行辅导。客户经理承担的就是金融市场上导购员的角色。优质客户的相对稀缺迫使银行必须加大营销工作的力度，银行营销工作的职业化也从一定程度上促进了客户经理的产生。

三、客户经理对银行发展的意义

在我国，客户经理是随着客户经理制度在商业银行中的推行而出现的一个银行内部工作群体。这个群体主要由银行原来的信贷人员、国际业务人员、资产保全人员、柜台人员等直接与客户打交道的人员以及后来专门招聘的人员组成。之所以将原来分散于各个产品部门和各个分支机构的营销资源集中整合起来，目的就是要实现统一营销和营销的一体化、专业化，借以提高市场竞争力。具体来说，专司市场营销的客户经理的出现，有助于开发更多的综合类客户，形成银行的优质客户群；有助于全面平衡协调客户带给银行的综合收益；有助于提高银行为客户量身定做的能力；有助于形成有序的客户开发与市场拓展局面；有助于提升银行对客户的服务水准；有助于适应金融市场竞争日益白热化的现实。此外，还具有如下两方面的重要意义：

（一）便于为客户提供更加方便、快捷、全面和深入的金融服务

传统银行体制下，银行内部机构按产品分设，如信贷部提供人民币贷款服务，筹资部负责资金筹集，财会部负责储蓄及会计结算等。一个客户要想取得一家银行的所有金融服务，就必须分别向不同的业务部门提出申请。这样就使客户感到很不方便。客户经理出现后，客户只要和客户经理取得了联系，就可通过客户经理向银行申请所有的服务。客户由"一对多"变成"一对一"，当然感到了方便、快捷。银行由一个专门的群体向客户提供服务，也便于使服务更加深入和全面。

（二）便于更加全面、深入的了解客户，对客户的风险监控也更加有效

传统银行体制下，对同一个客户需要由银行的不同部门分别进行了解，每一个部门只关心自己业务领域内的事情，对客户不可能也没有必要进行全面、深入的了解，由此也带来银行风险的加大。客户经理产生后，这个业务群体专门负责客户的开发及风险业务的前期调研工作，从责任上明确了由这个业务群体来负责对客户的了解，因而能更全面、深入地了解客户，降低了银行的业务风险。

第二节　工作职责

客户经理的职责概括起来就是——根据市场竞争的需要和客户拓展工作的要求，积极主动地寻找客户、评价客户，向客户推荐和营销适当的产品，联合后勤、产品及风险控制等部门为客户提供高水准的专业化银行服务，在为银行选择优质客户并向客户提供银行服务的过程中，实现银行收益的最大化。

一、客户经理的主要职能

客户经理大概是银行中承担职能最多、压力最大的人士，他既要营销客户，又要维护客户；既要进行授信调查，又要搞好授信后管理。具体来讲，包括如下内容：

（1）调查客户需求，分析市场形势，进行或组织进行金融产品和金融服务的创新活动。

（2）根据客户需求，与客户探讨业务合作方案，有效地组织客户与银行产品部门之间的业务交流，把客户的需求与银行的产品有机结合起来。

（3）主动寻找客户，通过各种渠道与客户建立业务联系。

（4）向客户营销、推介所有银行的产品和服务。客户经理可以与客户洽谈所有的银行产品。

（5）收集客户的各种信息，包括：财务信息、生产信息、销售信息、管理资源信息、行业和产品市场信息等；对收集到的资料进行整理，以此为基础建立并管理客户档案，保证档案的真实性、完整性和连续性。

（6）写出关于客户或行业的综合评价报告及风险分析报告，供业务决策及风险控制部门参考。

（7）根据银企业务合作方案写出业务建议报告和风险控制报告。

（8）对银行风险控制部门、相关产品作业部门和综合管理部门提出的问题、要求或提供的其他信息，及时作出回答或提交。

（9）负责做好产品售后服务工作，及时发现双方合作中出现的问题，及时反馈客户的动态信息，对客户的经营状况进行动态监控，并及时提出建议报告。

（10）一旦银行与客户发生业务关系，客户经理负责客户的日常管理，积极协助产品作业部门为客户提供服务。

（11）客户经理具有客户调查、客户初步评价、产品方案设计、业务建议和客户管理的职责，但不具有向客户提供何种产品与服务的决策权，该决策权属于银行风险控制部门和业务决策部门。

（12）研究客户的现实情况和未来发展，发掘客户对银行产品的潜在需求，并根据客户的需求与客户探讨业务合作方案。

（13）定期拜访客户，维系与客户的良好关系，根据客户现有业务量、未来发展和可能带来的综合业务收益，定期对客户价值做出判断。

（14）拥有客户调查权和业务建议权，需对提交的各种信息、客户材料、业务建议和工作报告的真实性、有效性负责。

（15）负责贷款及其他授信业务的前期调查和后期管理，采取必要措施防范、控制和化解业务风险。

（16）承担并完成规定指标以上的存款、结算、贷款、客户开发、贷款质量和贷款收息等项任务。

（17）处理或协助相关部门处理与客户有关的业务纠纷。

二、关于客户经理工作职责的五个认识误区

1. 客户经理是万能的

有人认为，客户经理不仅熟悉客户的需求而且可以为客户提供全能的服务，银行的业务可由客户经理全部完成。这对客户经理的要求过于苛刻。客户经理类似于西方银行的关系经理，其重点是寻找客户、访问客户、加强与客户的联系、了解客户的需求、提供产品方案、协

调组织银行的资源为客户提供服务；发生业务关系后，客户经理负责客户的日常管理，产品则由产品部门提供；客户经理有业务建议权，但不具有向客户提供何种产品与服务的决策权，该权利属于银行风险控制部门和业务决策部门。因此，不能认为客户经理是万能的。

2. 客户经理与产品经理混为一谈

当前客户经理是一个热门话题，不少银行的信贷、零售业务、房地产信贷、国际业务、信用卡部等部门都提出要实施客户经理制度。实际上，这是对客户经理的误解。过去银行的部门是按产品设置的，现在应是按客户或者说服务对象来设计，如个人金融部、公司金融部等。办法是将产品部门改组整合为客户部门，在客户部门推行客户经理制度。

3. 客户经理是"驻厂员"制度的现代翻版

"驻厂员"制度是银行在计划经济条件下，为履行行政职能而采取的。驻厂员在提供服务的同时更多的职能是监督。而客户经理不是"信贷员"称呼的改变，而是一种对现有观念及体制的创新。客户经理的工作，就是要增强银行的核心竞争能力，确立比较竞争优势。不能仅停留在推销银行产品阶段，而应根据客户的需求，设计有针对性的服务方案，提供有针对性的差别服务。

4. 客户经理只是"传声筒"

客户经理是银行与客户之间的桥梁，它对外了解客户需求，对内反映客户需求，同时帮助客户了解银行的业务。从这个意义上说是"传声筒"。但客户经理又不仅仅是"传声筒"，客户经理的工作是把潜在的客户变为现实的客户，或者使现实的客户更加巩固。客户经理提出的关于是否提供服务、提供哪些服务等方面的建议很重要，银行风险控制部门作出的决策就是以客户经理提供的意见为基础的。

5. 客户经理能满足客户的各种需求

客户的需求多种多样，有些需求银行限于自己的能力无法提供。另外，即使是能满足的需求，也可能满足的程度较低。因为客户的满意程度取决于客户期望的满意程度与其真实感受的服务之间的差距。客户经理的工作就是尽可能降低这种差距，而不可能完全消除这种差距。

第三节 工作理念

客户经理是银行深入市场的触角，肩负着培育客户、维护客户的重任，其工作理念先进与否，直接关系着客户经理能否胜任。

理念是在实践中形成的思维定式。客户经理工作理念的形成和导入需要通过大量的实际案例来完成。由于工作理念难以用语言文字完整地表达，这里只能简单地予以描述。

一、客户导向理念

在市场经济条件下，银行与客户唇齿相依。客户经理必须重视客户、尊重客户，做到和客户共同发展，即树立客户导向理念。客户导向理念根据演进程度又可以划分为四个发展阶段：

1. 客户至上阶段

把客户放在了银行组织体系和业务流程的上方，体现了银行的服务姿态。这是客户导向理念发展的初级阶段。

2. 客户第一阶段

银行全体人员和全部行为都围绕着客户，客户的事情是银行工作的重心。但此时尚有很多具体的服务并未落到实处，尚未提出客户满意度概念。

3. 客户满意阶段

不仅重视客户，把客户的需求和利益放在前面，而且要调动银行的所有资源让客户感到满意，以客户的满意程度作为评价银行及客户经理工作好坏的尺度。

4. 增加客户价值阶段

这是当前最先进的工作理念。通过向客户提供产品和服务，使客户价值增加，让客户享受增值服务，即客户经理向客户提供银行服务后，客户不仅能获得该服务，还能获得超出该服务价值的额外收获。

二、核心客户综合开发理念

营销实践证明了"二八法则"的科学性，即20%的客户创造80%的业务和利润已成为一种规律。对客户经理来讲，应高度重视和关注能给银行创造主要利润的那20%的客户，最大限度地挖掘和满足这些核心客户所有的金融需求，最大限度地向他们营销银行的产品和服务。当然，这并不是说另外80%的客户就不重要。"客户是上帝"的营销理念对剩下的80%的客户来讲同样适用。这里要表述的意思是客户是应该有等级的，对不同等级的客户应该采取不同的培育与维护方法。只有这样才能以最小的成本支出，为银行带来最大的效益。

三、个性化产品和服务理念

客户经理不仅要能提供标准单一产品的销售，而且要具备根据客户需求进行特别定制服务的能力，即向客户提供的不是一种产品而是一个服务方案。针对客户的具体情况，客户经理在银行的金融产品和各种可以借助的外部资源中进行组合设计，以最大范围、最大限度地为客户服务。有的客户需要某一种银行服务，有的客户则可能需要几种银行服务的组合，客户经理应该能够意识到客户到底需要哪些银行服务，并能够协调产品部门向客户提供这些银行服务。其实，客户对个性化产品和服务的需求是客户经理存在的最根本原因，也是客户经理最基本的职责。

四、金融服务创新理念

客户经理制度本身是制度创新，客户经理本身又是金融产品创新的主体。因为只有客户经理最了解客户的需求以及市场和客户需求的变化。客户经理将这种情况进行提炼总结，反馈到产品部门，就可以和产品部门联手进行产品创新设计。在向客户提供个性化服务时，客户经理进行产品方案设计本身也是一种创新。客户经理提供的服务是一种创新性服务，方案设计是个案性的东西，而非单一标准产品，在为每一个客户和客户的每一个特别的需求提供服务的过程当中，都要体现这种创新理念。

五、深化服务专业内涵理念

客户经理提供的是专业化的服务，需要将自己的各种知识和技能进行综合运用，才能取得客户的信赖。客户调查、客户评价、方案设计，这些都是具有专业规范的，客户经理需要按照专业规范来开展工作。这些规范就是客户经理工作的技术含量。客户经理，特别是高等级的客户经理应该是具有综合技能的，不仅要全面负责银行全部产品的营销，而且应该全面负责客户的搜寻、访问、调查、评价、方案设计、监控和信息沟通。客户经理应将客户工作做深、做透、做细。

六、知识营销理念

所谓客户经理的知识营销，是指客户经理在营销过程中，使银行的广告、宣传、公关、产品服务等活动均注入知识含量和文化内涵，帮助客户增加与银行产品相关并且实用的知识，提高客户消费银行产品的质量，从而达到推广产品、树立形象和提升品牌的效用。在知识经济时代，知识的爆炸性增长使知识营销展现出独特的魅力。客户经理应运用知识营销，使客户在获得精神上的享受、知识上的提高的基础上，自觉不自觉地接受银行所提供的各项服务，即"服务到家，知识开路"。

七、团队合作理念

团队合作是实现高效运作的重要手段。合作理念的第一层意思是客户在需要多个客户经理来进行培育和维护时，从事培育和维护的各个客户经理之间以及客户经理与团队中的非客户经理之间要有合作理念，一个客户经理应同团队中的其他组成人员建立信任、协作关系。第二层含义是指客户经理应能与其他金融机构合作来共同培育客户。

什么都自己搞就如同制造业中的重复建设一样，既浪费又无必要。可采取与同业合作的方式来培育客户。如与保险公司合作，通过储蓄网点和网上银行代理保险业务，共享客户资源。

八、链式营销理念

世间万物是相互联系的，银行营销也不例外。任何客户都是产业链条中的一个环节，都属于更大的系统的一个组成部分，都以各种方式与其他经济单位发生着关系。即使本身属于集团性大企业，在自身范围内已形成一个相对比较完整的系统，它也不可避免地要同其他企业发生业务上的联系。根据客户的这些特点，客户经理在营销工作中应该围绕产业中的某一客户有意识地向其上、下游客户进行延伸营销。实际上，除部分银行产品是用来满足客户自身需要的，大部分银行产品都是用来联结客户的，承兑汇票、保兑仓、汇兑等都是如此。以房地产公司为例。房地产开发公司的上游企业包括水泥企业、钢材企业、建材企业、建筑安装企业、拆迁企业、被拆迁的居民、土地管理局、土地储备中心等，下游企业包括购房个人、机关团体、房屋租赁公司等。从以上考虑出发，围绕房地产开发企业可进行如下链式营销：通过直接提供开发贷款、代理托管房地产基金间接发放开发贷款、发放拆迁款、组织房地产信托计划间接提供开发贷款等产品，来营销房地产开发企业；通过提供保证金管理、物流采购资金管理、垫付资金管理等产品营销招标承建企业；通过提供个人按揭贷款产品营销购房客户；通过提供二手房贷款、代收代付租金等服务营销房地产中介企业；通过提供公积金代理业务营销住房公积金管理中心等。

第四节　工作方法

对小型客户、单一需求或非风险业务需求的客户，客户经理可独自提供相应的服务。对大型客户或有综合需求的客户，须采取总分支行联动、统一动作的方式，即以高级客户经理为中心，合理搭配其他等级的客户经理和一定数量的辅助人员组成客户经理工作小组，以项目小组的方式集中动作。高级客户经理有权在对大型客户进行综合开发的过程中调集使用其他等级的客户经理。

一个客户经理小组一般由 3 个以上的客户经理和其他人员组成。这些组成人员应具备不同的知识结构、业务专长和个性。客户经理之间的有效沟通和交流，可以集思广益、博采众长，发挥不同知识结构、经验阅历和个性特征和客户经理的特长与优势，起工程优势互补和团队协作的作用。

一、客户经理小组的人员构成

一个客户经理小组主要由小组牵头人、关系经理、方案设计人员、外部专家及辅助人员组成。在这些角色中，有的角色可以兼任，比如小组牵头人可以充当关系经理，或者关系经理本身就是方案设计人员等。

（1）小组牵头人。小组牵头人一般由高级客户现经理担任，主要行使总体指挥、组织和协调职能，负责对整个客户培育与维护的组织策划、银行内部和外部关系的协调、产品的组织运作、小组内部重大事项的管理和决策。

（2）关系经理。关系经理是负责与客户进行日常接触的客户经理。关系经理对客户的情况最熟悉，与客户的来往最频繁，发挥着银行内部与客户之间的桥梁和纽带作用。

（3）方案设计人员。方案设计人员对金融产品比较熟悉，具有较强的业务技能，负责设计具体的产品组合方案，以满足客户多方面的需求。方案设计人员是小组内的技术专家。

（4）外部专家。当客户经理不能完成一些客户需要的专业服务时，客户经理可吸收部分外部专家来提供专项技术和支持。常见的外部专家如律师、注册会师、行业经济专家、宏观经济专家、财务专家等。这些专家提供的是有偿服务，服务费由银行从客户收取的费用中列支。

（5）辅助人员。辅助人员负责小组内部的日常性事务，一般由事务性人员担任。

二、客户经理小组的工作原则

（1）高级客户经理负责领导客户经理小组调查和研究客户业务需求，策划并实施营销服务方案，承担营销任务和管理责任。工作小组其他成员承担高级客户经理分派的工作任务。

（2）对业务涉及两个或两个以上分支行的客户，由银行总行指定工作小组负责人。原则上工作小组负责人由业务量大、管理责任重、协调能力强的人员担任。

（3）工作小组服务客户所形成的经营成果，由小组各成员按其所承担的责任和工作量协商分配，所形成的责任损失亦按比例分摊。

（4）工作小组各成员必须对自己承担的工作任务负全责，要确保自己所承担的工作不出任何纰漏；在高质量完成所分配任务的同时，小组成员必须发挥团队协作精神，使工作小组真正成为一个高效、敬业的作业团队。

（5）建立工作例会制度。工作小组根据业务进展及时召开小组分析会，就业务工作开展中遇到的问题进行讨论。各种作业方案也应在小组会上进行讨论。

（6）加大对重点客户的拓展力度，定期对现有客户进行等级分类，并据以建立客户经理与客户之间的合理配比关系，合理使用客户经理资源。在保持客户经理相对稳定的基础上，根据客户等级的变化，定期调整、配备与之相适应的客户经理。

（7）有些情况应由两名或两名以上客户经理同时参与作业，并且应明确第一负责人。这些情况包括：大中型客户、核心客户；对银行价值重大的客户；与之发生风险业务的客户；初次开发的大中型客户；运用新产品的客户；发生或预测会发生异常的客户；风险控制部门，明确提出需要两名或两名以上客户经理参与营销的客户。

三、发挥高级客户经理在小组中的作用

我们一提客户经理，就会想到那些直接与客户打交道的银行职员，其实，这些人只是客户经理队伍的一部分。各个支行的行长、业务部门的负责人其实也是客户经理，并且是更为重要的客户经理，他们一般担任客户经理小组的负责人。有些银行的总行行长就明确说自己是首席客户经理，这样的银行才是真正理解银行营销精髓的银行。实际工作中，作为小组成员的普通客户经理和作为小组组长的高级客户经理（或其他具有一定行政职务的客户经理）在工作的方式、方法上是有所不同的。

高级客户经理不仅自身要营销客户，而且还要组织客户经理去开展营销活动。这些负责人管理水平的高低、领导方式的好坏，直接影响到他所领导的团队的绩效。因此，管理类客户经理应重视自身的领导能力建设。关于领导力建设方面的专著汗牛充栋，我们没时间去啃这些"大部头"。我们可从杰出人物的短文章和领导实践中进行学习。

表1-1 毛泽东同志和陈云同志关于领导方法的论述

姓名	篇名	说明	核心内容
毛泽东	党委会的工作方法	这篇文章作于1949年3月13日，是毛泽东在中国共产党第七届中央委员会第二次全体会议上所作结论的一部分。虽然谈的是党委会的工作方法，但对任何领导干部的工作都有指导意义。	(1) 党委书记要善于当"班长"。党的委员会有一二十个人，像军队的一个班，书记好比是"班长"。要把这个班带好，的确不容易。领导工作不仅要决定方针政策，还要制定正确的工作方法。书记要当好"班长"，就应该很好地学习和研究。书记、副书记如果不注意向自己的"一班人"作宣传工作和组织工作，不善于处理自己和委员之间的关系，不去研究怎样把会议开好，就很难把这"一班人"指挥好。 (2) 要把问题摆到桌面上来。不仅"班长"要这样做，委员也要这样做。不要在背后议论。有了问题就开会，摆到桌面上来讨论，规定它几条，问题就解决了。"班长"和委员还要能互相谅解。谅解、支援和友谊，比什么都重要。 (3) "互通情报"。就是说，党委各委员之间要把彼此知道的情况互相通知、互相交流。这对于取得共同的语言是很重要的。 (4) 不懂得和不了解的东西要问下级，不要轻易表示赞成或反对。有些文件起草出来压下暂时不发，就是因为其中还有些问题没有弄清楚，需要先征求下级的意见。我们切不可强不知以为知，要"不耻下问"，要善于倾听下面干部的意见。先做学生，然后再做先生；先向下面干部请教，然后再下命令。这不会影响自己的威信，而只会增加自己的威信。 (5) 学会"弹钢琴"。党委要抓紧中心工作，又要围绕中心工作而同时开展其他方面的工作。不能只注意一部分问题而把别的丢掉。凡是有问题的地方都要点一下。 (6) 要"抓紧"。就是说，党委对主要工作不但一定要"抓"，而且一定要"抓紧"。什么东西只有抓得很紧，毫不放松，才能抓住。抓而不紧，等于不抓。伸着巴掌，当然什么也抓不住。就是把手握起来，但是不握紧，样子像抓，还是抓不住东西。不抓不行，抓而不紧也不行。 (7) 胸中有"数"。这是说，对情况和问题一定要注意到它们的数量方面，要有基本的数量的分析。任何质量都表现为一定的数量，没有数量也就没有质量。 (8) "安民告示"。开会要事先通知，像出安民告示一样，让大家知道要讨论什么问题，解决什么问题，并且早作准备。如果没有准备，就不要急于开会。

续表

姓名	篇名	说明	核心内容
毛泽东	党委会的工作方法	这篇文章作于1949年3月13日，是毛泽东在中国共产党第七届中央委员会第二次全体会议上所作结论的一部分。虽然谈的是党委会的工作方法，但对任何领导干部的工作都有指导意义。	(9)"精兵简政"。讲话、演说、写文章和写决议案，都应当简明扼要。会议也不要开得太长。 (10)不仅要善于团结和自己意见相同的同志，而且要善于团结和自己意见不同的同志一道工作。我们当中还有犯过很大错误的人，不要嫌这些人，要准备和他们一道工作。 (11)力戒骄傲。就是没有犯过大错误，而且工作有了很大成绩的人，也不要骄傲。制止歌功颂德现象。 (12)划清正确和错误、成绩和缺点的界限，弄清它们中间什么是主要的，什么是次要的。自然，要把界限划好，必须经过细致的研究和分析。我们对于每一个人和每一件事，都应该采取分析研究的态度。
毛泽东	论工作方法	毛泽东同志在一九五九年四月在八届七中全会上讲过工作方法九条，此后又在其他会议上增加了一些内容。虽然毛泽东同志提出这些工作方法的时代已经过去了，但这些工作方法背后的指导思想仍具有现实意义。	(1)多谋善断。重点在谋字上。谋的目的是为了断。有谋还要善断。要多谋，要与多方面商量，要多听各方面的意见，多看看各种材料，各种方案，善于判断，善于下决心。谋是基础，只有多谋才能善断。多谋的方法很多，如开调查会、座谈会。 (2)留有余地。一切工作都要留有余地。我们在安排工作计划时，要留有余地。给下面点积极性。不给下面留有余地，就是不给自己留有余地。留有余地上下都有好处。农业生产也好，其他也好，都是留有余地，实际超过了，人民群众心情更加舒畅；一点余地不留，将来完不成计划，就造成悲观失望。抓住重点。有重点才有政策，没有重点就没有政策。我们要按政策办事情。一个时期有一个时期的重点。就是舞台艺术、写文章、作诗也要有重点，留有余地。舞台艺术也要给观众留有余地，不要把戏都演完，演戏群众还会想想，这样的戏演得才算成功。所以写文章、作诗、演戏都要留有余地，不要一下子什么都做完，要让群众去想想。 (3)波浪式前进。不能天天搞高潮，不能老是翻一番，要按实际情况，可以高些，可以低些。 (4)实事求是。形势变了，情况变了，人的思想也要跟着变。要根据情况变化，适应情况变化，按情况办事。脑子不要硬化，制订计划要有多少材料，多少人，制订多大的计划，不要主观地制订计划。

姓名	篇名	说明	核心内容
毛泽东	论工作方法	毛泽东同志在一九五九年四月在八届七中全会上讲过工作方法九条,此后又在其他会议上增加了一些内容。虽然毛泽东同志提出这些工作方法的时代已经过去了,但这些工作方法背后的指导思想仍具有现实意义。	(5) 要善于观察形势。脑子不要僵化,要注意观察形势,观察动态,了解情况。 (6) 要当机立断。只有观察形势正确,才能当机立断。把握形势的变化,来改变我们的计划。要善于分析情况,抓紧时机,当机立断,下定决心,这样才能得出正确的方针政策。对党内一些不良倾向,也要当机立断。 (7) 与人通气。上下左右,左邻右舍,上上下下,都要通气。讨论之前,应该事先有个酝酿。决定问题要有个充分酝酿。 (8) 解除封锁。平时不反映情况,不汇报,不请示,开会就给你一大堆材料,要你做决定,下决心。要解除封锁,要把封锁消息的同志狠狠批评一顿,让他几夜睡不好觉,以后就会好了。报告中要有观点,一个事情要提出几种方案,要说明你那里的基本情况、不同意见、核心问题是什么。要把工作情况如实反映上来,不要封锁。 (9) 一个人有时胜过多数,因为真理往往在他一个人手里。多数的时候是多数人胜过少数人,有时候又是少数人胜过多数人。就是说,有时候真理不在多数人这边,而在少数人或个别人这边。要考虑多方面的意见。要听多数人的意见,也要听少数人和个别人的意见。在党内要造成有话讲、有缺点要改进的空气。领导干部对极少数人的意见,应该很好地考虑,注意分析这些意见,不要马上顶回去,看看里边有没有真理。 (10) 要历史地观察问题。 (11) 凡是看不懂的文件禁止拿出来。写文章、写报告,不能用加减乘的方法,即形而上学的方法,一定要有情况、有分析,切合实际。自己还不懂,写出来的东西别人当然也看不懂。为什么写的文章别人看不懂?就是没有钻进去,没有掌握材料,没有把每个问题都交代清楚。写文章是给人看的,一切问题都要有个交代,交代不出不要勉强,勉强写出来就不能说服人家。为什么会勉强呢?就是对事物没有真正的了解。有些文章没有说服力,说明你对业务本身不了解,不认识,不了解群众心理。 (12) 权要集中。以后凡是小问题,政治局、常委会签字是可以的,凡是国家重大问题,一定要经过中央全会讨论。各经济部门的各种计划,先要通过中央全会讨论,决定方针,然后才制订计划。不能先动手,后做计划,造成既成事实,才送上来签字。 (13) 要解放思想。要有坚持真理的勇气,要坚持自己正确的意见。 (14) 集体领导。

续表

姓名	篇名	说明	核心内容
陈云	学会领导方法	这是陈云同志在延安时期写的一份讲话提纲。	（1）组织工作要适合于政治路线的要求，保证政治路线的实行。因此，有两个要求：对政治路线的正确了解；对具体情况的切实了解。只谈路线，不了解具体情况，是空谈。只知道具体情况，不了解路线，是盲目。要克服"上级只谈政治路线，下级只谈具体工作"的缺点。 （2）要做到主观与客观一致，领导机关决定计划，执行计划，检查工作，都必须主客观相一致。 （3）计划是主观，但必须建立在客观可能的基础上。计划要适合于路线，又要适合于客观实际情况。客观情况是基本的。 （4）新发展要从旧阵地出发。 （5）工作要抓住中心，照顾其他。中心为主，做到全局与局部的一致。 （6）大刀阔斧与精雕细刻相结合。先抓住，后消化。工作要从一点一滴做起，踏踏实实，不能存侥幸心理，不能希望一蹴而就。 （7）检查工作要开展批评和自我批评，总结经验教训，考察、补充和修正决议，使主观逐步达到与客观相一致。 （8）兜底查。要抓住一两个典型，总结出经验，教育其他。 （9）领导方式的中心问题，是正确处理上下级关系。上级的基本态度是帮助下级，吸收下级的经验来改善领导。上级决定本身有缺点，完全由领导负责；下级执行中有缺点，领导也要负教育不够的责任。不能只批评下级，上级不作自我批评。学专制的办法是完全错误的。上下级关系不协调，一般情况下，主要是上级负责。下级要尊重上级，对上级要善意地提出批评和建议。 （10）领导机关要区分命令和建议。必须有命令，但在某些问题上要有弹性，允许下级根据实际情况处置。 （11）要坚决防止和克服官僚主义。领导要具体区别不同地方，分配以不同的任务；区别任务的缓急；区别主要工作和次要工作。掌好舵，指出主要的努力方向，预防某种偏向。 （12）领导干部的工作方法。中心工作与经常工作要分清。不忘记经常工作，但必须抓住中心，防止事务主义，乱无头绪。工作一件一件来，每件工作做到底，就是最有成效，最快速度。平均使用力量，瞎抓一气，必无成效。遇事不要慌张，也不要松弛。不仅自己会干，而且会推动别人干，要改变那种一人忙众人闲、上忙下闲的状况。不仅要有听的时间，而且还要有想的时间。从感性到理性，这是思维的过程。会要少开，开会要有准备，出文件要解决问题，否则无结果。

第五节　薪酬管理

在薪酬管理方面，银行按照市场规律要求，导入全过程成本管理思想，通过建立科学有效的薪酬机制，以有效地激励客户经理人员的专业工作热情和创造力，从根本上保障吸引、培养和稳定优秀的客户经理人才。一般来讲，客户经理的薪酬机制应该包括与客户经理创造业务利润挂钩的浮动收入、固定收入和福利待遇、客户经理的营销费用、等级晋升、业务培训等内容。

营销费用是客户经理开展营销工作的基本条件，要根据满足需要和节约开支相结合的原则合理核定和使用。营销费用具体包括通信费、交际应酬费、活动经费和礼品费用。该营销费用由客户和经理自主决定使用，超标部分由客户经理自行承担。费用的核定依据客户经理的等级资格确定。可以根据客户经理的不同级别核定一个固定的基本费用。分行最初核定的客户经理营销费用标准要报总行备案。实行客户经理制度到一个年度结束时，客户经理的营销费用可根据当地物价水平、市场环境等因素进行动态调整，分行调整客户经理营销费用需报经总行批准方可执行。

高级客户经理的固定收入和福利待遇可比照部门经理；一级客户经理可比照部门副经理；其他级别的客户经理也依次类推。客户经理的浮动收入可根据客户经理所创造的综合业务利润确定。浮动收入上不封顶、下不保底。客户经理的浮动收入的实现形式可以用货币的形式，也可以用非货币的形式，如住房、商业保险、培训（超过人力资源部门规定的培训费用标准部分，从实现的浮动收入中抵扣）、子女教育费用等形式，但无论以何种方式实现，都要充分体现客户经理人员的劳动和业绩。浮动收入在连续 3 年内实现，每一年度 2 月兑现 1/3，未兑现部分作为下一年度的风险保证金。客户经理浮动收入具体数值可按下述公式计算：

$$R = D(I_L - I_C) \times 360 \cdot P + L(I_A - I_B) \times 360 \cdot Q \cdot N - F \cdot K + B \times 5\% + A \times 10\%$$

式中：R 为综合业务利润挂钩的客户经理浮动收入；D 为客户经理所负责客户的去年计算的日均存款余额；I_L 为银行同业拆放利率（日息）；I_C 为 6 个月存款利率（日息）；P 为奖励系数，由计划财务部门认定，建议在 10% ~ 30% 之间浮动；L 为客户经理所负责客户的无损失的按年计算的日均贷款余额；Q 为贷款质量系数，正常类贷款取值为 1，关注贷款取值为 0.5；N 为奖励系数，由审贷委员会或风险管理部门认定，建议在 10% ~ 20% 之间浮动；I_A 为这该类贷款平均贷款利率（日利率）；I_B 为分行考核年度资金综合成本（日利率）；F 表示该客户经理所负责客户给银行贷款和其他业务带来的损失额；K 代表该客户经理承担的损失系数，在 0 ~ 1 之间取值（F 和 K 由审贷委员会或风险控制部门认定）；B 为客户经理所负责客户在银行结算实现的手续费净收入；A 为客户经理所负责客户所产生的顾问费净收入。

上述客户经理浮动收入计算公式中未包含但属于客户经理的业绩应纳入其浮动收入的部分，按下列规定处理：

（1）发生总行联动的客户拓展业务时，参与该项业务的分行客户经理其业绩考核由总行牵头部门认定，年度考核时纳入对该客户经理的业绩考核，但不能重复计算该业务的业绩及相应的浮动收入。

（2）总分行有明确的考核办法的业务，分行按相应考核办法，计算该项业务的净利益和客户经理的责任大小或贡献程度，纳入业绩考核并相应增减其浮动收入，但不得重复计算。

（3）总分行没有明确的考核办法的业务，客户经理参与时，分行在每年年初时将有关的业务情况、损益情况、客户经理的参与情况和对客户经理该项业务考核意见报总行，由总行确定对客户经理的业绩考核办法。

（4）当客户经理的全部浮动收入为负值时，分行首先用客户经理的风险保证金弥补损失，同时酌情核减客户经理的固定收入，降级使用或另行处理；其处理结果报总行人事管理委员会和公司业务部门备案。

客户经理定期或不定期地接受各种形式和层次的专业培训，以提高业务技能、更新知识结构。高级别的客户经理有权参加总行组织的培训班，并享有参加相应内容的国外培训和考察的机会。其他等级的客户经理也有权参加相应部门组织的相关专业培训。

此外，还应根据每年度的考核结果，对客户经理的等级每年确认或调整一次。业绩突出、达到更高等级的业绩标准的低等级客户经理可以晋升到高等级的客户经理（该等级的资格考试必须合格）。同样，业绩较差、达不到等级业绩标准的客户经理自然降级，或调整工作岗位。二级（含二级）以下客户经理等级的变化由分行结合考核来确定，报总行市场部门、人力资源部门备案；高级客户经理和一级客户经理的等级变化以及低等级客户经理的越级晋升要报总行审批。

在对客户经理进行薪酬管理时，必须考虑整个银行的薪酬体系与企业文化。客户经理的薪酬与其他岗位的薪酬应该有一个合适的差距，但要保持适度的平衡。如果一家银行已形成良好的后台、中台为前台服务的企业文化，则客户经理薪酬与其他岗位薪酬的差距可拉得大一些；反之就要尽量小一些。在确定客户经理的薪酬时，还应关注两点：①不能通过单独给客户经理个人加薪的方式增强客户经理的非团队化工作倾向；②给客户经理确定的薪酬的内容和水平能够给客户经理带来意外和惊喜，以调动客户经理持续工作的积极性。

第六节　等级评定

为适应市场竞争需要，不断完善针对客户经理的激励与约束机制，充分调动客户经理的主观能动性，发挥客户经理在银行发展中的主导作用，很多商业银行均对客户经理实行等级评定的管理方法。一般而言，银行会根据客户经理营销业绩考核和行为规范评价结果，把客户经理划分为若干等级。为体现动态管理的要求，每隔一定时间，会再调整客户经理的等级，该提级的提级，该降级的降级。当然，银行应慎用降级手段。为充分发挥等级划分在调动客户经理工作积极性中的作用，银行会把客户经理等级与其薪酬直接挂钩，并作为职务晋升的重要参考条件。

一、任职条件与资格认证

客户经理的任职条件是进入到客户经理序列的基本条件。客户经理的任职基本条件包括：

（1）良好的敬业精神和职业道德，遵纪守法、合规经营。

（2）有一定的金融基础理论，熟悉银行业务相关政策规章，掌握公司业务技能，有一定的市场拓展能力。

（3）一般具有金融相关专业大专（含）以上学历。

（4）熟悉银行基本金融产品，并能根据客户需要进行初步的产品组合设计。

（5）掌握基本的企业财会知识，能分析企业财务报表，并具备基本的风险把握和判断能力。

（6）一年以上银行业务工作经历。

（7）语言表达能力较强，善于与人沟通。

（8）掌握市场营销的方法和技巧，具备较强的业务协调能力和社交公关能力，有一定的市场拓展能力。

（9）能敏锐关注和掌握市场信息。

（10）能按规定要求进行尽职调查并撰写授信调查报告。

客户经理序列对银行所有人员都是开放的，只要满足基本的任职条件，经资格审查和认证后均可担任客户经理。

二、等级评定的办法

银行应对不同客户经理评定不同的等级，评定依据主要包括定量、定性两个方面，如工作业绩、个人的工作能力、专业工作经验、所负责客户类别和所营销产品等。不同等级的客户经理对应不同类别的客户，营销不同的产品，同时在营销费用和收入上也体现差别。

（一）定量评价

定量评价是指按照兼顾效益、质量和推行全线产品综合营销的原则，对客户经理各项业务的营销业绩进行模拟利润考核，即按照不同的系数把性质不同的业务结果换算成一个结果，再将每个业务的换算结果加总（得出客户经理承揽的全部业务的综合效益），就得出定量考评的结果。

表 1-2　对公业务产品折算标准（样本）

项目		折算标准（万元）
对公存款日均余额	保证金存款余额	每亿元折算 70 万元
	保证金存款增量	每亿元折算 100 万元
	一般存款余额	每亿元折算 100 万元
	一般存款增量	每亿元折算 150 万元
	纯存款余额	每亿元折算 200 万元
	纯存款增量	每亿元折算 300 万元
	中小企业	每亿元追加 100 万元
一般对公贷款日均余额		每亿元折算 30 万元
对公中间业务收入（税前）	一般对公中间业务收入	每 100 万元折算 150 万元
	财务顾问费（含贸易融资额度管理费）	每 100 万元折算 80 万元
	投行中间业务收入	每 100 万元折算 120 万元
	贸易融资中间业务收入	每 100 万元折算 180 万元

续表

项目		折算标准（万元）
对公产品	对公网银	网银有效账户折算每户1万元
	关税保函业务	保函金额2000万元（含）以下的，15万元/1000万元；2000万~5000万元（含）部分，10万元/1000万元；5000万~10000万元（含）部分，5万元/1000万元；10000万元以上部分，按照2万/1000万元计算；单户最高按1亿元一般存款日均余额折算100万元
	年金业务	500户以下的单位，每户折算20万元；500~1000户的单位，每户折算30万元；1000户以上的单位，每增加1000户增加折算10万元
新增对公客户数（包括中小企业客户、纯存款日均50万元以上的客户）		每1户折算10万元
贸易融资贷款日均余额		每亿元折算30万元，其中标准贸易融资折算60万元
同业存款日均余额		每亿元折算20万元
第三方存管		新增个人有效户，每100户折算20万元
		新增机构有效户，每1户折算2万元
贴现贷款日均余额		每亿元折算15万元
交叉销售	储蓄存款日均余额	每亿元折算500万元
	新增代发工资户数（月代发金额10万以上）	每1户批量代发客户按10万元折算，月代发金额每超过50万元再加10万元
	个贷投放额	每亿元折算100万元
	新增信用卡客户数	每100户折算20万元

鉴于业绩计算对确定客户经理等级的重要性，银行应要求客户经理及时、准确地做好业绩确认工作。对客户经理管理部门来讲，要对客户经理的业绩确认工作认真负责，要切实按照客户经理的实际贡献度，合理认定客户经理的业绩分成比例。属于业务部门第一负责人自身业绩的，应明确确认到个人名下。

（二）定性评价

定性评价是对客户经理行为规范的评价，由客户经理所属的经营部门和综合管理部门对客户经理的日常工作表现进行评价，并由分行绩效考评委员会集体审定。部门负责人评议和综合管理部门评议的占比一般分别是 60% 和 40%，即：

客户经理行为规范评价得分 = 经营部门评价得分 × 60% + 综合管理部门评价得分 × 40%。

经营部门应对客户经理的综合业务能力进行评价。综合管理部门包括风险管理、公司业务管理、贸易金融和合规等部门，应确定各个部门的评价权重，如风险管理部门和公司业务管理部门各 30 分，贸易金融和合规部门各 20 分。

三、等级的确定

对客户经理定性评价和定量评价的结果由客户经理主管部门汇总后，应报银行绩效考评委员会审议，最终由该委员会确定每位客户经理的具体等级。绩效考评委员会遵循"客观、公正、公开，动态管理、优胜劣汰"的原则，以客户经理实现的模拟利润为定级基础，再根据定性评价结果进行相应的调整，以确定相应的客户经理等级。对于出现重大违规案件和责任事故的客户经理，晋升实行一票否决。绩效考评委员会还将依据客户经理绩效增长情况，按年调整对公客户经理等级的定级标准。

表 1-3　客户经理等级划分及定级标准（样本）

客户经理等级	模拟利润
一级客户经理	1300 万元以上
二级客户经理	1100 万~1300 万元（含）
三级客户经理	900 万~1100 万元（含）
四级客户经理	700 万~900 万元（含）
五级客户经理	550 万~700 万元（含）
六级客户经理	400 万~550 万元（含）
七级客户经理	320 万~400 万元（含）
八级客户经理	240 万~320 万元（含）

客户经理等级	模拟利润
九级客户经理	180 万～240 万元（含）
十级客户经理	120 万～180 万元（含）
十一级客户经理	90 万～120 万元（含）
十二级客户经理	60 万～90 万元（含）
十三级客户经理	40 万～60 万元（含）
十四级客户经理	20 万～40 万元（含）
十五级客户经理	10 万～20 万元（含）
见习客户经理	10 万元以下

四、进入和退出

（一）客户经理的进入

客户经理的进入通道，主要包括：应届毕业生考入、资源型人才引进和内部员工转岗。

应届毕业生可在半年试用期结束后，进入为期 1 年的见习期。在见习期间业绩优秀的，可提前申请参加等级客户经理评定，银行可按照等级客户经理考评办法对其进行等级评级。见习期满，则按照等级客户经理办法进行业绩评定。

资源型客户经理可由银行内部任何部门推荐，通过统一的招聘程序后试用。试用期内创利达到等级客户经理标准的，相应转为等级客户经理待遇；试用期满后未达到要求的，可以再申请若干期限的保护期；保护期满仍达不到业绩标准的，应退出客户经理岗位。

银行应鼓励有资源、有能力的非客户经理转岗为客户经理。非客户经理转岗为客户经理，一般由其本人提出申请，经营部门签署意见后报银行有权部门审批。

（二）客户经理的退出

为强化约束与激励机制，对长期业绩不达标的客户经理应实行退出处理。

第七节　国外银行的客户经理管理

"他山之石，可以攻玉"。国外银行在客户经理管理方面的很多经验，值得国内银行学习。现分述如下：

一、高度重视培训

西方商业银行采取的培训渠道，包括：面对面课堂培训；外请专家培训；远程教育培训；在线学习。培训内容非常广泛，包括业务部门新推出产品、服务及新理念的培训；执业资格培训；职业发展培训（专业知识、技能及综合素质能力培训）等。如美联银行在总行建有"美联大学"，培训范围从个人发展到产品销售技巧，涵盖面非常广泛，并要求每人每月4小时离岗学习。法国里昂信贷银行用于员工培训的费用相当于全行工资总额的7%。

二、解除后顾之忧

作为一般的原则，西方商业银行每年都会给员工加薪，加薪幅度根据银行赢利水平及员工年度业绩考核结果并参考预测下年物价上涨指数等相关宏观经济指标而确定。此外，很多银行建立包括员工持股计划、股票选择权和多种保险在内的福利制度，并为员工提供技能提高、职位提升和收入增长；对高级管理人员实施期权制度，并在购买价格上给予优惠。采取上述措施的目标是使客户经理能把精力的100%投入到工作中去。

三、客户经理与产品经理分工协作

客户经理直接面对客户，产品经理根据客户经理的要求服务于客户。客户经理围着客户转，产品经理围绕客户经理转，全行支持整个系统围着产品经理转，一层服务于一层，各司其职，全行协调、高效运转。苏格兰皇家银行的客户经理分散在各分行、产品经理则集中在总行进行操作和管理，客户经理与产品经理的比例大概维持在 1：2。瑞士信贷银行的每个客户经理大约管理 120 个大客户或 400 个小客户。

四、对客户经理有明确的考核指标

西方商业银行每年年初都要从银行层面、部门层面，进而到每个人层面来逐步分解指标，且指标较多。如瑞士信贷银行对客户经理的考核指标，包括新客户数量、管理的资产数量、贷款量、外汇交易量、贸易融资量、保费金额、养老金数量、网上客户开发量等。其中，核心指标包括开发的新客户数量和管理的资产总量。

五、市场拓展与风险管理

风险意识必须贯穿到全行全员，贯穿到业务拓展的全过程，即风险控制绝不单是风险控制部门的事情，每个岗位、每个人在做每单业务时都要考虑风险，一定要在风险能够控制的情况下才去操作和经营业务。同样，风险控制人员也需考虑业务发展，"没有业务才是最大的风险"。

在西方商业银行，市场营销和风险控制的矛盾并不突出，主要原因是：风险控制意识已植根于全行每个部门、每个岗位和每个人员的潜意识之中；对客户经理与风险控制人员实行"捆绑考核"；把风险控制小组镶嵌于业务运作系统之中，即各大业务部门都有相应的风险控制小组，每个分行也有相应的风险控制部门，但业务部门的风险控制人员对上一级风险控制人员负责，而不对同一级别业务部门的负责人负责；市场拓展与风险控制人员意见不一致时，首先是坐下来充分协商，争取有一方能被另一方说服，如果不能取得一致意见再向上级汇报，由上级裁决。

第二章
掌握方法

客户经理的主要工作是营销客户并维护客户关系，做好这些工作并不容易。客户经理要想做好客户的营销与维护工作，靠的不是蛮力，而是扎扎实实的功底。那些知识面宽、素质高、掌握营销技能、善于与人沟通的客户经理总能取得好的营销业绩，而那些不善于学习、不掌握工作方法的人，虽然每天忙忙碌碌，但营销成效总是不大，所以要做一个优秀的客户经理，首先要不断学习、善于学习。通过不断地学习，夯实自己的工作基础，首先把自己打造成一个合格的客户经理，然后再把自己打造成为一个优秀的客户经理，从而实现自己的职业理想。

学习方法非常重要。智力水平相当的人，采取不同的学习方法，会取得不同的学习效果。我读中学时，有个好朋友，人非常聪明，但就是学不好历史课，因为历史事件、历史人物错综复杂，他总记不住，每次历史考试无法取得好成绩。我智力一般，但每次历史考试总能取得班级前几名。原因在于我掌握了适合自己学习历史的基本方法：我先在脑海中画一棵大树，以树干为经度，以树枝为维度，两个大树枝间算作一个朝代，每个朝代的人物及事件都挂在相应树枝的树叶上。我只要记住这棵树就行了。每次考试，只要在脑海中打开这棵树，我总能找到适当的答案。我学习时，把多本厚厚的历史教科书浓缩成薄薄的一张纸；我使用时，又把薄薄的一张纸扩展成厚厚的几本书。记一张纸总比记几本书要容易，可见学习方法之重要。客户经理也应掌握正确的学习方法。

第一节　基本学习方法

客户经理需要学习的内容很广泛，包括知识、技能、素养、监管政策、银行制度等多个方面。与此相对应的学习途径与方式也有很多种。比如，通过研读专业书籍学习、经常阅读有关报纸杂志、与知识渊博的人交谈、参加有关的培训班、案例整理与观摩、模拟实际作业、自我学习与接受培训相结合、在实际工作中相互学习、定期和不定期的外出考察、轮岗训练等。本节先简要介绍以下几种途径与方式：

一、广交朋友，与知识渊博的人交谈

客户经理最好能有多个知识渊博的朋友，经常在一起聊聊，这样有助于扩大自己的知识面。朋友的圈子应尽可能的大，从地域上可以是全国甚至是国际，从行业上也不要仅局限于金融行业。对客户经理来讲，来自石油、电信、钢铁等产业界的朋友甚至比来自金融界的朋友更重要。与朋友交流的方式可以是在固定场所聚会，也可以是不经常的电话联络或互联网交流。从交谈中，客户经理可有意识地吸收对自己有价值的东西，包括信息、思想、看法等。

二、模拟实际作业

客户经理针对自己确定的拟开发客户以及营销中可能出现的突发情况、矛盾焦点和实际案例来准备素材，自己设计开发此类客户的方案，通过假定的工作来提高自己。案例素材的另外一个来源就是对媒体披露过或同行交流中得到的材料进行归纳，假想自己遇到此类问题应该怎么办，从而提升自己应对各种情况与解决问题的能力。这种方式对初加入客户经理这个职业的新手来讲非常有效。

三、自我学习与接受培训相结合

当今这个时代，唯一永恒的东西恐怕就是学习了。任何一个组织如果不能成为学习型组织，将不会有活力，甚至将被时代淘汰；对一个人来讲也同样如此，要是没有持续学习的激情、愿望与能力，恐怕很快就会智慧枯竭，最终失去生存能力。客户经理作为商业银行中最需要掌握多方面知识与技能的群体，理应自我加压，抱着"活到老，学到老"这一朴素而又深邃的思想，从持续不断的学习中以最快速度提高自己的分析归纳能力、决策判断能力、市场预见能力和客户拓展能力。客户经理的自我学习还必须同接受培训结合起来。接受培训的方式不只是参加专门的培训班，还包括参加有关部门组织的相关研讨会。

四、在实际工作中相互学习

客户经理主要以工作小组的方式存在和开展业务。在一个小组当中，往往搭配了各种等级、知识、年龄、专业和个性的客户经理，客户经理要经常在日常工作中相互学习彼此的业务技能和专业经验。客户经理还可采取"徒弟跟师傅"式的学习，即参加高等级客户经理组织的客户访问，通过联合访问来学习高等级客户经理的实战技巧。

五、定期和不定期的考察

客户经理的眼界和思路是否开阔，直接影响到业务技能是否提升、客户拓展工作成效的高低。客户经理适当走出去，到其他银行进行现场考察、观摩学习，感受业界发展的最新脉搏，可以学到在银行内部学不到的东西。考察的主要方式是到现场去，但这样的机会对客户经理来说，可能相对较少，在此情况下，浏览各银行网站及各银行披露的相关资料也不失为一种学习的途径与方式。当前，各种金融专业网站有很多，客户经理可以有选择地加以利用。

六、轮岗训练

客户经理应争取能不定期地在新的岗位上工作，以训练自己全面的工作技能。在这方面，客户经理所在单位应尽可能地创造条件。对客户经理来讲，也应有意识地接触多种业务。如果客户经理有风险管理、稽核、会计方面以及产品部门的工作经验，则展业优势会更加明显。

七、有目的地进行自学

客户经理虽然离开了学校，无法再在课堂上进行系统的学习，但学习的习惯不能丢。职场压力的增大要求客户经理必须不断加强学习、学到对营销有用的知识。但很多客户经理由于未能掌握科学的学习方法，无法达到事半功倍的效果。有些客户经理买了很多书，也读了很多书，但总觉得提高不快，原因就在于学习方法不对头。自学时，客户经理要带着问题学，即学习的目的是解决那些在营销实践中遇到的问题。除非个人爱好，一般情况下客户经理不应花费太多的工夫在无用知识的学习上。客户经理学习知识的目的在于使用，但不能将学到的知识僵化地用于丰富多彩的实践，而是要活学活用，在知识的使用上"多下功夫、下大功夫、下巧功夫"。客户经理要把学习和应用有机地结合在一起，要先学那些对营销有用的、急需的知识。对那些暂时无法派上用场的知识，在时间安排上可往后一些。比如，明天要到一家从事机械制造的企业去营销，那今晚就要好好补一下关于机械制造的知识；下个月去拜访电子企业，则到时再学习电子知识也不算晚。对于那些带有普遍性经验的知识、做法，客户经理在营销实践中应有意识地反复运用，直至能熟练掌握，再遇到同类情况时，客户经理如能下意识地使用，则达到了学习效果。

第二节 选择和阅读图书

读书的好处很多，如可以获取信息、增长知识、开阔视野，可以陶冶性情、培养和提升思维能力，等等。读书对于客户经理提高自身素质、做好工作非常重要。但很多客户经理天生坐不下来，不喜欢读书，或者忙于应酬和具体事务，花在读书上的时间不多或者浅尝辄止、不求甚解，不懂得如何读书，或者学而不思、知行不一、学用脱节。客户经理在读书时应避免这些情况。

一、选择与阅读图书的基本原则

客户经理应坚持"干什么学什么、缺什么补什么"的原则，有针对性地学习掌握做好履行岗位职责必备的各种知识，多读与本职工作相关的新理论、新知识、新技能、新规则的书，努力使自己真正成为行家里手、业内精英。但客户经理的工作压力很大，需要将大部分时间与精力花在跑客户方面，根本没足够时间也无必要像学者那些涉猎群书，更无必要仅仅就一个主题加以深度钻研。对客户经理来讲，可重点选择以下三类图书进行购买并阅读：①能给人启迪、对人的思想能带来强烈冲击、能使人产生新思路的图书。如反映著名企业家工作生活的传记、反映著名企业家经营管理智慧的访谈、企业自己撰写的感悟或回忆录等。②操作性强、能对实际工作产生有益指导的图书。如监管部门编写的业务检查类图书、各商业银行编写的用于培训方面的图书以及银行实际工作者根据自身经历和体会编写的业务指导类图书。③关注社会现实的"快餐类"图书。这类图书能拓宽客户经理的视野，了解那些大家共同关心的话题，对客户经理提高与客户进行对话、沟通的水平有很大的帮助。当然，自己感兴趣的一些杂书也可积极阅读。

上述三个方面的图书也可从另一个角度进行分类：专业的和非专业的。我们从事银行工作的，当然需要阅读一些业务方面的书，但仅读业务方面的书是远远不够的，还必须读一些专业之外的书籍，以拓展视野，陶冶性情。

当然，客户经理到底选择什么样的图书进行购买、阅读，还与其个人爱好兴趣、收入水平有关，但无论怎样，有关银行和客户方面的图书是客户经理必须经常阅读的。阅读关于银行的图书，是使客户经理了解自身；阅读关于客户的图书，是使客户经理了解服务对象。阅读这两方面的图书，均是为了增强自身的服务能力和客户拓展水平。为尽可能地节约时间，增强阅读的效果，建议：①在购买图书时，要考虑出版社、作者等因素，因为作者和出版社的知名度越高，其写作、出版的图书也往往越有价值。②在较为空闲时集中购买一批图书，而不必经常跑书店，因为客户经理毕竟不是学生、教师或研究人员。③对一本具体的图书也无需从头至尾仔细阅读，虽不能一目十行，但也要尽可能选择有实际价值的章节进行重点阅读。④看一本书值不值得买，可从书的名称和目录上作出初步判断。题目高度凝练、目录层次及逻辑关系清楚的图书一般是好图书，因为这些东西可以说是一本书的精华，也可看出一个作者的功力。⑤对重点图书、经典图书经常加以阅读，认真加以揣摩，以悟出一些新思想。可以借鉴的是，如果经济条件许可，应尽量多买一些书籍以备日后使用。有的书籍暂时没时间或没兴趣阅读也无关紧要，"书是用来查而非专用来阅读的"这句话有一定道理，只要我们在需要某类书籍的时候能够以最快的速度找到就可以了。

二、阅读图书应该注意的事项

读书已经成为很多人生活的必需。但到底怎么读书，很多人却并不了解。其实，读书也是一门学问。懂得读书的好方法，对提高阅读效率、发挥读书最大效用都大有帮助。一般来说，可先看目录，再选择感兴趣或有用的章节进行仔细阅读。一本书的内容简介、前言、序言也不应放过，一般精华就在这些地方。此外，客户经理在阅读图书时，要有意识地关注以下七个方面：

1. 既要"知"，也要"行"

我国近代有个著名教育家取名"陶行知"也是取这个意思。古人曾说"读万卷书，行万里路"，可见，知和行是统一的。读书可获得理性知识，走遍千山万水则可获得感性认识，通过既知且行，我们可获得感性与理性的双重知识。比如：我们在书上知道了某处名胜古迹，如果有机会我们真到了这个地方来参观，则无疑可加深我们对书本知识的理解。我们还可换个角度理解知与行，即用知识来指导自己的行路，这样就可少走一些弯路。

2. 正确处理"薄"与"厚"的关系

客户经理要善于把书由厚变薄，这样就能掌握书的精华，应能用简单的几句话就可概括出某本书的核心内容。只有这样，才能说你把这本书的内容掌握了。在应用时，客户经理应能把所读图书的核心道理应用到工作的方方面面，即再把书由薄变厚。此外，除工具书，客户经理最好多读一些薄书，少读一些厚书。因为，薄书往往能揭示一些深刻的道理，是作者真正的感悟和思想所在，而很多的厚书除了冗长外，所揭示的思想并不新颖。比如：介绍中国历史的厚重图书汗牛充栋，但真正成为名著的传世经典并不多，而蒋廷黼的薄薄的一本仅有四五万字的《中国近代史》却成为一代代读书人竞相追捧的传世之作。所以说，是不是好书，主要不在于厚度，而在于内容。

3. 对有些书要精读，有些书则泛读

读书是多多益善，但"吾生也有涯，而知也无涯"。人的学习追求应当是无止境的，但人的精力是有限的，客户经理不可能把所有的书读完。客户经理要尽量通过广泛阅读扩充自己的知识面，但对很多图书只能粗粗阅读。对一些有用的图书，则应细细精读，认真体会，反复应用。而要把书读下去并为自己掌握，一个有用的方法就是写好读书笔记。"好记性不如烂笔头"，用自己的语言把书的相关内容记下来，自己就会掌握得比较牢靠。而浮光掠影地看一遍，过不了多久，

可能就忘得差不多了。

4. 勤于思考

思考是阅读的深化，是认知的必然，是把书读"活"的关键。如果只是机械地阅读、被动地接受、简单地浏览，没有思考，人云亦云，再好的知识也难以吸收和消化。古人说："学而不思则罔，思而不学则殆。"书本上的东西是别人的，要把它变为自己的，则离不开思考；书本上的知识是死的，要把它变为活的，为自己所用，同样离不开思考。一本书是作者对实践经验的总结和感悟，我们读书就要把这种总结和感悟还原到实践中去。而这个过程就是一个思考的过程。因此，客户经理要边读书，边思考。

5. 善于应用

古人讲，"纸上得来终觉浅，绝知此事要躬行"，客户经理如果不注重把学到的知识运用到工作中、落实在行动上，即使他"学富五车、才高八斗"，也不能说实现了学习的最终目的。读书必须联系实际，知行合一。读书是手段，而不是目的。读书是用来陶冶性情、指导工作的，因此要善于用书本上的知识来指导自己的工作实践。即使是陶冶性情的所谓"闲书"，对塑造一个人的气质、修养也是大有帮助的。这间接也会影响到自己的工作，有利于工作水准的提升。

6. 要有恒心

客户经理恨不得立刻就能学到有用的东西，学到的东西立刻就能带来经济效益。这种愿望是好的，但读书是一个长期的需要付出辛劳的过程，不能心浮气躁、浅尝辄止。对于一些急用的知识与技能，当然要先学，临时"抱佛脚"即可。比如，明天要去拜访一个电器公司，由于对电器行业及电器的一些基础知识不是很了解，为了避免听不懂客户的专业话，今天当然要先阅读一些有关电器行业和电器知识的图书。但是总的对读书来讲，一定要耐得住寂寞，每天挤一点时间来读书，持之以恒地坚持下去，就会有很大的收获。一开始读书可能是追求知识以应对工作需要，但读书读久了，最好能把读书变成一种生活态度和生活需要。这时候，读书就不再是一种功利性的需要了，而是变成了一种生活的必需。

7. 以文会友，通过读书结交更多的朋友，延展自己的朋友圈子

"人以类聚，物以群分。"爱好相同的人容易走到一起，大家相互交流，彼此沟通，互通有无，可以达到共同提高的效果。现在有很多读书会、读书沙龙等，大家可以尝试参加。如互联网的发展也为人们利用网络结交具有相同或近似的读书人提供了方便，大家应该很好地加以利用。我记得有一年夏天，三联出版社连续邀请一些书的作者进行讲座，我去听了几次。都讲得很好，来听讲的人很多，一些人没有座位只好站着。这样的活动，客户经理有时间时也可参加。

专栏 2-1

名人专家谈读书

很多名人就读书发表过看法，很多具有借鉴意义，现摘录若干条，供大家参考。

这样就成了习惯，书在手头，不管它是什么，总要拿来翻一下，或者看一遍序目，或者读几页内容，到得现在，还是如此，不用心，不费力，往往在作文或看非看不可的书籍之后，觉得疲劳的时候，也拿这玩意来作消遣了。

——鲁迅：《随便翻翻》

我自十余岁起，就开始读书，读到现在，将满六十年了，中间除大病或其他特别原因外，几乎没有一日不读点书的，然而我也没有什么成就，这是读书不得法的缘故。我把不得法的概略写出来，可以为前车之鉴。我的不得法第一是不能专心……我的不得法第二是不能勤笔。我的读书，本来抱一种利己主义，就是书里面的短处，我不大去搜寻它，我止注意于我所认为有用的或可爱的材料。这本来不算坏，但是我的坏处，就是我虽读的时候注意于这几点，但往往

为速读起见，无暇把这几点摘抄出来，或在书上做一点特别的记号，若是有时候想起来，除了德文书检目特详，尚易检寻外，其他的书，几乎不容易寻到了。我国现虽有人编"索引"、"引得"等，专门的辞典，也逐渐增加，寻检自然较易，但各人有各自的注意点，普通的检目，断不能如自己记别的方便。我尝见胡适之先生有一个时期，出门时常常携一两本线装书，在舟车上或其他忙里偷闲时翻阅，见到有用的材料，就折角或以铅笔作记号。我想他回家后或者尚有摘抄的手续。我记得有一部笔记，说王渔洋读书时，遇有新隽的典故或词句，就用纸条抄出，贴在书斋壁上，时时览读，熟了就揭去，换上新得的，所以他记得很多。这虽是文学上的把戏，但科学上何尝不可以仿作呢？我因从来懒地动笔，所以没有成就。我的读书的短处，我已经经验了许多的不方便，特地写出来，望读者鉴于我的短处，第一能专心，第二能动笔，这一定有许多成效。

——蔡元培：《我的读书经验》

今之读书人所面临之一大问题，乃图书之选择。开卷有益，实未必然，即有益之书其价值亦大有差别，罗斯金说得好："所有的书可分为两大类：风行一时的书与永久不朽的书。"我们的时间有限，读书当有选择。各人志趣不同，当读之书自然亦异，惟有一共同标准可适用于我们全体国人。凡是中国人皆应熟读我国之经典，如《诗》、《书》、《礼》，以及《论语》、《孟子》，再如《春秋左氏传》、《史记》、《汉书》以及《资治通鉴》或近人所著通史，这都是我国传统文化之所寄。如谓文字艰深，则多有今注今译之版本在。其他如子集之类，则各随所愿。人生苦短，而应读之书太多。人生到了一个境界，读书不是为了应付外界需求，不是为人，是为己，是为了充实自己，使自己成为一个明白事理的人，使自己的生活充实而有意义。吾故曰：读书乐。

——梁实秋：《读书苦？读书乐？》

读书好，多读书，读好书。

——冰心：《忆读书》

读书有两个要素：第一要精，第二要博。须有四到，是："眼到，口到，心到，手到。"读书要会疑，忽略过去，不会有问题，便没有进益。博大要几乎无所不知，精深要几乎惟他独尊，无人能及。塔的最高度代表最精深的专门学问；以此点依次递减，代表那旁收博览的各种相关或不相关的学问。塔底的面积代表博大的范围，精深的造诣，博大的同情心。读书的目标：为学要如金字塔，要能广大要能高。

——胡适：《读书》

一人的落伍，迂腐，冬烘，就是不肯时时读书所致。所以读书的意义，是使人较虚心，较通达，不固陋，不偏执。读书的主旨在于摆脱俗气。书不可强读，强读必无效，反而有害，这是读书之第一义。视读书为苦，第一着已走了错路。天下读书成名的人皆以读书为乐。

——林语堂：《论读书》

其次谈怎样读书。首先应当读书的序例，即序文和凡例。过去我们有个坏习惯，以为看正文就行了，序例可以不看。其实序例里有很多好东西。序常常讲到写书的纲领，目的。替别人作序的，还讲书的优点。凡例是作者认为应该注意的地方。这些都很好，我们却常常忽略。其次，要摘要作笔记。现在人们喜欢在书的旁边圈点，表示重要。这个好，但是还不够，最好把重要的地方抄下来。这有什么好处呢？张之洞《书目答问》中有一句话很重要，他说："读书不知要领，劳而无功。"一本书什么地方重要，什么地方不重要，你看不出来，那就劳而无功。现在有些人念书能把有用的东西吸收进去，有的人并没有吸收进去，看是看了，却都忘了。为什么？因为他就知道看，不知道什么地方是好的，什么地方是最重要的、精彩的，这个书就白念了。这些人就知道死记硬背，背得很多，背下来有没有用处呢？有些人并不死记硬背，有些地方甚至马马虎虎就看过去了，但念到重要的地方他就一点不放过，把它记下来。所以读书要摘要作笔记。第三点，应当考虑着做眉批，在书的天头加自己的评论。看一本书，如果自己一点意见都没有，可以说你没有好好看，你好好看，总会有些意见的。所以最好在书眉，又叫天头，即书上边空的地方做些眉批。试试看，我觉得这本书什么地方好，什么地方不合适，都可以加上评论。批人家，自己就得用一番心思，这样，对那本书的印象就特别深。自己做眉批，可以帮你读书，把书的内容人吸收进去。也可用另外的办法，把记笔记和写书评结合在一起，把书评写在笔记里边，这样很方便。准备一个笔记本，一方面，把书里重要的地方记下来；另一方面，也把自己对书里的某些讲法的不同意见记下来。另外，要写读书报告。如果你作了笔记，又做了眉批，读书报告就很好写了。好的读书报告简直就是一篇好的学术论文。

——王力：《谈谈如何读书》

说到读书的策略，我的意见很简单：第一，读读没有实际功用的诗歌小说散文戏剧等；第二，关注跟今人的生活血肉相连的现当代文学；第三，所有的阅读，都必须有自家的生活体验作底色，这样，才不至于读死书，读书死。

——陈平原：《作为一种生活方式的"读书"》

世上好书，浩如烟海，一生不可能读完，且又有的书虽好，但不能全为之喜爱，如我一生不喜食肉，但肉却确实是世上好东西。你若喜欢上一本书了，不妨多读：第一遍可囫囵吞枣读，这叫享受；第二遍就静心坐下来读，这叫吟味；第三遍便要一句一句想着读，这叫深究。三遍读过，放上几天，再去读读，常又会有再新再悟的地方。你真真正正爱上这本书了，就在一个时期多找些这位作家的书来读，读他的长篇，读他的中篇，读他的短篇，或者散文，或者诗歌，或者理论。再读外人对他的评论，所写的传记。也可再读读和他同期的作家的一些作品。这样你知道他的文了，更知道他的人了，明白当时是什么社会，如何的文坛，他的经历、性格、人品、爱好等等是怎样促使他的风格的形成。

——贾平凹：《读书示小妹十八生日书》

三、可供客户经理阅读的图书推荐

下面为银行客户经理开列了一些较为实用的图书清单，涉及经营管理、金融、哲学思想、社会文化、人物传记、历史、文学。有些图书不止一个出版社出版过，有些图书还多次重印，客户经理可选择自己喜欢的出版社和版本购买阅读。需要说明的是：在信息、知识急增的当今社会，有价值的图书层出不穷。这就要求客户经理一方面要随着时代的发展及时吸取新的营养，做到与时俱进，不断阅读到新的图书；另一方面不要被图书束缚了手脚，在大量的图书面前乱了方寸，要时刻铭记图书只是用来为实践服务的，读书本身从来就不是目的而仅仅是创造价值与财富的手段。客户经理阅读图书要唯实不唯书，读活书。如果死读书，读死书，还不如不读书。

（一）经营管理类

（1）《大败局》，吴晓波著，浙江人民出版社 2001 年出版。该书是国内较早出现的研究企业经营失败的专门著作。书中对中国 20 世纪晚期出现的一批风云企业如何从辉煌走向衰落做了纪实性描述。该书涉及的企业包括经营白酒的山东秦池酒厂、经营 VCD 的广东爱多公司、经营保健品的沈阳飞龙集团、经营软件和保健品的珠海巨人集团、属于商贸企业的郑州亚细亚商场以及经营保健品的太阳神集团公司等。

2007 年，作者又出版了《大败局2》（浙江人民出版社 2007 年出版），收集了发生在 2000～2007 年之间的一些案例，如托普、华晨、三九、顺驰、健力宝、科龙、德隆、中科创业、铁本等。作者吴晓波此后又陆续写作了一些关于中国企业史的著作，如《激荡三十年》

（中信出版社 2008 年出版）、《跌荡一百年》（中信出版社 2009 年出版）等，均引起较大的市场反响。

（2）《松下经营成功之道》，〔日〕松下幸之助著，军事谊文出版社 1987 年翻译出版。该书是日本著名企业家松下幸之助关于经营管理经验的汇总。军事谊文出版社曾分别出版了松下幸之助的《创业的人生观》、《经营者 365 金言》、《经营成功之道》、《工作·生活·梦》四本小册子。该书是这四本小册子的汇编。从该书中，读者可获得著作者从经营管理实践中得到的一些真知灼见。与该书有同样价值的是松下幸之助所著的《实践经营哲学》，该书由中国社会科学出版社于 1989 年翻译出版。近年来，国内又陆续出版了一些松下幸之助的著作，如南海出版社松下幸之助的《自来水哲学》（2008 年）、《经营沉思录》（2009 年）、《经营的本质》（2010 年）等。

（3）《麦肯锡方法》，〔美〕埃森·拉塞尔著，华夏出版社 2001 年翻译出版。该书提供了一套思考、分析、解决商业问题的方法与技巧，包括《麦肯锡思考企业问题的方法》、《解决企业问题的麦肯锡工作法》、《麦肯锡推销解决方案的方法》等章节。该书作者和保罗·弗里嘉合著的《麦肯锡意识》则采取循序渐进的方式介绍了对商业问题进行分析的方法，包括：构建问题、设计分析方法、数据收集、解释结果、阐明理念、管理团队等内容。《麦肯锡意识》一书中译本由华夏出版社列入"中欧—华夏新经理人书架"丛书于 2002 年出版。

（4）《有效沟通》（第 5 版），〔美〕桑德拉·黑贝尔斯、里查德·威沃尔著，华夏出版社 2002 年翻译出版。该书是一本关于沟通原理、方法和技巧的书，介绍了人际、团体、共同场合和不同文化间的沟通以及如何在现实中运用这些沟通。书中关于沟通过程、语言沟通与非语言沟通、人际关系、演讲、访谈等知识的论述有着很强的实用性。如果在大学中没有系统地学习过有关沟通、交流这方面的课程，这将是一本很好的参考书。

（5）《科特勒营销新论》，〔美〕菲利浦·科特勒等著，中信出版社 2002 年翻译出版。这是国际营销大师科特勒论述数字经济时代企业应采取何种营销策略以及如何提升竞争力的一部著作。该书描述了企业市场营销在数字经济时代的转型问题，提出了"全方位营销"这一超前的全新营销范式，指出企业应该将客户需求管理、内部及外部资源管理和网络管理整合起来，抢先发现新的市场机会，有效地创建更有前景的新价值，更精确地提供与客户需求相一致的产品与服务，可持续性地在高水准的产品质量、服务和速度层而运作。

（6）《从优秀到卓越》，［美］吉姆·柯林斯著，中信出版社2002年翻译出版。该书将实现从优秀业绩到卓越业绩且能持久、实现跨越但不能持久以及未能实现跨越的公司进行了对比研究，分析了实现这一跨越的内在机制，揭示了公司保持卓越的秘诀，描绘了公司由优秀到卓越的宏伟蓝图。指出从优秀到卓越的答案"不受时间、地域的限制"，只要采纳并认真贯彻执行，几乎所有的公司都能极大地改善自己的经营状况，甚至可能成为卓越公司。该书得出"经理人的薪酬结构跟推动公司经营业绩无关"、"技术以及技术推动的变革并不能激发从优秀到卓越的跨越"、"实现跨越的公司并非全属景气行业，处境很糟的行业中的公司也可实现跨越"等著名结论。该书作者的另一经典的商业著作《基业常青》也已由中信出版社翻译出版。

（7）《执行：如何完成任务的学问》，［美］拉里·博西迪、拉姆·查兰著，机械工业出版社2003年翻译出版。对企业来讲，制定正确的战略固然重要，但更重要的是战略的执行。能否将既定战略执行到位是企业成败的关键。在该书中，作者提供了一种如何将目标变成现实的彻底而系统的方法，详细讨论了执行是如何将人员、战略和运营这三个企业的核心流程整合到一起的。该书还分析了为什么需要执行以及执行的要素等问题。拉里·博西迪曾任霍尼韦尔国际公司总裁兼CEO，拉姆·查兰则是一位带有传奇色彩的大学教授和资深顾问。两人合著的这本书被20世纪杰出的经理人——GE总裁兼CEO杰克·韦尔奇称为"一位伟大的实践者和一名出色的理论家共同讲述的如何将战略转化为企业运营实践的商业故事"。

（8）《看得见的手——美国企业的管理革命》，［美］小艾尔弗雷德·D. 钱德勒著，商务印书馆 1997 年翻译出版。该书通过食品工业、烟草工业、铁路运输、化学工业、橡胶工业、石油工业、机器制造业和肉类加工业的大量史料，分析了现代大型联合工商企业的诞生乃是市场和技术发展的必然结果。与市场这只"看不见的手"相对应，作者称管理为"看得见的手"。书中还对现代大型联合工商企业（股份公司）的内部管理架构进行了详细分析，认为组织结构的完善、管理的职业化（经理人员的产生）等特征是现代工商企业成熟的标志。该书是认识现代大型联合工商企业的经典著作。

（9）《管理的历史》，［英］摩根·威策尔著，中信出版社 2002 年翻译出版。该书从人类几千年的文明史中疏理管理发展的轨迹，推演管理发展的趋势，涉猎营销、组织、金融、道德规范、风险等多个领域，穿插着不同历史时期重点管理人物的思想介绍，是一本难得的管理历史专著。与该书具有同样重要价值的另一部关于管理发展历史的著作是《管理思想的演变》，这本书由 D. A. 雷恩所著，中国社会科学出版社已将其列为"国外经济管理名著丛书"的一种并正式出版。

（10）《企业行动纲领》，［美］迈克尔·哈默著，中信出版社 2002 年翻译出版。该书抛弃旧有的商业经营理论和既定规则，阐释了构成一个完整体系的 9 个管理概念，讨论了诸如客户中心、企业案例过程动力论、企业部门边界消失论、企业文化变革深化论等，分析了再造企业运作模式的 9 大方略：以客户为企业的经营导向、为客户提供他们真正想要的东西、业务流程至上、乱中求治使创新工作系统化、重视工作绩效的测定、无结构化管理、将重点放在最终客户、推倒公司的外"墙"与其他公司合作、企业拓展。该书作者在管理学界和企业管理实践中掀起风暴的另一部经典著作为《再造企业》。

（11）《企业 X 再造》，［美］詹姆斯·钱匹著，中信出版社 2002 年出版。该书讲述了数字经济时代企业如何更好地应用信息技术来改变自己的运营模式，揭示了企业生产效率和盈利能力戏剧化提升的秘诀，指出在当今信息和商品自由流动的世界里，在企业、客户、供应商，甚至是竞争对手之间的高墙已经瓦解，互相保守商业秘密的做法已经过时，代之以互相协作、分享各自的观点。为此，需创建与客户的协调机制，在客户最需要的时候以较低的成本准确地供给产品；向客户详尽地展示企业的业务流程，增加面向客户的透明度；通过与客户交谈以及倾听客户的建议，来更加出色地实现客户"拉动"的价值；不断推进再造。

（12）《杜拉克论管理》，彼得·杜拉克著，海南出版社、三环出版社 2000 年翻译出版。该书汇集了杜拉克最重要的一批管理学论文，包括"管理者的职责"和"经理的世界"两大主题。该书常有出人意料的奇思异想："事业理论"、"有效的决策"、"怎样做人事决定"、"创新的原则"、"经理真正需要的信息"、"新型组织的到来"、"企业应当向非营利机构学习什么"等收录到该书的论文几乎每一篇都能给读者带来精神上的震撼。

（13）《竞争战略》，〔美〕迈克尔·波特著，华夏出版社 2002 年翻译出版。该书是一部关于产业结构和竞争者分析的具有里程碑作用的著作，给读者提出了制定战略计划的全新角度，介绍了针对一个企业、产业及竞争者进行综合分析的技巧，并逐个剖析了零散型产业、新兴产业、成熟产业、衰退产业和全球性产业中的竞争战略。该书最后还介绍了企业面对重大战略决策时所需的分析技巧：纵向整合、业务能力扩展、放弃以及进入新业务领域等。该书作者的另两部关于竞争的重要著作《竞争优势》和《竞争论》也已有中文译本。前者曾由中国财政经济出版社于 1988 年翻译出版，后者由中信出版社于 2003 年翻译出版。

（14）《第五项修炼——学习型组织的艺术与实务》，彼得·圣吉著，上海三联书店 1998 年翻译出版。成为学习型组织是每个组织孜孜以求的目标，而谈到学习型组织，就不能不谈到彼得·圣吉，更不能不谈到这部关于学习型组织的经典性著作。该书分析了学习型组织的五项修炼，即自我超越、改善心智模式、建立共同愿景、团体学习和系统思考，归纳出一些诸如："超越办公室政治"、"无为而为的有机管理"、"不再与时间为敌"等真知灼见。1992 年世界企业学会将开拓者奖授予该书，以表彰其开拓管理新典范的卓越贡献。

（15）《营销革命》，〔美〕艾·里斯，杰克·特劳特著，中国财政经济出版社 2002 年出版。该书对传统营销观念进行"逆思考"，提出一种崭新的营销法则——"自下而上的营销"——战术决定战略。该书认为，首先制定出一整套的营销战略，然后逐层贯彻，即"自上而下"的营销战略经实践证明已不再有效，代之而起的是"从起点开始发掘并制定出一个实用的战术"，围绕这一战术再构建起相应的战略，即"自下而上"的营销。该书作者的另外两部营销学著作《定位》和《营销战》也已有中文译本，前者是一本关于沟通战术的书，后者是一本有关营销战略的书。《营销革命》作者之一的杰克·特劳特还与史蒂夫·瑞维金合著了《新定位》一书，《新定位》主要围绕三大主题展开论述：如何寻找好的定位，如何进行再定位，作者总结出的"商业诀窍"。《营销战》、《定位》、《新定位》三本书的中文译本均由中国财政经济出版社 2002 年出版。

（16）《体验经济》，〔美〕B. 约瑟夫·派恩、詹姆斯·H. 吉尔摩著，机械工业出版社 2002 年翻译出版。继产品经济和服务经济之后，作者认为体验经济已经来临，而体验"本身代表一种已经存在但先前并没有被清楚表述的经济产出类型"。该书借鉴戏剧中的"序幕"、"幕间休息"、"谢幕"方式组织了对体验经济的分析与论述。

（17）《转型：用对策略，做对事》，〔美〕拉里·博西迪、拉姆·查兰著，中信出版社 2005 年出版。该书是作者继畅销书《执行》之后的又一本力作。该书通过详细剖析 EMC、思科、太阳微系统公司等公司的转型案例，介绍了转型的时机、原则、重点、如何思考、如何操作等关键性问题。该书重点介绍了作者研究出的一种全方位思考企业现状，能帮助管理者将财务指标（现金流、资本密集度、利润增长、投资回报等）、外部现实（行业历史盈利状况、整体商业环境等）和内部活动（战略、运营、人员、组织机构等）有机联系在一起的思维框架/分析体系。该书最为醒目的一个观点是：在现代社会，"要么转型，要么淘汰"。阅读该书，最好同时阅读作者的另一部著作《执行：

如何完成任务的学问》。

（18）《推开这扇窗——"三线一圆"企业管理新论》，王若雄著，中国经济出版社 2002 年出版。作者提出的"三线一圆"企业管理理论颇具新意：业务线是生命线，是企业发展的基础；管理线是企业生存与发展的保障；品牌线是企业保持持久市场竞争力的源泉，而文化圆是企业主流价值观及伴随的行为模式，是企业发展的边界、三线的保障。作者指出，只有四元素相互平衡协调，企业才能健康、可持续发展。

（19）《六西格玛是什么》，［美］彼得·潘德，莱瑞·荷普著，中国财政经济出版社 2002 年出版。这是一部用来培训六西格玛的书籍。该书从分析六西格玛的基本概念、主要项目、方法优势以及行动步骤和组织模式入手，讨论了如何通过调整六西格玛措施配合自己的企业，如何培训实施六西格玛的人员，如何确定流程、改进方案和维持成效等。六西格玛作为一个统计量和业务改进趋于完美的一个目标，自从在韦尔其所领导的 GE 大获成功并经其倾力宣扬后，已成为国际企业界进行质量管理的一个重要手段，在世界各地掀起了六西格玛培训工作的潮流。

（20）《现代企业经营与发展战略》，王北辰等编译，经济管理出版社 1987 年出版。该书收集了国外（主要是日本）关于现代企业新产品开发、商标、包装、价格、市场战略、竞争战略、信息交流战略、国外发展战略、多种经营战略、科技发展战略、外购与自制战略等多方面的研究成果，有利于客户经理更好地研究客户、了解客户的经营与发展战略。

（21）《全球顶级 CEO 讲演录》，［美］理查德·富恩提斯选著，光明日报出版社 2002 年翻译出版。该书收录了杰克·韦尔奇、比尔·盖茨等 20 世纪末~21 世纪初众多著名 CEO 的演讲，读者可从中找寻这些杰出人士的管理思想。该书分"黄金之卷"和"钻石之卷"两卷出版。

（22）《赢》，［美］杰克·韦尔奇著，中信出版社 2005 年出版。

该书是通用电气前任 CEO 杰克·韦尔奇在《杰克·韦尔奇自传》出版后历时数年后又推出的一部管理学力作。沃伦·巴菲特评论说："有了《赢》，再也不需要其他管理著作了"。在该书中，作者结合亲身管理实践及大量鲜活的案例介绍了商务活动中诸多层面关于"赢"的智慧，包括企业的价值观、公司如何才能赢、个人如何才能赢以及工作和生活如何才能平衡等。该书对银行管理者及普通员工都有启发作用，正如作者在扉页中所言："我把本书献给那些热爱商业生活、渴望把事情做好的人，献给那些每天一醒来就期盼在事业和生活中取得成功的人。"

（23）《平衡记分卡：中国战略实践》，〔美〕毕意文、孙永玲著，机械工业出版社 2005 年出版。该书的最大特长在于将平衡记分卡的基本理论、方法与中国的实践结合在一起，而改变了单纯论述平衡记分卡著作的不足。该书在介绍平衡记分卡发展历史、全球应用等基本知识的基础上，分章论述了平衡记分卡与企业战略、目标设定、绩效指标、组织建设、人力资源、企业文化、业务流程等关系问题。阅读该书，可以帮助客户经理了解平衡记分卡这一绩效考核与战略管理工具，对下一步翰威特咨询建议的落实有先行铺垫作用。如想更进一步了解平衡记分卡的知识，可阅读平衡记分卡这一战略工具的始创者罗伯特·卡普兰的著作《平衡记分卡》，该书中文版由广东教育出版社出版。

（24）《德鲁克日志》，〔美〕彼得·德鲁克、约瑟夫·马恰列洛著，上海译文出版社 2006 年出版。该书以每天一个主题的方式向读者展示了德鲁克毕生作品的精华，通过阅读该书使我们可以在较短的时间内了解这位管理学大师的主要思想。另外，机械工业出版社出版了德鲁克著作系列，包括《公司的概念》、《卓有成效的管理者》、《管理的实践》、《21 世纪的管理挑战》、《旁观者》等，客户经理可以择其要点加以研读。此外，一些专家还对德鲁克的思想进行梳理，如《德鲁克管理思想精要》（机械工业出版社 2007 年出版，李维安等译）。

（25）《公司的力量》，同名电视节目组编，山西教育出版社 2010

年出版。该书探讨了世界现代化进程背景下，公司组织的起源、发展、演变与创新的历史脉络，探讨了公司其与经济制度、思想文化、科技创造、社会生活乃至精神生活等诸多层面相互之间的推动和影响。对我们快速了解公司这一现代组织形式大有帮助。

（26）《冷酷的钢铁》，〔英〕博凯、奥希著，吕敬娇译，中信出版社 2010 年出版。2006 年 1 月 27 日，世界最大的生产商米塔尔钢铁公司宣布，出价 230 亿美元"恶意收购"欧洲排名首位、全球排名第二的钢铁企业安赛乐钢铁公司。这是商业史上屈指可数的并购活动，在欧洲的政治、经济、金融领域引发了一场大地震。该书对此次并购活动进行了全景描述。

（27）《我和商业领袖的合作与冲突》，李玉琢著，当代中国出版社 2006 年出版。作者李玉琢曾有 18 年是与中国商界领袖们一起走过的，这些人包括任正非、段永基、万润南等。其间，既有过愉快的合作，也发生过激烈的冲突。作者通过叙述自己与这些企业家共事的经历，给读者展现了这些活跃在中国商界的领袖们不为人知的另一面。

（28）《为什么：企业人思考笔记》，宁高宁著，机械工业出版社 2007 年出版。该书作者曾主政华润、中粮等著名国企。该书汇集了作者十年来写就的管理散文。该书特点在于语言简洁，思想深刻，对提升企业管理水平大有裨益。

（二）金融类

（1）《商业银行现场检查方法与技巧》，唐双宁主编，中国社会科学出版社 2001 年出版。这是一部站在商业银行监管者角度撰写的著作，包括了对商业银行存款、贷款、资金拆借、投资、支付结算、信用证、银行保函、银行承兑汇票等业务品种进行现场检查的内容、方式与方法。客户经理可主要阅读书中关于业务违规表现内容方面的表述。与该书堪称姊妹篇的是蔡鄂生主编的《最新银行业务检查指南》。《最新银行业务检查指南》一书对监管部门如何检查房地产信贷业务、汽车消费贷款业务、非信贷资产、表外业务、银证交叉业务、银保交叉业务以及金融衍生产品业务进行了详细论述，是客户经理了解监管部门监管方式及如何对上述业务进行检查的重要参考书籍。

（2）《风险·资本·市值——中国商业银行实现飞跃的核心问题》，陈小宪著，中国金融出版社 2004 年出版。该书由招商银行原副行长、中信银行行长陈小宪所著。该书以通俗的语言论述了国内商业银行实现现代化飞跃所必须面对的三大问题：风险、资本与市值，介绍了资本对银行的特殊意义、资本约束下资本管理的方法、风险计量理论和技术手段、全面风险管理解决方案等内容。通过阅读该书，可以使客户经理了解国内银行转型的基本方向和现代商业银行发展的基本内涵，这对处于转型期的商业银行来讲意义尤为明显。

（3）《花旗帝国》，〔美〕莫尼卡·兰利著，中信出版社 2005 年出版。该书虽然是关于金融奇才桑迪·韦尔的一部传记著作，但同时也介绍了花旗集团的成长历史，是我们了解花旗银行及其掌舵人的一本好书，书中展示的一些金融经营理念对我们也不无借鉴意义。建议阅读该书，最好同时阅读郑先炳的著作《解读花旗》以及郑先炳翻译的《花旗银行（1812～1970）》（均为中国金融出版社 2005 年出版），以便对花旗有一个全面、系统的了解。

（4）《伟大的博弈：华尔街金融帝国的崛起》，〔美〕约翰·S. 戈登著，中信出版社 2005 年出版。这是一本关于华尔街发展历史的书，也是一本关于美国金融史和经济史的书，讲述了华尔街从形成到 2004 年这几百年的历史，被誉为"资本市场发展过程的活教材"。该书作者另有两部关于资本的畅销书：《资本的冒险》和《财富的帝国》。

（5）《世界是部金融史》，陈雨露、杨栋著，北京出版社 2011 年出版。本书以时间为纲，以国家、人物、事件为目，围绕金融这个核心，采用诙谐生动的语言，将希腊、罗马、法兰西、西班牙、荷兰、日不落帝国、美国、克洛维、查理一世、约翰·劳、摩根、索罗斯、郁金香、南海事件、次贷危机等——展现，并紧扣 2010 年前后的"美元量化宽松"、"人民币升值"、"通货膨胀"等金融热点问题，读后让人知行获益。与本书类似，《白银秘史》（永谊著，重庆出版社 2011 年出版）、《中国是部金融史》（陈雨露、杨忠恕著，北京联合出版公司 2013 年出版）和《一本书读懂美国财富史》（凯文·菲利普斯著，王吉美译，中信出版社 2010 年出版），也值得一读。

（6）《每天读点金融史》系列，孙健、盖丽丽编著，新世界出版社 2008 年出版。《每天读点金融史》系列丛书包括 4 册。该丛书以金融史为主线，介绍了一百多年来的经济发展和金融格局演变。第一册讲述了产业与金融博弈的历史，介绍了美国标准石油、卡内基钢铁、大宇集团、通用汽车、海湾石油公司、固特异、印度塔塔集团等世界著名公司的并购扩张之路；第二册讲述了 9 位影响世界的金融巨头的历史，包括：洛克菲勒财团、摩根财团、罗斯查尔德家族、日本三菱、汇丰集团、花旗集团、高盛集团索罗斯、巴菲特等；第三册讲述了金融演进与世界经济的历史，选取了影响世界的十余个事件进行了剖析，包括金本位制崩溃、美国股灾、美元霸权确立、拉美债务危机、日本金融泡沫破灭、住友期铜事件、东南亚金融危机、俄罗斯金融危机、安然破产、欧元诞生、美国次贷危机等；第四册讲述葡萄牙、西班牙、荷兰、英国、美国、日本等金融中心与国家兴衰的历史，揭示了推动大国兴衰与金融变局背后的力量。该套丛书资料翔实，条例清晰，可读性很强。

（7）《货币战争》，宋鸿兵编著，中信出版社 2007 年出版。本书通过描摹国际金融集团及其代言人在世界金融史上翻云覆雨的过程，揭示了对金钱的角逐如何主导着西方历史的发展与国家财富的分配，再现了统治世界的精英俱乐部在政治与经济领域不断掀起金融战役的手段与结果。本书是"阴谋论"在金融领域的代表作之一。作者后来又陆续推出了《货币战争 2：金权天下》（中华工商联合出版社 2009 年出版）、《货币战争 3：金融高边疆》（中华工商联合出版社 2011 年出版）、《货币战争 4：战国时代》（长江文艺出版社 2012 年出版）和《货币战争 5：山雨欲来》（长江文艺出版社 2014 年出版）。"金权天下"清晰地勾勒出了 17 家国际大银行家族错综复杂的人脉关系图谱，系统地揭开了声势浩大的全球金融海啸背后隐匿的惊天阴谋。"金融高边疆"沿着金钱的主轴陆续阐述了主权国家边疆不仅仅包括陆疆、海疆、空疆（含太空）所构成的三维物理空间，还需要包括金融，在未来国际货币战争阴云密布的时代，金融高边疆的重要性将日趋凸显。"战国时代"以国际储备货币的战略价值为中心，以美国、欧洲、亚洲三者之间的货币博弈为半径，以经济发展的内在逻辑为线索，介绍了美元崛起、英镑衰落、欧元起飞的历史过程。"山雨欲来"描绘了近几年黄金市场、股票市场、回购市场、利率市场、房地产市场、就业市场的"血雨腥风"，探讨了其中的来龙去脉，提出了作者自己对未来市场走势的判断。

（8）《资本战争：金钱游戏与投机泡沫的历史》，〔德〕马丁·霍尔纳格著，王音浩译，天津教育出版社 2008 年出版。该书以欧美两千年来重大的资本投机活动为主线，详细记述了从古至今世界上发生的一系列重大投机事件的来龙去脉，以丰富鲜活的事例说明：资本是推动世界历史发展的原动力。"假使没有金钱，没有与之相伴的投机活动，历史肯定将呈现另外一幅情形。"在关于金融战争的众多图书中，下面的也值得一读：《金融战争——中国如何突破美元霸权》、《金融帝国——美国金融霸权的来源和基础》。前者由廖子光著，林小芳等译，后者由赫德森著，嵇飞等译，由中央编译出版社于 2008 年出版。

（9）《大而不倒》，〔美〕索尔金著，巴曙松、陈剑等译，中国人民大学出版社 2010 年 9 月出版。该书通过一幕幕生动的场景描述，向读者客观而详尽地展现了 2008 年金融危机发生之后美国主要监管机构和投行的众生相，再现了从银行到政府再到整个美国身处金融危机第一现场的反应。在这本书中，你可以看到雷曼是如何一步步地自断生路，监管机构是如何在"政治正确"的牵绊下做出选择，各大投行又是如何在人人自危的环境下力求自保，不曾公开的华尔街决策内幕，美国经济萧条如何发展成全球金融危机。

（10）《峭壁边缘：拯救世界金融之路》，〔美〕保尔森著，乔江涛等译，中信出版社 2010 年出版。保尔森曾担任美国财政部长。该书是他的回忆录，记录了 2008 年金融危机期间一个个难忘的日夜，披露了华盛顿高层以及作者本人在"如何拯救即将坍塌的金融系统"这个大是大非问题上进行的不为人知的辩论、妥协、决策和行动的内幕。在这本书中，作者坦率地承认：一系列的救市措施并不是真正来自于详细的分析，而是来自对危机的恐惧。

（11）《对冲基金风云录》，〔美〕巴顿·比格斯著，张桦、王小青译，中信出版社 2010 年出版。该书讲述了一段又一段投资冒险与个人奋斗的经历，展示了华尔街上执着专注的投资家们形形色色的生活方式和经营手法。该书既描绘了专业投资世界的大图景，又讲述了个中人物的小故事，让我们看到残酷而又诱人的对冲基金世界的真实景象。

（12）《蓝血与阴谋：摩根士丹利的灵魂之战》，〔美〕比亚德著，邢春丽译，中信出版社 2009 年出版。该书重点聚焦于摩根士丹利内部的一场全球为之震惊的转折之战：2005 年 3 月，八位摩根士丹利前高层联名致信董事会，这封信指责裴熙亮作为 CEO 领导无方并要求董事会立即换帅。该书所叙述的内容不仅仅是一个商业故事，在此背后，反映的是美国的商业文化。这本书让我们重新了解了摩根士丹利的历史——1935 年从摩根银行分离出来之后，摩根士丹利继承了美国历史上最强大的金融集团——摩根财团的大部分贵族血统，代表了美国金融巨头主导现代全球金融市场的光荣历史。大摩根财团的八位元老坚持的就是这种精神。这就是"蓝血"的由来，也是矛盾爆发的终极原因。

（13）《华尔街》，纪录片《华尔街》主创团队编著，中国商业出版社 2010 年出版。本书以华尔街金融危机为契机，以证券市场为中心，梳理两百多年来，现代金融来龙去脉，探寻、发现资本市场兴衰与经济起伏的规律，对我们全面理解华尔街，全面理解美国，甚至全面理解现代金融与一个国家崛起的关系，均能提供非常有益的帮助。

（14）《价值起源》，〔美〕戈兹曼、罗文霍斯特编著，王宇、王文玉译，万卷出版公司 2010 年出版。该书描写了世界金融史上一系列重要的金融创新活动，如美索不达米亚利息的发明、中国纸币的使用、共同基金、通货膨胀指数债券及全球金融证券的创立等，正是这些金融创新改变了世界。

（15）《摩根财团》，［美］彻诺著，金立群校译，中国财经出版社2003年出版。该书以广泛的采访和摩根家族及商业档案为基础，追溯了J. P. 摩根帝国从维多利亚时代在伦敦默默创业开始，一直到1987年股市崩溃时期的历史，描述了摩根四代人和他们所创造的公司威力巨大而又秘不外露——J. P. 摩根公司（摩根担保公司）、摩根士丹利和摩根建富。该书囊括了华尔街和伦敦金融区的历次景气和恐慌，审视了隐藏在历史事件、著名政治家和在一个半世纪以来改变了世界的众多工业帝国背后的真正的威力——金钱，对现代金融世界的兴起所作的铺陈深入透彻。本书还表明了在第二次世界大战结束以后，摩根的诸公司如何从绅士风度的典范演变为一个充满着敌意兼并、垃圾债券和杠力收购的咄咄逼人的新世界中的先锋。最后一部分循着摩根行进入日本、法国、沙特阿拉伯和巴西的足迹，描绘了摩根各公司与许多著名人士的交往，其中包括：亨利·福特、鲁珀特·默多克、阿德南·卡舒吉和保罗·沃尔克等。

（16）《金融的逻辑》，陈志武著，国际文化出版公司2009年出版。该书从财富的文化和制度基因谈起，回答了读者关注的一系列问题，包括：金融到底是怎么回事？金融危机之后，金融市场是否会终结？人类社会为什么要金融市场？金融交易除了让华尔街、金融界赚钱之外，对社会到底有没有贡献、有没有创造价值？如果有的话，是如何贡献的？如何创造价值的？金融的逻辑是什么？从书中反映的观点来看，与同时期流行的宋鸿兵编著的《货币战争》中提出的"阴谋论"观点针锋相对。

（三）哲学思想类

（1）《中国现代思想史论》，李泽厚著，东方出版社1988年出版。书中收录了"启蒙与救亡的双重变奏"、"记中国现代三次学术论战"、"胡适、陈独秀、鲁迅"、"试谈马克思主义在中国"、"二十世纪中国文艺一瞥"、"略论现代新儒家"8篇文章，以独特的论述方式，从独特的视角论述了中国现代史上的众多文化现象、思想与事件。可以说，作者是影响了一代人（尤其是20世纪80年代）的著名学者，他所撰写的《中国古代思想史论》、《中国近代思想史论》、《美的里程》、《美学四讲》等著作同样拥有广泛的读者群。客户经理可从中阅读到关于美学、思想史的丰富知识。

（2）《毛泽东诗词鉴赏》，公木著，长春出版社1994年出版。有关毛泽东诗词方面的图书在市面上有很多种，有的仅是把毛泽东诗词收录进来但没有任何讲解，有的则配以毛泽东诗词的书法。《毛泽东诗词鉴赏》从内涵鉴赏角度来分析毛泽东诗词，对每一首诗词从题解、笺注、赏析等几个方面进行把握，是了解毛泽东诗词的一本比较全面的图书。该书被中国书刊发行协会评为1999年度优秀畅销书。

（3）《读书》（月刊），三联书店出版。

这是一本在我国读书界、思想界颇有影响的杂志，每月出版一期，主要刊登社会学、法学、历史、人物、经济、传媒等方面的文章。该杂志创刊号上提出的"读书无禁区"的口号给"文化大革命"结束后的社会注入了清新的活力，之后发表的大量文章在知识界产生了很大影响。三联出版社出版的另一本杂志——《生活周刊》则是一本了解经济、社会、文化、政治等方面带有时事资讯和浓郁生活特色的杂志。同类型的杂志类图书还包括广西师范大学出版社出版的《温故》、《东方史学评论》，新星出版社出版的《读库》以及山东人民出版社出版的《经济学家茶座》、《历史学家茶座》、《法学家茶座》等。

（4）《四书五经鉴赏辞典》，施忠连主编，上海辞书出版社2005年出版。四书，即《大学》、《中庸》、《论语》、《孟子》；五经，即《诗》、《书》、《礼》、《易》、《春秋》。《春秋》由于文字过于简略，通常与《左传》、《公羊传》等典籍合刊。四书五经是中国古代最重要、最权威的典籍，它们构成了中国传统文化的基本框架和中华文明的精神基础，同时也是先秦历史、文化和思想的记录和总结。四书五经中的文章，表达了古代思想家对社会、人生的思索，至今仍影响着我们的生活、工作乃至一切。当下，对四书五经进行诠释的著作汗牛充栋。本书是其中较为全面的一本，包括原文、注释、赏析等。

（5）《先秦诸子百家争鸣》，易中天著，上海文艺出版社2009年出版。四书五经主要是儒学典籍。在我国历史长河中，道家、墨家、法家也有重要的著作传世。它们的思想也多有闪光之处。该书即对先秦诸子的思想进行了梳理。当然，这本书相对比较专业一些。有兴趣的还可读一下易中天为通俗化解释先秦诸子思想而撰写的另一本书——《我山之石》（广西师范大学出版社 2009 年出版）。此外，易中天的《中国智慧》（上海文艺出版社 2011 年出版）一书从"周易的启示"、"中庸的原则"、"兵家的思考"、"老子的方法"、"魏晋的风度"、"禅宗的境界"六个方面解析了中国思想的精髓。

（6）《论语今读》，李泽厚著，三联书店 2004 年出版。如需深入阅读《论语》，则可选择李泽厚的《论语今读》。该书完成于 1989 ~ 1994 年，为李泽厚的重要著作之一，曾多次重印。该书对《论语》章句逐一读解，其书的体例分为译、注、记。该书尽可能采用直译，最大限度地保持了原貌。

（7）《古文观止》，（清）吴楚材、吴调侯编，阙勋吾等译注，岳麓书社 2005 年出版。《古文观止》是自清代以来最为流行的古代散文选本，由清代吴楚材、吴调侯于康熙年间编选。《古文观止》选取了从先秦到明代共 222 篇思想性和艺术性都比较高的文章，既有儒家经典、历史散文，也有传记、书信、论辩，乃至游记、寓言小说。入选之文多短小精悍，均是便于记诵的传世佳作。

市面上有多种版本，客户经理可选择适合的版本购买阅读。

（8）《曾国藩家书精选》，（清）曾国藩著，于洁选编，中央编译出版社 2008 年出版。本书收曾国藩家书 159 封，分成"正心"、"诚意"、"格物"、"致知"、"修身"、"齐家"、"治国"、"平天下"、"励志"、"劝学"、"做人"、"居官"、"为政" 13 类。以儒家思想所提倡的"正心、诚意、格物、致知、修身、齐家、治国、平天下"为分类的依据，基本涵盖了曾国藩以儒家思想严格约束自己的全部内容，基本包括了他的家书精华。对曾国藩家书及其思想感兴趣的读者，还可阅读《唐浩明评点曾国藩家书》（岳麓书社 2002 年出版）。

（9）《庄子的快活》，王蒙著，中华书局 2010 年出版。作者以一个时代和他自己的人生经历为注脚，从现代人的视角出发，结合现代人的日常生活，用自己的语言风格畅解《庄子》，开掘《庄子》中至今仍有重要意义和价值的生命智慧和生活态度。当我们不再为温饱发愁时，也许就该关照一下自己的内心，正像作者所说："老庄不能当饭吃，但是可以当茶喝，当清火消炎药或者当仙丹服用。"可与作者撰写的《庄子的享受》（安徽教育出版社 2010 年出版）和《老子的帮助》（华夏出版社 2009 年出版）匹配阅读。

（10）《孙子兵法三十六计（大全集）》，秋实编著，人民出版社2011 年出版。《孙子兵法》和《三十六计》均为中国古代著名兵书，现在已应用到生活、经济等方方面面。阅读这两本书，对锻炼客户经理的思维，并将所学知识应用到营销实践中具有促进作用。《孙子兵法三十六计（大全集）》将这两本兵书合编到一起，并配有译文，是客户经理学习兵法的一本有益的参考书。

（11）《品人录》，易中天著，上海文艺出版社 2006 年出版。本书勾沉史实，从文化角度品评项羽、曹操、武则天、海瑞、雍正等历史著名人物，独具慧眼，新颖的评说、生动的文笔把我们带入一个崭新的人物内心世界。可与作者的《帝国的惆怅：中国传统社会的政治与人性》（文汇出版社 2005 年出版）匹配阅读。《帝国的惆怅》一书对晁错、宋江、晁盖、严嵩、嘉靖皇帝、徐阶、乾隆皇帝等人物以及汉初削藩、鸦片战争等事件进行了视觉独特的解读。这两本书是了解我国古代历史的有益读物。

（12）《中国的男人和女人》，易中天著，上海文艺出版社 2006 年出版。本书以轻松幽默的语言，对中国两性关系、婚姻制度、男女形象及人格进行了深刻剖析。该书涉猎多种学科，援引大量史实，以翔实的史料分析了：中国的性崇拜与中国的祖先崇拜的关系？为什么中国的传统婚姻没有爱情？为什么中国的传统是"美女配才子"，而西方的传统是"美女配英雄"等问题，读来妙趣横生。可与作者的《闲话中国人》（上海文艺出版社 2006 年出版）匹配阅读。《闲话中国人》一书分析了饮食、服饰、面子、穿衣、单位、家庭、人情等人们生活中最基本的内容。这两本书是了解中国文化的"快餐式"读物。

（13）《吾国吾民》，林语堂著，江苏文艺出版社2010年出版。《吾国与吾民》又名《中国人》，是林语堂在西方文坛的成名作与代表作。该书叙述了中国人的道德、性格、心灵、理想、生活、政治、社会、艺术、精神状态与向往。由于该书将中国人剖释得非常美妙，并与西方人的性格、理想、生活等做了相应的广泛而深入的比较，在海内、外引起轰动，被译成多种文字，在世界广泛流传。探讨中国人文精神的另一本名著是辜鸿铭用英文撰写的《中国人的精神》（李晨曦译，上海三联书店2010年出版）。《中国人的精神》一书中，作者把中国人和美国人、英国人、德国人、法国人进行了对比，凸显出中国人的特征之所在。

（14）《帝国的终结》，易中天著，复旦大学出版社2007年出版。中央集权的帝国制度形成于秦，灭亡于清。该书透过若干重大历史事件和历史细节，深刻探究了中国帝国制度形成和灭亡的原因，是易中天最为用力也最为看重的一部著作。该书认为，伦理治国或者说独尊儒术的原则维护了帝国制度，却让我们民族付出了巨大的代价。

（15）《读城记》，易中天著，上海文艺出版社2006年出版。城市和人一样，也是有个性的。该书分析了北京、上海、广州、厦门、成都、武汉等城市的个性与人文特色，是了解这些城市性格的一部通俗读物。

（16）《中国智慧谋略全书：上策中策下策》，雷祯孝著，新世界出版社2007年出版。该书从中国几千年来传统的智慧、文化、历史、经验着眼，总结立身治国、为人处事、谋取成功的经验，介绍108个成功人生的智慧与计谋，涉及自强计、弱敌计、守战计、攻战计、胜战计、败战计、战机计、虚实计、心战计、借战计、再战计、计中计、加罪计、拷审计、阴阳计、朋党计、移权计、权术计等。

（17）《中国哲学简史》，冯友兰著，北京大学出版社2013年出版。中国人要了解、学习、研究中国哲学，冯友兰是不可或缺的必知必读人物，而本书则是作者的经典著作。本书在20多万字的篇幅里融入了对中国传统思想、文化、智慧等方面的理解，融会了史与思的智慧结晶，洋溢着人生的智慧与哲人的洞见，寄托着现实的人生关怀，是一本了解中国古代哲学的必读文献。

（18）《大棋局》，［美］布热津斯基著，中国国际问题研究所译，上海人民出版社 2010 年出版。该书讲述了冷战后，在世界格局中，欧亚各国与美国的战略利益纠纷，该书认为，美国作为当前世界唯一的超级大国，在全世界占有军事优势、经济优势、技术优势和文化优势，但到 2015 年左右，美国将失去世界霸权地位。为此，应未雨绸缪，建立符合美国利益的国际新秩序。必须把防止另一个超级大国的兴起或任何一种威胁美国霸权地位的反美联盟的出现，作为美国的国家战略。在该书中，作者将欧亚大陆看作其全球战略构想的关键地区，对欧亚大陆地缘战略国家和地缘政治支轴国家在欧亚大陆的地位、发展前景、政策走向以及同美国的利害关系分别进行了分析与判断，并就美国对它们的政策提出建议，其中有关中国的评述占有相当大的篇幅。作为战略专家，作者的这一分析视觉对我们思考宏观问题大有裨益。作者另著有《战略远见：美国与全球权力危机》（洪漫等译，新华出版社2012 年出版）一书。该书认为，当今世界动荡不宁，面临着权力危机，在危机时期，美国可以并且理应积极介入并起到领航作用。美国应该在欧洲促进更大和更广泛的团结，最终把俄罗斯和土耳其吸纳进西方世界。在东方，美国必须能够平衡和安抚该地区日益崛起的大国，但应避免直接军事介入地区冲突，同时维持与日本既有的联盟，巩固与中国在全球的合作关系。

（19）《民国思潮读本》，田晓青编，作家出版社 2013 年出版。民国时期是一个在西学东渐冲击下思想活跃的时期，不仅出现了许多学术大家，而且留下了许多宝贵的思想财富。编者分哲学、政治、科学、文化、教育、经济、宗教等多个方面对民国时期思想界著名人物的文章进行了汇集。该"读本"作为宝贵的史料文集，对我们原汁原味地了解民国时期的思潮大有裨益。

（20）《统一与分裂：中国历史的启示》，葛剑雄著，商务印书馆

2013 年出版。该书没有按照时间先后、朝代更替来书写历史，而是以统一与分裂作为立论标准，来讨论中国历史的发展问题，并提出一系列新的观点与看法，均很有启发。

（21）《大学何为》，陈平原著，北京大学出版社 2006 年出版。该书作者立足于自己对百年中国大学（尤其是北大）的若干研究，从历史记忆、文化阐释、精神建构以及社会实践等层面探讨大学在急遽变化的当代世界中的地位与作用，将人文作为大学的核心，集中精力在文化、精神、价值层面上思考大学问题，强调：今天谈论大学改革者，缺的不是国际视野，而是对传统中国以及现代中国的理解与尊重。该书为作者"大学三书"之一。其余分别是《大学有精神》（北京大学出版社 2009 年出版）和《老北大的故事》（北京大学出版社 2009 年出版）。前者收录作者的相关论文及演讲，上篇为"远行留'背影'"，主要谈历史，下篇为"荷戟独'彷徨'"，主要论现实。后者是作为围绕北大历史所撰写的一些历史散文类作品的结集，主要是在北京大学百年校庆前写的。此外，作者撰写的《读书的"风景"：大学生活之春花秋月》（北京大学出版社 2012 年出版）把读书看作一种生活方式，对大学读书生活进行了深入的解读。顺便说一句，作者的随笔类散文文笔非常优美，可作休闲阅读。

（22）《荒漠甘泉》，［美］考门夫人著，尼西译，华文出版社 2013 年出版。这是一本在 20 世纪影响很广的心灵抚慰书籍，据说在西方社会，该书的发行量仅次于《圣经》。20 世纪初期，作者考门夫人的丈夫考门先生因心脏病而备受煎熬，夫妻二人一直相互支撑，凭借虔诚的信仰和巨大的毅力一次次渡过生命难关。《荒漠甘泉》记录的便是他们在这个艰难时期的心灵感悟和真实体验。该书以作者一年中每一天对生活感悟的形式，由 365 篇短小隽永，又鼓舞安慰的文章组成。内容主要涉及：苦难、忍耐、信念、爱心、安慰、反省、坚强，处处流露出作者对信仰的坚定、对生命的执着和对生活的热爱，透着奋发向上的勃勃生机。

我国近年来有多种版本出版，有厚有薄，内容有繁有简，读者可选择自己喜欢的版本阅读。

（四）社会文化类

（1）《勤于学习的毛泽东》，张万青、樊建科编著，中央文献出版社 2007 年出版。该书介绍了毛泽东是怎样坚持终身学习、怎样号召全党全民学习，又是怎样带领全党全军全民学以致用、理论联系实际的。我们会从该书中有所发现、启迪。可匹配《毛泽东的读书生活》（龚育知、逄先知、石仲泉著，生活·读书·新知三联书店 2009 年出版）一书阅读。

（2）《大国崛起》，中央电视台节目组编著，中国民主法制出版社 2007 年出版。中央电视台以世界性大国的强国历史为题材，跨国摄制了 12 集大型电视纪录片《大国崛起》，对近现代以来在世界舞台上发挥重大作用的九个国家崛起的历史进行剖析，探究其兴盛背后的原因，对今天的中国更自信和更从容地走上强国之路提供借鉴。本书是同光盘发行而出版的一套图书。《大国崛起》播出并出版同名书籍后，引起巨大反响，使本来非常高深、只有专业人士才通晓的理论找到了一个通俗的、能为普通人所接受的传播途径。

（3）《石油战争：石油政治决定世界新秩序》，〔德〕恩道尔著，赵刚等译，知识产权出版社 2008 年出版。该书描绘了国际金融集团、石油寡头以及主要西方国家围绕石油展开的地缘政治斗争的生动场景，揭示了石油和美元之间看似简单、实为深奥的内在联系，解析了石油危机、不结盟运动、马岛战争、核不扩散条约、德国统一等重大历史事件背后的真正原因，为我们展现了围绕石油而进行的，长达一个多世纪的惊心动魄的斗争历史。

（4）《中国政治经济史论》，胡鞍钢著，清华大学出版社 2008 年出版。本书是作者在其讲课材料基础上撰写的一部著作。该书分析和论述了中华人民共和国成立以来中国共产党人开创和探索有中国特色社会主义现代化建设道路的历史过程，反映了在中国共产党的领导下，中国这个人口众多、历史悠久、发展水平落后、各地区差异悬殊的独特的东方大国，是如何实现工业化、城市化和现代化，如何不断实现多重的社会转型，如何实现"富民强国"目标的。作者提出并回答了上百个令读者感兴趣的、当代中国的重大政治经济问题，1949～1976年间的重大历史事件和重要人物作出分析和评价。该书为读者了解当代中国提供了一系列的真知灼见。

（5）《城记》，王军著，生活·读书·新知三联书店2003年出版。该书从北京的现实入手，以五十多年来北京城营建史中的历次论争为主线展开叙述，其中又以二十世纪五六十年代为重点，将梁思成、林徽因、陈占祥、华揽洪等一批建筑师、规划师的人生故事穿插其间，试图廓清"梁陈方案"提出的前因后果，以及后来城市规划的形成，北京出现所谓"大屋顶"建筑、拆除城墙等古建筑的情况，涉及"变消费城市为生产城市"、"批判复古主义"、"大跃进"、"整风鸣放"、"文化大革命"等历史时期。作者的另两本书《采访本上的城市》（三联书店2008年出版）、《十年》（三联书店2012年出版）也值得一读。

（6）《C形包围：内忧外患下的中国突围》，戴旭著，文汇出版社2010年出版。该书是作者历时数年研究，半年写（画）成的一篇（幅）世界全景式政治、军事著作（画卷）。该书认为中国四周全是"狼群"，断言危机就在十年到二十年之间。作者的另一部著作《盛世狼烟：一个空军上校的国防沉思录》（新华出版社2009年出版）也值得一读。

（7）《龙象之争：中国、印度与世界新秩序》，［英］史密斯著，丁德良译，当代中国出版社2007年出版。该书作者认为，到2050年，世界上最有影响力的三大强国将依次是中国、印度和美国。随着世界重心向东方转移，新的联盟将不断形成，新的规则也会不断涌现，而唯有那些深谙世界新秩序的国家才能未雨绸缪地应对新的挑战。该书即会帮助人们认识和把握这些变化。探讨印度与中国问题的著作《不顾诸神：现代印度的奇怪崛起》（卢斯著，张淑芳译，中信出版社2007年出版）也可一读。

（8）《超限战》，乔良、王湘穗著，湖北辞书出版社2010年出版。该书于1999年首次出版，是一本军事著作，但也可当作管理类图书阅读。该书被誉为"中国人自己的军事经典"、"中国军事战略著作的必读书"、"全球化时代的新战争论"。该书从战争与战法两个方面分析了超限战的概念与理论，并揭示出未来时代的战争是一种可以超越实力局限和制约的战争。该书首次提出的"超限战"一词不但成为军语，而且还成了国际流行词汇。

（9）《野蛮生长》，冯仑著，中信出版社 2007 年出版。冯仑是中国"地产界的思想家"、中国企业界"段子派"的掌门人。他所创办的万通公司伴随着中国民营企业经历了从无到有、从小到大的过程。冯仑利用他个人的经历和独特的观点对这一过程进行了解读。本书语言颇具特色，对幸福、金钱、伟大、女人、死亡等问题的解读入木三分，引人深思。作者的另一著作《理想丰满》（文化艺术出版社 2012 年出版）对价值公平、财富传承、人生追求、企业治理等话题进行有力批判和建设，全面分析企业如何在环境、政策变幻中规避风险，如何在不确定的未来中为企业制定一个确定的战略方向等话题。与冯仑有关的书籍还有《风马牛——冯仑和他的快意人生》（潇潇、小皮著，中信出版社 2010 年出版）、《伟大是熬出来的：冯仑与年轻人闲话人生》（优米网　编著，中国发展出版社 2011 年出版）和《冯仑谈商录》（庄日新　著，陕西师范大学出版社 2011 年出版），也值得一读。

（10）《我用一生去寻找——潘石屹的人生哲学》，潘石屹著，江苏文艺出版社 2008 年出版。潘石屹作为 SOHO 中国有限公司董事长，是中国房地界的著名人物，他的每一个建筑作品都以城市标志性符号引领这个城市的建筑潮流。在本书中，潘石屹从自己的现实经验说起，介绍了如何处理人际关系，如何保持工作激情，如何通过磋商达成合作，如何办好企业等，充满了真知灼见。这本书不仅为创业者提供了成功的方法，也为成功者走向觉悟，为实现物质富裕之后更进一步完满人生提供了宝贵的引导。作者还著有《既要成功，也要成仁》（江苏人民出版社 2013 年出版）和《我的价值观》（江苏文艺出版社 2013 年出版）等书。

（11）《崩溃——社会如何选择成败兴亡》，［美］戴蒙德著，江滢、叶臻译，上海译文出版社 2008 年出版。为什么有些人类社会崩溃了？有些却成功存活下来？正是带着这样的问题，本书以对失败的比较案例研究，试图为当今的人类社会提供一条生存与发展之道，以避免人类走上崩溃之路。该书曾获普利策奖。

（12）《笑谈大先生：七讲鲁迅》，陈丹青著，广西师范大学出版社 2011 年出版。该书收录了作者关于鲁迅的七次演讲文稿。作者将鲁迅重新放置回"民国的风景"中，与其说是"还原"了鲁迅，不如说是为一个人、一个时代重新注入灵光。可与钱理群的《与鲁迅相遇：北大演讲录之二》（生活·读书·新知三联书店 2003 年出版）匹配阅读。鲁迅的思想是中国的宝贵精神财富。对鲁迅感兴趣的读者，可翻阅人民文学出版社 2005 年出版的《鲁迅全集》。《鲁迅全集》有很多册，非专业人士很难完全阅读，客户经理也可选择市面上出版的各类单行本阅读。

（13）《近距离看美国》系列，林达著，生活·读书·新知三联书店 2006 年出版。该系列丛书包括《历史深处的忧虑》、《我也有一个梦想》、《总统是靠不住的》、《如彗星划过夜空》等。作者以信件的形式，对美国历史上的著名事件、人物进行了介绍，是一套了解美国历史、文化、民主制度的好书。

（14）《南渡北归》，岳南著，湖南文艺出版社 2011 年出版。该书共分《南渡》、《北归》、《离别》。该书全景再现了 20 世纪中国知识分子与民族精英们冒着抗日战争的重重险恶与艰辛，迎着烽火狼烟枪林弹雨，由中原迁往西南后又回归中原的一段波澜壮阔的历史。作品在特别注重描写抗战岁月的同时，亦对内战爆发的根缘和新中国成立后祖国大陆与祖国台湾两岸的知识分子群体命运作了细致的探查与披露，对各种因缘际会和埋藏于历史深处的人事纠葛、爱恨情仇进行了有理有据的释解，读来令人心胸豁然开朗的同时，又不胜唏嘘。还可同时阅读该书作者撰写的《陈寅恪与傅斯年》（陕西师范大学出版社 2010 年出版）和《从蔡元培到胡适：中研院那些人和事》（中华书局 2010 年出版）。

（15）《中国 30 年：人类社会的一次伟大变迁》，〔美〕库恩著，吕鹏等译，上海人民出版社 2008 年出版。该书以一个美国人的视野全面审视了我国自 1978 年十一届三中全会以来，中国的改革开放历程。作者专程考察了中国 20 多个省份的 40 余座城市，独家采访了众多改革开放的亲历者和建设者，其中包括百余位省部级官员、企业领袖和专家学者。通过受访人尤其是党、政、商、学各部门与各地方主要负责人的权威讲述，回顾了中国改革开放的背景与历史进程，分析了改革的运作机制，发掘了改革开放给中国的政治、经济、科技、文化、教育等各领域及普通百姓生活与观念所带来的深刻变化，并展望了中国改革开放的未来前景。作者还出版了《他改变了中国：江泽民传》，（谈峥、于海江　译，上海译文出版社 2005 年出版）。

（16）《人性的弱点全集》，〔美〕卡耐基著，刘祜编译，中国城市出版社 2006 年出版。该书首次出版于 1937 年，是当今世界上最畅销的励志经典之一。作者基于对人性的深刻认识，运用社会学和心理学知识，对人性进行了深刻的探讨和分析。该书讲述了许多普通人通过奋斗获得成功的真实故事，能帮助读者解决在日常生活、商务活动与社会交往中与人打交道所遇到的种种问题，是帮助人们走出迷茫和困境的"心灵鸡汤"。

（17）《重返五四现场——1919，一个国家的青春记忆》，叶曙明著，中国友谊出版公司 2009 年出版。"五四时代"是一个永远激动人心的时代。当时，群贤咸集，大师辈出，那是一段激情进发、永不复返、令今人无限神往的光辉岁月，是中国近代文化史上的辉煌时代；当时，各种思想山崩川涌，汇聚成滔滔巨流，相激相荡，引领风骚。该书再现了这个新旧政治、新旧文化交锋的大时代，细述民国政界与学界的风云往事。

（18）《论中国》，〔美〕亨利·基辛格著，中信出版社 2012 年翻译出版。本书是美国前国务卿、"政坛常青树"亨利·基辛格唯一一部中国问题专著。作者以一位资深外交家和思想家的独特视角，分析和梳理了中国自鸦片战争以来的外交传统，从围棋文化与孙子兵法中探寻中国人的战略思维模式，特别是试图揭示新中国成立以来，中国外交战略的制定和决策机制，以及"一边倒"的外交政策、抗美援朝、中美建交、三次台海危机等重大外交事件的来龙去脉。作为亲历者，作者还在书中记录了自己与毛泽东、邓小平等中国领导人的交往。作者的其他著作，如《大外交》、《白宫岁月》、《复兴年代》等，均值得一读。

（19）《中国国民性演变历程》，张宏杰著，湖南人民出版社 2013年出版。作者以国民性为视角建构全新中国通史，解读国人是如何变成今天这样的。作者认为，国民性并非一成不变的，从春秋到唐宋，再到明清，中国人的性格如同瀑布一样，飞流直下，越来越恶化。春秋时代中国人单纯淳朴；唐代人雄健阳光，有尚武精神；进入明清之后，流氓气越来越重。而此流变与专制制度的发展有着密不可分的关系。近代以来，从梁启超、鲁迅到蒋介石、毛泽东，为改造国民性都付出了艰辛的努力，但收效甚微，其根源在于制度建设与国民性改造的不同步。中国人身上并没有"过滤性病菌"，要改造国民性，必须从制度方面去努力。作者的其他著作包括《大明王朝的七张面孔》、《曾国藩的正面与侧面》、《饥饿的盛世》、《坐天下很累》等。对作者的文章结集《千年悖论：读史与论人》（人民文学出版社 2012 年出版），我对其中的《从武勇到优雅：满族汉化史》、《定居的成吉思汗》两篇文章尤为喜欢。

（20）《中国人的心灵：三千年理智与情感》，鲍鹏山著，复旦大学出版社 2009 年出版。作者通过对中国文学史上自《诗经》以来众多名家、名作的新异解读和诗意感怀，试图深入中华民族的内在心灵与思想，力求展示这个民族三千年的理智与情感。该书既可作为文化休闲类图书阅读，又可作为文学史作品阅读。

（21）《世风士像：民国学人从政记》，李村著，三联出版社 2013年出版。学人从政是民国时期的一大风景。当前追溯民国学人的书有很多，但像本书这样从一个独特的视觉研究民国学人的却不太多。可以说，这是我看到的唯一的也是非常好看的一本关于民国学人的书。

既往图书往往把民国学人看作是满身家国情怀流露之人士，多溢美之词。该书却从史料出发，从人性出发，揭示出民国部分学人的"丑态"及"从政施政不成功之处"。如吴晗一家担心别人把病传然给自己就将曾帮助吴晗夫人治过病的周新民夫妇赶出自家，西南联大教授们为些鸡毛蒜皮之事闹矛盾等，对傅斯年、蒋廷黻、胡适、王造时、叶公超、何廉等民国著名学人也有独特评论。

（五）人物传记类

（1）《杰克·韦尔奇自传》，［美］杰克·韦尔奇，约翰·拜恩著，中信出版社2001年翻译出版。杰克·韦尔奇曾任美国通用电气公司（GE）的CEO，被誉为全球第一CEO。他在短短的二十年中，使GE的市值增长了30倍，达到了4500亿美元，排名从世界第10位提升到第2位。在书中，作者回顾了自己的成长历程和商业生涯，论述了使GE公司发生巨大变化的"全球化"、"持续增长的服务业"、"六西格玛"、"电子商务"。书中展现的一些商业故事、领导技巧均能给客户经理以启迪。

（2）《谁说大象不能跳舞——IBM董事长郭士纳自传》，［美］郭士纳著，中信出版社2003年翻译出版。郭士纳接手IBM时，这家象征着美国科技实力和国家竞争力的超大型企业正因机构臃肿和孤立封闭而变得步履维艰，亏损高达160亿美元。作者通过战略性的调整，以高超的领导才能使这家公司重还生机，又成为全球最赚钱的公司之一。在该书中，作者将自己关于管理、企业文化、企业规模与竞争力、企业转型的种种有创建的思想融入其中，全书包括"掌舵领航"、"战略决策"、"IBM文化"、"教训篇"、"经验谈"五大部分。与该书类似的图书还有《麦肯锡传奇》（［美］伊丽莎白·哈斯·埃德莎姆著，机械工业出版社2006年出版）。

（3）《毛泽东传》，［美］R. 特里尔著，河北人民出版社1999年翻译出版。该书论述了从少年时代开始，直到逝世的毛泽东，是了解作为伟人的毛泽东及整个中国现代社会变迁的一部很好的著作。与这本书具有同等价值的是杨奎松所著的《毛泽东与莫斯科的恩恩怨怨》，这部书由江西人民出版社 2002 年出版。杨奎松的著作对毛泽东与莫斯科关系的历史做了不同于过去的解释，是一部了解认识中国共产党党史的力作。费正清等编著的《剑桥中华人民共和国史：中国革命内部的革命（1966～1982）》是一部了解新中国成立以来我国社会、经济、政治、文化、对外关系、教育、知识分子等各个方面发展变化的专著，其中文译本由中国社会科学出版社于 1992 年出版。

（4）《沃伦·巴菲特传——一个美国资本家的成长》，[美] 洛文斯坦著，顾宇杰、鲁政、朱艺译，海南出版社 2007 年出版。沃伦·巴菲特被喻为"当代（也许永远是）最成功的投资者"。股东们对他的追随和关注，形成奇特的"巴菲特现象"——他的健康状况会直接影响到股市行情的涨落。该书的作者叙述了巴菲特的一生，揭示了他的致富原则；并且对他投资伯克希尔、GEICO、《华盛顿邮报》、可口可乐、吉列等企业进行了描写。

（5）《活着就为改变世界：史蒂夫·乔布斯传》，[美] 扬、西蒙著，蒋永军译，中信出版社 2010 年出版。该书记录了在富有开创性的数字化商业时代乔布斯这位令人羡慕的业界风云人物的经历和生活，并展示了他缔造苹果帝国的过程。乔布斯本人在生活和创业过程中经历的大起大落在该书中也有详尽的讲述。

（6）《蓝血十杰》，[美] 伯恩著，陈山、真如译，海南出版社 2008 年出版。西方人用蓝血泛指那些高贵、智慧的精英才俊。该书记录的蓝血十杰，包括：福特二世、桑顿、麦克纳马拉、利斯、罗情摩尔等，他们均毕业于哈佛，"二战"期间成为美国空军的后勤英雄，卓有成效地将数字化管理模式用于战争，为盟军节余了十亿美元的耗费；战后他们加盟福特汽车公司，把数字化管理引入现代企业，拯救了衰退的福特事业，开创了全球现代企业科学管理的先河，推动了美国历史上最惊人的经济成长期。他们三十岁即各有建树，在自己的领域出类拔萃，他们之中产生了国防部长、世界银行总裁、福特公司总裁、商学院长和一批巨商。他们信仰数字、崇拜效率，成为美国现代企业管理之父。

（7）《四国演义》，［美］莫里斯著，李宏强译，国际文化出版公司2006年出版。美国经济的起飞并非历史的偶然，安德鲁·卡内基、约翰·D.洛克菲勒、杰伊·古尔德和J.P.摩根四位具有远见卓识的商界人物引导美国创造无可比拟的财富和惊人的生产力，是19世纪美国经济迅猛增长时期站在幕后的大亨。该书对这四位既充满魅力又各有缺点的巨人进行生动而引人入胜的描述。

（8）《邓小平改变中国——1978：中国命运大转折》，叶永烈著，江西人民出版社2008年出版。该书是关于邓小平在1978年重要历史关头力挽狂澜，改变中国命运走向的全景记录。该书对从1976年10月"文化大革命"结束后，到1978年底中共十一届三中全会的召开，这样一个艰难曲折的历史转折过程中的某些重大事件，或与这些事件有关的某些人物进行了讲述，如邓小平重新出来工作、真理标准问题的讨论和批判"两个凡是"、中央工作会议和三中全会的胜利召开等。作者叶永烈早年从事科普作品创作，后出版了大量中共党史著作。如"红色三部曲"（《红色的起点》、《历史选择了毛泽东》、《毛泽东与蒋介石》），《"四人帮"兴亡》以及《陈伯达传》、《陈云之路》、《胡乔木传》、《傅雷与傅聪》等，均值得一读。与《邓小平改变中国》一书相似题材的书籍有《1978大转折十一届三中全会的台前幕后》（于光远著，中央编译出版社2008年出版）和《邓小平时代》［傅高义（美国哈佛大学费正清东亚研究中心前主任）著，三联书店2013年出版］。

（9）《野心优雅：任志强回忆录》，任志强著，江苏文艺出版社2013年出版。在这部自传中，作者除了讲述自己的成长经历，还记录了他从小商贩起家，到历经坎坷创立华远地产的全过程。这从一个侧面也反映出改革开放后中国市场经济的发展轨迹。书中有专门章节记录了他对中国房地产业发展的认识，以及对房价不断上涨原因的探索。

（10）《道路与梦想——我与万科20年》，王石、缪川著，中信出版社2006年出版。王石是中国企业家群体中阳光式的领袖人物。他为人们所熟知，除了因万科的品牌及地产项目外，还因他的鲜明个性和登山经历。这位万科的创始人，同万科的职业经理人团队共同引领万科，用 20 年的时间创造了一系列奇迹。这本书既回顾了万科二十年的成长故事，又讲述了王石个人的人生风雨历程。

（11）《荣辱二十年：我的股市人生》，阚治东著，中信出版社 2010 年出版。作者阚治东被人称为"中国证券教父"。他曾盛极一时，作为申银万国的总裁，他写下了中国证券发展史上的许多第一：主承销第一只 A 股、第一只 B 股，发行第一张金融债券、第一张企业短期融资券，设立第一个证券交易柜台，参与发起设立上海证券交易所，编制国内第一个股票指数和全国第一份股票年报，等等。他也曾坠入低谷：1997 年因"陆家嘴事件"被撤职，2006 年又因南方证券破产被起诉并入狱 21 天。他的人生也是中国股市 20 年沉浮的一个缩影。该书以从容、淡泊的笔调叙说了他个人同时也是中国证券市场的历史。还可同时阅读《股市风云二十年：1990～2010》（肖宾著，机械工业出版社 2010 年出版）。

（12）《孔子传》，鲍鹏山著，中国青年出版社 2013 年出版。孔子是中国历史上最伟大的人物之一，被誉为"圣人"。历代为孔子作传的人都有一些，清末以来更是很多。钱穆先生大概是较著名的一位，但他为孔子写的传记今人读来大概会觉得晦涩。今人鲍鹏山为孔子所作的传记给人的感觉更具现代感。该书短短十几万字，却能却高度概括地描述了孔子一生的主要行迹、事迹和心迹。可与作者撰写的《说孔子》（上海三联书店 2010 年出版）和《孔子是怎样炼成的》（中国民主法制出版社 2010 年出版）匹配阅读。

（六）历史类

（1）《苦难辉煌》，金一南著，华艺出版社 2009 年出版。这是我国第一本把中共早期历史放在国际大背景下解读的图书，第一本用战略思维、战略意识点评历史的图书，也是第一本可以作为大散文欣赏的历史图书。书中关于中国工农红军长征的描写，读了让人惊心动魄，给人以荡气回肠之感，且能让人陷入沉思。在描写红军长征的图书中，王树增所著的《长征》（人民文学出版社 2006 年出版）和美国人索尔兹伯里所著的《长征：前所未闻的故事》（中国人民解放军出版社

2005 年出版）是值得阅读的两本。

（2）《剑桥中国史》，［英］崔瑞德、鲁惟一编，杨品泉等译，中国社会科学出版社 1992 年出版。《剑桥中国史》规模宏大，集中了西方研究中国史的许多学者力量，是热爱历史的客户经理不可缺少的藏书。该丛书共 11 册，分别为《剑桥中国秦汉史公元前 221 年～公元 200 年》、《剑桥中国隋唐史：589～906 年》、《剑桥中国辽西夏金元史 907～1368 年》、《剑桥中国明代史 1368～1644 年上卷》、《剑桥中国明代史 1368～1644 年下卷》、《剑桥中国晚清史 1800～1911 年上卷》、《剑桥中国晚清史 1800～1911 年下卷》、《剑桥中华民国史 1912～1949 年上卷》、《剑桥中华民国史 1912～1949 年下卷》、《剑桥中华人民共和国史：上卷革命的中国的兴起 1949～1965 年》和《剑桥中华人民共和国史：下卷中国革命内部的革命 1966～1982 年》。另有《剑桥中国文学史》（［美］孙康宜、宇文所安主编，三联书店 2013 年翻译出版）是专门论述中国文学发展历史的著作，在同类图书中别有一格，值得阅读收藏。

（3）《贸易战争》，韩青、高先民、张凯华主编，四川教育出版社 2011 年出版。该书以贸易进化历程为基本线索，讲述了一部贸易发展与市场争夺、政治博弈、金权斗争、霸主易位缠绕交错的历史，叙述了曾左右时局的历史人物、改变历史的著名战争、贸易发展不可逾越的里程碑，以及数十位著名经济学家的深度解读，是我们快速了解 500 年来全球贸易发展历史的有益读物。作为中央电视台同名纪录片的文字版本，除《贸易战争》外，还有《公司的力量》（山西教育出版社 2010 年出版）等书。

（4）《解放战争》，王树增著，人民文学出版社 2009 年出版。该书给我们描绘了整个解放战争的起源、发展、结束。作为同类型图书，作者还著有《朝鲜战争》、《长征》等。描述解放战争时期的军事类书籍还有《转折年代：中国的 1947 年》（金冲及著，三联书店 2002 年出版）、《枪杆子：1949》（张正隆著，人民出版社 2008 年出版）和《雪冷血热》（张正隆著，长江文艺出版社 2011 年出版）。需要说明的是，张正隆是擅长描写解放战争历史的一位非常著名的作家，他写作出版的《战将韩先楚》（重庆出版社 2010 年出版）、《辽西大会战》（军事科学出版社 2007 年出版）、《战争记忆》（重庆出版社 2010 年出版）、《衡宝追歼战》（军事科学出版社 2007 年出版）、《英雄城》（白山出版社 2011 年出版），均有很强的可读性。

（5）《帝国沧桑：晚清金融风暴幕后的历史真相》，李德林著，南京大学出版社 2009 年出版。1872 年，大清王朝拉开了一场改革开放大幕。该书重现了 1872～1911 年间的晚清王朝的资本市场，记录了慈禧、李鸿章、盛宣怀、唐廷枢、伊藤博文、胡佛等当时的各路风云人物，回答了一系列我们今天感兴趣的问题，如是谁在推动大清改革开放？是谁在操纵稚嫩的大清股市？风雨飘摇的大清复兴之路上，是谁在导演连环金融风暴？是谁在操控资本将大清埋葬？诡异的间谍背后，是谁在扼住大清改革开放的咽喉？又是谁终结了最后的希望？等等。该书认为，大清帝国所交的学费和金融沧桑正是今日之鉴。

（6）《暗战 1840：鸦片战争背后的历史真相》，李德林著，中华工商联合出版社 2011 年出版。该书通过收集平常不为人所瞩目的史料，描述了鸦片战争背后的一些情况。如伊丽莎白的密信、日本大使血溅宁波港、第一次中英虎门炮战、美国独立战争、黄埔港突现英王密使等，揭示了一系列不起眼的小人物和小事件在改变国家命运背后的巨大作用。

（7）《绑在一起——商人、传教士、冒险家、武夫是如何促成全球化的》，［美］纳扬·昌达著，刘波译，中信出版社 2008 年出版。本书以全新视角从政治、经济和人文等各方面展示了一段全球化变迁进程，剖析了全球化背后的力量，揭示今日生活的历史渊源，谨慎地衡量了全球化的利弊以及随之而来对全球主义的乐观看法和消极宿命观，详细介绍全球化中形形色色的非政府组织的崛起之路。对于想要了解全球化进程的客户经理而言，这的确是一本必读佳作。

（8）《五十年代生人成长史》，黄新原著，中国青年出版社 2009年出版。该书是一部描述中国的 50 年代生人由童年到壮年的身心成长历程的书，也可以说是一部 50 年代生人的心灵成长史，可帮助客户经理了解 50 年代所出生人群的普遍特点、秉性与爱好。同时还可阅读《六十年代生人成长史》（王沛人　著，中国青年出版社 2008 年出版）、《七十年代生人成长史》（沙蕙　著，中国青年出版社 2008 年出版）、《八十年代生人成长史》（张沛、张晨　著，中国青年出版社 2010 年出版）和《七十年代》（北岛、李陀　主编，生活·读书·新知三联书店 2009 年出版）。

（9）《停滞的帝国：两个世界的撞击》，〔法〕佩雷菲特著，王国卿等译，三联书店 1993 年出版。大英帝国以给乾隆祝寿为名向中国派出了马戛尔尼勋爵率领的庞大使团，英国此举意图同清政府谈判以改善两国的贸易，而中国方面由于文化背景与政治观念不同，认为英国是因仰慕中华文明才遣使臣远涉重洋来为皇上祝寿的，这场聋子之对话尚未开始就注定失败了。该书作者从世界史的角度，将此次出使作为东方与西方的首次撞击来考察。在作者看来，学术界争论已久的马戛尔尼觐见时是否下跪的问题并不单纯是一场礼仪之争，而是两种文明的撞击，具有深刻的象征意义。

（10）《1911 年中国大革命》，马勇著，社会科学文献出版社 2011 年出版。作者是中国近代史研究专家。在记述、研究辛亥革命的书籍中，该书的独特之处在于以"代价"谈"意义"。作者将这场革命的"历史意义"与其耗费的"历史代价"进行比较，指出它是多种政治势力互相妥协的结果，无论是革命派还是立宪派，袁世凯还是清王朝权贵，都有自己的坚持和自己的让步，最后以和平的方式实现了清王朝消亡，共和国成立。"中国大革命"以最小的代价成就了中国近代史中重要的转折点，开启中华民族重建现代化的探索历程。在中国近代史研究领域，作者可谓是一位高产的著名人物，著有《1898 年那场未遂政变》（江苏人民出版社 2011 年出版）、《1900 年中国尴尬》（中华书局 2010 年出版）、《戊戌政变的台前幕后》（江苏人民出版社 2012 年出版）、《1898 年中国故事》（中华书局 2008 年出版）、《大变革时代》（经济科学出版社 2013 年出版）、《重新认识近代中国》（社会科学文献出版社 2013 年出版)、《容忍历史不完美》(中华工商联合出版社 2013 年出版)和《清亡启示录》(中信出版社 2012 年出版)等书。

(11)《杨奎松著作集：革命》，杨奎松著，广西师范大学出版社 2012 年出版。该著作集是作者把过去陆续出版的以二十世纪前半叶发生的中国革命为论述主题的四本书修订后重新结集出版的。其中，《"中间地带"的革命》和《毛泽东与莫斯科的恩恩怨怨》，着重讨论的是中国共产党革命的国际背景，尤其是受到俄国革命，亦即受到强邻苏联等外部因素的影响问题。前者侧重于宏观线索的梳理与解读，后者侧重于说明毛泽东个人在其中的经历与作用。《国民党的"联共"与"反共"》和《西安事变新探》，着重讨论的是中国近代两大革命党，即国民党与共产党在祖国大陆近三十年分分合合及胜负较量的问题。前者侧重于国民党与共产党关系总体变化的解读，后者侧重于国共关系史中影响重大的事件说明。作为国共关系史研究专家和中国现代史研究专家，作者还出版有专著《中华人民共和国建国史研究》(江西人民出版社 2009 年出版)以及文章结集《谈往阅今：中共党史访谈录》(九州出版社 2012 年出版)、《读史求实：中国现代史读书札记》(浙江大学出版社 2011 年出版)和《开卷有疑：中国现代史读书札记》(江西人民出版社 2007 年出版)。2013 年，作者还出版了一本反映知识分子在新中国的命运变迁的书《忍不住的"关怀"：1949 年前后的书生与政治》(广西师范大学出版社)。

(12)《毛泽东、斯大林与朝鲜战争》，沈志华著，广东人民出版社 2013 年出版。在该书中，作者以中俄两国的大量第一手资料为基础，对朝鲜战争起源及中国参战问题进行了深入研究，不仅颠覆了曾为人们所熟知的种种叙述与结论，也在一个更为深入的层次揭示了中苏同盟及中国入朝参战这两大历史事件之间的内在逻辑。该书是国内研究朝鲜战争最为有名的著作之一。作为冷战史研究领域的知名学者，作者还出版有《一个大国的崛起与崩溃：苏联历史专题研究 (1917~1991)》(社会科学文献出版社 2009 年出版)、《无奈的选择：冷战与中苏同盟的命运 (1945~1959)》(社会科学文献出版社 2013 年出版）、《处在十字路口的选择——1956～1957年的中国》（广东人民出版社2013年出版）以及《新经济政策与苏联农业社会化道路》（中国社会科学出版社1994年出版）、《苏联专家在中国（1948～1960）》（中国国际广播出版社2003年出版）等专著。

（13）《中国近代史》，蒋廷黻著，上海古籍出版社2011年出版。蒋廷黻所撰写的《中国近代史》是关于中国近代史的一本名著。全书仅五万字左右，但学术含量却很高。该书不仅奠定了作者在近代史领域中的学术地位，而且因其折射出他那一代受过高等教育和西潮影响的学人，在思考国家前途、民族命运、社会进步时的普遍心态而受世人瞩目。全书从鸦片战争到抗日战争前夕，近百年的史事写得深入浅出，好读耐看。市面上有很多该书的版本，其中上海古籍出版社2011年12月出版的版本因在正文前面配上沈渭滨所写的"导读"，可和正文配合阅读，故更值得购买。

（14）《中国大历史》，黄仁宇著，三联书店2007年出版。作者是大历史观（macro – history）的倡导人，主张利用归纳法将现有史料高度压缩，先构成一个简明而前后连贯的纲领，然后在与欧美史比较的基础上加以研究。所著的《中国大历史》从技术的角度分析中国历史的进程，着眼于现代型的经济体制如何为传统社会所不容，以及是何契机使其在中国土地上落脚。可与作者撰写的有关中国自先秦至元末历史的漫笔集子《赫逊河畔谈中国历史》（三联出版社1997年4月出版）配合阅读。此外，作者撰写的《万历十五年》也是一本非常著名的图书。这本书的价值在于，它为中国人提供了一种具有颠覆意义的叙述历史的新方式。在这本书传入中国之前，国人的历史写作，几乎都是一种模式，一种口吻，一种角度，只提供了一种画面，而该书简直给我们开放了一个新世界，它使每一位阅读这本书的大陆人都会震惊，原来历史可以这样写，原来历史是如此的有趣、复杂、丰富，原来历史人物并不像我们的教科书上讲的那样单调、格式化。在该书中文版出版之后，"中国历史学界的精神面貌就焕然一新了"，中国人的历史阅读翻开了新的篇章。有人甚至说，在《万历十五年》之后，中国大陆进入了一个历史书写作和阅读的黄仁宇时代。

（15）《中国社会史》，［法］谢和耐著，黄建华、黄迅余译，江苏人民出版社、人民出版社 2010 年出版。虽然同名的图书有很多，但我认为本书是较为详细且有一定思想深度的一部。该书对我国社会发展的历史介绍精到，资料翔实，曾获 1972 年的圣杜尔奖（法国最高学术奖），是美英等国大学最通行的中国文明史教材之一。

（16）《美国人的历史》，［美］约翰逊著，秦传安译，中央编译出版社 2010 年出版。该书从"人"的角度介绍了美国 400 年的历史，从殖民美国开始，经历独立战争，一直写到克林顿任总统时期。该书洋洋洒洒，由上中下三卷组成，是部大部头著作。

（17）《冷战》，［美］约翰·刘易斯·加迪斯著，翟强、张静译，社会科学文献出版社 2013 年出版。该书大体按照时间顺序，简明扼要地分主题对冷战的全过程进行了分析，内容包括冷战的起源、美苏争霸状态下的核恐怖平衡、两大阵营在制度上的对抗、冷战中的知名人物（主要是美苏两国的领导人）对冷战的影响，以及冷战最终出人意料的结束等。作为一部关于冷战的面向大众读者的图书，该书回答了一些读者可能感兴趣的问题，如为什么美国和苏联陷入高度僵持；世界曾经离核灾难有多近；从斯大林到毛泽东，从里根到戈尔巴乔夫，当时相互对抗的主要大国的领导者们心里是做何打算的；情报人员如何密谋，以及东德度假者如何促进柏林墙倒塌的，等等。

（18）《苏联的最后一年》，［俄］罗伊·麦德维杰夫著，王晓玉等译，社会科学文献出版社 2013 年出版。该书主要讲述 1991 年"8·19"事件前后苏联的经济状况、人民群众的情绪、党的领导层的变动、事件过程中的一些关节点、重要人物，以及作者本人对这一事件的总结和反思。作者是苏联解体的亲历者，作者写作的该书可以说是了解苏联解体前一年社会状况的较为优秀的书籍。

（七）文学类

（1）《巨塔杀机：基地组织与"9·11"之路》，［美］赖特著，张鲲、蒋莉译，上海译文出版社 2009 年出版。该书全面记述了导向

"9·11"的一系列事件，以开创性的眼光探析个中人物、观点，以及西方情报机构的失误。叙述的主线是四个人相互交织的生活：基地组织的两名领导人奥萨玛·本·拉登和艾曼·扎瓦希里；联邦调查局反恐部门主管约翰·奥尼尔，以及沙特阿拉伯情报事务首脑图尔基·费萨尔王子。随着他们的生活在书中展开，各种事件也一一显现在我们眼前。该书是我们了解当今国际政治格局的一部佳作。

（2）《亮剑》，梁都著，解放军文艺出版社2005年出版。该书用冷静凝重的笔触，刻画了李云龙和他的战友们十分传奇的故事。李云龙的人生信条是：面对强大的对手，明知不敌，也要毅然亮剑，即使倒下，也要成为一座山、一道岭。作者的下来小说也非常值得阅读：《狼烟北平》、《荣宝斋》、《血色浪漫》（长江文艺出版社2006年4月、2008年10月和2010年8月出版）。

（3）《一句顶一万句》，刘震云著，长江文艺出版社2009年3月出版。这本小说讲述的故事很简单，小说的前半部写的是过去：孤独无助的吴摩西失去唯一能够"说得上话"的养女，为了寻找，走出延津；小说的后半部写的是现在：吴摩西养女的儿子牛建国，同样为了摆脱孤独寻找"说得上话"的朋友，走向延津。一走一来，延宕百年。该书的描写始终紧贴中国苦难的大地和贱如草芥的底层人群，读完让人潸然泪下。作者的作品紧贴生活现实，语言风格独特，从《一地鸡毛》、《官场》、《官人》、《单位》、《温故一九四二》、《一腔废话》到《故乡天下黄花》、《故乡相处流传》、《手机》、《我叫刘跃进》、《我不是潘金莲》等，作者一路写来，给读者留下诸多精神大餐。

（4）《活着》，余华著，作家出版社2008年5月出版。这是一本读起来让人感到沉重的小说。主人公福贵历经亡家、丧儿、失女、外甥早亡等一系列人生变故，展示了生而为人的苦难。作者的其他小说《兄弟》（作家出版社2010年7月出版）《第七天》（新星出版社2013年6月出版）也值得一读。包括《活着》、《在细雨中呼喊》、《许三观卖血记》、《兄弟》、《没有一条道路是重复的》、《音乐影响了我的写作》、《温暖和百感交集的旅程》、《黄昏里的男孩》、《世事如烟》、

《我胆小如鼠》、《现实一种》、《战栗》、《鲜血梅花》等13部的余华作品曾由作家出版社以《余华文集》形式于2012年9月出版。

（5）《围城》，钱钟书著，人民文学出版社2003年12月出版。该小说写于20世纪40年代。在该书中，作者惟妙惟肖地描写了一群大学教师的生活、婚恋、做学问，是了解中国知识分子群像的一本好书。该书中的一句话"城里的人想出去，城外的人想进来"早已成为名言，反映了人生的无奈。

（6）《警世通言》，（明）冯梦龙著，华夏出版社2008年1月出版。《警世通言》由四十篇白话文短篇小说组成，内容主要涉及婚姻爱情与女性命运、功名利禄与人世沧桑、奇事冤案与怪异世界。书中描述的大多是市民阶层的思想面貌、情趣爱好、生活景象等，也能给现代人以深刻的启示。该书与作者的《醒世恒言》、《喻世明言》合称《三言》。

（7）《莫言散文新编》，莫言著，文化艺术出版社2010年2月出版。莫言是我国第一位获得诺贝尔文学奖的作家。由文化艺术出版社出版的《莫言散文新编》、《莫言对话新录》、《莫言讲演新篇》文笔流畅，除收录的个别文章较长外，大部分文章都较短，可一口气读完。相信作者在封面上所写的"如果写小说是过大年，那么写散文是我的春天，对谈就像在秋日"这句话会触动很多人。

（8）《中国农民调查》，陈桂棣、春桃著，人民文学出版社2004年1月出版。《中国农民调查》是一部透视中国"三农"问题的不可多得的著作。作者通过深入调查安徽乡村，依据大量第一手材料，反映了中国农民的生存状态，披露了若干重大涉农案件，揭示了农民负担过重的种种原因，展现了农村费税改革的艰难曲折过程。该书出版后，因揭示的问题严峻重大而引起人们极大关注。作者曾撰写的报告文学《淮河的警告》因描写淮河污染也曾大受欢迎。作者后来还写了《包公遗骨记》，揭示了一代名相、万代敬仰的铁面包公包拯遗骨被掘出而在他家乡竟无处下葬的那段历史，读来让人唏嘘不已。

第三章
提升素养

　　客户拓展是一项极具挑战性的工作，它需要客户经理除了具备工作的激情，更主要的是要具备浪高的修养和全面的知识。客户经理的工作性质决定了其必须具备良好的品德素质、业务素质、人际沟通能力及心理素质。这些素质除少部分与生俱来，大都可通过后天学习得到。关键是要持久开展向同事学、向朋友学、向领导学、向书本学、向实践学、向下属学的综合性、自我训练式的学习活动。

第一节　基本素质

一、品德素质

（1）具备良好的职业道德和敬业精神，爱行、爱岗、能吃苦耐劳、有责任心、事业心、进取心和纪律性。

（2）能把强烈的社会责任感和使命感融入为客户的竭诚服务中；能尽最大可能向客户宣传银行的文化。

（3）诚实守信，全心全意为客户服务，不做误导性或不诚实的产品介绍，也不可不负责任地随意承诺，更不能超越权限行事。

（4）团队精神。与其他员工相互配合，搞好上下协调、内外沟通，不逞"个人英雄主义"。

（5）个性开朗坚毅，阳光心态，不轻言气馁。

（6）努力主动工作，减少抱怨。

（7）遵纪守法，知法、懂法，自觉约束自己的行为，不从事违法行为，不做违规业务。

（8）自我约束能力强。

（9）对目标的承诺；敢于梦想和具有冒险的勇气；以及以最佳路径来实现自己梦想的智慧和品质。

（10）能守住做人的"底线"，知道哪些事情可以做，哪些事情不可以做。

二、业务素质

（1）愿意接受挑战和面对挑战，求知欲强，善于学习新知识。

（2）奉市场、客户为上帝，能站在"他者"的立场上考虑问题。

（3）对市场、客户、新技术、新产品等方面的变化具有敏锐的洞察力。

（4）具有创新思想，乐于并善于创新。

（5）工作效率高，但作风稳健。

（6）具备丰富的营销技巧和经验，有较强的业务技能和分析问题、解决问题的能力。

（7）处事果断，善于应变，原则性与灵活性相统一。

（8）掌握银行能提供的所有产品知识，具有较宽的知识面。

（9）具备综合分析能力、直觉判断能力和获取信息的能力。

（10）尊重上级，服从安排，但对上级的决策有意见时，能勇敢地提出来。

（11）有较强的执行意识和执行力。

（12）学习意识、能力强，主动接受新东西、新事物，有较强的求知欲。

三、人际沟通能力

（1）有较高的文化艺术修养、性格修养、知识修养和道德修养，具有较为丰富的生活经历。

（2）形象与气质，注意要衣着整洁、举止稳重大方。

（3）人际交往能力强，具有良好的协调和沟通能力，性格外向。

（4）灵活的语言艺术。善用诙谐、幽默的语言，能调节与客户会谈时遇到的尴尬气氛；善用委婉的语言来拒绝客户。

（5）善于借用外部资源。

（6）团结同事，善于合作。

（7）克服交际障碍（自卑、语言、观念、习俗等），运用角色扮演等方法，提高自身人际交往能力。

（8）有亲和力，周围的人大都愿意与你相处，至少觉得你不惹人讨厌。

（9）能逐步扩大自己的社交圈子。按经验数据，你要想找某个人，一般通过六个人后就可找到，可见社交圈子的重要。

（10）有几个关系特别好的"客户"，在关键时候能给自己以业务支持。

（11）与人为善，博求好的"名称"，让人一提起你，就竖起"大拇指"，而不是只摇头，露出不屑的神情。

四、心理素质

（1）外向、开放、包容的性格。特内向的人是不太适合客户营销工作的。

（2）对失败和挫折有较强的心理承受能力。银行营销人员拉不来业务是常有的事，要能经受住"打击"。

（3）不服输、吃苦耐劳、不断进取。

（4）头脑冷静，不感情用事，善于灵活变通。

（5）乐观、积极、向上。

（6）当遇到不顺心、不如意的事情时，能做到若无其事，至少不要明显地让人感觉到自己很郁闷、很难过。或者说，要基本做到"喜怒不形于色"。

（7）能很快从失败、郁闷乃至绝望的心情中走出来，相信无论发生什么大事，"明天太阳都会照常升起。"

五、当众讲话（演讲）的技巧

（1）对自己将要发表的讲话充满信心，对目标抱有足够的热忱，坚信自己必能达到目标，不断给自己打气，克服讲话前的恐惧心理。

（2）平时多积累素材，抓住机会多做练习，提前进入讲话状态。最好有个小本子，把自己感兴趣的文字、典故、逸事、新闻记载下来。

（3）讲话内容要具体化，多说自己经历或熟知的事情，能激起听众的共鸣。切忌大话、空话、套话和废话，给人华而不实、离题万里、不知所云的感觉。

（4）讲话要表现出热情，充满人情味，充满细节，体现自己个性，并展示讲话的内容，使其视觉化。

（5）给听众以真诚的赞赏，与听众融为一体，让听众参与其中。在讲话过程中，保持谦虚、热情、真诚的态度。

（6）切勿一味模仿他人，全身心投入其中，使声音有力，使讲话自然，日常要丰富自己的词汇。模仿别人，就像电影演员的替身一样，永远不能让观众发现、认同自己的风格。

（7）讲演前要充分休息，出现在讲台上时，要重视自己的外表，不要让听讲者坐得很分散。讲话前先调整呼吸。

（8）讲演可通过制造悬念、使用展示物、陈述一件惊人的事实等方式开始，以立即引起听众的注意，但不要以道歉开头，也不要以所谓的幽默故事开头；讲演可通过以下方式结束：总结陈述你的讲演内容、简洁而真诚的赞扬、诙谐幽默的结尾、以一首名言警句做结尾。

（9）正式演讲之前，要就演讲内容多练习几遍，做好非常熟练。

（10）起草演讲稿，不能在演讲现场仅靠嘴巴讲话。好的演讲稿同时也是一篇好文章，值得珍藏。演讲稿要多用短句子，要有煽动性，要有激情。整个稿子也不要太长。演讲时间也不能太长，太长会引起听讲者的厌倦。

（11）演讲过程中注重互动，要调动听众的情绪。

（12）语速不能过快，要恰如其分地予以停顿，这既可适时集中一下听众的注意力，又能让听众"消化"一下你演讲的内容。

（13）无论你的演讲多么精彩，都切忌露出趾高气扬、目空一切的傲慢态度，谦虚永远是美德。有时候你越谦虚，别人越以为你有才华。虚怀若谷，有容乃大。

六、客户经理形成良好基本素质应关注的细节

（1）坚持在背后说别人的好话，不要在背后议论别人的缺点，亦即"闲谈末论人非，静坐常思己过"。对不在场的第三者表示关心。你说第三者的"好话"与"坏话"早晚都会传到第三者耳中。

（2）每天向你周围的人问好（早上好；晚上好，再见）；经常向朋友们、客户们问好，以示关心。

（3）连续加班后，在公众场所更要精神饱满，显得对加班无怨无悔。加班后，切忌牢骚满腹，怨天尤人。如果你这样做了，你加班所付出的努力也就随之东流了。

（4）过去的经历不能全盘告知别人，做事情不可随意泄露"底牌"。但自己的"辉煌"经历也不能老埋没在"烟尘"中，要能适时地出来"见见阳光"。

（5）说话时尽量用"我们"以拉近双方的距离，称呼对方用"您"而不是"你"。

（6）知道什么该问和什么不该问，知道该做什么和不该做什么，知道该看到什么和不该看到什么。有时要明知故问；有时即使想问，也不能去问。不要去问别人的隐私和别人不知道的事情。

（7）当别人在你面前说第三人的坏话时，不要发表任何评论意见，也无需阻止别人的讲话，并且不应显露出对别人的讲话有不满的情绪。

（8）人多的场合多听少讲（以你为主需要你讲的场合除外），不要抢主讲者的风头，要对主讲者的讲话不时报以认可的表情。当对方讲话讲到得意处，不要随意打断对方的讲话。

（9）与人握手时，条件许可情况下尽量多握一会儿（男女之间除外，除非关系特别"铁"）。

（10）不是你的功劳，请不要占有，因为"纸里包不住火"、"群众的眼睛是雪亮的"，如果你占有了别人的功劳，你早晚会"露馅"的；是你的功劳，要间接地让别人知道而不是自己大肆渲染，尤其是要让老板知道你做了什么。

（11）尽量不要借朋友和同事的钱。如果万不得已借了对方的钱，一定要说明归还的时间，并在约定时间前归还。

（12）不要轻易承诺，一旦承诺了就要践行承诺；也不要轻易拒绝，作出拒绝决策，一定要经过深思熟虑。

（13）领导错了的时候，不要直接指出，更不能在其他人面前提起；领导对了的时候，要随时认同。

（14）不要比领导穿得更好，也不要试图"教会"领导什么；与领导的着装风格保持一致，谈话、出行要时时维护领导形象与权威。

（15）随时、主动向领导汇报自己的工作进展与下一步的工作打算，并指出目前面临的困难，争取领导的支持。

（16）对别人的帮助表示感谢，万事皆有因果，心中要常怀感恩思想。

（17）遇事不急于办理，尽可能多考虑几分钟；越是特别紧急的事，头脑越要冷静。

（18）应酬中喝酒，以不醉为限度，不能借酒乱说。"世人皆醉你独醒"不对，"世人不醉你独醉"也不对，最佳状态是"世人皆醉你半醉"。

（19）上班时间坚持提前一刻钟，不做最后一名到达单位的人；下班时则要等上司发出可以走的指示后再离开办公室，不做第一个离开办公室的人。上班时间要有上班的"状态"，要"当一天和尚撞一天钟"——当和尚的不撞钟岂非失职，不当和尚了你再撞钟则是越职。

（20）坚信自己是强者，敢于接受任何挑战，随时为自己喝彩；"谦虚使人进步，骄傲使人落后"。既要多做自我批评，也要适时自我表扬。保持良好的心态最关键，不要以为天下人、天下事都对不住你。不是经常问"我得到了什么"，而是要经常问"我付出了什么"。

（21）注意收集对自己有用的信息，并消化这些信息为工作所用，做个"有心人"。

（22）不要为自己的错误做任何辩解，既然做错了，就勇敢地承认错误，"人非圣贤，孰能无过"。认错的态度远比错误本身更能获得别人的谅解。

（23）别人批评自己时，万不能恼羞成怒，要把别人的批评当作一面镜子，笑对它。对于有价值、正确的建议性批评，要虚心接受。

（24）对自己不知道的事情，坦率地说不知道，"知之为知之，不知为不知，是知也。"不懂装懂，只会贻笑大方。再说，谁都不可能无所不知，要敢于承认自己知识的局限性，有时这也是一种美德。

（25）和上司谈话及参加会议等重要活动时，应将手机置于静音或关闭状态，更不可接听别人电话，或者上司屋中及会场上走来走去。

（26）遇到领导要主动迎上去问候，平时要主动争取每一个和领导接触与沟通的机会。但要表现得大方得体，不能为接触而接触，为沟通而沟通。

（27）给领导起草讲话稿（或报告），要站在领导角度看问题，知道领导最近注意、关心的事情是什么。要以领导习惯的语调、思路乃至语言起草。句子不要太长，要能让领导一口气读完一个句子。多用简短的句子，这样显得铿锵有力。如果起草的报告比较长，就要准备一份概要。

（28）做事要有计划性、条理性，不做"没头的苍蝇"，要将工作中需要你做的事情清楚地记录下来，将每天要做的事情列成清单。对完成的事情，要经常总结出心得。

（29）不要在其他人面前炫耀自己，心中要装着别人，要想着别人的感受，要谈其他人所关心和得意的事情。在别人面前炫耀自己的成就、财富，是非常浅薄的。其实你不炫耀，别人也说不定早知道了。如果你炫耀了，别人其实在心中是瞧不起你的，甚至会产生出"羡慕、嫉妒、恨"来。

（30）保持办公桌的整洁、有序，对文件要分门别类摆放，需要时能以最快速度找出来，要给其他人形成你忙而不乱的印象。办公桌要及时清理。

（31）只要还能坚持就不要请假不上班，当然要注意身体。身体永远是第一位的，工作只是身体的附属物。不能因为工作而置自己病情于不顾。我们不提倡快休克了，还要"战斗"在工作岗位上。

（32）做任何事情，不要胡思乱想自我设置障碍，不要在自己心理上制造失败，要乐观地预想一定会有好的结果，"我一定能成功"、"我能行"。很多时候，是人们自己在"吓唬"自己。

（33）学会与人合作，在竞争中学会欣赏对手，竞争者是自己最好的镜子，要有意识地从竞争者身上学习对自己有用的东西。一个人与竞争者的关系不应该是纯粹竞争关系，而应该是既竞争又合作的关系。

（34）接到额外工作时，乐观地应对它，尽心尽力地完成它，不作任何抱怨——额外的工作对自己也是个锻炼，也有助于提升自己的能力。当然，如果手头有尚未做完的工作，应该向领导提出，争取晚一些把额外工作做完。不应以本职工作未做完而拒绝本职工作以外的安排。

（35）出现在公共场所时衣着穿戴要合乎身份，要保持整洁：鞋擦了没有？领口和袖口有无油污？衬衣的扣子扣好没有？胡须刮了没有？头发梳好没有？指甲是否太长？精神面貌是否焕然一新？等等。但应注意，与上司一同出现在公众场合时，千万不要抢了上司的风头。

（36）向上司请教前，事先想好问题的解决办法，但不能炫耀自己的想法——自己的想法是用来回答领导提问的。对领导要求你解决的问题，多提几种解决方案，供领导选择。切记不要自己还没有思路时，就忙着要去找上司，因为这等于给上司出难题。

（37）有了过失和错误，要及时道歉，不管对方是你的领导，还是你的同事或下属。但最好要减少过失与错误，因为有时候你的过失与错误可能会深深地伤害别人，即使道歉也无法获得别人的原谅。鲁迅曾有一句"一个都不饶恕"的话，是针对所有与他论战的人的。这虽然表明了他的爱憎分明，但把人性中的一个特点却给揭示出来的，因此千万不能犯让别人不可饶恕你的过失与错误。

（38）有时要学会说诚实、善意的谎言，因为说实话有时比谎言更能伤人。就像对一个病入膏肓的人，你总不能说"你快死了"之类的话，而是要善意地劝慰对方，让对方好好养病，按照医生要求的办，等等。

（39）机会不是等来的，要学会主动去寻找。"天上不会自动掉馅饼"，可能是有人把"馅饼"做好了；即使天上自动掉下了"馅饼"，那也是先看到天上在掉"馅饼"的人最有希望接到"馅饼"，那些整天低着头走路的人接到"馅饼"的机会要小得多。

（40）珍惜自己的健康，健康比任何事情都重要，真正富有的人是对健康的拥有。人没有了，就什么都没有了。即使你给别人留下了物质财富及思想，那也是给别人留下的，自己是永远不知道了。健康包括身体的体能方面的健康和精神方面的健康，尤其是精神健康。在诱惑增多的当今，抵御住诱惑非常关键，要保持心态平衡，要"知足常乐"。

（41）经常"退一步"思考问题，冷静地看待成功和失败。在某种意义上讲，并非发大财、做大官才算成功，家庭和睦、不偷不抢、能凭自己的劳动所得养家糊口、能守住做人的准则，也是一种成功。"失败"在很大程度上是自己的"心理感受"。你做生意亏了钱，难道就是失败了？你取得了教训，难道不是一种"收获"？

（42）语速过快，会给人一种不稳重、急躁的印象。因此，要放慢说话的速度，以给人留下诚实、稳重的好印象。

（43）打电话给别人时，先问一句"您现在有空吗?"，如果对方说"有空"，则可开始自己的"诉说"，不要不顾对方感受、有无时间而强制要与对方交流。

（44）一句"像我这样的人"往往能消除别人对我们的不信任感。与打交道的对方建立相互信任感非常重要。要让对方觉得自己"可信赖"，不要让别人以为自己处事不讲原则、轻易答应别人的要求等。

（45）复述对方的问题足以表现自己对这件事情的认真、负责。复述对方的问题既是重视别人的问题，表明自己认真听对方讲述了，又是对对方问题的再一次确认，如果对方对你复述的问题没提出异议，那表明你已彻底了解对方的问题了。对这样问题的回答，才是对方希望得到的回答。

（46）在谈话过程中满足对方不经意间流露出的愿望，以使得谈话能持续进行下去。如果对对方的愿望视而不见，或者长时间不给予必要的回应，则交流活动往往会半途而废。当然，对一些原则性的问题，自己如要给予肯定性答复，则应答应前做好认真思考，因为"君子一言，驷马难追"。

（47）积极响应对方的话题。尤其是要倾听失意者谈话以获取对方的信任感，不要在失意者面前高谈阔论。失意者，或心情不爽的人与你谈话，往往不是想从你这里得到什么，而只是找到一个倾诉的对象。这个时候，他说你听就行，偶尔可说一些劝慰、同情及认可的话即可。

（48）适应环境谋求发展，切忌顾影自怜，过分看重自己。面对真实的自我，发现自己的致命弱点。人是环境的产物，不顺应环境，会被环境碰得头破血流。人只有适应环境，追随环境，"逐其流而扬其波"，才能用立潮头，不为时代所弃。

（49）突破"小圈子"，依靠"大环境"，充分重视、利用人际关系，多个朋友多条路，但最终只有自己才能拯救自己。

（50）关键时刻要送人情，要掌握好"诱因"，让对方对你产生依赖心理，让别人知道你心中惦念着他。

（51）珍惜与朋友之间的友情：不要把风险转嫁给朋友，为朋友的事情保密，在细小的事情上为朋友着想，尽量不要与朋友一起共事，尽量不要与朋友开展生意上的往来，出现裂痕要及时弥补。"距离产生美"，亲密无间的朋友最易"反目成仇"；即使最要好的朋友，也要留有一定的"距离"，保持一定的神秘感。

（52）要有容人的度量，允许别人有失误。"宰相肚里能撑船"，万不可斤斤计较，睚眦必报，要多看别人的优点，多介绍别人的优点，多发扬光大别人的优点，少提乃至不提别人的缺点，在公众场所更不能对别人的缺点大加宣扬。对别人的失误，则可能私下里提醒，且以对犯错误人友善的态度善意地提醒，勿要让犯错误的人以为你抓住了他的"小辫子"。

（53）磨炼精确的数字感觉，能理解和讲解数字背后隐藏的事实和现象。对一些关键数字，要熟记于心。比如对最近一期的银行经营数据要能脱口而出。能随时说出一些数字，能给别人留下你思维缜密、做事严谨的印象。

（54）关注社会、经济、文化现象，掌握新知识，做到"不落伍"。随着网络时代的发展，经常出现一些新事物、新现象，你要有所了解。尤其是一些新名词，你要能适时使用。

如这几年很多大学的校长在毕业典礼上也故意使用一些流行的网络用语以博得学生们的认可与掌声，就很能说明此种情况。又如：同性之间（尤其是女性之间）叫"亲"，出局叫"out"等。

（55）关键时刻敢于说"不"。有些人对别人唯唯诺诺惯了，或者不忍心拒绝别人的要求，对于说"不"感到很难为情。其实，必要时必须说"不"。比如：对一些冲破你底线的要求，一些不讲原则的要求，你无法帮助别人解决的问题，你都应尽早说"不"。因为如果你迟迟不说"不"，就会留给别人一个希望，而最终这个希望破灭时，对方会更加怨恨你，倒不如"快刀斩乱麻"。

（56）永远不要满足现状，要有危机感、进取心。外界在不断地发展变化，如果你不及时跟上时代变迁的步伐，就容易被时代抛在后面。人的一生，实际上就是不断奋斗，不断"折腾"的一生。虽然当我们最后一天离开这个世界的时候，可能感觉到我们一生的奋斗其实只是一种徒劳的、无意义乃至可笑的抗争，但我们在这抗争的过程中仍然会感到乐此不疲。

（57）从现在做起。今日事今日毕，不要把今天该完成的事拖到明天去做。每天做好一些事，一年积累下来就是三百多件事，这就很了不起了。我们每个人都应争取"一天一小步，三天一大步，永远不停步"。

（58）从自身做起。要懂得"自醒"、"自足"，对自己要苛求一些，对别人要宽容一些。自己做了，自己就应满足、高兴、有成就感；对自己不愿做的事而非要强求别人做，这是非常不明智的。当要求别人做某件事的时候，要先想想自己是否愿意做、能否做得出来，要"以己之心，推子之腹"。

第二节 礼仪规范

一、与客户通电话

电话语言要礼貌、简洁、明了，显得有教养，要能准确地传递信息。多使用肯定语，少使用否定语，酌情使用模糊语言；多使用礼貌用语、致歉语和请托语，少使用傲慢语、生硬语，切忌东拉西扯，含混不清，不知所云。通电话时，态度要诚恳，讲话要自然，速度不要过快、过高。无论接电话，还是打电话，在结束时都应让对方先挂断电话。

（一）接听电话

（1）迅速接听，必须在电话铃响过三声之内拿起电话接听，并在客户开口前说出"您好，我是××银行××部门，请讲（请问）……"

（2）对打电话的客户应热情，并对客户的询问尽可能快地给予满意答复，严禁说"不知道"、"不能办"、"这事不归我负责"之类口气生硬的话。当接到对方邀请或通知时，应热情致谢。如听不清或对方意思不明确时，要立即告诉对方。

（3）即使努力也未能满足客户要求时，应主动向客户解释清楚不能满足要求的原因并表示歉意。

（4）对因拨错号而误打入电话的客人，也应以礼相待，绝不能呵斥对方，因为对方很可能是一个潜在的客户。如果对方请你代转电话，应弄明白对方是谁、要找谁，并热情代转，同时告知对方"稍等片刻"。

（5）因线路、客人等原因而造成客户话语不清晰时，应委婉地向客户说："对不起，请您重复一遍好吗？"

（6）重要电话要牢记于心，当对方打进来时，还未等对方讲话，就能报出对方的姓名、职务，以示尊重。

（7）对不熟悉或不太熟悉的客户打来的电话，要"慎言"，不说"过头的话"，不说"不恰当的话"，不说"不该说的话"，以免对方"抓住把柄"。

（8）对不能马上给予答复的要求，要在未来某个时间给对方把电话打过去，告诉对方事情办理的进展。

（二）打电话

除非事情特别紧急，打电话应尽量避开清晨 7 点以前和晚上 10 点以后以及吃饭时间。在打电话以前，打好腹稿，最好列出谈话及询问要点。通话过程中注意礼貌，以"您好"开始，以"谢谢"结束。语速不要太快，要给对方留出一定的思考时间。语言要简练，可谈些"正事"以外的话题，以调节气氛。

二、接待客户来访

（1）不熟悉的客户到达时，应在客户到达前去门口迎接（重要的老客户也应如此），并上前主动询问"是否是××单位的××先生/女士"，得到确认后，主动引导到会谈室。附加服务包括安排车辆就位、帮助客户提拿手中物品、在到会谈室的过程中向客户介绍有关情况等。

（2）引导客户时，应站在客户的侧前方二三步处，注意不要挡住客户的视线，随客户轻步前进，遇拐弯或台阶处要回头向客户示意。上电梯时，一只手为客户挡住电梯门，另一只手示意请客户先上；出电梯时，一手为客户挡住电梯门，另一只手示意请客户先出。上楼梯时请客户先上，下楼梯时请客户先下。注意"请跟我来"、"这边请"、"里边请"等话语的使用。

（3）按座位依此介绍同时参加会见的己方人员。己方人员的位次一般按职务、级别来安排。对方应坐在面对门的位置。

（4）与客户洽谈时，不可做抓头、搔痒、剔牙、挖耳、打哈欠等不文明举动。如因生病而擦鼻涕、打喷嚏，应离对方远一些，侧过脸擦鼻涕、打喷嚏并向客户表示歉意。

（5）准备好本银行的宣传品及必要的赠品，在客户离开时交与客户。提醒客户有无遗忘东西。

（6）客户离开时，协助车辆管理员将车导引至方便客户乘车的地方，与客户握手，并对客户的来访表示感谢。

（7）客户离开时，为客户打开车门，注意不要夹住客人的衣、裙等物件。待客户上车且车发动后，予以引导离开。与客户挥手告别，目送客户离开。待对方车辆开出银行大门再返回工作岗位。

（8）注意调节会场气氛，不要让客户冷场，要给客户宾至如归的感觉。

三、回答客户要求

除个人能处理的事项，对客户的任何业务上的要求，客户经理必须在内部取得一致意见后才可回复，并注意使用标准化语言。要尽量委婉地拒绝客户的要求。以下是客户经理在不同情况下可选择使用的回答。

（一）当客户提出某项本银行尚未开办的业务需求时

（1）非常感谢您的信任，此项业务我行目前正在筹备之中，等此业务一开通，我将尽快告知您，目前您可通过其他方式解决您的困难，对不能及时满足您的业务要求，我真诚地表示歉意。

（2）非常感谢您对我行的信任，您的业务要求我行暂时还难以满足，但我行可为您提供其他服务。相信我行的优质服务会让您满意的。

（二）当本银行资源有限不足以支持某项业务开展，暂时又无法得到外部资源的支持时

我们认为此项目非常好，我们也愿意进行支持。但非常遗憾，近期需全力支持那些计划内项目，所以暂时还无法满足您的此项需求。我们可以先就其他一些方面进行合作。

（三）当客户提出的业务需求不符合银行制度的规定时

（1）非常抱歉，按我行规定，您目前准备的材料还不是十分完备，希望您尽快完善，我好再向行里汇报。

（2）我们咨询了很多专家，他们都认为你们的这个项目存在一些问题。作为银行，我们如果进入，风险会较大。如果需要投资咨询方面的服务，我们将非常愿意效劳。

（四）当准备否决客户的融资需求时

您的融资需求，经我们认真研究，近期内尚无法满足。为不耽搁您的宝贵时间，希望您尽快选择其他办法。同时我们认为我行在战略顾问、信息咨询等业务方面具有很大优势，如能在这些领域开展合作，我们将非常高兴。

（五）当希望客户同意合作方案或协议的修改时

（1）贵公司所提方案中的第×款，我们认为是不是可以这样修改一下。

（2）我们希望据此建立与贵公司的长期战略合作关系，因此希望将合作协议定得全面一些，您看第×款是不是可以这样修改一下。

（六）当向客户提交产品组合方案时

为更好地为贵公司服务，我们根据您的业务发展状况，为您设计安排了如下产品组合方案。请将您的意见要求告诉我们，以便在相互沟通的基础上，不断完善为您提供的产品组合。

四、与客户握手

（1）注意同客户握手的力度、姿势与时间长短。这要根据与对方熟悉的程度而定。一般要求是力度较大，姿势显得自信，时间不宜过长。在社交场合，要主动与每个人握手。在握手的同时，要有意识地赞美对方，如果对方是较为熟悉的人，还可同时用左手拍一下对方肩膀。

（2）握手时神态要专注、热情、友好、自然，切忌傲慢冷淡、敷衍塞责、漫不经心，也不要点头哈腰，滥用热情。当两人正握手时，不能跑过去与正在握手的人相握。切忌应该先伸手时不伸手，不能戴着手套和别人握手。

（3）从客户握手的力度、姿势与时间长短判断客户的态度。客户经理也可根据握手的不同姿势所表达的不同含义对客户采取不同的握手姿势：

①紧紧地握手，表明真诚与热情。

②轻轻地握手，表明对方的性格软弱。

③用指尖握手（女性除外），表明对您冷淡。

④长时间握手，表明双方的关系已到了比较紧密的地步。

⑤蜻蜓点水，一握而释，说明仅仅出于礼貌。

⑥用掌心向下握手，表明对方支配欲很强。

⑦手掌保持垂直，是平等、友好、尊重的表现。

⑧掌心朝上握手，是顺从、谦恭的表现。

⑨伸出双手相握，是诚恳、热情、真挚的意思。

⑩握手力度适当，是善意的表示；力度均匀，显示出情绪稳定。

（4）掌握握手的伸手顺序，遵循"尊者先伸手"的原则，贸然出手是失礼的。

①上下级之间，上级伸手后，下级才能接握。

②长辈和晚辈之间，长辈伸手后，晚辈才能接握。

③男女之间，女方伸手后，男方才能接握。如男方为长辈，则应遵循长幼原则。

④作为主人，应主动伸手相握，以示欢迎。

⑤作为客人，在告别时要主动伸手与主人相握，以示勿送。

⑥与许多人握手时要讲究先后次序，由尊而卑，即先年长后年幼，先长辈后晚辈，先老师后学生，先女士后先生，先已婚者后未婚者，先上级后下级。

五、与客户交谈

客户经理谈话的内容、选词造句、语言、语调，以及身姿、手势、表情等都会给客户造成一定的印象。客户经理应有意塑造自己良好的语言形象，最好形成独特的语言风格。一般而言，谈话要简洁精练、生动形象、幽默风趣、委婉含蓄。谈话还要配以表情语言，应遵循得体适度原则，既符合自己的身份，又符合客户的身份，并注意言谈的措辞达意、语气语调、情感色彩等。

根据不同对象选择不同的客套话与敬词。以下是客户经理常用的一些敬词，客户经理应该分清每个敬词的使用场合："久仰"用于初次见面，"久违"用于很久不见，"指教"用于请人批评，"包涵"用于求人原谅，"劳驾"用于请人帮忙，"借光"用于请给方便，"打扰"用于麻烦别人，"恭贺"用于向人道喜，"请问"用于求人解答，"高见"用于赞人高见，"拜望"用于看望别人，"光临"用于宾客到来，"拜托"用于托人办事，"赐教"用于请人指点，"恭候"用于等候客人，"留步"用于请人勿送，"稍后"用于让人等候，"奉还"用于归还原物，"惠书"用于对方来信，"对不起"用于言行有失，"没关系"表示原谅他人……

六、向客户作介绍

1. 自我介绍

当出现以下情况时，客户经理需作自我介绍：

（1）作为主人在陌生人面前作自我介绍以示尊重。

（2）置身于陌生人中或新地方又无人为自己作介绍。

（3）介绍人的介绍过于简单，您应接过话予以补充或幽默地自我介绍。

（4）主人忘记介绍您时，您应在适当的时候介绍自己，但不可流露出不满情绪。

自我介绍时，要注意以下几点：

（1）及时、清楚地报出自己的姓名和身份，并双手送上自己的名片。

（2）面带微笑、温和地看着对方，辅之以"您好"的话语。

（3）自然语言与体态语言巧妙配合，口头谦虚，职务、官衔让名片补充，自己介绍"我是刘局长"就显得很没水平。

（4）如果自己的名字中有的字不容易认或者自己的名字有着特殊的意义，应向对方讲明，以加深对方对自己名字的印象。

2. 介绍他人

如果自己处于主持人地位或充当中介人时，应给互不相识的人作介绍。介绍时要注意以下几点：

（1）基本原则是"受尊敬的一方有优先了解权"，要尊重长者，尊重女士，尊重领导，尊重知名人士。

（2）男女之间，先把男士介绍给女士。

（3）在同性别的人之间，先把年轻的人介绍给年长的人。

（4）在已婚的人和未婚的人之间，先把未婚的人介绍给已婚的人。

（5）上下级之间，先把下级介绍给上级。

（6）在名人和一般人之间，先把一般人介绍给名人。

（7）把家庭成员介绍给客户。

（8）如果双方年龄、身份都相差无几，应当把自己较熟悉的一方先介绍给对方。

（9）介绍的信息量要适中，包括姓名、工作单位、职务或者特长即可。

（10）介绍语言要热情、文雅并配以恰当的体态语，切忌不冷不热、毫无生气。

（11）用敬语、客套话、赞美语进行介绍，如"我非常荣幸地向各位介绍×××"、"我们有幸请来了大名鼎鼎的×××"。

（12）用简短的几句话介绍出对方的"亮点"，这些"亮点"应能给人留下深刻印象。

七、赞美别人

绝大多数人都希望别人欣赏、赞美自己，希望自身的价值得到社会的肯定，因此要学会赞美别人。

赞美从不同角度可做不同的分类。从赞美的场合上可分为当众赞美（对特定组织的赞美、在大会上对某人的赞美）和个别赞美（适合于做思想工作）；从赞美方式上可分为直接赞美和间接赞美（通过第三者来赞美某人或某事）；从赞美的用语上可分为直接赞美和反语赞美。

赞美不同于恭维，要发自内心、热情洋溢，应采用对方喜欢听的言语；赞美不能空泛、不能含混，要有明确的赞美原因；赞美别人要符合实际，虽然有时可以略微夸张一些，但不应太过分，以免有阿谀奉承之嫌；让被赞美者感到不是有意在赞美；赞美别人要出人意料，才能给别人带来惊喜。

八、馈赠客户礼品

"礼尚往来"，中国人素来重交情。客户经理如能恰当运用礼品赠送技巧，则有利于拉近与客户的距离。选择礼品的标准：能够传达送礼者的友好情谊；新、奇、特，能够与众不同；反映时代风尚，折射时代潮流；与对方喜好相一致，能博得对方认可，不能触犯对方的禁忌；不能太贵重，如果让对方觉得太贵重以致有"受贿"嫌疑的话，就不好了。礼品如果能让对方喜欢到摆放在会议室或办公室而不是被堆放在礼品库中，那就表明这个礼品是选择对了。对于礼品，要进行恰当的包装，但又不能包装过度。现场赠送礼品时，要神态自然，举止大方，表现适当，要双手将礼品送给对方，并就礼品的内涵、寓意做详细说明。

如果是接受对方礼品，也要授之泰然（当然不能违法），并当面拆封，显示出对礼品的欣赏。如果由于某种原因，不能接受对方相赠的礼品，也不能粗暴地拒绝，应该讲究方式、方法，处处依礼而行：给对方留有退路，使其有台阶可下，切忌令人难堪。拒绝后，也要对对方表示感谢。接受对方礼品后，当得知对方要来拜访时，一定要把受到的礼品摆放到对方能看到的地方，要让对方感受到自己是非常喜欢这个礼品的，对对方及对方的来访是高度重视的。

九、参加宴会

接到邀请，能否出席应尽早答复对方。允诺后不要随意改动，如果不能按时赴宴，应尽早提出，最好能登门致歉。接受邀请时，要核实好时间、地点及主人的特殊要求。出发前应梳洗打扮，保持整洁、美观、大方，必要时要给主人带些礼品。

出席宴会，重要客户可略晚些到达，一般客户宜略早些到达。到达后应依主人安排入座或按座签入座，如无特殊限制，应找与自己身份相当的地方坐下，不可随意入座。入座后不应把玩酒杯、刀叉、筷子等，不能用餐巾擦餐具。

坐定后要主动与左邻右舍交谈。若不认识，应首先介绍自己。交谈内容要视对象而定，不可自顾夸夸其谈。主人致祝酒词时，应停止谈话，注意倾听。吃饭时要举止文雅，不可发出很大声响。热菜勿用嘴吹，可等凉后再吃。嘴中有食物时不可谈话。如为自助餐，则勤拿少取，不可浪费。

席间如无特别紧急事项，一般不能提前退席。宴会结束后，应向主人致谢，并礼貌离开。

十、探访客户

到工作场所主要是谈工作，不可一味闲聊而不顾对方是否在工作。如对方正在开会或者已有其他客人，应安静等待，切忌不可走来走去以妨碍别人。等对方请你入座后，你再入座。如对方站着讲话，你也应该站立，但不要斜靠在别人的办公桌上。他人端水递茶时，要稍欠身体以示感谢。打招呼、谈话时，不可声音太大。公事谈完，即可告辞，不应久留。同时道声感谢，并邀请对方届时来自己单位参观、小坐。

到住宅拜访，应事前约好时间。到达后，不应贸然进入，应按门铃或敲门。进屋后，应与每个人打招呼，主人招呼坐下后才可入座。如果主人较忙，或者谈话中间又有客人来访，应尽快结束谈话，以免他人久等。去他人家里拜访，一般不要选在吃饭、休息时间，除非另有约定。离开时，应说"留步""再见"。

去医院探访病人，应在探视时间内探望，不可选在休息或治疗时间，且不可逗留很久，最好不超过半小时。应用宽慰的语言相劝，并挨床坐下，用手为对方盖好被子，以示关怀。带一束鲜花或一些营养品效果更好。告辞时，应谢绝病人相送，还应询问病人有无事情相托办理，并再次表达希望病人早日恢复健康的愿望。

十一、与外国人打交道

与外国人打交道时，应注意一言一行，基本原则是尊重对方、尊重女性、捍卫尊严、实事求是、入乡随俗、不卑不亢，保守秘密。同时不必过分谦虚，尊重对方隐私，不询问对方的年龄、收入、婚姻、工作、住址、经历、信仰和健康状况。当然，国家不同，风俗习惯也不相同。客户经理与不同国家的人士打交道，应事先了解好对方的一些情况。

十二、个人礼仪形象

1. 仪容仪表

一个人的仪容仪表除受先天条件影响外，还要靠修饰维护。客户经理应该"内正其心，外正其容"。

（1）保持干净整洁，坚持洗澡、洗头、理发，定时剃须。客户经理不能留怪异的发型，男客户经理不能成"美髯公"。尤其要保持手部、口腔和发部卫生。

（2）化妆适度，切忌浓妆艳抹，要体现自然、美化、协调（全身协调、身份协调、场合协调）原则，不在工作场合、公众场合、异性面前化妆，不借用他人化妆品，保持发型美观，身体精神干练。

（3）服装、身材、脸型、气质、身份、年龄、职业、色彩、所处场合要协调统一。

2. 行为举止

（1）原南开中学教学楼前的镜子上印有《镜铭》：面必净、发必理、衣必整、纽必结、头容正、胸容宽、肩容平、背容直。颜色：勿傲、勿暴、勿怠。气象：宜和、宜静、宜庄。

（2）注意站姿、坐姿和走姿，形成良好风度。客户经理在参加谈判、会谈时，场合一般比较严肃，应正襟危坐，但不必过于僵硬。倾听他人教导、指示、指点时，坐姿除了要端正外，还应坐在座椅、沙发的前半部或边缘，身体稍微前倾，表现出一种谦虚、迎合、重视对方的态度。在比较轻松、随便的非正式场合，可以做得轻松、自然一些，也可不时变换姿势。

（3）要经常面带笑容。微笑要发自内心、真诚地笑，做到四个结合：口眼结合，做到口到、眼到、神色到、笑眼传神；笑与神、情、气色结合；笑与语言结合；笑与仪表、举止结合。以笑助姿，以笑促姿，形成完整、统一、和谐的美。

（4）吐痰、打哈欠、掏耳、挖鼻、剔牙、搔头皮、双腿抖动、频频看表、随意打断别人讲话等都是不好的习惯。

第四章

知识储备

　　客户经理需要接触的客户范围非常广泛，客户的爱好、品行、文化素养、业务水平等参差不齐。为适应与不同客户接触的需要，客户经理应具有较宽的知识面和丰富的学识。谈到艺术，能知道悉尼歌剧院、罗马圣波德大教堂及米开朗基罗；谈到雕塑，能知道罗丹的《思想者》、《吻》；谈到音乐，能知道比才的《卡门》及莫扎特的《安魂曲》；谈到苏联，能知道莫洛托夫、米高扬及勃列日涅夫；谈到历史，能知道古罗马，能知道玛雅文化；谈到哲学，能知道冯友兰、熊十力，能知道新儒家、程朱理学，甚至尼采、萨特；谈到美学，能知道朱光潜、李泽厚和《美的历程》；谈到中国的历史，能知道宋真宗的天书封禅和冯道这个人，能知道明朝的市井小说和版画，也能知道明成祖的迁都等。

　　就客户经理来讲，应掌握一些基础的经济学、法律、管理学、会计学、统计学和金融学知识。一般来讲，专科水平以上的客户经理都会知晓这些知识。需要注意的是，客户经理千万不要以为自己只需掌握金融学知识就行了，金融学只是客户经理所需掌握基础知识中的基础知识。

第一节　经济学知识

一、经济学含义及其分支

不同经济学家对经济学所下定义也有所不同。比如萨缪尔森认为，经济学研究的是一个社会如何利用稀缺的资源生产有价值的商品，并将它们在不同的个体之间进行分配。而马歇尔则认为经济学是一门研究财富的学问，同时也是一门研究人的学问。通常来理解，经济学是研究人类社会在各个发展阶段上的各种经济活动和各种相应的经济关系及其运行、发展的规律的学科，其核心思想是物质稀缺性和有效利用资源。

经济学有微观经济学和宏观经济学之分。

微观经济学以单个生产者、单个消费者、单个市场经济活动为研究对象，分析单个生产者如何将有限资源分配在各种商品的生产上以取得最大利润，单个消费者如何将有限收入分配在各种商品消费上以获得最大满足，单个生产者的产量、成本、使用的生产要素数量和利润如何确定，生产要素供应者的收入如何决定，单个商品的效用、供给量、需求量和价格如何确定等。微观经济学亦称市场经济学或价格理论，包括均衡价格理论、消费者行为理论、生产者行为理论（包括生产理论、成本理论和市场均衡理论）、分配理论、一般均衡理论与福利经济学、市场失灵与微观经济政策等内容。微观经济学研究的是"森林中的树木"。宏观经济学研究的则是"整个森林"，它以国民经济总过程的活动（经济运行的整体，包括整个社会的产量、收入、价格水平和就业水平等）为研究对象，主要考察就业总水平、国民总收入等经济总量。宏观经济学回答一些诸如"为什么一些国家经济会快速增长，而一些国家却非常缓慢"之类的问题。宏观经济学包括宏观经济理论、宏观经济政策和宏观经济计量模型三部分。其中，宏观经济理论包括国民收入决定理论、消费函数理论、投资理论、货币理论、失业与通货膨胀理论、经济周期理论、经济增长理论、开放经济理论等。宏观经济政策包括经济政策目标、经济政策工具、经济政策机制、经济政策效应与运用等。宏观经济计量模型包括根据各派理论所建立的不同模型。这些模型可用于理论验证、经济预测、政策制定，以及政策效应检验。宏观经济学是凯恩斯于1936年出版《就业、利息和货币通论》以来快速发展起来的一个经济学分支。

表 4-1　微观经济学与宏观经济学的六点区别

不同点	微观经济学	宏观经济学
解决的问题不同	解决资源配置问题，即生产什么、如何生产和为谁生产等问题	把资源配置作为既定前提，研究社会范围内的资源利用问题
解决问题的目的不同	实现个体效益的最大化	实现社会福利的最大化
研究方法不同	注重个量分析，即研究经济变量的单项数值如何决定	注重总量分析，即对能够反映整个经济运行情况的经济变量的决定、变动及其相互关系进行分析
基本假设不同	假定市场出清、完全理性、充分信息	假定市场机制不完善
核心观点	通过"看不见的手"的自由调节可实现资源配置的最优化	通过政府这只"看得见的手"的调节来纠正市场机制的缺陷
中心理论不同	中心理论是价格理论	中心理论是国民收入决定理论

经济学还可分为实证经济学和规范经济学。实证经济学研究实际经济体系是怎样运行的，它对经济行为作出有关的假设，根据假设分析和陈述经济行为及其后果，并试图对结论进行检验。如果说实证经济学试图回答"是什么"的问题，那么规范经济学则试图回答"应该是什么"的问题，即从一定的社会价值判断标准出发，根据这些标准，对一个经济体系的运行进行评价，并进一步说明一个经济体系应该怎样运行，以及为此应采取何种经济政策。

具体到经济学分支来讲，则包括发展经济学、信息经济学、国际经济学、劳动经济学等。具体分支及其核心内容，如表4-2所示。

表4-2 经济学主要分支一览表

经济学分支名称	研究对象
发展经济学	研究贫困、落后的农业国家或发展中国家如何实现工业化、摆脱贫困、走向富裕。张培刚被认为是发展经济学的创始人。
信息经济学	有两条主线：一是以 Fritz Machlup 和 Mac Uri Porat 为创始人的宏观信息经济学，又称情报经济学、信息工业经济学，以研究信息产业和信息经济为主；二是以斯蒂格勒和阿罗为最早研究者的微观信息经济学、理论信息经济学，重点考察运用信息提高市场经济效率的种种机制，又称契约理论或机制设计理论。
国际经济学	研究国际经济活动和国际经济关系，是一般经济理论在国际经济活动范围中的应用与延伸，主要研究对象包括国际贸易理论与政策（贸易基础、贸易条件以及贸易利益的分配）、国际收支理论、汇率理论、要素的国际流动、国际投资理论、跨国公司理论等。代表有美国的克鲁格曼等。
劳动经济学	研究劳动这一生产要素投入的经济效益以及与此有关的社会经济问题。核心是如何以最少的劳动投入费用取得最大的微观经济效益和宏观经济效益。包括劳动力市场理论、迁移理论、就业与失业理论、人力资本理论、工资与收入分配理论、人口转型理论、社会保障理论等。
社会经济学	研究市场竞争中的弱势群体（农民、失业工人、个体工商户和中小企业主等）及其转化机制。
福利经济学	该学科从福利观点或最大化原则出发对经济体系的运行予以社会评价，研究的是整个经济的资源配置与个人福利之间的关系，以及有关的各种政策问题。亦即研究生产要素在不同厂商之间的最优分配以及产品在不同家庭之间的最优分配问题。认为"分配越均等，社会福利就越大"，主张收入均等化，由此出现了"福利国家"。它由英国经济学家霍布斯和庇古于20世纪20年代创立。庇古被称为福利经济学之父。他从边际效用基数论出发，提出国民收入量越大国民收入分配越均等，社会经济福利就越大的命题。
新制度经济学	强调研究人、制度与经济活动以及它们之间的相互关系。 简言之，就是用经济学的方法研究制度。该学科侧重于交易成本研究。交易成本是指在建立商品交易过程中，没有被易主考虑到而损耗掉的成本，譬如讨价还价花去的精力与时间，为防止受骗而采取的保险措施等。有交易费用理论、产权理论、企业理论、制度变迁理论等。

续表

经济学分支名称	研究对象
法律经济学	也称"法和经济学"或"法律的经济分析"。该学科采用经济学的理论与分析方法，研究特定社会的法律制度、法律关系以及不同法律规则的效率、法律的形成、法律的框架和法律的运作以及法律与法律制度所产生的经济影响等，研究目的在于"使法律制度原则更清楚地显现出来，而不是改变法律制度"，亦即用经济学理论和方法来研究法律问题。
货币经济学	微观货币经济学主要考察经济中的个人、商业银行、中央银行面对货币的决策、货币的需求和供给等。货币需求是以往微观货币经济学研究的重点，在历史上曾经有过很多的派别和理论。宏观货币经济学主要考察货币在宏观经济中的作用，通过一般均衡的分析范式，结合无限期模型或者世代交叠模型来分析整个宏观经济，包括利率水平、汇率水平、价格水平（通货膨胀率）、失业率、经济增长率、政府预算赤字、国际收支赤字等。
环境经济学	研究如何充分利用经济杠杆来解决环境污染问题。包括：如何评估环境污染造成的损失（直接物质损失、对人体健康的损害和间接的对人的精神损害）、如何评估环境治理的投入所产生的效益（直接挽救污染所造成的损失效益，和间接的社会效益、生态效益）、如何制定污染者付费的制度、如何制定排污指标转让的金额等。
管理经济学	研究如何对可供选择的方案进行分析比较，从中找出最有可能实现目标的方案。在这个决策过程中，管理经济学的作用就是提供了相关的分析工具和分析方法。该学科重点回答"生产经营什么"、"生产经营多少"、"怎样生产经营"三个问题。
政治经济学	研究人们的社会生产关系，以阐明人类社会各个发展阶段上支配物质资料的生产和分配的规律。该学科具有人文性、实践性和阶级性等特点。我们非常熟悉的马克思主义政治经济学即属于此。
金融经济学	运用经济学理论探索、研究金融学中的均衡与套利、单时期风险配置以及多时期风险配置、最优投资组合、均值方差分析、最优消费与投资、证券估值与定价等，亦即研究金融资源有效配置，分析理性投资者如何通过最有效的方式使用资金和进行投资以期达到目标。广义金融经济学包括资本市场理论、公司财务理论，以及研究方法方面的内容，如数理金融学、金融市场计量经济学。狭义金融经济学则着重讨论金融市场的均衡建立机制，其核心是资产定价。
政府经济学	也被称为公共经济学。研究政府经济行为、政府与私人部门之间的经济关系和政府经济活动特殊规律性。该学科是论述各级政府部门和公共组织（如国有企事业单位）的存在意义和行为，回答政府必须做什么以及应该怎样做的学问。

续表

经济学分支名称	研究对象
行为经济学	该学科借用心理学和社会学中的理论阐释与传统经济学解释相悖的决策，是心理学、社会学与经济分析相结合的产物。包括两个分支：以脑科学研究方法为基础的神经经济学和以实验室研究方法为基础的实验经济学。
海洋经济学	研究海洋开发利用的经济关系及其经济活动规律。包括海洋经济的形成与发展、海洋生产力、海洋生产关系、海洋经济活动、海洋产业经济、海洋区域经济、海洋可持续发展等。
体育经济学	用来分析体育经济问题，包括体育事业经济活动的经验，探讨体育领域经济关系、经济活动的规律和特点等，其产生和存在是为了更好地运用经济学的原理分析和解决体育经济在发展过程中碰到的问题。
能源经济学	主要包括七方面的研究内容：能源和经济增长（增长率和增长结构）、社会发展的关系；能源与环境污染的关系；能源资源的优化配置；能源价格和税收；节能与循环经济；能源的内部替代和外部替代；能源的国际贸易和石油作为金融产品。
网络经济学	20世纪90年代中后期伴随着网络技术的进步和信息产业的发展而产生，是专门研究各种网络经济运行方式的科学。

二、微观经济学基本概念

表4-3 微观经济学概念一览表

类型	概念	含义
基础概念	经济模型	指用来描述所研究的经济事物的有关经济变量之间相互关系的理论结构，可用文学语言和数学语言来表示。经济数学模型一般用由一组变量所构成的方程式或方程组来表示。变量是经济数学模型的基本要素。变量可分为内生变量、外生变量和参数。其中，内生变量是指该模型所要决定的变量，外生变量是指由模型以外的因素所决定的已知变量。外生变量决定内生变量。参数指数值通常不变的变量。经济模型通常可分为静态模型和动态模型。

类型	概念	含义
基础概念	恩格尔定律	在一个家庭或在一个国家中，食物支出在收入中所占的比例随着收入的增加而减少。用弹性概念来表述，则是对于一个家庭或一个国家来说，富裕程度越高，则食物支出的收入弹性就越小；反之，则越大。
	恩格尔曲线	表示消费者在每一收入水平上对某商品的需求量。
	纳什均衡	在一个纳什均衡中，任何一个参与者都不会改变自己的策略，如果其他参与者不改变策略。
	市场需求量	一种商品的市场需求量是每一价格水平上该商品的所有个人需求量的加总。
	均衡、局部均衡与一般均衡	均衡是指经济事物中有关的变量在一定条件的相互作用下所达到的一种相对静止的状态。在微观经济分析中，市场均衡可分为局部均衡和一般均衡。其中，局部均衡是针对单个市场或部分市场的供求与价格的均衡关系而言的，一般均衡是就一个经济社会中所有市场的供求与价格的均衡关系而言的。在局部均衡研究中，该市场商品的供需仅被看成是其本身价格的函数，其他商品的价格则被假定为不变；在一般均衡研究中，每一个商品的供需不仅取决于该商品本身的价格，而且取决于所有其他商品（替代品、补充品等）的价格。法国经济学家里昂·瓦尔拉斯建立了包括交换、生产、资本积累、货币和流通理论在内的一系列一般均衡的数学模型。
	帕累托最优状态	如果对于某种既定的资源配置状态，所有的帕累托改进均不存在，亦即在该状态上，任意改变都不可能使至少有一个人的状况变好而又不使任何人的状况变坏，则称这种资源配置状态为帕累托最优状态。西方经济学认为，具有利己心的个人（企图获取最大效用）、企业（以最大利润为目标）和生产要素所有者（想获得最高报酬）通过竞争的作用，能使社会资源配置达到帕累托最优状态。
	市场失灵	在现实经济中，帕累托最优状态通常不能得到实现，亦即市场机制在很多场合并不能导致资源的有效配置。

类型		概念	含义
基础概念		"搭便车"	不付出某种成本而能得到利益，通常反映无效率的垄断情况。同样反映垄断无效率的，还有"寻租"概念：为获得和维持垄断地位从而得到垄断利润（"租金"）的活动。
		社会福利函数	是社会所有个人的效用水平的函数。彻底解决资源配置问题的关键在于社会福利函数。阿罗认为，无法从不同的个人偏好中形成社会偏好，亦即社会福利函数不存在，这就是"不可能性定理"。
		外部经济与外部不经济	从其活动中得到的私人利益小于该活动所带来的社会利益，这种性质的外部影响被称为"外部经济"。如果为其活动所付出的私人成本小于该活动所造成的社会成本，则被称为"外部不经济"。
		科斯定理	只要财产权是明确的，并且其交易成本为零或者很小，则无论在开始时将财产权赋予谁，市场均衡的结果都是有效率的。
		私人物品与公共物品	私人物品是那种数量会随之任何人对它的消费而减少的物品。私人物品在消费上具有竞争性和排他性的特点。前者是指如果某人已消费了某商品，其他人就无法再消费该商品了；后者是指对该商品支付了对价的人才能消费该商品。公共物品是指不具备消费的竞争性的商品，任何人增加对该商品的消费都不会减少其他人所可能得到的消费水平，如道路、电视等。
讨论产品市场的"价值"理论	需求与供给（对需求曲线和供给曲线的分析是西方微观经济分析的出发点）	需求	指消费者在一定时期内在各种可能的价格水平上愿意且能给购买的该商品的数量。因此，需求必须是既有购买欲望又有购买能力的有效需求。影响需求的因素有：该商品的价格、消费者的收入水平、相关水平的价格、消费者的偏好、消费者对该商品的价格预期等。
		需求函数	用来表示一种商品的需求数量和影响该需求数量的各种因素之间的相互关系。或者说，一种商品的需求数量是所有影响这种商品需求数量的因素的函数。需求函数可以用商品的需求表和需求曲线加以表示。需求表是一张表示某商品的各种价格水平和与各种价格水平相对应的该水平需求量之间关系的数字序列表；需求曲线是根据需求表中水平不同的价格–需求量的组合在平面坐标图上所绘制的一条曲线。

	类型	概念	含义
讨论产品市场的"价值"理论	需求与供给（对需求曲线和供给曲线的分析是西方微观经济分析的出发点）	弹性	指当一个经济变量发生 1% 的变动时，由它引起的另一个经济变量变动的百分比，或者说，是两个变量各自变化比例的一个比值。该比值仅是一个具体的数字，与自变量和因变量的单位无关。比如，需求的价格弹性是指一定时期内一种商品的需求量变动对于该商品的价格变动的反应程度。再如，供给的价格弹性是指一定时期内一种商品的供给量的变动对于该商品的价格变动的反应程度。
		供给	指生产者在一定时期内在各种可能的价格下愿意而且能给提供出售的该种商品的数量。因此，供给必须是生产者对某种商品既有出售欲望也有出售能力，否则不能形成有效供给。影响供给的因素有：该商品的价格、生产成本、生产的技术水平、相关商品的价格及生产者对未来的预期等。
		供给函数	表示商品的供给量与商品价格之间的对应关系。可用供给表和供给曲线来表示。
		均衡价格	指该种商品的市场需求量和市场供给量相等时的价格。从几何意义上讲，一种商品市场的均衡出现在该商品的市场需求曲线和市场供给曲线的交叉点上，这点也被称为均衡点。均衡点上的价格和数量被称为均衡价格和均衡数量。市场上需求量和供给量相等的状态，被称为市场出清的状态。在其他条件不变的情况下，需求变动会分别引起均衡价格和均衡数量的同方向变动；供给变动会分别引起均衡价格的反方向变动和均衡数量的同方向变动。
		吉芬物品	指需求量与价格呈同方向变动的特殊商品。例如，1845 年爱尔兰发生灾荒，土豆价格上升，但土豆需求量反而增加。英国人吉芬发现了这一现象。当时就称这一现象为"吉芬现象"。
	效用（分析需求曲线背后的消费者行为，西方经济学的效用理论又称消费者行为理论）	效用	指商品满足人的欲望的能力。或者说，是指消费者在消费商品时所感受到的满足程度。效用这一概念与人的欲望联系在一起，是消费者对商品满足自己的欲望的能力的一种主观心理平价。对于效用的度量（"满足程度"）有基数和序数两种方式，分别称为基数效用和序数效用。基数是指1，2，3，…，可以加总求和的数，而序数是指第一，第二，第三，…，只能表示程度、前后等而不能加总的数。初期多使用基数效用的概念，后来多使用序数效用的概念。

类型		概念	含义
讨论产品市场的"价值"理论	效用（分析需求曲线背后的消费者行为，西方经济学的效用理论又称消费者行为理论）	边际效用递减规律	基数效用论者认为，总效用是指消费者在一定时间内从一定数量的商品的消费中得到的效用量的总和；边际效用是指消费者在一定时间内增加一单位商品的消费所得到的效用量的增加。在一定时间内，在其他商品的消费数量保持不变的条件下，随着消费者对某种商品消费量的增加，消费者从该商品连续增加的每一消费单位中所得到的效用增量即边际效用是递减的，这就是边际效用递减规律。常用来比喻该规律的例子是：饥饿的人吃包子。饥饿的人吃的第一个包子效用最大，随着吃包子的数量的增加，虽然总效用不断增加，但每一个包子带给他的效用增量即边际效用却是递减的。当他吃饱的时候，包子的总效用达到最大值，而边际效用却降为零。如果他继续吃包子，他就会感到不舒服，此时包子的总效用开始下降，边际效用则降为负值。
		消费者均衡	该均衡是研究单个消费者如何把有限的货币收入分配在各种商品的购买中以获得最大的效用。亦即研究单个消费者在既定收入条件下实现效用最大化的均衡条件。这里的均衡是指消费者实现最大效用时既不想再增加，又不想再减少任何商品购买数量的这么一种相对静止的状态。消费者实现效用最大化的均衡条件是：如果消费者的货币收入水平是固定的，市场上各种商品价格已知，那么消费者应该使自己所购买的各种商品的边际效用与价格之比相等。或者说，在一定的预算约束下，为实现效用最大化，消费者应该选择最优的商品组合，使得两商品的边际替代率等于两商品的价格之比。价格变化和收入变化均对消费者均衡产生影响。
		消费者剩余	指消费者在购买一定数量的某种商品时愿意支付的总数量与实际支付的总数量之间的差额，这也是消费者的主观心理评价。它反映消费者通过购买和消费商品所感受到的状态的改善。因此，该概念常用来度量和分析社会福利问题。
		消费者偏好	对于不同的商品组合，消费者的偏好程度是有差别的。序数效用论者提出偏好的三个基本假定：一是消费者总可以对不同商品组合比较和排列出偏好大小。二是偏好具有可传递性，即如果消费者对 A 的偏好大于对 B 的偏好，对 B 的偏好大于对 C 的偏好，则对 A 的偏好大于对 C 的偏好。三是对同一种商品，消费者总会认为多不少好，这是假定偏好的非饱和性。

类型	概念	含义
效用（分析需求曲线背后的消费者行为，西方经济学的效用理论又称消费者行为理论）	无差异曲线	用来表示能给消费者带来相同的效用水平或满足程度的商品的所有组合。
	效用函数	表示某一商品组合给消费者带来的效用水平。
	商品的边际替代率递减规律	在维持效用水平不变的情况下，随着一种商品的消费数量的连续增加，消费者为得到每一单位的这种商品所需要放弃的另一种商品的消费数量是递减的。之所以如此，原因在于：随着一种商品的消费数量的逐步增加，消费者想要获得更多的这种商品的愿望就会递减，从而，他为了多获得一个单位的这种商品而愿意放弃的另一种商品的数量就会越来越少。
	替代效应与收入效应	一种商品价格变动所引起的消费者对该商品需求量变动的总效应可被分解成替代效应和收入效应两部分。替代效应是指由商品的价格变动所引起的商品相对价格的变动，进而由商品的相对价格变动所引起的商品需求量的变动；收入效应是指由商品的价格变动所引起的实际收入水平变动，进而由实际收入水平变动所引起的水平需求量的变动。
生产（分析厂商在生产中实现最优生产要素组合的均衡条件）	厂商	也称为企业或生产者，指能给作出统一的生产决策的单个经济单位
	生产函数	表示在一定时期内，在技术水平不变的情况下，生产中所使用的各自生产要素的数量与所能生产的最大产量之间的关系，亦即生产中投入量与产出量之间的依存关系。一旦生产技术水平发生变化，原有的生产函数就会变成新的生产函数。有里昂夫生产函数（固定投入比例生产函数）、"柯布—道格拉斯"生产函数、短期生产函数（在资本投入量固定时，由劳动投入量变化所带来的最大产量的变化）等。
	边际报酬递减规律	为短期生产的基本规律，指的是如下情况：在技术水平不变的条件下，在连续等量地把某一种可变生产要素增加到其他一种或几种数量不变的生产要素上去的过程中，当这种可变生产要素的投入量小于某一特定值时，增加该要素投入所带来的边际产量是递增的；当这种可变要素的投入量连续增加并超过这个特定值时，增加该要素

讨论产品市场的"价值"理论

类型		概念	含义
讨论产品市场的"价值"理论	生产（分析厂商在生产中实现最优生产要素组合的均衡条件）	边际报酬递减规律	投入所带来的边际产量是递减的。该规律成立的原因在于：对于任何产品的短期生产来说，可变要素投入和不变要素投入之间都存在一个最佳的数量组合比例。开始时，由于不变要素投入量给定，而可变要素投入量为零。因此，生产要素的投入量远远没有达到最佳的组合比例。随着可变要素投入量的逐渐增加，生产要素的投入量逐渐接近最佳的组合比例，相应地可变要素的投入量的边际产量呈现出递增的趋势。当生产要素的投入量达到最佳的组合比例时，可变要素的边际产量达到最大值。在这一点之后，随着可变要素投入量的继续增加，生产要素的投入量越来越偏离最佳的组合比例，相应的可变要素的边际产量便呈现递减的趋势了。
		等产量曲线	在技术水平不变条件下，生产同一产量的两种要素投入量的所有不同组合的轨迹，是一个两种可变生产要素的生产函数。
		边际技术替代率	指在维持产量水平不变的条件下，增加一单位某种生产要素投入量时所减少的另一种要素的投入数量。
		等成本线	指在既定的成本和既定生产要素价格条件下生产者可以购买到的两种生产要素的各种不同数量组合的轨迹。
		最优生产要素组合	厂商可以通过对要素（劳动、资本等）投入量的不断调整，使得最后一单位的成本支出无论用来购买哪一种生产要素所获得的边际产量都相等，从而实现既定成本条件下的最大产品。
	成本（分析厂商的生产成本与产量之间的关系）	机会成本	生产一单位的某种商品的机会成本是指生产者所放弃的使用相同的生产要素在其他生产用途中所能得到的最高收入。亦即为了这种使用所牺牲掉的其他使用能够带来的益处。
		生产成本	企业的生产成本可以分为显性成本与隐性成本。显性成本是指厂商在生产要素市场上购买或租用所需要的生产要素的实际支出；隐性成本是指厂商本身自己所拥有的但被用于该企业生产过程的那些生产要素的总价格。成本还可分为短期成本和长期成本。

类型		概念	含义
讨论产品市场的"价值"理论	市场（分析不同类型市场中商品的均衡价格和均衡产量的决定）	市场结构	任何一种交易物品都有一个市场。跟进不同的市场结构的特征，市场可分为完全竞争市场、垄断竞争市场、寡头市场和垄断市场四种类型。决定市场类型划分的主要因素有：市场上厂商的数目、厂商所生产的产品的差别程度、单个厂商对市场价格的控制程度、厂商进入或退出一个行业的难易程度。其中，前两个因素是最基本的决定因素。
		完全竞争市场	符合下列条件的市场被称为完全竞争市场：市场上有大量的卖者和买者，每个卖者和买者都是市场价格的被动接受者；市场上每一个厂商提供的商品都是同质的、完全相同的；所有的资源具有完全的流动性，不存在同种资源之间的报酬上的差距，厂商进入或退出一个市场也是完全自由和毫无困难的；信息是完全的，任何一个交易者都不具备信息优势。在现实中，真正的完全竞争市场是不存在的。只有部分农作物市场有些类似。
		完全竞争市场下厂商实现利润最大化的均衡条件	边际收益等于边际成本是厂商实现利润最大化的均衡条件。在短期生产中，由于市场价格和生产规模是给定的，故在假定的生产规模下，可通过对产量的调整来实现该均衡条件。在长期生产中，由于所有的生产要素都是可变的，厂商可通过对全部生产要素的调整来实现该均衡条件。长期生产条件下的要素调整表现在：对最优的生产规模的选择和对进入或退出某个行业的决策。
		生产者剩余	指厂商在提供一定数量的某种产品时实际接受的总支付和愿意接受的最小总支付之间的差额。通常用市场价格线以下、厂商的供给曲线以上的面积来表示。
		消费者统治与生产者统治	这是西方经济学中相对的两个概念。消费者统治论者认为，在一个经济社会中消费者在商品生产这一最基本的经济问题上所起的作用是决定性的，他通过"货币选票"来体现自己的经济利益和意愿，而生产者为了获得最大利润，必须依据"货币选票"的情况来安排生产。而生产者统治论者认为，厂商通过宣传等方式影响消费者的决策，改变消费者的偏好，实际上消费者是被生产者牵着鼻子走的"统治者"。

类型		概念	含义
讨论产品市场的"价值"理论	市场（分析不同类型市场中商品的均衡价格和均衡产量的决定）	垄断市场	具备下列条件的市场被称为垄断市场：市场上只有一个厂商生产和销售商品；且该商品无任何替代品；其他厂商进入该行业都不可能或极为困难。
		垄断竞争市场	具备下列条件的市场被称为垄断竞争市场：有许多厂商生产和销售有差别的同种商品。由于每个厂商的生产规模都比较小，故进入或退出某个行业也相对比较容易。
		寡头垄断市场	指少数几家厂商控制整个市场的产品生产与销售。寡头行业按厂商的行动方式，可分为有勾结行为（即合作的）和独立行动（即不合作的）的寡头垄断。
讨论要素市场的"分配"理论		生产四要素	指土地、劳动、资本和企业家。这四类生产要素的价格分别是地租、工资、利息和利润（企业家才能的收益）。在西方经济学中，使用要素的"边际成本"，被称为要素价格。
		边际生产率分配论	每一种生产要素都得到了报酬，报酬就是各自对生产所作出的贡献（各自的边际生产率）。
		派生或引致需求	生产要素市场的需求与产品市场的需求不同，产品市场上消费者的需求是"直接"需求，即直接满足自己的需要；而市场要素市场的需求是从消费者对产品的直接需求中派生出来的。如厂商需要购买设备，是因为消费者对该设备生产的产品有需求。生产要素的需求者是厂商而非消费者。
		欧拉定理	也称产量分配净尽定理，指在完全竞争条件下，如果规模报酬不变，则全部产品正好足够分配给各个生产要素，不多也不少。
		洛伦兹曲线	将一国总人口按收入由低到高排队，然后考虑收入最低的任意百分比人口所得到的收入百分比，并将得到的人口累计百分比和收入累计百分比的对应关系描绘在图像上，即得到洛伦兹曲线，用来反映一国中收入分配的不平等程度。弯曲程度越大，就表明收入分配程度越不平等。

类型	概念	含义
讨论要素市场的"分配"理论	基尼系数	是意大利经济学家基尼（Corrado Gini, 1884～1965）根据洛伦兹曲线提出的判断分配平等程度的指标，用于定量测定收入分配差异程度。其值在 0～1 之间。越接近 0 就表明收入分配越是趋向平等；反之，收入分配越是趋向不平等。按照国际一般标准，通常把 0.4 作为收入分配差距的"警戒线"，0.4 以上的基尼系数表示收入差距较大，当基尼系数达到 0.6 以上时，则表示收入差距很大。0.3～0.4 之间表明收入差距相对合理，0.2～0.3 之间表明收入比较平均。如果小于 0.2，则认为收入绝对平均。因此，一般认为基尼系数应保持在 0.2～0.4 之间，低于 0.2，社会动力不足；高于 0.4，社会不安定。

三、宏观经济学基本概念

表 4-4　宏观经济学基本概念一览表

概念	含义
国内生产总值（GDP）	一国或一地区在一定时期内运用生产要素所生产的全部最终产品（物品和劳务）的市场价值。可从以下几个方面理解该概念：①是一个市场价值的概念，即用货币来衡量的。②GDP 测度的是最终产品的价值，中间产品价值不计入 GDP。③是一定时期内所生产而不是所售卖掉的最终产品价值。④是计算期内生产的最终产品价值，是个流量而非存量概念。⑤是个地域概念（一国或一地区）。⑥为市场活动而导致的价值，家务劳动、自给自足等非市场活动以及地下交易、黑市交易不计入 GDP。⑦它不是实实在在流通的财富，只是用标准的货币平均值来表示财富的多少。GDP 作为衡量国家经济状况的最佳指标，不但可反映一个国家的经济表现，还可以反映一国的国力与财富。该概念的局限性在于没有包括环境质量、不涉及收入和分配等。GDP 具体核算时，主要以法人单位作为核算单位，在核算中依据法人单位从事的主要活动将其划分到不同的行业，分别计算各个行业的增加值，再将各行业增加值汇总得到 GDP。GDP 有名义 GDP 和实际 GDP 之分。名义 GDP 是用生产物品和劳务的当年价格计算的全部最终产品的市场价值；实际 GDP 是用从前某一年作为基期的价格计算出来的全部最终产品的市场价值。
国内生产净值（NDP）	指一国或一地区在一定时期内运用生产要素所生产的全部最终产品（物品和劳务）的净增价值，即 GDP 减去消耗掉的资本设备价值（即减去所有常住单位的固定资产折旧）。

续表

概念	含义
国民收入（NI）	指一国生产要素在一定时期内提供生产性服务所得报酬（工资、利息、租金和利润）的总和，即从 NDP 中扣除间接税和企业转移支付加政府补助金之后的差额。
个人收入（PI）	NI 中减去公司未分配利润、公司所得税及社会保险税（费），再加上政府给个人的转移支付，即大体上为个人收入。
个人可支配收入（DPI）	指人们可用来消费或储蓄的收入，即个人收入减去税费支付之后的收入。
国民收入决定理论	是研究经济社会的生产或收入水平是怎样决定的理论。凯恩斯学说的中心内容就是国民收入决定理论。在凯恩斯学说出现以前，西方经济学信奉的是萨伊定律，即"供给创造自己的需求"，社会不存在生产过剩现象，而且能使生产达到最高水平，社会处于充分就业状态。与萨伊定律相反，凯恩斯认为生产和收入决定于总需求，只要存在着需求，社会便可以生产出任何数量的产品与之相适应。
边际消费倾向	人们的消费支出与其可支配收入相关。随着收入的增加，消费也会增加，但消费的增加不如收入增加的多，即消费随收入增加而增加的比率是递减的，也可以说边际消费倾向是随着收入的增加而递减的。
乘数理论	广义含义，是指均衡国民收入的变化量与引起这一变动的变量的变化量之间的比率。狭义含义，特指投资乘数，即在一定的边际消费倾向条件下，投资的增加（或减少）可导致国民收入和就业量若干倍的增加（或减少）。收入增量与投资增量之比为投资乘数。 之所以会出现投资乘数效应，是因为经济各部门密切相连，一个部门、产业投资的增加，也会在其他部门引起连锁反应。在凯恩斯的就业理论中，乘数理论占有重要地位。
资本边际效率	是凯恩斯提出的一个概念，是描述对资本未来收益的预期的一个概念。在他看来，资本边际效率是一种贴现率，这种贴现率正好使一项资本物品的使用期内各预期收益的现值之和等于这项资本品的供给价格或者重置成本。换句话说，是指预期增加一个单位投资可以得到的利润率。凯恩斯认为资本边际效率随着投资量的增加而递减；只有资本资产的预期收益超过资本资产的供给价格过重置成本，继续投资才是有利可图的，才能对资本家产生投资引诱。该概念可用来说明投资是如何不足的。
"痛苦指数"	在西方国家，通常把失业率和通货膨胀率加在一起，被称为"痛苦指数"。
"挤出效应"	指由于政府支出增加或利率上升等原因所引起的私人消费或投资降低的作用。
"货币幻觉"	指人们通常不是对实际价值作出反应，而是对用货币来表示的价值作出反应。
"奥肯法则"	是用来描述 GDP 变化与失业率变化之间存在一种稳定关系的法则，该法则指出：GDP 每增加 3%，失业率大约下降一个百分点。

概念	含义
失业率	指失业者人数对劳动力人数的比率。劳动力与人口不同，劳动力指的是一定年龄范围内有劳动能力且愿意工作的人，老人、孩子及由于各种原因不愿工作的人，都不能算作劳动力。失业有各种具体表述，如结构性失业、周期性失业，结构性失业是指因经济结构变化等原因造成的失业，特点是既有失业，也有职位空缺；周期性失业是指由于经济周期中的衰退或萧条时因需求下降而导致的失业。
经济周期	指经济运行中周期性出现的经济扩张与经济紧缩交替更迭、循环往复的一种现象。过去把它分为繁荣、衰退、萧条和复苏四个阶段，现在一般叫作衰退、谷底、扩张和顶峰四个阶段。关于经济周期的成因有内因说和外因说。内因说如投资过度、消费不足、心理预期、货币扩张与紧缩等，外因说如太阳黑子周期性变化理论、技术创新存在周期性、周期性政治决策等。实际上，经济周期是多种因素共同造成的。西方经济学家一般根据一个周期的长短把经济周期分为长周期（50年左右）、中周期（8~10年）和短周期（40个月左右），分别又称为长波、中波和短波。
政府转移支付	指政府在社会福利保险、贫困救急和补助等方面的货币性支出。它不能算作国民收入的组成部分，而只是通过政府将收入在不同社会成员间进行转移和重新分配，如政府对农业的补贴、对贫穷落后地区的补贴等。因此，政府转移支付是一种财政政策。
总需求	指经济社会对产品和劳务的需求总量，通常用产出水平来表示。总需求由消费需求、投资需求、政府需求、国外需求构成。总需求衡量的是经济社会中各种行为主体的总支出。推动总需求的力量包括价格水平、收入水平、未来预期、税收、政府购买、货币供给等。
总需求函数	指产量（收入）和价格水平之间的关系。表示在某个特定的价格水平下，经济社会需要多高水平的收入。
总供给	指经济社会的总产量或总产出。总供给由劳动力、生产性资本存量和技术水平决定。
总供给函数	指总产量与价格水平之间的关系。总供给函数的几何表示，被称为总供给曲线。
"货币中性"	古典学派和新古典学派的经济学家认为，货币供给量的变化只影响一般价格水平，不影响实际产出水平（产量、就业等），因而货币是中性的。
绝对优势理论与比较优势理论	均为国际贸易理论。前者以亚当·斯密为代表，认为各国所存在的生产技术上的差别以及由此造成的劳动生产率和生产成本的绝对差别，是国际贸易和国际分工的基础。各国应该集中生产并出口其具有"绝对优势"的产品，进口其不具有"绝对优势"的产品，其结果比自己什么都生产更有利。与绝对优势理论不同，大卫·李嘉图提出了比较优势理论，认为国际贸易的基础并不限于生产技术上的绝对差别，只要各国之间存在生产技术上的相对差别，就会出现生产成本和产品价格的相对差别，从而使各国在不同的产品上具有比较优势，进而使国际分工和国际贸易成为可能。

续表

概念	含义
最惠国待遇	指一国对所有缔约国的贸易待遇都必须是同样的,如果一国给任何一国降低或豁免关税或其他优惠政策,该国也必须给其他缔约国同样的待遇。
国民待遇	指一国给予所有缔约国的人民和企业与本国人们和企业在经济上同样的待遇,包括税收、知识产权保护、市场开放等。
购买力平价理论	平价是指一国金融当局为其货币定的价值,常以黄金或另一个国家的货币来表示,如美元的平价以黄金来表示,其他国家货币的平价则以美元来表示。所谓购买力平价,是指两种货币之间的汇率决定于它们单位货币购买力之间的比例,也就是平常所说的购买力水平。购买力平价是国家间综合价格之比,即两种或多种货币在不同国家购买相同数量和质量的商品和服务时的价格比率,用来衡量对比国之间价格水平(生活水平)的差异。在对外贸易平衡的情况下,两国之间的汇率将会趋向于靠拢购买力平价。
国际收支差额	指净出口和净资本流出的差额,有顺差和逆差之分。
经济增长与经济发展	经济增长通常指产量(经济的总产量或人均产量)的增加,是个"量"的概念,常有增长率来描述。经济发展则是个"质"的概念,不仅包括经济增长,而且还包括国民的生活质量,以及整个社会经济结构和制度结构的总体进步,是一个衡量经济社会总体发展水平的综合性概念。在宏观经济学中,侧重于论述和研究经济增长理论。对经济发展而言,则有发展经济学这一学科来进行研究。
资本的黄金分割率	指若使稳态人均消费达到最大,稳态人均资本量的选择应使资本的边际产品等于劳动的增长率。
理性预期	为新古典经济学四大假设条件之一,指在有效利用一切信息的前提下,对经济变量作出的在长期中平均说来最为准确的,而又与所使用的经济理论、模型相一致的预期。对该含义的理解,一是每个经济主体都会理性决策,二是为作出正确预期,经济主体会力图得到所有信息,三是经济主体在预期时不会犯系统错误。其他三大假设分别是:个体利益最大化、市场出清和自然率假说。

四、宏观经济学主要流派

表 4 - 5　宏观经济学主要流派一览表

名称	核心思想	代表人物
重农学派	是 18 世纪 50 ~ 70 年代的法国资产阶级古典政治经济学学派。该学派以自然秩序为最高信条，视农业为社会财富的唯一来源、社会一切收入的基础，认为保障财产权利和个人经济自由是社会繁荣的必要因素。该学派认为，和物质世界一样，人类社会中存在着不以人们意志为转移的客观规律（自然秩序），如果人们认识自然秩序并按其准则来制定人为秩序，这个社会就处于健康状态；反之，则处于疾病状态。该学派还认为，在各经济部门中，工业不创造物质而只变更或组合已存在的物质财富的形态，商业也不创造任何物质财富，而只变更其市场的时、地，因此工业和商业都是不生产的。只有农业是生产的，农业中投入和产出的使用价值的差额构成了"纯产品"，而只有这种产品，才能被称为是财富，是谓重农学派的"纯产品学说"。1776 年《国富论》出版后，重农学派渐趋没落，被斯密的经济思想所取代。	魁奈、杜尔哥
李嘉图学派	是对 19 世纪 20 年代以李嘉图为中心的一批坚持李嘉图经济学说的人的合称。李嘉图学说的核心是劳动价值论。他认为，工资和利润的涨落对商品价值的影响是"次要的"，主要的还是由劳动量决定商品的交换价值或相对价值，亦即绝大多数商品的价值取决于生产商品所花费的劳动。李嘉图的劳动价值理论与现实存在两大矛盾，一个是它无法解释劳动与资本的交换。因为总不能说劳动的价值决定于劳动吧？再说劳动与资本交换的结果是利润，这岂不是说劳动与资本交换是不等价的吗？另一个是它无法解释产品价格从而资本利润不同劳动而同资本成比例，而利润率的平均化或等量资本获得等量利润却是自由竞争市场条件下的普遍规律。萨伊、马尔萨斯、约翰·穆勒等提出生产成本价值论，认为商品的价值取决于生产商品所花费的成本，即各项生产支出的总和；商品价值会随着市场供求关系的变动而变动，它的水平和状况受到多种因素的影响。如萨伊把土地、劳动和资本都看作是生产的要素。生产成本价值论从而动摇了李嘉图的劳动价值说。19 世纪 70 年代初期，"边际革命"爆发，主观价值论正式登上理论舞台，李嘉图的劳动价值说土崩瓦解。	李嘉图

续表

名称	核心思想	代表人物
剑桥学派	19世纪末20世纪初，由英国经济学家马歇尔创建。该学派用折中主义的方法，把供求论、生产费用论、边际效用论、边际生产力论等融合在一起，建立了一个以完全竞争为前提，以"均衡价格论"为核心的完整的经济学体系。该学派综合生产费用、边际效用等学说来解释价值决定，又被称为"新古典学派"。该学派用边际效用递减规律决定的，不同需求量和相应需求的价格所构成的需求曲线，与用边际生产费用递增规律决定的，不同供给量和相应的供给价格所构成的供给曲线，说明一种商品的均衡价格的决定。在均衡价格论的基础上，该学派还建立了自己的分配论，认为国民收入是各种生产要素共同创造的，各个生产要素在国民收入中所占份额的大小，取决于它们各自的供求状况所决定的均衡价格。剑桥学派的价值论和分配论，经过不断革新发展，迄今仍是西方微观经济学的基础。	马歇尔、庞古、罗伯逊
新剑桥学派	现代凯恩斯主义的一个重要分支。该学派试图在否定新古典综合派的基础上，重新恢复李嘉图的传统，建立一个以客观价值理论为基础，以分配理论为中心的理论体系，并以此为根据，探讨和制定新的社会政策。主张摒弃新古典派的均衡概念，树立"历史时间"概念，主张从不均衡出发对资本主义经济进行动态分析。在政策主张上，该学派提出要实行凯恩斯提出过的对投资进行社会管制的政策。对于如何制止通货膨胀，他们反对以管制工资为主要内容的收入政策，而主张实行某种含有调整收入分配意义的政策。	琼·罗宾逊、卡尔多、斯拉法、帕西内蒂
凯恩斯学派	凯恩斯经济学产生于20世纪30年代，是"20世纪30年代大萧条"的直接产物。凯恩斯经济学批评了新古典经济学里面的就业理论，继承了重商主义的国家干预学说、马尔萨斯的有效需求不足学说、孟德维尔的高消费促进繁荣的学说和霍布森的过度储蓄导致失业和经济萧条学说，主张国家干预，反对自由放任。20世纪60年代末70年代初，凯恩斯经济学由于不能解释滞胀现象而受到与其对立的主张自由经济的学派的批评，逐渐式微。	凯恩斯
新凯恩斯学派	该学派诞生于20世纪70年代中期，为应对"凯恩斯主义理论危机"而生，是在引入原凯恩斯主义经济学所忽视的厂商利润最大化和家庭效用最大化假设，吸收理性预期学派的理性预期假设基础上形成的。该学派以不完全竞争、不完善市场、不对称信息和相对价格的黏性为基本理论，坚持"非市场出清"假设，认为在货币非中性的情况下，政府的经济政策能够影响就业和产量，市场的失效需要政府干预来发挥积极作用。	曼昆、萨墨斯、布兰查德、罗泰姆·伯格、阿克洛夫、斯蒂格利茨、泊南克

名称	核心思想	代表人物
古典经济学派	指大约从1750~1875年这一段政治经济学创立时期内的除马克思主义政治经济学的所有的政治经济学。是凯恩斯理论出现以前的经济思想主流学派，包括亚当·斯密、大卫·李嘉图、托马斯·马尔萨斯和约翰·穆勒等人的理论。它们关心国家经济问题，强调如何使个人利益与社会利益保持协调。一般来说，该学派相信经济规律（如个人利益、竞争）决定着价格和要素报酬，并且相信价格体系是最好的资源配置办法。它反对封建制度，提倡自由放任，认为经济增长产生于资本积累和劳动分工的相互作用，即资本积累推动生产专业化和劳动分工发展，而劳动分工反过来通过提高总产出使得社会可生产更多的资本积累，让资本流向最有效率的生产领域，从而形成经济发展的良性循环。	
新兴古典学派	该学派是在对以往新古典学派进行细化发展基础上，于20世纪70年代形成的。其理论框架由理性预期假说和自然失业率假说组成。该学派认为政府主导的稳定政策没有任何效果，主张市场经济能自动解决失业、不景气等问题。又被称为"理性预期学派"。	小罗伯特·卢卡斯、罗伯特·巴罗、托马斯·萨金特
奥地利经济学派	产生于19世纪70年代，流行于19世纪末20世纪初。该学派用边际效用的个人消费心理来建立其理论体系，所以也被称为维也纳学派或心理学派。认为：①社会是个人的集合，个人的经济活动是国民经济的缩影。通过对个人经济活动的演绎、推理就足以说明错综复杂的现实经济现象。②主观价值论，即边际效用价值论，认为一件东西要有价值，除有效用之外，还必须"稀少"，即数量有限，它的得失成为物主快乐或痛苦必不可少的条件。该学派后来部分被微观经济学主流所吸收，部分为凯恩斯的宏观经济学所取代。	门格尔、维塞尔、柏姆·巴维克
新奥地利学派	于20世纪七八十年代兴起，是产业组织学中的行为学派。该学派继承了奥地利学派的传统理论并作了一些补充。他们反对马克思主义，也反对主张国家调节经济的凯恩斯主义，提倡自由主义，支持市场自发势力而反对社会主义的计划经济，认为计划经济是对人性的奴役。该学派还主张把以劳动价值论为基础的理论改造成行为选择理论，使经济学变成一门行为科学。	米塞斯、哈耶克、梅耶、斯特里格、哈伯勒、摩尔根斯坦

名称	核心思想	代表人物
德国历史学派	存在于19世纪40年代至20世纪初期的德国。该学派强调经济发展的历史性和国民经济的有机体现，代表德国产业资本的利益，对抗英国古典政治经济学。该学派提出发展国民生产力的理论，不同意斯密的单纯"交换价值"的理论。在经济政策上则主张采取国民主义和保护主义的贸易政策。李斯特提出的"生产力理论"、"工业优先理论"和"国家干预理论"很能说明这个学派的主张。19世纪70年代以后，德国由于产业资本壮大，日渐走向垄断资本主义，其内在矛盾开始显露，为对抗马克思主义，缓和阶级矛盾，又诞生了新历史学派，新学派一方面继承了旧历史学派的遗产，另一方面提出了各式各样的社会改良主义。历史主义是该学派的代表性特征，该学派专注于经济史料的整理分析，但材料之间缺乏理论联系，被人批评易"陷入了世俗的经验主义"。	旧历史学派代表人物有李斯特、罗雪尔、希尔德布兰德、克尼斯，新历史学派代表人物有瓦格纳、布伦塔诺、施穆勒
货币学派	于20世纪50~60年代在美国出现。该学派在理论上和政策主张方面，强调货币供应量的变动是引起经济活动和物价水平发生变动的根本的和起支配作用的原因。该学派特别重视货币理论的研究，强烈反对国家干预经济，主张实行一种"单一规则"的货币政策。	弗里德曼、哈伯格、布伦纳和安德森
供给学派	于20世纪70年代在美国兴起。该学派强调经济的供给方面，认为需求会自动适应供给的变化。该学派认为，1929~1933年的世界经济危机并不是由于有效需求不足，而是当时西方各国政府实行一系列错误政策造成的。萨伊定律完全正确，凯恩斯定律却是错误的。该学派还认为，生产的增长决定于劳动力和资本等生产要素的供给和有效利用。个人和企业提供生产要素和从事经营活动是为了谋取报酬，对报酬的刺激能够影响人们的经济行为。自由市场会自动调节生产要素的供给和利用，应当消除阻碍市场调节的因素。在政策主张上，该学派认为应该复活"供给自创需求"的萨伊定律；力主市场经济，反对政府干预；通过减税刺激投资，增加供给；重视智力资本，反对过多社会福利；主张控制货币，反对通货膨胀。该学派用著名的"拉弗曲线"来说明税收与税率之间的函数关系。其政策主张为美国里根政府所实行。	拉弗

续表

名称	核心思想	代表人物
制度学派	于19世纪末20世纪初诞生于美国。该学派以研究"制度"而得名，在该学派看来，制度是"广泛存在的社会习惯"，是本身有着进化的过程。因此，制度学派所研究的内容，在经济的市场的因素之外，还包括法律的、社会的、伦理的、历史的各种因素。他们更强调非市场因素，强调制度分析方法或结构分析方法、历史分析方法和社会文化分析方法。他们主张国家对经济进行调节，以克服市场经济所造成的弊端和缺陷。	凡勃伦、康蒙斯、米切尔
芝加哥学派	该学派继承了奈特以来芝加哥传统的经济自由主义思想和社会达尔文主义，信奉自由市场经济中竞争机制的作用，相信市场力量的自我调节能力，认为市场竞争是市场力量自由发挥作用的过程，没有政府干预的竞争市场能使经济最有效地运行。他们还认为企业自身的效率才是决定市场结构和市场绩效的基本因素。另外，芝加哥学派对政府产业规制的分析，开创了经济学一个新的研究领域——规制经济学。	斯蒂格勒、德姆塞茨
公共选择学派	该学派以经济学方法研究非市场决策问题，主张根据公共服务的类型选择适当的社会组织进行生产，即将公共服务类型与社会组织类型进行理性组合。在公共部门与私人部门、公共机构与私人机构之间开展竞争，以市场机制来选择。该学派认为：无论是在集体活动还是在私人活动中、在市场过程还是政治过程中，个人都是最终的决策者、选择者与行动者，而不管产生总体结果的过程与结构有多复杂。该学派一直是市场失灵的坚定辩护者，主张将经济市场的运行规则引入政治市场，以救治政治市场失灵。	詹姆士·布坎南、戈登·塔洛克

第二节 法律学知识

一、基本概念

1. 法律

指由国家制定或认可，并由国家强制力（即军队、警察、法庭、监狱等）保证实施，以规定当事人权利和义务为内容，具有普遍约束力的一种特殊行为规范（社会规范）。一般区分为两类：一是与国家密切相关的"公法"，如宪法、行政法和刑法，二是规范私人间权利义务关系的"私法"，如合同法、物权法。也可分为实体法与程序法。其中，实体法是规定和确认权利和义务以及职权和责任为主要内容的法律，如宪法、行政法、民法、商法、刑法等，程序法是规定以保证权利和职权得以实现或行使，义务和责任得以履行的有关程序为主要内容的法律，如行政诉讼法、行政程序法、民事诉讼法、刑事诉讼法、立法程序法等。

2. 法规

指法律、法令、条例、规则、章程等法定文件。包括由全国人民代表大会制定并修改的宪法、刑法、民法通则、经济法，国务院制定和颁布的行政法规，省、自治区、直辖市人大及其常委会制定和公布的地方性法规等。法规也具有法律效力。

3. 民商法

民法与商法都是私法。在我国，民法的成文法规范包括民法通则、婚姻法、继承法、收养法、物权法、合同法、担保法、侵权责任法等，商法的成文法规范包括公司法、合伙企业法、个人独资企业法、企业破产法、保险法、票据法、证券法等。

4. 社会法

指主要用来解决经济规划、环境保护、就业、社会保障等社会性问题的法律，如劳动法、劳动合同法、工会法、未成年人保护法、老年人权益保障法、妇女权益保障法、残疾人保障法、矿山安全法、红十字会法、公益事业捐赠法、消费者权益保护法、就业促进法等。社会法的主旨在于保护公民的社会权利，尤其是保护弱势群体的利益。

5. 刑法

指规定犯罪、刑事责任和刑罚的法律，是一种部门法。

6. 刑罚

刑罚为主刑和附加刑。主刑包括管制、拘役、有期徒刑、无期徒刑和死刑。附加刑包括罚金、剥夺政治权利、没收财产。附加刑可独立适用。

7. 犯罪

指做出违反法律的应受刑法处罚的行为。有轻罪和重罪之分。从学理上还可分为自然犯罪和法定犯罪，侵害私法益的犯罪和侵害公法益的犯罪等。中国刑法所称的犯罪，包括危害国家安全罪，危害公共安全罪，破坏社会主义市场经济秩序罪，侵犯公民人身权利、民主权利罪，侵犯财产罪，妨害社会管理秩序罪，危害国防利益罪，贪污贿赂罪，渎职罪，军人违反职责罪等。每类犯罪又包括众多具体种类。如贪污贿赂罪又包括贪污罪，挪用公款罪，受贿罪，单位受贿罪，行贿罪，对单位行贿罪，介绍贿赂罪，单位行贿罪，巨额财产来源不明罪，隐瞒境外存款罪，私分国有资产罪，私分罚没财物罪等。

8. 行政许可

指行政主体根据行政相对方的申请，经依法审查，通过颁发许可证、执照等形式，赋予或确认行政相对方从事某种活动的法律资格或法律权利的一种具体行政行为。可从如下几个方面理解这一概念：一是行政许可是依申请的行政行为，无申请则无许可。二是行政许可的内容是国家一般禁止的活动。三是行政许可是针对特定的人、特定的事作出的具有授益性的一种具体行政行为。四是行政许可是一种外部行政行为，是行政机关依法管理经济和社会事务的一种外部行为。五是行政许可必须遵循一定的法定形式，即应当是明示的书面许可，应当有正规的文书、印章等予以认可和证明。实践中，最常见的行政许可形式是许可证和执照。

9. 听证

也称"听取意见"，指行政机关在做出影响相对人权利义务决定时，应听取相对人的意见。我国行政处罚法规定，行政机关作出责令停产停业、吊销许可证或者执照、较大数额罚款等行政处罚时，当事人有权要求举行听证。在举行听证时，一般遵循如下原则：不重复听证原则，公开原则，公正原则，客观原则（如听证陈述人如实提供情况，要求媒体如实报道）。

10. 诉讼

指处于平等对抗地位、有纠纷的双方向处于中立地位的裁判方告诉其纠纷，并请求裁判方解决其纠纷的活动。根据内容和形式不同，诉讼活动分刑事诉讼、民事诉讼和行政诉讼三部分。其中，刑事诉讼指审判机关（人民法院）、检察机关（人民检察院）和侦查机关（公安机关含国家安全机关等）在当事人以及诉讼参与人的参加下，依照法定程序解决被追诉者刑事责任问题的诉讼活动。民事诉讼指公民之间、法人之间、其他组织之间以及他们相互之间因财产关系和人身关系提起的诉讼。行政诉讼俗称"民告官"，指个人、法人或其他组织认为国家机关作出的行政行为侵犯其合法权益而向法院提起的诉讼。

11. 司法鉴定

指在诉讼过程中，对案件中的专门性问题，由司法机关或当事人委托法定鉴定单位，运用专业知识和技术，依照法定程序作出鉴别和判断。司法鉴定实践中，人身伤害情况鉴定和犯罪嫌疑人是否患有精神病鉴定是常见的两种鉴定。

12. 行政复议

行政复议，是指公民、法人或者其他组织认为行政主体的具体行政行为违法或不当侵犯其合法权益，依法向主管行政机关提出复查该具体行政行为的申请，行政复议机关则依照法定程序对被申请的具体行政行为进行合法性、适当性审查，并作出行政复议决定。

13. 行政处罚

指行政机关或其他行政主体依法定职权和程序对违反行政法规尚未构成犯罪的相对人给予行政制裁的具体行政行为。目的在于维护公共利益和社会秩序，保护公民、法人或其他组织的合法权益。包括人身罚（如行政拘留）、行为罚（如责令停产、停业，暂扣或者吊销许可证和营业执照等）、财产罚（如罚款、没收违法所得、没收非法财物等）、申诫罚（如警告、通报批评等）。

14. 合同

又称为契约、协议，指当事人或当事双方之间设立、变更、终止民事关系的协议。依法成立的合同，受法律保护。作为一种民事法律行为，合同是当事人协商一致的产物。

15. 自首

指犯罪后自动投案，向公安机关、司法机关或其他有关机关如实供述自己所犯罪行。自首后可获从轻或减轻处罚。被采取强制措施的犯罪嫌疑人、被告人和正在服刑的罪犯，如实供述司法机关还未掌握的本人其他罪行的，以自首论处。

16. 仲裁

也称公断，指双方争执不决时，由第三者（仲裁机构）居中调解。遵循三条原则：一是双方当事人须是民事主体，包括国内、外法人、自然人和其他合法的具有独立主体资格的组织；二是争议事项是当事人有权处分的；三是仲裁范围必须是合同纠纷和其他财产权益纠纷。

17. 管辖权

指法院对案件进行审理和裁判的权力或权限。法院要对案件具有管辖权，必须同时满足两个条件：一是法院具有审理该类型的案件的权力；二是法院具有对诉讼中涉及的当事人作出影响其权利义务的裁决的权力。当事人如认为受诉法院或受诉法院向其移送案件的法院对案件无管辖权时，可向受诉法院或受移送案件的法院提出的不服管辖的意见或主张。另外，当事人在纠纷发生之前或纠纷发生之后，可以在书面合同中以协议的方式选择管辖法院或者协商选择管辖法院。

18. 民事调解

指法院在审理民事案件过程中，可在查明事实的基础上，根据自愿和合法原则，主持并促使当事人双方达成协议协商解决，是一种解决纠纷机制。

19. 国家赔偿

也称国家侵权损害赔偿，指国家机关及其工作人员因行使职权给公民、法人及其他组织的人身权或财产权造成损害，依法应给予的赔偿。一般包括行政赔偿、刑事赔偿。国家赔偿由侵权的国家机关履行赔偿义务。

20. 执行

指公安机关将法院已经生效的判决、裁定所确定的内容付诸实践的活动。被强制执行的通常有以下几种情况：查询、冻结、划拨被申请执行人的存款；扣留、提取被申请执行人的收入；查封、扣押、拍卖、变卖被申请执行人的财产；搜查被申请执行人隐匿的财产；强制被申请执行人交付法律文书指定的财物；强制被申请执行人迁出房屋或者退出土地；强制执行法律文书指定的行为；强制加倍支付；强制办理有关财产权证照转移手续等。

二、客户经理需阅读的主要法律及规定

（一）基础类

《宪法》、《刑法》、《民法通则》、《公司法》、《经济合同法》、《企业破产法》、《担保法》、《会计法》、《城市房地产管理法》、《国家赔偿法》、《公司登记管理条例》、《经济合同仲裁条例》、《企业财务通则》、《企业会计准则》、《国有资产评估管理办法》、《支付结算办法》、《现金管理暂行条例》、《境外投资外汇管理办法》、《中央企业境外投资监督管理暂行办法》、《国家出资企业产权登记管理暂行办

法》等。

（二）金融类

《金融保险企业财务制度》、《中国人民银行法》、《商业银行法》、《票据法》、《保险法》、《结汇、售汇及付汇管理暂行规定》、《贷款通则》、《金融企业准备金计提管理办法》、《企业证券管理条例》、《国有金融企业年金管理办法》、《商业银行资本管理办法（试行）》、《证券投资基金法》、《证券发行与承销管理办法》、《证券投资基金管理公司管理办法》、《基金管理公司特定客户资产管理业务试点办法》、《证券公司客户资产管理业务管理办法》、《证券公司代销金融产品管理规定》、《公开募集证券投资基金风险准备金监督管理暂行办法》、《证券投资基金销售管理办法》、《证券投资基金托管业务管理办法》、《非上市公众公司监督管理办法》、《保险资金投资债券暂行办法》、《保险资金委托投资管理暂行办法》、《保险公司控股股东管理办法》、《基础设施债权投资计划管理暂行规定》、《保险资金境外投资管理暂行办法实施细则》、《保险资金参与金融衍生产品交易暂行办法》、《保险资金参与股指期货交易规定》、《保险公估机构监管规定》、《保险专业代理机构监管规定》、《保险资金运用管理暂行办法》、《保险经纪机构监管规定》、《消费金融公司试点管理办法》、《中国银监会中资商业银行行政许可事项实施办法》、《商业银行理财产品销售管理办法》、《商业银行贷款损失准备管理办法》、《商业银行杠杆率管理办法》、《金融资产管理公司并表监管指引（试行）》、《商业银行信用卡业务监督管理办法》、《金融机构衍生产品交易业务管理暂行办法》、《信托公司净资本管理办法》、《商业银行集团客户授信业务风险管理指引》、《个人贷款管理暂行办法》、《流动资金贷款管理暂行办法》、《商业银行资产证券化风险暴露监管资本计量指引》、《商业银行资本充足率监督检查指引》、《商业银行银行账户利率风险管理指引》、《商业银行投资保险公司股权试点管理办法》、《商业银行流动性风险管理指引》、《商业银行声誉风险管理指引》、《消费金融公司试点管理办法》、《项目融资业务指引》、《固定资产贷款管理暂行办法》、《银行与信托公司业务合作指引》、《融资性担保公司管理暂行办法》 等。

　　鉴于各种法律在互联网或文献中一般都能查到，在这里就不再展开介绍。

　　客户经理如果没有系统地学习过法律知识，阅读法律文本难免感到枯燥，对其中蕴含的意义也不易深刻领悟。在这种情况下，客户经理可购买一些解读法律条文且配有案例的书籍进行阅读。

第三节　管理学知识

管理学知识庞杂而精深。我把管理学的诸多观点和内容整理于下，管中窥豹、抛砖引玉。

一、管理的一般理论及基本观点

（一）古典管理理论

总结古典管理理论的管理思想，主要有：为组织机构配备合适的人员；一个最高的主管或一个人管理的原则；专业参谋和一般参谋并用的原则；工作部门化原则；授权原则；职权相符原则；控制幅度原则等。古典管理理论主要包括科学管理理论和古典组织理论。

1. 科学管理理论

代表人物是泰勒。他强调标准作业和标准成本，以物为中心，以生产管理为核心。泰勒所进行的科学管理实验始终依据两个原理：作业研究原理，即改进操作方法以提高功效并以合理利用工时为目的；时间研究原理，即在动作分解与作业分析的基础上，制定标准的作业时间，以确定工人一天合理的工作量。泰勒的基本出发点有三个：效率至上、为谋求最高的工作效率可以采取任何方法、劳资双方应该共同协作来提高效率。科学管理的内容主要分为两个方面：①作业管理。如制定科学的工作方法、实行激励性的报酬制度、制定培训工人的科学方法。②组织管理。如改变凭经验工作的方法，把计划与执行职能分开；根据工人的具体操作过程，对分工进一步细化，实行职能工长制；例外原则，即企业高管人员把一般日常事务授权给下属管理人员负责处理，而自己保留对重要事项的决策权和控制权。

2. 古典组织理论

主要包括法约尔的组织管理理论和马克斯·韦伯的行政集权组织

理论。法约尔提出了管理的五要素：计划、组织、指挥、协调和控制，提出的 14 项管理原则：劳动分工、权力和责任、纪律、统一指挥、统一领导、个人利益服从集体利益、人员的报酬、集中、等级制度、秩序、公平、人员的稳定、首创精神、人员的团结。马克斯·韦伯理想的行政集权组织具有如下特点：有确定的组织目标，人员的一切活动都须遵守一定的程序；组织目标的实现，必须实行劳动分工；按等级制度形成一个指挥链；人员关系表现为一种非人格化的关系；承担每个职位的人都经过严格挑选；人员实行委任制；管理人员有固定的薪金，并且有明文的升迁制度和考核制度；管理人员必须严格遵守组织中的法规和纪律。马克斯·韦伯把权力分为三种：合理的法定的权力、传统的权力和神授的权力。

（二）行为科学理论

行为科学由人际关系学说发展而来，和工业心理学关系密切，后来又融合了人力资源学。今天已日臻成熟的行为科学来源于梅奥以及霍桑实验对人性的探索。

1. 霍桑实验

主要包括：①车间照明实验，以弄清照明强度对生产效率的影响。②继电器装配实验（福利实验），以找到更有效地控制影响职工积极性的因素。③大规模的访谈计划（访谈实验），以了解职工对现有的管理方式有何意见，为改进管理方式提供依据。④继电器绕线组的工作室实验（群体实验），以系统观察群体中工人之间（非正式组织）的相互影响。上述实验均以分组为基础，使不同工人在相同条件下工作，以发现某些影响工人行为的因素。通过霍桑实验，梅奥提出了人际关系的重要性和"社会人"假说，从而区别于科学管理理论的基础——"经济人"假说。

2. 个人行为研究理论

主要包括：①马斯洛的人类需要层次理论，认为人的需要按照重要性和发生的先后次序可分为生理上的需要、安全上的需要、感情和归属上的需要、地位或受人尊重的需要和自我实现的需要。②奥尔德菲的生存关系及发展理论，认为人的需要包括：生存、关系和发展。③赫茨伯格的双因素理论（激励—保健因素理论），该理论把企业中有关因素分为满意和不满意两类，满意因素属于激励因素，如：成就、赞赏、责任感等；不满意因素即保健因素，如金钱、监督、地位、个人安全等。④斐鲁姆的期望理论，认为人们从事各项活动能够得到的满足，与自己能否胜任这项工作和对这项工作的评价有极大关系。⑤波特和劳勒的综合激励模型，认为人们在工作中的努力程度取决于对报酬的价值、取得报酬所需要的能力即实际取得报酬的可能性的评价。⑥麦克利兰的成就需要理论，认为人有三类基本需要，即对权力的需要、对社交的需要及对成就的需要。不同的人对其中某种需要的需求程度是不同的。⑦麦格雷戈的 X－Y 理论，对人性作出两种假设，如 X 理论假设人生而好逸恶劳，所以常常逃避工作；Y 理论假设人并非生性懒惰，要求工作是人的本能。基于两种不同的假设，提出了不同的指导管理工作的方法。⑧沙因的复杂人假设，提出了四种人性假设，包括理性经济人假说、社会人假说、自我实现人的假说和复杂人的假说。

3. 群体行为研究理论

典型代表是勒温的群体动力学。勒温认为人的行为是他的个性与他理解的环境的函数，他的群体动力学的主要思想体现在：群体行为不是个体行为的简单相加，而是一个不断相互作用、相互适应的过程；作为非正式组织的群体有三个要素：活动、相互影响和情绪；群体处于均衡状态的各种力的力场中；群体的规模一般不大，与正式组织有着不同的组织目标和不同的领导方式，但与正式组织一样有一个组织结构（虽然不容易辨认）。

4. 领导行为研究理论

包括领导品质理论和领导方式理论。领导品质理论代表人物是美国行为科学家亨利，他在调查基础上归纳出成功领导者应具备的 12 种品质，包括思维敏捷，富于进取；勇于负责，敢担风险等。领导方式理论则包括：①美国坦南鲍姆和施密特提出选择领导模式理论，认为一个好的领导方式取决于领导者和被领导者所处的环境、任务的性质、职权的关系和团体的动力等，他们把领导的行为从独断型到放任型分成 7 个等级，形成一个连续的图谱。②美国行为科学家布莱克和莫顿的管理方格理论，他们画出一个坐标，用横轴表示对事的关心度，用纵轴表示对人的关系度，并将纵横轴划分成 9 格作为关系的标尺。③美国管理学家威廉·大内的 Z 理论。大内专门研究了日本的企业，并将日美两国的企业进行了比较，他将领导者个人决策和员工处于被动服务地位的企业称为 A 型组织，把以坦白、开放和沟通作为基本原则实行民主管理的企业称为 Z 组织。

（三）现代管理理论

1. 管理过程学派

代表人物是哈罗德·孔茨和威廉·纽曼。这一学派认为：管理就是在组织中通过别人或同别人一起完成工作的过程；管理工作是一种艺术，其基本原理和方法可以应用于任何一种现实情况；管理的职能包括计划、组织、人事、指挥和控制五项。

2. 社会系统学派

代表人物是福莱特和巴纳德。该学派从社会学的观点来研究管理，认为社会的各级组织都是一个协作的系统，进而把企业组织中人们的相互关系看作一种协作系统。

3. 决策理论学派

代表人物是赫伯特·西蒙。该学派认为，决策贯穿于管理的全过程，管理就是决策；决策分为收集情报、拟定计划、选定计划和评价计划四个阶段；决策的准则是"令人满意"而非"最优化"；强调信息联系尤其是非正式渠道的信息在决策过程中的作用。

4. 系统管理学派

该学派认为：组织是一个由相互联系的若干要素组成的人造系统；组织是一个为环境所影响，并反过来影响环境的开放系统；组织本身是一个系统，同时又是一个社会系统的分系统，它在与环境的相互影响中取得动态平衡；企业系统由传感、信息处理、决策、加工、控制、记忆和存储信息等子系统组成；强调用模型分析法来进行管理。

5. 数量管理科学学派

该学派以运筹学为基础，注重定量模型的研究和应用，以求得管理的程序化和最优化。该学派认为，管理就是利用数学模型和程序系统来表示管理的计划、组织、控制和决策等职能活动的过程，对此做出最优的解答，以实现企业的目标。

6. 权变理论学派

该学派认为，组织管理要根据组织所处的环境和内部条件的发展变化随机应变，没有一成不变、普遍适用、"最好的"管理理论与方法；权变管理是依托环境因素和管理思想及管理技术因素之间的变数关系来研究的一种最有效的管理方式。

7. 经验主义学派

代表人物有德鲁克、戴尔、斯隆等。该学派把实践放在第一位，认为管理学就是研究管理的经验，通过研究管理中的成功与失败来了解管理中存在的问题，进而进行有效管理；管理就是努力把一个人群或团体朝着某个共同目标引导、领导和控制；管理的任务包括取得经济成果、使企业具有生产性并使工作人员有成就感、妥善处理企业对社会的影响和应承担的社会责任；管理的职责在于造成一个生产的统一体（通过有效的资源配置使其得到充分发挥），并在决策时把当前利益与长期利益协调起来。

8. 经理角色学派

代表人物有明茨伯格。该学派认为，经理担任着 10 种角色：挂名首脑、领导者、联络者、信息接受者、信息传递者、发言人、企业家、故障排除者、资源分配者和谈判者。

（四）当代管理思想

1. 波特的竞争战略理论

竞争战略理论认为，企业的其他战略都是在成本领先战略、标新立异战略和目标集聚战略基础上制定的；分析竞争地位时，不应使用成本而必须使用价值的方法，即分析企业为买方创造的价值。

2. 约翰·科特的领导理论

科特认为，领导和管理是不同的概念，管理是计划、预算过程的确定和详细的日程安排，并调拨资源来实现计划；而领导则是确定经营方向和将来的远期目标，并为实现远期目标制定变革战略。只有当有力的管理和有力的领导联合起来，才能带来满意的效果；领导四要素包括：动力和精力、智力和智能、精神和心理健康、正直。

3. 彼得·圣吉的学习型组织理论

该理论认为，学习型组织包括 5 个组成部分：系统思考、自我超越、心智模式、共同愿景和团队学习；学习型组织的 8 个特征：组织成员拥有共同愿景，组织由多个创造性个体组成，善于不断学习，"地方为主"的扁平式结构，自主管理，组织的边界被重新界定，员工家庭与事业的平衡，领导者承担设计师、仆人、教师的新角色。

4. 戴明和朱兰的质量管理理论

戴明提出"14 要点"，包括：把改进产品和服务作为恒久目的；采纳新的哲学，不容忍粗劣的原料、操作、产品与服务；改良生产过程，而不是依靠大批量的检验；价格相对于质量才有意义，应与供应商建立长远的关系；全面对生产经营过程进行质量控制；用统计方法衡量培训效果是否有效；督导人员要让高层管理者知道需要改善的地方，管理者在知道之后必须采取行动；驱走恐惧心理；打破部门间的围墙；取消对员工发出的计量化目标；取消工作标准及数量化的定额；消除妨碍基层员工工作尊严的因素；建立严谨的教育及培训计划；创造一个每天都推动以上 13 项工作的高层管理机构。戴明还提出了著名的"戴明循环"，即计划、执行、检查和行动这四个过程周而复始地进行。"计划"包括方针、目标的确定及活动计划的制定；"执行"就是从事计划中的内容；"检查"就是总结执行结果，肯定成绩，查找问题，分析原因；"行动"把成绩与经验标准化，以便在后续工作中遵循，对尚未解决的问题，放到下一个循环中去解决。

戴明学说的核心可概括为：高层管理者的决心及参与；群策群力的团队精神；通过教育来提高质量意识；质量改良的技术训练；制定

衡量质量的尺度标准；对质量成本的认识及分析；不断改进活动；各级员工的参与。朱兰发明"朱兰三部曲"即质量计划、质量控制和质量改进，提出了"突破历程"的 7 个环节，即证明突破的急迫性；突出关键的少数项目；寻求知识上的突破；进行分析；决定如何克服变革的抗拒；进行变革；建立监督系统。朱兰还提出质量管理的 20/80 原则，即质量问题只有 20% 来自基层操作人员，80% 则由领导责任所引起的。

5. 迈克·哈默和詹姆斯·钱皮的企业再造理论

主张以工作流程为中心，重新设计企业的经营、管理及运行方式。业务流程重组依赖于现代化信息技术和高素质人才。企业再造的主要程序包括：对原有流程进行全面的功能和效率分析，发现其存在的问题；设计新的流程改进方案并进行评估；对制定与流程改进方案相配套的组织结构、人力资源配置和业务规范等方面进行评估，选取可行性强的方案；组织实施与持续改善。

6. 6σ 理论

6σ 是一项以数据为基础，追求几乎完美的质量管理方法。σ 在统计学上表示标准差，即数据的分散程度。对连续可计量的质量特性，可用 σ 度量质量特性总体上对目标值的偏离程度。6σ 的管理方法重点是将所有的工作作为一种流程，采用量化的方法分析流程中影响质量的因素，找出最关键的因素加以改进，从而达到更高的客户满意度。6σ 有 6 个主题，包括真正关心客户；以数据和事实驱动管理；针对流程采取相应措施；预防性管理；无边界合作。开展 6σ 有三个基本途径，即业务变革、战略改进和解决问题。

7. 标杆管理理论

该理论也就是说要瞄准标杆加强学习，以榜样的力量激励自己进步，因为"榜样的力量是无穷的"。"标杆"可以是组织中的某个人，也可是整个组织，也可能是自己目前尚无法达到的某种状态。

标杆管理作为一种方法是一个系统的、持续性的评估过程，通过不断地将企业流程与世界上居于领先地位的企业相比较，分析这些基准企业绩效的形成原因，建立本企业可持续发展的关键业绩指标及绩效改进的最优策略。标杆管理的首要点在于"标杆"，确定标杆的基准有二：内部标杆基准法（以企业内部操作为基准）和外部标杆基准法（以竞争对象为基准）。

8. 资源管理理论

主要观点包括：①公司的一切构成要素均为公司的资源，人、财、物、信息、无形资产、公司的外部资源和公司的社会价值及信誉等构成了一个独立法人单位的资源。②现代大公司的管理就是充分使用现有的各种资源，挖掘和创造新的公司资源，最大限度地把资源变成核心竞争力和核心优势，变成盈利的源泉，以最低的资源占用成本来实现公司的价值增加和长期可持续发展。③在相对封闭的市场环境中，公司的资源是有限的，但在开放的市场环境下，资源是流动的并且不断地进行再分配。有限的资源可以激活潜在的资源。④一个企业拥有的资源（现有的资源和未来可获得的资源）越多，该企业的生存力越强，企业的价值与拥有的资源成正比。⑤资源的价值需要鉴别。⑥公司资源可以分割和组合，但需要有效的配置和控制。⑦公司的各种资源中，人力资源特别是高级经理层资源是最重要的资源。

9. 价值管理理论

主要观点包括：①企业的任何经营管理活动，都要围绕公司价值的实现和增值。②价值管理以资本管理为核心，人力资本、资本化的资金等公司各种资本构成了公司价值的主体，资本的代价是最昂贵的，因此，需要加以最佳地管理。③价值管理可以细化到可以独立分割的每一项业务，任何一项经营活动或投资活动，都要定量化地测算、评估其占用资本的成本及其收益。价值管理充分考虑了每项业务的风险，业务收益要考虑风险因素，风险调整后的业务收益与该项业务占用公司资本比例可以作为该项业务决策的重要依据。收益大的业务不一定对公司的价值也大。④公司资本的机会成本通过价值管理可以直观体现出来。价值管理为公司的每项业务的决策提供了依据，也为公司有限资本的经营提供了组合管理的手段。⑤价值管理对于公司的资本运作和投资业务特别有用。

10. 风险管理理论

主要观点包括：①风险管理是指企业通过对风险的认识、衡量和分析，选择最佳的风险控制技术，以最少的成本达成最大的安全保障。②风险管理的基本原则。第一，多考虑损失潜在性的大小；第二，多考虑利得和损失间的关系；第三，多考虑损失发生的概率。③风险管理的程序。包括风险的鉴定与确认、风险的衡量与分析、选择风险管理的技术（控制型、财务型）、执行与评估。④风险管理的目标。损失发生前的目标包括节省经营成本、减少忧虑心理、满足外界要求、达成社会责任。损失发生后的目标包括维持企业继续生存、使得企业继续营业、使企业收入稳定、使企业继续成长和达成社会责任。⑤风险管理的功能。包括增进企业经营绩效、增强拓展业务的信心、提供决策的正确性、合理的利润和现金流量的预期、决定企业经营的成败、增强企业的信誉等级等等。

11. 危机管理理论

针对那些事先无法预想何事发生，但一旦发生后就会对企业造成极端损害的事件要未雨绸缪。企业要事前洞悉危机发生的潜在因素，列出危机评估表，并作出危机应对预案。危机发生后，"说真话，赶快说"、处理态度等都是需要重视的。

公司发展过程中任何时候都有出现危机的可能性。危机的出现会带来一系列负面影响，对公司的打击都是致命的。成功的企业能够控制危机的负面影响，控制危机的蔓延，做到化险为夷。越是成功的企业，越要重视危机管理。如果处理不当，不但对企业本身，而且对社会都会带来严重影响或重大损失。危机的形成有一个过程，但危机的爆发又是相对集中的。公司的危机事件来自企业自身、外部环境或者内外环境的混合作用。

公司的危机是可控的、可以化解的，但要实施有效的危机管理。危机管理要求企业具有预警、预控和应急处理系统。

危机管理的精髓在于发现、培育，以便收获蕴藏在危机之中的成功机会；而习惯于错误地估计形势，并令事态进一步恶化，则是不良危机管理的典型特征。

危机管理的基本程序包括：①危机的预防。这是控制潜在危机花费最少、最简便、最易取得实效、也是最容易被忽略的危机管理方法。现代企业时刻处于风险之中，要做好对人的管理，告诉每位员工他们的行为准则，避免某一个员工的失误对整个公司带来毁灭性打击；对于事关公司发展、有可能引发震荡的大事，如事关两家大型公众公司合并事宜的谈判，要使接触到秘密的人员尽量减至最少，且仅限于那些完全可以信赖且行事谨慎的人。当危机不可避免时，应确保风险与收益相称。对于无法避免的危机，要建立恰当的保障机制。②为可能到来的危机做好准备，比如，建立危机处理中心、事先确定危机处理小组成员、制定行动计划及沟通计划、建立重要关系、提供完备充足的沟通系统并进行测试以确定各种应对危机的指令能否通过该系统顺畅传递下去等。银行为防备自然灾害或其他灾害的破坏而建有计算机灾备系统，为预防流动性危机而建有应急预案。在为危机到来所做的各种准备当中，演习非常重要。③在危机出现时能够准确地辨认出危机并有效解决它。无论管理者愿不愿意面对现实，他必须去了解其他人对问题的看法并对问题的性质作出准确的判断。为保证对问题性质判断的准确性，管理者应聘请独立调查员、知情者来帮助了解情况。④危机到来时，管理者需要根据不同情况确定工作的有限次序。最重要的是要迅速采取合理的、果断的行动以控制住损失。危机爆发初期，用以支持作出准确决策的信息可能很少，也可能多到无法知道哪个信息是最重要的。面对或多或少的信息，管理层要迅速将一名高级管理人员派往事发地，并指定一个人作为公司的发言人，所有面向公众的发言都由发言人主讲，要坦诚对外界做最恰当的解释，在资讯异常发达的今天，一味沉默的效果最差，多个声音对外更是不理智。发言人可以首先说他并不了解事情的全部，然后再将知道的讲出去。要正确对待危机，迅速处理、公布消息，最后以最快的速度将问题解决。当危机解决时，应抓紧总结经验教训，以弥补危机造成的部分损失和纠正造成的错误，重新唤起公众的信任。

12. 全程供应链管理理论

全程供应链是指从供应商、产品研发、生产制造到市场营销、物流配送、客户的整个链条，以区别于传统意义上的内部供应链（采购—制造—销售）。对全程供应链进行管理的目的在于有效缩短客户到供应商的"时间距离"，从而缩短从客户需求提出到满足客户需求的响应周期。内部供应链管理关注于企业效率与效益，全程供应链管理关注于企业对市场需求的响应速度。

全程供应链管理是一种基于协同论、系统论的管理思想，它强调企业不仅需要加强自身内部能力建设，而且必须对与企业生产经营活动有关的所有资源进行合理的规划、利用与管理，包括：客户资源的管理、市场需求的分析、供应链资源的规划、企业内部资源的规划、产品的设计与制造、物流的运作与管理，尤其是要密切保持与供应商、销售渠道的协作关系，加强全程供应链各个环节的协同。

全程供应链管理主要借助信息系统应用来实现对全程供应链各环节业务运作进行管理，包括面向市场营销与客户服务的客户关系管理系统（CRM）、面向企业内部供应链管理的企业资源计划系统（ERP）、面向产品研发与协同制造环节的协同产品商务系统（CPC）、面向全程供应链的综合计划体系管理（SCM）、企业物流管理与第三方物流管理等。因而，全程供应链管理在很大程度上可看作是一场 IT 技术推动的管理革命。

实施全程供应链管理需要首先完成全程供应链各个环节业务模式的重组，包括：

（1）由"多次分销商完成产品销售"转向"直接市场营销"。由多次分销商完成产品营销，不仅失去了对客户需求的准确把握，而且也不能对客户需求进行快速响应。转向"直接"营销模式需要企业生产制造环节与产品研发环节的快速响应，需要 CRM 系统通过互动方式准确把握客户需求并接受客户的电子化定单，还需要发达的第三方物流体系做支撑，以解决企业对订单快速响应与运输成本之间的矛盾。

（2）由"一切由自己生产的生产制造模式"转向"外包与协同的生产制造模式"。将非核心业务进行外包，并与外包的加工商进行协同制造。在这种情况下，实现协同的全面计划管理将成为重要因素——实现原料供应商的及时补货与将产品分解成标准化组件变得非常重要。

（3）由"相对独立的产品研发与长周期突破性产品研发模式"转向"协同研发与产品知识管理的产品研发模式"。面对不断分散的个性化需求，产品多样化成为必然，这需要借助 CPC 系统进行组件设计、产品数据、工艺数据、组合方案等产品知识管理；借助 CPC 研发管理平台实现产品研发队伍的并行设计以及研发部门与企业内各部门、外部客户与供应商的协同设计。

（4）由"通过保持标准化产品一定库存量的方式来缓释客户需求变化"转向"通过第三方物流实现物流外包"。

13. 价值链管理理论

与全程供应链管理相得益彰的是价值链管理。价值链是指从产品原料采购、产品生产到销售、售后服务的整个过程。价值链管理的概念源于这样一种观点：企业应该从总成本的角度考察其经营成果，而不是片面地追求诸如采购、生产或分销等功能的优化。价值链管理的目的在于：通过对价值链各个环节加以协调，使产品成本降至最低和销售渠道畅通，实现最佳业务绩效，从而增强整个公司业务的表现。

当价值链的各个环节只是单独地完善自身，而不是把其目标和活动与其他部门整合在一起的时候，整个链条的功效就无法发挥至最大。只有价值链各个环节之间必须进行协作，才能实现价值链的最优化。价值链始于客户，终于客户。对客户需求的绝对重视，是价值链发展的原则和目标。要对整条价值链实施有效的管理，就需要在价值链的各个角色间建立相互信任关系。建立信任关系的关键则是公平地对待弱小的合作者，包括从结果可以贯彻到的分配公平和从过程中察觉到的程序公平。

14. 品牌管理理论

品牌是"企业与其消费者之间那种信任的价值的资产化"（强生

公司前任首席执行官詹姆斯·伯克）。对企业而言，品牌是其最重要的资产，无论怎样精心呵护都不为过。

创建品牌不仅仅是做广告那么简单（市场细分和不断上升的成本以及较差的媒体效果，使大众媒体广告在品牌创建中只能发挥有限的作用），而是一个复杂的系统工程；同时，即使品牌已经建立，也并不意味着可以高枕无忧，品牌的价值在不停地波动。品牌管理的前提是革新品牌管理理念，对品牌实施全方位管理。

创建成功品牌需要：①高级主管密切关注和积极参与创建品牌，并积极地使品牌的创建成为企业战略计划的一部分，从而使创建品牌的方式与企业对品牌的总体规划完美地结合起来。②企业意识到明确自己的品牌形象的重要性。品牌形象是任何品牌创建计划的基础，它解释了公司、产品和服务到底是什么。品牌形象由品牌名称、专门用语、商标和符号、颜色、公司的宣传及视觉风格等组成。一个公司必须有一个强大的、清晰的、内涵丰富的品牌形象定位，这个形象必须能够使那些设计并执行宣传计划（无论是企业内部的还是外部的）的人不会向消费者传递错误的信息，同时这个形象还必须相对固定，不能随着产品和管理人员的变化经常飘忽不定。一个清晰的、有效的品牌形象应该与企业的发展理念及企业的文化和价值观联系起来，且公司上下都能够对这个品牌形象有恰当的理解和认可。③强大的品牌通过塑造和支持它的品牌形象来提高其知名度，知名度可以象征领导地位、成功、品质、财富，企业必须确保所有提高品牌知名度的努力都与它们的品牌核心定位紧密相关，与它们的品牌形象保持一致，并使其成为对品牌形象的有力支持。④让客户参与企业的品牌创建过程。⑤企业内部必须有一个人或者一个团队对品牌建设负责任。这个人或者团队必须有能力、有权威、有内在动力来确保品牌形象在多种媒体中都是一致的。⑥连续不断地对产品改进进行投资，以强化品牌在客户心目中的地位以及在竞争中维持高价的能力。⑦利用一个品牌进入高一等级或者低一等级市场的风险，比这种品牌最初推出时的风险还要大。因此在进行品牌扩张前，企业应该确定这一行动带来的回报是否值得去冒风险，机会有多大？对品牌扩张，要慎重对待。如果实在找不到更好的对策而必须进行品牌扩展时，应对新进入市场进行品牌的重新定位，以避免新市场的风险对既有品牌形成不利冲击。

15. 管理职能理论

一般认为管理职能包含以下几个方面：①计划，即对一个组织所要达到的目标及其实施手段作出安排。②指挥，即上级决定下级应该做哪些工作和不应该做哪些工作。③协调，即上级就某项工作或企业的全部活动中产生的矛盾在具有不同职能的下级间进行协调安排。④控制，即为保证上级命令的贯彻，对决策执行过程中出现的问题进行反馈，为重新决策提供必要的信息。⑤组织，即把人财物等生产要素在一定的时间和空间范围内合理地配置，促成各要素协作并有效发挥作用。⑥激励—约束。激励就是激励者推动被激励者采取某一行为；约束就是使下级服从自己的愿望、不采取某一行为。

16. 管理组合理论

主要观点有：①管理既有共性又有个性，共性的特征不能少，个性的特色不能缺；每个企业都有自身的管理模式。②管理是一个动态的过程，是个不断创新追求完美的过程。③管理是一种可以增值的资源。④二流水准的管理不能造就一流的公司；一流的公司一定有一流的管理。

（五）重要管理理念与方法

1. 墨菲定律

墨菲定律的经典论述是："如果坏事有可能发生，不管这种可能性多么小，它总会发生，并引起最大可能的损失。"从这论述引申开去，出现了一些墨菲定律的变种，如"别试图教猫唱歌，这样不但教不会猫唱歌，反而会惹猫不愉快"、"不要与不讲理的人吵架，因为旁边的人搞不清到底是谁不讲理"、"千万别认为自己是单位必不可少的人物，地球离开谁都会照样转"、"抓住今天尽情娱乐吧，说不定明天自己就要倒霉了"、"好的开始并不意味着结果也好，而坏的开始往往意味着结果更坏"等。墨菲定律告诉我们，"犯错误"是人类与生俱来的特性，所以，犯错误并非不可饶恕，犯了错误不吸取教训并加以改正，才是不可饶恕的。实际上，"犯错误"也有两个好处———是你知道了这样做是不行的，二是你有了重新开始的机会。当然，人还是要尽量少犯错误。面对人类易犯错误的特性，人最好还是尽可能想得周全一些，慎重决策，防止不必要的损失。

2. 蘑菇定律

对于刚刚进入企业工作的新员工，领导者往往将其分配到不太受重视的部门，承担一些不太重要的工作，且对这些新人的要求往往很高，还会经常对他们的工作提出指责、批评与抱怨（之所以称为蘑菇定律，是因为这些新人就像蘑菇一样往往是在不太引人注目的地方成长）。通过勤奋学习、尽快适应单位氛围、作出工作成绩等方式，一些新员工会从"蘑菇期"走出来，成为组织的正式一员而被接受，而有的新员工往往就消沉下去，这样就会更无出头之日了。

3. 蝴蝶效应

由极小的原因，经过一定的时间，在其他因素的参与作用下，有可能就发展成巨大和后果非常复杂的局面。事物之间可能本来毫不相干，但可能共同造成意想不到的后果。它启发人们，要防微杜渐，一定要注意一些微小的瑕疵，把不好的苗头消灭在萌芽状态。

4. 手表定律

只有一块手表，可以明确地知道时间，但当拥有两块或两块以上的手表时，你就不会知道哪个手表时间是更准确的了。也就是说，当你面临较多的选择时，你会产生矛盾或面对让你为难的抉择。这启示我们，不能同时采取多种不同的管理方法，不能同时设置自相矛盾的企业发展目标，不同让多个人去管理一个人，独裁式的企业管理方式可能优于民主式的企业管理方式等。当一个人面对矛盾决策的时候，凭直觉往往是一种好的决策方式——直觉往往是个人既往经验的沉淀下来后的直观反应。

5. 鲇鱼效应

一个组织或部门，如果人员长期固定，彼此过于熟悉，就易产生惰性，组织就会失去活力。要想调动组织内部现有人员的积极性，一个有效的办法就是引进能干的人员（"即引进鲇鱼"），从而给组织内部原有的人带来紧张感，使这些人能调动和发挥自身潜能，积极进取，整个组织也因此重新充满生机与活力。

6. 羊群效应

也就是"随大溜"、"盲目从众"。指由于群体的引导或给予的压力，会使一个人的行为朝着与大多人一致的方向变化。典型的表现是，在一个组织中，一个人往往会在刚好完成定额时松懈下来，因为干不够定额，会影响集体的业绩，而干得太多，又往往会引起大家的不满。有个笑话，说的也是这个道理：一群企业家在天堂开会，其中一个企业家说了句"地狱发现黄金了"，结果其他企业家都从天堂跑到地狱去了。看到大家都去地狱了，说这句话的企业家就琢磨"难道地狱真得发现黄金了"，为了不使自己受损失，这个企业家就也跑到地狱去了。羊群效应启发人们，企业管理中一定要选好"领头羊"，好的"领头羊"可带领大家奔向组织目标。

7. 木桶定律

一只沿口不一的木桶，盛水的多少，不取决于木桶上最长的那块木板，而取决于最短的那块木板。同样，要想提高木桶盛水的容量，不是去加长那块本来就长的木板，而是去加长最短的那块木板才行。这启发人们，决定一个企业（团队）实力是否强大的不是那个能力最强的人，而是那个能力最弱的人，所以要特别重视企业的薄弱环节。

8. 棘轮效应

企业就像一个大轮子，开始推它转动时会费很大的力气，随着你锲而不舍的推动，轮子会转得越来越快。到后来，你只有轻轻一推，这个轮子就会飞快地旋转。企业战略的实施、企业转型的推进都适合用"棘轮效应"来描述。

9. 光环效应

如果对人或物的某些品质或特点印象深刻，或者有好印象，往往就会爱屋及乌，由这个人或物向周围的人或物进行扩散，从而喜爱上周围的人或物，而往往忽视人或物的一些固有缺点。对这种心理上的效应，人们往往用在营销活动中，如聘请明星代言某种商品——明星和商品本身无必然联系，但人们由于喜爱这个明星而会购买他代言的商品。

10. 帕金森定律

对一个能力平庸的管理者来说，他不会主动把自己的位置让贤给能力最强的人，因为这会对他造成损失，他也不会选择一个能干的人来做他的助手，因为这个助手可能最终会取代他，最为保险的做法是选择两个水平比他低的助手，因为这样自己就可继续发号施令了。结果是依此类推，整个组织都变得更加平庸。

11. 80/20 定律

80% 的价值来自 20% 的因子，其余的 20% 的价值来自 80% 的因子。这启发人们，要"有所为，有所不为"，要抓关键的人，关键的事，关键的项目，关键的环节，关键的岗位等，确保重点突破，以重点带动全局。

12. 奥卡姆剃刀

也就是"把简单问题复杂化"：人类为了文明的发展与进步，制造了许多其实有害无益的东西，而这些东西正在把人类自己压得喘不过气来。比如，人们物质生活很富足，但幸福感和满足感却出奇的差，高血压、肥胖病出奇的多，很多在普通人看来非常成功的人士却感觉"过得没意思"，等等。组织也是如此，组织发展越来越庞大，但很多可有可无，甚至没必要存在的部门是人为制造出来的，结果造成机构臃肿，效率低下。出路在于把"无用的累赘"通通"剃"掉，回归简单。

13. 华盛顿合作定律

指合作中出现"1＋1＜2"的情形，也就是"一个和尚挑水吃，两个和尚抬水吃，三个和尚没水吃"。华盛顿合作定律最典型的表现就是"办公室政治"：员工钩心斗角，互相推诿扯皮，给其他员工工作设置障碍，贬低别人抬升自己等。

14. 马太效应

也就是"赢者通吃"、"贫者越贫，富者越富"。资源会向能力强的少数人身上集中，而弱者只能占有较少的社会财富。

15. 皮格马利翁效应

积极的期望会促使人们向好的方向发展，而消极的期望会使人向不好的方向发展。也就是说，通过对一些表现不那么好的员工传达他会表现得越来越好的意思，这些表现不好的员工就真的会表现得越来越好。换句话说，就是"说你行，你就会真行；说你不行，你就会真的不行了"。这一效应启示我们，要多欣赏别人，多赞美别人，这样才能真正激发别人的能力与积极性。

16. 破窗理论

如果有人打坏了一个建筑物的窗户玻璃（抑或汽车的窗玻璃），在这扇窗户得不到维修的情况下，其他人就好像得到某些暗示允许去打坏更多的窗户玻璃。因此，对一些"小奸小恶"也要及时制止，这是因为可能"千里之堤，溃于蚁穴"。

17. 多米诺效应

一个企业倒闭了，会连续倒下许多个企业，就像排成一列的骨牌，只要一张骨牌倒下，就会压倒紧邻的另一张骨牌，而被压倒的这张骨牌又会压倒紧邻它的另一张骨牌，直到所有骨牌都被压倒，因此，要学会防微杜渐，争取不让第一张骨牌倒下。

18. 彼得原理

在层级组织中，每个人都会由原来能够胜任的职位，晋升到他无法胜任的职位，无论任何阶层中的任何人，或迟或早都会面临同样的"天花板"，而人一旦意识到自己看到"天花板"了，就易变得心灰意冷而"破罐子破摔"。为防止人们出现此种情况，彼得提出了改善生活品质的多种方法，如再度肯定自己，时时犒劳自己，回溯个人历史等。

19. 路径依赖定律

一旦作出某种抉择，就好比走上了一条不归路，惯性的力量会使这一抉择不断自我强化，并让人轻易无法走出去。小说《围城》中有句话"换生不如守熟"实际上就是路径依赖的结果。

20. 时间管理

对组织和个人来讲，时间都是潜在的资本，通过管理也可产生效益。加强时间管理，就要做好计划，排好处理顺序，合理分配有限的时间，通过充分授权让其他人从事本不由自己干的工作。

21. 赋权管理

给予下属以决策和行动的权力，也就是给下属以更大的自主权和独立性。这比单纯的授权更会调动下属的积极性（授权只是把自己的权限让下属行使，自己仍握有全部权力）。当然，赋权并不是把自己的权力全部交出去，赋权人依然是重大问题的决策者，他只是把不太重要的权力交给下属去行使。

22. 沟通管理

人的因素是企业成功的关键，企业管理说到底就是做人的工作。所有的管理问题归结到最后都是沟通问题。孙武曾说："上下同欲，士可为之死，为之生。"做好沟通管理，管理者要能平心静气地倾听下属谈话、经常给下属以鼓励。

23. 5S 管理

5S 是整理（Seiri）、整顿（Seition）、清扫（Seiso）、清洁（Seiketso）、素养（Shitsoke）五个英文单词的首个字母，意为对工作现场各个要素所处状态不断进行整理、整顿、清扫、清洁和提高素养的管理，以提升管理水平和工作效率。整理就是把与工作无关的东西从工作场所拿开，将有限的"空间"留给工作所用；整顿就是要把工作用的东西按规定摆放整齐，目的在于不在找东西上浪费时间；清扫就是打扫工作场所，保持工作场所干干净净；清洁就是将整理、整顿、清扫的做法制度化、规范化，以便长久坚持下去；素养就是按规定行事，养成良好的工作习惯。

24. EVA 管理

即增加值管理。增加值是减去所有资金成本的运营回报，亦即税后的营业利润减去债务和权益资本的使用成本后的差额。与传统管理不同，EVA 管理考虑了权益资本的机会成本，是对一个企业真实经济利润的衡量。企业一般将 EVA 与高管薪酬挂钩，以有效激励企业高管。

25. OEC 管理

又称"全面重量管理"。海尔集团实行的"日清日高管理"即属此类。OEC 强调全面管理、全过程管理、全方位管理和全员参与管理，要求今天的工作必须今天完成，今天完成的事情必须比昨天的要有进步，明天的目标必须要比今天的高。该管理方法要求首先确立目标，然后要求每天完成每天的目标，最后要有激励挂钩制度。

26. 柔性管理

与制度约束、纪律监督等刚性管理不同，柔性管理强调依靠激励、感召、启发、诱导来进行管理。因而，共同的价值观和文化、良好的工作氛围等对企业至关重要。柔性管理强调被管理人的"自我改善、自我约束"，"爱人"是该管理的思想精髓。

27. 走动管理

各级主管不应老坐在办公室里，应经常四处走动，和员工、客户直接沟通，了解员工的工作情况，干得如何，有何困难，有何意见，客户有何需求等，从而对症下药。走动管理应避免"出巡式"走动、"闲逛式"走动、瞎指挥、乱干预。

28. "倒金字塔"管理

一般的管理架构都是金字塔型，即从董事长、总经理，到中层管理者，再到基层员工，强调的是员工的执行者角色。而"倒金字塔型"强调的正好相反，即管理者在下边。该管理方法强调赋予一线员工充分的权力，只要处理得当就不必事事请示，管理者做好的就是对一线员工的服务，为员工的舒心工作创造良好的环境。

29. 波特"五力"模型

任何一个行业都存在五种基本的竞争力量：潜在的行业新进入者、替代品的竞争、顾客讨价还价的能力、供应商讨价还价的能力以及现有竞争者之间的竞争。这五种基本竞争力量的状况及综合强度，决定着行业的竞争激烈程度，从而决定着行业中最终的获利潜力以及资本向该行业的流向程度。

30. 麦肯锡 7S 模型

一个组织在发展过程中，应全面考虑"硬件"及"软件"因素。前者包括战略、结构和制度，后者包括风格、人员、技能和共同的价值观。这七个因素都与组织的成功息息相关。该模型指出，硬件和软件因素同等重要。该模型是一种静态的搭配。为突出创新，打破现状，有专家提出新的 7S 原则：更高的股东满意度、战略预见、瞄准速度的定位、瞄准出其不意的定位、竞争规则不利于竞争对手、表明战略意图、同时发动系列的战略攻击。

31. SWOT 分析

即综合考虑企业内部条件和外部环境的各种因素，通过系统评价后，从中选择最佳的经营战略，又称"优势、劣势、机会、威胁"四因素法。核心思想是发挥优势因素，克服弱点因素，利用机会因素，化解威胁因素，考虑过去，立足当前，着眼未来，选择最有利决策。

32. 波士顿矩阵法

该方法认为，企业的业务可分为四种类型：一是"问题型"，即高市场成长率、低相对市场份额的业务。这类业务往往是新业务，需要新的资源投入。二是"明星型"，即高市场成长率、高相对市场份额的业务。这类业务带给企业希望，要求企业能慧眼识别出此类业务加以资源投入，以使其发展成"现金牛"业务。三是"现金牛"业务，即市场成长率低、市场份额高的业务。这类业务能够企业带来大量利润。四是"瘦狗型"，即市场成长率低、市场份额低的业务，这类业务通常微利甚至亏损，但由于经营多年，就像一条养了多年的狗一样不忍丢弃。对上述四类业务，一般对应着四种战略目标，即发展、维持、收获和放弃。

二、决策

对于一个组织而言，决策的质量是成败的关键，决策的实施也就是运用组织资源的过程；对于决策者个人而言，决策的高质量是有效管理者的重要标志。可以说，无论是对组织还是对个人，决策都是管理的灵魂。决策不能依赖于常识或者猜测，而应利用清楚、理性的决策框架或者说系统的防范进行理性决策。

科学的决策步骤能有效保证决策的质量。彼得·德鲁克将决策划分为如下步骤：①将问题分类。问题是普遍的还是特殊的，将决定采取何种解决方案。如果问题是普遍性的，则需要一个准则、政策或者原则，一旦找出正确的准则，普遍性的问题都可根据实际情况加以解决；如果问题是特殊性的，则需要单独处理，管理人员无法为异常事件制定准则。②定义问题，即我们要处理的是什么。为了免受不完全定义的危害，应该反复检查所有可以观察的事实，一旦定义不能包含任何事实，就应该抛弃该定义。③详细说明问题的答案，即决策要达到的目标是什么，所要达到的最低目标是什么，必须满足什么条件。④决定什么是正确的，而非什么是可以接受的。⑤将决策转化为行动。只有决策者指定了决策的执行人及其具体责任之后，决策才算作出。在此之前，它仅是一个好的意向。在这个阶段，需确定如下问题：谁必须知道这个决定？应该采取什么行动？由谁来执行？怎样才能使执行它的人可以做到？⑥用实际事件检验决策的可行性和有效性。

如果说彼得·德鲁克划分的决策步骤较为理性的话，下面的决策步骤则显得比较实用：①确定决策目标。②将决策目标分解。从时间上可分解为短期目标、中期目标和长期目标，从内容上可分解为产品目标、生产目标、市场目标、技术目标、财务目标、人事目标等。③收集决策所需的信息的收集。决策所需的信息主要通过政府机构、工商企业、研究机构、专业学会、订货会等渠道来获得。④作出决策。吸收职工及外围专家参与决策，但最终决策者只能是公司有关决策主体。应建立决策权与决策责任对应制度。⑤修正并完善决策。

为避免作出错误决策，应该避开决策中的隐蔽陷阱。约翰·哈蒙德等研究出 8 种最有可能影响商业决策的心理陷阱：①锚定陷阱。即给最先接受的信息以不相称的权重。②现状陷阱。即人们即使有更美好的选择却倾向于维持现状。③沉没成本陷阱。即人们容易重复过去的错误。④证实性陷阱。即人们倾向于去寻找可以支持现有偏好的信息，而忽视反面的信息。⑤框定陷阱。即人们由于不恰当地阐述了某个问题而影响了整个决策过程。⑥过分自信陷阱。即高估预测的准确性。⑦谨慎陷阱。即人们在估计不确定性事件时过分小心。⑧可回忆陷阱。即人们给最近发生的、鲜活的事件以过多的权重。避免上述陷阱的最好办法就是警觉，做好预先提防、预先准备。

决策理论并不排斥直觉的作用。它认为，直觉是一种洞察模式的能力，而自我反省可以增强这种能力。某些人作出重大决策时往往不依赖于任何逻辑分析而依赖于"直觉"、"本能"、"预感"或者"内心的声音"。

三、战略

从不同视觉可以对战略作出不同的理解：战略是计划（"向前看"，又称为预先构想的战略）；战略是模式（"向后看"，又称为已经实现的战略，主要是参考过去的行为）；战略是定位，即特定产品在特定市场中开创独特的市场位置；战略是观念（"向下看"是为了找到产品与客户需求的结合点，"向上看"是为了寻找外部市场）；战略是策略，即为了智取对手或竞争者而设计的特定谋略。战略存在于不同的层面上：企业有企业战略（企业应从事什么行业）和经营战略（即企业如何在所处的行业内竞争）。

（一）总体战略

总体战略是企业的基本战略。按战略确定的中心不同可划分为低成本战略（包括价格求廉战略和数量求多战略）、差异化战略（包括品种求新战略和质量求优战略）和重点战略（将力量集中于某一特定市场或特定产品）。按质量涉及的地区范围可划分为全领域战略（涉及范围是全国乃至全世界）和局部领域战略（着重在夹缝中求发展）。按企业偏离战略起点的程度不同，总体战略可分为退却型战略、稳定型战略和发展型战略。退却型战略，即采取从企业现有战略基础起点往后倒退的战略，这种战略一般在经济不景气、需求紧缩、资源有限、产品滞销时采用，包括以退为进战略和失败型的退却战略。稳定型战略，即企业采取措施防御竞争对手，但不主动出击，包括积蓄力量等待大发展的战略和顶住威胁、维持现状的战略。发展型战略，就是企业在现有基础水平上向更高一级的方向发展，包括集中生产单一产品或服务；纵向一体化，即前向一体化（自行销售、控制市场）和后向一体化（控制原材料供应商）；横向多样化，即同生产或销售同一产品的企业联合，或控制该企业；混合多样化，即向不相关的方向发展；同心多样化，即向与本企业相关的方向发展，如提供相似的服务、生产相似的产品。

（二）职能战略

职能战略主要有市场战略、产品战略、技术战略和联合战略。市场战略包括市场选择战略（包括推出战略、维持战略和发展战略）和市场发展战略（包括市场开发、市场渗透、产品开发及其混合战略）。产品战略包括一产品对一市场、一产品对多市场、多产品对一市场等战略。技术战略包括技术领先、技术尾随、技术模仿等战略。联合战略包括联合经营、合并、合资等战略。

（三）战略关系

战略关系主要有与顾客的关系、与供应者的关系、与竞争者的关系等。与顾客的关系主要是服务与被服务的关系、卖与买的关系、选择与被选择的关系、争夺与被争夺的关系。与供应者的关系同与顾客的关系相似，只不过方向相反。与竞争者的关系体现在相互争夺市场和努力控制对方两个方面。

在处理战略关系时，应该：①发现顾客需求差异，满足顾客差异需要。②增强对供应者的吸引力，在资源供不应求、资源争夺激烈及旨为解决资源供应的后顾之忧时，可谋求与供应者联合。③建立优势实力，增强与竞争者的抗衡能力。为减弱相互间的竞争及联合起来对外时，可考虑与竞争者联合。

（四）战略管理

公司战略决定公司的未来走向。在战略管理、资本经营和日常经营管理三者之间，战略管理是第一位的。公司战略是公司高层的首要任务。所谓战略管理就是制定、实施、评价企业战略以保证企业组织有效实现自身目标，重点涉及跨越营销、技术、组织、财务、研发、人力资源等职能领域的综合性问题。战略管理有两项任务是必须做的：对企业的外部环境和内部条件进行 SWOT 分析，即分析企业内部所具有的优势和弱点，及企业在外部环境中所面临的机会和威胁；建立竞争优势。战略制定过程的管理可采取如下步骤：确定战略经营单位；选择战略制定方式（自上而下制定、自下而上制定、上下结合制定、专门小组制定）；加强制定过程管理。战略实施过程的管理有两种模式：指令型实施模式和吸收有关单位共同参与模式。在战略管理活动中，应向组织成员灌输一种企业文化，以促使战略的顺利实施。在战略控制过程中，管理的主要任务是采取适当手段，使不适当的行为没有产生的机会，从而达到无需控制的目的。控制则包括具体活动的控制、成果的控制及人员控制。

从理论角度看，战略管理理论经历了以环境为基础的经典战略管理学派、以行业结构分析为基础的竞争战略理论、以资源和知识为基础的核心竞争力理论以及到目前的基于核心竞争力的企业战略联盟理论四个阶段。按照亨利·明茨伯格的划分，战略管理可分为十大学派：

1. 设计学派

设计学派就是设计出一个战略制定的模型以寻求内部能力和外部环境的匹配。该学派着重强调对外部和内部环境的评价：前者是揭示潜在的机会和威胁，后者要总结组织的优势与劣势。战略经过评估一经确定，接下来就要执行，该学派认为战略形成是一个孕育过程。

2. 计划学派

计划学派强调战略规划的作用，认为组织的任务是从事某种必要的战略规划，而"阻碍"组织从事战略规划的首要原因是高级管理者不够重视，战略形成是一个程序化过程。大多数战略规划模式都具有一个相同的基本思想：采用 SWOT 模式并将其分解成清晰的若干步骤，运用大量的分析材料和分析技术来完成每一个步骤。步骤开始时，重视目标的设定；步骤结束时，重视预算和经营计划的评估。

3. 定位学派

定位学派不仅强调战略制定过程的重要性，也强调战略自身的重要性，它通过聚焦于战略的内容将战略管理领域中的研究从传统的说明性分析扩展到实际调查。该学派认为战略形成是一个分析过程。

4. 企业家学派

企业家学派不仅将战略形成过程完全集中到一个领导人身上，而且强调某些与生俱来的心理状态与过程，如：直觉、判断、智慧、经验和洞察力。认为战略形成不是集体和文化的结晶，而是个人、领导者构思的产物，是一个构筑愿景的过程。

5. 认知学派

认知学派借鉴人类认知学科的相关知识，特别是认知心理学领域的研究成果，探索战略形成过程的本质，认为战略形成是一个心智过程。认知学派有两个分支：一个分支倾向于实证主义，它将知识的处理与构建看作一种试图勾画客观世界的结果（战略家的眼睛就像照相机）；另一个分支则认为所有的认知活动都是主观的，战略就是对世界的某种解释。

6. 学习学派

学习学派认为战略是个人或者群体在开始研究某种情境以及研究组织应对情境的能力时自然产生的，而非通过规划形成的。强调的是战略家必须不断地学习，战略学习的新方向包括：学习型组织、演化理论、知识创造、动态能力方法和混沌理论。

7. 权力学派

权力学派从权力（影响力）和政治等因素入手，把战略形成看作是一个明显受权力影响的过程，强调当权者将权力和政治手段应用于战略谈判以获得特殊利益。这一学派有微观权力和宏观权力两个分支，前者是关于组织内部的个人或团体的权力，后者则反映了组织与其环境（供应商、客户、竞争者、政府官员等）之间的相互依赖性。

8. 文化学派

文化是人类学的核心概念，文化学派认为战略形成是根植于文化、受社会文化驱动力影响的过程，它关注文化对保持战略稳定性的影响。

9. 环境学派

环境学派把环境定位于战略形成过程中的三大力量之一（其他两个是领导力和组织），它认为组织是消极被动的，当外界环境发生变化时，组织会花费时间应对这种变化，并重新调整自己的议事日程，战略的制定过程就是一个映射外部环境的过程：要么组织按环境要求改变自己，要么使战略选择从组织和领导力中脱离出来并融入到环境中。

10. 结构学派

结构学派认为如果一个组织选择了一种存在状态（组织状态既有稳定连贯的时期，也有动荡变化的时期），那么战略制定就是组织从一个状态向另一个状态跃迁的过程。换言之，变革是结构的必然结果。结构学派描述了既定状态下战略的相对稳定性，同时穿插着偶尔向新战略的显著飞跃。

（五）作为战略实施工具的平衡计分卡

平衡计分卡（BSC）由罗伯特·卡普兰和大卫·诺顿在对绩效测评方面处于领先地位的 12 家公司进行为期一年的研究后发明的一种绩效管理模式，后来在实践中扩展为一种战略管理工具。平衡计分卡是世界上流行较广、被誉为"75 年来最具影响力的"战略管理工具。

平衡计分卡以企业的战略为基础，并将各种衡量方法整合为一个有机的整体，它既包含了财务指标，又通过顾客满意度、内部流程、学习与成长的业务指标来补充说明财务指标。其特点是始终把战略和愿景放在其变化和管理过程中的核心地位，使企业在保持对财务业绩进行关注的同时，管制卓越而长期的价值和竞争业绩的驱动因素。从人力资源管理的角度来看，平衡计分卡系统地反映了人、财、事、物的完美统一。

平衡计分卡以平衡为诉求，寻求财务指标与非财务指标、长期目标与短期目标、结果性指标与动因性指标、企业组织群体与外部群体、领先指标与滞后指标之间的平衡。针对不同的市场地位、产品战略和竞争环境，应用者应设计出各具特色的平衡计分卡，以便使之与自己的使命、战略、技术和文化相符。在我国，越来越多的领域开始运用平衡计分卡，其中包括金融领域。

平衡计分卡的核心思想就是通过四个维度指标之间的因果关系展现组织的战略轨迹，实现绩效"考核—绩效"改进以及战略实施—战略修正的战略目标过程。每个维度的战略目标及指标体系如表4－6所示。

表4－6　平衡计分卡的四个维度

维度	战略目标	指标体系
财务维度	股东价值	收入增长指标、成本减少或生产率提高指标、资产利用或投资战略指标。更加具体的指标包括经济增加值、净资产收益率、资产负债率、投资报酬率、销售利润率、成本降低率、现金流量净额等。
	增加收入/降低成本	
	提高资产利用与投资	
客户维度	赢得更多的客户	市场和客户份额、客户保持率、客户获得率、客户满意度、客户获利率、客户利润贡献率。
	成为价格领导者	
	改善运营效率	
内部流程维度	降低成本计划	评价企业创新能力的指标，如新产品开发所用时间、开发费用与营业利润比例；评价企业生产经营绩效的指标，如产品和服务的质量/成本；评价企业服务绩效的指标，如企业对产品故障的反应时间与处理时间。
	建立知识管理系统	
	减少非增值的活动	
学习与成长维度	培训的最佳实践	评价员工能力的指标，如员工满意程度、员工流失率、员工生产率、员工培训次数；评价企业信息能力的指标，如信息覆盖率；评价激励、授权与协作的指标，如员工所提建议与采纳的数量。
	关于运营绩效的数据库网络	
	围绕核心竞争力重新整合组织	

从企业实践看，平衡计分卡的实施流程包含以下几个环节：

（1）确定一个明确的战略目标，且这一目标能够在整个组织内部得到沟通和广泛的认同。

（2）确定战略主题来界定战略活动的范围与主要任务，从而保证战略总目标的实现。

（3）开发战略地图。各维度指标确定后，所要做的就是在选择的指标之间寻找因果关系链条并绘制战略规划图，以便使得企业通过相互支持、逻辑关联的指标来最直观地反映出企业的战略。进行因果链分析的重要工具是价值树模型，即在指标之间寻找对应的逻辑关系，在价值树模型图上分别列出企业的战略目标、对应的关键绩效指标及驱动这些指标的关键驱动流程及对应的指标，最后确定可能要涉及的部门。

（4）设计能够反映战略要求的指标体系。指标的设计一定要突出重点，抓住关键，具体而不空泛，精简而不庞杂，准确而不偏颇，以25～30个左右的指标为宜，其中财务维度应包括3～4个指标，客户维度应包括5～8个指标，内部流程维度应包括5～10个指标，学习与成长维度应包括3～6个指标。

（5）为每一个衡量指标建立一个标准值或称作目标值，作为企业对未来绩效水平的期望值。目标值通常基于企业过去的绩效水平，考虑行业发展趋势和竞争态势，参照行业最佳水平来设立，既要具有现实性和挑战性，又要通过努力能够达到。

（6）制定行动计划并实施，通过执行行动计划来完成指标，从而实现战略目标。

企业实施平衡计分卡应该关注以下几点：

（1）高层亲自推动，整个企业要克服沟通与共识上的障碍。

（2）量身定做平衡计分卡，不能照搬模板或其他企业的平衡计分卡。

（3）坚持全员参与，反复沟通，让企业所有人都能理解和掌握战略，并在自身工作中贯彻。

（4）及时调整平衡计分卡中不合理、不完善的地方。

（5）成立项目小组，设计、组织、推动平衡计分卡的实施。

（6）平衡计分卡的设计要体现真实有用原则，尽可能简单化，使每个人都能理解并迅速执行。

四、组织设计

组织设计包含职能设计、管理幅度和管理层次设计、部门设计、职权设计（决策权力分配）、制度、规制等管理规范设计、组织再设计等内容。在企业重组时，搞好组织设计显得十分重要。

（一）职能设计

在进行职能设计时，首先要对职能进行分析，以确定职能类型。职能类型可细分为对外经营职能和对内管理职能；高层、中层和基层职能；生产管理、技术管理、供销管理、人事管理、财务管理等职能；专业性职能、综合性职能和服务性职能；关键职能和次要职能；决策性职能、执行性职能和监督保证性职能。

在进行职能设计时，还要考虑到职能变更。主要考虑：职能是否需要增减；职能的具体内容是否需进一步细化；是否有必要强化某些职能。

（二）管理幅度和管理层次设计

管理幅度定义为一名领导者直接领导的下级人员的数量；管理层次定义为从企业最高一级管理组织到最低一级管理组织的各个组织等级，每一组织等级即为一个管理层次。

管理幅度设计应考虑的因素包括：

（1）管理工作的性质。管理工作复杂多变、富于创造性，则管理幅度应小些。下级工作人员工作如相似，则可扩大管理幅度。

（2）人员素质。领导及其下属素质高，则可扩大管理幅度。

（3）下级人员职权合理程度。授权合理、职责明确、责权一致时，管理幅度可大些。

（4）计划与控制的明确性及其难易程度。计划制定得详细具体、切实可行时，可加大管理幅度。

（5）信息沟通的效率与效果。效率高、效果好，则可考虑加大管理幅度。

（6）组织变革速度。变革快时，应缩小管理幅度。

（7）下级人员和单位空间的分布。分布范围窄，可加大管理幅度。

确定管理幅度可采取以下步骤：

（1）确定影响管理幅度的主要变量。变量包括职能的相似性、地区的相近性、职能的复杂性、指导与控制的工作量、协调下级部门步调一致的工作量。

（2）确定各变量对上级领导人工作负荷的影响程度。首先，按每个变量本身的差异程度将其划分若干等级，然后根据处在不同等级上的变量对上级工作负荷的影响程度，分别给予相应的权数。

（3）确定各变量对管理幅度总的影响程度，并通过修订加以确定。

（4）确定具体的管理幅度。

确定管理层次可按以下步骤：

（1）按照企业的纵向职能分工，确定企业基本的管理层次。如可将集中经营与管理的企业划分为经营决策层、专业管理层和作业管理层三个基本层次。

（2）按照有效管理幅度推算具体的管理层次。

（3）按照效率原则，确定具体的管理层次，并根据具体情况作局部修正。

无论是确定管理幅度还是确定管理层次，都应遵守如下原则：

（1）尽量减少管理层次和各级副职。

（2）正确处理管理层次与管理幅度的关系。一般而言，管理层次应在管理管理幅度已确定的前提下进行。

（三）部门设计

部门设计有高层管理部门和基层管理部门之分。

高层管理部门承担的是关键性业务活动，这些活动其他部门不宜承担或承担不起。关键性业务活动主要有：确定企业任务、目标、战略和计划，进行战略实施的组织与控制；确定企业的组织设计方案，并组织实施；选用干部，特别是关键部门领导和高层领导；建立和发展企业对外的重要社会关系；主持和参加企业例会及临时性会议，参加必须出席的下级部门的重要问题；处理突发性问题；高层组织自身建设工作；组织培育企业文化。

由于高层管理部门在企业中的位置非常重要，因此在进行部门设计时尤其要注意搞好高层管理班子的建设：

（1）注意领导人的搭配，以充分发挥集体领导的优势。基本原则是担任高层管理职务的人不宜再兼任下级部门的职务。

（2）建立健全高层管理的参谋机构，如政策研究室、业务研究部等，其职责主要是：围绕企业长远发展和重大决策，进行调研并提出战略性建议；密切注意企业内外部环境变化，及时向领导提出建议；提供咨询；追踪决策的执行情况，反馈给高层领导，并提出改进或补救建议。

至于基层管理部门的设计，关键是把基层管理的主要业务和权力放在作业现场，尤其要吸收一线员工参与管理。

（四）职权设计（决策权力分配）

职权按在管理过程中的职能可分为经营决策权、生产指挥权、监督权和咨询权，按职权关系可分为命令权（上级指挥下级）、参谋权和职能职权。职能职权是指劳动人事、财务、技术、销售等职权。

职权设计需要遵循的基本原则包括：

（1）维护统一原则，包括首脑负责制、正职领导副职、一级管一级、只能有一个上级等具体内容。贯彻此原则时应注意处理号参谋职权和职能职权的关系，一般做法是参谋部们只能提建议而不能指挥，职能职权只能用于真正必要的业务上。

（2）权责一致原则，即决策权、指挥全和用人权不能脱节。

（3）集权与分权相结合。

（4）让参谋机构发挥作用。应注意参谋机构不能直接向下级发号实令，但可以越级向上级报告。

（5）用书面方式对职权作出确切、具体、全面的规定。

在进行职权设计时，应搞好职权的纵向配置与横向分立、协调。纵向配置的关键是处理好集分权关系。处理此关系需考虑如下因素：产品结构及生产技术特点，如生产经营各环节联系紧密的，则要求集权多些，而跨行业经营、技术差别大、市场或销售渠道各不相同的，则分权可多些；环境条件及经营战略，如环境多变的，分权可多些；企业规模与组织形式，如规模大的企业，分权可多些；企业干部条件和管理水平；办公自动化程度。除考虑上述因素外，纵向配置职权时，还应坚持以下两个配置原则：

（1）每一项决策，有权对其作出决定的层次，应该是能够全面考虑受该决策影响的所有业务活动及管理目标的层次，以保证局部优化和整体优化的统一；每一项决策，应尽量由最低可能层次和最接近作业现场的部门和人员去制定，以便使决策者能真正掌握第一手资料。

（2）可先由下级就工作性质提出决策权要求，上级平衡后再作出决策权分配。

职权的横向分立与协调是既矛盾又统一的关系，职权横向分立的主要任务是搞好部门间职权的衔接，以保证各部门的业务活动能顺利进行。部门间职权主要包括建议权（向其他部门提建议）、协助权（向其他部门提供服务或帮助）、确认权（对其他部门的提议或建议予以认可的权力）、协商权（同其他部门协商后再作决策）、接受协商权（有权参加协商但不能作决策的部门的权力）、接受通知权（获取关于某项业务进展情况的通知的权力）。

至于搞好职权的横向协调，主要是通过以下途径来达到：

（1）通过制定管理规范，来建立正常的工作秩序。

（2）定期召开例会，解决部门间冲突问题。

（3）联合办公和现场调度。

（4）主管部门组织会审会签，协调解决。

（5）设置固定的联络员，专门与其他部门保持沟通。

（6）设立临时或专职协调部门。

（7）建立跨部门联谊组织，开展横向联系。

（8）设立专职或兼职的人员或部门进行监督，以避免各行其是。

（五）制度、规则等管理规范设计

管理制度有基本管理制度和专项管理制度之分。基本管理制度包括企业领导制度、民主管理制度、经济责任制等。专业管理制度包括人事管理制度（劳动考勤、职工录用、职工奖惩、职工培训、劳动保护、定员管理等制度）；财务管理制度（内部经济核算、成本管理、固定资产管理、流动资金管理、专项资金管理等制度）；生活后勤制度（医疗卫生管理、职工食堂管理、基本建设管理、卫生管理等制度）；销售管理制度（市场调查与预测管理、销售价格管理、广告宣传管理、销售服务管理、用户退货管理、销售人员管理等制度）；生产管理制度（作业计划、生产调度、质量管理、计量管理、设备管理、安全管理、采购管理等制度）；科技管理制度；部门和岗位制度。

（六）组织再设计

组织再设计是指当企业出现经营成绩下降、士气低落、决策迟缓、指挥不灵、推诿增多等情况时，企业进行的组织改造活动。可通过问卷调查、座谈会、个别面谈等形式，了解组织面临的问题，并对这些问题进行分析，针对问题进行解决。组织再设计时应采取积极慎重的方针，先做好组织改革的宣传，尽量排除改革的阻力。

第四节 会计学知识

为使大家在短时间内能对会计学知识有个初步的了解，我们在下面简单给出了一些会计学术语的基本定义，包括会计假设、会计科目等。

（一）会计假设

会计假设是指企业在组织会计核算工作中，必须具备的前提条件，主要包括：

1. 会计主体假设

会计主体可以是一个企业，也可以是一个由众多企业联合起来的企业集团。凡是法人都可成为会计主体，但会计主体不一定都是法人。会计主体亦即会计为之服务的特定单位。持续经营假设。指在正常的情况下，会计主体按照既定的经营方针和经营目标，会无限期地经营下去，而不会破产停业清算。作此假设是为了建立会计确认和计量原则，意义在于企业的资产计价按实际成本计算，并为采用权责发生制铺平道路。

2. 会计分期假设

会计期间通常是一年，称为会计年。

3. 货币计量假设

该假设要求对所有会计核算的对象采取同一种货币作为统一的尺度来予以计量，并把企业经营活动和财务状况转化为统一货币单位反映。

（二）会计科目

会计科目是指对资产、负债、所有者权益、收入、费用、利润等会计要素所进行的具体分类。

（三） 会计准则

我国财政部于 2006 年 2 月颁布了新《企业会计准则》并于 2007 年 1 月 1 日开始施行。《企业会计准则》包括 1 个基本准则和 38 个具体准则。38 个具体准则涉及存货、长期股权投资、投资性房地产、固定资产、生物资产、无形资产、非货币性资产转化、资产减值、职工薪酬、企业年金基金、股份支付、债务重组、或有事项、收入、建造合同、政府补助、借款费用、所得税、外币折算、企业合并、租赁、金融工具确认和计量、金融资产转移、套期保值、原保险合同、再保险合同、石油天然气开采、会计政策和会计估计变更及差错更正、资产负债表日后事项、财务报表列项、现金流量表、中期财务报告、合并财务报表、每股收益、分部报告、关联方披露、金融工具列报和首次执行企业会计准则。

根据《企业会计准则》的规定：企业应当对其本身发生的交易或者事项进行会计确认、计量和报告，企业会计确认、计量和报告应当以持续经营为前提，企业应当划分会计期间、分期结算账目和编制财务会计报告，企业会计应当以货币计量、采用借贷记账法记账、以权责发生制为基础进行会计确认、计量和报告。

（四） 会计要素

企业应当按照交易或者事项的经济特征确定会计要素。会计要素包括资产、负债、所有者权益、收入、费用和利润。企业在对会计要素进行计量时，一般应当采用历史成本，采用重置成本、可变现净值、现值、公允价值计量的，应当保证所确定的会计要素金额能够取得并可靠计量。在历史成本计量下，资产按照购置时支付的现金或者现金等价物的金额，或者按照购置资产时所付出的对价的公允价值计量。负债按照因承担现时义务而实际收到的款项或者资产的金额，或者承担现时义务的合同金额，或者按照日常活动中为偿还负债预期需要支付的现金或者现金等价物的金额计量。

资产是指企业过去的交易或者事项（包括购买、生产、建造等）形成的、由企业拥有或者虽然不拥有但能实际控制、预期会给企业直接或者间接导致现金和现金等价物流入（即带来经济利益）的资源。同时满足以下条件的，可以确认为资产：与该资源有关的经济利益很可能流入企业；该资源的成本或者价值能够可靠地计量。只有同时符合资产定义和资产确认条件的项目，才可列入资产负债表。

负债是指企业过去的交易或者事项形成的、预期会导致经济利益流出企业的现时义务（在现行条件下已承担的义务）。同时满足以下条件的，可以确认为负债：与该义务有关的经济利益很可能流出企业；未来流出的经济利益的金额能够可靠地计量。同时符合负债定义和负债确认条件的项目，可以列入资产负债表。

所有者权益是指企业资产扣除负债后由所有者享有的剩余权益，又称为股东权益，包括所有者投入的资本、直接计入所有者权益的利得和损失、留存收益等。所有者权益项目应当列入资产负债表。

收入是指企业在日常活动中形成的、会导致所有者权益增加的、与所有者投入资本无关的经济利益的总流入。收入只有在经济利益很可能流入从而导致企业资产增加或者负债减少，且经济利益的流入额能够可靠计量时才能予以确认。同时，符合收入定义和收入确认条件的项目，应当列入利润表。

费用是指企业在日常活动中发生的、会导致所有者权益减少的、与向所有者分配利润无关的经济利益的总流出。费用只有在经济利益很可能流出从而导致企业资产减少或者负债增加，且经济利益的流出额能够可靠计量时才能予以确认。符合费用定义和费用确认条件的项目，应当列入利润表。

利润是指企业在一定会计期间的经营成果。利润包括收入减去费用后的净额、直接计入当期利润的利得和损失等。利润项目应当列入利润表。

（五）财务会计报告

财务会计报告是指企业对外提供的反映企业某一特定日期的财务

状况和某一会计期间的经营成果、现金流量等会计信息的文件。包括会计报表及其附注和其他应当在财务会计报告中披露的相关信息和资料。会计报表则至少应当包括资产负债表、利润表、现金流量表等报表。小企业编制的会计报表可以不包括现金流量表。

第五节 统计学知识

（一）统计总体与总体单位

统计总体是客观存在的在同一性质基础上结合起来的许多个别事物组成的整体；构成统计总体的个别事物成为总体单位。对任何经济现象进行统计分析，事前都要确定统计总体和总体单位。如客户经理准备对总资产在 5 亿元以上的制造业企业进行效益分析，则所有总资产在 5 亿元以上的制造业企业就构成了统计总体，其中每一家企业就成为总体单位。

（二）标志、标志的具体表现和统计指标

统计学意义上的标志是指说明总体单位特征的名称，有品质标志和数量标志之分。品质标志表示事物的质的特征，如客户所在的行业、客户经理的性别等；数量标志表示事物的量的特性，即可以用数值表示的特征，如客户的现金流量、客户经理小组的成员数量等。

标志的具体表现是在标志名称之后所表明的属性或数字，如：某客户的经营活动现金流量是 5000 万元，某客户所在的行业为机械制造行业等。

统计指标是指反映总体现象数量特征的概念和具体数值。一个完整的统计指标包括六个构成要素：指标名称、计量单位、计算方法、时间限制、空间限制与指标数值。如 2003 年 12 月甲客户在北京地区的分公司共完成利润 5000 万元人民币。

（三）统计指标的种类

从统计指标所说明的总体现象的内容不同，可以分为数量指标和质量指标；从统计指标的作用和表现形式来讲，可分为总量指标、相对指标、平均指标和标志变异指标。

数量指标反映总体绝对数量的多少，如客户数量，它的数值随总

体范围的大小而增减。质量指标是说明总体内部数量关系和总体单位水平的统计指标，如客户构成中制造业客户和服务业客户的比例，客户经理小组中男女客户经理的比例等。

总量指标是反映总体现象规模的统计指标，是说明总体现象广度的，它表明总体现象发展的结果。按其反映的时间状况不同可分为时点指标和时期指标：时点指标反映总体在某一时刻上状况的总量指标，时期指标反映总体在一段时间内活动过程的总量指标。时期指标的数值可以连续计数，其各期数值直接相加可以说明较长时期内某一经济现象发生的总量。

相对指标是两个有联系的总量指标相比较的结果，是反映某些相关事物之间数量联系程度的综合指标。相对指标的数值有两种表现形式：系数、倍数、百分数等无名数；平均每名客户经理创造效益等用来表明密度、普遍程度、强度的有名数。相对指标又可细分为：结构相对指标（以部分数值与总体数值对比求得比重或比率，来反映总体内部组成状况）、比例相对指标（总体中某一部分数值/总体中另一部分数值，反映总体中各组成部分之间数量联系程度和比例关系）、强度相对指标（某一总量指标数值/另一有联系但性质不同的总量指标数值，如每名客户经理服务的客户数量）、计划完成情况相对指标（实际完成数/计划数）、动态相对指标（有发展速度和增长速度两种，发展速度等于报告期水平除以基期水平，发展速度为增长速度减去 1，发展速度和增长速度均有定基和环比之分）。

平均指标是在同质总体内，将各单位数量差异抽象化，按照某个数量标志来反映总体在一定时间、地点条件下一般水平的统计指标，如客户经理小组成员的平均收入等。平均指标又可分为：算术平均数（总体标志总量/总体单位总数，分为简单算术平均数和加权算术平均数）、调和平均数（是标志值倒数的算术平均树的倒数，分为简单调和平均数和加权调和平均数）、几何平均数（几个变量值乘积的 n 次方根）、中位数和众数。

标志变异指标是反映总体单位标志值分布特征的指标，它反映着总体各单位标志值的差异程度，亦即反映分配数列中各标志值的变动范围或离差程度。平均指标反映标志值的一般水平，而标志变异指标反映标志值的差异性。标志变异指标分为全距（最大标志值 – 最小标志值）、平均差（各个标志值对其算术平均数的平均离差）和标准差（离差平方平均数的平方根，又称均方根差）。

（四） 长期趋势的测定

测定长期趋势就是测定客观现象在某一个相当长的时期内持续发展变化的趋势。测定方法有移动平均法、半数平均法和最小平方法。移动平均法是采用逐项递移的方法分别计算一系列移动的序时平均数，形成一个新的序时平均数时间序列，该序列呈现出现象在较长时间内的基本发展趋势。半数平均法是将时间数列各项数值平均分为两部分，各求其平均数，然后将这两个平均数绘在图上，据此可确定两点，联结此两点即成为趋势直线。最小平方法是分析长期趋势较常用的方法，其中心思想是通过数学公式配作一条较为理想的趋势线，这条趋势线满足两个要求：原数列与趋势线的离差平方和最小；原数列与趋势线的离差总和为 0。

（五） 指数和指数体系

指数是用来测定一个变量对于一个特定的变量值大小的相对数。

1. 个体指数和总指数

例如：反映一种商品价格变动的价格指数称为个体价格指数；综合反映多种商品价格平均变动程度的价格指数称为价格总指数。

2. 简单指数和加权指数

当由个体指数计算总指数时，用个体指数简单平均的方法求得的总指数称为简单指数；用个体指数加权平均的方法求得的总指数称为加权指数。

3. 综合指数、平均数指数与平均指标指数

综合指数是总指数的一种形式，凡是一个总量指标可以分解为两个或两个以上的因素指标时，将其中一个或一个以上的因素指标固定下来，仅观察其中一个因素指标的变动程度，这样的总指数就叫综合

指数；平均数指数是个体指数的加权平均数，又包括加权算术平均数指数和加权调和平均数指数；平均指标指数是两个平均指标值对比形成的指数。

4. 数量指标指数和质量指标指数

5. 动态指数和静态指数

6. 定基指数和环比指数

经济上有联系、数量上有关系的三个或三个以上的指数组成指数体系，指数体系可以综合地反映事物的变动状况。

表 4 - 7　著名指数一览表

指数名称	含义
道琼斯股票指数	全称为股票价格平均数，以 1928 年 10 月 1 日为基准日（这天收盘时的道·琼斯股票价格平均数恰好约为 100 美元），以后股票价格同基期相比计算出的百分数，就是各期的股票价格指数，所以股票指数普遍用点来做单位，而股票指数每一点的涨跌就是相对于基准日的涨跌百分数。该指数共四组：工业股票价格平均指数、运输业股票价格平均指数、公用事业股票价格平均指数和平均价格综合指数（为综合前三组股票价格平均指数而得出的综合指数）。
标准·普尔股票价格指数	该指数由美国的证券研究机构即标准·普尔公司编制，它以 1941 年至 1943 年抽样股票的平均市价为基期，以上市股票数为权数，以股票市场价格乘以股票市场上发行的股票数量为分子，用基期的股票市场价格乘以基期股票数为分母，相除之数再乘以 10 就是股票价格指数。
日经平均指数	即"日经平均股价"。根据计算对象的采样数目不同，该指数分日经 225 种平均股价（其所选样本均为在东京证券交易所第一市场上市的股票，样本较为固定）和日经 500 种平均股价（采样包括有 500 种股票，样本不固定）。
香港恒生指数	该指数为香港股市价格的重要指标，由若干只成分股（即蓝筹股）市值计算而成，代表了香港交易所所有上市公司的 12 个月平均市值涵盖率的 70%。
上证及沪深 300 指数	是反映上海证券交易所和深圳证券交易所股票价格水平的指数。
消费者物价指数	即 CPI，是反映与居民生活有关的商品及劳务价格统计出来的物价变动指标，通常作为观察通货膨胀水平的重要指标。
生产者物价指数	即 PPI，是衡量工业企业产品出厂价格变动趋势和变动程度的指数。该指数反映某一时期生产领域价格变动情况，是制定有关经济政策和国民经济核算的重要依据。

指数名称	含义
义乌·中国小商品指数	是反映义乌小商品价格和市场景气活跃程度的综合指数，主要由小商品价格指数和小商品市场景气指数及若干单独监测指标指数构成。
中国·柯桥纺织指数	是反映中国轻纺城市场及绍兴轻纺产业发展状况的一个完整的指数体系，包括纺织品价格指数、纺织品景气指数、纺织品出口指数和纺织品订单指数。
巨无霸汉堡包指数	由英国《经济学家》杂志编制的一个不是很严谨的指数。该杂志比较麦当劳巨无霸汉堡包在世界各地的价格，作为各国币值是否被低估或高估的指南。其假设是相似的食品无论在哪里销售，其价格应当相同，价格有差别即意味着币值出现异常。

（六）统计调查

统计调查有多种方式方法。按调查对象包括的范围不同分为全面调查和非全面调查。对构成调查总体的所有个体——进行调查登记是全面调查，只对其中的部分个体进行调查登记为非全面调查。按调查登记的时间是否带有连续性分为经常性调查和一次性调查。按组织方式的不同分为统计报表和专门调查。按收集资料的方法不同分为直接观察法、采访法和逐级报告法。此外，还有普查（专门组织的、一次性的全面调查）、重点调查（对调查对象范围内的一部分重点单位进行调查，所谓重点单位是指调查的标志值在总体中占很大比重、能够反映出总体基本情况的单位）、抽样调查（从调查对象总体中随机抽取一部分单位作为总体的代表，用样本指标数值来推算总体指标数值）和典型调查（选择总体中的典型单位进行调查，典型单位不一定是重点单位）等多种调查方式。

在进行调查时需明确两个概念：调查对象和调查单位。调查对象是需要调查的社会现象的总体，而调查单位是要调查的社会现象总体所组成的个体，也就是在调查对象中所要调查的具体单位。

（七）统计整理、统计分组与次数分布

统计整理是指根据统计研究的目的，将统计调查所得的原始资料进行科学的分类与汇总，或对已经加工过的资料进行再加工，为统计

分析准备系统化、条理化的综合资料的工作过程。作为一个相对独立的工作阶段，统计整理主要指对原始资料的整理，涉及统计分组与次数分布。

统计分组就是根据统计研究的需要，将统计总体按照一定的标志区分为若干个组成部分，是在统计总体内部进行的一种定性分类：对总体而言，是"分"，即将总体区分为性质相异的若干部分；对个体而言，是"合"，即将性质相同的个体进行组合。统计分组的关键在于选择分组标志和划分各组界限。可按数量标志或品质标志进行分组，分组标志一经选定，必将突出总体在此标志下的性质差异，而将总体在其他标志下的性质差异掩盖起来；划分各组界限，就是要在分组标志的变异范围内，划定各相邻组间的性质界限和数量界限。

次数分布就是在统计分组的基础上，将总体中的所有单位按组归类整理，形成总体中各个单位数在各组间的分布。分布在各组中的个体单位数叫次数，各组次数与总次数之比称为频率。将各组组别与次数依次排列而成的数列称为分布数列。根据分组标志特征的不同，分布数列可分为属性分布数列与变量分布数列。影响次数分布的因素主要有：

（1）组距与组数组距的大小与组数的多少成反比。各组组距相等的，称为等距数列；各组组距不相等的，称为异距数列。

（2）组限和组中值。划分连续变量的组限时，相邻组的组限必须重叠；划分离散变量的组限时，相邻组的组限必须间断。组中值用来代表组内变量值的一般水平，前提是：各单位的变量值在本组范围内呈均匀分布或在组中值两侧呈对称分布。

第六节 金融学知识

一、基本知识

关于货币及货币流通、银行信用、利息和利息率、金融资产、汇率等概念，大家都较熟悉。下面重点介绍一些较重要且基本的金融知识。

（一）金融体系

金融体系是金融机构、金融市场、金融工具与金融运行等金融要素的统称。

表4-8 金融体系一览表

大类	小类	机构	具体
	中央银行	中国人民银行	
	金融监管机构	中国银行业监督管理委员会、中国证券业监督管理委员会、中国保险业监督管理委员会	
金融组织体系	银行类金融机构	政策性银行	中国进出口银行、中国农业发展银行
		国有控股商业银行	国家开发银行、中国银行、中国农业银行、中国工商银行、中国建设银行、交通银行
		全国性股份制商业银行	中信银行、光大银行、浦发银行、兴业银行、华夏银行、广东发展银行、平安银行、浦发银行、中国民生银行、浙商银行、渤海银行等
		城乡商业银行	上海银行、北京银行、齐商银行、盛京银行、徽商银行、江苏银行、北京农村商业银行、张家港市农村商业银行、常熟市农村商业银行等
		合作性金融机构	指未改造为商业银行的城市信用社和农村信用社
		新型农村金融机构	村镇银行、贷款公司、小额贷款公司、农村资金互助社等
		集团公司全资持有的银行	中国邮政储蓄银行
		在华外资银行	花旗银行、渣打银行、汇丰银行、东亚银行、德意志银行等外资金融机构均在国内设有分支机构

续表

大类	小类	机构	具体
金融组织体系	证券类金融机构	证券公司	中信证券、国泰君安证券、海通证券、中国国际金融有限公司、银河证券、光大证券、申银万国证券等。
		证券投资基金	
		证券交易所	上海证券交易所、深圳证券交易所、香港联合交易所。
		期货交易所	上海、郑州、大连三家商品期货交易所和上海的中国金融期货交易所。
	保险类金融机构	寿险公司	中保人寿保险有限公司。
		财险公司	中保财产保险有限公司。
		再保险公司	中保再保险有限公司、中国人寿再保险有限公司等。
		保险集团和控股公司	中国人民保险（集团）公司、中国人寿保险（集团）有限公司、中国再保险（集团）股份公司等。
		保险资产管理公司	中国人保资产管理股份有限公司、中国人寿资产管理有限公司、中国资产管理等。
		保险专业中介机构	中盛国际保险经纪有限公司等。
	其他非银行金融机构	信托投资公司	上海国际信托、中诚信托、江苏国际信托、中信信托、吉林信托、国联信托、华宝信托、重庆国际信托、深国投、平安信托等。
		金融租赁公司	中国租赁有限公司、中国电子金融租赁公司、四川金融租赁有限公司、新疆长城金融、新世纪金融租赁有限责任公司、西部金融租赁公司、深圳金融租赁有限公司、华融金融租赁股份有限公司、江苏金融租赁有限公司、河北省金融租赁有限公司、中国外贸金融租赁公司、山西金融租赁有限公司等12家原来注册的金融租赁公司；工银、建银、交银、民生、招银等银行设立的金融租赁有限公司。
		汽车金融服务公司	上海通用汽车金融有限责任公司、丰田汽车金融（中国）有限公司、大众汽车金融（中国）有限公司、沃尔沃汽车金融（中国）有限公司等。
		企业集团财务公司	宝钢、中石油、海尔等大型企业集团设立的财务公司。
		货币经纪公司	
		金融资产管理公司	信达、华融、长城、东方四家资产管理公司（当前已向金融控股公司方向转型、发展）。
		金融控股公司	中信集团、光大集团、中国平安、天津泰达、上海国际集团等。
		其他投资机构	中国建银投资有限责任公司、中央汇金投资有限责任公司等。

大类	小类	机构	具体
金融市场体系	货币市场	同业拆借市场	金融市场是资金供求双方通过金融性工具进行资金融通的场所。按不同标准，可对金融市场进行不同的分类。按资金交易期限划分，金融市场可划分为货币市场和资本市场。货币市场是指融资期限在一年以内，包括票据转让与贴现、金融机构间资金拆借、定期存单买卖、短期存款和贷款、短期债券市场等。资本市场是指融资期限在一年以上，包括股票市场、长期债券市场、长期借贷市场、金融衍生市场等。按金融交易程序划分，金融市场可分为发行市场和流通市场。发行市场又称初级市场、一级市场，包括股票、债券、票据等有价证券的最初发行市场。流通市场又称次级市场、二级市场。按金融资产形式划分，金融市场可分为拆借市场、票据市场、存单市场、证券市场、黄金市场、外汇市场（银行结售汇市场和银行间外汇市场）和保险市场。按交割期限划分，金融市场可分为现货市场、期货市场和期权市场（买卖选择权）。
		债券回购市场	
		短缺融资券市场	
	债券市场		
	股票市场		
	保险市场		
	期货市场		
	金融衍生品市场	信贷资产证券化市场、利率衍生品市场、外汇衍生品市场等	
	黄金市场		
金融宏观调控体系	货币政策目标体系	最终目标	稳定物价、充分就业、经济增长及国际收支平衡之部分或全部。
		中介目标	货币供应量为主，参考贷款和其他一些指标。
		货币政策操作目标	基础货币、同业拆借利率、货币市场利率等。
	货币政策工具体系	存款准备金、再贴现、公开市场操作、再贷款、利率、汇率、指导性信贷政策与"窗口指导"等	
	货币政策传导机制	通过影响贷款的可得性、贷款的投向及利率、汇率来影响实体经济	一是中央银行的货币政策工具到货币政策操作目标，再到货币政策中介目标，最后到最终目标的传导；二是从中央银行的货币政策操作到影响到金融市场，通过金融市场影响到金融机构，再影响到企业和居民的投资与消费行为，最终影响到宏观经济的传导。

续表

大类	小类	机构	具体
金融宏观调控体系	分业监管机制	银行业监管内容	资本金、风险准备金、盈利等风险抵补监管，内部控制监管，信用风险监管，流动性监管，信息披露，对各类风险的指引和提示等。
		证券业监管内容	证券发行监管，证券交易市场监管，证券公司监管，上市公司监管等。
		保险业监管内容	保险合同监管，保险从业人员监管，保险公司偿付能力监管，保险公司业务范围监管等。
	监管协调机制	建立联席会议制度、签订监管合作备忘录、建设信息贡献机制等	
	金融稳定机制	存款人和投资者保护制度	证券市场的个人债权收购制度、保险保障基金、证券投资者保护基金、客户交易结算资金第三方存管制度、存款保险制度等。
		中央银行	发挥最后贷款人职能。
		完善金融基础设施与金融生态环境	支付体系、法律法规、公司治理、会计标准、征信体系、反洗钱体系等。
		加强金融风险监测与评估	
		加强金融安全知识教育	
金融法律体系	法律	全国人大及其常委会通过	《中国人民银行法》、《银行业监督管理法》、《商业银行法》、《保险法》、《证券法》。
	行政法规	国务院制定	《人民币管理条例》、《外汇管理条例》、《外资银行管理条例》、《期货交易条例》、《金融违法行为处罚办法》等。
	部门规章和规范性文件	中央银行、金融监督管理部门等部委制定	
支付体系	支付服务组织	中国人民银行、银行业金融机构、支付清算组织（中国银联、城市商业银行资金清算中心和农信银资金清算中心等）、证券结算机构（中央国债登记结算有限责任公司、中国证券登记结算有限责任公司）。	
	支付基础设施	中国人民银行现代化支付系统、同城票据交换系统、全国支票影像交换系统、银行业金融机构行内支付系统、中国银联跨行交易清算系统、城市商业银行汇票处理系统、农信银资金清算系统、境内外币支付系统、银行间债券市场的债券系统、中国证券登记结算系统等。	

大类	小类	机构	具体
支付体系	支付工具	现金、票据、银行卡、汇兑、委托收款、托收承付及网络、电话、移动、销售终端、自动柜员机等新兴电子支付工具。	
征信体系	组织框架	征信主管部门	中国人民银行。
		协调与统筹部门	社会信用体系建设部际联席会议。
		公共征信机构	
	征信信息平台	企业信用信息基础数据库、个人信用信息基础数据库、应收账款质押登记公示系统、融资租赁登记公示系统、金融业统一征信平台。	

（二）货币供给与货币需求及货币均衡

按流动性强弱，我国货币供应量可划分为如下层次：M0：现金通货，即流通中现金；M1：M0 + 银行活期存款；M2：M1 + 储蓄存款 + 单位定期存款 + 财政金库存款；M3：M2 + 商业票据 + 短期融资债券。

货币供给决定公式为：

货币供应量 = 基础货币 × 货币乘数。

我国的基础货币由金融机构库存现金、流通中货币、金融机构特种存款、金融机构交存准备金等构成。

货币需求包括居民个人需求（消费、储蓄和投资）、企事业单位货币需求（交易需求和投资需求）和政府部门需求（交易需求、储备需求和投资需求）。

货币均衡是指货币供给量与国民经济对货币的需求一致。银行信贷收支和财政信贷收支都对货币均衡有影响。

（三）国际收支与外汇管理

国际收支项目包括：经常项目、资本项目和平衡项目。经常项目是反映本国与外国交往中经常发生的项目，包括贸易收支、劳务收支和无偿转让。资本项目是反映资本流入和流出的项目，分为长期资本

（指偿还期超过一年或未规定偿还期的资本，其主要形式有直接投资、证券投资、长期贷款）和短期资本（指即期付款的资本和合同规定借款期为1年或1年以下的资本）。平衡项目包括国际储备（黄金储备、外汇储备、国外借款、国际货币基金组织分配的特别提款权和其他提款权）和"错误和遗漏"。

调节国际收支的措施主要有：鼓励出口，抑制进口，减少贸易逆差；调整汇率以调节国际收支差额；调整利率，以影响资本的流出和流入；运用政府间信贷和国际金融机构的贷款，以调节国际收支；加强外汇管理，包括进行行政干预。

对经常项目外汇管理，我国采取的政策是：实行银行结售汇制，实现人民币经常项目可兑换；实行进出口收付汇核销管理；实行暂收待付外汇和专项外汇账户管理；实行国际收支统计申报制度；禁止在境内以外币计价、结算和流通，建立银行间外汇市场，改进外汇形成机制。对资本项目外汇管理，我国采取的基本思路是：先放松流入，后放松流出；先放开长期资本流动，后放开短期资本流动；优先放开对金融机构的管制，后放开对非金融机构和居民个人的管制；先放开有真实背景的交易，后放开无真实背景的交易。

（四）外债管理

外债是指境内机构对非居民承担的以外币表示的债务，其中境内机构是指在中国境内依法设立的常设机构，包括但不限于政府机关、金融境内机构、企业、事业单位和社会团体，非居民是指中国境外的机构、自然人及其在中国境内依法设立的非常设机构。外债主要包括外国政府贷款、国际金融组织贷款和国际商业贷款等。

外债管理从内容看，可分为：规模管理，即确定中长期和年度合理负债水平；结构管理，包括融资结构、期限结构、利率结构、币种结构、市场与国别结构等；投向管理；风险管理（建立偿债风险基金、采用期权等金融工具使债务合理化）。对于外债偿还，我国从财政角度确立了"谁借款，谁偿还"的总原则，具体分为统借统还、统借自还和自借自还三种方式。

（五）通货膨胀、通货紧缩与流动性陷阱

1. 通货膨胀

通货膨胀是指一个经济体中大多数商品和劳务的价格普遍持续上升，货币不断贬值。如果仅有一种商品或劳务的价格上涨，就不是通货膨胀。作为一种经济现象。这种现象包含三个变量：一是货币扩张；二是商品供不应求；三是货币贬值。三者的关系是：货币扩张是货币贬值的结果，而不是货币贬值的原因。由于商品供不应求和货币贬值，为了平衡工资和物价指数变化以及扩大投资生产，政府和企业扩大信贷，导致货币扩张。通货膨胀表明社会"持货率"增长速度超过"持币率"增长速度。通货膨胀的程度通常用通货膨胀率来衡量。所谓通货膨胀率，是指从一个时期到另一个时期价格水平变动的百分比。

通货膨胀按程度通常分为四种，即温和的通货膨胀（每年物价上涨比例在10%以内）、奔腾的通货膨胀（每年物价上涨比例在10%以上和100%以内）、超级通货膨胀（每年物价上涨比例超过100%）和恶性通货膨胀（当年通货膨胀达到1000%以上）。恶性通货膨胀一般与政府巨额预算赤字相联系，两者一般为双向互动关系。

从形成原因看，通货膨胀由如下一种或数种原因构成：货币供给迅速增长，总需求超过总供给（商品供不应求），供给成本过快提升（如工资提升过快），经济结构因素的变动（如一些部门迅速发展而另一些部门渐趋衰落）。

通货膨胀具有再分配效应，即让人们的实际收入与货币收入产生偏移，对依靠固定收入生活的人及储蓄者非常不利。一般而言，温和型通货膨胀会提升产出水平和就业水平，成本推动型通货膨胀会引致失业，而超级通货膨胀会导致经济崩溃。

对于通货膨胀的治理，有两种思路。一是用衰退来降低通货膨胀，即通过实施紧缩性的财政政策和货币政策来降低通货膨胀。又分渐进式的和激进式的。前者主张以较小的失业和较长的时间来降低通货膨胀率，后者则主张以较高的失业率和较短的时间来降低通货膨胀率。二是通过影响实际因素来控制通货膨胀，比如控制工资与物价、引导

消费者改变预期等。

2. 通货紧缩

通货紧缩是与通货膨胀相对应的一种经济现象，一般指价格总水平的持续性下降，并同时出现经济衰退和货币与信贷紧缩。也就是一国发行的货币量少于现实流通中和经济交易中所需的货币量，其表现为总体需求的不足。其他表现形式包括职工下岗、物价负增长、企业负债率高涨、投资"套牢"、经济增速下滑、银行利率连续下调、资源消耗量萎缩。与通胀相比，通缩的危害在于：消费者预期价格将持续下跌，从而延后消费，打击当前需求；投资期资金实质成本上升，回收期价格下跌，令回报下跌，从而遏制投资。通货紧缩出现的原因有二：一是生产过剩，产品供给大于需求，促使大量产品销不出去；二是需求不振。

3. 流动性陷阱

流动性陷阱是指经济中的代表性利率已经下降到某个程度，而国内的投资和消费需求依然不振，靠增加货币供应量不再能影响利率或收入，货币政策就处于对经济不起作用状态。在流动性陷阱下，人们在低利率水平时仍愿意选择储蓄，而不愿投资和消费。此时，仅靠增加货币供应量就无法影响利率。如果当利率为零时，即便中央银行增加多少货币供应量，利率也不能降为负数，由此就必然出现流动性陷阱。另外，当货币和债券利率都为零时，由于持有货币比持有债券更便于交易，人们不愿意持有任何债券。在这种情况下，即便增加多少货币数量，也不能把人们手中的货币转换为债券，从而也就无法将债券的利率降低到零利率以下。流动性陷阱表现为两个方面：首先，金融体系的流动性极其充足，即所谓的"宽货币、紧信贷"现象；其次，反映资金供求状况的银行间市场利率已经降到了极低水平。

一个国家的经济陷入流动性陷阱主要有三个特点：整个宏观经济陷入严重的萧条之中，需求严重不足，居民个人自发性投资和消费大为减少，失业情况严重，单凭市场的调节显得力不从心；利率已经达到最低水平，名义利率水平大幅度下降，甚至为零或负利率，在极低的利率水平下，投资者对经济前景预期不佳，消费者对未来持悲观态度，这使得利率刺激投资和消费的杠杆作用失效，只能依靠财政政策，通过扩大政府支出、减税等手段来摆脱经济的萧条；货币需求利率弹性趋向无限大。

二、中央银行知识

中央银行具有"发行的银行（垄断货币发行）"、"银行的银行（集中存款准备金、统一商业银行之间的票据交换和清算以及为普通银行提供支付保证即充当最后贷款人）"和"政府的银行（制定和实施货币政策、保障银行稳健运行，代表政府参加国际金融组织和各项国际金融活动，为政府服务）"三个基本属性。

（一）中央银行的业务

表 4 − 9　中央银行业务的主要分类表

银行性业务		管理性业务
资产负债业务	其他业务	
货币发行业务	支付清算业务	存款准备金管理
准备金及其存款业务	经理国库业务	货币流通管理
发行中央银行证券	会计业务	货币市场监管
再贴现与贷款业务		黄金外汇管理
公开市场业务		征信管理
黄金外汇业务		金融风险的评估与管理
注：根据不同的分类标准，中央银行的业务可以有多种分类。将中央银行业务分为银行性业务和管理性业务的标准是看该业务是否与货币资金的运动相关。其他分类有：按是否进入资产负债表分为表内业务和表外业务，按中央银行的性质分为货币发行业务、政府银行的业务、银行的银行业务等。		反洗钱和金融安全管理
		国际金融活动与协调管理
		金融统计业务
		对金融机构的稽核、检查与审计

中央银行的负债是指金融机构、政府、个人和其他部门持有的对中央银行的债权。①中央银行的存款一般分为商业银行等金融机构的

准备金存款、政府存款、非银行金融机构存款、外国存款和特定机构存款等几种。其中，准备金存款是中央银行存款业务中数量最多、作用最大的一项，主要目的在于配合中央银行实施货币政策和宏观调控。存款准备金率规定了所有商业银行吸收的存款必须按照法定比率提取准备金并缴存中央银行，其余部分才能用于放款和投资。我国按旬平均余额、在当旬第 5 日或下旬第 4 日营业终了时由一级法人存入中国人民银行总行或法人注册地中国人民银行分支机构。法定存款准备金率的高低可以直接影响商业银行资产的流动性，实际上也就控制着放款与投资的数量，从而进一步起着调节货币供应量的作用。对不同的金融机构，按照其资本充足率、不良贷款率等情况，实行不同的存款准备金率，以形成"扶优限劣"的激励机制。②货币发行。货币发行有两种含义：货币从中央银行的发行库通过商业银行的业务库流到社会；货币从中央银行流出的数量大于从流通中回笼的数量。货币发行按其性质分为经济发行（中央银行根据国民经济发展的客观需要增加货币供应量）和财政发行（因弥补国家财政赤字而进行的货币发行）。货币发行时，要以某种贵金属或某几种形式的资产作为其发行货币的准备（货币发行的准备制度），从而使货币的发行量与某种贵金属或某些其他资产的数量之间建立联系和制约。发行货币的准备金一般包括现金准备（黄金、外汇等流动性极强的资产）和证券准备（能在金融市场上流通的证券，如短期商业票据、政府公债等）。当前世界上大多数工业国家的货币发行现金准备率都比较低，主要采取证券准备作为发行基础。③发行中央银行债券。中央银行债券是为调节金融机构多余的流动性，而向金融机构发行的债务凭证，如中央银行票据。中央银行债券发行时可以回笼基础货币，到期清算则体现投放基础货币。在公开市场上发行中央银行债券时，按竞标标的不同可分为数量招标和价格招标两种方式。④对外负债。为平衡国际收支、维持本国汇率的既定水平及应对货币危机，中央银行一般都承担一定的对外负债，包括从国外银行借款、对外国中央银行的负债、国际金融机构的贷款、在国外发行的中央银行债券等。⑤资本业务。中央银行的资本来源，即自有资本的形成主要有四个途径：中央政府拨款、地方政府或国有机构出资、私人银行或部门出资（这种情况不多见）、成员国中央银行出资（如欧洲中央银行）。中央银行的资本主要由法定资本、留存收益、损失准备、重估储备组成。在我国，中国人民银行的盈利按核定比例提取总准备金后全部上交中央财政，亏损也全部由中央财政承担。

中央银行的资产是指中央银行在一定时点上所拥有的各种债权。中央银行的资产业务主要包括再贴现业务、贷款业务、证券买卖业务和黄金外汇储备业务。①再贴现和贷款业务是中央银行对商业银行等金融机构提供融资的两种方式，是中央银行充当"银行的银行"的重要体现。其中，中央银行的贷款包括对金融机构的贷款、对政府的贷款（用于平衡政府收支）、特定目的与用途的贷款（我国为支持老少边穷地区的经济开发所发放的贷款）、对外国政府和国外金融机构的贷款。②证券买卖业务的主要目的在于直接投放和回笼基础货币，调节金融体系的流动性，并引导货币市场利率，传达货币政策意图，是中央银行货币政策操作的三大基本工具之一。我国中央银行在公开市场上买卖的证券主要是国债、政策性金融债以及中央银行票据，交易对手主要是人民银行选定的能够承担大额债券交易的一级交易商（商业银行、证券公司、保险公司等）。③黄金外汇储备业务有利于稳定币值、汇价和灵活调节国际收支。由于黄金和外汇是国际间进行清算的支付手段，各国都把它们作为储备资产，由中央银行保管和经营，以备国际收支发生逆差时用来清偿债务。中央银行保管和经营黄金外汇储备有两种作用：一是确定合理的储备数量，二是保持合理的储备结构（币种结构、资产结构、期限结构等）。发展中国家一般需要保持一个中等偏高的外汇储备规模。

中央银行的支付清算业务是指中央银行作为一国支付清算体系的参与者与管理者，通过一定的方式和途径，实现金融机构之间的债权债务清偿和资金顺利转移。作为中央银行的基本职责之一，清算效率的高低对一国经济发展及金融稳定具有重要意义。中央银行支付清算服务的主要内容包括：组织票据交换、提供异地跨行清算服务、提供证券交易的资金清算服务。拥有现代化的支付清算系统对提高效率至关重要，我国支付清算系统建设的基本设想是以现代化支付系统为核心，各商业银行内系统为基础，票据交换银行、卡基支付系统并存。目前，作为现代化支付系统建设的重要成就，我国的大额支付系统已经建成运行。

中央银行的经理国库业务是指对国家预算资金的保管、出纳及相关事项的组织管理与业务安排。我国的经理国库业务由国家委托中央银行代理，而没有单独设立经管国家财政预算的专门机构。中国人民银行为财政部门开设国库单一账户，所有财政收入必须交入该账户，所有财政支出必须从该账户拨付。中国人民银行定期向同级财政部门提供国库单一账户的收支情况，核对国库单一账户的库存余额。

中央银行的会计业务是体现和反映中央银行履行职能和业务活动的会计安排，是中央银行反映经济情况、监督经济活动、预测经济前景、参与经济决策的重要工具。中央银行为政府和金融机构提供的各种服务，如支付清算、经理国库、兑付债券、贷款、货币发行与回笼、金银业务等，以及由此而产生的资金变化和财务活动，都需要中央银行以会计核算形式与核算方法进行连续、系统、全面的反映和监督。

中央银行的调查统计业务是其获取经济金融信息的基本渠道，主要包括五点：①货币统计，主要是关于货币供应量的统计。根据国际货币基金组织编制的《货币与金融统计手册》，我国还编制货币概览和银行概览。货币概览总括反映货币当局和存款货币机构的对外资产、负债情况；银行概览总括反映货币当局和银行机构对外的资产、负债情况。②信贷收支统计，主要对金融机构以信用方式集中和调剂的资金进行数量描述，能综合反映金融机构的全部资产和负债状况。信贷收支统计报表以信贷资金收支余额表的表式编制，由资金来源和资金运用两部分组成。③金融市场统计，包括：货币市场统计、资本市场统计和外汇市场统计。④国际收支统计，采用复式记账及权责发生制原则，由国际收支平衡表和国际投资头寸表组成。⑤资金流量统计，从收入和分配社会资金运动的角度对国民经济各部门的资金来源、资金运用以及各部门间资金流量、流向变动进行统计。

（二）货币政策

货币政策是中央银行为实现币值稳定、经济增长、充分就业、国际收支平衡、金融稳定等经济目标，运用各种工具调节和控制货币供应量和利率等中介指标，进而影响宏观经济的方式和措施的总和。中央银行货币政策可选择的操作指标主要是准备金和基础货币，中介指标则是货币供应量与利率。

货币政策工具主要有一般性工具和选择性工具。一般性工具如法定存款准备金政策、再贴现政策、信用贷款和公开市场业务，选择性工具如消费者信用控制、证券市场信用控制、不动产信用控制和优惠利率政策。从我国来看，公开市场操作主要工具包括回购交易、现券交易和发行中央银行票据。其中回购交易分为正回购和逆回购两种，正回购为中央银行向一级交易商卖出有价证券，并约定在未来特定日期买回有价证券的交易行为，正回购为央行从市场收回流动性的操作，正回购到期则为央行向市场投放流动性的操作；逆回购为中央银行向一级交易商购买有价证券，并约定在未来特定日期将有价证券卖给一级交易商的交易行为，逆回购为央行向市场上投放流动性的操作，逆回购到期则为央行从市场收回流动性的操作。现券交易分为现券买断和现券卖断两种，现券买断为央行直接从二级市场买入债券，一次性地投放基础货币；现券卖断为央行直接卖出持有债券，一次性地回笼基础货币。中央银行票据即中央银行发行的短期债券，央行通过发行央行票据可以回笼基础货币，央行票据到期则体现为投放基础货币。

此外，利率控制、信用配额管理等直接信用控制手段和道义劝告、窗口指导等间接信用指导也属于货币政策工具范畴。

三、金融监管知识

中央银行制度的产生和发展在很大程度上基于政府对金融业监管的需要。在相当长的时期内，大多数国家的中央银行同时承担着货币政策和金融监管的职能。近年来，随着金融领域风险的加大、金融机构间界限的模糊及金融业务之间的融合，一些国家把中央银行所履行的货币政策与金融监管职能相分离。我国即专门成立了银行业、保险业、证券业三大金融行业的监督管理委员会，分别承担这三个行业的监督管理职责。

金融监管有狭义和广义之分。狭义的金融监管是指监管当局依据国家法律法规的授权对金融业实施的监督管理，广义的金融监管是指在上述监管之外，还包括金融机构的内部控制与稽核、同业自律性组织的监管以及社会中介组织的监管等。谈到金融监管，不能不提到巴塞尔银行监管委员会，它于 1997 年推出的《有效银行监管的核心原则》，已成为各国（地区）监管体系的重要参考文件。

金融监管的目标在于：维护金融体系的安全与稳定；保护存款人、投资者和其他社会公众的利益；促进金融体系公平、有效竞争，提高金融体系的效率。从监管体制上分，有集中监管体制和分业监管体制，我国采取的是分业监管体制。金融监管一般采取如下原则：监管主体的独立性原则；依法监管原则；"内控"与"外控"结合原则；稳健运营与风险预防原则；对跨国金融机构还采取母国与东道国共同监管原则。

金融监管包含三方面的内容：一是为防止银行遭遇风险而设计的预防性监管，主要手段有市场准入、资本充足性管理、流动性管制、业务范围限制、贷款风险控制、准备金管理与管理评价。二是为保护存款者的利益而提供的存款保险，即国家货币主管部门为维护存款者利益和金融业的稳健经营，规定本国金融机构必须或自愿地按吸收存款的一定比例向保险机构缴纳保险金。当金融机构出现信用危机时，由存款保险机构向金融机构提供财务支援，或者由存款保险机构直接向存款者支付部分或全部存款。三是为避免金融机构遭遇流动性困难，由货币当局在非常状态下提供紧急救援，手段主要有提供低利率贷款、存款保险机构的紧急援助、中央银行组织下的联合救助和政府出面援助（投入资本金或大量存款、收归政府经营、债务由政府清偿、股东利益由政府保护等）。

从监管对象上看，包括：①对商业银行的监管。在审批商业银行设立与开业时，主要考虑资本金、高级管理人员素质、银行业竞争状况与社会经济需要等因素，并为商业银行的设立与开业确定了一套规范的审批程序。除在设立与开业时加强监管外，还按照审慎监管政策加强对商业银行日常经营的监管，通过现场与非现场稽核检查考察银行的整体经营管理水平。②对信托机构、合作金融机构、外资金融机构、政策性金融机构、保险公司、证券公司、金融租赁公司、财务公司和典当行等其他金融机构的监管。③对货币市场、资本市场和外汇市场等金融市场的监管。

四、商业银行资本、呆账准备与贷款集中度

（一）银行资本

银行资本有三种含义：账面资本、监管资本和风险资本（或称经济资本）。账面资本就是各种形式的具有资本本质的项目依据一定的会计方法和规则，在银行资产负债表上反映出来的资本，包括股东权益、次级债权等，承担着各类损失带来的最后清偿责任。监管资本是银行监管机构根据本国情况规定的银行必须执行的强制性资本标准，一般按照资本的股权特性分为不同等级，把相对长久的可自由支配的资本项目规定为一级资本（或称核心资本），把相对暂时性和不能自由支配的资本规定为二级资本（或称附属资本、次级资本）。风险资本是与银行实际承担的风险直接对应的资本范畴，它的数量随银行实际承担的风险大小而变化，与非预期损失相等。风险资本不是一个精确的财务概念，而是银行经营管理的重要手段。三种资本含义的数量关系是：风险资本最低，其次是账面资本，监管资本最高。

表 4 – 10　银行资本构成

资本	资本的一般构成	我国商业银行的基本构成	相关术语解释
核心资本	①实收资本，包括已经发行并全额实缴的普通股和永久性非累计优先股。②公开储备：通过留存收益或其他盈余，如股票发行溢价、留存利润、一般准备金和法定准备金的增值而创造和增加的部分。	实收资本或普通股、资本公积、盈余公积、未分配利润、少数股权	实收资本：投资者按照章程或合同、协议的约定，实际投入商业银行的资本。 资本公积：包括资本溢价、接受的非现金资产捐赠准备和现金捐赠、股权投资准备、外币资本折算差额、关联交易差价和其他资本公积。 盈余公积：包括法定盈余公积、任意盈余公积以及法定公益金。 未分配利润：商业银行以前年度实现的未分配利润或未弥补亏损。 少数股权：在合并报表时，包括在核心资本中的非全资子公司中的少数股权，是指子公司净经营成果和净资产中不以任何直接或间接方式归属于母银行的部分。
附属二级资本	①非公开储备：只包括虽未公开，但已反映在损益账上并为银行的监管当局所接受的储备。②资产重估储备：包括银行自身固定资产的正式重估增值和有价证券名义增值。③一般储备金/一般呆账准备金：用于防备目前还不能确定的损失的储备金或呆账准备金。④混合（债务/股票）资本工具：一系列同时具有股本资本和债务资本特性的工具。⑤长期次级债务，包括普通的、无担保的、原始期限最少在 5 年以上的资本债券和信用债券。	重估储备、一般准备、优先股、可转换债券、长期次级债务	重估储备：商业银行经国家有关部门批准，对固定资产进行重估时，固定资产公允价值与账面价值之间的正差额为重估储备。若银监会认为，重估作价是审慎的，这类重估储备可以列入附属资本，但计入附属资本的部分不超过重估储备的 70%。 一般准备：一般准备是根据全部贷款余额一定比例计提的，用于弥补尚未识别的可能性损失的准备。 优先股：商业银行发行的、给予投资者在收益分配、剩余资产分配等方面优先权利的股票。 可转换债券：商业银行依照法定程序发行的、在一定期限内依据约定条件可以转换成商业银行普通股的债券。计入附属资本的可转换债券必须符合以下条件：①债券持有人对银行的索偿权位于存款人及其他普通债权人之后，并不以银行的资产为抵押或质押；②债券不可由持有者主动回售；未经银监会事先同意，发行人不准赎回。

资本	资本的一般构成	我国商业银行的基本构成	相关术语解释
附属二级资本	①非公开储备：只包括虽未公开，但已反映在损益账上并为银行的监管当局所接受的储备。②资产重估储备：包括银行自身固定资产的正式重估增值和有价证券名义增值。③一般储备金/一般呆账准备金：用于防备目前还不能确定的损失的储备金或呆账准备金。④混合（债务/股票）资本工具：一系列同时具有股本资本和债务资本特性的工具。⑤长期次级债务，包括普通的、无担保的、原始期限最少在5年以上的资本债券和信用债券。	重估储备、一般准备、优先股、可转换债券、长期次级债务	长期次级债务：是指原始期限最少在五年以上的次级债务。经银监会认可，商业银行发行的普通的、无担保的、不以银行资产为抵押或质押的长期次级债务工具可列入附属资本，在距到期日前最后五年，其可计入附属资本的数量每年累计折扣20%。如一笔十年期的次级债券，第六年计入附属资本的数量为100%，第七年为80%，第八年为60%，第九年为40%，第十年为20%。
附属三级资本	指满足以下条件的短期次级债务：无担保且已全额落实；最早到期日不低于2年；未经监管当局许可不得提前偿付；若偿付利息和本金（即使在到期日）会导致银行无法达到最低资本要求，则停止偿付。三级资本只能用来满足市场风险的要求，而且只有在一级资本和二级资本能满足信用风险的前提下，才可用三级资本来弥补市场风险。	国内暂无	

资本	资本的一般构成	我国商业银行的基本构成	相关术语解释
扣除项	核心资本中要扣除商誉。总资本中要扣除对不并表的银行与财务附属公司的投资和对其他银行与非金融机构的资本投资。	计算资本充足率时，应从资本中扣除商誉、商业银行对未并表金融机构的资本投资、商业银行对非自用不动产和企业的资本投资。计算核心资本充足率时，应从核心资本中扣除商誉、商业银行对未并表金融机构资本投资的50%、商业银行对非自用不动产和企业资本投资的50%。

为获得资本，银行必须支付成本，包括有形的成本（资本回报、为筹资所花的费用）和无形的成本（控制权成本、信息披露成本、募资失败成本等，仍需银行实际承担）。由于资本的收益没有固定的收益作保证，与债权相比承担着最后清偿的责任且没有期限，投资者因资本承担着高风险而要求资本收益必须最低与资本市场同等风险的投资收益率相一致，即在"无风险"的政府债券收益之上增加一个"风险溢价"。资本非常昂贵，其来源也非常有限，主要包括发行普通股、优先股、次级债券、可转换债券、积累未分配利润、提取资本公积和权益准备金。资本对银行业务产生约束，要求银行以价值为基础追求经风险调整后的收益，同时要求银行必须保持适度的规模和速度、提高资产质量和合理安排资产结构，从而相对增加收益、节约资本占用、能够腾出更多资源发展更多的能增加银行价值的业务。从短期看，强化资本约束将会给商业银行带来短期阵痛；从长期看，则会更新商业银行的经营理念和经营模式，实现商业银行的协调发展。

银行资本要维持在一定水平上，银行资本与风险资产的比例就是资本充足率。巴塞尔银行监管委员会规定这个比率不能低于8%，即银行可以扩展的风险加权资产总量不能超过资本总量的12.5倍。根据银行各种资产的风险程度，对资产分类规定不同的风险权重，用以计算所需要的资本数量。对表外业务和衍生产品也规定了转化系数，用来把它们转换成风险资产。

表 4 – 11　表内资产风险权重表（本表引自"商业银行资本充足率管理办法"）

项目	权重
a. 现金类资产	
aa. 库存现金	0%
ab. 黄金	0%
ac. 存放人民银行款项	0%
b. 对中央政府和中央银行的债权	
ba. 对我国中央政府的债权	0%
bb. 对中国人民银行的债权	0%
bc. 对评级为 AA – 及以上国家和地区政府和中央银行的债权	0%
bd. 对评级为 AA – 以下国家和地区政府和中央银行的债权	100%
c. 对公用企业的债权（不包括下属的商业性公司）	
ca. 对评级为 AA – 及以上国家和地区政府投资的公用企业的债权	50%
cb. 对评级为 AA – 以下国家和地区政府投资的公用企业的债权	100%
cc. 对我国中央政府投资的公用企业的债权	50%
cd. 对其他公用企业的债权	100%
d. 对我国金融机构的债权	
da. 对我国政策性银行的债权	0%
db. 对我国中央政府投资的金融资产管理公司的债权	
dba. 金融资产管理公司为收购国有银行不良贷款而定向发行的债券	0%
dbb. 对金融资产管理公司的其他债权	100%
dc. 对我国商业银行的债权	
dca. 原始期限四个月以内	0%
dcb. 原始期限四个月以上	20%
e. 对在其他国家或地区注册金融机构的债权	
ea. 对评级为 AA – 及以上国家或地区注册的商业银行或证券公司的债权	20%
eb. 对评级为 AA – 以下国家或地区注册的商业银行或证券公司的债权	100%
ec. 对多边开发银行的债权	0%
ed. 对其他金融机构的债权	100%
f. 对企业和个人的债权	
fa. 对个人住房抵押贷款	50%
fb. 对企业和个人的其他债权	100%
g. 其他资产	100%

表 4 – 12　表外科目的信用风险转换系数（本表引自"商业银行资本充足率管理办法"）

项目	信用转换系数
等同于贷款的授信业务	100%
与某些交易相关的或有负债	50%
与贸易相关的短期或有负债	20%
承诺	
原始期限不足 1 年的承诺	0%
原始期限超过 1 年但可随时无条件撤销的承诺	0%
其他承诺	50%
信用风险仍在银行的资产销售与购买协议	100%

注：①等同于贷款的授信业务，包括一般负债担保、远期票据承兑和具有承兑性质的背书。

②与某些交易相关的或有负债，包括投标保函、履约保函、预付保函、预留金保函等。

③与贸易相关的短期或有负债，主要指有优先索偿权的装运货物作抵押的跟单信用证。

④承诺中原始期限不足 1 年或可随时无条件撤销的承诺，包括商业银行的授信意向。

⑤信用风险仍在银行的资产销售与购买协议，包括资产回购协议和有追索权的资产销售。

（二）呆账准备

银行为应对可能的损失要提取准备，包括专项准备和一般准备。专项准备是对某种特定资产可以预见的损失的准备，实质上是一种经营必需的成本。作为成本扣减利润，专项准备通常可以通过业务定价来补偿。一般准备是对于超出可以预见的损失部分所做的准备，这部分风险是真正意义上的风险，不可能通过日常的成本来管理。一般准备一般在监管规定中被列入资本，要求作为二级资本对待，但作为二级资本的部分不得超过银行加权风险资产的 1.25 个百分点。

一般而言，呆账准备金计提和冲销需要综合运用四种方法：①直接冲销法，即平时不计提，当贷款实际损失时直接冲销利润。②普通准备法，即每年按贷款余额的固定比率提取呆账准备金，当贷款损失实际发生时先冲销呆账准备金，呆账准备金不足时再直接冲销利润。③特别准备法，即定期检查贷款并估计可能的损失，按估计的损失程度计提特别准备金。特别准备金科学计提的前提是要对贷款有一个以风险为基础的分类方法，目前普遍采用的是以美国为代表的"正常、关注、次级、可疑和损失"五级分类法。④特定准备法，即专门针对某一地区、行业或某类贷款专门计提。

根据我国 1998 年发布的《贷款风险分类指导原则（试行）》，商业银行在实行贷款五级分类后应按照谨慎会计原则建立贷款呆账准备金制度，提取普通呆账准备金，并根据贷款分类结果，提取专项呆账准备金（包括特别呆账准备金）。

监管当局都要求银行提取充足的呆账准备金，但一般不对准备金计提的比例作统一规定，只是提出没有法律效力的建议计提比例。虽然是建议计提比例，由于关系到银行的抗风险能力，因而商业银行均非常重视，在确定具体计提比例时一般根据历史数据进行估计而获得。表 4 - 13 列出了部分国际和地区设定的准备金计提比例参考值。

表 4 - 13　专项呆账准备金计提比例参考值　　　　单位：%

	美国	中国香港地区	匈牙利
正常	0 ~ 1.5	0	0
关注	5 ~ 10	2	0 ~ 10
次级	20 ~ 35	25	11 ~ 30
可疑	50 ~ 75	75	31 ~ 70
损失	100	100	71 ~ 100

（三）贷款集中度

贷款集中度主要通过个别大额贷款与银行资本的比例来衡量。监管当局一般会对单个借款人的贷款数量和关系借款人的贷款数量进行限制。我国相关制度规定，商业银行对同一借款人及其关联企业（即集团客户）的贷款余额与商业银行资本余额的比例不得超过 15%，对股东等关系人的授信余额不得超过商业银行资本净额的 10%。

五、商业银行经营状况分析

衡量商业银行经营业务主要通过风险和营利性两个方面来进行。商业银行的风险包括信用风险、市场风险和操作风险。营利性指标主要是资产回报率和资本回报率。前者等于税后利润除以平均资产，后者等于税后利润除以平均股本。

　　资本回报率＝资产回报率×股本乘数

　　　　　　　＝资产回报率×平均资产÷平均资本

　　商业银行的经营管理能力体现在其营利性与风险的综合平衡上，而风险和营利性的综合平衡是通过大量的财务与非财务决策以及一系列经营与投资组合实现的。

（一）资金分析

　　包括自有资金分析、资金来源与运用分析、清偿能力分析。

　　自有资金的分析指标有自有资金对总资产的比率（衡量安全程度，比率越高，安全程度越高）、自有资金对负债的比率（衡量安全性）。

　　银行资金来源的分析指标有：

　　银行资金来源增长率＝（本期资金来源－上期资金来源）/上期资金来源。

　　反映银行资金来源增减变动。

　　银行资金自给率＝（自有资金＋吸收存款）/资金来源总额。

　　比率越高，表明银行资金自给能力越强。

　　银行资金来源的构成分析。

　　银行存款分析：变动分析和结构分析。

　　资金来源集中程度分析：尽量争取分散。

　　资金利用程度分析：营利性资产/资金来源。比率越大，表明资金利用程度越高。

　　银行资金运用分析主要进行资金运用增减变动分析、资金运用构成（营利性资金运用和非营利性资金运用）分析、贷款投向构成分析、贷款性质结构分析（流动资金贷款、技术改造贷款、基建贷款等各占贷款总额的比重）、资金运用质量分析（拖欠利息贷款、逾期贷款、呆滞贷款等所占贷款总额的比重）、贷款集中程度分析（最大客户待客额/银行自有资本）。

　　资金清偿能力分析指标有流动性资产与资产总额的比率（比率越

大，表明清偿能力越强）、流动资产对负债的比率（比率越高，表明清偿能力越强）、现金资产对总资产的比率（比率越高，表明资金清偿能力越强）、现金资产对短期负债的比率（比率越大，表明清偿能力越强）。

（二）财务分析

财务分析主要是分析成本和利润。

分析银行成本的指标主要有存款平均利息率（存款利息支出总额/各项存款年平均余额）、借入资金平均利率（借入资金利息额/借入资金年平均余额）、存款费用率（各项费用支出/各项存款年平均余额）、银行资金成本率（银行总成本/银行全部资金平均余额）、银行资金的边际成本（资金总成本增量/资金来源增量。边际成本低时，应积极组织资金；边际成本高时，应控制资金来源的增长率）、贷款成本率（银行成本费用/各项贷款平均余额。指标高，表明成本高）、营利性资产成本率（各项成本费用支出总额/营利性资产平均余额）、贷款收入成本率（银行成本支出总额/贷款总收入）、银行收入成本率（银行成本支出总额/银行各项收入总额）、营业收入成本率（银行成本支出总额/银行营业收入总额）。

分析利润情况的指标主要有自有资金利润率（利润额/自有资金平均余额）、银行资金利润率（利润额/信贷资金平均余额）、营利性资产利润率（利润额/营利性资产平均余额）、贷款利润率（利润额/贷款平均余额）、银行成本利润率（利润额/银行成本支出总额）、银行收入利润率（利润额/银行收入总额）。

六、商业银行风险管理

高杠杆经营的特点决定了商业银行经营管理的本质就是经营和管理风险。现代商业银行的风险管理呈现如下特征：经验判断与量化管理结合运用取代传统的经验判断，且量化管理的地位呈上升趋势；市场风险从信用风险中分离出来，专业化管理取代了笼统的风险管理；组合风险管理取代了单一资产风险管理；主动风险管理（通过资产转让、证券化等手段出售风险）取代了被动风险管理（被动等待贷款到期）；全面风险管理（风险管理作为一个系统化的体系融入到银行经营管理的各个方面）取代了分散的风险管理（风险管理仅仅是某个部门或某个领域的事情）。

实践中，人们运用数学和统计的方法描述风险的大小。商业银行风险管理的实质就是对风险的量化和风险暴露的管理。

（一）风险量化的基本原理

风险可能带来损失，而损失可以划分为预期损失、非预期损失和极端损失。对不同损失可采取不同的管理手段。

表4-14 损失的分类及对付不同类型损失的基本手段

损失类别	含义	管理手段
预期损失	平均损失值。比如3年的损失值分别是2、4、6，则预期损失为（2＋4＋6）／3＝4。预期损失仅仅作为正常的财务成本影响银行当期收益。	通过定价转移，即把风险作为成本转移到产品价格中去。定价转移是否成功关键看市场接不接受，归根结底决定于银行的风险控制水平。银行拨备时计提的呆账准备金应当等于预期损失，而呆账准备金的足额提取取决于银行具有准确预测预期损失的能力、准确核算利润的意愿及体制。
非预期损失	在一定容忍度下，最大损失值超出预期损失的那部分损失。非预期损失会消耗银行资本，构成银行真正的风险。	资本覆盖非预期损失。资本覆盖风险的程度取决于银行对风险的偏好程度，但并不是说银行想多低就多低，还要受监管当局对资本充足率的要求。
极端损失	在一定容忍度下，在极端情况下，超过最大损失值的那部分损失。极端损失在极端不利环境下发生，而极端不利环境有两个具备条件：发生的概率非常小；发生以后对银行的后果极端不利。	压力测试对付极端损失。压力测试不是对付极端损失的可靠办法，但在一定程度上是有效的。所谓压力测试，就是银行假设性地把经营环境模拟成极端不利的条件，测试自己的资产、负债、资本等各项指标在这种情况下会出现什么后果，并作出一些应对性策略，以防止厄运的发生。

注：①容忍度是测量最大风险值时没有覆盖到的情况的百分比。比如在60%的情况下最大损失值是9，也就是说还有40%的可能要超过9，这个40%就是容忍度。不同的容忍度决定了非预期损失和极端损失之间的划分。容忍度是人为设定的，取决于银行对风险的态度，喜欢多承担风险，条件就设定得低一些；否则就高一些。

②战争、政变、恐怖袭击、金融危机、客户违约比例或汇率、利率波动超过一定程度等都属于极端不利事件（银行遭受的损失超过了预期损失和非预期损失承受的范围）。

（二）风险量化的基本手段

表 4-15　风险量化的基本手段一览表

基本手段	含义	备注
信用评级法	信用评级是对信用风险中的预期损失大小进行评估。预期损失 = 客户违约率（客户违约的比例）×违约损失率（客户违约后某一类业务的最终发生损失的比例）×信用敞口。其中，客户违约率用客户信用评级体系完成，违约损失率用债项评级体系完成。	信用评级最直接、最重要的作用在于：它能科学地预测出客户的违约概率。评估结果主要是为贷款决策和贷款定价提供参考。信用评级有两类：由专业评级机构进行评估的外部评级，如穆迪和标准普尔的评级；银行内部对自己的客户进行的内部评级。
VaR 法	VaR 是一种管理风险波动性的方法，代表在一定期限和一定置信区间内银行特定的头寸或组合面临的最大可能的损失，在数量上对应着非预期损失。具体做法就是给每种业务（或部门）下达一个风险限额，并进行监控。	为目前量化风险管理最成熟的手段，特别适用于市场风险管理。
资产组合管理	对银行资产结构进行管理，尽量把风险进行内部抵消，保证在一定收益前提下银行承担的风险最小。	组合管理的基本原则是：尽量把资产分散到不同领域，防止过度集中；尽量选择正关联性低或负关联性高的资产搭配。

（三）全面风险管理

全面风险管理的核心是用风险调整资本收益率（RAROC）为衡量标准，进行资本的最优配置，实现资本收益的最大化。RAROC 表示特定资产或业务单元在扣除预期损失后的收益与所占用的风险资本的比值。它对客户经理的启示意义在于：客户经理应该尽量向客户争取较高的产品价格、尽量营销少占用风险资本的低风险业务，如中间业务。

RAROC ＝风险调整后收益/风险资本

＝（收入－资金成本－经营成本－风险成本）/风险资本

其中，风险成本是指预期损失，风险资本也就是非预期损失。

风险管理与资本管理相结合是商业银行风险管理的重要方向。根据《新巴塞尔资本协议》的要求，商业银行对信用风险、市场风险和操作风险都需要有充足的资本作保证，其中操作风险的资本要求大致应占全部资本的 20%，信用风险和市场风险的资本要求大致分别占 55% 和 25%。

表 4 – 16　商业银行三大风险的管理

风险类别	含义	管理手段	备注
信用风险	债务人或交易对手未能履行合同所规定的义务或信用质量发生变化，影响金融产品价值，从而给债权人或金融产品持有人造成经济损失的风险。作为最为复杂的风险种类，信用风险通常包括违约风险、结算风险等。其中，结算风险是指交易双方在结算过程中，一方支付了合同资金而另一方发生了违约。结算风险在外汇交易中较为常见。对大多数银行而言，贷款是最大、最明显的信用风险来源。当然，除贷款外，包括衍生品在内的大多数金融工具也都面临着信用风险。	①用内部评级体系对信用风险进行量化。内部评价法又分为初级法和高级法。初级法仅要求银行计算出借款人的违约概率，其他风险要素值由监管部门提供；高级法则要求银行同时测算出自己的违约损失率和风险敞口。②通过信用衍生产品和信贷二级市场、信贷资产证券化将风险转移出去。	量化违约损失率的基础在于建立数据库，获取足够的数据，而目前我国这项工作才刚刚起步，相关数据非常缺乏。应关注数据的收集与清洁。
市场风险	因利率、汇率和资产价格等市场要素波动而引起的，金融产品价值或收益具有不确定性的风险，通常包括利率风险、汇率风险、股票风险和商品风险等。其中利率风险尤为重要。该风险具有明显的系统性风险特征，虽具有数据优势和易于计量优势，但难以通过分散化投资完全消除。	①缺口管理，主要是利率缺口管理和流动性缺口管理。所谓缺口，就是差额，是衡量敏感性的指标。②存续期管理。所谓存续期，指的是以现金流量的折现值为权重计算的一项金融工具或全部资产负债组合的加权平均偿付期。③情景分析，即在现有头寸数据的基础上，结合对未来业务量和利率变化的预测，以及对客户行为的分析与假设，进行多种不同情景的动态分析。④借助风险计量	利率风险是指因利率的波动使商业银行资产负债组合的净利息收入或长期市场价值受到削减的风险。汇率风险是指因汇率波动导致的银行净收益与长期市值出现下降的风险。

风险类别	含义	管理手段	备注
市场风险		模型管理交易风险。对采取内部计量模型法的银行，巴塞尔委员会要求进行"回溯测试"，即要求银行每年必须进行一次回溯测试，将内部模型计算出来的风险测量值与每天实际发生的利润或损失进行比较。⑤表内调节与表外对冲。表内调节是指通过对资产负债表内的资产和负债项目进行调整，达到调整结构，减少敞口或结构不匹配的业务量，从而缓解或降低风险的目的；表外对冲是指针对资产负债表上出现的较大利率、汇率或流动性敞口，构造出一些衍生的金融工具，通过在市场上买卖这些金融工具，产生出与资产负债表内的风险敞口相反的头寸，从而达到与表内敞口相互抵消、减少风险的目的。⑥资金转移定价，是一种向资金使用部门收取利息并向资金提供部门支付利息的内部定价机制。资金转移定价的重要功能在于分离业务中的市场风险与信用风险，将市场风险交由资金部门集中管理，而分支机构、营销部门专司营销，只承担信用风险。	交易风险是指来自交易账户中的市场风险。而所谓交易账户是指每天按市价记账、以赚取利差为目的的项目，如股票、债券、衍生金融产品等。
操作风险	由于内部程序、人员行为、系统的不完善或失误及外部事件造成的风险。分为内部管理风险和外部依存风险。按照《巴塞尔新资本协议》，操作风险可分别由人员、系统、流程和外部事件所引发。	操作风险管理的核心是量化操作风险并计算出相应的资本金。方法主要有：①"一刀切"基本指标法。巴塞尔委员会给出的公式是：操作风险资本金＝前三年总收入的平均值×15%。②按产品线分类计算，即将银行的总收入按业务类别划分为公司金融、交易、零售业务、	操作风险主要有以下类型：内部欺诈，外部欺诈，就业政策和工作场所安全性，客户、产品及业务操作，实体资产损坏，业务中断/

续表

风险类别	含义	管理手段	备注
操作风险		商业银行业务、支付和清算、代理服务业务、资产管理及零售经纪业务，监管当局对每类业务收入的操作风险资本要求确定不同的乘数，每类业务用前三年总收入的平均数乘以相应的乘数，即为每类业务操作风险的资本要求，各类业务的资本加总后即为银行总体操作风险的资本要求。	系统失败，执行、交割和内部流程管理。
流动性风险	作为一种综合性风险，流动性风险是指银行无力为负债的减少和/或资产的增加提供融资而造成损失或破产的风险。当流动性不足时，银行无法以合理的成本迅速增加负债或变现资产获取足够的资金，极端情况下会导致银行资不抵债。如大量债权人同时要求兑现债权，则银行也可能面临流动性危机。包括资产流动性风险和负债流动性风险。资产流动性风险是指资产到期不能如期全部收回，进而无法满足到期负债的偿还和新的合理贷款及其他融资需要，从而给银行带来损失的风险。负债流动性风险是指银行过去筹集的资金发生不规则波动，对其产生冲击并引发相关损失的风险。流动性风险水平体现了银行的整体经营状况。目前，影响金融机构流动性的	①保持合理的资产结构，提升在损失情况下快速变现的能力。最具流动性的资产是现金或在中央银行市场操作中用于抵押的债券。②提升筹资能力，增强负债流动性。③保持合理的资产负债期限结构，尤其要尽量避免过多的"短债长用"。④真正需要资金的时候，能借入流动性。⑤增强对影响资产负债结构的因素的敏感性，并做好预案。如股票投资收益提升时，存款人会提款，贷款人也会提出新的贷款需求，从而造成流动性紧张。⑥保持合理的币种结构，并保持外币债务结构和外部资产组合的匹配。⑦资金来源及结构合理（客户种类及债务到期日适度分散），与主要资金提供者建立良好关系，避免资金来源集中度过高，保持足够的流动资金，并在资金使用时注意使用对象、时间跨度、还款周期等要素的合理匹配。⑧设置流动性风险预警信号，并善于综合运用多种流动性比率/指标以及缺口分析法、久期分析法等来分析、监控流动性，注	①简言之，流动性风险是指银行无法筹集足够的资金来满足存款人的提现要求或借款人的贷款要求，或者筹资的成本超出了银行可承受的范围的风险。②现金头寸指标＝（现金头寸＋应收款）/总资产。该指标越高，意味着满足即时现金需要的能力越强。③核心存款比例＝核心存款/总资产。核心存款是指那些相对来说较为稳定、对利率变化、环境变化等外部因素影响不敏感的存款。④大额负债依存度＝（大额负债－短期投资）/（盈利资产－短

风险类别	含义	管理手段	备注
流动性风险	因素有很多，如资产结构单一，信贷资产的流动性较差；经营管理不善、资产质量较低，自有资金不足；存款保险机制不健全，金融体系稳定机制缺乏等。	意上述指标不要超过警戒线。常见的指标有现金头寸指标、核心存款比例、贷款总额占总资产的比率、贷款总额占核心存款的比率、流动资产占总资产的比率、大额负债依存度、现金流入剩余等。预警程序大致有预测危机警情、确定危机警况、探寻危机警源。危机警源主要有总体资产负债战略的失误、局部或临时性的资产负债结构失调、资产质量的大面积下降、存款增长乏力、经营环境恶化等。⑨定期进行压力测试、情景分析，根据不同的假设情况进行流动性测算，确保银行能通过储备足够的流动性来应对可能出现的极端情况。完善流动性危机预警系统。流动性风险。⑩实行资产负债流动性综合管理。通过配置各类资产的数量，确定相互间的配比关系，构建适宜的资产结构，同时将流动性需求划分为短期性需求、结构性需求和应急性需求，根据上述需求的不同特点，通过筹集不同渠道的资金予以满足。其他措施包括：完善资金反馈调拨机制；盘活资产存量，优化资产增量，压缩不良资产，确保资产结构的质量和流动性等。	缺投资），适用于用来衡量大型特别是跨国银行的流动性风险。⑤现金流入剩余 = 现金流入 − 现金支出，该指标应为正值，如为负值，则意味着出现现金赤字。现金剩余与总资产之比小于3%～5%时，则属预警范围。⑥缺口分析法是指通过针对特定时间段，计算到期资产（现金流入）和到期负债（现金流出）之间的差额来判断银行流动性是否充足的方法。流动性缺口为贷款平均额与核心存款平均额之差。⑦久期分析法用来评估利率变化对银行流动性状况的影响。久期缺口 = 资产加权平均久期 −（总负债/总资产）×负债加权平均久期。久期缺口的绝对值越大，表明利率变化对银行流动性的影响也越显著。

续表

风险类别	含义	管理手段	备注
声誉风险	指由于意外事件、银行政策调整、市场表现或日常经营活动所产生的负面结果。可能对银行声誉这种无形资产造成损失的风险。声誉风险是银行经济价值的最大威胁源。	①建立良好、有效的声誉风险管理体系，包括建立明确的战略愿景和价值理念、明确的声誉风险管理流程与政策等。②强化全面风险管理意识。③完善公司治理。④做好声誉风险防范预案。⑤正确识别信用、市场、操作、流动性等风险中可能威胁银行声誉的风险因素，并进行评估、监测与报告，使声誉风险能得到有效管理。⑥明确董事会和高级管理层在声誉风险管理中的责任。⑦强化声誉风险管理培训，确保及时处理各种投诉和批评。⑧增强透明度与社会责任感。⑨与媒体保持良好的关系。⑩完善危机管理规划，加强声誉危机管理。包括建立危机沟通机制，抓好危机现场处理，提高发言人的沟通水平，经常进行模拟训练与演习等。	
战略风险	指由于不适当的未来战略规划和战略决策，或者经营决策错误，或者决策执行不当，或对外部环境变化束手无策，而对银行未来发展产生威胁的潜在风险。	①董事会和高管层在战略风险管理中负有关键责任。②从战略（全行）、宏观（业务领域）、微观（工作岗位）三个层面入手分析识别产业、技术、品牌、竞争对手、客户、项目等战略性风险。③采用情景分析等方法，分别评估有利、正常、不利等各种市场条件下，战略规划实施可能出现的结果。④恰当运用战略风险管理办法，包括制定以风险为导向的战略规划与实施方案，并贯彻到日常经营管理活动中；将有限资源配置到有助于实现银行战略目标的业务领域中等。	战略风险管理是一种预防性、全面的风险管理，而不是事后应急性的管理。

　　我国对商业银行风险管理工作高度重视，中国银监会专门印发了《商业银行风险监管核心指标（试行）》，以期对国内中资商业银行进行风险监管。按照要求，商业银行风险监管核心指标分为三个层次，即风险水平、风险迁徙和风险抵补。其中，风险水平类指标包括流动性风险指标、信用风险指标、市场风险指标和操作风险指标，以时点数据为基础，属于静态指标；风险迁徙类指标衡量商业银行风险变化的程度，表示为资产质量从前期到本期变化的比率，属于动态指标，包括正常贷款迁徙率和不良贷款迁徙率；风险抵补类指标衡量商业银行抵补风险损失的能力，包括盈利能力、准备金充足程度和资本充足程度三个方面。

表 4–17　商业银行风险监管核心指标一览表

类型	一级指标	二级指标	计算公式	指标释义
风险水平	信用风险	不良资产率	$\dfrac{\text{不良信用风险资产}}{\text{信用风险资产}} \times 100\%$	信用风险资产主要包括：各项贷款、存放同业、拆放同业及买入返售资产、银行账户的债券投资、应收利息、其他应收款、承诺及或有负债等。不良信用风险资产是指信用风险资产中分类为不良资产类别的部分。该指标不应高于4%。
		不良贷款率	$\dfrac{\text{次级类贷款} + \text{可疑类贷款} + \text{损失类贷款}}{\text{各项贷款}} \times 100\%$	次级类贷款、可疑类贷款、损失类贷款这三类贷款合计为不良贷款。各项贷款指银行业金融机构对借款人融出货币资金形成的资产，主要包括贷款、贸易融资、票据融资、融资租赁、从非金融机构买入返售资产、透支、各项垫款等。该指标不应高于5%。

续表

类型	一级指标	二级指标	计算公式	指标释义
风险水平	信用风险	单一集团客户授信集中度	$\dfrac{最大一家集团客户授信总额}{资本净额}\times100\%$	最大一家集团客户授信总额是指报告期末授信总额最高的一家集团客户的授信总额。该指标不应高于15%。
		单一客户贷款集中度	$\dfrac{最大一家客户贷款总额}{资本净额}\times100\%$	最大一家客户贷款总额是指报告期末各项贷款余额最高的一家客户的各项贷款的总额。该指标不应高于10%。
		全部关联度	$\dfrac{全部关联方授信总额}{资本净额}\times100\%$	全部关联方授信总额是指商业银行全部关联方的授信余额，扣除授信时关联方提供的保证金存款以及质押的银行存单和国债金额。该指标不应高于50%。
	市场风险	累计外汇敞口头寸比例	$\dfrac{累计外汇敞口头寸}{资本净额}\times100\%$	累计外汇敞口头寸为银行汇率敏感性外汇资产减去汇率敏感性外汇负债的余额。该指标不应高于20%。
		利率风险敏感度	$\dfrac{利率上升200个基点对银行净值影响}{资本净额}\times100\%$	本指标在假定利率平行上升200个基点情况下，计量利率变化对银行经济价值的影响。指标计量基于久期分析，将银行的所有生息资产和付息负债按照重新定价的期限划分到不同的时间段，在每个时间段内，将利率敏感性资产减去利率敏感性负债，再加上表外业务头寸，得到该时间段内的重新定价"缺口"。对各时段的缺口赋予相应的敏感性权重，得到加权缺口后，对所有时段的加权缺口进行汇总，以此估算给定的利率变动可能会对银行经济价值产生的影响。

续表

类型	一级指标	二级指标	计算公式	指标释义
风险水平	流动性风险	流动性比率	$\dfrac{流动性资产}{流动性负债} \times 100\%$	流动性资产包括：现金、黄金、超额准备金存款、一个月内到期的同业往来款项轧差后资产方净额、一个月内到期的应收利息及其他应收款、一个月内到期的合格贷款、一个月内到期的债券投资、在国内外二级市场上可随时变现的债券投资、其他一个月内到期可变现的资产（剔除其中的不良资产）。流动性负债包括：活期存款（不含财政性存款）、一个月内到期的定期存款（不含财政性存款）、一个月内到期的同业往来款项轧差后负债方净额、一个月内到期的已发行的债券、一个月内到期的应付利息及各项应付款、一个月内到期的中央银行借款、其他一个月内到期的负债。该指标不应低于25%。
		核心负债比例	$\dfrac{核心负债}{总负债} \times 100\%$	核心负债包括距到期日三个月以上（含）定期存款和发行债券以及活期存款的50%。该指标不应低于60%。
		流动性缺口率	$\dfrac{流动性缺口}{90\ 天内到期表内外资产} \times 100\%$	流动性缺口为90天内到期的表内外资产减去90天内到期的表内外负债的差额。该指标不应低于 −10%。

类型	一级指标	二级指标	计算公式	指标释义
风险迁徙	正常贷款迁徙率	正常类贷款迁徙率	$\dfrac{\text{期初正常类贷款中转为不良贷款的金额} + \text{期初关注类贷款中转为不良贷款的金额}}{\text{期初正常类贷款余额} - \text{期初正常类贷款期间减少金额} + \text{期初关注类贷款余额} - \text{期初关注类贷款期间减少金额}} \times 100\%$	期初正常类贷款中转为不良贷款的金额，是指期初正常类贷款中，在报告期末分类为次级类/可疑类/损失类的贷款余额之和。期初关注类贷款中转为不良贷款的金额，是指期初关注类贷款中，在报告期末分类为次级类/可疑类/损失类的贷款余额之和。期初正常类贷款期间减少金额，是指期初正常类贷款中，在报告期内，由于贷款正常收回、不良贷款处置或贷款核销等原因而减少的贷款。期初关注类贷款期间减少金额，是指期初关注类贷款中，在报告期内，由于贷款正常收回、不良贷款处置或贷款核销等原因而减少的贷款。
		关注类贷款迁徙率	$\dfrac{\text{期初正常类贷款向下迁徙金额}}{\text{期初正常类贷款余额} - \text{期初正常类贷款期间减少金额}} \times 100\%$	期初正常类贷款向下迁徙金额，是指期初正常类贷款中，在报告期末分类为关注类/次级类/可疑类/损失类的贷款余额之和。
	不良贷款迁徙率	次级类贷款迁徙率	$\dfrac{\text{期初次级类贷款向下迁徙金额}}{\text{期初次级类贷款余额} - \text{期初次级类贷款期间减少金额}} \times 100\%$	期初次级类贷款向下迁徙金额，是指期初次级类贷款中，在报告期末分类为可疑类/损失类的贷款余额之和。期初次级类贷款期间减少金额，是指期初次级类贷款中，在报告期内，由于贷款正常收回、不良贷款处置或贷款核销等原因而减少的贷款。

续表

类型	一级指标	二级指标	计算公式	指标释义
风险迁徙	不良贷款迁徙率	可疑类贷款迁徙率	$\dfrac{\text{期初可疑类贷款向下迁徙金额}}{\text{期初可疑类贷款余额 - 期初可疑类贷款期间减少金额}} \times 100\%$	期初可疑类贷款向下迁徙金额,是指期初可疑类贷款中,在报告期末分类为损失类的贷款余额。期初可疑类贷款期间减少金额,是指期初可疑类贷款中,在报告期内,由于贷款正常收回、不良贷款处置或贷款核销等原因而减少的贷款。
风险抵御	盈利水平	资产利润率	$\dfrac{\text{净利润}}{\text{资产平均余额}} \times 100\%$	该指标不应低于0.6%。
		资本利润率	$\dfrac{\text{净利润}}{\text{所有者权益平均余额}} \times 100\%$	该指标不应低于11%。
		成本收入比率	$\dfrac{\text{营业费用}}{\text{营业收入}} \times 100\%$	该指标不应高于45%。
	准备金充足程度	资产损失准备充足率	$\dfrac{\text{信用风险资产实际计提准备}}{\text{信用风险资产应提准备}} \times 100\%$	该指标不应低于100%。
		贷款损失准备充足率	$\dfrac{\text{贷款实际计提准备}}{\text{贷款应提准备}} \times 100\%$	贷款实际计提准备指银行根据贷款预计损失而实际计提的准备。该指标不应低于100%。
	资本充足情况	资本充足率	$\dfrac{\text{资本净额}}{\text{风险加权资产 + 12.5 倍的市场风险资本}} \times 100\%$	该指标不应低于8%。
		核心资本充足率	$\dfrac{\text{核心资本净额}}{\text{风险加权资产 + 12.5 倍的市场风险资本}} \times 100\%$	该指标不应低于4%。

七、商业银行头寸匡算与资金调度

（一）头寸匡算

头寸是指商业银行随时能够运用的资金，它是满足资金流动性、保证支付能力最基本的手段。可分为基础头寸和可用头寸。基础头寸是指商业银行的库存现金和在中央银行的清算存款（两者之间可以相互转化）。可用头寸除包括基础头寸外，还包括应清入清出的汇差资金、到期同业往来、交存准备金调增调减额、应调增调减的二级准备金额。从满足流动性角度讲，头寸越足越好，但头寸过分充足，则会影响效益，因而必须在头寸匡算的基础上确定一个合适的金额。实际工作中，一般是根据现金流入流出情况匡算银行资金账户余额，再根据账户余额情况采取相应的措施从其他银行融入资金或向其他银行融出资金。

今日账户余额（预测数）=上一工作日的账户余额+今日现金流入-今日现金流出+/-分行当日预计变动额。

银行的今日现金流入项目包括：正回购起息、逆回购到期、同业拆入起息、同业拆出到期、债券卖出、债券到期兑付、调剂市场卖汇；今日现金流出项目包括：正回购到期、逆回购起息、同业拆入到期、同业拆出起息、债券买入、债券承销缴款、调剂市场买汇。

头寸匡算的基本方法有三个：

1. 因素法

能增加银行头寸的因素有客户存款、提供非存款服务所得收入、客户偿还贷款、银行资产出手、货币市场借款等，减少银行头寸的因素有客户提取存款、贷款投放、偿还非存款借款、提供和销售服务中产生的营业费用和税收、向股东派发现金股利。所谓增加头寸，就是通过负债筹集更多资金，同时压缩资产规模以收回资金；如需减少头寸，则反向操作即可。

运用因素法匡算头寸，尚需考虑宏观因素的影响，比如GDP增长速度对存贷款需求都有影响、央行流动性紧缩政策可减少商业银行可贷资金量、资本市场发行新股可减少客户银行存款等。一般而言，商业银行所需资金头寸大致等于贷款增量与存款增量之差，即预计贷款增量＋应缴存款准本金增量－预计存款增量。

2. 资金结构法

资金结构法是通过分析存贷款资金结构及其变化趋势来预测未来的头寸需求。吸收存款是银行资金来源的最主要部分，按被提取的可能性，存款可分为游动性货币负债（随时可能被客户提走）、脆弱性货币负债（近期内可能被提取的存款）和稳定性货币负债（能长期使用的存款）。

银行可为稳定性程度不同的存款保留不同的流动性资金，以此预测负债流动性需要量。计算公式：权重×（游动性货币负债－法定准备金）＋权重×（脆弱性货币负债－法定准备金）＋权重×（稳定性货币负债－法定准备金）。稳定性越高，所采取的权重就越小。

对贷款而言，银行本着客户第一的原则总想尽可能满足，因此必须预测出未来最大可能的贷款量，并为此保持充足的流动性资金。

商业银行总的头寸需求即为负债的流动性需求加上贷款的流动性需求。当然，实际工作中，头寸测算要复杂得多，因为银行业务种类繁多，而不仅仅是存贷款。

3. 流动性指标法

商业银行可通过对比分析自身的流动性指标与同业的平均水平来估算其头寸。流动性指标一般包括流动资产占总资产比率、短期投资占总资产比率、核心存款占总资产比率、活期存款与定期存款比率等。

（二）资金调度

商业银行根据头寸的松紧状况，按照安全性、流动性和营利性协调统一的要求进行资金的上缴下拨、调入调出、拆入拆出和借入借出。基本原则是：在多余资金调出时尽量争取收益，在资金不足需要调入时尽量减少利息支付。一般而言，在头寸紧张时，最快的方式就是在同业市场上借入或拆入资金，或通过转贴现卖出回笼资金。如果头寸仍然紧张，则需考虑出售信贷资产以加大资金回笼力度。在头寸宽松时，最佳使用途径仍是加大贷款投放力度。如果信贷市场疲软，则应进一步分散资金使用对象，比如向债券投资要效益。

调节账户余额（资金余缺）的手段主要有：

1. 人民币质押式回购

目前，该回购通过全国银行间同业拆借中心及全国银行间债券交易中心的交易系统进行。如果账户余额不足，则银行须采用质押式正回购的方式从其他金融机构融入资金；如果账户余额充裕，则银行可采用质押式逆回购的方式向其他金融机构融出资金。办理质押式回购的基本程序是：选择交易对手进行电话询价，达成交易意向后填写《资金交易申请书》，报被授权部门负责人审批；根据审批，通过交易中心的交易系统与对手成交；打印成交单，并据以填制"内部划款单"；在交易起息日，将打印的成交单交会计结算部门进行资金清算；根据交易要素登记电子台账；在交易到期日，将打印的成交单和《内部划款单》一并交会计结算部门进行资金清算；将相关交易记录装订归档。

2. 人民币同业拆借

同业拆借通过全国银行间同业拆借市场交易系统进行。与其他金融机构开展同业拆借业务，特别是拆出资金，商业银行的交易金额必须控制在对交易对手的授信额度内。如果账户余额不足，则商业银行可采取同业拆入的方式从其他金融机构融入资金；如果账户余额有余，则商业银行可选择同业拆出的方式向其他金融机构融出资金。

八、商业银行经营管理体系变革

（一）西方商业银行的经营管理架构

20 世纪末以来，金融竞争日趋激烈，经济全球化日益向广度和深度推进，商业银行传统的经营管理模式在全球范围内面临前所未有的冲击和挑战。根据市场竞争和经济发展的新趋势，西方先进银行以经营管理体制改革为有效途径，力图实现与经济发展新变化的同步跟进，并且取得了成功。

1. 事业部制度

西方商业银行普遍采取事业部制度。该制度主要特征：①明确区分业务职能和支持职能。②事业部主要负责银行战略的落实和实施，其管理模式是事业部制的，并非传统的地理划分。③支持职能是集中式管理，使所有业务部门都能更为有效地共享总行的各项管理职能。④所有集中的支持部门负责人如 CIO、CCO、CFO 都直接向总行行长汇报，在其职能线上拥有相应的决策权和领导权。

2. 业务组织方式

西方商业银行确立自己管理体制的原则不是简单的"客户驱动"或"产品驱动"，而是更好地适应客户需要＋更有效的节约成本＋更有效率的组织推动。在此原则框架下，西方商业银行组织架构调整的基本趋势是业务线的调整越来越综合，越来越简单，过去众多的业务部门都在向两类业务线靠拢，一是零售金融业务，二是批发银行业务。过去的银行业，无论是欧洲还是美洲，或者亚洲，几乎无一例外的都是以地区为中心、以分行为主导，而现在的趋势则几乎完全颠倒过来，凡是大的银行，特别是国际性的跨国银行，在架构设立上都是按业务系统来组织和推动，强化银行总行的系统管理和分行的营销职能。西方商业银行按业务系统来组织和推动主要基于以下判断：按地区进行组织、推动，使本来有限的产品、营销、关系、费用、人才等资源被分散到多个层级的经营实体中，形成资源浪费；而按业务线来贯彻、来推动，有利于更有效地节省成本，也会更有效率。此外，按业务系统来组织和推动还有利于更好地适应市场，满足客户需要。总行及总行的专业部门就其所掌握的信息、拥有的资源而言，容易做到在市场上快速领跑，"站得高、看得远、动得快、做得好"是市场对总行部门的基本要求。当然，总行的部门能不能做到，那是另外一个问题。

具体到一家商业银行，如何去组织其业务管理，如何设计其业务流程，最终要看业务本身的性质和产品的特点而定。一般而言，公司和投资银行业务不受地区的局限，在现代高科技和现代通讯前提下，很明显地按业务条款纵向推动更有效率。

3. 三类部门系统

现代西方商业银行的部门不多，但都很大，一个业务部门就是一个业务系统，就是一条战线。从职能上看，现代西方商业银行的所有部门分为如下三类：

一是业务拓展系统。这是由市场营销、前台处理和后台处理组成的业务流程运行体系，面对分别由政府、金融同业、公司和个人客户组成的细分市场，并形成相对独立的业务体系。业务部门的职责是拓展市场、"销售银行"、服务客户，直接为银行创造利润。业务拓展系统大多数是按照公司银行业务和零售银行业务两条线来设立和归并。

二是管理系统。银行将公共关系、财务管理、信贷管理、风险控制、审计法律等管理部门精简后组合在一起，称为"银行管理中心"，行使集中统一的管理职责。银行管理中心不直接从事业务操作，跟业务系统是分离的，只是负责对业务系统进行目标设立、检查、评估、考核、管理和控制，主要职责体现在：制定规章制度、制定业务服务标准和规范、制定工作指引、检查督导全行各业务系统等。

三是支持保障系统。包括信息技术、人力资源、研究与发展、后勤保障等部门。从节省成本和提高服务效率的角度出发，越来越多的银行开始将支持保障系统中的部分功能外包出去。有些银行则是把支持部门全部集中使用，有些银行还采取把支持部门镶嵌到各业务系统中去。

在上述三个部门系统之外，商业银行实际上还有一个"统率三军"的决策指挥系统，即银行的董事会和负责日常管理的行长班子及执行机构。各银行在其董事会内和行长室下各设有若干委员会。这些委员会有些是专业政策和事项的最后决定者，有些是执行层面上的组织者、协调者和执行者。

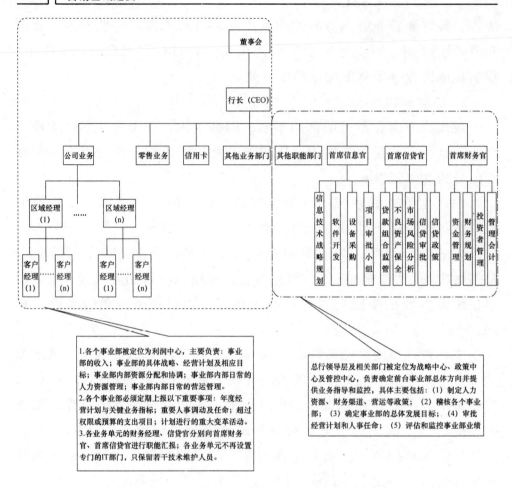

图4-1 典型的商业银行经营管理架构

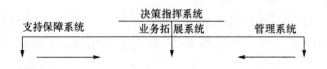

图4-2 三大部门系统的关系

现代西方商业银行的部门设置、业务配合通过上面勾画的三条线展开。主线是业务发展，这是银行生存和发展的基石；管理系统是业务部门的"制动"系统，负责用专业眼光建议甚至决定哪些事情该做，哪些事情不该做，评价哪些事情做得妥当，哪些做得不妥当；支持保障系统是业务部门的"加油"系统。三条线职责明晰，分工清楚，各自都努力以服务者的身份做好本职工作，既服务于客户，又服务于行内其他部门和相关的机构。以瑞士联合银行为例，瑞士联合银行的组织架构为，在银行集团管理层（行长室）下设立"银行管理中心"，由这个管理中心负责推动和管理全行的业务。银行的全部业务分三条线来组织：瑞士本土业务，资产管理业务和瑞银华宝（在海外，瑞银华宝主要做投资银行业务，并统一以瑞银华宝名号进行）。需要说明的是，西方商业银行通常以设立专业性子公司的方式来从事不同的业务，亦即根据业务性质的不同来组建不同的专业性子公司。

4. 集约化、扁平化的总分行结构

现代西方商业银行的分行很多，但不一定很大，职能一般单一，很多业务集中在总行的部门完成。"大总行"通过"大部门"来体现，部门内汇聚了主要的业务专业人才，分工细，专业强。这种结构的形成主要是因为更专业化、更节省劳力。商业银行的业务是辐射到全社会各系统、各行业的，而每个系统、每个行业都需要特别的知识，要有专家才行。如果每个分行都配置相应的专家，需要的人会很多，但业务可能很少，这样就会造成人力资源的浪费、成本的增加；如果不配专家，让其他人兼做，又达不到科学分析和正确决策的要求。而通过部门以专业化的形式来集中开拓业务和服务于客户，则可以兼顾上述两方面的要求。现在，信息技术飞速发展，也为各项银行业务的专业化、集中化、工厂化处理提供了现实可能。

"大总行—大部门—小分行"的基本特征是扁平化。扁平化是通过减少管理层次、压缩职能机构、减少中间管理层而建立起来的一种紧凑而富有弹性的新型团体组织。它具有敏捷、灵活、快速、高效的优点，其竞争优势在于不但降低了企业管理的协调成本，还大大提高了企业对市场的反应速度和满足客户的能力。当企业的任何地方出了问题，它都能很快地传递到决策者那里，而不是一级一级汇报上来等问题大到无法解决时才被决策者发现。

比如：美联银行。美联银行总部设在北卡罗莱纳州的夏洛特市，有 8 个地区总部，7 万余名员工。美联银行的业务可简单地分为批发业务和零售业务两大块，也可细分为 50 多个领域，主要包括商业银行业务（现金管理、不动产贷款等）、消费者银行业务（汽车融资、按揭、卡类产品等）、资本市场业务（银团贷款、证券化、股票发行等）和资本管理业务（个人信托、共同基金、证券经纪等）四类。美联银行以业务系统设计组织框架和部门，各业务系统都分为市场拓展部门、风险控制部门和支持部门三条线展开。由于美联银行在业务运作和管理上采取的是一种按业务系统集中运作的体制，故其部门设置比较庞大，结构也较复杂，每一部门下都细分为多个小部门和专业小组，采取的是典型的大总行、大部门和小分行结构。总行拥有庞大的运行系统。美联银行在国内拥有 2700 多个分行，但各分行所能处理的业务很受限制，主要做零售业务。在美联银行，分行只是作为存款吸收中心、ATM 中心和现金管理中心而存在，大量的业务都是通过各大业务部门去处理，并且很多业务被集中在总行处理。美联银行在总行所在地设有庞大的客户信息中心，有近万名职员在该中心工作。

5. 总分行的经营管理体制

现代西方商业银行根据业务走向、客户分布、地域特征等，在总行与分行之间设立地区总部，并通过这些地区总部强化对全国和全球各地分行的管理，以便更好地满足客户的服务要求和实现银行自身的发展目标。地区总部制的基础是总分行制。在现代西方，总分行制已逐步取代单一银行制而成为商业银行组织体制的主流。如德国商业银行把全国划分为 20 个地区，并设立管辖分行，这些地区管辖分行管理着 180 个二级分行和 600 个三级分行，他们实际就是国内的地区总部。德意志银行在海外设有两个总部，位于新加坡的总部管理整个亚太地区，位于纽约的总部管理美国和加拿大的业务，另外在南非的约翰内斯堡设有管辖分行，管理整个非洲地区的业务。

现代西方商业银行的分行就是一个营业网点，职能一般都比较单一，不可能"小而全，大而全"，当然也有些网点从事几种业务甚至全面业务。业务单一或全能的分行的职能都是销售银行的产品。

分行直接属于总行业务部门的管理，各项业务都属于垂直领导。有三类部门直接管理各自的分行，一是公司银行业务系统，二是零售业务系统，三是国际业务系统（管理海外分行）。

同一分行内如果同时有两类业务，则有两个行长。分行行长的职责主要是两条，一是负责各类资源的合理配置，二是保证分行的合规性经营，即保证分行的业务经营符合当地管理部门的规定。通常，在分行一层，零售银行业务量比较大，客户量也最多，故西方商业银行往往让负责零售银行业务的行长兼管整个分行的人事及资源调配等工作。但每位行长在职位上都是同级，彼此之间没有隶属关系，他们分别对其直属的上一级部门（主管的业务部门）的负责人负责。

分行的规模有大有小，一切视业务量大小而定。有些小的分行甚至只有 3～5 人。

总行对分行的核算非常严格，都有经营目标约束。通常做法是，由总行管理中心把指标分解到各业务系统，再由总行业务部门分解到每一个经营部门，以及每一部门下的不同业务团队，而不直接给分行下达相应的利润指标或其他指标。核算体系严格、全面，每个部门、每条业务线、每个分行、每个工作小组，对资源的占用、成本的分摊、利润的贡献等都有准确的界定。当然，科学的核算以完善的信息管理系统为基础，西方商业银行都建有科学的内部定价系统和资金内部转移成本分析系统。

对公司银行业务和零售银行业务的考核分别属于两个系统，收益分别核算到业务线下，同样，成本也合理分摊到两块。有些很难界定的成本则通过两个分行行长的协商去解决。

任何考核都难做到 100% 的准确和绝对的公正。西方商业银行的基本理念是：要考核，就要分出好和坏，就要做到公开、公平和公正，就要根据考核结果进行奖惩；只要立意正确、方法得当、措施得力，考核就不会出现大的偏差，最起码的是排队顺序不会出现大的偏差。

（二）西方商业银行经营管理体制变革的主要经验

西方商业银行通过改革调整爆发出了新的生机和活力，极大地增强了自身长久发展的竞争能力，在全球化、综合化和专业化的竞争中逐渐占据领先优势地位。美洲、花旗、汇丰等国际知名银行由于实施了调整及改革措施，在各自领域均取得了成功。这些银行变革的主要经验包括：

（1）通过银行体制创新，大都采取了以市场为导向、以客户为中心、前中后台专业协作分工制约、职责明确、以扁平化垂直管理为主的事业部制组织架构。

（2）通过完备的利益协调机制，使横向、纵向的各方都以银行业务发展为己任。

（3）条块结合得比较好。"条"主要负责资源配置、风险控制与资产运作，"块"主要负责当地市场的营销。

（4）十分注重银行体系自身的文化塑造和人力资源管理，有着良好的营销文化和风险管理文化。

（5）考核评价体系很科学，有着市场化的薪酬体制和绩效管理体制，能够对员工实施有效的激励。

（6）总分行、各部门职能非常清晰，都知道自己的"边界"在哪里，并能做到很好的配合。

（7）在加强全行统一的策略管理的同时，注重区域市场策略的制定和执行。

（8）实行按行业、产品、客户的业务流程再造和资源整合，有强大的 IT 支持系统，如全行有一个数据仓库，有一个完备、先进的管理信息系统，全行的各种资源能够充分的共享；全行有一套科学的核算系统，成本能够准确的记录和核算，能够科学合理的分析，行内资金转移定价要科学、准确，各地区、各业务、各小组、各个人、各个客户的成本和利润核算能细化到最小单位，资源的占有、收入的创造都要合理计算，贡献要准确度量；全行要有一套科学的考核、评价体系，要能准确地度量每个机构、个人的贡献度，并有相应的奖惩制度；全行各层次的干部素质要相应的提高，业务系统的指导要能达到既定的高度等。

（三）关于国内商业银行的经营管理体制变革

1. 存在的主要问题

（1）实行的是行政管理型的金字塔式层级管理，信息传导机制不畅，环节多，时间长，失真情况严重，导致决策效率低，市场营销的效能差，市场吻合度不高，与市场快速反应的要求相背离。

（2）资源配置割裂，导致资源闲置与内生性消耗严重，本来就有限的产品、营销、关系、费用、人才等资源被分散在多个层级的经营实体，专业协作与互补无法实现，整体经营价值不能有效发挥。

（3）职责定位不明确，管理条线不清晰，管理粗放，比较混乱，没有形成统一的营销管理体系。

（4）总行、分行业务部门在全行业务发展中的应有作用没有能够充分发挥，管理力度和营销能力存在明显不足。

（5）业务增长方式单一，缺乏应对新形势、解决新问题的有效手段，资产拉动型、费用推动型和关系营销型的对公业务增长方式受资本约束、资产质量恶化和财务支援等多种因素制约而难以为继。

（6）产品创新能力不足，以市场为导向、客户为中心的产品研发、资源整合体系未能切实建立，缺乏策略与系统性支撑。

（7）业务队伍建设亟待加强，素质较差、专业服务水平与团队综合营销能力相对较弱，很难满足客户高层次、一体化的金融服务需求。

（8）全行的风险管理水平不高，风险控制能力较差。由于信息不对称，职能划分不清晰，流程被割裂，以及对客户经理系统性培训严重不足，最终导致风险控制能力不强，累积问题较多。

（9）全行对公业务的预算管理、分析评价、核算体系存在重大缺陷，不能提供按产品、按行业、按客户、按区域的核算评价结果，导致资源配置能力不够，经营效能模糊化。

2. 改革调整的重要意义

（1）有利于建立市场快速反应机制、提升市场竞争能力。

（2）有利于适应客户日益综合化、个性化和专业化的需求。

（3）有利于提高风险识别与控制能力、保证银行稳健经营和长效发展。

3. 改革调整的总体构想

以市场为导向，以客户为中心，以提升经营层次、发挥整体功能、增强竞争实力、提高管理水平为目的，以优化资源配置、调整职能定位、健全组织架构为基础，明确对公业务部门的职责定位，加强业务各部门之间的协调配合，加大产品创新力度，通过条线整合实现费用投入、产品跟进、机构设置、考核分配、人员配备及客户资源的有效配置，提高业务的综合产出能力和利润贡献，积极培育具有成长性和综合价值贡献大的基本客户群体，实现银行业务的平稳、持续、协调发展。

4. 借鉴国际银行先进经验推进国内商业银行经营管理体制变革

（1）西方商业银行对"分行"的定义与我们不同，西方商业银行分行的职能比较单一。按照国内目前的市场环境和技术条件及商业银行的实际情况，推行"小分行"并不现实。可行的选择是，先把分行做大做强，由管理中心变为营销中心、利润中心。

（2）做大总行，提升总行的管理能力和营销能力，发挥总行在提升全行整体对公业务竞争能力中的作用。由总行综合配置有限资源，提高全行业务资源配置能力与水平。加强风险管理建设，建立以客户为中心、以市场为导向、以成熟的风险控制技术为手段的市场风险评估评价管理体系。

（3）加强条线建设，按业务线来纵向组织全行的业务运作，即逐步过渡到对业务"条条"进行系统的管理。初期，要加强纵向管理，总行业务部门要加强对分支行的指导，特别是在政策制定、流程设计、产品创新、预算编制、营销支援等方面。建立总、分行联动营销机制和对重点客户实施分层次营销、管理及服务的快速反应机制，包括行业金融服务方案规划及设计等。

（4）建立分工明确、相互支持的运营体系，做好条块结合。从总行层面开始明确职责，分清"边界"，不留"死角"，杜绝"有些事情谁都管谁都不负责任，有些事情却又找不到人管"的现象。总分行、各部门在良好的企业文化和科学的考核评价下密切配合、相互支持。在企业文化建设方面，要注重营销文化和风险管理文化建设，努力培育现代感的服务意识、协作意识和团队精神。在科学考评方面，对客户经理和风控人员"捆绑"考核，使两者统一到全行的业务发展上来。

（5）实现按产品、行业、客户及区域的营销组织管理及预算管理，以集约化经营为方向，对资源需求大、风险识别能力要求高、对过程管理要求严格的重点行业、重点客户和重点产品进行集中管理。加强区域营销指导，推行行业客户经理。区域特点不同，总行的管理不能"一刀切"，要体现区域特点（各分行也要努力成为"扎根当地的全国性银行"）。同时，银行发展的基本方向是从地区分行为核心到以业务系统为核心转变，而不同行业区别较大，培育行业客户经理刻不容缓。

（6）建立统一、高效、前中后台分工支持的事业部制，推行扁平化垂直管理。增强总分行自身营销管理能力，不断充实和完善职能，加强自身建设，搞好横向、纵向部门间的综合协调，提升全行集约化经营管理水平。

（7）建立科学的评价考核和绩效分配体系、"核算到产品，核算到岗位，核算到人"的核算体系、完备先进的信息系统、全行统一的数据仓库等，发挥 IT 支持的作用。

5. 改革调整推进情况评价

国内商业银行营销管理的调整改革必须在科学、合理的方案指导下进行，应有专人负责组织推进此事，并对推进实施效果进行评价。

表 4 – 18　经营管理体制改革推进情况评价内容与标准

指标体系			标准	评价方法
体系建设 与运行 （80%）	组织领导 （20%）	组织架构 （10%）	是否按要求成立改革推进领导小组及工作小组，相关责任人员是否到位，责任是否明确。	按科目逐项打分并计算加总得到总分值
		职能发挥 （10%）	领导小组和工作小组在动员发动、方案制定、改革进程控制等方面是否发挥了应有的作用。	
	改革方案 的具体 实施 （60%）	客户调整 （10%）	是否在调整过程中保证了客户移交的平稳进行，是否按方案要求平稳进行了存量授信客户的集中管理和新增授信客户的集中营销管理。	
		人员调整 （10%）	是否确保了关键岗位人员不流失和业务平稳交接。	
		机构调整 （10%）	是否健全了业务管理机构和经营机构，是否做到分行与支行功能的差别定位，岗位设置及岗位职责是否明确。	
		利益调节 （10%）	改革调整过程中利益调节办法是否明确、到位、有效，是否促进了调整的顺利进行。	
		资源配置 （10%）	资源配置方案是否清晰、落实是否到位，能否对改革进程起到促进作用。	
		人员管理 （10%）	是否加强了对公司业务人员的集中统一管理，考核评价办法是否科学、到位、全面。	
改革调整 效果 （20%）	营销业绩	10%	主要财务指标是否较改革调整前有明显改善，客户数量是否增加，客户质量是否提高。	
	营销管理	10%	对重点产品、客户的集中统一管理是否到位，营销的组织性是否提高，分行营销管理部门的职责是否落实。	

九、金融控股公司

近些年来，人们越来越关注金融控股公司，金融控股公司也成为很多大型商业银行发展的目标模式，下面则对其进行介绍。

（一） 金控公司的要素与类型

金控公司是金融业实现综合经营的一种组织形式。构成金控公司的基本要素有四个：一是持有其他公司股份，二是对持有股份的公司具有控制权，能够控制或支配他们的经营活动，三是金融业务占主导地位，四是综合经营。银、证、保等企业都是金控公司的子公司，彼此之间为兄弟关系。金控公司本身也具有法人资格，它和所控制的子公司组成一个金融集团。

金控公司的架构有利于资本集聚和资产重组，有利于战略管理与事业经营的分离，有利于减少不同企业文化或业务之间的摩擦，在规模经济、范围经济、资本扩张、协同效应及降低单一业务所产生的行业风险等方面，具有其他组织形式无可比拟的优势。较其他模式，金控公司还具有合理避税功能。但该模式具有组织管理成本高、风险分散功能不充分等不足。目前，金控公司模式已成为金融业综合经营的主流组织模式。

金控公司有纯粹控股公司和事业控股公司之分。纯粹控股公司的主要任务是制定战略规划并组织实施，本身并不经营业务，所有金融业务都由子公司经营。而事业控股公司本身也直接经营金融业务。美国、日本和中国台湾地区都有法律明文规定只许设立纯粹金控公司。

从对子公司的控制程度看，金控公司分为完全控股公司和部分控股公司。为提高协同效应，大部分金控公司采取完全控股方式，即持有子公司全部或绝大部分股份。

良好的金控公司应能体现资源共享、业务互补、利益一致、风险分散与隔离等功能。在设计发展战略、完善公司治理、确定组织框架时，都应注重这些功能的发挥。

（二） 金控公司的战略管理

金控公司需对影响自身目前及今后发展的关键因素进行分析。在明晰自身使命的前提下，做好战略选择。金控公司的战略选择必须以自身的核心竞争力为依托或者能强化自身的核心竞争力。

战略选择解决的是金控公司"向何处去"的问题，它使金控公司为获得长期竞争优势而确定了发展方向（目标）。在扩大业务规模、扩大市场份额、拓展地域范围、扩展产品线等目标中，金控公司一般会同时选择几个目标，但在某一时期会以一个或两个目标为重点。在金控公司发展初期，一般会采取追求规模、增长和市场份额战略，而在发展成熟时，会采取追求营利性、资产质量和股东利益战略。

一个良好的战略仅是战略成功的前提，有效的战略实施才是战略目标顺利实现的保证。金控公司还需制定落实战略的政策和行动方案，并通过组织结构的调整、内外部资源的合理配置、企业文化的构建、信息的沟通与控制、激励制度的建设来执行它。战略实施是个自上而下的动态过程，需要高层领导人员的统一领导和统一指挥。绩效考核体系是保证战略实施的重要工具，因此，金控公司的战略一定要落实到绩效管理上，且绩效管理必须从战略角度设计。

为保证战略对经营管理指导的有效性及实现综合经营和战略经营之目的，金控公司需根据实际的经营事实、变化的经营环境、新的思维与机会、自身发展状况等因素对所选择的战略及时进行调整，并依次对各子公司进行取舍。

（三）金控公司的资本结构

金控公司的资本必须达到足以应付不可预期的巨额损失，不仅能保护债权人免受其经营失败丧失偿付能力的风险，而且还能为金控公司摆脱财务困境留出足够的空间。金控公司受到监管资本、资本市场融资、资本回报和内部风险承受能力等因素的约束。因此，需对业务发展需要的长期资本进行规划。在规划资本结构时，金控公司至少要考虑子公司资本结构和控股公司代理成本两个因素。

适当的资本结构可起到降低融资成本、保持高效率资本控制、促进经营战略实现等作用。因此，加强资本管理非常必要，重点是确定抵御经营风险所需的资本量和提高资本配置效率，保证资本平衡，并充分利用资本投资工具和资本管理技术提高资本管理效率。

根据适用对象的不同，金控公司的资本分为账面资本、监管资本和经济资本。对金控公司而言，不同资本意味着不同的管理要求。

账面资本是指面向资本市场和投资者筹集的资本，亦即根据会计准则定义的资本，包括普通股、未分配利润和各种资本储备等公司持股人的永久性资本投入。金控公司采取何种方式筹集此资本，首先要考虑资本成本，其次要关注控制权。

监管资本是监管机构要求金融机构拥有的最低资本，又称"法定资本"，用以抵御信用风险、市场风险和操作风险。监管资本分为一级资本、二级资本和三级资本，它与加权风险资产总量的比率叫资本充足率。金控公司需要专门的监管资本计量方法。

经济资本是在一定置信区间内，在确定的时段内，金融机构所能容忍的最大损失额度，亦即金融机构为不确定的潜在损失而预留的资本，其目的是保证金融机构在遭受真正损失时能够维持运营。经济资本综合考虑风险与收益，是金控公司资本管理的重要内容。

（四）金控公司的公司治理

公司治理受制于资本结构，是指公司所有者对经营者的一种监督和制衡机制，即合理安排所有者与经营者之间权利与责任的一种制度。公司治理通过制度的设计与执行以及责、权、利的配置，提高管理效能和监督经营管理者行为。具体而言，公司治理就是股东大会、董事会和监事会及管理层所构筑的治理关系。对金控公司而言，多了一层控股公司与被控股的子公司之间的治理关系。

公司治理须遵循一些基本的原则，如协调相关者利益、监督企业经营者、信息披露等。

公司治理的主体是股东，公司治理应首先体现股东的基本权利。股东权利通过两种途径实现，一是要有一个信息完善且能很好发挥功能的董事会。公司治理的核心是董事会，董事会除董事会会议外，主要依靠下设的薪酬、提名、风险审计等专业委员会来运作。二是要在公司内部构造一个合理的权力结构，从而在股东大会、董事会、监事会与经理管理层之间形成制衡关系。除内部制衡关系外，公司治理还要与外部环境相配合。

（五）金控公司的组织机制

组织机制实质上是如何处理金控公司与子公司的集权、分权关系，亦即金控公司与子公司间的法人关系与产权管理关系。金控公司以董事会为中介，以管理董事为基础，保证对子公司实施产权管理。同时，以是否涉及公司产权变动为标准，合理界定子公司董事会的经营自主权边界，既能使子公司的经营行为符合金控公司需要，又要尊重子公司的相对独立性。

金控公司与其子公司之间集权与分权的程度，取决于他们之间委托—代理成本与管理效益之间的均衡关系。据此，可分为集权型、集分权结合型和分权型三种管理方式。采取哪种管理方式，则取决于金控公司自身的战略要求、管理理念、经营特点、股权结构、素质和市场环境。对那些与集团核心能力、核心业务密切相关的子公司的经营活动，金控公司一般会实施高度的统一管理与控制；对那些与公司核心能力、核心业务关系一般甚至没有影响的成员企业，往往实行分权管理。

金控公司与其子公司之间的管理与被管理关系取决于股权的控制和控制性契约的存在。金控公司通过对子公司股东会或董事会的控制来控制子公司，表现为金控公司对子公司的经营方向、方针、投资计划、董事会组成等重大事项的控制。但控制支配权不能滥用，要以整体利益居先、兼顾公平为基本原则，各子公司也要维护自己的合法权益。

金控公司与子公司各有独立的法律地位。金控公司实行两级财务管理体制，金控公司与子公司各有自己独立的财务，即"财务并表，各负盈亏"。金控公司对子公司的责任仅限于出资额，而不是统负盈亏，以避免个别高风险子公司拖垮整个金控公司。

从功能建设上讲，金控公司应着重加强战略管理、业务整合、风险管理、资源配置和利益平衡、品牌和企业文化管理、系统平台建设（研发、信息、销售等）。从组织层次上讲，金控公司一般有三个层次：由董事会和经营管理层组成的总部；事业部层；事业部下围绕金控公司的主导或核心业务互相依存又互相独立的子公司。

整体作战能力是金控公司区别于单一公司的显著竞争优势，因而金控公司总部的管控能力是保证金融集团整体效益的关键，加强总部建设是整个金控工作的重中之重。

（六）金控公司的风险管理

作为一个金融企业集群，金控公司是典型的通过改变市场边界实现扩张的结果。不过，这种行为并未改变其所面临的风险结构，也并未消除单一企业面临的各种风险。相反，由于企业数量增加以及管理难度增大，金控公司又蕴藏着一些新的、特殊的风险，如协调各子公司行动的战略执行与管理风险、更为复杂的内控风险、因资本重复计算而导致的资本充足率实质降低风险、依据同样数量资本但可借到更多款项的财务杠杆风险等。

金控公司风险的特征可以概括：一是风险集中化，即把单一企业的风险集中在金控公司名下；二是风险传染性强，一旦某一环节或某一方面出现问题，风险就会快速、全面传染，系统性风险更加明显；三是利益冲突，即组织架构和管控模式的复杂性对各类利益主体产生重大影响，导致的利益冲突更为复杂和突出。

金控公司在风险管理上关注的重点是把由于综合化经营导致的各类一般风险控制在可承受范围内，避免风险集中释放。对于特殊风险，金控公司要在有效协调各方利益、保证充分考虑各利益主体的基础上发挥最大协同效应，这就必须科学制定平衡各方利益的激励约束机制，而这必然涉及公司治理这一更深层次的内容——公司治理机制是金控公司进行风险管理的突破口和切入点，公司治理是风险管理的基础。

金控公司的风险管理，既不能采取各子公司各自为政的思路，也不能在整个金控公司推行单一的风险管理技术，应该采取风险管理与其他管理工作相结合、母子公司联动的方式。在金控公司发展初期，应以原有风险管理框架为基点，各子公司分别管理自己的一般风险，金控公司负责管理母公司层面的风险和重大经营风险，可将风险关口前置，管理权限适当下放；当金控公司进入成长和成熟期后，可将风险管理权限适当上收或进行结构调整。这个度的掌握，取决于金控公司的风险偏好和风险承受能力。

"防火墙"可以阻隔金控公司内部的风险传染，但无法阻隔金控公司的声誉风险。"一人生病，全家吃药"往往成为金控公司风险管理失败的标志。金控公司需要精心设计"防火墙"。

第五章
熟悉产品

就像枪炮对于战士一样，产品是客户经理开展营销活动的重要武器。客户经理虽然不必像产品经理那样需要熟悉产品的每一个操作细节，但至少也要对本银行的产品有个大概了解。当前，银行的交叉销售日渐重要，客户经理不仅需要粗略知晓公司业务产品，出于交叉销售以获取综合效益的需要，还需对银行的零售产品也应有所了解。此外，开展营销活动，难免要与其他银行的客户经理直接竞争某一重要客户，因此，适当了解其他银行的产品也实属必要。

第一节 公司业务品种简介

商业银行公司业务是指银行向公司客户所提供产品的总称。公司客户包括工商企业客户、金融同业客户、政府机关客户等所有类型的法人客户。从公司客户类型的复杂性也可看出银行公司业务品种的复杂性。本节把客户经理需了解的公司业务列成一表，以便快速了解，如表5-1所示。

表5-1 主要公司业务产品一览表

类别	名称	含义
普通融资	流动资金贷款	期限在三年以内的本外币贷款。该贷款主要满足客户生产经营过程中临时性、季节性资金需求。执行人民银行规定的基准利率，可上下浮动，特别适合机关、团体、部队、企事业单位。
	仓单质押贷款	以仓单为质押品而发放的一种短期融资。分标准仓单质押贷款和非标准仓单质押贷款。该产品适用范围较广，只要是大宗易变现、易保管、价值稳定的商品都可以作为质押物。
	出口退税账户质押融资	客户将出口退税专用账户托管给银行并承诺以该账户中的退税款作为还款保证。该产品能满足出口企业的临时性资金需求。有利于企业缓解国家出口退税款未能及时到账而产生的资金压力。品种包括短期贷款、银票承兑以及开证授信、进口押汇、出口押汇、出口贴现等。
	单位定期存单质押贷款	客户以单位定期存单为质押品，银行据此发放的贷款。单位定期存单是指客户为办理质押贷款而书面委托银行依据开户证实书向接受存款的金融机构（即存款行）申请开具的人民币定期存款权利凭证。单位定期存单只能为质押贷款的目的而开立和使用。
	凭证式国债质押贷款	客户以未到期的凭证式国债为质押品，银行据此发放的贷款。凭证式国债是指由财政部发行，各承销银行以"中华人民共和国凭证式国债收款凭证"方式销售的国债。
	住房开发贷款	采用封闭或非封闭形式向房地产开发商发放的用于开发建造向市场销售的商品住宅项目的人民币贷款。

续表

类别	名称	含义
普通融资	资产支持融资	以客户自有、已建成并投入运营的优质经营性固定资产未来经营所产生的持续稳定现金流（如：收费收入、租金收入、运营收入等）作为第一还款来源，为满足客户在生产经营中多样化用途的融资需求而发放的贷款。
	土地储备贷款	向负责土地一级开发的机构发放的用于土地收购及土地前期开发、整理的专项贷款。分土地储备短期贷款和中期贷款。
	集团客户统一授信	银行对属于同一集团各成员公司的授信统筹考虑，统一核定授信额度，集团每个成员的授信不超过其自身的风险承担能力，所有集团成员的授信总和不超过该集团授信总额度。该产品可使大型集团客户迅速得到银行全辖机构标准一致的整体服务，也可帮助集团公司强化对成员企业整体负债的管理力度，形成授信额度决定权由总公司掌控、子公司仅有授信使用权的松紧适度的集团授信管理机制。
	商业汇票质押贷款	以商业汇票作质押品而提供的可以满足客户临时资金需求的人民币流动资金贷款。分银票质押贷款和商票质押贷款。
	经营性物业抵押贷款	向具有合法承贷主体资格的经营型物业所有权人发放的，以其所拥有的物业作抵押，并以该物业的经营收入进行还本付息的贷款。
	银团贷款	由两家或两家以上获准经营贷款业务的银行业金融机构基于相同贷款条件、依据同一贷款合同、按约定时间和比例、通过代理行向借款人提供的贷款。
商业汇票	银行承兑汇票承兑	由在银行开立存款账户的客户出票，向开户银行申请并经银行审查同意承兑，保证在指定日期无条件支付确定的金额给收款人或持票人的一种表外业务。银行对客户签发的商业汇票进行承兑，意味着一旦商业汇票到期后购货方无力支付货款，银行必须无条件替客户垫付资金。
	全额保证金银票承兑	根据客户保证金额度开具与保证金本金同等金额银行承兑汇票的一种银票承兑形式。对出票人而言，与现金付款相比，可以增加保证金利息收益。
	准全额保证金银票承兑	根据客户保证金额度开具不大于保证金及其孳息之和的一种银票承兑业务。该产品的突出优势在于可适度放大企业可使用票据金额。
	电子商业汇票承兑	付款人承诺在票据到期日支付电子商业汇票金额的票据业务。电子商业汇票业务支持签发电子商业承兑汇票和电子银行承兑汇票。
	卖方付息票据贴现	商业汇票持票人将未到期的商业汇票转让给银行，银行按票面金额扣除贴现利息后将余额付给持票人的一种票据贴现业务。也就是人们常说的贴现业务。

续表

类别	名称	含义
商业汇票	买方付息票据贴现	商业汇票的持有人（卖方）将未到期的商业汇票转让给银行，银行在向买方收取贴付利息后，按票面金额将全款支付给持票人的一种票据贴现业务。该业务除付息人不一样外，其他同卖方付息票据贴现业务完全一样。优势在于其效果同现金付款一样，可以获得较好的商业折扣，卖方在持票后，可以非常便捷地在银行办理贴现，获得票面全款。同时，可以有效降低买方的融资成本，相对于贷款融资，买方筹资成本要低得多。
	协议付息票据贴现	卖方企业（收款人）在销售商品后，持买方企业（付款人）交付的未到期商业汇票到银行办理贴现，并根据买卖双方协商，分担支付票据贴现利息的一种票据贴现业务。
	集团统一贴现	集团客户集中系统内票据，统一申请贴现，即集团成员单位将票据全部背书转让给集团的结算中心，由集团结算中心统一向银行申请贴现，银行将贴现后余款划付结算中心。集团客户可获得批发贴现优惠，降低贴现成本。同时，便利集团客户对成员单位全口径资金的集约管理。
	代理出票人贴现	商业汇票的贴现申请人通过与其代理人、贴现银行签订三方协议，委托其代理人在贴现银行代为办理票据贴现手续，贴现银行审核无误后，直接将贴现款项划付给贴现申请人的一种票据贴现业务。该业务降低了票据异地传送费用，防止了可能的丢失。
	无追索权买入票据	商业汇票持有人将商业汇票卖断给银行，即银行无追索权地买入商业汇票持有人持有的商业汇票。可有效降低票据贴现申请人的融资成本，并且将未来的收款风险转移给银行。分商业承兑汇票包买和银行承兑汇票包买。
	商业承兑汇票保贴	对符合银行授信条件的企业，以书函形式（或在票据上记载银行承诺）承诺为其签发或持有的商业承兑汇票办理贴现，即给予保贴额度。申请保贴额度的企业既可以是商业承兑汇票的承兑人，也可以是商业承兑汇票的持票人。分商业承兑汇票承兑人保贴和商业承兑汇票持票人保贴。
	票据池	企业在银行帮助下建立票据池，客户可根据自身资金状况，随时向银行提出汇票贴现、质押开票等需求。当客户无贴现需求时，银行可提供商业汇票查询和代为保管服务。该产品把客户从票据的日常管理工作中解脱出来。
	票据理财组合业务	客户以持有符合贴现规定的商业汇票作质押，银行为客户新签发的银行承兑汇票办理承兑，并根据客户在银行的资金沉淀情况，向客户提供一定的理财服务。优点在于：客户把大量的票据鉴别、管理工作外包给银行，节省人力，可集中精力于主业；可根据票据宝在银行的资金沉淀，灵活安排存款品种，避免了传统质押操作模式下客户仅获得活期存款利息的不足。

类别	名称	含义
投资银行	债务融资工具承销	包括短期融资券承销、中期票据承销和金融债承销等。短期融资券是指具有法人资格的非金融企业在银行间债券市场发行、约定在1年内还本付息的债务融资工具。中期票据是指具有法人资格的非金融企业在银行间债券市场按照计划分期发行、约定在一定期限还本付息的债务融资工具。期限在1年以上。金融债券是指在境内设立的金融机构法人（包括：政策性银行、商业银行、企业集团财务公司及其他金融机构）在全国银行间债券市场发行、按约定还本付息的有价证券。
	股权融资顾问	包括但不限于：股权私募融资顾问、IPO融资顾问和定向发行融资顾问。
	并购贷款	并购是指并购方通过其专门设立的无其他业务经营活动的全资或控股子公司，通过受让现有股权、认购新增股权，或收购资产、承接债务等方式以实现合并或实际控制已设立并持续经营的目标企业。商业银行向并购方或其子公司发放的、用于支付并购交易价款的贷款称为并购贷款。
	结构化融资顾问	在企业投资和项目融资过程中，银行通过股权融资工具、债券融资工具、金融衍生工具和其他创新金融工具的组合安排，为客户提供结构化融资方案。
	财务顾问	包括常年财务顾问和专项财务顾问。可根据客户需要分开提供或共同提供一揽子金融产品服务和融资方案。
	房地产信托投资基金承销	房地产企业将其旗下部分或全部商业物业资产（如：办公楼、购物中心、公寓、产权酒店甚至仓库等不动产）打包，向投资者发行信托单位、债券或股票，汇集特定投资者的资金，由专业投资机构进行房地产投资经营管理，并以物业资产的租金等投资综合收益为来源定期按比例向投资者派发红利。银行可为这种信托基金提供承销服务。
对公理财	企业资产负债管理	为配合客户在银行所做贷款业务，银行利用市场上的金融工具，帮助客户对账户余额进行适当投资，提高收益。包括小额和大额两类。小额管理采取定期发布，按期募集，主要针对金额较小的企业客户；大额管理主要是期限在一年以上、为金额较大客户量身定做的外币投资即外币结构性产品服务。
	债券结算代理	作为债券结算代理人，银行为银行间债券市场的其他参与者办理债券结算等业务。包括：以委托人名义为委托人在中央国债登记结算有限责任公司办理债券托管账户开户、转户、销户等手续；与金融类委托人进行债券交易，与非金融类委托人进行债券买卖和回购；根据委托人指令代理操作委托人的债券托管账户，为其办理有关结算手续；在债券利息支付和本金兑付中，为委托人办理相关事宜；为客户提供业务培训、业务查询、市场分析等。

续表

类别	名称	含义
对公理财	远期结售汇	客户与银行签订远期结售汇协议，约定未来结汇或售汇的外汇币种、金额、期限与汇率，到期时按照该协议订明的币种、金额、汇率办理结售汇。该产品可使客户于当前锁定未来汇率，即锁定未成本或收益，起到保值避险的作用。
	外币对人民币掉期	客户与银行签订掉期协议，分别约定即期外汇买卖汇率和起息日、远期外汇买卖汇率和起息日，客户按约定的即期汇率和起息日与银行进行人民币和外汇的转换，并按约定的远期汇率和起息日与商业银行进行反方向转换。该业务是外汇掉期业务的一种，实质是外币对人民币即期交易与远期交易的结合。
	利率互换	若客户持有浮动利率负债，可以通过叙做一笔付固定、收浮动的利率互换交易，使浮动利率贷款转化为固定利率负债；若客户持有浮动利率资产，可以通过叙做一笔付浮动、收固定的利率互换交易，使浮动利率资产转化为固定利率资产。客户使用利率互换，可在不改变原有资产或负债的情况下调整资产或负债的利率特征。
	利率上限期权/下限期权互换	上限期权的买方购买一个对利率高于约定水平的"保护"，而利率下限期权的买方则购买一个对利率低于约定水平的"保护"，相应地，买方应当支付卖方一笔期权费。在利率上限期权中，双方约定，如果利率指数在指定日期时高于事先约定的水平，则上限期权卖方应向买方支付超出部分的利息。在利率下限期权中，双方约定，如果利率指数在指定日期时低于事先约定的水平，则下限期权卖方应向买方支付不足超出部分的利息。
	外币汇率期权	客户可以使用外汇看涨期权或看跌期权来防范汇率向不利方向变动带来的风险。作为获得这种保护的交换，客户需要支付期权费。在期权被执行时，双方将产生原生资产的实际交割。看涨期权赋予其购买人在未来某一时间、以指定的执行价格、以一种外币购买一定数量的另一种外币的权利。看涨期权到期时，若即期汇率高于执行价格，期权买方的盈利空间是无限的；若即期汇率低于执行价格，期权买方的损失数额锁定为期权费。看跌期权赋予其购买人在未来某一时间，以指定的执行价格，卖出一定数量的一种外币的权利。看跌期权到期时，若即期汇率低于执行价格，期权买方的盈利空间是无限的；若即期汇率高于执行价格，期权买方的损失数额锁定为期权费。
企业养老金	企业养老金	企业养老金是一种补充养老保险制度，它与基本养老、个人储蓄养老保险一起构成养老保障体系的三大支柱。根据依法制定的企业年金计划筹集的企业缴费、个人缴费及其投资运营形成的收益形成企业养老金基金。企业养老金基金采取个人账户方式进行管理，职工退休后可以领取其个人账户里积累的资金作为退休后的养老金。

类别	名称	含义
企业养老金	基本养老保险个人账户基金	个人账户基金是指按照国家规定、中央财政补助之外的做实个人基金及其收益，采取类似企业年金基金的运作机制运营。个人账户累计缴费及投资收益积累额退休时领取，可转移和继承。该产品的服务对象为省级财政厅、劳动厅以及账户管理权限或个人账户基金不上交到省里的市、县级财政局和劳动局。银行可协助进行账户管理系统开发、从事基金托管以及和投资管理人合作开发、提供投资新产品。
	职业年金	为配合事业单位改革而拟为事业单位人员（公职人员）建立补充养老保险。这是继企业年金之后我国推出的又一项养老金制度改革措施。
	弹性福利计划	与传统意义的福利制度相比，弹性福利不要求企业固化给予员工的福利内容和水平，而是提供给员工一定的自主选择空间；同时，弹性福利并非一个全新的福利计划，而更多的是对企业现有福利制度的灵活安排，强调福利计划有的放矢，使企业的福利投入事半功倍。因该计划可同时满足员工个性需求、企业福利成本管理以及福利体系整合优化等需要，因而也被形象地称为"自助餐"或"菜单式"福利。
	信托福利计划	建立员工福利计划的企业、事业单位和社会组织作为委托人，将员工福利类信托财产委托给受托人，受托人将信托财产全部投资于低风险、稳健收益的投资产品，以实现员工福利类信托财产的长期稳定增值。商业银行作为账户管理人和保管人，负责清晰记录和妥善管理委托人和个人的账户信息，确保计划资产运作的安全性。
供应链与中小企业融资	商票保贴封闭融资项下供应商融资	以核心厂商为风险控制依托，以核心厂商与其上游供应商签订真实原材料供应合同为基础，核心厂商提供商业承兑汇票，银行为供应商办理贴现并监控供应商按照约定用途使用资金。
	确定购买供应商融资	根据核心厂商与其上游供应商签订的真实原材料供应合同，以核心厂商确定购买付款承诺为风险控制基础，银行为上游供应商提供融资。
	鉴证贷款	银行根据企业间销售合同及购货方出具的付款承诺（指购货企业依据购销合同承诺：当销货方销售货物后，购货方保证按照合同确定的时间、金额付款），对借款人（销货方）提供流动资金贷款。
	未来货权质押融资	以中小贸易商与核心客户签订的物资供应合同项下未来的货物作为质押，以销售回款作为第一还款来源，银行为客户提供融资。
	保兑仓	买方以银行承兑汇票为结算支付工具，由银行控制货权，卖方（或仓储方）受托保管货物并对承兑汇票保证金以外敞口金额部分由卖方以货物回购或退款承诺作为担保措施，买方随缴保证金、随提货。

续表

类别	名称	含义
供应链与中小企业融资	现货质押融资	银行以企业法人自有货权为质押向企业提供融资，包括贸易融资、一般流动资金贷款、银行承兑、商票保贴等。可满足企业物流或生产领域的配套流动资金需求。
	订单融资	授信申请人收到买方有效订单或贸易合同、协议后，由银行对其提供融资，用于订单项下原材料采购、商品生产及储运等生产经营周转。该融资以销售回笼款项作为还款来源。
	应收账款质押融资	客户把因销售或提供服务而产生的应收账款权利质押给银行，由银行向出质人提供授信。所谓应收账款，是指权利人因提供一定的货物、服务或设施而获得的要求义务人付款的权利，包括现有的和未来的金钱债权及其产生收益，但不包括因票据或其他有价证券而产生的付款请求权。
	应收账款池融资	供应商以其现在或将来产生的基于其与买方（优质大型客户）订立的国内销售合同所产生一系列应收账款作质押，并且在受让应收账款能够保持稳定余额情况下，银行结合供应商自身经营情况、抗风险能力和应收账款质量等因素，以应收账款的回款作为风险保障措施，根据应收账款余额，向优质大型客户供应商提供一定比例、连续的短期融资。
	买方融资	银行根据买卖双方的采购合同为买方已购买商品/服务项下应付款项（含预付款）提供融资，该支付款项直接付至卖方账户。包括应付账款融资、预付款/定金融资、出口买方信贷、其他买方融资等品种。
	卖方融资	银行根据买卖双方的采购合同，为卖方定向向其上游采购原材料项下的应付款项（含预付款）提供融资，该支付款项直接付至上游供应商账户。包括订单融资、应收账款融资、出口卖方信贷、其他卖方融资等品种。
	保理池融资	在银行受让的应收账款保持稳定余额的情况下，以应收账款的回款为风险保障措施，根据稳定的应收账款余额（最低时点余额），银行向卖方提供一定比例的融资。实际融资期限可长于应收账款池项下单笔应收账款的付款期限/单笔发票期限。
	租赁保理	在租赁机构（即出租人）与承租人形成租赁关系的前提下，租赁机构将租赁合同项下应收租金债权转让给银行，银行作为债权人通过一定方式分期向承租人收取租金，并由银行向租赁机构提供包括应收租金融资、应收租金管理、账款收取以及坏账担保等在内的综合性金融服务。该业务是将租赁业务与银行保理业务结合起来的一种综合性金融产品。
	政府采购过桥贷款	客户在取得政府采购中标通知书后，将其在当地财政局的付款账户托管给银行，并以该账户中的财政付款为主要还款来源，银行向该客户发放专项流动资金贷款。适用于纳入政府采购体系的生产商或供应商。

续表

类别	名称	含义
供应链与中小企业融资	电子仓单质押贷款	客户以其持有的电子仓单出质，并由电子交易市场负责监控企业交易资金流和仓储物流，银行向客户提供短期融资。
	知识产权质押融资	客户以其拥有的合法知识产权作质押，银行向其提供短期融资。当借款人不能履行债务时，银行有权依照法定程序将该知识产权折价或转让、拍卖，所得价款优先清偿债务。
	物资采购供应商融资	以供应商与核心企业之间稳定的销售关系为基础，以核心企业的支付信用及支付能力为授信还款来源，以资金封闭运行为风险控制手段，为核心企业的供应商提供融资。
	专业市场融资	银行选择国内知名专业化市场或产业集聚特征明显的园区，与市场/园区管理机构、担保公司等单位合作，通过集中监控货物价格、采用担保公司担保/货押/企业联保等方式控制授信风险，批量开发专业市场内优质中小企业客户。
	电子交易市场融资	银行选择国内大型专业化电子交易市场，在电子交易市场提供监管服务的前提下，向网上交易市场内的会员单位提供融资。
	选择权质押融资	银行与国家级高新技术产业园区合作，为区内企业发放认股权贷款，由指定 PE 或 VC 在一定条件下行使认股权，并由园区提供认股权贷款风险补偿。
现金管理	现金管理	针对客户在账户管理、收付款管理、流动性管理、投融资管理和风险管理等方面的需求，银行所推出的以资金管理为核心的综合性金融服务。
	法人账户透支	在核定客户账户透支额度基础上，银行允许客户在其结算账户存款不足以支付已经发出的付款指令时，向银行透支取得资金满足正常结算需要。该产品将短期融资和结算便利合一，在合同有效期内透支额度可循环使用，随用随借、随存随还，能方便客户灵活安排使用账户资金及时结算。
	企业网上银行	对公客户只要注册为网上银行用户，就可获得银行提供的查询、转账、理财、现金管理等多项金融服务。
	协议存款	为中资保险公司、全国社会保障基金理事会、邮政储蓄等特定机构办理的 3 年或 5 年期以上、有最低起存金额限制的人民币存款品种。存款利率、存款期限、结息和付息方式、违约处罚标准均可由协议存款双方协商确定。
	本外币活期存款	分为基本存款账户和一般存款账户。均能办理日常资金结算和现金存入业务，但后者不能提取现金。外币活期存款分外商投资企业外汇存款账户和中资企业外汇结算账户两种。
	本外币定期存款	存款人将符合规定的、本单位所拥有的暂时闲置本外币资金，按约定期限存入银行，在存款到期支取时，银行按存入日约定利率计付利息。属于整存整取存款。到期后可按原期限为客户办理自动转存。

续表

类别	名称	含义
现金管理	人民币协定存款	协定存款账户有结算和协定存款双重功能。客户只需与银行提前约定存款额度，银行就可将协定存款账户中超过该额度的部分按协定存款利率单独计息。只要协定存款账户在合同期内保持账户最低余额不低于合同约定的基本存款额，协定存款账户内的存款就享受两种利率计息，即基本额度内的存款按活期利率计息，超过基本额度部分按协定存款利率计息。
	本外币通知存款	在存入款项时不约定存期，仅约定支取时提前 1 天或 7 天通知取款，取款前约定支取存款的日期和金额。通知存款账户只能用于办理通知存款存取业务，不能办理结算等其他业务。
	定期存款自动转存	客户在银行存入本外币定期存款，到期后银行可按原期限办理自动转存，可解决客户往来银行之苦，帮助客户实现理财目标。
托管	证券投资基金托管	银行作为托管人，依据法律法规和托管合同规定，安全保管基金资产、办理基金资产名下资金清算和证券交收、监督基金管理人投资运作。
	证券公司集合资产管理计划托管	银行按照中国证监会的有关规定和集合资产管理合同的约定，履行安全保管集合计划资产、办理资金收付和会计核算事项、监督证券公司投资行为等职责。
	保险资金托管	银行作为托管人，与保险公司签署保险资金托管协议，依据法律法规和合同的要求，安全保管保险资产、办理保险资产名下资金清算和证券交收、监督保险公司或经保险公司授权的投资管理人的投资运作、进行保险资产风险分析和绩效评价。
	企业年金基金托管	银行作为托管人受企业年金基金受托人委托，根据法律法规和托管合同规定，安全保管企业年金基金资产，办理年金基金资金清算交收、会计核算、资产估值、投资监督等。
	信托资产托管	银行作为托管银行受信托公司委托，安全保管信托财产，并提供资金清算、资产估值、会计核算、交易监督、信息披露等相关服务。根据投资范围的不同，分证券类信托计划托管和非证券类信托计划托管。
	股权投资基金托管	银行作为托管人，对以非公开方式募集、专项用于对企业股权进行直接投资的股权基金履行托管职责，安全保管基金资金，并提供资金清算、投资监督、信息报告等相关服务。
	代客境外理财资金托管（QDII）	银行通过选择境外托管代理人，对银行代客境外理财资金履行安全保管、资金清算、投资监督和信息披露等托管责任，并负责国外外汇收支申报和其他合规报告工作。

续表

类别	名称	含义
托管	产业投资基金托管	银行为托管人，为产业投资基金提供资金保管、资金清算、投资监督、股权登记和变更、会计复核、信息披露等服务。
	证券公司定向资产管理资金托管	银行作为托管人，依据法律法规和托管协议规定，履行资产保管、资金清算、会计核算、投资监督等。
	银行理财计划托管	银行作为托管人，履行安全保管银行理财计划资产、办理银行理财计划资产名下资金清算、监督投资管理人投资运作等职责。
	交易类资金托管	银行作为独立第三方，接受交易双方委托，代为监督交易资金收付，当交易双方履行交易合同、实现约定的条件后，依据约定的授权文件，协助办理交易资金解付。
	基金公司特定资产管理业务托管	银行作为托管人，安全保管委托资产，并向委托资产提供资金清算、投资监督等服务。分为基金公司单一客户特定资产托管和基金公司多客户特定资产托管。
	合格境外机构投资者（QFII）投资资金托管	银行根据与 QFII（合格境外机构投资者）签订的《托管协议》，负责安全保管 QFII 投资境内证券市场的资产，为 QFII 提供资格申请、资产保管、交易结算、会计核算、监督与报告、货币兑换等服务。
	企业债偿债账户、投资账户监管	银行接受发债企业委托，作为企业债偿债资金监管人、投资账户监管人，按照监管合同约定，为企业开立偿债资金专用账户或投资专用账户，安全保管企业债资金，办理企业债资金监管、发债资金投资监督、核对资金往来明细、办理本息支付等工作，是维护企业债投资人权益的一项中间业务。同时也可作为企业债债权代理人，对发债企业的还款资金进行监督和催收。
保函	付款保函	银行为保证客户履行因购买商品、技术、专利或劳务合同项下的付款责任而出具保函。付款保函金额即为合同金额，有效期按合同规定为付清价款日期再加半个月。
	关税保函	银行应进出口商或在境外从事承包工程、举办展览、展销等活动的企业的申请，而向海关出具的、保证其履行缴纳关税义务的书面文件。保函金额为海关规定的关税金额。

续表

类别	名称	含义
保函	投标保函	投标人在参加投标阶段，根据标书要求通过其往来银行向招标人出具担保，用以保证投标人在投标有效期内不撤标，不更改原报价条件，并且一旦中标后，于规定时间内与招标人签订合同并提交履约保函。对投标人而言，该产品可减少缴纳投标保证金引起的资金占用，获得资金收益，使有限资金得到优化配置；对招标人而言，可良好地维护自身利益，避免收取、退回保证金程序的烦琐，提高工作效率。
	履约保函	中标人与招标人签订供应货物或承包工程合同时，由银行提供担保，担保中标人诚信、善意、及时地履行合约。对承包方或供货方而言，该产品可减少由于缴纳现金保证金引起的长时间资金占压，优化资金配置。对业主或买方而言，可合理制约承包人或供货方行为，维护自身利益。
	预付款保函	供货方/劳务方/承包方通过其银行对预付款的归还，向买方/业主保证其在收到预付款后履约，否则担保银行将把预付款退还给买方/业主。对业主或买方而言，该产品保障了预付款的顺利收回，加强了对供货方/劳务方/承包方按规定履行合同的制约；对供货方/劳务方/承包方而言，该产品便利了预付款资金的及时到位，有利于加快工程建设或备货等环节的资金周转。
贸易融资	国内保理	银行作为保理商与卖方签署保理协议，根据该协议，卖方将其现在或将来的基于其与买方订立的国内货物销售/服务合同所产生的应收账款转让给银行，银行则向其提供如下融资、账户管理、账款收取和坏账担保等服务。
	进口保理	银行应国外出口保理商申请，为某一特定进口商核定信用额度，并提供账款收取、坏账担保等综合性金融服务。
	出口托收押汇	银行接受客户申请，对客户提交的托收单据进行审核，在未收妥国外银行付款前向客户发放短期融资。
	出口信用证押汇	银行接受客户申请，对客户提交的不可撤销信用证及其项下单据进行审核，在未收妥国外银行付款前给客户发放短期融资。
	出口保理	出口商在采用信用方式如赊销（O/A）、承兑交单（D/A）等方式向进口商销售货物时，将未到期的应收账款转让给银行，由银行提供集贸易融资、坏账担保、销售分户账管理和账款收取于一体的综合性金融服务。
	出口信用证贴现	银行对于开证行或保兑行已承诺付款的信用证项下远期票据或债权，在其到期前有追索权地买入。出口贴现金额为汇票承兑或承诺付款金额扣除银行议付手续费和贴现利息后的余额。

类别	名称	含义
贸易融资	打包贷款	银行向收到境外进口商开来的信用证的国内出口企业提供用于原材料采购、生产加工、出运对应信用证项下货物的融资。
	福费廷	银行从出口商那里无追索权地买断由开证行承兑的远期汇票或由进口商所在地银行担保的远期汇票或本票。
	汇出汇款押汇	为履行以汇出汇款为结算方式的进口贸易合同项下的付款义务,进口商向银行申请融资便利,由银行代为对外支付部分/全部款项。
	进口代收押汇	银行在收到进口代收项下单据时,应进口商要求向其提供短期资金融通。
	汇入汇款押汇	在客户与境外进口商签订的贸易合同(订单)中约定采取赊销作为出口结算方式的条件下,当客户发运货物并出具以进口商为抬头的商业发票后,在收到进口商的全额货款以前,银行提供一定比例的融资。
	国内信用证	银行依照申请人申请开出的、凭符合信用证条款的单据支付的付款承诺。
	进口信用证押汇	银行作为开证行在收到信用证项下单据后,根据与进口商签订的贸易融资协议,先行对外付款并放单给进口商。实质是开证行对进口商的一种短期融资。
	国内信用证买方押汇	开证行在收到信用证项下单据后,根据与买方签订的《国内信用证买方押汇合同》,先行对外付款并放单给买方。实质是开证行对买方的一种短期融资。
	国内信用证卖方押汇	应客户申请,对客户提交的不可撤销国内即期信用证及其项下单据进行审核并确定符合押汇条件后,银行在未收妥开证行支付的款项前向卖方提供融资。银行保留追索权。
	国内信用证议付	银行作为议付行,在单证相符、单单相符情况下扣除议付利息后向受益人给付对价。
同业金融	风险缓释业务组合	通过与金融同业机构合作以连接担保方式实现转移或降低信用风险。可实现同业机构间存量信用风险定价和转移,提升客户闲置资源的利用效率,增加同业存款,同时缓释银行存量信贷资产风险,提高资产使用效率、增强银行整体盈利能力。
	信贷资产转让	根据协议约定,银行与信托公司相互转让信贷资产。包括:买断信贷资产、卖断信贷资产、受让信贷资产(回购)。其中,买断信贷资产系银行根据协议约定向对方划付资金,买进对方自营的、尚未到期的正常信贷资产,借款人向银行偿还贷款本息。卖断信贷资产是银行向对方卖出银行自营的未到期贷款,对方向银行划付相应资金,借款人向对方偿还贷款本息。受让信贷资产(回购)指银行受让对方的自营、尚未到期的正常类信贷资产,银行向对方融出相应资金,对方承诺在转让到期后无条件回购该信贷资产。

类别	名称	含义
同业金融	证券资金清算代理	利用银行的结算系统为证券公司总部及其营业部提供与上海、深圳证券交易所之间的资金清算。银行根据证券公司的付款指令和上海、深圳证券交易所的收款指令，通过电子汇兑系统将结算款项及时划付至指令指定的收款方。
	资金拆借	合作银行之间相互融通短期资金。
	债券回购	交易双方以债券为权利质押进行短期资金融通。资金融入方（正回购方）在将债券卖给资金融出方（逆回购方）以融入资金的同时，双方约定在将来某一日期由正回购方按约定回购利率计算的金额向逆回购方买回相等数量的同品种债券。
	货币互存	合作双方在明确各方权利义务前提下，以双方商定的金额、汇率、比例、期限，将两种不同币种的货币交换存放对方。
	债券买卖	交易双方以约定价格买卖一定金额的债券并在规定的清算时间内办理券款交割。
	票据转贴现	金融机构将未到期的已贴现票据再以贴现方式向另一金融机构转让，是金融机构之间进行短期资金融通的一种方式。
	人民币债券结算代理	银行接受客户委托，代理其在银行间债券市场进行现券买卖和债券回购交易，协助客户完成债券投资计划，实现理财目的。
	资金信托计划代理收付	银行接受信托公司或委托人委托，代理资金信托计划推介以及代理资金信托资金收付。其中，代理收款是指资金信托计划的委托人按照约定份额将资金委托给信托公司时，银行按照与信托公司或委托人签署的代理协议的约定代信托公司或委托人收取此类资金，并按协议划入信托专户。代理支付是指银行根据信托公司指令，代其将规定的信托资金从信托专户支付给信托资金受益人，包括信托计划清退款、收益返还款代付。
	第三方存管	证券公司将客户证券交易结算资金交由银行等独立第三方存管。实施客户证券交易结算资金第三方存管制度的证券公司，将不再接触客户的证券交易结算资金，客户资金存取只能通过银行进行。
	证券公司股票质押贷款	证券公司以其自营股票和持有的封闭式证券投资基金券作质押，从银行获得资金。
	清算代理	甲银行利用相对完善的机构网络、网上银行和系统内资金实时汇划系统，向同业客户提供跨行、跨地区的人民币资金清算服务，包括内部资金清算和代理对外兑付。

第二节　零售业务品种简介

商业银行零售业务是指银行向个人客户所提供产品的总称。个人客户的分类更为繁杂，如儿童、中年人、老人；男人、女人；中国人、外国人等。从银行角度而言，其实仅包括两种人：富人和并不富裕的人。向富人主要提供贷款、理财等高端个人服务；而对并不富裕的个人，则主要提供存款服务。本节把客户经理需了解的零售业务列成一表，以便客户经理快速了解，如表5－2所示。

表5－2　主要零售业务产品一览表

类别	名称	含义
个人信贷	个人一手房屋贷款	银行向在中国大陆境内购买首次进入流通领域进行交易的一手住房或一手商业用房、年满18周岁且具有完全民事行为能力的自然人发放的人民币贷款。
	个人二手房屋贷款	银行向在中国大陆境内购买二手住房或二手商业用房的自然人发放的人民币贷款。所谓二手房屋，指已取得房地产行政管理部门颁发的房屋所有权属证明，可在房屋二级市场上进行交易的各类型房屋。
	个人二手住房电子化预审批及交易资金托管	银行与特定中介机构合作为个人二手住房买卖提供二手住房贷款、电子化预审批、交易资金托管、在线审批等零售综合金融服务。
	个人循环贷款	银行授予个人房屋贷款的借款人一定的授信额度，在其所购房屋设定最高额抵押后，在额度及有效期内循环使用贷款。
	个人综合消费贷款	银行向年满18周岁且具有完全民事行为能力的自然人发放的用于个人消费的贷款。可用于汽车等大额耐用消费品购置、旅游、装修等大额消费等。
	个人质押贷款	银行向以个人有价单证及实物黄金作为质押物的借款人发放的人民币贷款。

类别	名称	含义
个人信贷	个人汽车消费贷款	银行向申请购买一手乘用车作为日常消费的借款人发放的人民币贷款。一手车指在交通管理部门首次办理登记注册的机动车辆，由机动车生产厂家或厂家指定经销商直接销售。
	个人机械设备贷款	银行向申请购买机械设备的借款人（自然人及法人）发放的人民币贷款。机械设备指不需上牌照、用于非流动作业，为施工/生产服务所装备的各种机械设备。
	个人营运车贷款	银行向客户（自然人及法人）发放的用于购买营运车辆的专项人民币贷款。营运车辆指可上牌照、用于流动作业、带汽车底盘、用于营运的车辆或上国家汽车目录公告的特殊工程车辆。
	个人出国金融贷款	银行向借款人发放贷款，用于满足借款人或其近亲属出国留学、境外旅游、移民或其他因消费而产生的境外资金需求。该贷款可以开具存款证明或贷款证明等相关证明，用于证明拟出国人员本人或其近亲属在银行获得贷款。
	个人助业贷款	银行向自然人发放贷款，用于经营活动所需周转资金。
个人储蓄存款	人民币活期储蓄存款	该存款不规定存期，客户可随时凭存折、借记卡存取，存取金额不限。特点是随时存取，灵活方便，适应性强。
	人民币定期整存整取储蓄存款	该存款约定存期、整笔存入，到期一次性支取本息，具有产品金额较大、存期较长、利率较高、稳定性较强、可同城通存通兑、可部分或全部提前支取等特点。
	人民币定期零存整取储蓄存款	该存款约定存期、每月固定存额，集零成整，可积小钱办大事，到期一次支付本息。适合那些有固定收入但结余不多的储户。
	人民币定期整存零取储蓄存款	该存款事先约定存期，一次存入整数金额，分期平均支取本金，到期支取利息。
	人民币定期存本取息储蓄存款	该存款约定存期，整笔存入，分次取息，到期还本。该存款产品金额较大，余额较为稳定。
	人民币个人通知存款	该存款不约定存期，支取时必须提前通知银行，约定支取存款日期和金额（最低起存、支取金额）方能支取。该产品存款利率高于活期储蓄利率，存期灵活、支取方便，客户能获得较高收益。

续表

类别	名称	含义
个人储蓄存款	人民币定活两便储蓄存款	该存款不确定存期，可随时到银行提取，存期利息按实际存期同档次定期存款利率打一定折扣计算。既有定期之利，又有活期之便。
	人民币定期教育储蓄存款	居民个人为其子女接受非义务教育（指九年义务教育之外的全日制高中、大中专、大学本科、硕士和博士研究生）积蓄资金，特开立教育储蓄。利率按开户日同期同档次定期整存整取储蓄存款（6 年存期按 5 年整存整取）利率计息，同时所得利息免征储蓄存款利息所得税。
	外币活期储蓄存款	客户可随时凭存款凭证存取，分现汇账户和现钞账户。现汇账户指由港、澳、台或者境外汇入外汇或携入的外汇票据转存款账户；现钞账户指居民个人持有的外币现钞开立的现钞存款账户。境内居民个人不得将其外币现钞储变为现汇存储，但本人境内同一性质外汇账户（含外币现钞账户）之间的资金可以划转。
	外币定期储蓄存款	该存款约定存期、规定最低起存金额、整笔存入外币，到期一次支取本息。分记名式外币整存整取存单和本外币定期储蓄一本通。外币定期储蓄存款申请个人质押贷款时，须以定期存单作为质押物。
	本外币定期一本通储蓄存款	该存款集人民币、外币等不同币种和不同档次存期的定期储蓄存款于一本存折，规定最低起存金额。特点：在一个存折上可办理多个币种和多种存期的定期储蓄存款，方便保管，到期自动转存，确保利息收入，一次开户即可多次反复使用，不需另开账户。
银行卡		银行为客户签发的集储蓄存款、购物转账、消费结算、联网交易、自动理财、购买国债、质押贷款、炒股炒汇、电子商务、个人融资等功能为一体的磁条卡。有借记卡和信用卡等类别。可在开通受理银联网络的国家、地区使用。不同的银行，对自己发行的银行卡都命有不同的名称。
个人理财		按照与投资者约定的投资管理原则，将投资者委托的资金在境内外相关市场上进行各类型金融工具的组合投资操作，实现委托资金投资效益最大化，帮助投资者获取最大化收益。
个人中间业务	个人实物黄金代理	接受个人客户委托，代其在上海黄金交易所系统进行个人实物黄金买卖、资金清算和实物交割。
	预约开立外国银行账户	与外国银行合作，推出的帮助留学生提前办理在外国银行开户申请等服务。通过该产品，留学生可以在出国前把在国外学习、生活等所需的资金汇入到已开好的外国银行账户中，从而避免携带大量资金等诸多不便。

续表

类别	名称	含义
个人中间业务	外币兑换	根据当期汇率，将一种货币换成另一种货币。
	留学贷款及贷款证明	为准备出国留学人员提供留学贷款，并以银行信用开立贷款证明，提高签证成功率。
	个人结汇	经国家外汇管理局批准，某些银行可提供个人结汇业务，即把外汇换成人民币。
	个人购汇	为出国留学、出境旅游、朝觐、探亲会亲、境外就医、商务考察、移民、境外培训、缴纳境外国际组织会费、境外邮购、被聘工作、涉外咨询等有用汇需要的客户提供的将人民币换成外汇的服务。
	存款证明	为存款在本行的个人储蓄存款（活期存款、定期存款等）或购买的凭证式储蓄国债出具证明文件，使客户能够借助银行信用提高个人资信水平。
	出境旅游资金托管	出境个人把出境旅游保证金存入银行，银行能对该保证金进行止付处理。托管期间，托管账户按照对应存款期限计息。通过该产品，客户无须将该保证金递交旅行社，保证资金安全。
	个人贵金属延期代理	也称黄金、白银延期交收。采取保证金的形式进行交易，同时引入延期补偿费机制来平抑供求矛盾。具有投资成本小、市场流动性高等优势，可为投资者提供可买多卖空的双向交易机制。
	代理储蓄国债（电子式）	储蓄国债（电子式）是指财政部在境内发行、通过银行面向个人投资者销售、以电子方式记录债权的不可流通人民币债券。
	代理凭证式国债	凭证式国债是指面向城乡居民和社会各类投资者发行，以"中华人民共和国凭证式国债收款凭证"记录债权的国债。凭证式国债可提前兑取，可办理质押贷款，但不可流通转让。

第三节　供应链融资产品概览

供应链融资产品主要向中小型公司客户提供。由于大客户市场竞争的日益激烈，很多银行开始转向中小客户市场，因此带来供应链融资业务的繁荣。本节把部分银行的供应链融资产品整理成一表，供大家参考，如表5-3所示。

表5-3　部分银行供应链融资类业务一览表（根据相关银行网站内容整理）

银行名称	业务名称		定义或产品组合
中国工商银行	国内贸易融资		国内打包放款、国内信用证项下买方融资、国内信用证下卖方融资、出口发票融资、国内保理。
	财智国际	服务超市 国际结算业务	进口开证、全球快汇、信用证、旅行支票、买方远期信用证、信用证通知、出口信用证项下寄单、进口代收、出口跟单托收、汇出汇款等。
		服务超市 贸易融资业务	出口双保理、进口押汇、信用证代付、提货担保、提单背书、信用证保兑、打包贷款、出口信用证押汇/贴现、出口托收押汇/贴现、福费廷、进口T/T融资、进口T/T代付、进口保理、银行承兑汇票、信保融资等。
		服务超市 国际融资业务	出口买方/卖方信贷、外国政府/国际金融组织/国际商业贷款转贷款、境外发债、内保外贷等。
		服务超市 外汇担保业务	付款保函、延期付款保函、预付款保函、投标保函、履约保函、质量/维修保函、保函通知、税款保付保函等。
		商务套餐 票财通	以出口发票融资为中心，整合了即期结汇、人民币理财和全球快汇产品的产品组合。
		商务套餐 出口捷益通	为出口商提供的包括信用证通知、出口信用证项下寄单、出口押汇等在内的一揽子服务。
		商务套餐 贸财通	把银行承兑汇票与出口信用证业务对接，为出口商提供内外贸、本外币多层次的产品组合服务。

续表

银行名称	业务名称	定义或产品组合		
中国工商银行	财智国际	商务套餐	全程贸易通	以出口收汇为保障的办理进口结算项下的服务。
			付汇理财通	以人民币存单质押办理外币融资进行即期对外付款，以远期售汇交割归还贷款的金融服务。
			进口捷益通	包括进口开证、进口押汇/代付、应付款汇率风险管理（包括即远期购汇）在内的金融服务。
			保汇通	为以赊销方式结算的进口商提供的包括付款保函、汇款、进口 TT 融资和远期购汇在内的服务。
			环球工程通	为在境外承办工程的客户提供的担保、结算和融资服务。
			跨境通	为拟在境外上市或在境外设立贸易窗口公司/工程承包公司或收购境外公司的国内企业提供的服务。
			外资通	为正处于筹建阶段的外商投资企业提供的包括政策咨询、开户、计算、融资在内的服务。
	中小企业融资	采购环节		流动资金贷款、贸易融资、票据融资。
		营运环节		（生产环节）商用房抵押贷款、商品融资。
		销售环节	贸易融资	国内应收账款融资、出口押汇/贴现、福费廷、出口发票融资、出口保理、短期出口信用保险项下融资、出口退税账户托管贷款等。
			票据融资	银票贴现等票据贴现产品。
		投标环节		信贷证明及各种保函。
		区域特色金融产品	上海地区	供应链融资（向大型企业的供应商提供/以其应收账款作标的）、商用房租赁改造贷款、钢贸通（向钢材现货交易市场内客户提供）、车辆通（以工程机械及营运车辆作抵押）、油贸通（向石油交易中心注册的贸易客户提供）。
			深圳地区	沃尔玛供应链融资（向拥有沃尔玛订单或应收账款的供应商提供）、黄金保（向黄金珠宝生产加工企业提供，黄金珠宝专业担保公司提供担保）。

续表

银行名称	名称		定义或产品组合
中国银行	融资业务	贸易融资	票据贴现、出口押汇、打包贷款、出口贴现、福费廷、进口押汇、提货担保。
		特色融资	出口卖方/买方信贷、应收账款收购、一路通（向跨国公司或国内集团客户的国内经销网络提供）等。
	国际结算	出口全益达（出口贸易融资综合解决方案）	为结构性贸易综合服务方案，满足出口企业在应收账款变现、风险防范以及财务报表优化管理等方面的需求。
		进口汇利达（进口付汇解决方案）	由进口贸易融资、人民币定期存款和远期售汇三项业务组合而成，有利于进口企业化解汇率风险。业务原理是：进口贸易项下需对外支付时，可由人民币定期存款存单作为质押，提供进口融资并代为对外支付，同时办理一笔期限相同的远期售汇交易。融资到期时，释放到期存单，并用于远期售汇交割以归还进口融资款项。
		通益达	以开证银行或其指定银行已承付的国际/国内信用证项下应收账款作为质押，为企业提供的开立国际/国内信用证及办理后续进口押汇或国内信用证买方押汇业务。
		融信达	凭借已投保信用保险的有关凭证、出口/国内贸易单据、赔款转让协议等而提供的融资。
		信用证（进口开证、出口信用证、信用证保兑）、保函、保理、出口押汇、出口贴现、打包贷款、福费廷、提货担保、汇出汇款项下融资等其他贸易融资服务。	
中国建设银行	供应链融资		应收账款融资、未来提货权融资、国内保理、法人账户透支、动产质押融资、订单融资、电子商务融资（e贷通）、仓单融资、保兑仓融资、保单融资。
	买方信贷		法人汽车消费贷款；通信设备买方信贷（满足电信或广电运营企业与设备供应商在运营设备及安装调试合同项下的资金需求）；工程机械担保贷款（凭借所购指定品牌的挖掘机、装载机、压路机、推土机、吊车向银行设定抵押，保险单第一受益人为银行）。
	中小企业业务	购船抵押贷款	以自己或第三方拥有的船舶作为抵押担保或附有其他担保条件，以船舶运营收入作为还款来源而发放的船舶购置贷款。
		"成长之路"	为小企业提供的全线融资产品。
		"速贷通"	该产品不设准入门槛、不强调评级和客户授信，是在提供足额有效担保及与企业业务或主要股东信用联结基础上发放的贷款。

续表

银行名称	名称		定义或产品组合
中国农业银行	融资服务		未将供应链融资或中心企业融资单列。类似业务如应收账款融资、单位活期存款账户透支、出口退税账户托管贷款、仓单质押短期授信等均在融资服务项下列示。
平安银行	线上供应链金融		预付融资、现货线上融资、核心企业协同、增值信息服务、反向保理、电子仓单质押线上融资、公司金卫士等。
原深圳发展银行	贸易融资解决方案	未来货权质押开证	指进口商采用信用证结算方式进口时，以未来货权为质押，免除银行授信担保抵押的限制向银行申请开立国际信用证。
		离岸网银	跨境汇款网上银行解决方案，提供信息传递、数据查询、交易申请及支付等服务。通过网银办理境内外资金划转。
		（应收账款池融资解决方案）	国内应收账款池融资。 出口应收账款池融资：出口应收账款种类包括以赊销（O/A）、托收（D/P和D/A）、信用证（L/C）为结算方式的商品交易下产生的应收账款，融资的使用方式为流动资金贷款、开立银行承兑汇票、开立信用证或保函等。
		银货通	为基于货权的融资解决方案，包括动产质押融资、先票/款后货、未来提货权质押融资、未来货权质押开证等产品。服务领域涉及钢铁、汽车、有色等十几个行业。
		CPS	为基于票据的短期融资解决方案，包括商业承兑汇票保证、贴现代理贴现等产品。
	贸易融资产品	公司金卫士	通过手机短信为企业提供账户余额变动通知、扣款余额不足通知等服务。
		出口退税池融资	仅凭国税局盖章确认的"出口退税申报证明单据"原件计算出的应退未退税累计余额向出口企业提供，而不再审核企业单笔出口发票、增值税专用发票等单据。
		进口全程货权质押授信业务	向进口企业提供的、以进口贸易中的货权为质押的融资服务，包括未来货权质押开证、进口代收项下货权质押授信和进口现货质押授信等产品。
		出口应收账款池融资	指企业将其向国外销售商品所形成的应收账款转让给银行，并且在应收账款保持较为稳定余额情况下提供的短期出口融资，可批量或分次支取贷款。
		动产质押融资	企业将合法拥有的货物交银行认可的仓储监管公司监管，不转移所有权。企业需要销售时，可以采取交纳保证金赎货或货易货方式。

续表

银行名称	名称		定义或产品组合
原深圳发展银行	贸易融资产品	先票款后货	指在取得实物之前，凭采购合同提供的融资，包括开立银票、商票保贴和贷款等内容。
		未来提货权质押融资	指企业采购货物时，凭采购合同向银行融资以支付货款，并凭银行签发的提货单向买方提取货物的业务。
		未来货权质押开证	指企业采取信用证结算方式进口货物，在交纳一定比例保证金后，对保证金之外部分以信用证项下未来货权作质押而开立信用证。
		商票保贴、国内保理、担保提货、进出口押汇、打包放款、福费廷、出口贴现等其他贸易融资产品。	
浦发银行（浦发创富）	企业供应链融资解决方案	在线账款管理方案	国际保理（出口保理、进口保理、出口商业发票贴现）、国内保理（国内综合保理、商业发票贴现等）
		供应商支持方案	从与上游供应商的角度出发提供各项银行服务和融资便利。
		采购商支持方案	从与下游采购商的角度出发提供各项银行服务和融资便利。
		区内企业贸易融资方案	特别为国内保税区和出口加工区企业度身定制的业务方案，包括银行承兑汇票、票据贴现、商票保贴、汇票协议付息、动产质押、保函、国内/国际信用证、国内/国际保理、信用证议付/押汇/打包、福费廷等国内、国际贸易融资组合产品。
		船舶出口服务方案	为船舶生产型企业、代理船舶出口的贸易类客户量身定制的整体服务方案。
		工程承包信用支持方案	在客户进行国内、国际投标或竞标，以及在新项目资格预审工作时提供的资质及实力证明和整体信用支持方案。
	中小客户服务		提供成长型企业金融服务方案，包括企业生产经营过程的金融服务方案、企业扩大再生产过程的金融服务方案和企业经营升级过程的金融服务方案。
中国民生银行	贸易金融	结算类产品	包括信用证、托收和汇款。
		融资类产品 传统产品	包括减免保证金、进口押汇、进口票据买断、进口代付、进口一票通、出口一票通、物流融资等。
		融资类产品 创新产品	包括信保押汇、国际保理、订单融资。
		增值类产品	包括网上开证、全球互联网托收服务和银关税费通。
华夏银行	中小企业产品服务方案	易贷宝	包括仓单质押贷款、保兑仓、有追索权国内保理、法人账户透支、私营业主贷款、个体工商户贷款和华夏卡自助贷款。
		网络宝	包括银关通、集中付款和B2B网上支付。
		速汇宝	包括外汇即时达系列产品、收款直达、付款同步两岸汇划直通车、亚洲地区当日起息、多币种汇款等产品。

续表

银行名称	名称		定义或产品组合
华夏银行	中小企业产品服务方案	贸易宝	包括出口押汇、出口贴现、福费廷、信保融资。
		生钱宝	包括稳盈现金增利计划、人民币增盈系列产品、企业财务顾问等产品。
交通银行（蕴通财富）	蕴通供应链		为交通银行供应链金融的服务子品牌。与物流公司、保险公司共同搭建质押监管平台、信用保险平台，围绕产业链中的核心生产商，为销售渠道中的贸易及物流客户提供综合性金融服务方案。
	融资快线		为国际贸易服务解决方案，包括九大贸易融资类产品和十五项贸易结算类产品。
招商银行（点金公司金融）	中小企业金融（点金成长计划）	贸易融资	包括国际保理、福费廷、银行保函、信保融资、汇款融资、中港贷款直通车（内保外贷——内地企业通过招商银行内地分行开出以香港分行为受益人的备用信用证或担保函，使境外分公司向香港分行取得贷款或其他融资；外保内贷——香港企业通过香港分行向内地分行开出备用信用证或担保函，使内地附属公司向境内分行取得贷款或其他融资）、中港贸易融资直通车、船舶出口预付款保函业务方案等产品。
		创业之道	包括开立验资账户、财税银咨询、创业贷款网上开立商城业务及业主个人金融服务。
		经营之道	包括国内采购金融特色产品（票据融资、票据托管及置换、国内信用证、订单贷款、提货权融资）；国内销售金融特色产品（异地快速收款、应收账款融资到账信息通知）；项目承建金融服务（投标配套金融、建设配套金融）；汽车销售金融服务（汽车经销商融资、汽车消费贷款、法人汽车按揭贷款）；透支贷款随借随还（网上银行自助贷款）；多样化融资（设备抵押按揭融资、仓单质押融资、担保融资等）；网上银行提升财务能力（即时账务查询、移动办公、批量支付、电子对账、锁定付款对象等）。
		进取之道	包括国际结算及资信调查（国际汇款路径设计、代理货运险、网上国际业务等）；关税服务（银关通及电子保函）；国际贸易融资（打包放款、进出口押汇、保理等）；避险工具（远期结售汇、衍生产品交易、即期外汇买卖、远期外汇买卖）；扩大生产（固定资产贷款）；特别项目安排（买方信贷、卖方信贷及政府转贷）。
		成熟之道	包括集团现金管理方案设计（集团资金余额管理、集团本外币现金池、集团资金管理平台）；理财增值（银债通、银基通和外汇资金理财）；财务管理信息化（银企直连）；离岸金融。
		卓越之道	包括员工福利计划、债券融资及结构性融资和财务顾问。

银行名称	名称		定义或产品组合
广东发展银行	贷款业务		包括动产质押贷款、品牌质押贷款、法人账户透支、卖方信贷、买方信贷等。
	进出口融资		包括进出口银行、打包贷款、出口保理、出口退税账户托管贷款、外汇质押人民币贷款、福费廷等（另在国际业务项下有各种进出口贸易融资业务品种）。
	票据业务		包括厂商银、厂厂银、厂商银四方协议、票据贴现等。
汇丰银行	贸易服务	进口服务	包括进口信用证、进口贷款和提货担保。
		出口服务	包括出口信用证、跟单托收、出口融资、保理等。
		电子贸易服务	包括电子信用证通知、贸易文件追踪器、汇丰财智网贸易服务、网上贸易服务。
北京银行（财富＋）	"小巨人"		"小巨人"为中小企业融资业务品牌。另外，北京银行拟订9大行业解决方案，其中贸易型金融解决方案包括国内贸易产品组合和国际贸易产品组合。
	供应链融资		包括商票保贴、国内保理、回购型保理、买断型保理、买方信贷、票易票、保兑仓、质押贷款等。
上海银行	国际贸易融资		分为进口贸易融资和出口贸易融资。
	中小企业成长金规划	便捷贷	包括房产抵押贷款、法人房产按揭贷款、中投保政策性担保贷款、担保中心担保贷款。
		商易通	包括动产质押融资、应收账款融资、票据融资、保单项下贸易融资、国际贸易融资。
		小巨人	支持具有良好成长性的小企业，包括为主体企业配套的制造类企业、经营大宗基础物资的商贸类企业、持续创新能力的科技型企业、市场份额较高的都市型企业。
		创智贷	向科技型小企业提供，包括委托贷款、专项担保贷款。
		金赢家	包括银税联网、大通关、现金管理、外汇理财、网银等。

第六章

通晓规则

　　客户经理在营销活动中需要遵守一些规则，所谓"无规则不成方圆"。规则有两类：一类是必须遵守的强制性规则，主要由法律、法规和制度组成；另一类是鼓励遵守的自律性规则（实际上也是应该遵守的），主要由行业协会制定的相关规则组成。"以法为鉴可以晓规则"，本章主要介绍一些强制性和自律性规则。

第一节　强制性规则

强制性规则是指由国家、监管部门及银行自己颁布的要求客户经理必须遵守的规则。遵纪守法是对客户经理开展客户营销活动的基本要求。客户经理首先应在法律、法规和规章制度规定的范围内开展活动。《商业银行法》、《金融违法行为处罚办法》等法律法规和规章制度对客户经理的营销活动提出了规范性要求。除本节所节录的相关规定外，监管部门对银行的具体业务也有一些相应的管理办法与要求，客户经理可找原文来学习。此外，每家银行内部也都有相关的制度规定，有些银行还制定有《员工违反规章制度处理办法》。对这些内部文件，客户经理都应认真学习并严格遵守。

一、《金融违法行为处罚办法》的有关规定

金融机构不得出具与事实不符的信用证、保函、票据、存单、资信证明等金融票证。对违反票据法规定的票据，不得承兑、贴现、付款或者保证。

办理存款业务，不得有下列行为：①擅自提高利率或者变相提高利率，吸收存款；②明知或者应知是单位资金，而允许以个人名义开立账户存储；③擅自开办新的存款业务种类；④吸收存款不符合中国人民银行规定的客户范围、期限和最低限额；⑤违反规定为客户多头开立账户；⑥违反中国人民银行规定的其他存款行为。

办理贷款业务，不得有下列行为：①向关系人发放信用贷款；②向关系人发放担保贷款的条件优于其他借款人同类贷款的条件；③违反规定提高或者降低利率以及采用其他不正当手段发放贷款；④违反中国人民银行规定的其他贷款行为。

从事拆借活动，不得有下列行为：①拆借资金超过最高限额；

②拆借资金超过最长期限；③不具有同业拆借业务资格而从事同业拆借业务；④在全国统一同业拆借网络之外从事同业拆借业务；⑤违反中国人民银行规定的其他拆借行为。

不得违反国家规定从事证券、期货或者其他衍生金融工具交易，不得为证券、期货或者其他衍生金融工具交易提供信贷资金或者担保，不得违反国家规定从事非自用不动产、股权、实业等投资活动。不得占压财政存款或者资金。不得为证券、期货交易资金清算透支或者为新股申购透支。不得允许单位或者个人超限额提取现金。

经营外汇业务的金融机构，不得有下列行为：①对大额购汇、频繁购汇、存取大额外币现钞等异常情况不及时报告；②未按照规定办理国际收支申报。

二、《中华人民共和国银行业监督管理法》的有关规定

银行业金融机构有下列情形之一，由国务院银行业监督管理机构责令改正，有违法所得的，没收违法所得，违法所得五十万元以上的，并处违法所得一倍以上五倍以下罚款；没有违法所得或者违法所得不足五十万元的，处五十万元以上二百万元以下罚款；情节特别严重或者逾期不改正的，可以责令停业整顿或者吊销其经营许可证；构成犯罪的，依法追究刑事责任：①未经批准设立分支机构的；②未经批准变更、终止的；③违反规定从事未经批准或者未备案的业务活动的；④违反规定提高或者降低存款利率、贷款利率的。

三、《中华人民共和国商业银行法》的有关规定

商业银行有下列情形之一，对存款人或者其他客户造成财产损害的，应当承担支付迟延履行的利息以及其他民事责任：①无故拖延、拒绝支付存款本金和利息的；②违反票据承兑等结算业务规定，不予兑现，不予收付入账，压单、压票或者违反规定退票的；③非法查询、冻结、扣划个人储蓄存款或者单位存款的；④违反本法规定对存款人或者其他客户造成损害的其他行为。

　　商业银行有下列情形之一，由国务院银行业监督管理机构责令改正，有违法所得的，没收违法所得，违法所得五十万元以上的，并处违法所得一倍以上五倍以下罚款；没有违法所得或者违法所得不足五十万元的，处五十万元以上二百万元以下罚款；情节特别严重或者逾期不改正的，可以责令停业整顿或者吊销其经营许可证；构成犯罪的，依法追究刑事责任：①未经批准设立分支机构的；②未经批准分立、合并或者违反规定对变更事项不报批的；③违反规定提高或者降低利率以及采用其他不正当手段，吸收存款，发放贷款的；④出租、出借经营许可证的；⑤未经批准买卖、代理买卖外汇的；⑥未经批准买卖政府债券或者发行、买卖金融债券的；⑦违反国家规定从事信托投资和证券经营业务、向非自用不动产投资或者向非银行金融机构和企业投资的；⑧向关系人发放信用贷款或者发放担保贷款的条件优于其他借款人同类贷款的条件的。

　　商业银行有下列情形之一，由中国人民银行责令改正，有违法所得的，没收违法所得，违法所得五十万元以上的，并处违法所得一倍以上五倍以下罚款；没有违法所得或者违法所得不足五十万元的，处五十万元以上二百万元以下罚款；情节特别严重或者逾期不改正的，中国人民银行可以建议国务院银行业监督管理机构责令停业整顿或者吊销其经营许可证；构成犯罪的，依法追究刑事责任：①未经批准办理结汇、售汇的；②未经批准在银行间债券市场发行、买卖金融债券或者到境外借款的；③违反规定同业拆借的。

　　未经国务院银行业监督管理机构批准，擅自设立商业银行，或者非法吸收公众存款、变相吸收公众存款，构成犯罪的，依法追究刑事责任；并由国务院银行业监督管理机构予以取缔。

　　商业银行工作人员利用职务上的便利，索取、收受贿赂或者违反国家规定收受各种名义的回扣、手续费，构成犯罪的，依法追究刑事责任；尚不构成犯罪的，应当给予纪律处分。有前款行为，发放贷款或者提供担保造成损失的，应当承担全部或者部分赔偿责任。

　　商业银行工作人员利用职务上的便利，贪污、挪用、侵占本行或者客户资金，构成犯罪的，依法追究刑事责任；尚不构成犯罪的，应当给予纪律处分。

商业银行工作人员违反本法规定玩忽职守造成损失的，应当给予纪律处分；构成犯罪的，依法追究刑事责任。违反规定徇私向亲属、朋友发放贷款或者提供担保造成损失的，应当承担全部或者部分赔偿责任。

单位或者个人强令商业银行发放贷款或者提供担保的，应当对直接负责的主管人员和其他直接责任人员或者个人给予纪律处分；造成损失的，应当承担全部或者部分赔偿责任。商业银行的工作人员对单位或者个人强令其发放贷款或者提供担保未予拒绝的，应当给予纪律处分；造成损失的，应当承担相应的赔偿责任。

四、《商业银行集团客户授信业务风险管理指引》的有关规定

商业银行对集团客户授信应当遵循以下原则：①统一原则。商业银行对集团客户授信实行统一管理，集中对集团客户授信进行风险控制。②适度原则。商业银行应当根据授信客体风险大小和自身风险承担能力，合理确定对集团客户的总体授信额度，防止过度集中风险。③预警原则。商业银行应当建立风险预警机制，及时防范和化解集团客户授信风险。

商业银行对集团客户授信，应当由集团客户总部（或核心企业）所在地的分支机构或总行指定机构为主管机构。主管机构应当负责集团客户统一授信的限额设定和调整或提出相应方案，按规定程序批准后执行，同时应当负责集团客户经营管理信息的跟踪收集和风险预警通报等工作。

一家商业银行对单一集团客户授信余额不得超过该商业银行资本净额的15%。否则将视为超过其风险承受能力。当一个集团客户授信需求超过一家银行风险的承受能力时，商业银行应当采取组织银团贷款、联合贷款和贷款转让等措施分散风险。计算授信余额时，可扣除

客户提供的保证金存款及质押的银行存单和国债金额。

商业银行在给集团客户授信时，应当进行充分的资信尽职调查，要对照授信对象提供的资料，对重点内容或存在疑问的内容进行实地核查，并在授信调查报告中反映出来。调查人员应当对调查报告的真实性负责。

商业银行对跨国集团客户在境内机构授信时，除了要对其境内机构进行调查外，还要关注其境外公司的背景、信用评级、经营和财务、担保和重大诉讼等情况，并在调查报告中记录相关情况。

商业银行在给集团客户授信时，应当注意防范集团客户内部关联方之间互相担保的风险。对于集团客户内部直接控股或间接控股关联方之间互相担保，商业银行应当严格审核其资信情况，并严格控制。

商业银行在对集团客户授信时，应当在授信协议中约定，要求集团客户及时报告被授信人净资产10%以上关联交易的情况，包括但不限于：①交易各方的关联关系；②交易项目和交易性质；③交易的金额或相应的比例；④定价政策（包括没有金额或只有象征性金额的交易）。

商业银行给集团客户贷款时，应当在贷款合同中约定，贷款对象有下列情形之一的，贷款人有权单方决定停止支付借款人尚未使用的贷款，并提前收回部分或全部贷款本息，并依法采取其他措施：①提供虚假材料或隐瞒重要经营财务事实的；②未经贷款人同意擅自改变贷款原定用途，挪用贷款或用银行贷款从事非法、违规交易的；③利用与关联方之间的虚假合同，以无真实贸易背景的应收票据、应收账款等债权到银行贴现或质押，套取银行资金或授信的；④拒绝接受贷款人对其信贷资金使用情况和有关经营财务活动进行监督和检查的；⑤出现重大兼并、收购重组等情况，贷款人认为可能影响到贷款安全的；⑥通过关联交易，有意逃废银行债权的；⑦商业银行认定的其他重大违约行为。

商业银行应当加强对集团客户授信后的风险管理，定期或不定期开展针对整个集团客户的联合调查，掌握其整体经营和财务变化情况，并把重大变化的情况登录到全行的信贷管理信息系统中。

集团客户授信风险暴露后，商业银行在对授信对象采取清收措施的同时，应当特别关注集团客户内部关联方之间的关联交易。有多家商业银行贷款的，商业银行之间可采取行动联合清收，必要时可组织联合清收小组，统一清收贷款。

商业银行在给集团客户授信前，应当通过查询贷款卡信息及其他合法途径，充分掌握集团客户的负债信息、关联方信息、对外对内担保信息和诉讼情况等重大事项，防止对集团客户过度授信。

商业银行给集团客户授信后，应当及时将授信总额、期限和被授信人的法定代表人、关联方等信息登录到银行业监督管理机构或其他相关部门的信贷登记系统，同时应做好集团客户授信后信息收集与整理工作，集团客户贷款的变化、经营财务状况的异常变化、关键管理人员的变动以及集团客户的违规经营、被起诉、欠息、逃废债、提供虚假资料等重大事项必须及时登录到本行信贷信息管理系统。

商业银行应当根据集团客户所处的行业和经营能力，对集团客户的授信总额、资产负债指标、盈利指标、流动性指标、贷款本息偿还情况和关键管理人员的信用状况等，设置授信风险预警线。

五、《流动资金贷款管理暂行办法》的相关规定

贷款人应合理测算借款人营运资金需求，审慎确定借款人的流动资金授信总额及具体贷款的额度，不得超过借款人的实际需求发放流动资金贷款。贷款人应根据借款人生产经营的规模和周期特点，合理设定流动资金贷款的业务品种和期限，以满足借款人生产经营的资金需求，实现对贷款资金回笼的有效控制。

贷款人应将流动资金贷款纳入对借款人及其所在集团客户的统一授信管理，并按区域、行业、贷款品种等维度建立风险限额管理制度。

贷款人应根据经济运行状况、行业发展规律和借款人的有效信贷需求等，合理确定内部绩效考核指标，不得制订不合理的贷款规模指标，不得恶性竞争和突击放贷。

贷款人应与借款人约定明确、合法的贷款用途。流动资金贷款不得用于固定资产、股权等投资，不得用于国家禁止生产、经营的领域和用途。流动资金贷款不得挪用，贷款人应按照合同约定检查、监督流动资金贷款的使用情况。

贷款人有下列情形之一的，中国银行业监督管理委员会可采取《中华人民共和国银行业监督管理法》规定的监管措施：①流动资金贷款业务流程有缺陷的；②未将贷款管理各环节的责任落实到具体部门和岗位的；③贷款调查、风险评价、贷后管理未尽职的；④对借款人违反合同约定的行为应发现而未发现，或虽发现但未及时采取有效措施的。

贷款人有下列情形之一的，中国银行业监督管理委员会除按采取必要的监管措施外，还可根据《中华人民共和国银行业监督管理法》对其进行处罚：①以降低信贷条件或超过借款人实际资金需求发放贷款的；②未按本办法规定签订借款合同的；③与借款人串通违规发放贷款的；④放任借款人将流动资金贷款用于固定资产投资、股权投资以及国家禁止生产、经营的领域和用途的；⑤超越或变相超越权限审批贷款的；⑥未按本办法规定进行贷款资金支付管理与控制的。

六、《固定资产贷款管理暂行办法》的相关规定

贷款人应将固定资产贷款纳入对借款人及借款人所在集团客户的统一授信额度管理，并按区域、行业、贷款品种等维度建立固定资产贷款的风险限额管理制度。贷款人应与借款人约定明确、合法的贷款用途，并按照约定检查、监督贷款的使用情况，防止贷款被挪用。

贷款人有下列情形之一的，银行业监督管理机构可根据《中华人民共和国银行业监督管理法》采取监管措施：①固定资产贷款业务流程有缺陷的；②未将贷款管理各环节的责任落实到具体部门和岗位的；③贷款调查、风险评价未尽职的；④未按本办法规定对借款人和项目的经营情况进行持续有效监控的；⑤对借款人违反合同约定的行为未及时采取有效措施的。

贷款人有下列情形之一的，银行业监督管理机构除按本办法第三十八条规定采取监管措施外，还可根据《中华人民共和国银行业监督管理法》规定对其进行处罚：①受理不符合条件的固定资产贷款申请并发放贷款的；②与借款人串通，违法违规发放固定资产贷款的；③超越、变相超越权限或不按规定流程审批贷款的；④未按本办法规定签订贷款协议的；⑤与贷款同比例的项目资本金到位前发放贷款的；⑥未按本办法规定进行贷款资金支付管理与控制的等。

七、《项目融资业务指引》的相关规定

贷款人从事项目融资业务，应当充分识别和评估融资项目中存在的建设期风险和经营期风险，包括政策风险、筹资风险、完工风险、产品市场风险、超支风险、原材料风险、营运风险、汇率风险、环保风险和其他相关风险。

贷款人从事项目融资业务，应当以偿债能力分析为核心，重点从项目技术可行性、财务可行性和还款来源可靠性等方面评估项目风险，充分考虑政策变化、市场波动等不确定因素对项目的影响，审慎预测项目的未来收益和现金流。

贷款人应当按照国家关于固定资产投资项目资本金制度的有关规定，综合考虑项目风险水平和自身风险承受能力等因素，合理确定贷款金额。

贷款人应当根据项目预测现金流和投资回收期等因素，合理确定贷款期限和还款计划。

贷款人应当按照中国人民银行关于利率管理的有关规定，根据风险收益匹配原则，综合考虑项目风险、风险缓释措施等因素，合理确定贷款利率。贷款人可以根据项目融资在不同阶段的风险特征和水平，采用不同的贷款利率。

贷款人应当要求将符合抵质押条件的项目资产和/或项目预期收益等权利为贷款设定担保，并可以根据需要，将项目发起人持有的项目公司股权为贷款设定质押担保。贷款人应当要求成为项目所投保商业

保险的第一顺位保险金请求权人，或采取其他措施有效控制保险赔款权益。

贷款人应当采取措施有效降低和分散融资项目在建设期和经营期的各类风险。

贷款人应当以要求借款人或者通过借款人要求项目相关方签订总承包合同、投保商业保险、建立完工保证金、提供完工担保和履约保函等方式，最大限度降低建设期风险。

贷款人可以以要求借款人签订长期供销合同、使用金融衍生工具或者发起人提供资金缺口担保等方式，有效分散经营期风险。

贷款人可以通过为项目提供财务顾问服务，为项目设计综合金融服务方案，组合运用各种融资工具，拓宽项目资金来源渠道，有效分散风险。

贷款人应恰当设计账户管理、贷款资金支付、借款人承诺、财务指标控制、重大违约事项等项目融资合同条款，促进项目正常建设和运营，有效控制项目融资风险。

贷款人应当根据项目的实际进度和资金需求，按照合同约定的条件发放贷款资金。贷款发放前，贷款人应当确认与拟发放贷款同比例的项目资本金足额到位，并与贷款配套使用。

贷款人应当对贷款资金的支付实施管理和控制，必要时可以与借款人在借款合同中约定专门的贷款发放账户。

采用贷款人受托支付方式的，贷款人在必要时可以要求借款人、独立中介机构和承包商等共同检查设备建造或者工程建设进度，并根据出具的、符合合同约定条件的共同签证单，进行贷款支付。

贷款人应当与借款人约定专门的项目收入账户，并要求所有项目收入进入约定账户，并按照事先约定的条件和方式对外支付。

贷款人应当对项目收入账户进行动态监测，当账户资金流动出现异常时，应当及时查明原因并采取相应措施。

在贷款存续期间，贷款人应当持续监测项目的建设和经营情况，根据贷款担保、市场环境、宏观经济变动等因素，定期对项目风险进行评价，并建立贷款质量监控制度和风险预警体系。出现可能影响贷款安全情形的，应当及时采取相应措施。

八、《商业银行并购贷款风险管理指引》的相关规定

商业银行应在全面分析战略风险、法律与合规风险、整合风险、经营风险以及财务风险等与并购有关的各项风险的基础上评估并购贷款的风险。商业银行并购贷款涉及跨境交易的，还应分析国别风险、汇率风险和资金过境风险等。

商业银行全部并购贷款余额占同期本行核心资本净额的比例不应超过50%。商业银行对同一借款人的并购贷款余额占同期本行核心资本净额的比例不应超过5%。并购的资金来源中并购贷款所占比例不应高于50%。并购贷款期限一般不超过五年。

商业银行应要求借款人提供充足的能够覆盖并购贷款风险的担保，包括但不限于资产抵押、股权质押、第三方保证，以及符合法律规定的其他形式的担保。

原则上，商业银行对并购贷款所要求的担保条件应高于其他贷款种类。以目标企业股权质押时，商业银行应采用更为审慎的方法评估其股权价值和确定质押率。

商业银行应根据并购贷款风险评估结果，审慎确定借款合同中贷款金额、期限、利率、分期还款计划、担保方式等基本条款的内容。

九、《商业银行内部控制指引》的相关规定

商业银行设立新的机构或开办新的业务，应当事先制定有关的政策、制度和程序，对潜在的风险进行计量和评估，并提出风险防范措施。

商业银行的业务部门应当对各项业务经营状况进行经常性检查，及时发现内部控制存在的问题，并迅速予以纠正。

商业银行各级机构应当防止授信风险的过度集中，通过实行授信组合管理，制定在不同期限、不同行业、不同地区的授信分散化目标，

及时监测和控制授信组合风险，确保总体授信风险控制在合理的范围内。

商业银行应当对单一客户的贷款、贸易融资、票据承兑和贴现、透支、保理、担保、贷款承诺、开立信用证等各类表内外授信实行一揽子管理，确定总体授信额度。

商业银行对集团客户授信应当遵循统一、适度和预警的原则。对集团客户应当实行统一授信管理，合理确定对集团客户的总体授信额度，防止多头授信、过度授信和不适当分配授信额度。商业银行应当建立风险预警机制，对集团客户授信集中风险实行有效监控，防止集团客户通过多头开户、多头借款、多头互保等形式套取银行资金。

商业银行应当建立统一的授信操作规范，明确贷前调查、贷时审查、贷后检查各个环节的工作标准和尽职要求：①贷前调查应当做到实地查看，如实报告授信调查掌握的情况，不回避风险点，不因任何人的主观意志而改变调查结论。②贷时审查应当做到独立审贷，客观公正，充分、准确地揭示业务风险，提出降低风险的对策。③贷后检查应当做到实地查看，如实记录，及时将检查中发现的问题报告有关人员，不得隐瞒或掩饰问题。

商业银行对关联方的授信，应当按照商业原则，以不优于对非关联方同类交易的条件进行。在对关联方的授信调查和审批过程中，商业银行内部相关人员应当回避。

商业银行应当严格审查和监控贷款用途，防止借款人通过贷款、贴现、办理银行承兑汇票等方式套取信贷资金，改变借款用途。

商业银行应当严格审查借款人资格合法性、融资背景以及申请材料的真实性和借款合同的完备性，防止借款人骗取贷款，或以其他方式从事金融诈骗活动。

商业银行应当建立授信风险责任制，明确规定各个部门、岗位的风险责任：①调查人员应当承担调查失误和评估失准的责任。②审查和审批人员应当承担审查、审批失误的责任，并对本人签署的意见负责。③贷后管理人员应当承担检查失误、清收不力的责任。④放款操作人员应当对可操作性风险负责。⑤高级管理层应当对重大贷款损失承担相应的责任。

商业银行应当对违法、违规造成的授信风险和损失逐笔进行责任认定，并按规定对有关责任人进行处理。

商业银行应当建立完善的客户管理信息系统，全面和集中掌握客户的资信水平、经营财务状况、偿债能力和非财务因素等信息，对客户进行分类管理，对资信不良的借款人实施授信禁入。

十、《商业银行金融创新指引》的相关规定

商业银行推出金融创新产品和服务，应做到制度先行，制定与每一类业务相适应的操作规程、内部管理制度和客户风险提示内容，条件成熟的应制定产品手册。

商业银行应遵守法律法规的要求及与客户的约定，履行必要的保密义务。

商业银行开展金融创新活动，应为客户提供专业、客观和公平的意见，要按相应法律要求，特别重视并忠实履行对客户的义务和责任。

商业银行应能识别并妥善处理好金融创新引发的各类利益冲突，公平地处理银行与客户之间、银行与第三方服务提供者之间的利益冲突。

商业银行应严格界定和区分银行资产和客户资产，进行有效的风险隔离管理，对客户的资产进行充分保护。

商业银行应建立适合创新服务需要的客户资料档案，做好客户对于创新产品和服务的适合度评估，引导客户理性投资与消费。

十一、《商业银行授信工作尽职指引》的相关规定

商业银行应关注和搜集集团客户及关联客户的有关信息，有效识别授信集中风险及关联客户授信风险。

商业银行应对客户提供的身份证明、授信主体资格、财务状况等资料的合法性、真实性和有效性进行认真核实，并将核实过程和结果

以书面形式记载。

商业银行对客户调查和客户资料的验证应以实地调查为主，间接调查为辅。必要时，可通过外部征信机构对客户资料的真实性进行核实。

商业银行应主动向政府有关部门及社会中介机构酌情索取相关资料，以验证客户提供材料的真实性，并作备案。

客户资料如有变动，商业银行应要求客户提供书面报告，进一步核实后在档案中重新记载。

对客户资料补充或变更时，授信工作人员之间应主动进行沟通，确保各方均能够及时得到相关信息。授信业务部门授信工作人员和授信管理部门授信工作人员任何一方需对客户资料进行补充时，须通知另外一方，但原则上须由业务部门授信工作人员办理。

商业银行应了解和掌握客户的经营管理状况，督促客户不断提高经营管理效益，保证授信安全。

当客户发生突发事件时，商业银行应立即派人员实地调查，并依法及时做出是否更改原授信资料的意见。必要时，授信管理部门应及时会同授信业务部门派员实地调查。

商业银行应督促授信管理部门与其他商业银行之间就客户调查资料的完整性、真实性建立相互沟通机制。对从其他商业银行获得的授信信息，授信工作人员应注意保密，不得用于不正当业务竞争。

商业银行应根据不同授信品种的特点，对客户申请的授信业务进行分析评价，重点关注可能影响授信安全的因素，有效识别各类风险。

商业银行应认真评估客户的财务报表，对影响客户财务状况的各项因素进行分析评价，预测客户未来的财务和经营情况。必要时应进行利率、汇率等的敏感度分析。

商业银行应对客户的非财务因素进行分析评价，对客户公司治理、管理层素质、履约记录、生产装备和技术能力、产品和市场、行业特点以及宏观经济环境等方面的风险进行识别。

商业银行应对客户的信用等级进行评定并予以记载。必要时可委托独立的、资质和信誉较高的外部评级机构完成。

商业银行授信实施后，应对所有可能影响还款的因素进行持续监测，并形成书面监测报告。重点监测以下内容：①客户是否按约定用途使用授信，是否诚实地全面履行合同；②授信项目是否正常进行；③客户的法律地位是否发生变化；④客户的财务状况是否发生变化；⑤授信的偿还情况；⑥抵押品可获得情况和质量、价值等情况。

十二、《商业银行理财产品销售管理办法》的相关规定

开展理财产品销售活动，应当遵守法律、法规等相关规定，不得损害国家利益、社会公共利益和客户合法权益。

禁止误导客户购买与其风险承受能力不相符合的理财产品，只能向客户销售风险评级等于或低于其风险承受能力评级的理财产品，应当加强客户风险提示和投资者教育。

经客户签字确认的销售文件，银行和客户双方均应留存。

宣传销售文本应当由银行总行统一管理和授权，分支机构未经授权不得擅自制作和分发宣传销售文本。

商业银行应当在客户首次购买理财产品前在本行网点进行风险承受能力评估。客户风险承受能力评级，由低到高至少包括五级，并可根据实际情况进一步细分。

私人银行客户是指金融净资产达到 600 万元人民币及以上的商业银行客户；银行在提供服务时，由客户提供相关证明并签字确认。

银行不得将存款单独作为理财产品销售，不得将理财产品与存款进行强制性搭配销售。商业银行不得将理财产品作为存款进行宣传销售，不得违反国家利率管理政策变相高息揽储。

银行从事理财产品销售活动，不得有下列情形：①通过销售或购买理财产品方式调节监管指标，进行监管套利；②将理财产品与其他产品进行捆绑销售；③采取抽奖、回扣或者赠送实物等方式销售理财产品；④通过理财产品进行利益输送；⑤挪用客户认购、申购、赎回资金；⑥销售人员代替客户签署文件；⑦银监会规定禁止的其他情形。

商业银行应当根据理财产品风险评级、潜在客户群的风险承受能力评级，为理财产品设置适当的单一客户销售起点金额。

销售风险评级为四级（含）以上理财产品时，除非与客户书面约定，否则应当在银行网点进行。

客户购买风险较高或单笔金额较大的理财产品，除非双方书面约定，否则银行应当在划款时以电话等方式与客户进行最后确认；如果客户不同意购买该理财产品，银行应当遵从客户意愿，解除已签订的销售文件。

银行不得将其他银行或其他金融机构开发设计的理财产品标记本行标识后作为自有理财产品销售。

银行理财业务有下列情形之一的，应当及时向中国银监会或其派出机构报告：①发生群体性事件、重大投诉等重大事件；②挪用客户资金或资产；③投资交易对手或其他信用关联方发生重大信用违约事件，可能造成理财产品重大亏损；④理财产品出现重大亏损；⑤销售中出现的其他重大违法违规行为。

银行开展理财产品销售业务有下列情形之一的，由中国银监会或其派出机构责令限期改正；涉嫌犯罪的，依法移送司法机关：①违规开展理财产品销售造成客户或银行重大经济损失的；②泄露或不当使用客户个人资料和交易记录造成严重后果的；③挪用客户资产的；利用理财业务从事洗钱、逃税等违法犯罪活动的；④其他严重违反审慎经营规则的。

第二节 自律性规则

自律性规则是指行业协会或其他中介组织确定的要求客户经理应该遵守的规则。这些规则虽然没有强制性，但客户经理也应严格遵循。此外，对客户经理来讲，也有一些"潜规则"应该遵循。

一、中国银行业协会关于从业人员的相关规定

中国银行业协会在银行自律性管理方面做了大量工作，制定并颁布了很多自律性规定，包括《中国银行业文明规范服务工作指引》、《中国银行业反商业贿赂承诺》、《中国银行业从业人员道德行为公约》《中国银行业反不正当竞争公约》、《中国银行业从业人员流动公约》、《中国银行业自律公约》、《中国银行业维权公约》、《中国银行业文明服务公约》、《银行业从业人员职业操守》等。其中，《银行业从业人员职业操守》对银行从业人员如何正确处理与客户、与同事、与所在机构、与同业、与监管者的关系都做了原则性规定。这些规定既然适合所有银行从业人员遵守，当然也适合客户经理遵守。尤其是其中关于如何正确处理与客户的关系一节，尤其适合客户经理。本部分就主要对"职业操守"进行介绍。

1. 基本操守

"职业操守"认为银行从业人员应当坚持诚实信用、守法合规、专业胜任、勤勉尽职、保护商业秘密与客户隐私、公平竞争等原则。具体说就是：应当以高标准职业道德规范行事，品行正直，恪守诚实信用；应当遵守法律法规、行业自律规范以及所在机构的规章制度；应当具备岗位所需的专业知识、资格与能力；应当勤勉谨慎，对所在机构负有诚实信用义务，切实履行岗位职责，维护所在机构商业信誉；应当保守所在机构的商业秘密，保护客户信息和隐私；应当尊重同业

人员，公平竞争，禁止商业贿赂。

2. 处理客户关系时应该坚持的操守

"职业操守"对此共规定了 17 条。主要内容是：

（1）熟知业务，尤其要熟知向客户推荐的金融产品的特性、收益、风险、法律关系、业务处理流程及风险控制框架。

（2）在业务活动中，不向客户明示或暗示诱导客户规避金融、外汇监管规定。

（3）遵守业务操作指引，遵循银行岗位职责划分和风险隔离的操作规程，确保客户交易安全。

（4）妥善保存客户资料及其交易信息档案。在受雇期间及离职后，均不违反关于客户隐私保护的相关规定，不透露任何客户资料和交易信息。

（5）坚持诚实守信、公平合理、客户利益至上的原则，正确处理业务开拓与客户利益保护之间的关系，科学处理潜在利益冲突。

（6）在业务活动中不将内幕信息以明示或暗示的形式告知法律和所在机构允许范围以外的人员，不利用内幕信息获取个人利益，也不基于内幕信息为他人提供理财或投资方面的建议。

（7）履行对客户尽职调查的义务，了解客户账户开立、资金调拨的用途以及账户是否会被第三方控制使用等情况。同时，根据风险控制要求，了解客户的财务状况、业务状况、业务单据及客户的风险承受能力。

（8）遵守反洗钱有关规定，在严守客户隐私的同时，及时按照所在机构的要求，报告大额和可疑交易。

（9）在接洽业务过程中，应当衣着得体、态度稳重、礼貌周到。对客户提出的合理要求尽量满足，对暂时无法满足或明显不合理的要求，应当耐心说明情况。

（10）公平对待所有客户，不因客户的国籍、肤色、民族、性别、年龄、宗教信仰、健康或残障及业务的繁简程度和金额大小等方面的差异而歧视客户。

（11）对向客户所推荐的产品及服务涉及的法律风险、政策风险以及市场风险等进行充分的提示，对客户提出的问题应当本着诚实信用的原则给予答复。

（12）明确区分其所在机构代理销售的产品和由其所在机构自担风险的产品，对代销产品必须以明确的、足以让客户注意的方式向其提示被代理人的相关信息。

（13）对客户所在区域的信用环境、所处行业情况以及财务、经营、担保物、信用记录等情况进行尽职调查、审查和授信后管理。

（14）熟知"依法协助执行"的义务，在严格保守客户隐私的同时，按法定程序积极协助执法机关的执法活动，不泄露执法活动信息，不协助客户隐匿、转移资产。

（15）收、送礼物，应当确保在政策法律及商业习惯允许范围内，且其价值不超过法规和所在机构规定允许的范围，不得是现金、贵金属、消费卡、有价证券等违反商业习惯的礼物，不因礼物的收、送而对业务办理产生影响。

（16）邀请客户或应客户邀请进行娱乐活动或提供交通工具、旅行等其他方面便利应符合政策法规规定并且属于行业惯例，不会让接受人因此产生对交易的义务感，这些活动一旦被公开也不至于影响所在机构的声誉。

（17）耐心、礼貌、认真处理客户的投诉。

3. 处理与同事关系时应该坚持的操守

"职业操守"对此共规定了三条，强调了要尊重同事、团结合作和互相监督，尤其是要尊重同事，不因同事的国籍、肤色、民族、年龄、性别、宗教信仰、婚姻状况或身体健康或残障而进行任何形式的骚扰和侵害，禁止带有任何歧视性的语言和行为，不得擅自向他人透露工作中接触到的同事个人隐私，不以任何方式予以贬低、攻击、诋毁、不当引用、剽窃同事的工作成果。

4. 处理与所在机构关系时应该坚持的操守

"职业操守"对此共规定了9条，主要内容包括：

（1）忠于职守，遵纪守法，保护所在机构的商业秘密、知识产权和专有技术，自觉维护所在机构的形象和声誉。

（2）对所在机构的纪律处分有异议时，应当按照正常渠道反映和申诉。

（3）离职时，应当按照规定妥善交接工作，不得擅自带走所在机构的财物、工作资料和客户资源。离职后，仍保守原所在机构的商业秘密和客户隐私。

（4）遵守有关兼职的政策规定。在允许的兼职范围内，妥善处理兼职岗位与本职工作之间的关系，不得利用兼职岗位为本人、本职机构或利用本职为本人、兼职机构谋取不当利益。

（5）爱护机构财产，不将公共财产用于个人用途，不以任何方式损害、浪费、侵占、挪用、滥用所在机构的财产。

（6）外出工作时应当节俭支出并诚实记录，不得向所在机构申报不实费用。

（7）安全使用电子设备。

（8）遵守关于接受媒体采访的规定，不擅自代表所在机构接受新闻媒体采访，或擅自代表所在机构对外发布信息。

（9）对所在机构违反法律法规、行业公约的行为，有责任予以揭露，同时有权利、义务向上级机构或所在机构的监督管理部门直至国家司法机关举报。

5. 处理与同业人员关系时应该坚持的操守

"职业操守"对此共规定了4条，主要内容包括：

（1）互相尊重，不发表贬低、诋毁、损害同业人员及同业人员所在机构声誉的言论，不捏造、传播有关同业人员及同业人员所在机构的谣言，或对同业人员进行侮辱、恐吓和诽谤。

（2）通过日常信息交流、参加学术研讨会、召开专题协调会、参加同业联席会议以及银行业自律组织等多种途径和方式，促进行业内信息交流与合作。

（3）坚持同业间公平、有序竞争原则，在业务宣传、办理业务过程中，不得使用不正当竞争手段。

（4）不泄露本机构客户信息和本机构尚未公开的财务数据、重大战略决策以及新的产品研发等重大内部信息或商业秘密，也不用不正当手段刺探、窃取同业人员所在机构尚未公开的财务数据、重大战略决策和产品研发等重大内部信息或商业秘密、知识产权和专有技术。

6. 处理与监管者关系时应该坚持的操守

"职业操守"对此共规定了4条，主要内容包括：

（1）严格遵守法律法规，对监管机构坦诚和诚实，与监管部门建立并保持良好的关系，接受银行业监管部门的监管。

（2）积极配合监管人员的现场检查工作，及时、如实、全面地提供资料信息，不得拒绝或无故推诿，不得转移、隐匿或者毁损有关证明材料。

（3）按监管部门要求的报送方式、报送内容、报送频率和保密级别报送非现场监管需要的数据和非数据信息，并建立重大事项报告制度。

（4）不向监管人员行贿或介绍贿赂，不以任何方式向监管人员提供或许诺提供任何不当利益、便利或优惠。

二、银行客户经理应该遵循的"潜规则"

按照吴思先生说的：所谓的"潜规则"，便是"隐藏在正式规则之下，却在实际上支配着中国社会运行的规矩"。可见，"潜规则"是相对于"原规则"、"明规则"而言的，是指看不见的、明文没有规定的、约定俗成的，但是却又是广泛认同、实际起作用的、人们必须"遵循"的一种规则。对银行从业人员来说，也要在严格遵守法律法规制度等强制性规则和自律性规则的同时，遵循一些"潜规则"（当然，"潜规则"不能违犯社会道德准则）。只有这样，客户经理工作起来才能游刃有余。

（1）利益均沾。客户经理不要指望通吃所有客户，也不要指望通吃一个客户的所有业务。客户也是存在于社会这张大网中，也要照顾方方面面的关系。对客户来讲，为保持自己业务的稳定性、防范集中风险等角度考虑，客户也不会把所有业务交给一家银行来做。对银行来讲，也要处理好和其他银行的关系。极端地讲，一家银行通吃了所有的客户和一个客户的所有业务，那其他银行如何生存？况且监管从反垄断角度讲也不允许一家银行这样做。所以，做营销也要尊奉"中庸"，既要努力开拓市场，又要考虑其他银行的感受，做到和其他银行共同发展。

（2）以人为本。银行与企业之间的营销归根结底是客户经理对企业相关人员的营销，是人与人之间的营销。客户经理在营销时，不能只见企业不见人，要切切实实地以"企业中的关键人物"为本。考虑这些关键人物的需要，就是考虑了企业的需要；满足这些人物的需要，也就是满足了企业的需要。所以，要时刻围绕着企业中的关键人物转。

（3）抓住重点。以客户为中心，实质上是以重要客户为中心，而不是以所有客户为中心。对那些能给银行带来较多价值的客户，客户经理要重点营销、重点维护；对那些只能带来较少价值的客户，客户经理应一般维护；对那些不能带来价值的客户，客户经理可选择放弃。更具体一点讲，客户经理要学会"因人而异"，不能对所有客户一视同仁。

（4）"功夫在诗外"。表面上是搞营销，实际上是处理关系。与相关人员处理好关系、帮企业里面的关键人员办些非业务方面的事情、邀请客户参加一些非业务活动等，这些都与营销看似不相关，其实都是在做营销，都是围绕营销在做。

（5）利益至上。客户经理营销时切忌站在自己角度上考虑问题。有些客户经理向客户介绍自己银行情况和产品时，从光辉历程讲起，一直讲到产品如何操作的细枝末节。其实大可不必，客户只关心能贷到多少款（这是能给客户带来的实际利益）和银行员工收入有多少（客户会认为收入高的银行才有竞争力）。所以，客户经理要围绕两点介绍：自己很强，也能给客户带来很强的利益。

后　记

　　为银行从业人员编写一套实用性较强的营销类图书，是我多年来的心愿。当这个心愿终于完成的时候，原以为会心潮澎湃，没想到内心却出奇的平静。关于业务方面的事，在这套书中，我能说到的，基本上都力所能及地说到了。作为后记，还是聊些别的吧。

　　自1997年博士毕业至今，将近20年了，俯仰之际，韶华尽逝，我的心境也在不知不觉中发生了重大变化。曾经的希冀早已不在，躁动的内心也已平复，只有奋力写作时才能依稀看到那个曾经努力追求、不敢懈怠的自己。从第一本关于银行营销的专著出版，到今天这套丛书的最终完稿，既为兴趣、责任所驱使，又属"寄兴托益"之作。此时最希望表达的，当是对许多人的谢意。

　　我要感谢我的家人。父母亲对我关爱有加、呵护倍至、以我为豪，二老恭俭仁爱、勤劳善良、与人为善，影响我终生。我与爱人田一恒相识、相恋于学校，相倚、相扶于社会，我们鹣鲽情深、恩爱逾常，她是我今生的最爱。宝贝女儿宋雨轩从出生给我们的家庭带来了无尽的生机与快乐，成为我们夫妻今生和睦如初、努力进取的不尽源泉。现在孩子已是一名中学生了，衷心希望她能一如既往地健康成长，在人生之路努力追求、勤奋耕耘，不断取得进步，对人生抱以积极向上、乐观豁达的态度，也对社会做出持续多样、价值颇大的贡献。

　　我要感谢我学生时代的各位老师，他们让我经常回忆起那登攀书山、泛舟学海、无所顾虑、力争上游的求学好时光。尤其我的博士导师吴世经先生，他在新中国成立前就很知名，在20世纪八九十年代的国内工商管理教育界德高望重，但他并不因为我没有背景、当时仅仅是个 23 岁的年轻人就拒绝录取。永远忘不了先生冬日里在膝盖上盖个小毛毯，在家中手捧英文原版营销学教材为我一人讲课的情景。"云山苍苍，江水泱泱。先生之风，山高水长"，先生在我毕业不久就仙逝了，但先生逝而不朽、愈远弥存。我想只有继承了先生的品格，才是对先生最好的报答。

我要感谢参加工作以来遇到的各位好领导、好同事。高云龙先生是清华大学博士，多年来担任政府高官和企业高管，他节高礼下、修身施事、学识渊博、思路开阔，待人接物充满君子之风，德才雅望、足为人法、俊采懿范、堪为人效。吴富林先生是复旦大学博士，多年来担任金融企业高管，他理论素养丰厚、实践经验丰富、德行为同人所敬仰，做事为人，亦皆所称誉，其言约而蔼如，其文简而意深，吾辈望之弥高而莫逮。此外，尚有余龙文、张岚、王廷科、阎桂军、李晓远、孙强、张敬才、孙晓君、周君、宁咏、赵红石、陈凯慧、韩学智、黄学军、王正明、周江涛、宋亮、丁树博、王浩、陈久宁、王鹏虎、赵建华、耿黎、申秀文、郝晓强、张云、秦国楼、李朝霞、杨超、李旭、王秋阳诸君，这样的名单还可列出一长串。从他们身上，我学到很多东西。

我要感谢经济管理出版社的谭伟同志。我和他几乎同时参加工作，我的博士论文就是在他的青睐下公开出版的。这些年来，他经常督促我把所思所想记录下来并整理成书出版。在书籍撰写和学术交流中，我们成了很好的朋友。

借本套丛书出版的机会，对所有曾经关心过我及这套丛书的朋友，以及为写作本书而参考的众多书目的作者，我也致以衷心的感谢。希望通过这套丛书的出版，能够结识更多的朋友。我一如既往地欢迎各位读者朋友与我联系、交流。我的联系电话常年不变：13511071933；E – mail：songbf@ bj. ebchina. com。

我还要感谢为本丛书出版而辛苦、细致工作的各位编辑，没有他们的努力，这套丛书也不可能如此迅速且高质量地面世。

"年寿有时而尽，荣乐止乎其身，二者必至之常期，未若文章之无穷。"对于古人如此情怀，我虽不能至，但心向往之。我深知我所撰之书，无资格藏之名山，但能收之同好，心愿足矣！

岁月不居，时节如流。四十又三，忽焉已至。"浮生若梦，为欢几何？"人之相与，俯仰一世，如白驹过隙。转瞬之间、不知不觉中我渐渐变成了我曾经反对的那个人。有感于斯，就把这套丛书献给自己吧，就算是送给自己进入不惑之年的一份礼物，也算是对已逝时光的一种追忆。

"往者不可谏，来者犹可追。"多年来的读书生涯，让我养成了对"问题研究"的"路径依赖"。作为一名金融从业者，我会继续以我的所知、所悟、所想、所做，帮助银行从业人员更加卓有成效地开展工作。就我个人而言，东隅已逝、桑榆未晚，我将秉承知书、知耻、知乐、知足的"四知"理念，积极探究未知领域，讲求礼义廉耻、为适而安，努力向上。

言有尽而情无终，唯愿读者安好！

宋炳方

2014 年 3 月